新版财务、税务、审计文书写作指导用书

审计文书
写作格式与范本

项国 翟继光 ◎ 编著

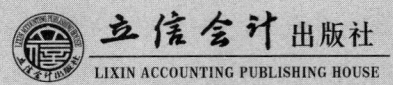
立信会计出版社
LIXIN ACCOUNTING PUBLISHING HOUSE

图书在版编目（CIP）数据

审计文书写作格式与范本 / 项国，翟继光编著．
上海：立信会计出版社，2024.11. — ISBN 978-7
-5429-7798-4

Ⅰ．F239

中国国家版本馆 CIP 数据核字第 2024YF6112 号

责任编辑　毕芸芸

审计文书写作格式与范本
SHENJI WENSHU XIEZUO GESHI YU FANBEN

出版发行	立信会计出版社		
地　　址	上海市中山西路 2230 号	邮政编码	200235
电　　话	（021）64411389	传　　真	（021）64411325
网　　址	www.lixinph.com	电子邮箱	lixinph2019@126.com
网上书店	http：//lixin.jd.com		http：//lxkjcbs.tmall.com
经　　销	各地新华书店		
印　　刷	北京鑫海金澳胶印有限公司		
开　　本	710 毫米 ×1000 毫米　1/16		
印　　张	35.25		
字　　数	670 千字		
版　　次	2024 年 11 月第 1 版		
印　　次	2024 年 11 月第 1 次		
书　　号	ISBN 978-7-5429-7798-4/ F		
定　　价	88.00 元		

如有印订差错，请与本社联系调换

前言 Preface

审计文书是国家审计机关、单位内部审计机构、社会审计组织的审计人员在审计工作中，依照必要的程序和手续，因业务需要而制作的并经领导签发的各类文书的总称。它是审计工作的记录和文字凭证。为帮助广大审计人员和被审计单位的相关人员了解和掌握审计文书的种类及其写作的基本技巧，我们编写了《审计文书写作格式与范本》一书。

本书分为十二章，各章主要内容如下：

第一章为审计基本法律制度，包括七节，分别介绍审计法基本制度、审计机关和审计人员、审计机关的职责、审计机关的权限、审计程序、审计法律责任和国家审计准则。

第二章为审计准备与过程文书，包括七节，分别介绍审计通知书、授权审计通知书、暂停拨付款项通知书、解除暂停拨付款项通知书、提请协助查询单位账户通知书、提请协助查询个人存款通知书和封存通知书。

第三章为审计结果文书，包括八节，分别介绍审计组的审计报告、审计报告征求意见书、审计机关的审计报告、专项审计调查报告、审计决定书、审计建议书、审计事项移送处理书和审计处罚决定书。

第四章为审计复议文书，包括四节，分别介绍复议受理通知书、不受理复议裁定书、复议申请补正通知书和复议决定书。

第五章为审计文本参考格式，包括三节，分别介绍审计取证单、审计工作底稿和审计文书送达回证。

第六章为内部审计基本法律制度与准则，包括五节，分别介绍内部审计制度、内部审计基本准则与职业道德规范、内部审计作业类准则、内部审计业务类准则和内部审计管理类准则。

第七章为政府审计项目计划范本，包括五节，分别介绍上海市审计局审计项目计划范本、浙江省审计厅审计项目计划范本、山东省审计厅审计项目计划范本、安徽省审计机关审计项目计划范本和海南省审计厅审计项目计划范本。

第八章为领导干部自然资源资产离任审计报告范本，包括十节，分别介绍浙江省领导干部自然资源资产离任审计报告范本、四川省雅安市领导干部自然资源资产离任（任中）审计报告范本、四川省广元市领导干部自然资源资产责任履行情况试点审计结果范本、河南省南阳市领导干部自然资源资产任期审计结果范本、河南省安阳市领导干部任期自然资源资产管理责任履行情况审计结果公告范本、江苏省领导干部自然资源资产离任审计结果公告范本、辽宁省领导干部自然资源资产离任审计的审计公示范本、广东省领导干部自然资源资产离任审计工作方案范本、湖南省领导干部自然资源资产离任（任中）审计结果范本和海南省领导干部自然资源资产离任（任中）审计结果报告范本。

第九章为审计结果公告范本，包括六节，分别介绍审计署审计结果公告范本、上海市审计局审计结果公告范本、河北省审计厅审计结果公告范本、安徽省审计厅审计结果公告范本、海南省审计厅审计结果公告范本和辽宁省审计厅审计结果公告范本。

第十章为政府审计报告范本，包括五节，分别介绍审计署审计报告范本、山东省审计厅审计报告范本、江西省审计厅审计报告范本、湖南省审计厅审

前言

计报告范本和内蒙古自治区审计厅审计报告范本。

第十一章为政府审计工作报告范本，包括六节，分别介绍国务院审计工作报告范本、吉林省政府审计工作报告范本、广西壮族自治区政府审计工作报告范本、湖北省政府审计工作报告范本、海南省政府审计工作报告范本和宁波市政府审计工作报告范本。

第十二章为审计整改报告范本，包括九节，分别介绍上海市政府审计整改报告范本、广东省政府审计整改报告范本、深圳市政府审计整改报告范本、青岛市政府审计整改报告范本、湖北省政府审计整改报告范本、吉林省政府审计整改报告范本、海南省政府审计整改报告范本、内蒙古自治区政府审计整改报告范本和新疆维吾尔自治区政府审计整改报告范本。

本书适宜作为广大审计人员及被审计单位相关工作人员学习、掌握审计文书写作的参考书，也适宜作为广大高校、科研机构研究审计和审计相关法律的参考资料。本书涉及的相关法律、法规、制度均截至2024年7月31日。

作者

2024年8月

目 录
Contents

第一章　审计基本法律制度 ………………………………………… 001

　　第一节　审计法基本制度 ………………………………………… 001
　　第二节　审计机关和审计人员 …………………………………… 003
　　第三节　审计机关的职责 ………………………………………… 006
　　第四节　审计机关的权限 ………………………………………… 011
　　第五节　审计程序 ………………………………………………… 014
　　第六节　审计法律责任 …………………………………………… 016
　　第七节　国家审计准则 …………………………………………… 019

第二章　审计准备与过程文书 ……………………………………… 041

　　第一节　审计通知书 ……………………………………………… 041
　　第二节　授权审计通知书 ………………………………………… 053
　　第三节　暂停拨付款项通知书 …………………………………… 056
　　第四节　解除暂停拨付款项通知书 ……………………………… 058

第五节　提请协助查询单位账户通知书 ·· 059

第六节　提请协助查询个人存款通知书 ·· 063

第七节　封存通知书 ·· 066

第三章　审计结果文书 ·· 069

第一节　审计组的审计报告 ··· 069

第二节　审计报告征求意见书 ·· 071

第三节　审计机关的审计报告 ·· 085

第四节　专项审计调查报告 ··· 090

第五节　审计决定书 ··· 110

第六节　审计建议书 ··· 122

第七节　审计事项移送处理书 ·· 124

第八节　审计处罚决定书 ··· 129

第四章　审计复议文书 ·· 136

第一节　复议受理通知书 ··· 136

第二节　不受理复议裁定书 ··· 138

第三节　复议申请补正通知书 ·· 140

第四节　复议决定书 ··· 142

第五章　审计文本参考格式 ··· 150

第一节　审计取证单 ··· 150

第二节　审计工作底稿 ·· 152

第三节　审计文书送达回证 ··· 154

目录

第六章 内部审计基本法律制度与准则 …… 157

第一节 内部审计制度 …… 157
第二节 内部审计基本准则与职业道德规范 …… 161
第三节 内部审计作业类准则 …… 166
第四节 内部审计业务类准则 …… 180
第五节 内部审计管理类准则 …… 198

第七章 政府审计项目计划范本 …… 220

第一节 上海市审计局审计项目计划范本 …… 220
第二节 浙江省审计厅审计项目计划范本 …… 223
第三节 山东省审计厅审计项目计划范本 …… 227
第四节 安徽省审计机关审计项目计划范本 …… 230
第五节 海南省审计厅审计项目计划范本 …… 234

第八章 领导干部自然资源资产离任审计报告范本 …… 252

第一节 浙江省领导干部自然资源资产离任审计报告范本 …… 252
第二节 四川省雅安市领导干部自然资源资产离任（任中）审计报告范本 …… 256
第三节 四川省广元市领导干部自然资源资产责任履行情况试点审计结果范本 …… 257
第四节 河南省南阳市领导干部自然资源资产任期审计结果范本 …… 260
第五节 河南省安阳市领导干部任期自然资源资产管理责任履行情况审计结果公告范本 …… 262

第六节　江苏省领导干部自然资源资产离任审计结果公告范本 ………… 263

　第七节　辽宁省领导干部自然资源资产离任审计的审计公示范本 ……… 265

　第八节　广东省领导干部自然资源资产离任审计工作方案范本 ………… 266

　第九节　湖南省领导干部自然资源资产离任（任中）审计结果范本 …… 273

　第十节　海南省领导干部自然资源资产离任（任中）审计结果报告范本 …… 275

第九章　审计结果公告范本 ……………………………………………… 278

　第一节　审计署审计结果公告范本 ………………………………………… 278

　第二节　上海市审计局审计结果公告范本 ………………………………… 284

　第三节　河北省审计厅审计结果公告范本 ………………………………… 288

　第四节　安徽省审计厅审计结果公告范本 ………………………………… 292

　第五节　海南省审计厅审计结果公告范本 ………………………………… 298

　第六节　辽宁省审计厅审计结果公告范本 ………………………………… 301

第十章　政府审计报告范本 ……………………………………………… 303

　第一节　审计署审计报告范本 ……………………………………………… 303

　第二节　山东省审计厅审计报告范本 ……………………………………… 307

　第三节　江西省审计厅审计报告范本 ……………………………………… 324

　第四节　湖南省审计厅审计报告范本 ……………………………………… 349

　第五节　内蒙古自治区审计厅审计报告范本 ……………………………… 374

第十一章　政府审计工作报告范本 ……………………………………… 392

　第一节　国务院审计工作报告范本 ………………………………………… 392

　第二节　吉林省政府审计工作报告范本 …………………………………… 405

第三节　广西壮族自治区政府审计工作报告范本 …………………… 417

　　第四节　湖北省政府审计工作报告范本 …………………………… 428

　　第五节　海南省政府审计工作报告范本 …………………………… 441

　　第六节　宁波市政府审计工作报告范本 …………………………… 450

第十二章　审计整改报告范本 …………………………………………… 463

　　第一节　上海市政府审计整改报告范本 …………………………… 463

　　第二节　广东省政府审计整改报告范本 …………………………… 471

　　第三节　深圳市政府审计整改报告范本 …………………………… 484

　　第四节　青岛市政府审计整改报告范本 …………………………… 497

　　第五节　湖北省政府审计整改报告范本 …………………………… 505

　　第六节　吉林省政府审计整改报告范本 …………………………… 513

　　第七节　海南省政府审计整改报告范本 …………………………… 522

　　第八节　内蒙古自治区政府审计整改报告范本 …………………… 531

　　第九节　新疆维吾尔自治区政府审计整改报告范本 ……………… 542

第一章 审计基本法律制度

> **导读**
>
> 本章介绍审计基本法律制度，包括七节，分别介绍审计法基本制度、审计机关和审计人员、审计机关的职责、审计机关的权限、审计程序、审计法律责任以及国家审计准则。

第一节 审计法基本制度

一、审计与审计立法

（一）审计

审计是指审计机关依法独立检查被审计单位的会计凭证、会计账簿、财务会计报告以及其他与财政收支、财务收支有关的资料和资产，监督财政收支、财务收支真实、合法和效益的行为。

（二）审计立法

为了加强国家的审计监督，维护国家财政经济秩序，提高财政资金使用效益，促进廉政建设，保障国民经济和社会健康发展，1994年8月31日第八届全国人民代表大会常务委员会第九次会议通过《中华人民共和国审计法》（以下简称《审计法》），2006年2月28日第十届全国人民代表大会常务委员会第二十次会议对《审计法》进行了第一次修正，2021年10月23日第十三届全国人民代表大会常务委员会第三十一次会议对《审计法》进行了第二次修正。

1997 年 10 月 21 日，中华人民共和国国务院令第 231 号公布《中华人民共和国审计法实施条例》（以下简称《审计法实施条例》），2010 年 2 月 2 日国务院第 100 次常务会议对《审计法实施条例》进行了修订。

二、审计监督制度及其监督范围

（一）审计监督制度

国家实行审计监督制度。坚持中国共产党对审计工作的领导，构建集中统一、全面覆盖、权威高效的审计监督体系。国务院和县级以上地方人民政府设立审计机关。国务院各部门和地方各级人民政府及其各部门的财政收支，国有的金融机构和企业事业组织的财务收支，以及其他依照《审计法》规定应当接受审计的财政收支、财务收支，依照《审计法》规定接受审计监督。审计机关对上述所列财政收支或者财务收支的真实、合法和效益，依法进行审计监督。

（二）财政收支的范围

财政收支是指依照《中华人民共和国预算法》和国家其他有关规定，纳入预算管理的收入和支出，以及下列财政资金中未纳入预算管理的收入和支出：
（1）行政事业性收费。
（2）国有资源、国有资产收入。
（3）应当上缴的国有资本经营收益。
（4）政府举借债务筹措的资金。
（5）其他未纳入预算管理的财政资金。

（三）财务收支的范围

财务收支是指国有的金融机构、企业事业组织以及依法应当接受审计机关审计监督的其他单位，按照国家财务会计制度的规定，实行会计核算的各项收入和支出。

三、审计机关的职责与独立审计原则

（一）审计机关的职责

审计机关依照法律规定的职权和程序，进行审计监督。审计机关依据有关财政收支、财务收支的法律、法规和国家其他有关规定进行审计评价，在法定职权范围内作出审计决定。

审计机关依照《审计法》和《审计法实施条例》以及其他有关法律、法规规定的职责、权限和程序进行审计监督。

审计机关依照有关财政收支、财务收支的法律、法规，以及国家有关政策、标准、项目目标等方面的规定进行审计评价，对被审计单位违反国家规定的财政收支、财务收支行为，在法定职权范围内作出处理、处罚的决定。

任何单位和个人对依法应当接受审计机关审计监督的单位违反国家规定的财政收支、财务收支行为，有权向审计机关举报。审计机关接到举报，应当依法及时处理。

（二）独立审计原则

审计机关依照法律规定独立行使审计监督权，不受其他行政机关、社会团体和个人的干涉。

审计机关和审计人员办理审计事项，应当客观公正，实事求是，廉洁奉公，保守秘密。

四、审计工作报告

国务院和县级以上地方人民政府应当每年向本级人民代表大会常务委员会提出审计工作报告。审计工作报告应当报告审计机关对预算执行、决算草案以及其他财政收支的审计情况，重点报告对预算执行及其绩效的审计情况，按照有关法律、行政法规的规定报告对国有资源、国有资产的审计情况。必要时，人民代表大会常务委员会可以对审计工作报告作出决议。

国务院和县级以上地方人民政府应当将审计工作报告中指出的问题的整改情况和处理结果向本级人民代表大会常务委员会报告。

第二节　审计机关和审计人员

一、审计机关

（一）审计署

国务院设立审计署，在国务院总理领导下，主管全国的审计工作，履行《审

审计文书写作格式与范本

计法》和国务院规定的职责。审计长是审计署的行政首长。

（二）地方各级政府的审计机关

省、自治区、直辖市、设区的市、自治州、县、自治县、不设区的市、市辖区的人民政府的审计机关，分别在省长、自治区主席、市长、州长、县长、区长和上一级审计机关的领导下，负责本行政区域内的审计工作。

地方各级审计机关在本级人民政府行政首长和上一级审计机关的领导下，负责本行政区域的审计工作，履行法律、法规和本级人民政府规定的职责。

（三）审计领导体制

地方各级审计机关对本级人民政府和上一级审计机关负责并报告工作，审计业务以上级审计机关领导为主。

省、自治区人民政府设有派出机关的，派出机关的审计机关对派出机关和省、自治区人民政府审计机关负责并报告工作，审计业务以省、自治区人民政府审计机关领导为主。

（四）审计派出机构

审计机关根据工作需要，经本级人民政府批准，可以在其审计管辖范围内设立派出机构。派出机构根据审计机关的授权，依法进行审计工作。

审计机关派出机构依照法律、法规和审计机关的规定，在审计机关的授权范围内开展审计工作，不受其他行政机关、社会团体和个人的干涉。

（五）审计经费

审计机关履行职责所必需的经费，应当列入预算予以保证。

审计机关编制年度经费预算草案的依据主要包括：

（1）法律、法规。

（2）本级人民政府的决定和要求。

（3）审计机关的年度审计工作计划。

（4）定员定额标准。

（5）上一年度经费预算执行情况和本年度的变化因素。

二、审计人员

（一）审计人员的素质

审计机关应当建设信念坚定、为民服务、业务精通、作风务实、敢于担当、清正廉洁的高素质专业化审计队伍。审计机关应当加强对审计人员遵守法律和执行职务情况的监督，督促审计人员依法履职尽责。审计机关和审计人员应当依法接受监督。

审计人员应当具备与其从事的审计工作相适应的专业知识和业务能力。

审计人员实行审计专业技术资格制度，具体按照国家有关规定执行。审计机关根据工作需要，可以聘请具有与审计事项相关专业知识的人员参加审计工作。

（二）审计回避

审计机关和审计人员不得参加可能影响其依法独立履行审计监督职责的活动，不得干预、插手被审计单位及其相关单位的正常生产经营和管理活动。

审计人员办理审计事项，与被审计单位或者审计事项有利害关系的，应当回避。

审计人员办理审计事项，有下列情形之一的，应当申请回避，被审计单位也有权申请审计人员回避：

（1）与被审计单位负责人或者有关主管人员有夫妻关系、直系血亲关系、三代以内旁系血亲或者近姻亲关系的。

（2）与被审计单位或者审计事项有经济利益关系的。

（3）与被审计单位、审计事项、被审计单位负责人或者有关主管人员有其他利害关系，可能影响公正执行公务的。

审计人员的回避，由审计机关负责人决定；审计机关负责人办理审计事项时的回避，由本级人民政府或者上一级审计机关负责人决定。

（三）审计保密

审计机关和审计人员对在执行职务中知悉的国家秘密、工作秘密、商业秘密、个人隐私和个人信息，应当予以保密，不得泄露或者向他人非法提供。

（四）审计职务的保护

审计人员依法执行职务，受法律保护。任何组织和个人不得拒绝、阻碍审计人员依法执行职务，不得打击报复审计人员。审计机关负责人依照法定程序任免。审计机关负责人没有违法失职或者其他不符合任职条件的情况的，不得随意撤换。地方各级审计机关负责人的任免，应当事先征求上一级审计机关的意见。

地方各级审计机关正职和副职负责人的任免，应当事先征求上一级审计机关的意见。

审计机关负责人在任职期间没有下列情形之一的，不得随意撤换：

（1）因犯罪被追究刑事责任的。

（2）因严重违法、失职受到处分，不适宜继续担任审计机关负责人的。

（3）因健康原因不能履行职责1年以上的。

（4）不符合国家规定的其他任职条件的。

第三节　审计机关的职责

一、预算审计监督

（一）预算审计监督的一般范围

审计机关对本级各部门（含直属单位）和下级政府预算的执行情况和决算以及其他财政收支情况，进行审计监督。

审计机关对本级人民政府财政部门具体组织本级预算执行的情况，本级预算收入征收部门征收预算收入的情况，与本级人民政府财政部门直接发生预算缴款、拨款关系的部门、单位的预算执行情况和决算，下级人民政府的预算执行情况和决算，以及其他财政收支情况，依法进行审计监督。经本级人民政府批准，审计机关对其他取得财政资金的单位和项目接受、运用财政资金的真实、合法和效益情况，依法进行审计监督。

审计机关对国有企业、国有金融机构和国有资本占控股地位或者主导地位的企业、金融机构的资产、负债、损益以及其他财务收支情况，进行审计监督。遇有涉及国家财政金融重大利益情形，为维护国家经济安全，经国务院批准，审计署可以对上述规定以外的金融机构进行专项审计调查或者审计。

（二）审计署的预算审计监督

审计署在国务院总理领导下，对中央预算执行情况和其他财政收支情况进行审计监督，向国务院总理提出审计结果报告。

第一章 审计基本法律制度

(三)地方审计机关的预算审计监督

地方各级审计机关分别在省长、自治区主席、市长、州长、县长、区长和上一级审计机关的领导下,对本级预算执行情况和其他财政收支情况进行审计监督,向本级人民政府和上一级审计机关提出审计结果报告。

(四)预算审计监督的内容

审计机关对本级预算收入和支出的执行情况进行审计监督的内容包括:
(1)财政部门按照本级人民代表大会批准的本级预算向本级各部门(含直属单位)批复预算的情况、本级预算执行中调整情况和预算收支变化情况。
(2)预算收入征收部门依照法律、行政法规的规定和国家其他有关规定征收预算收入情况。
(3)财政部门按照批准的年度预算、用款计划,以及规定的预算级次和程序,拨付本级预算支出资金情况。
(4)财政部门依照法律、行政法规的规定和财政管理体制,拨付和管理政府间财政转移支付资金情况以及办理结算、结转情况。
(5)国库按照国家有关规定办理预算收入的收纳、划分、留解情况和预算支出资金的拨付情况。
(6)本级各部门(含直属单位)执行年度预算情况。
(7)依照国家有关规定实行专项管理的预算资金收支情况。
(8)法律、法规规定的其他预算执行情况。

(五)审计结果报告的内容

审计结果报告应当包括下列内容:
(1)本级预算执行和其他财政收支的基本情况。
(2)审计机关对本级预算执行和其他财政收支情况作出的审计评价。
(3)本级预算执行和其他财政收支中存在的问题以及审计机关依法采取的措施。
(4)审计机关提出的改进本级预算执行和其他财政收支管理工作的建议。
(5)本级人民政府要求报告的其他情况。

二、审计机关对金融机构与事业单位的审计

(一)审计机关对金融机构的审计

审计署对中央银行的财务收支进行审计监督。审计署对中央银行及其分支

机构履行职责所发生的各项财务收支依法进行审计监督。审计署向国务院总理提出的中央预算执行和其他财政收支情况审计结果报告，应当包括对中央银行的财务收支的审计情况。

审计机关对国有金融机构的资产、负债、损益进行审计监督。

（二）审计机关对事业单位的审计

审计机关对国家的事业组织和使用财政资金的其他事业组织的财务收支进行审计监督。

三、审计机关对国有企业及政府投资项目的审计

（一）审计机关对国有企业的审计

审计机关对国有企业的资产、负债、损益进行审计监督。

（二）审计机关对国家控股企业的审计

审计机关对国有资本占控股地位或者主导地位的企业、金融机构的审计监督，由国务院规定。

国有资本占控股地位或者主导地位的企业、金融机构包括：

（1）国有资本占企业、金融机构资本（股本）总额的比例超过50%的。

（2）国有资本占企业、金融机构资本（股本）总额的比例在50%以下，但国有资本投资主体拥有实际控制权的。

（三）审计机关对政府投资项目的审计

审计机关对政府投资和以政府投资为主的建设项目的预算执行情况和决算，对其他关系国家利益和公共利益的重大公共工程项目的资金管理使用和建设运营情况，进行审计监督。

政府投资和以政府投资为主的建设项目包括：

（1）全部使用预算内投资资金、专项建设基金、政府举借债务筹措的资金等财政资金的。

（2）未全部使用财政资金，财政资金占项目总投资的比例超过50%，或者占项目总投资的比例在50%以下，但政府拥有项目建设、运营实际控制权的。

审计机关对上述规定的建设项目的总预算或者概算的执行情况、年度预算的执行情况和年度决算、单项工程结算、项目竣工决算，依法进行审计监督；对上述规定的建设项目进行审计时，可以对直接有关的设计、施工、供货等

单位取得建设项目资金的真实性、合法性进行调查。

四、审计机关对政府管理资金的审计

审计机关对政府部门管理的和其他单位受政府委托管理的社会保险基金、全国社会保障基金、社会捐赠资金以及其他公共资金的财务收支，进行审计监督。

上述社会保障基金包括社会保险、社会救助、社会福利基金和发展社会保障事业的其他专项基金；上述社会捐赠资金包括来源于境内外的货币、有价证券和实物等各种形式的捐赠。

五、审计机关对国际项目的审计

审计机关对国际组织和外国政府援助、贷款项目的财务收支进行审计监督。

上述国际组织和外国政府援助、贷款项目包括：

（1）国际组织、外国政府及其机构向中国政府及其机构提供的贷款项目。

（2）国际组织、外国政府及其机构向中国企业事业组织以及其他组织提供的由中国政府及其机构担保的贷款项目。

（3）国际组织、外国政府及其机构向中国政府及其机构提供的援助和赠款项目。

（4）国际组织、外国政府及其机构向受中国政府委托管理有关基金、资金的单位提供的援助和赠款项目。

（5）国际组织、外国政府及其机构提供援助、贷款的其他项目。

六、审计机关对任期的经济审计

领导干部经济责任审计和自然资源资产离任审计，依照《审计法》和国家有关规定执行。

七、审计机关的其他审计事项与专项审计

（一）审计机关的其他审计事项

审计机关对国有资源、国有资产，进行审计监督。

根据经批准的审计项目计划安排，审计机关可以对被审计单位贯彻落实国家重大经济社会政策措施情况进行审计监督。

审计机关可以对被审计单位依法应当接受审计的事项进行全面审计，也可以对其中的特定事项进行专项审计。

审计机关履行审计监督职责，发现经济社会运行中存在风险隐患的，应当及时向本级人民政府报告或者向有关主管机关、单位通报。

除《审计法》规定的审计事项外，审计机关对其他法律、行政法规规定应当由审计机关进行审计的事项，依照《审计法》和有关法律、行政法规的规定进行审计监督。

（二）审计机关的专项审计

审计机关有权对与国家财政收支有关的特定事项，向有关地方、部门、单位进行专项审计调查，并向本级人民政府和上一级审计机关报告审计调查结果。

审计机关可以依照《审计法》和《审计法实施条例》规定的审计程序、方法以及国家其他有关规定，对预算管理或者国有资产管理使用等与国家财政收支有关的特定事项，向有关地方、部门、单位进行专项审计调查。

八、审计管辖范围的确定

审计机关根据被审计单位的财政、财务隶属关系或者国有资源、国有资产监督管理关系，确定审计管辖范围。各级审计机关应当按照确定的审计管辖范围进行审计监督。

审计机关根据被审计单位的财政、财务隶属关系，确定审计管辖范围；不能根据财政、财务隶属关系确定审计管辖范围的，根据国有资产监督管理关系，确定审计管辖范围。两个以上国有资本投资主体投资的金融机构、企业事业组织和建设项目，由对主要投资主体有审计管辖权的审计机关进行审计监督。

审计机关之间对审计管辖范围有争议的，由其共同的上级审计机关确定。

上级审计机关对其审计管辖范围内的审计事项，可以授权下级审计机关进行审计，但《审计法》第十八条至第二十条规定的审计事项不得进行授权；上级审计机关对下级审计机关审计管辖范围内的重大审计事项，可以直接进行审计，但是应当防止不必要的重复审计。

九、内部审计与社会审计

（一）内部审计制度的建立

被审计单位应当加强对内部审计工作的领导，按照国家有关规定建立健全内部审计制度。审计机关应当对被审计单位的内部审计工作进行业务指导和监督。

依法属于审计机关审计监督对象的单位的内部审计工作，应当接受审计机关的业务指导和监督。

依法属于审计机关审计监督对象的单位，可以根据内部审计工作的需要，参加依法成立的内部审计自律组织。审计机关可以通过内部审计自律组织，加强对内部审计工作的业务指导和监督。

（二）社会审计与审计机关审计的关系

社会审计机构审计的单位依法属于审计机关审计监督对象的，审计机关按照国务院的规定，有权对该社会审计机构出具的相关审计报告进行核查。

审计机关进行审计或者专项审计调查时，有权对社会审计机构出具的相关审计报告进行核查。

审计机关核查社会审计机构出具的相关审计报告时，发现社会审计机构存在违反法律、法规或者执业准则等情况的，应当移送有关主管机关依法追究责任。

第四节　审计机关的权限

一、要求提供财务预算资料

审计机关有权要求被审计单位按照审计机关的规定提供财务、会计资料以及与财政收支、财务收支有关的业务、管理等资料，包括电子数据和有关文档。被审计单位不得拒绝、拖延、谎报。被审计单位负责人应当对本单位提供资料的及时性、真实性和完整性负责。审计机关对取得的电子数据等资料进行综合分析，需要向被审计单位核实有关情况的，被审计单位应当予以配合。

审计机关依法进行审计监督时，被审计单位应当依法向审计机关提供与财政收支、财务收支有关的资料。被审计单位负责人应当对本单位提供资料的真实性和完整性作出书面承诺。

各级人民政府财政、税务以及其他部门（含直属单位）应当向本级审计机关报送下列资料：

（1）本级人民代表大会批准的本级预算和本级人民政府财政部门向本级各部门（含直属单位）批复的预算，预算收入征收部门的年度收入计划，以及本级各部门（含直属单位）向所属各单位批复的预算。

（2）本级预算收支执行和预算收入征收部门的收入计划完成情况月报、年报，以及决算情况。

（3）综合性财政税务工作统计年报、情况简报，财政、预算、税务、财务和会计等规章制度。

（4）本级各部门（含直属单位）汇总编制的本部门决算草案。

二、检查财务会计凭证报告

审计机关进行审计时，有权检查被审计单位的财务、会计资料以及与财政收支、财务收支有关的业务、管理等资料和资产，有权检查被审计单位信息系统的安全性、可靠性、经济性，被审计单位不得拒绝。

国家政务信息系统和数据共享平台应当按照规定向审计机关开放。审计机关通过政务信息系统和数据共享平台取得的电子数据等资料能够满足需要的，不得要求被审计单位重复提供。

三、调查与查询

审计机关进行审计时，有权就审计事项的有关问题向有关单位和个人进行调查，并取得有关证明材料。有关单位和个人应当支持、协助审计机关工作，如实向审计机关反映情况，提供有关证明材料。

审计机关经县级以上人民政府审计机关负责人批准，有权查询被审计单位在金融机构的账户。审计机关依法查询被审计单位在金融机构的账户的，应当持县级以上人民政府审计机关负责人签发的协助查询单位账户通知书；查询被审计单位以个人名义在金融机构的存款的，应当持县级以上人民政府审计机关主要负责人签发的协助查询个人存款通知书。有关金融机构应当予以协助，并提供证明材料，审计机关和审计人员负有保密义务。

审计机关有证据证明被审计单位违反国家规定将公款转入其他单位、个人在金融机构账户的，经县级以上人民政府审计机关主要负责人批准，有权查询有关单位、个人在金融机构与审计事项相关的存款。

四、制止妨碍审计的行为

审计机关进行审计时，被审计单位不得转移、隐匿、篡改、毁弃财务、会计资料以及与财政收支、财务收支有关的业务、管理等资料，不得转移、隐匿、故意毁损所持有的违反国家规定取得的资产。

违反国家规定取得的资产，包括：

（1）弄虚作假骗取的财政拨款、实物以及金融机构贷款。

（2）违反国家规定享受国家补贴、补助、贴息、免息、减税、免税、退税等优惠政策取得的资产。

（3）违反国家规定向他人收取的款项、有价证券、实物。

（4）违反国家规定处分国有资产取得的收益。

（5）违反国家规定取得的其他资产。

审计机关依法封存被审计单位有关资料和违反国家规定取得的资产的，应当持县级以上人民政府审计机关负责人签发的封存通知书，并在依法收集与审计事项相关的证明材料或者采取其他措施后解除封存。封存的期限为7日以内；有特殊情况需要延长的，经县级以上人民政府审计机关负责人批准，可以适当延长，但延长的期限不得超过7日。对封存的资料、资产，审计机关可以指定被审计单位负责保管，被审计单位不得损毁或者擅自转移。

审计机关对被审计单位违反上述规定的行为，有权予以制止；必要时，经县级以上人民政府审计机关负责人批准，有权封存有关资料和违反国家规定取得的资产；对其中在金融机构的有关存款需要予以冻结的，应当向人民法院提出申请。

审计机关对被审计单位正在进行的违反国家规定的财政收支、财务收支行为，有权予以制止；制止无效的，经县级以上人民政府审计机关负责人批准，通知财政部门和有关主管部门暂停拨付与违反国家规定的财政收支、财务收支行为直接有关的款项，已经拨付的，暂停使用。

审计机关采取上述规定的措施不得影响被审计单位合法的业务活动和生产经营活动。

五、建议纠正违法财务规定

审计机关认为被审计单位所执行的上级主管部门有关财政收支、财务收支的规定与法律、行政法规相抵触的，应当建议有关主管部门纠正；有关主管部门不予纠正的，审计机关应当提请有权处理的机关依法处理。

六、审计结果的公布

审计机关可以向政府有关部门通报或者向社会公布审计结果。审计机关通报或者公布审计结果，应当保守国家秘密、工作秘密、商业秘密、个人隐私和个人信息，遵守法律、行政法规和国务院的有关规定。

审计机关依法可以就有关审计事项向政府有关部门通报或者向社会公布对被审计单位的审计、专项审计调查结果。审计机关经与有关主管机关协商，可以在向社会公布的审计、专项审计调查结果中，一并公布对社会审计机构相关审计报告核查的结果。审计机关拟向社会公布对上市公司的审计、专项审计调查结果的，应当在 5 日前将拟公布的内容告知上市公司。

七、提请相关机关予以协助

审计机关履行审计监督职责，可以提请公安、财政、自然资源、生态环境、海关、税务、市场监督管理等机关予以协助。有关机关应当依法予以配合。

第五节　审计程序

一、审计通知

审计机关应当根据法律、法规和国家其他有关规定，按照本级人民政府和上级审计机关的要求，确定年度审计工作重点，编制年度审计项目计划。审计机关在年度审计项目计划中确定对国有资本占控股地位或者主导地位的企业、金融机构进行审计的，应当自确定之日起 7 日内告知列入年度审计项目计划的企业、金融机构。

审计机关根据经批准的审计项目计划确定的审计事项组成审计组，并应当在实施审计 3 日前，向被审计单位送达审计通知书；遇有特殊情况，经县级以上人民政府审计机关负责人批准，可以直接持审计通知书实施审计。

特殊情况包括：

（1）办理紧急事项的。

（2）被审计单位涉嫌严重违法违规的。

（3）其他特殊情况。

被审计单位应当配合审计机关的工作，并提供必要的工作条件。审计机关应当提高审计工作效率。

二、审计工作的开展

审计人员通过审查财务、会计资料，查阅与审计事项有关的文件、资料，检查现金、实物、有价证券和信息系统，向有关单位和个人调查等方式进行审计，并取得证明材料。

审计人员实施审计时，应当按照下列规定办理：

（1）通过检查、查询、监督盘点、发函询证等方法实施审计。

（2）通过收集原件、原物或者复制、拍照等方法取得证明材料。

（3）对与审计事项有关的会议和谈话内容作出记录，或者要求被审计单位提供会议记录材料。

（4）记录审计实施过程和查证结果。

审计人员向有关单位和个人进行调查时，审计人员应当不少于 2 人，并出示其工作证件和审计通知书副本。审计人员向有关单位和个人调查取得的证明材料，应当有提供者的签名或者盖章；不能取得提供者签名或者盖章的，审计人员应当注明原因。

三、审计组提出审计报告

审计组对审计事项实施审计后，应当向审计机关提出审计组的审计报告。审计组向审计机关提出审计报告前，应当书面征求被审计单位意见。被审计单位应当自接到审计组的审计报告之日起 10 日内，提出书面意见；10 日内未提出书面意见的，视同无异议。

审计组应当针对被审计单位提出的书面意见，进一步核实情况，对审计组的审计报告作必要修改，连同被审计单位的书面意见一并报送审计机关。

四、审计机关提出审计报告

审计机关按照审计署规定的程序对审计组的审计报告进行审议，并对被审计单位对审计组的审计报告提出的意见一并研究后，出具审计机关的审计报告。对违反国家规定的财政收支、财务收支行为，依法应当给予处理、处罚的，审计机关在法定职权范围内作出审计决定；需要移送有关主管机关、单位处理、处罚的，审计机关应当依法移送。

审计机关有关业务机构和专门机构或者人员对审计组的审计报告以及相关审计事项进行复核、审理后，由审计机关按照下列规定办理：

（1）提出审计机关的审计报告。其内容包括：对审计事项的审计评价，对违反国家规定的财政收支、财务收支行为提出的处理、处罚意见，移送有关主管机关、单位的意见，改进财政收支、财务收支管理工作的意见。

（2）对违反国家规定的财政收支、财务收支行为，依法应当给予处理、处罚的，在法定职权范围内作出处理、处罚的审计决定。

（3）对依法应当追究有关人员责任的，向有关主管机关、单位提出给予处分的建议；对依法应当由有关主管机关处理、处罚的，移送有关主管机关；涉嫌犯罪的，移送司法机关。

审计机关应当将审计机关的审计报告和审计决定送达被审计单位和有关主管机关、单位，并报上一级审计机关。审计决定自送达之日起生效。审计机关送达审计文书，可以直接送达，也可以邮寄送达或者以其他方式送达。直

审计文书写作格式与范本

接送达的，以被审计单位在送达回证上注明的签收日期或者见证人证明的收件日期为送达日期；邮寄送达的，以邮政回执上注明的收件日期为送达日期；以其他方式送达的，以签收或者收件日期为送达日期。审计机关的审计文书的种类、内容和格式，由审计署规定。

审计机关在审计中发现损害国家利益和社会公共利益的事项，但处理、处罚依据又不明确的，应当向本级人民政府和上一级审计机关报告。

被审计单位应当按照审计机关规定的期限和要求执行审计决定。对应当上缴的款项，被审计单位应当按照财政管理体制和国家有关规定缴入国库或者财政专户。审计决定需要有关主管机关、单位协助执行的，审计机关应当书面提请协助执行。

五、上级审计机关的监督

上级审计机关认为下级审计机关作出的审计决定违反国家有关规定的，可以责成下级审计机关予以变更或者撤销，必要时也可以直接作出变更或者撤销的决定。

上级审计机关应当对下级审计机关的审计业务依法进行监督。

下级审计机关作出的审计决定违反国家有关规定的，上级审计机关可以责成下级审计机关予以变更或者撤销，也可以直接作出变更或者撤销的决定；审计决定被撤销后需要重新作出审计决定的，上级审计机关可以责成下级审计机关在规定的期限内重新作出审计决定，也可以直接作出审计决定。

下级审计机关应当作出而没有作出审计决定的，上级审计机关可以责成下级审计机关在规定的期限内作出审计决定，也可以直接作出审计决定。

第六节 审计法律责任

一、提供资料中违法行为的法律责任

（一）不依法提供资料的法律责任

被审计单位违反《审计法》规定，拒绝、拖延提供与审计事项有关的资料的，或者提供的资料不真实、不完整的，或者拒绝、阻碍检查、调查、核实有关情况的，由审计机关责令改正，可以通报批评，给予警告；拒不改正的，

第一章 审计基本法律制度

依法追究法律责任。

被审计单位违反《审计法》和《审计法实施条例》的规定，拒绝、拖延提供与审计事项有关的资料，或者提供的资料不真实、不完整，或者拒绝、阻碍检查的，由审计机关责令改正，可以通报批评，给予警告；拒不改正的，对被审计单位可以处5万元以下的罚款，对直接负责的主管人员和其他直接责任人员，可以处2万元以下的罚款，审计机关认为应当给予处分的，向有关主管机关、单位提出给予处分的建议；构成犯罪的，依法追究刑事责任。

（二）隐藏毁损资料的法律责任

被审计单位违反《审计法》规定，转移、隐匿、篡改、毁弃财务、会计资料以及与财政收支、财务收支有关的业务、管理等资料，或者转移、隐匿、故意毁损所持有的违反国家规定取得的资产，审计机关认为对直接负责的主管人员和其他直接责任人员依法应当给予处分的，应当向被审计单位提出处理建议，或者移送监察机关和有关主管机关、单位处理，有关机关、单位应当将处理结果书面告知审计机关；构成犯罪的，依法追究刑事责任。

二、预算违法行为的法律责任

（一）预算违法行为的处理措施

对本级各部门（含直属单位）和下级政府违反预算的行为或者其他违反国家规定的财政收支行为，审计机关、人民政府或者有关主管部门在法定职权范围内，依照法律、行政法规的规定，区别情况采取下列处理措施：

（1）责令限期缴纳应当上缴的款项。
（2）责令限期退还被侵占的国有资产。
（3）责令限期退还违法所得。
（4）责令按照国家统一的会计制度的有关规定进行处理。
（5）其他处理措施。

（二）预算违法行为的处罚

对被审计单位违反国家规定的财务收支行为，审计机关、人民政府或者有关主管部门在法定职权范围内，依照法律、行政法规的规定，区别情况采取规定的处理措施，并可以依法给予处罚。

对被审计单位违反国家规定的财务收支行为，审计机关在法定职权范围内，区别情况采取规定的处理措施，可以通报批评，给予警告；有违法所得的，没收违法所得，并处违法所得1倍以上5倍以下的罚款；没有违法所得的，可以处5万元以下的罚款；对直接负责的主管人员和其他直接责任人员，可以处 2 万元以下的罚款，审计机关认为应当给予处分的，向有关主管机关、单位提出给予处分的建议；构成犯罪的，依法追究刑事责任。法律、行政法规对被审计单位违反国家规定的财务收支行为处理、处罚另有规定的，从其规定。

三、审计决定的执行

（一）审计决定的执行与相关措施

审计机关在法定职权范围内作出的审计决定，被审计单位应当执行。

审计机关依法责令被审计单位上缴应当上缴的款项，被审计单位拒不执行的，审计机关应当通报有关主管部门，有关主管部门应当依照有关法律、行政法规的规定予以扣缴或者采取其他处理措施，并将结果书面通知审计机关。

被审计单位应当将审计决定执行情况书面报告审计机关。审计机关应当检查审计决定的执行情况。被审计单位不执行审计决定的，审计机关应当责令限期执行；逾期仍不执行的，审计机关可以申请人民法院强制执行，建议有关主管机关、单位对直接负责的主管人员和其他直接责任人员给予处分。

审计机关在作出较大数额罚款的处罚决定前，应当告知被审计单位和有关人员有要求举行听证的权利。较大数额罚款的具体标准由审计署规定。

（二）行政复议与诉讼

被审计单位对审计机关作出的有关财务收支的审计决定不服的，可以依法申请行政复议或者提起行政诉讼。

被审计单位对审计机关作出的有关财政收支的审计决定不服的，可以提请审计机关的本级人民政府裁决，本级人民政府的裁决为最终决定。

被审计单位对审计机关依照规定进行审计监督作出的审计决定不服的，可以自审计决定送达之日起 60 日内，提请审计机关的本级人民政府裁决，本级人民政府的裁决为最终决定。审计机关应当在审计决定中告知被审计单位提请裁决的途径和期限。

裁决期间，审计决定不停止执行，但是，有下列情形之一的，可以停止执行：

（1）审计机关认为需要停止执行的。

（2）受理裁决的人民政府认为需要停止执行的。

（3）被审计单位申请停止执行，受理裁决的人民政府认为其要求合理，决定停止执行的。

裁决由本级人民政府法制机构办理。裁决决定应当自接到提请之日起 60 日内作出；有特殊情况需要延长的，经法制机构负责人批准，可以适当延长，并告知审计机关和提请裁决的被审计单位,但延长的期限不得超过 30 日。

四、对责任人的处分与依法追究刑事责任

(一)对责任人的处分

被审计单位的财政收支、财务收支违反国家规定,审计机关认为对直接负责的主管人员和其他直接责任人员依法应当给予处分的,应当向被审计单位提出处理建议,或者移送监察机关和有关主管机关、单位处理,有关机关、单位应当将处理结果书面告知审计机关。

(二)依法追究刑事责任

被审计单位的财政收支、财务收支违反法律、行政法规的规定,构成犯罪的,依法追究刑事责任。

五、打击审计人员以及审计人员违法的法律责任

(一)打击审计人员的法律责任

报复陷害审计人员的,依法给予处分;构成犯罪的,依法追究刑事责任。

(二)审计人员违法的法律责任

审计人员滥用职权、徇私舞弊、玩忽职守,或者泄露所知悉的国家秘密、商业秘密的,依法给予处分;构成犯罪的,依法追究刑事责任。审计人员违法违纪取得的财物,依法予以追缴、没收或者责令退赔。

第七节 国家审计准则

一、总则

(1)根据《中华人民共和国国家审计准则》(审计署令第 8 号,以下简称《国家审计准则》)的规定,《国家审计准则》是审计机关和审计人员履行法定审计职责的行为规范,是执行审计业务的职业标准,是评价审计质量的基本尺度。

（2）《国家审计准则》中使用"应当""不得"词汇的条款为约束性条款，是审计机关和审计人员执行审计业务必须遵守的职业要求。《国家审计准则》中使用"可以"词汇的条款为指导性条款，是对良好审计实务的推介。

（3）审计机关和审计人员执行审计业务，应当适用《国家审计准则》。其他组织或者人员接受审计机关的委托、聘用，承办或者参加审计业务，也应当适用《国家审计准则》。

（4）审计机关和审计人员执行审计业务，应当区分被审计单位的责任和审计机关的责任。在财政收支、财务收支以及有关经济活动中，履行法定职责、遵守相关法律法规、建立并实施内部控制、按照有关会计准则和会计制度编报财务会计报告、保持财务会计资料的真实性和完整性，是被审计单位的责任。依据法律法规和《国家审计准则》的规定，对被审计单位财政收支、财务收支以及有关经济活动独立实施审计并作出审计结论，是审计机关的责任。

（5）审计机关的主要工作目标是通过监督被审计单位财政收支、财务收支以及有关经济活动的真实性、合法性、效益性，维护国家经济安全，推进民主法治，促进廉政建设，保障国家经济和社会健康发展。其中，真实性是指反映财政收支、财务收支以及有关经济活动的信息与实际情况相符合的程度；合法性是指财政收支、财务收支以及有关经济活动遵守法律、法规或者规章的情况；效益性是指财政收支、财务收支以及有关经济活动实现的经济效益、社会效益和环境效益。

（6）审计机关对依法属于审计机关审计监督对象的单位、项目、资金进行审计。审计机关按照国家有关规定，对依法属于审计机关审计监督对象的单位的主要负责人经济责任进行审计。

（7）审计机关依法对预算管理或者国有资产管理使用等与国家财政收支有关的特定事项向有关地方、部门、单位进行专项审计调查。审计机关进行专项审计调查时，也应当适用《国家审计准则》。

（8）审计机关和审计人员执行审计业务，应当依据年度审计项目计划，编制审计实施方案，获取审计证据，作出审计结论。审计机关应当委派具备相应资格和能力的审计人员承办审计业务，并建立和执行审计质量控制制度。

（9）审计机关依据法律法规规定，公开履行职责的情况及其结果，接受社会公众的监督。

（10）审计机关和审计人员未遵守本准则约束性条款的，应当说明原因。

二、审计机关和审计人员

（1）审计机关和审计人员执行审计业务，应当具备《国家审计准则》规定的资格条件和职业要求。

（2）审计机关执行审计业务，应当具备下列资格条件：①符合法定的审计职责和权限；②有职业胜任能力的审计人员；③建立适当的审计质量控制制度；④必需的经费和其他工作条件。

（3）审计人员执行审计业务，应当具备下列职业要求：①遵守法律法规和《国家审计准则》；②恪守审计职业道德；③保持应有的审计独立性；④具备必需的职业胜任能力；⑤其他职业要求。

（4）审计人员应当恪守严格依法、正直坦诚、客观公正、勤勉尽责、保守秘密的基本审计职业道德。严格依法就是审计人员应当严格依照法定的审计职责、权限和程序进行审计监督，规范审计行为。正直坦诚就是审计人员应当坚持原则，不屈从于外部压力；不歪曲事实，不隐瞒审计发现的问题；廉洁自律，不利用职权谋取私利；维护国家利益和公共利益。客观公正就是审计人员应当保持客观公正的立场和态度，以适当、充分的审计证据支持审计结论，实事求是地作出审计评价和处理审计发现的问题。勤勉尽责就是审计人员应当爱岗敬业，勤勉高效，严谨细致，认真履行审计职责，保证审计工作质量。保守秘密就是审计人员应当保守其在执行审计业务中知悉的国家秘密、商业秘密；对于执行审计业务取得的资料、形成的审计记录和掌握的相关情况，未经批准不得对外提供和披露，不得用于与审计工作无关的目的。

（5）审计人员执行审计业务时，应当保持应有的审计独立性，遇有下列可能损害审计独立性情形的，应当向审计机关报告：①与被审计单位负责人或者有关主管人员有夫妻关系、直系血亲关系、三代以内旁系血亲以及近姻亲关系；②与被审计单位或者审计事项有直接经济利益关系；③对曾经管理或者直接办理过的相关业务进行审计；④可能损害审计独立性的其他情形。

（6）审计人员不得参加影响审计独立性的活动，不得参与被审计单位的管理活动。

（7）审计机关组成审计组时，应当了解审计组成员可能损害审计独立性的情形，并根据具体情况采取下列措施，避免损害审计独立性：①依法要求相关审计人员回避；②对相关审计人员执行具体审计业务的范围作出限制；③对相关审计人员的工作追加必要的复核程序；④其他措施。

（8）审计机关应当建立审计人员交流等制度，避免审计人员因执行审计业务长期与同一被审计单位接触可能对审计独立性造成的损害。

（9）审计机关可以聘请外部人员参加审计业务或者提供技术支持、专业咨询、专业鉴定。

（10）有下列情形之一的外部人员，审计机关不得聘请：①被刑事处罚的；②被劳动教养的；③被行政拘留的；④审计独立性可能受到损害的；⑤法律规定不得从事公务的其他情形。

（11）审计人员应当具备与其从事审计业务相适应的专业知识、职业能力

审计文书写作格式与范本

和工作经验。审计机关应当建立和实施审计人员录用、继续教育、培训、业绩评价考核和奖惩激励制度，确保审计人员具有与其从事业务相适应的职业胜任能力。

（12）审计机关应当合理配备审计人员，组成审计组，确保其在整体上具备与审计项目相适应的职业胜任能力。被审计单位的信息技术对实现审计目标有重大影响的，审计组的整体胜任能力应当包括信息技术方面的胜任能力。

（13）审计人员执行审计业务时，应当合理运用职业判断，保持职业谨慎，对被审计单位可能存在的重要问题保持警觉，并审慎评价所获取审计证据的适当性和充分性，得出恰当的审计结论。

（14）审计人员执行审计业务时，应当从下列方面保持与被审计单位的工作关系：①与被审计单位沟通并听取其意见；②客观公正地作出审计结论，尊重并维护被审计单位的合法权益；③严格执行审计纪律；④坚持文明审计，保持良好的职业形象。

三、审计计划

（1）审计机关应当根据法定的审计职责和审计管辖范围，编制年度审计项目计划。编制年度审计项目计划应当服务大局，围绕政府工作中心，突出审计工作重点，合理安排审计资源，防止不必要的重复审计。

（2）审计机关按照下列步骤编制年度审计项目计划：①调查审计需求，初步选择审计项目；②对初选审计项目进行可行性研究，确定备选审计项目及其优先顺序；③评估审计机关可用审计资源，确定审计项目，编制年度审计项目计划。

（3）审计机关从下列方面调查审计需求，初步选择审计项目：①国家和地区财政收支、财务收支以及有关经济活动情况；②政府工作中心；③本级政府行政首长和相关领导机关对审计工作的要求；④上级审计机关安排或者授权审计的事项；⑤有关部门委托或者提请审计机关审计的事项；⑥群众举报、公众关注的事项；⑦经分析相关数据认为应当列入审计的事项。⑧其他方面的需求。

（4）审计机关对初选审计项目进行可行性研究，确定初选审计项目的审计目标、审计范围、审计重点和其他重要事项。

进行可行性研究重点调查研究下列内容：①与确定和实施审计项目相关的法律法规和政策；②管理体制、组织结构、主要业务及其开展情况；③财政收支、财务收支状况及结果；④相关的信息系统及其电子数据情况；⑤管理和监督机构的监督检查情况及结果；⑥以前年度审计情况；⑦其他相关内容。

（5）审计机关在调查审计需求和可行性研究过程中，从下列方面对初选审计项目进行评估，以确定备选审计项目及其优先顺序：①项目重要程度，评估在国家经济和社会发展中的重要性、政府行政首长和相关领导机关及公众关注程度、资金和资产规模等；②项目风险水平，评估项目规模、管理和控制状况等；③审计预期效果；④审计频率和覆盖面；⑤项目对审计资源的要求。

（6）年度审计项目计划应当按照审计机关规定的程序审定。审计机关在审定年度审计项目计划前，根据需要，可以组织专家进行论证。

（7）下列审计项目应当作为必选审计项目：①法律法规规定每年应当审计的项目；②本级政府行政首长和相关领导机关要求审计的项目；③上级审计机关安排或者授权的审计项目。

审计机关对必选审计项目，可以不进行可行性研究。

（8）上级审计机关直接审计下级审计机关审计管辖范围内的重大审计事项，应当列入上级审计机关年度审计项目计划，并及时通知下级审计机关。

（9）上级审计机关可以依法将其审计管辖范围内的审计事项，授权下级审计机关进行审计。对于上级审计机关审计管辖范围内的审计事项，下级审计机关也可以提出授权申请，报有管辖权的上级审计机关审批。获得授权的审计机关应当将授权的审计事项列入年度审计项目计划。

（10）根据中国政府及其机构与国际组织、外国政府及其机构签订的协议和上级审计机关的要求，审计机关确定对国际组织、外国政府及其机构援助、贷款项目进行审计的，应当纳入年度审计项目计划。

（11）对于预算管理或者国有资产管理使用等与国家财政收支有关的特定事项，符合下列情形的，可以进行专项审计调查：①涉及宏观性、普遍性、政策性或者体制、机制问题的；②事项跨行业、跨地区、跨单位的；③事项涉及大量非财务数据的；④其他适宜进行专项审计调查的。

（12）审计机关年度审计项目计划的内容主要包括：①审计项目名称；②审计目标，即实施审计项目预期要完成的任务和结果；③审计范围，即审计项目涉及的具体单位、事项和所属期间；④审计重点；⑤审计项目组织和实施单位；⑥审计资源。

采取跟踪审计方式实施的审计项目，年度审计项目计划应当列明跟踪的具体方式和要求。专项审计调查项目的年度审计项目计划应当列明专项审计调查的要求。

（13）审计机关编制年度审计项目计划可以采取文字、表格或者两者相结合的形式。

（14）审计机关计划管理部门与业务部门或者派出机构，应当建立经常性的沟通和协调机制。调查审计需求、进行可行性研究和确定备选审计项目，以业务部门或者派出机构为主实施；备选审计项目排序、配置审计资源和编制年度审计项目计划草案，以计划管理部门为主实施。

（15）审计机关根据项目评估结果，确定年度审计项目计划。

（16）审计机关应当将年度审计项目计划报经本级政府行政首长批准并向上一级审计机关报告。

（17）审计机关应当对确定的审计项目配置必要的审计人力资源、审计时间、审计技术装备、审计经费等审计资源。

（18）审计机关同一年度内对同一被审计单位实施不同的审计项目，应当在人员和时间安排上进行协调，尽量避免给被审计单位工作带来不必要的影响。

（19）审计机关应当将年度审计项目计划下达审计项目组织和实施单位执行。年度审计项目计划一经下达，审计项目组织和实施单位应当确保完成，不得擅自变更。

（20）年度审计项目计划执行过程中，遇有下列情形之一的，应当按照原审批程序调整：①本级政府行政首长和相关领导机关临时交办审计项目的；②上级审计机关临时安排或者授权审计项目的；③突发重大公共事件需要进行审计的；④原定审计项目的被审计单位发生重大变化，导致原计划无法实施的；⑤需要更换审计项目实施单位的；⑥审计目标、审计范围等发生重大变化需要调整的；⑦需要调整的其他情形。

（21）上级审计机关应当指导下级审计机关编制年度审计项目计划，提出下级审计机关重点审计领域或者审计项目安排的指导意见。

（22）年度审计项目计划确定审计机关统一组织多个审计组共同实施一个审计项目或者分别实施同一类审计项目的，审计机关业务部门应当编制审计工作方案。

（23）审计机关业务部门编制审计工作方案，应当根据年度审计项目计划形成过程中调查审计需求、进行可行性研究的情况，开展进一步调查，对审计目标、范围、重点和项目组织实施等进行确定。

（24）审计工作方案的内容主要包括：①审计目标；②审计范围；③审计内容和重点；④审计工作组织安排；⑤审计工作要求。

（25）审计机关业务部门编制的审计工作方案应当按照审计机关规定的程序审批，在年度审计项目计划确定的实施审计起始时间之前，下达到审计项目实施单位。审计机关批准审计工作方案前，根据需要，可以组织专家进行论证。

（26）审计机关业务部门根据审计实施过程中情况的变化，可以申请对审计工作方案的内容进行调整，并按审计机关规定的程序报批。

（27）审计机关应当定期检查年度审计项目计划执行情况，评估执行效果。审计项目实施单位应当向下达审计项目计划的审计机关报告计划执行情况。

（28）审计机关应当按照国家有关规定，建立和实施审计项目计划执行情况及其结果的统计制度。

四、审计实施

（一）审计实施方案

（1）审计机关应当在实施项目审计前组成审计组。审计组由审计组组长和其他成员组成。审计组实行审计组组长负责制。审计组组长由审计机关确定，审计组组长可以根据需要在审计组成员中确定主审，主审应当履行其规定职责和审计组组长委托履行的其他职责。

（2）审计机关应当依照法律法规的规定，向被审计单位送达审计通知书。

（3）审计通知书的内容主要包括被审计单位名称、审计依据、审计范围、审计起始时间、审计组组长及其他成员名单和被审计单位配合审计工作的要求；同时，还应当向被审计单位告知审计组的审计纪律要求。采取跟踪审计方式实施审计的，审计通知书应当列明跟踪审计的具体方式和要求。专项审计调查项目的审计通知书应当列明专项审计调查的要求。

（4）审计组应当调查了解被审计单位及其相关情况，评估被审计单位存在重要问题的可能性，确定审计应对措施，编制审计实施方案。对于审计机关已经下达审计工作方案的，审计组应当按照审计工作方案的要求编制审计实施方案。

（5）审计实施方案的内容主要包括：①审计目标；②审计范围；③审计内容、重点及审计措施，包括审计事项和根据《国家审计准则》第七十三条确定的审计应对措施；④审计工作要求，包括项目审计进度安排、审计组内部重要管理事项及职责分工等。

采取跟踪审计方式实施审计的，审计实施方案应当对整个跟踪审计工作作出统筹安排。

专项审计调查项目的审计实施方案应当列明专项审计调查的要求。

（6）审计组调查了解被审计单位及其相关情况，为作出下列职业判断提供基础：①确定职业判断适用的标准；②判断可能存在的问题；③判断问题的重要性；④确定审计应对措施。

（7）审计人员可以从下列方面调查了解被审计单位及其相关情况：①单位性质、组织结构；②职责范围或者经营范围、业务活动及其目标；③相关法律法规、政策及其执行情况；④财政财务管理体制和业务管理体制；⑤适用的业绩指标体系以及业绩评价情况；⑥相关内部控制及其执行情况；⑦相关信息系统及其电子数据情况；⑧经济环境、行业状况及其他外部因素；⑨以往接受审计和监管及其整改情况；⑩需要了解的其他情况。

（8）审计人员可以从下列方面调查了解被审计单位相关内部控制及其执行情况：①控制环境，即管理模式、组织结构、责权配置、人力资源制度等；②风险评估，即被审计单位确定、分析与实现内部控制目标相关的风险，以及采取的应对措施；③控制活动，即根据风险评估结果采取的控制措施，包括不相容职务分离控制、授权审批控制、资产保护控制、预算控制、业绩分析和绩效考评控制等；④信息与沟通，即收集、处理、传递与内部控制相关的信息，并能有效沟通的情况；⑤对控制的监督，即对各项内部控制设计、职责及其履行情况的监督检查。

（9）审计人员可以从下列方面调查了解被审计单位信息系统控制情况：①一般控制，即保障信息系统正常运行的稳定性、有效性、安全性等方面的控制；②应用控制，即保障信息系统产生的数据的真实性、完整性、可靠性等方面的控制。

（10）审计人员可以采取下列方法调查了解被审计单位及其相关情况：①书面或者口头询问被审计单位内部和外部相关人员；②检查有关文件、报告、内部管理手册、信息系统的技术文档和操作手册；③观察有关业务活动及其场所、设施和有关内部控制的执行情况；④追踪有关业务的处理过程；⑤分析相关数据。

（11）审计人员根据审计目标和被审计单位的实际情况，运用职业判断确定调查了解的范围和程度。对于定期审计项目，审计人员可以利用以往审计中获得的信息，重点调查了解已经发生变化的情况。

（12）审计人员在调查了解被审计单位及其相关情况的过程中，可以选择下列标准作为职业判断的依据：①法律、法规、规章和其他规范性文件；②国家有关方针和政策；③会计准则和会计制度；④国家和行业的技术标准；⑤预算、计划和合同；⑥被审计单位的管理制度和绩效目标；⑦被审计单位的历史数据和历史业绩；⑧公认的业务惯例或者良好实务；⑨专业机构或者专家的意见；⑩其他标准。

审计人员在审计实施过程中需要持续关注标准的适用性。

（13）职业判断所选择的标准应当具有客观性、适用性、相关性、公认性。标准不一致时，审计人员应当采用权威的和公认程度高的标准。

（14）审计人员应当结合适用的标准，分析调查了解的被审计单位及其相关情况，判断被审计单位可能存在的问题。

（15）审计人员应当运用职业判断，根据可能存在问题的性质、数额及其发生的具体环境，判断其重要性。

（16）审计人员判断重要性时，可以关注下列因素：①是否属于涉嫌犯罪的问题；②是否属于法律法规和政策禁止的问题；③是否属于故意行为所产

第一章 审计基本法律制度

生的问题；④可能存在问题涉及的数量或者金额；⑤是否涉及政策、体制或者机制的严重缺陷；⑥是否属于信息系统设计缺陷；⑦政府行政首长和相关领导机关及公众的关注程度；⑧需要关注的其他因素。

（17）审计人员实施审计时，应当根据重要性判断的结果，重点关注被审计单位可能存在的重要问题。

（18）需要对财务报表发表审计意见的，审计人员可以参照中国注册会计师执业准则的有关规定确定和运用重要性。

（19）审计组应当评估被审计单位存在重要问题的可能性，以确定审计事项和审计应对措施。

（20）审计组针对审计事项确定的审计应对措施包括：①评估对内部控制的依赖程度，确定是否及如何测试相关内部控制的有效性；②评估对信息系统的依赖程度，确定是否及如何检查相关信息系统的有效性、安全性；③确定主要审计步骤和方法；④确定审计时间；⑤确定执行的审计人员；⑥其他必要措施。

（21）审计组在分配审计资源时，应当为重要审计事项分派有经验的审计人员和安排充足的审计时间，并评估特定审计事项是否需要利用外部专家的工作。

（22）审计人员认为存在下列情形之一的，应当测试相关内部控制的有效性：①某项内部控制设计合理且预期运行有效，能够防止重要问题的发生；②仅实施实质性审查不足以为发现重要问题提供适当、充分的审计证据。

（23）审计人员决定不依赖某项内部控制的，可以对审计事项直接进行实质性审查。被审计单位规模较小、业务比较简单的，审计人员可以对审计事项直接进行实质性审查。

（24）审计人员认为存在下列情形之一的，应当检查相关信息系统的有效性、安全性：①仅审计电子数据不足以为发现重要问题提供适当、充分的审计证据；②电子数据中频繁出现某类差异。

审计人员在检查被审计单位相关信息系统时，可以利用被审计单位信息系统的现有功能或者采用其他计算机技术和工具，检查中应当避免对被审计单位相关信息系统及其电子数据造成不良影响。

（25）审计人员实施审计时，应当持续关注已作出的重要性判断和对存在重要问题可能性的评估是否恰当，及时作出修正，并调整审计应对措施。

（26）遇有下列情形之一的，审计组应当及时调整审计实施方案：①年度审计项目计划、审计工作方案发生变化的；②审计目标发生重大变化的；③重要审计事项发生变化的；④被审计单位及其相关情况发生重大变化的；⑤审计组人员及其分工发生重大变化的；⑥需要调整的其他情形。

（27）一般审计项目的审计实施方案应当经审计组组长审定，并及时报审计机关业务部门备案。重要审计项目的审计实施方案应当报经审计机关负责人审定。

（28）审计组调整审计实施方案中的下列事项，应当报经审计机关主要负责人批准：①审计目标；②审计组组长；③审计重点；④现场审计结束时间。

（29）编制和调整审计实施方案可以采取文字、表格或者两者相结合的形式。

（二）审计证据

（1）审计证据是指审计人员获取的能够为审计结论提供合理基础的全部事实，包括审计人员调查了解被审计单位及其相关情况和对确定的审计事项进行审查所获取的证据。

（2）审计人员应当依照法定权限和程序获取审计证据。

（3）审计人员获取的审计证据，应当具有适当性和充分性。适当性是对审计证据质量的衡量，即审计证据在支持审计结论方面具有的相关性和可靠性。相关性是指审计证据与审计事项及其具体审计目标之间具有实质性联系。可靠性是指审计证据真实、可信。充分性是对审计证据数量的衡量。审计人员在评估存在重要问题的可能性和审计证据质量的基础上，决定应当获取审计证据的数量。

（4）审计人员对审计证据的相关性分析时，应当关注下列方面：①一种取证方法获取的审计证据可能只与某些具体审计目标相关，而与其他具体审计目标无关；②针对一项具体审计目标可以从不同来源获取审计证据或者获取不同形式的审计证据。

（5）审计人员可以从下列方面分析审计证据的可靠性：①从被审计单位外部获取的审计证据比从内部获取的审计证据更可靠；②内部控制健全有效情况下形成的审计证据比内部控制缺失或者无效情况下形成的审计证据更可靠；③直接获取的审计证据比间接获取的审计证据更可靠；④从被审计单位财务会计资料中直接采集的审计证据比经被审计单位加工处理后提交的审计证据更可靠；⑤原件形式的审计证据比复制件形式的审计证据更可靠。

不同来源和不同形式的审计证据存在不一致或者不能相互印证时，审计人员应当追加必要的审计措施，确定审计证据的可靠性。

（6）审计人员获取的电子审计证据包括与信息系统控制相关的配置参数、反映交易记录的电子数据等。采集被审计单位电子数据作为审计证据的，审计人员应当记录电子数据的采集和处理过程。

（7）审计人员根据实际情况，既可以在审计事项中选取全部项目或者部分特定项目进行审查，也可以进行审计抽样，以获取审计证据。

（8）存在下列情形之一的，审计人员可以对审计事项中的全部项目进行

第一章 审计基本法律制度

审查：①审计事项由少量大额项目构成的；②审计事项可能存在重要问题，而选取其中部分项目进行审查无法提供适当、充分的审计证据的；③对审计事项中的全部项目进行审查符合成本效益原则的。

（9）审计人员可以在审计事项中选取下列特定项目进行审查：①大额或者重要项目；②数量或者金额符合设定标准的项目；③其他特定项目。

选取部分特定项目进行审查的结果，不能用于推断整个审计事项。

（10）在审计事项包含的项目数量较多，需要对审计事项某一方面的总体特征作出结论时，审计人员可以进行审计抽样。审计人员进行审计抽样时，可以参照中国注册会计师执业准则的有关规定。

（11）审计人员可以采取下列方法向有关单位和个人获取审计证据：①检查，是指对纸质、电子或者其他介质形式存在的文件、资料进行审查，或者对有形资产进行审查；②观察，是指查看相关人员正在从事的活动或者执行的程序；③询问，是指以书面或者口头方式向有关人员了解关于审计事项的信息；④外部调查，是指向与审计事项有关的第三方进行调查；⑤重新计算，是指以手工方式或者使用信息技术对有关数据计算的正确性进行核对；⑥重新操作，是指对有关业务程序或者控制活动独立进行重新操作验证；⑦分析，是指研究财务数据之间、财务数据与非财务数据之间可能存在的合理关系，对相关信息作出评价，并关注异常波动和差异。

审计人员进行专项审计调查，可以采用上述方法及其以外的其他方法。

（12）审计人员应当依照法律法规规定，取得被审计单位负责人对本单位提供资料真实性和完整性的书面承诺。

（13）审计人员取得证明被审计单位存在违反国家规定的财政收支、财务收支行为以及其他重要审计事项的审计证据材料，应当由提供证据的有关人员、单位签名或者盖章；不能取得签名或者盖章不影响事实存在的，该审计证据仍然有效，但审计人员应当注明原因。审计事项比较复杂或者取得的审计证据数量较大的，可以对审计证据进行汇总分析，编制审计取证单，由证据提供者签名或者盖章。

（14）被审计单位的相关资料、资产可能被转移、隐匿、篡改、毁弃并影响获取审计证据的，审计机关应当依照法律法规的规定采取相应的证据保全措施。

（15）审计机关执行审计业务过程中，因行使职权受到限制而无法获取适当、充分的审计证据，或者无法制止违法行为对国家利益的侵害时，根据需要，可以按照有关规定提请有权处理的机关或者相关单位予以协助和配合。

（16）审计人员需要利用所聘请外部人员的专业咨询和专业鉴定作为审计证据的，应当对下列方面作出判断：①依据的样本是否符合审计项目的具体情况；②使用的方法是否适当和合理；③专业咨询、专业鉴定是否与其他审计证据相符。

（17）审计人员需要使用有关监管机构、中介机构、内部审计机构等已经形成的工作结果作为审计证据的，应当对该工作结果的下列方面作出判断：①是否与审计目标相关；②是否可靠；③是否与其他审计证据相符。

（18）审计人员对于重要问题，可以围绕下列方面获取审计证据：①标准，即判断被审计单位是否存在问题的依据。②事实，即客观存在和发生的情况，事实与标准之间的差异构成审计发现的问题；③影响，即问题产生的后果。④原因，即问题产生的条件。

（19）审计人员在审计实施过程中，应当持续评价审计证据的适当性和充分性。已采取的审计措施难以获取适当、充分审计证据的，审计人员应当采取替代审计措施；仍无法获取审计证据的，由审计组报请审计机关采取其他必要的措施或者不作出审计结论。

（三）审计记录

（1）审计人员应当真实、完整地记录实施审计的过程、得出的结论和与审计项目有关的重要管理事项，以实现下列目标：①支持审计人员编制审计实施方案和审计报告；②证明审计人员遵循相关法律法规和《国家审计准则》；③便于对审计人员的工作实施指导、监督和检查。

（2）审计人员作出的记录，应当使未参与该项业务的有经验的其他审计人员能够理解其执行的审计措施、获取的审计证据、作出的职业判断和得出的审计结论。

（3）审计记录包括调查了解记录、审计工作底稿和重要管理事项记录。

（4）审计组在编制审计实施方案前，应当对调查了解被审计单位及其相关情况作出记录。调查了解记录的内容主要包括：①对被审计单位及其相关情况的调查了解情况；②对被审计单位存在重要问题可能性的评估情况；③确定的审计事项及其审计应对措施。

（5）审计工作底稿主要记录审计人员依据审计实施方案执行审计措施的活动。审计人员对审计实施方案确定的每一审计事项，均应当编制审计工作底稿。一个审计事项可以根据需要编制多份审计工作底稿。

（6）审计工作底稿的内容主要包括：①审计项目名称；②审计事项名称；③审计过程和结论；④审计人员姓名及审计工作底稿编制日期并签名；⑤审核人员姓名、审核意见及审核日期并签名；⑥索引号及页码；⑦附件数量。

（7）审计工作底稿记录的审计过程和结论主要包括：①实施审计的主要步骤和方法；②取得的审计证据的名称和来源；③审计认定的事实摘要；④得出的审计结论及其相关标准。

（8）审计证据材料应当作为调查了解记录和审计工作底稿的附件。一份审计证据材料对应多个审计记录时,审计人员可以将审计证据材料附在与其关系最密切的审计记录后面,并在其他审计记录中予以注明。

(9)审计组起草审计报告前,审计组组长应当对审计工作底稿的下列事项进行审核:①具体审计目标是否实现;②审计措施是否有效执行;③事实是否清楚;④审计证据是否适当、充分;⑤得出的审计结论及其相关标准是否适当;⑥其他有关重要事项。

(10)审计组组长审核审计工作底稿,应当根据不同情况分别提出下列意见:①予以认可;②责成采取进一步审计措施,获取适当、充分的审计证据;③纠正或者责成纠正不恰当的审计结论。

(11)重要管理事项记录应当记载与审计项目相关并对审计结论有重要影响的下列管理事项:①可能损害审计独立性的情形及采取的措施;②所聘请外部人员的相关情况;③被审计单位承诺情况;④征求被审计对象或者相关单位及人员意见的情况、被审计对象或者相关单位及人员反馈的意见及审计组的采纳情况;⑤审计组对审计发现的重大问题和审计报告讨论的过程及结论;⑥审计机关业务部门对审计报告、审计决定书等审计项目材料的复核情况和意见;⑦审理机构对审计项目的审理情况和意见;⑧审计机关对审计报告的审定过程和结论;⑨审计人员未能遵守《国家审计准则》规定的约束性条款及其原因;⑩因外部因素使审计任务无法完成的原因及影响;其他重要管理事项。

重要管理事项记录可以使用被审计单位承诺书、审计机关内部审批文稿、会议记录、会议纪要、审理意见书或者其他书面形式。

(四)重大违法行为检查

(1)审计人员执行审计业务时,应当保持职业谨慎,充分关注可能存在的重大违法行为。

(2)《国家审计准则》所称重大违法行为是指被审计单位和相关人员违反法律法规、涉及金额比较大、造成国家重大经济损失或者对社会造成重大不良影响的行为。

(3)审计人员检查重大违法行为,应当评估被审计单位和相关人员实施重大违法行为的动机、性质、后果和违法构成。

(4)审计人员调查了解被审计单位及其相关情况时,可以重点了解可能与重大违法行为有关的下列事项:①被审计单位所在行业发生重大违法行为的状况。②有关的法律法规及其执行情况。③监管部门已经发现和了解的与被审计单位有关的重大违法行为的事实或者线索。④可能形成重大违法行为的动机和原因。⑤相关的内部控制及其执行情况。⑥其他情况。

(5)审计人员可以通过关注下列情况,判断可能存在的重大违法行为:

①具体经济活动中存在的异常事项；②财务和非财务数据中反映出的异常变化；③有关部门提供的线索和群众举报；④公众、媒体的反映和报道；⑤其他情况。

（6）审计人员根据被审计单位实际情况、工作经验和审计发现的异常现象，判断可能存在重大违法行为的性质，并确定检查重点。审计人员在检查重大违法行为时，应当关注重大违法行为的高发领域和环节。

（7）发现重大违法行为的线索，审计组或者审计机关可以采取下列应对措施：①增派具有相关经验和能力的人员；②避免让有关单位和人员事先知晓检查的时间、事项、范围和方式；③扩大检查范围，使其能够覆盖重大违法行为可能涉及的领域；④获取必要的外部证据；⑤依法采取保全措施；⑥提请有关机关予以协助和配合；⑦向政府和有关部门报告；⑧其他必要的应对措施。

五、审计报告

（一）审计报告的形式和内容

（1）审计报告包括审计机关进行审计后出具的审计报告以及专项审计调查后出具的专项审计调查报告。

（2）审计组实施审计或者专项审计调查后，应当向派出审计组的审计机关提交审计报告。审计机关审定审计组的审计报告后，应当出具审计机关的审计报告。遇有特殊情况，审计机关可以不向被调查单位出具专项审计调查报告。

（3）审计报告应当内容完整、事实清楚、结论正确、用词恰当、格式规范。

（4）审计机关的审计报告（审计组的审计报告）包括下列基本要素：①标题；②文号（审计组的审计报告不含此项）；③被审计单位名称；④审计项目名称；⑤内容；⑥审计机关名称（审计组名称及审计组组长签名）；⑦签发日期（审计组向审计机关提交报告的日期）。

经济责任审计报告还包括被审计人员姓名及所担任职务。

（5）审计报告的内容主要包括：①审计依据，即实施审计所依据的法律法规规定；②实施审计的基本情况，一般包括审计范围、内容、方式和实施的起止时间；③被审计单位基本情况；④审计评价意见，即根据不同的审计目标，以适当、充分的审计证据为基础发表的评价意见；⑤以往审计决定执行情况和审计建议采纳情况；⑥审计发现的被审计单位违反国家规定的财政收支、财务收支行为和其他重要问题的事实、定性、处理处罚意见以及依据的法律法规和标准；⑦审计发现的移送处理事项的事实和移送处理意见，但

第一章　审计基本法律制度

是涉嫌犯罪等不宜让被审计单位知悉的事项除外；⑧针对审计发现的问题，根据需要提出的改进建议。

审计期间被审计单位对审计发现的问题已经整改的，审计报告还应当包括有关整改情况。经济责任审计报告还应当包括被审计人员履行经济责任的基本情况，以及被审计人员对审计发现问题承担的责任。核查社会审计机构相关审计报告发现的问题，应当在审计报告中一并反映。

（6）采取跟踪审计方式实施审计的，审计组在跟踪审计过程中发现的问题，应当以审计机关的名义及时向被审计单位通报，并要求其整改。跟踪审计实施工作全部结束后，应当以审计机关的名义出具审计报告。审计报告应当反映审计发现但尚未整改的问题，以及已经整改的重要问题及其整改情况。

（7）专项审计调查报告除符合审计报告的要素和内容要求外，还应当根据专项审计调查目标重点分析宏观性、普遍性、政策性或者体制、机制问题并提出改进建议。

（8）对审计或者专项审计调查中发现被审计单位违反国家规定的财政收支、财务收支行为，依法应当由审计机关在法定职权范围内作出处理处罚决定的，审计机关应当出具审计决定书。

（9）审计决定书的内容主要包括：①审计的依据、内容和时间；②违反国家规定的财政收支、财务收支行为的事实、定性、处理处罚决定以及法律法规依据；③处理处罚决定执行的期限和被审计单位书面报告审计决定执行结果等要求；④依法提请政府裁决或者申请行政复议、提起行政诉讼的途径和期限。

（10）审计或者专项审计调查发现的依法需要移送其他有关主管机关或者单位纠正、处理处罚或者追究有关人员责任的事项，审计机关应当出具审计移送处理书。

（11）审计移送处理书的内容主要包括：①审计的时间和内容；②依法需要移送有关主管机关或者单位纠正、处理处罚或者追究有关人员责任事项的事实、定性及其依据和审计机关的意见；③移送的依据和移送处理说明，包括将处理结果书面告知审计机关的说明；④所附的审计证据材料。

（12）出具对国际组织、外国政府及其机构援助、贷款项目的审计报告，按照审计机关的相关规定执行。

（二）审计报告的编审

（1）审计组在起草审计报告前，应当讨论确定下列事项：①评价审计目标的实现情况；②审计实施方案确定的审计事项完成情况；③评价审计证据的适当性和充分性；④提出审计评价意见；⑤评估审计发现问题的重要性；⑥提出对审计发现问题的处理处罚意见；⑦其他有关事项。

审计组应当对讨论前款事项的情况及其结果作出记录。

（2）审计组组长应当确认审计工作底稿和审计证据已经审核，并从总体上评价审计证据的适当性和充分性。

（3）审计组根据不同的审计目标，以审计认定的事实为基础，在防范审计风险的情况下，按照重要性原则，从真实性、合法性、效益性方面提出审计评价意见。审计组应当只对所审计的事项发表审计评价意见。对审计过程中未涉及、审计证据不适当或者不充分、评价依据或者标准不明确以及超越审计职责范围的事项，不得发表审计评价意见。

审计组应当根据审计发现问题的性质、数额及其发生的原因和审计报告的使用对象，评估审计发现问题的重要性，如实在审计报告中予以反映。

（4）审计组对审计发现的问题提出处理处罚意见时，应当关注下列因素：①法律法规的规定；②审计职权范围：属于审计职权范围的，直接提出处理处罚意见；不属于审计职权范围的，提出移送处理意见；③问题的性质、金额、情节、原因和后果；④对同类问题处理处罚的一致性；⑤需要关注的其他因素。

审计发现被审计单位信息系统存在重大漏洞或者不符合国家规定的，应当责成被审计单位在规定期限内整改。

（5）审计组应当针对经济责任审计发现的问题，根据被审计人员履行职责情况，界定其应当承担的责任。

（6）审计组实施审计或者专项审计调查后，应当提出审计报告，按照审计机关规定的程序审批后，以审计机关的名义征求被审计单位、被调查单位和拟处罚的有关责任人员的意见。经济责任审计报告还应当征求被审计人员的意见；必要时，征求有关干部监督管理部门的意见。审计报告中涉及的重大经济案件调查等特殊事项，经审计机关主要负责人批准，可以不征求被审计单位或者被审计人员的意见。

（7）被审计单位、被调查单位、被审计人员或者有关责任人员对征求意见的审计报告有异议的，审计组应当进一步核实，并根据核实情况对审计报告作出必要的修改。审计组应当对采纳被审计单位、被调查单位、被审计人员、有关责任人员意见的情况和原因，或者上述单位或人员未在法定时间内提出书面意见的情况作出书面说明。

（8）对被审计单位或者被调查单位违反国家规定的财政收支、财务收支行为，依法应当由审计机关进行处理处罚的，审计组应当起草审计决定书。对依法应当由其他有关部门纠正、处理处罚或者追究有关责任人员责任的事项，审计组应当起草审计移送处理书。

（9）审计组应当将下列材料报送审计机关业务部门复核：①审计报告；②审计决定书；③被审计单位、被调查单位、被审计人员或者有关责任人员对审计报告的书面意见及审计组采纳情况的书面说明；④审计实施方案；⑤调查了解记录、审计工作底稿、重要管理事项记录、审计证据材料；⑥其他有关材料。

（10）审计机关业务部门应当对下列事项进行复核，并提出书面复核意见：①审计目标是否实现。②审计实施方案确定的审计事项是否完成。③审计发现的重要问题是否在审计报告中反映。④事实是否清楚、数据是否正确。⑤审计证据是否适当、充分。⑥审计评价、定性、处理处罚和移送处理意见是否恰当，适用法律法规和标准是否适当。⑦被审计单位、被调查单位、被审计人员或者有关责任人员提出的合理意见是否采纳。⑧需要复核的其他事项。

（11）审计机关业务部门应当将复核修改后的审计报告、审计决定书等审计项目材料连同书面复核意见，报送审理机构审理。

（12）审理机构以审计实施方案为基础，重点关注审计实施的过程及结果，主要审理下列内容：①审计实施方案确定的审计事项是否完成；②审计发现的重要问题是否在审计报告中反映；③主要事实是否清楚、相关证据是否适当、充分；④适用法律法规和标准是否适当；⑤评价、定性、处理处罚意见是否恰当；⑥审计程序是否符合规定。

（13）审理机构审理时，应当就有关事项与审计组及相关业务部门进行沟通。必要时，审理机构可以参加审计组与被审计单位交换意见的会议，或者向被审计单位和有关人员了解相关情况。

（14）审理机构审理后，可以根据情况采取下列措施：①要求审计组补充重要审计证据；②对审计报告、审计决定书进行修改。

审理过程中遇有复杂问题的，经审计机关负责人同意后，审理机构可以组织专家进行论证。审理机构审理后，应当出具审理意见书。

（15）审理机构将审理后的审计报告、审计决定书连同审理意见书报送审计机关负责人。

（16）审计报告、审计决定书原则上应当由审计机关审计业务会议审定；特殊情况下，经审计机关主要负责人授权，可以由审计机关其他负责人审定。

（17）审计决定书经审定，处罚的事实、理由、依据、决定与审计组征求意见的审计报告不一致并且加重处罚的，审计机关应当依照有关法律法规的规定及时告知被审计单位、被调查单位和有关责任人员，并听取其陈述和申辩。

（18）对于拟作出罚款的处罚决定，符合法律法规规定的听证条件的，审计机关应当依照有关法律法规的规定履行听证程序。

（19）审计报告、审计决定书经审计机关负责人签发后，按照下列要求办理：①审计报告送达被审计单位、被调查单位；②经济责任审计报告送达审计单位和被审计人员；③审计决定书送达被审计单位、被调查单位、被处罚的有关责任人员。

（三）专题报告与综合报告

（1）审计机关在审计中发现的下列事项，可以采用专题报告、审计信息等方式向本级政府、上一级审计机关报告：①涉嫌重大违法犯罪的问题；②与国家财政收支、财务收支有关政策及其执行中存在的重大问题；③关系国家经济安全的重大问题；④关系国家信息安全的重大问题；⑤影响人民群众经济利益的重大问题；⑥其他重大事项。

（2）专题报告应当主题突出、事实清楚、定性准确、建议适当。审计信息应当事实清楚、定性准确、内容精炼、格式规范、反映及时。

（3）审计机关统一组织审计项目的，可以根据需要汇总审计情况和结果，编制审计综合报告。必要时，审计综合报告应当征求有关主管机关的意见。审计综合报告按照审计机关规定的程序审定后，向本级政府和上一级审计机关报送，或者向有关部门通报。

（4）审计机关实施经济责任审计项目后，应当按照相关规定，向本级政府行政首长和有关干部监督管理部门报告经济责任审计结果。

（5）审计机关依照法律法规的规定，每年汇总对本级预算执行情况和其他财政收支情况的审计报告，形成审计结果报告，报送本级政府和上一级审计机关。

（6）审计机关依照法律法规的规定，代本级政府起草本级预算执行情况和其他财政收支情况的审计工作报告（稿），经本级政府行政首长审定后，受本级政府委托向本级人民代表大会常务委员会报告。

（四）审计结果公布

（1）审计机关依法实行公告制度。审计机关的审计结果、审计调查结果依法向社会公布。

（2）审计机关公布的审计和审计调查结果主要包括下列信息：①被审计（调查）单位基本情况；②审计（调查）评价意见；③审计（调查）发现的主要问题；④处理处罚决定及审计（调查）建议；⑤被审计（调查）单位的整改情况。

（3）在公布审计和审计调查结果时，审计机关不得公布下列信息：①涉及国家秘密、商业秘密的信息；②正在调查、处理过程中的事项；③依照法律法规的规定不予公开的其他信息。

涉及商业秘密的信息，经权利人同意或者审计机关认为不公布可能对公共利益造成重大影响的，可以予以公布。审计机关公布审计和审计调查结果应当客观公正。

（4）审计机关公布审计和审计调查结果，应当指定专门机构统一办理，履行规定的保密审查和审核手续，报经审计机关主要负责人批准。审计机关内设机构、派出机构和个人，未经授权不得向社会公布审计和审计调查结果。

（5）审计机关统一组织不同级次审计机关参加的审计项目，其审计和审计调查结果原则上由负责该项目组织工作的审计机关统一对外公布。

（6）审计机关公布审计和审计调查结果按照国家有关规定需要报批的，未经批准不得公布。

（五）审计整改检查

（1）审计机关应当建立审计整改检查机制，督促被审计单位和其他有关单位根据审计结果进行整改。

（2）审计机关主要检查或者了解下列事项：①执行审计机关作出的处理处罚决定情况；②对审计机关要求自行纠正事项采取措施的情况；③根据审计机关的审计建议采取措施的情况；④对审计机关移送处理事项采取措施的情况。

（3）审计组在审计实施过程中，应当及时督促被审计单位整改审计发现的问题。审计机关在出具审计报告、作出审计决定后，应当在规定的时间内检查或者了解被审计单位和其他有关单位的整改情况。

（4）审计机关可以采取下列方式检查或者了解被审计单位和其他有关单位的整改情况：①实地检查或者了解；②取得并审阅相关书面材料；③其他方式。

对于定期审计项目，审计机关可以结合下一次审计，检查或者了解被审计单位的整改情况。检查或者了解被审计单位和其他有关单位的整改情况应当取得相关证明材料。

（5）审计机关指定的部门负责检查或者了解被审计单位和其他有关单位整改情况，并向审计机关提出检查报告。

（6）检查报告的内容主要包括：①检查工作开展情况，主要包括检查时间、范围、对象、和方式等；②被审计单位和其他有关单位的整改情况；③没有整改或者没有完全整改事项的原因和建议。

（7）审计机关对被审计单位没有整改或者没有完全整改的事项，依法采取必要措施。

（8）审计机关对审计决定书中存在的重要错误事项，应当予以纠正。

（9）审计机关汇总审计整改情况，向本级政府报送关于审计工作报告中指出问题的整改情况的报告。

六、审计质量控制和责任

（1）审计机关应当建立审计质量控制制度，以保证实现下列目标：①遵守法律法规和《国家审计准则》；②作出恰当的审计结论；③依法进行处理处罚。

（2）审计机关应当针对下列要素建立审计质量控制制度：①审计质量责任；②审计职业道德；③审计人力资源；④审计业务执行；⑤审计质量监控。

（3）审计机关实行审计组成员、审计组主审、审计组组长、审计机关业务部门、审理机构、总审计师和审计机关负责人对审计业务的分级质量控制。

（4）审计组成员的工作职责包括：①遵守本准则，保持审计独立性；②按照分工完成审计任务，获取审计证据；③如实记录实施的审计工作并报告工作结果；④完成分配的其他工作。

（5）审计组成员应当对下列事项承担责任：①未按审计实施方案实施审计导致重大问题未被发现的；②未按照本准则的要求获取审计证据导致审计证据不适当、不充分的；③审计记录不真实、不完整的；④对发现的重要问题隐瞒不报或者不如实报告的。

（6）审计组组长的工作职责包括：①编制或者审定审计实施方案；②组织实施审计工作；③督导审计组成员的工作；④审核审计工作底稿和审计证据；⑤组织编制并审核审计组起草的审计报告、审计决定书、审计移送处理书、专题报告、审计信息；⑥配置和管理审计组的资源；⑦审计机关规定的其他职责。

（7）审计组组长应当从下列方面督导审计组成员的工作：①将具体审计事项和审计措施等信息告知审计组成员，并与其讨论；②检查审计组成员的工作进展，评估审计组成员的工作质量，并解决工作中存在的问题；③给予审计组成员必要的培训和指导。

（8）审计组组长应当对审计项目的总体质量负责，并对下列事项承担责任：①审计实施方案编制或者组织实施不当，造成审计目标未实现或者重要问题未被发现的；②审核未发现或者未纠正审计证据不适当、不充分问题的；③审核未发现或者未纠正审计工作底稿不真实、不完整问题的；④得出的审计结论不正确的；⑤审计组起草的审计文书和审计信息反映的问题严重失实的；⑥提出的审计处理处罚意见或者移送处理意见不正确的；⑦对审计组发现的重要问题隐瞒不报或者不如实报告的；⑧违反法定审计程序的。

（9）根据工作需要，审计组可以设立主审。主审根据审计分工和审计组组长的委托，主要履行下列职责：①起草审计实施方案、审计文书和审计信息；②对主要审计事项进行审计查证；③协助组织实施审计；④督导审计组成员的工作；⑤审核审计工作底稿和审计证据；⑥组织审计项目归档工作；⑦完成审计组组长委托的其他工作。

（10）审计组组长将其工作职责委托给主审或者审计组其他成员的，仍应当对委托事项承担责任。受委托的成员在受托范围内承担相应责任。

第一章　审计基本法律制度

（11）审计机关业务部门的工作职责包括：①提出审计组组长人选；②确定聘请外部人员事宜；③指导、监督审计组的审计工作；④复核审计报告、审计决定书等审计项目材料；⑤审计机关规定的其他职责。

业务部门统一组织审计项目的，应当承担编制审计工作方案，组织、协调审计实施和汇总审计结果的职责。

（12）审计机关业务部门应当及时发现和纠正审计组工作中存在的重要问题，并对下列事项承担责任：①对审计组请示的问题未及时采取适当措施导致严重后果的；②复核未发现审计报告、审计决定书等审计项目材料中存在的重要问题的；③复核意见不正确的；④要求审计组不在审计文书和审计信息中反映重要问题的。

业务部门对统一组织审计项目的汇总审计结果出现重大错误、造成严重不良影响的事项承担责任。

（13）审计机关审理机构的工作职责包括：①审查修改审计报告、审计决定书；②提出审理意见；③审计机关规定的其他职责。

（14）审计机关审理机构对下列事项承担责任：①审理意见不正确的；②对审计报告、审计决定书作出的修改不正确的；③审理时应当发现而未发现重要问题的。

（15）审计机关负责人的工作职责包括：①审定审计项目目标、范围和审计资源的配置；②指导和监督检查审计工作；③审定审计文书和审计信息；④审计管理中的其他重要事项。

审计机关负责人对审计项目实施结果承担最终责任。

（16）审计机关对审计人员违反法律法规和《国家审计准则》的行为，应当按照相关规定追究其责任。

（17）审计机关应当按照国家有关规定，建立健全审计项目档案管理制度，明确审计项目归档要求、保存期限、保存措施、档案利用审批程序等。

（18）审计项目归档工作实行审计组组长负责制，审计组组长应当确定立卷责任人。立卷责任人应当收集审计项目的文件材料，并在审计项目终结后及时立卷归档，由审计组组长审查验收。

（19）审计机关实行审计业务质量检查制度，对其业务部门、派出机构和下级审计机关的审计业务质量进行检查。

（20）审计机关可以通过查阅有关文件和审计档案、询问相关人员等方式、方法，检查下列事项：①建立和执行审计质量控制制度的情况；②审计工作中遵守法律法规和《国家审计准则》的情况；③与审计业务质量有关的其他事项。

审计业务质量检查应当重点关注审计结论的恰当性、审计处理处罚意见的合法性和适当性。

（21）审计机关开展审计业务质量检查，应当向被检查单位通报检查结果。

（22）审计机关在审计业务质量检查中，发现被检查的派出机构或者下级审计机关应当作出审计决定而未作出的，可以依法直接或者责成其在规定期限内作出审计决定；发现其作出的审计决定违反国家有关规定的，可以依法直接或者责成其在规定期限内变更、撤销审计决定。

（23）审计机关应当对其业务部门、派出机构实行审计业务年度考核制度，考核审计质量控制目标的实现情况。

（24）审计机关可以定期组织优秀审计项目评选，对被评为优秀审计项目的予以表彰。

（25）审计机关应当对审计质量控制制度及其执行情况进行持续评估，及时发现审计质量控制制度及其执行中存在的问题，并采取措施加以纠正或者改进。审计机关可以结合日常管理工作或者通过开展审计业务质量检查、考核和优秀审计项目评选等方式，对审计质量控制制度及其执行情况进行持续评估。

第二章 审计准备与过程文书

导读

本章介绍审计准备与过程文书，包括七节，分别介绍审计通知书、授权审计通知书、暂停拨付款项通知书、解除暂停拨付款项通知书、提请协助查询单位账户通知书、提请协助查询个人存款通知书以及封存通知书。

第一节 审计通知书

一、相关法律依据

根据《审计法》第四十二条的规定，审计机关根据经批准的审计项目计划确定的审计事项组成审计组，并应当在实施审计3日前，向被审计单位送达审计通知书；遇有特殊情况，经县级以上人民政府审计机关负责人批准，可以直接持审计通知书实施审计。

根据《审计法实施条例》第三十五条的规定，审计机关应当根据年度审计项目计划，组成审计组，调查了解被审计单位的有关情况，编制审计方案，并在实施审计3日前，向被审计单位送达审计通知书。

二、审计通知书的适用范围

审计通知书适用于通知被审计单位（含被调查单位）接受审计（含专项审计调查）。

三、审计通知书的内容

根据《审计署关于在全国实行统一审计文书格式的通知》(审法发〔1995〕7号)的规定,审计机关在实施审计 3 日前,向被审计单位送达审计通知书。审计机关发送审计通知书时,应附审计文书送达回证。被审计单位收到审计通知书后,填好审计文书送达回证送(寄)审计机关。

审计通知书的内容包括:

(1)被审计单位名称。
(2)审计范围、内容和时间。
(3)审计组长及其他成员的名单。
(4)对被审计单位配合审计工作的要求。

四、审计通知书的格式

(一)审计通知书格式一

******(审计机关全称)

审 计 通 知 书

审通*〔****〕*号

关于对 ****** 进行审计的通知

_____:

根据**********,决定派出审计组,自 **** 年 ** 月 ** 日起,对你单位**********,进行审计。请予积极配合,并提供有关资料和必要的工作条件。

审计组长:_____

审计组员:_____

******(审计机关全称印章)

**** 年 ** 月 ** 日

抄送:******

（二）审计通知书格式二

****（审计机关全称）

审 计 通 知 书

*审**通〔20**〕**号

****（*审计机关名称*）对****（*项目名称*）
进行审计（*专项审计调查*）的通知

****（*主送单位全称或者规范简称*）：

根据《中华人民共和国审计法》第****条的规定，我署（*厅、局、办*）决定派出审计组，自20**年**月**日起，对你单位****进行审计（*专项审计调查*），必要时将追溯到相关年度或者延伸审计（*调查*）有关单位。请予以配合，并提供有关资料（包括电子数据资料）和必要的工作条件。

审计组组长：***

审计组副组长：***

审计组成员：***（*主审*） *** *** ***

附件：*********

（*审计机关印章*）

****年**月**日

（续）

说明：

1. 审计通知书及其他审计文书参考格式正文中用斜体字标注的内容为说明性或者选择性内容。

2. 审计通知书的主送单位为被审计（调查）单位，抄送单位根据情况可填写与被审计（调查）事项相关的其他部门。

3. 根据情况，审计依据也可引用《中华人民共和国审计法实施条例》第****条，上级审计机关授权项目还应在审计依据中注明根据***的授权。

4. 审计通知书及其他审计文书中所称"我署（厅、局、办）"是指审计署、审计厅、审计局或者审计署驻地方特派员办事处。

5. 审计起始日期无法确定到日的，至少应明确到某月的上、中、下旬。

6. 审计组副组长和主审为可选项，根据实际情况填写；审计组成员人数较多或者可能有调整时，可仅列出部分成员并以"等"字结尾。

7. 一般情况下，审计通知书应当在附件中列明审计组的审计纪律要求；根据需要，审计通知书还可在附件中列明被审计（调查）单位需要提供的文件资料目录、需要填制的调查表格等。

8. 经济责任审计、跟踪审计对审计通知书有特殊要求的，按照相关要求办理。

9. 如结合审计或者专项审计调查，对社会审计机构出具的相关审计报告进行核查，可在审计通知书一并写明，同时抄送被核查的社会审计机构。

10. 审计通知书（其他文书也照此办理）发文字号中应包括单位代字，序号采取全年统一编号，可具体参照下列例子填写：

（1）地方审计机关：闽审财通〔2021〕1号。

（2）特派办：审深特农通〔2021〕1号。

（3）署业务司：审金通〔2021〕1号。

五、审计通知书范本

常州市金坛区审计局

审 计 通 知 书

坛审投通〔2015〕24号

**常州市金坛区审计局对金坛区指前实验学校
进行竣工决算审计的通知**

  根据《中华人民共和国审计法》第二十二条,《金坛市政府投资项目审计监督办法》(坛政发〔2008〕9号)等有关规定,我局决定派出审计组,自2015年9月28日起,对你校移址新建工程进行决算审计,必要时将延伸调查有关的建设、设计、施工、监理、供货等有关单位。请予以配合,并提供有关资料(包括电子数据资料)和必要的工作条件。你单位需对所提供资料的真实性、完整性做出书面承诺,未经审计,不得办理竣工结算。

  审计组组长:张某某
  审计组成员:王某某(主审)、庄某某等。

  附件:1. 常州市金坛区审计局关于审计廉政纪律的规定
     2. 承诺书
     3. 被审计单位需提供的资料
     4. 配合审计人员授权书

常州市金坛区审计局
2015年9月21日

（续）

附件 1

常州市金坛区审计局关于审计廉政纪律的规定

为了严格审计纪律，加强廉政建设。根据上级审计机关的要求，审计人员必须遵守以下八项审计纪律：

一、不准接受被审计单位及个人的现金、有价证券、支付凭证、购物卡和礼品；

二、不准接受被审计单位安排的宴请和旅游、洗澡等娱乐活动；

三、不准在审计工作中隐瞒查出的问题，或者违反规定私自处理，为个人或小团体谋取利益；

四、不准利用审计职权或知晓的被审计单位的商业秘密和内部信息，为自己和他人谋利；

五、不准在被审计单位报销任何因公因私的费用或提出与审计无关的要求；

六、不准向被审计单位推销商品或介绍业务，从中获取好处；

七、不准在被审计单位上网聊天、查看股市和玩各类游戏；

八、不准参与各种形式的赌博活动。

监督电话：82822903

（续）

附件2

承 诺 书

常州市金坛区审计局：

根据常州市金坛区审计局《审计通知书》（坛审投通〔2015〕号）的要求，我单位向审计组提供了下列工程相关资料和财务会计资料，并郑重做出如下承诺：

一、按照要求向审计组提交的相关设计、招投标、工程（预）决算文件；与设计、监理、施工有关的合同；所采购设备及主要材料的合同、清单；验收月报表等书面材料。提供已施工完毕的单位工程结算资料、隐蔽验收记录、监理指令单、工程变更通知单、与工程造价计算有关的各种签证、会议纪要等相关资料。所报送的工程资料和会计报表等其他相关的资料是真实、完整的。

二、无其它未提供的账外财务会计资料和账外资产。

法定代表人（签名）：

项目负责人（签名）：

财务负责人（签名）：

（单位印章）

年 月 日

（续）

附件3

被审计单位需提供的资料

一、项目立项可行性报告及发展和改革局的批复；

二、项目的完整设计图及设计概算；

三、项目实施期招投标文件；

四、与项目设计、监理、施工、供材等有关的合同；

五、工程（预）决算文件；

六、所采购设备及主要材料的合同、清单；

七、单位工程竣工结算资料、隐蔽验收记录、监理指令单、工程变更通知单、与工程造价计算有关的各种签证、会议纪要等相关资料；

八、工程财务支出的相关报表及账册凭证；

九、其他相关资料。

上述资料的有电子文档或电子数据请一并提供。

涉及国家秘密的资料请单独提供；同时，提供的非涉密资料中应确保不含涉密信息。

（续）

附件 4

配合审计人员授权书

常州市金坛区审计局：

  我单位参与了＿＿＿＿＿＿工程的建设。按照审计要求，我单位特指派＿＿＿＿＿＿（不超过 2 人），全权配合审计组对该项目进行审计，并授予其在审计过程中签字认可的权利。

  特此授权。

（单位盖章）：

年　月　日

委派人员情况一览表

姓名	职务	联系电话		备注
		电话号码	手机号码	

审 计 通 知 书

甘农大审通字〔2017〕9 号

校工会：

　　受党委组织与统战部委托，审计处将组成审计组，自 2017 年 7 月 12 日起，对你处原任主席魏某某同志在 2014 年 5 月至 2017 年 5 月担任校工会主席期间经济责任履行的情况进行审计。请你单位和被审计领导干部积极配合，并按时提供以下相关资料：①被审计的领导干部任期内履行经济责任情况的述职报告；②有关会计凭证、账册、报表等会计资料；④有关内部制度建设及执行情况的资料；④有关机构设置、人员构成、领导职责分工等资料，并对资料的真实、完整做出书面承诺。

　　特此通知。

　　组　长：陈某某
　　成　员：王　某　王某某　杨某某

甘肃农业大学审计处
2017 年 7 月 7 日

长沙市岳麓区审计局

审 计 通 知 书

岳审通〔2019〕13号

长沙市岳麓区审计局对长沙市岳麓区原食品药品监督管理局党组书记、局长晏某某任期经济责任进行审计的通知

晏某某同志并长沙市岳麓区市场监督管理局：

根据《中华人民共和国审计法》第二十五条、《党政主要领导干部和国有企业领导人员经济责任审计规定》（中办发〔2019〕45号）文件和区委组织部《关于对晏某某同志进行审计的通知》（岳组审委函〔2019〕2号）审计委托书，经中共长沙市岳麓区委审计委员会批准，我局决定派出审计组，自2019年9月9日起，对长沙市岳麓区原食品药品监督管理局党组书记、局长晏某某2016年9月至2019年3月任期经济责任履行情况进行审计，必要时将追溯到相关年度或者延伸审计有关单位。请予以配合，并提供有关资料（包括电子数据资料）和必要的工作条件。

审计组组长：吴某

审计组成员：丁某（主审）、蒋某某、黄某

廉政监督员：喻某某

长沙市岳麓区审计局

2019年9月3日

审 计 通 知 书

海经审〔2023〕013号

关于对研究生工作部部长、研究生院执行院长王某某同志任期经济责任进行审计的通知

上海海洋大学研究生院：

根据党委组织部委托，我处决定派出审计组，自2023年10月16日起，对王某某同志2019年1月至2022年12月担任研究生工作部部长、研究生院执行院长期间应负经济责任的履行情况进行审计。请予积极配合，并提供有关资料（包括电子数据资料）。

一、请按审计组提供的承诺书的内容要求，由被审计人签署后提交审计组。

二、请按审计组提供的述职报告撰写要点，完成本人任职期间经济责任履行情况的书面报告，由被审计人签署后提交审计组。

三、其他所需资料详见经济责任审计资料清单。

四、审计组组成

上海海洋大学审计处：周某某、郝某

委托社会审计机构：上海浦江会计师事务所

附件：
1. 审计"八不准"工作纪律告知书（略）
2. 经济责任审计资料清单（略）

上海海洋大学审计处
2023年10月13日

第二节　授权审计通知书

一、相关法律依据

根据《审计法》第三十一条的规定，上级审计机关对其审计管辖范围内的审计事项，可以授权下级审计机关进行审计。

二、授权审计通知书的内容

根据《审计署关于在全国实行统一审计文书格式的通知》（审法发〔1995〕7号）的规定，上级审计机关可以将其审计管辖范围内的审计事项授权下级审计机关进行审计。审计机关授权时，应使用授权审计通知书，抄送被审计单位。被授权的审计机关按照审计程序依法进行审计。实施审计后，依法出具审计意见书，作出审计决定。

授权审计通知书应明确审计事项的范围、内容、时间和授权审计机关的其他要求。

三、授权审计通知书的格式

******（审计机关全称）

授权审计通知书

审授 *〔****〕* 号

关于对 ****** 授权审计的通知

_____：

根据《中华人民共和国审计法》第二十八条的规定，兹授权你厅（局）

（续）

对 ****** 进行审计，并依法出具审计意见书，作出审计决定。审计终结后，将审计结果报送我单位。

******（审计机关全称印章）
****年**月**日

抄送：********

四、授权审计通知书范本

中华人民共和国审计署

授权审计通知书

审__资〔 〕__号

审计署关于授权_____省审计厅审计世界粮食计划署援助_____省_____山区农业综合开发项目的通知

_____省审计厅：

根据《中华人民共和国审计法》第二十八条的规定，和我国政府与联合国世界粮食计划署（WFP）签署的项目协议，兹授权你厅从_____年到_____年止对援助你省_____山区农业综合开发项目（编号_____）进行审计，并依法出具审计意见书，作出审计决定，出具对外审计报告。第一年的对外审计报告，在报出之前，应送署外资司审核。每年审计工作结束后，请将审计结果报送我署。

附件：授权审计项目一览表（略）

中华人民共和国审计署（章）
_____年_____月_____日

五、授权审计相关制度

根据《审计署授权审计管理办法》（审办发〔2010〕92号）的规定，审计署授权审计工作，实行一年一定、统一授权的办法，原则上只安排行业性授权审计项目，一般不对个别审计事项单独安排授权。

审计署制定授权审计项目（国外贷援款公证审计项目按已有规定执行，下同）计划，应当以整合审计资源、发挥全国审计机关的整体效能为目标，注重与审计署统一组织审计项目计划的衔接与协调。

审计署审计管辖范围内的审计事项只授权给省级审计机关（含新疆生产建设兵团、计划单列市审计局，下同），由省级审计机关直接实施或统一组织下级审计机关实施。

审计署在调查研究的基础上，于每年年底前提出次年授权审计项目安排意见，包括明确负责业务指导的审计业务司、授权审计项目安排的指导思想、授权范围或行业、选定被审计单位的原则和要求等。省级审计机关根据授权审计项目安排意见选定审计项目，向审计署提交授权审计项目立项申请书，说明选定的审计项目基本情况、立项理由、审计目标、审计内容、范围和重点，以及审计的组织分工等事项。

审计署收到省级审计机关申请授权的文件后，由办公厅统一汇总，进行综合平衡，并征求相关业务司、派出机构意见，形成授权审计项目计划（草案）。有关业务司根据授权审计项目计划（草案），制定行业性授权审计项目指导意见，明确授权审计项目的总体要求和审计重点、项目执行的进度、审计报告上报要求等事项。授权审计项目计划（草案）和指导意见报审计业务会议研究审定后，正式下达给省级审计机关执行。

授权审计项目计划一经下达，地方审计机关必须确保在规定的时间内完成；因特殊原因当年无法完成的，应当及时向审计署申请调减项目计划。

省级审计机关统一组织下级审计机关实施授权审计项目时，应当根据审计署授权审计项目指导意见的要求制发审计工作方案，签发审计通知书，提出审计报告，出具审计移送处理书，作出审计决定。省级审计机关的法制工作机构应当对相关审计文书进行审理或复核，提出审理或复核意见。

地方审计机关在实施授权审计项目过程中，应当严格执行审计法、相关审计准则和审计署关于审计质量控制的规定，规范审计行为，确保审计质量；对于授权审计项目指导意见所确定的审计事项，必须确保完成；要在全面掌握被审计单位财务收支真实、合法、效益情况的基础上，重点揭露和查处重大违法违规问题和经济犯罪案件线索，揭示和反映体制性障碍、制度性缺陷和重大管理漏洞，注重分析研究，提出改进和完善的建议；审计查出被审计单位违反国家规定的财政收支、财务收支行为，应当严格依法进行处理处罚。在对违反国家规定的财政收支、财务收支行为的定性和处理处罚上，遇有政策界限不清，或与被审计单位有重大意见分歧的，省级审计机关应当及时向审计署反映。

在实施授权审计项目过程中，发现有下列问题之一的，省级审计机关应当以《重要审计情况》及时向审计署报告：

（1）因决策不当、失职渎职、管理不善造成国有资金、资产损失金额较大。

（2）厅（局）级以上领导干部涉嫌严重违法犯罪，涉案金额较大。

（3）影响国家重要宏观政策执行的重大问题，涉及金额较大。

（4）其他性质特别恶劣，金额巨大的严重违法违规问题或案件。

省级审计机关制发授权审计项目的审计工作方案、审计报告、审计决定书及审计移送处理书时，应当抄报审计署并抄送有审计管辖权的审计署派出机构。审计署有关业务司会同办公厅按照授权审计指导意见对授权审计项目的执行情况进行跟踪、协调和指导，对省级审计机关的审计报告进行审核和汇总，并将审理意见与汇总结果报请审计业务会议审定。

对于未按时完成授权审计任务和未按上述要求报送包括不报送审计文书的审计机关，审计署将视情况作出处理，直至取消其承办授权事项的资格。

授权审计项目的审计档案由省级审计机关统一保存并归档。

授权审计项目可以参加审计署组织的地方优秀审计项目评选。

审计署每年组织对授权审计项目计划执行、项目实施质量、审计成果等情况进行考核和抽查，并通报考核和抽查结果。

在实施授权审计项目过程中，地方审计机关应当严格遵守审计工作纪律和各项廉政规定。对违反审计工作纪律、以审计权力谋取单位和个人私利问题的，审计署暂停对其授权、限期整改并依法依纪作出相应处理；因审计人员失职、渎职等行为造成审计项目重大质量问题和重大事项隐瞒不报的，依法追究有关领导和直接责任人员的责任。

第三节　暂停拨付款项通知书

一、相关法律依据

根据《审计法》第三十八条的规定，审计机关对被审计单位正在进行的违反国家规定的财政收支、财务收支行为，有权予以制止；制止无效的，经县级以上人民政府审计机关负责人批准，通知财政部门和有关主管机关、单位暂停拨付与违反国家规定的财政收支、财务收支行为直接有关的款项，已经拨付的，暂停使用。

二、暂停拨付款项通知书的内容

根据《审计署关于在全国实行统一审计文书格式的通知》（审法发〔1995〕7号）的规定，审计机关可以将暂停拨付款项通知书发送财政部门和有关主管部门执行。已经拨付的款项，可由财政部门和有关主管部门通知被审计单位开户银行暂停支付，被审计单位暂停使用。审计机关也可以直接通知被审计单位开户银行暂停支付和被审计单位暂停使用。

暂停拨付款项通知书应写明暂停拨付款项的原因、内容和时间。暂停拨付款项通知书应同时抄送有关单位。

三、暂停拨付款项通知书的格式

******（审计机关全称）

暂停拨付款通知书

审停 * 〔****〕* 号

关于对 **** 暂停拨付款项的通知

_____：

　　****** 违反了 ******，属于正在进行的违反国家规定的财政收支、财务收支行为。经审计机关制止无效，现根据《中华人民共和国审计法》第三十四条第三款的规定，经 ***** 负责人 *** 批准，决定自 **** 年 ** 月 ** 日起对 ****** 款项暂停拨付；已经拨付的，暂停使用。请予执行。

　　特此通知

　　　　　　　　　　　　　　******（审计机关全称印章）
　　　　　　　　　　　　　　　　　　**** 年 ** 月 ** 日

抄送：********

第四节　解除暂停拨付款项通知书

一、相关法律依据

根据《审计法》第三十八条的规定，审计机关对被审计单位正在进行的违反国家规定的财政收支、财务收支行为，有权予以制止；制止无效的，经县级以上人民政府审计机关负责人批准，通知财政部门和有关主管机关、单位暂停拨付与违反国家规定的财政收支、财务收支行为直接有关的款项，已经拨付的，暂停使用。审计机关采取上述措施不得影响被审计单位合法的业务活动和生产经营活动。

二、解除暂停拨付款项通知书的内容

根据《审计署关于在全国实行统一审计文书格式的通知》（审法发〔1995〕7号）的规定，审计机关对被审计单位采取暂停拨付有关款项的措施后，被审计单位已经停止了正在进行的违反国家规定的财政收支、财务收支行为，采取临时强制措施的目的则已达到，审计机关应及时作出解除对其暂停拨付和暂停使用与违反国家规定的财政收支、财务收支行为直接有关的款项的决定。解除暂停拨付该款项的通知书应发送拨付该款项的财政部门和有关主管部门执行，同时抄送被审计单位。

解除暂停拨付款项通知书应写明解除暂停拨付款项的原因、内容和时间。

三、解除暂停拨付款项通知书的格式

******（审计机关全称）

解除暂停拨付款项通知书

审解 *〔****〕* 号

第二章　审计准备与过程文书

（续）

> **关于解除对＊＊＊暂停拨付款项的通知**
>
> _____：
>
> 　　＊＊＊＊＊＊＊＊停止了＊＊＊＊＊＊。决定自＊＊＊＊年＊＊月＊＊日起，解除对＊＊＊＊＊＊＊款项的暂停拨付；请予执行。
>
> 　　　　　　　　　　　　　　　　　　　　　　＊＊＊＊＊＊（审计机关全称印章）
>
> 　　　　　　　　　　　　　　　　　　　　　　　　　＊＊＊＊年＊＊月＊＊日
>
> 抄送：＊＊＊＊＊＊＊＊

第五节　提请协助查询单位账户通知书

一、相关法律依据

　　根据《审计法》第三十七条的规定，审计机关进行审计时，有权就审计事项的有关问题向有关单位和个人进行调查，并取得有关证明材料。有关单位和个人应当支持、协助审计机关工作，如实向审计机关反映情况，提供有关证明材料。审计机关经县级以上人民政府审计机关负责人批准，有权查询被审计单位在金融机构的账户。审计机关有证据证明被审计单位违反国家规定将公款转入其他单位、个人在金融机构账户的，经县级以上人民政府审计机关主要负责人批准，有权查询有关单位、个人在金融机构与审计事项相关的存款。

　　根据《审计署　人民银行　银保监会　证监会关于审计机关查询单位和个人在金融机构账户和存款有关问题的通知》（审法发〔2022〕7号），审计机关在审计（含专项审计调查，下同）过程中，有权依法向金融机构查询单位、个人账户和存款，并取得证明材料，金融机构应当予以协助。审计机关查询的账户和存款，包括单位、个人在政策性银行、商业银行、城市信用合作社、农村信用合作社、保险公司、信托投资公司、财务公司、金融租赁公司、中央国债登记结算公司、中国证券登记结算有限责任公司、证券公司、证券投资基金管理公司、期货公司以及经国务院金融监督管理机构批准设立的其他金融机构（以下统称金融机构）开立的银行、资金、证券、基金、信托、保险等各类账户，以及在金融机构办理的储蓄账户、结算账户以及买卖证券、基金等的资金账户的资金。

　　审计机关查询单位、个人账户和存款应当严格依法履行审批程序。查询被审计单位账户应当经县级以上人民政府审计机关（含省级以上人民政府审计机关派出机构，下同）负责人批准，制发协助查询通知书；查询其他单位、个人存款应当取得相关的证明材料（主要涉及其他单位、个人与被审计单位之间的关系、款项的来源、款项使用情况、相关当事人确认的被审计单位违反国家规定将公款转入其他单位、个人在金融机构账户的调查记录等），以此认定被审计单位违反国家规定将公款转入其他单位、个人在金融机构账户，并经县级以上人民政府审计机关主要负责人批准，制发协助查询通知书。

　　审计机关查询单位、个人账户和存款时，应当向有关金融机构送达协助查询通知书。审计人员具体执行查询任务时，应当由两名以上审计人员参加，并出示审计人员的工作证件和审计通知书。审计机关查询单位、个人账户和存款时，应当向金融机构提供账户名称、账号或者有关身份信息。对因群众举报等原因，审计机关无法提供上述信息的，审计机关应当向金融机构说明原因，由金融机构协助查询。

　　审计机关查询单位、个人账户和存款的内容，主要包括开户销户情况、交易日期、内容、金额和账户余额情况，以及交易资金流向、交易设备和网络信息、第三方支付信息等记录。审计机关查询单位、个人账户和存款时，可以对相关资料进行抄录、复印、照相，或拷贝电子数据，但不得带走原件。金融机构应当在其提供的证明材料上注明来源并盖章。

　　金融机构应当依法协助审计机关办理查询工作，如实提供相关资料，不得隐匿。金融机构协助复制存款资料等支付了成本费用的，可以按照相关规定向审计机关收取工本费。审计机关需要到异地查询单位、个人账户和存款的，可以直接到异地金融机构进行查询，也可以委托当地审计机关查询。

　　对金融机构提供的有关资料以及在查询工作中知悉的国家秘密、工作秘密、商业秘密、个人隐私和个人信息，审计机关和审计人员应当依法予以保密。对审计机关查询单位、个人账户和存款的情况和内容，金融机构及其工作人员应当保密，不得告知有关单位或者个人。

　　审计机关和审计人员违反上述规定进行查询，由上级审计机关依法追究有关人员的责任；金融机构和有关工作人员未按上述规定协助查询，由有关金融监管机构依法追究有关人员的责任。

二、提请协助查询单位账户通知书的适用范围

提请协助查询单位账户通知书适用于查询被审计单位在金融机构的账户。

三、提请协助查询单位账户通知书的格式

****（审计机关全称）

提请协助查询单位账户通知书

*审**查〔20**〕**号　　　　　　　　　签发人：_____

_____：

　　我署（厅、局、办）在对****（被审计对象）进行审计（专项审计调查）过程中，发现****（单位）在你****设有****账户。现根据《中华人民共和国审计法》第三十三条的规定，由我署（厅、局、办）（或者委托****）对该账户进行查询，请予协助、配合，并提供有关资料。

附：账户名称：
　　开户金融机构名称：
　　账号：
　　提请协助查询内容：
　　提请协助查询人：

　　　　　　　　　　　　　　　　　　　　（审计机关印章）
　　　　　　　　　　　　　　　　　　　　****年**月**日

　　执行提请协助查询任务时，应当由两名以上审计人员参加，并同时出示提请提请协助查询通知书、审计人员的工作证件和审计通知书复印件。三件缺一，此件无效。

　　以上提请协助查询事项，请你单位及有关工作人员依法严格保密；否则，将依法提请相关部门追究法律责任。

　　　　　　　　　金融机构盖章或者主管人员签名确认：
　　　　　　　　　　　　****年**月**日

（续）

[说明：对因群众举报等原因，审计机关无法提供被审计单位准确的账户名称或者账号的，可不表述具体账号，但应当向有关金融机构说明。]

四、提请协助查询单位账户通知书范本

眉山市彭山区审计局

提请协助查询单位账户通知书

眉彭审协查〔2018〕**号　　　　　　　　签发人：***

眉山农村商业银行股份有限公司：

　　我局在对区林业局进行审计过程中，发现眉山市彭山区××花木专业合作社在你单位设有对公账户。现根据《中华人民共和国审计法》第三十三条的规定，由我局对该账户进行查询，请予协助、配合，并提供有关资料。

　　附：账户名称：眉山市彭山区四全花木专业合作社
　　　　开户金融机构名称：眉山农村商业银行股份有限公司
　　　　账号：**************
　　　　查询内容：2016年6月至2018年6月的银行流水
　　　　查询人：***，***

眉山市彭山区审计局
2018年11月12日

第六节　提请协助查询个人存款通知书

一、相关法律依据

根据《审计法》第三十七条的规定，审计机关有证据证明被审计单位违反国家规定将公款转入其他单位、个人在金融机构账户的，经县级以上人民政府审计机关主要负责人批准，有权查询有关单位、个人在金融机构与审计事项相关的存款。

二、提请协助查询个人存款通知书的适用范围

提请协助查询个人存款通知书适用于查询被审计单位以个人名义在金融机构的存款。

三、提请协助查询个人存款通知书的格式

****（审计机关全称）

提请协助查询个人存款通知书

*审**查〔20**〕**号　　　　　　　　签发人：

_____：

　　我署（厅、局、办）在对****（被审计对象）进行审计（专项审计调查）过程中，根据相关证据，发现****（单位）以个人名义在你****存储公款。现根据《中华人民共和国审计法》第三十三条的规定，由我署（厅、局、办）（或者委托****）对该存款进行查询，请予协助、

063

（续）

配合，并提供有关资料。

　　附：存款人姓名：
　　　　开户金融机构名称：
　　　　账号或者存款人身份证件号码：
　　　　提请协助查询内容：
　　　　提请协助查询人：

（审计机关印章）
****年**月**日

　　执行提请协助查询任务时，应当由两名以上审计人员参加，并同时出示提请提请协助查询通知书、审计人员的工作证件和审计通知书复印件。三件缺一，此件无效。
　　以上提请协助查询事项，请你单位及有关工作人员依法严格保密；否则，将依法提请相关部门追究法律责任。

金融机构盖章或者主管人员签名确认：
****年**月**日

四、提请协助查询个人存款通知书范本

眉山市彭山区审计局

协助查询个人存款通知书

眉彭审协查〔2017〕1号　　　　　　　　　　签发人：**

彭山县农村信用合作联社公义信用社：
　　我局在对公义镇党委书记***、原镇长***同志任期经济责任审计过程中，根据相关证据，认定***、***以个人名义在你社存款。现根据《中

（续）

华人民共和国审计法》第三十三条的规定，由我局委托 ***、***、*** 三人对该存款进行查询，请予协助、配合，并提供有关资料。

附：存款人姓名：***

开户金融机构名称：彭山县农村信用合作联社公义信用社

账号或者存款人身份证件号码：******

查询内容：2014年至2016年取款凭证及收支明细

查询人：***、***、***

眉山市彭山区审计局

2017 年 5 月 16 日

协助查询个人存款通知书

（回执）

_____（审计机关全称）：

你局眉彭审协查〔2017〕1 号协助查询存款通知书收悉，现将的银行存款情况提供如下：

****** （金融机构全称印章）

2017 年 5 月　日

065

第七节　封存通知书

一、相关法律依据

根据《审计法》第三十八条的规定，审计机关进行审计时，被审计单位不得转移、隐匿、篡改、毁弃财务、会计资料以及与财政收支、财务收支有关的业务、管理等资料，不得转移、隐匿、故意毁损所持有的违反国家规定取得的资产。审计机关对被审计单位违反前款规定的行为，有权予以制止；必要时，经县级以上人民政府审计机关负责人批准，有权封存有关资料和违反国家规定取得的资产；对其中在金融机构的有关存款需要予以冻结的，应当向人民法院提出申请。

根据《审计法实施条例》第三十二条的规定，审计机关依照规定封存被审计单位有关资料和违反国家规定取得的资产的，应当持县级以上人民政府审计机关负责人签发的封存通知书，并在依法收集与审计事项相关的证明材料或者采取其他措施后解除封存。封存的期限为7日以内；有特殊情况需要延长的，经县级以上人民政府审计机关负责人批准，可以适当延长，但延长的期限不得超过7日。对封存的资料、资产，审计机关可以指定被审计单位负责保管，被审计单位不得损毁或者擅自转移。

二、封存通知书的适用范围

封存通知书适用于封存被审计单位有关资料和违反国家规定取得的资产。

三、封存通知书的格式

****（审计机关全称）

封 存 通 知 书

＊审＊＊查〔20＊＊〕＊＊号　　　　　　　　　　签发人：

第二章 审计准备与过程文书

(续)

_____:

根据《中华人民共和国审计法》第三十四条和《中华人民共和国审计法实施条例》第三十二条的规定,我署(厅、局、办)决定自 **** 年 ** 月 ** 日至 **** 年 ** 月 ** 日,对你单位的 ****（*详见封存清单*）予以封存。

本通知自送达之日起生效。如果对本通知不服,可以在本通知送达之日起 60 日内,向 ****** 申请行政复议;或者在本通知送达之日起 6 个月内,向 ****** 提起行政诉讼。

(*审计机关印章*)

**** 年 ** 月 ** 日

[说明:

1. 根据审计法实施条例的规定,封存期限一般在 7 日之内;特殊情况下需要延长的,应当取得审计机关负责人书面批准,告知被审计单位后,可以适当延长,但延长的期限不得超过 7 日。

2. 指定被审计单位负责保管的,还应在第一段写明:存放封存资料、资产的设备(或者设施)由你单位负责保管(或者看管),未经我署(厅、局、办)批准,不得擅自启封。

3. 按照行政复议法的规定,对审计署及其派出机构采取封存措施不服的,应当向审计署申请行政复议;对地方审计机关采取封存措施不服的,应当向本级人民政府或者上一级审计机关申请行政复议。

4. 对审计署采取封存措施不服的,应当按照行政诉讼法的规定向北京市第一中级人民法院提起行政诉讼;对审计署特派办或者地方审计机关采取封存措施不服的,应当按照行政诉讼法和有关司法解释的要求,结合各省的具体规定,向特派办或者地方审计机关所在地基层人民法院或者中级人民法院提起行政诉讼。]

四、封存通知书运用案例

2010年7月26日,团风县审计局派出的审计小组在对县水利局实施现金盘点时,遭到县水利局财务人员的拒绝,县审计局对县水利局保存现金的保险柜实施了封存措施。

2010年5~7月,县审计局根据《审计法》的规定和县政府下达的年度审计计划,对县水利局2009年度财政预算执行情况和有关专项资金管理使用情况进行了送达审计。审计发现该局2009年年末账面现金高达375 728.24元,因数额过大,审计小组为了摸清现金库存状况,经局务会研究同意,决定对县水利局现有库存现金进行现场盘点。

2010年7月26日早上8点整,审计组成员李某某、唐某某,来到县水利局三楼档案办公室(县水利局出纳刘某办公室),向县水利局出纳刘某详细说明审计现金盘点的来意,并电话告知县水利局财务股长周某某。审计人员与该局新任局长郭某某电话联系,并当面告知该局纪检书记、局理财小组组长吴某某和该局主管财务的工会主席黄某某。在这种情况下,县水利局财务部门的出纳刘某仍以财务股长周某某未许可的理由,拒不接受审计组的正常审计盘存,双方一直僵持到当日上午11点。审计组根据《审计法实施条例》第三十二条的规定,征得县审计局负责人的同意,对水利局保管现金的保险柜和未入账的票据资料进行了现场封存。

封存时,审计人员向县水利局送达了封存通知书。但在送达封存通知书时,县水利局分管财务的工会主席黄某某和财务股长周某某,拒不签收审计人员送达的封存通知书。

封存的资产和资料仍由县水利局出纳刘某保管,封存日期为7~15天,封存期间,如防汛抗旱需要办理有关业务,在审计未移交前,由审计人员现场监督办理,并根据需要,实施延期封存。

审计机关对被审计单位的资产和资料进行封存,是根据《审计法》第三十四条的规定,在特殊情况下实施的一种审计权限。

团风县审计局向全县通报了县水利局拒绝审计这一案例,并利用这一审计案例,在全县开展《审计法》和《审计法实施条例》的宣传活动。

第三章

审计结果文书

> **导读**
>
> 本章介绍审计结果文书，包括八节，分别介绍审计组的审计报告、审计报告征求意见书、审计机关的审计报告、专项审计调查报告、审计决定书、审计建议书、审计事项移送处理书以及审计处罚决定书。

第一节 审计组的审计报告

一、相关法律依据

根据《审计法》第四十四条的规定，审计组对审计事项实施审计后，应当向审计机关提出审计组的审计报告。审计组的审计报告报送审计机关前，应当征求被审计单位的意见。被审计单位应当自接到审计组的审计报告之日起十日内，将其书面意见送交审计组。审计组应当将被审计单位的书面意见一并报送审计机关。

根据《审计署办公厅关于进一步明确〈审计报告〉文书格式及使用办法的通知》（2004年4月27日），《审计报告》属于审计业务文书，要按照以往《审计意见书》《审计建议书》的处理方式，主送被审计单位，并根据需要抄送本级政府和上级审计机关。以函的形式送其他有关单位（将《审计报告》附于函后）。凡是以往用行政公文向本级政府和上级审计机关报送的审计业务工作报告，仍然沿用过去的做法，不能用《审计报告》取代。《审计报告》不标注版记。《审计报告》的页码从封面起编排，至成文日期和印章页止，封面为暗码（即封面为第一页，但不打印页码，从封二开始出现第二页的页码）。《审计报告》用纸与普通公文纸张标准一致。

二、审计组审计报告的内容

根据《审计署关于在全国实行统一审计文书格式的通知》（审法发〔1995〕7号）的规定，审计报告主要包括下列内容：
（1）审计的内容、范围和时间。
（2）被审计单位的有关情况。
（3）与审计事项有关的事实。
（4）对审计事项的评价。
（5）引证有关的法律、法规、规章和具有普遍约束力的决定、命令的条款以及据此作出的处理、处罚意见。

三、审计组审计报告的格式

关于对 **** 的审计报告**

_____:

　　根据审通 *〔****〕* 号审计通知书，我们自 **** 年 ** 月 ** 日至 **** 年 ** 月 ** 日对 ******，进行了审计，现报告如下：

_____

_____

_____

_____

_____

审计组长签名
**** 年 ** 月 ** 日

第二节　审计报告征求意见书

一、相关法律依据

根据《审计法》第四十四条的规定，审计组对审计事项实施审计后，应当向审计机关提出审计组的审计报告。审计组的审计报告报送审计机关前，应当征求被审计单位的意见。被审计单位应当自接到审计组的审计报告之日起十日内，将其书面意见送交审计组。审计组应当将被审计单位的书面意见一并报送审计机关。

根据《审计法实施条例》第三十九条的规定，审计组向审计机关提出审计报告前，应当书面征求被审计单位意见。被审计单位应当自接到审计组的审计报告之日起 10 日内，提出书面意见；10 日内未提出书面意见的，视同无异议。

审计组应当针对被审计单位提出的书面意见，进一步核实情况，对审计组的审计报告作必要修改，连同被审计单位的书面意见一并报送审计机关。

二、审计报告征求意见书的适用范围

审计报告征求意见书适用于以审计机关名义向被审计单位征求对审计组的审计报告的意见。

三、审计报告征求意见书的内容

根据《审计署关于在全国实行统一审计文书格式的通知》（审法发〔1995〕7 号）的规定，审计报告报送审计机关前，应当征求被审计单位意见。为使该项工作规范化，审计机关应当向被审计单位发送审计报告征求意见书，并要求被审计单位按照法定期限在自收到审计报告之日起 10 日内提出书面意见，被审计单位对审计报告有异议的，审计组应当进一步核实、研究。如在法定期限内被审计单位没有提出书面意见的，视为无意见。审计报告征求意见书应附审计报告、审计文书送达回证。

四、审计报告征求意见书的格式

(一) 审计报告征求意见书格式一

******(审计机关全称)

审计报告征求意见书

_____:

根据《中华人民共和国审计法》第四十条的规定,现将****年**月**日至****年**月**日对你单位****的审计报告送给你们征求意见。请在收到审计报告之日起十日内提出书面意见,送交审计组或者审计机关。如果在规定期限内没有提出书面意见,视为无意见。

附:审计报告

审计组长签名
****年**月**日

(二) 审计报告征求意见书格式二

****(审计机关全称)

审计报告征求意见书

*审**征〔20**〕**号

****(主送单位全称或者规范简称):

(审计机关全称或者规范简称)派出审计组于*年**月**日至****年**月**日对你单位****进行了审计(专项审计调查)。根据《中华人民共和国审计法》第四十条(专项审计调查引用《中华人民共和国国家审计准则》第一百三十七条)的规定,现将审计组的审计报告(专项审计调查报告)送你单位征求意见。请自接到审计报告(专项

（续）

审计调查报告）之日起 10 个工作日内将书面意见送交审计组。如在此期限内未提出书面意见，视同无异议。

附件：审计报告／专项审计调查报告（征求意见稿）

（*审计机关印章*）
****年**月**日

[说明：
1. 根据情况，专项审计调查项目也可表述为：现将专项审计调查中涉及你单位的有关事项送你单位征求意见。
2. 对经济责任审计报告征求意见有特殊要求的，按照相关要求办理。]

五、审计报告征求意见书范本

凉山州审计局

审计报告征求意见书

凉山州地方税务局：

　　凉山州审计局派出审计组，于 2011 年 4 月 20 日至 2011 年 5 月 20 日，对你单位 2010 年度财政预算执行及其他财政收支情况进行了审计。根据《中华人民共和国审计法》第四十条的规定，现将审计组的审计报告送你单位征求意见。请自接到审计报告之日起 10 个工作日内将书面意见送交审计组。如在此期限内未提出书面意见，视同无异议。

　　附件：审计报告（略）

凉山州审计局
2011 年 6 月 6 日

六、审计报告征求意见书反馈意见范本

关于上报《县审计局审计报告征求意见书》
反馈意见报告的函

县审计局：

　　2019年3月27日，县审计局对＊＊＊同志任刚察县政府办公室主任期间经济责任情况进行了审计。4月29日，审计局出具了审计报告征求意见书，提出了4方面6条存在的问题和审计建议。接到征求意见书后，县政府对照审计局反馈的问题和意见建议，逐条逐项进行了研究分析，认真整改。

　　现将《刚察县人民政府办公室〈审计报告征求意见书〉反馈意见》随文上报。

　　附：刚察县人民政府办公室关于县审计局《审计报告征求意见书》的反馈意见

刚察县人民政府办公室
2019年7月2日

刚察县人民政府办公室
关于县审计局《审计报告征求意见书》的
反馈意见

　　根据县审计局《审计报告征求意见书》（青审刚征〔2019〕02号）文件，关于书面提交征求意见的要求，现将刚察县人民政府办公室关于审计报告征求意见书的反馈意见报告如下：

　　一、制度建设方面

　　问题：内控管理制度与现行管理不相适应。

　　部分内控管理制度建立时间略长，并没有有效地与实际工作相结合，需要进一步完善。

（续）

情况说明：针对此问题，单位负责人高度重视，严格按照《行政事业单位内部控制规范（试行）》要求，严格按照国家现行有关规定，紧密结合工作实际，对本单位内部控制管理相关制度作了修改完善；并将坚持遵循适应性原则，密切关注外部环境的变化、单位经济活动的调整和管理要求的提高等情况，及时对本单位内部控制管理相关制度进行修订和完善，进一步提高本单位内部管理水平。

二、预算管理方面

问题1."三公经费"超预算支出。

2018年"三公经费"年初预算为21.87万元（其中：车辆保险费12.87万元，公务接待费9万元），"三公经费"实际列支92.23万元。审计中发现，"三公经费"与上年度相比较呈下降趋势，但比年初预算超支70.36万元，超支了3成。

情况说明："三公经费"实际列支中包括车辆运行维护费及燃油费，年初预算中只预算了车辆保险费，不包括车辆运行费及燃油费，因此"三公经费"超预算支出。

问题2. 公务接待费预算编制较低，实际支出存在超标准现象。

2018年县政府办公务接待费年初预算为42.59万元，其中：基本支出9万元，项目支出33.59万元（事务局运转经费支出28.32万元，青洽会经费支出5.27万元），实际列支42.59万元，与预算持平。按照公务接待费不得超过当年部门预算中日常公用经费预算2%的规定，本年度政府办公室经费为75.40万元，公务接待费按照公用经费预算2%的限额标准，应该是1.51万元左右，超支7.49万元，预算管理定额已不能满足实际需要。

情况说明：我办严格按照财政部门有关"三公经费"使用的具体要求，进一步加强对"三公经费"的规范管理，努力压缩"三公经费"开支，预算管理定额与经费支出标准的制定相结合，根据各项经费支出标准，完善基本支出定额管理，使预算定额符合支出的实际水平，提高预算的科学性，为预算执行打下良好基础。

问题3. 上年度公务燃油费形成闲置资金。

与上年度比较，2018年县政府办公务用车燃油费大幅度下降，2017年公务用车运行维护费和燃油费分别为28.80万元和3.46万元，2018年公务用车运行维护费和燃油费分别为28.80万元和0.24万元，公务用车运行维护费和燃油费分别下降23%和93%，原因为上年度充值的加油卡没有使用完，形成燃油费资金闲置。

情况说明：我办为严格控制好公务用车燃油费，建立公务卡结算制度、车辆外出报告制度和及时报销车辆费用管理制度，从而降低车辆运行成本。

（续）

三、财务核算方面

问题：未严格区分"公务接待费"和"差旅费"支出范围。刚察县协助开展国家2017年贫困县退出专项评估检查支付第三方评估差旅费10.38万元（其中包括会议室租用4.8万元，住宿费1.68万元，用餐费用3.9万元），审计出误将此支出计入"差旅费"中，应计入"公务接待费"中进行核算。

情况说明：此支出为协助第三方评估组本单位工作人员的支出，因此计入了"差旅费"中。

四、信访维稳方面

问题：信访受理案件同比有所上升。

2017年受理信访案件21件次（其中：国家信访局转交2件次、省长信箱2件次、省信访局转交1件次），同比上升62%，其中：上级转交件和来访登记分别上升60%和63%，预算支出3.5万元，实际支出3.5万元，与预算持平。

情况说明：2018年信访案件上升的原因：一是重复信访案件增多；二是2018年按照国家信访局信息录入系统要求，所有信访案件做到应录尽录，之前没有这一要求，故所有案件录入系统后，上级转交件和来访登记总数有所上升。由于所有案件都在网上转办，实际费用没有增加。

刚察县人民政府办公室
2019年4月5日

审计报告（征求意见稿）的答复意见

《钦州市钦北区审计局审计报告（征求意见稿）》已收悉，我镇党委、政府高度重视，认真做出分析检查，对审计组提出的不按规定使用农村土地承包经营权确权登记颁证补助资金支付与该项目经费无关的费用16.73万元的问题答复如下：

（1）对于2016年大直镇人民政府收到钦北区财政局下达的农村土地承包经营权确权登记颁证补助资金合计20.5万元，支出20.5万元无异议。

（2）支付与农村土地承包经营权确权登记颁证无关费用16.73万元的问题。

(续)

> 一是我单位因为当时经费紧张，为了保障我单位各项工作顺利开展，使用该项目资金用于支付其他日常各项工作经费合计 7.074 万元，对于审计局提出该笔资金支出与该项目经费无关无异议。
> 　　二是用于支付横幅、宣传牌制作、资料复印、办公设备耗材及电脑、文件柜购置等支出合计 13.426 万元，因结账时有些开支是与该项目资金开支无关的，财务人员做账时没有好好体现出来，我们今后一定改正，调整好相关会计账目。
> 　　（3）下一步工作。我单位在今后工作中，将加强对专项资金的管理，严格按照规定的支出用途使用资金，确保专项资金专款专用。
>
> 钦州市钦北区大直镇人民政府
2017 年 12 月 28 日

西双版纳州人民政府
关于审计报告征求意见的反馈函

西政函〔2015〕41 号

省审计厅：

　　收到云南省审计厅《审计报告（征求意见稿）》云审派征〔2015〕172 号文件后，西双版纳州高度重视，立即组织并责成有关县市区对存在的问题进行认真核实整改，现就有关问题提出以下反馈意见。

　　一、反馈意见

　　（一）口岸项目建设存在的问题

　　1.关于"磨憨边民互市点道路工程项目同一项目重复申报专项资金补助"的问题

　　2015 年申报的货运专用通道项目为 2013 年申报项目的续建项目，是同一项目，因规划调整后，未及时完善审批手续，导致上报名称及表述前后有差异。州政府将责成磨憨管委会加大项目管理力度，完善项目申报、审批、实施等各个环节手续，及时对项目实际实施过程中的调整变动情况向上级主管部门进行报备说明。

（续）

2. 关于"项目前期工作薄弱，工程进展缓慢及项目工程费用支付与工程进度不匹配"的问题

（1）关于"磨憨经济开发区边民互市点道路工程"表述有误，该表述是货运专用通道一期工程名称，该项目已竣工并通过验收。目前未完工的项目名称为磨憨口岸货运专用通道，其起点即边民互市点道路的终点。

货运通道工程进展缓慢问题主要由于该项目涉及中国、老挝两个国家，由于中老双方国家层面一直未实现外交换文，导致该货运专用通道未能按期完成，继而导致磨憨口岸货运专用通道查验货场及配套设施建设项目未能按计划推进。当前，经中老双方联合实地踏查，已共同确定了货运专用通道对接点具体坐标并设立标识。州政府将责成磨憨管委会抓紧货运专用通道基础设施建设，积极对接老挝相关部门，尽早完成货运专用通道、货运通道查验货场及配套设施项目的建设，并认真做好项目管理工作。

关于项目工程费用支付与工程进度不匹配的问题，主要原因是全区总体规划于 2015 年 5 月 23 日才批复，导致工程量发生变化，土方工程量中石方量由 0 提升为约 45%。对此，将责成磨憨管委会严格按照《云南省口岸建设项目管理实施办法（试行）》和《建设工程价款结算暂行办法》，尽快完善工程量变更补充协议，财务支出上严格按施工监理单位提供的工程进度支付工程款，当前发生的资金支付进度与工程施工进度不匹配的情况，督促施工方加快进度，年底前达到与支出进度匹配。

（2）关于"打洛口岸查验货场及边民互市专用道路工程计划完成未按时完工"的问题。该项目于 2013 年 3 月 26 日开工，计划完成年度 2013 年 10 月。2013 年 9 月因施工地相关拆迁补偿问题未得到解决（两户人家要求的拆迁补偿费用太高，经多次协商未果导致工期延误）。目前该工程已于 2014 年 12 月 15 日复工，施工方已完成总体工程的 70%，实际完成投资 400 多万元，将责成勐海县尽快督促施工方在 12 月 31 日前建设完工。

（3）关于"打洛口岸货运通道改扩建工程第二阶段工程未开工建设"的问题。该工程一期（道路路面长 150 米，宽 24 米，沥青路面 14 米）于 2015 年 3 月竣工并通过验收，二期工程将于 2015 年 12 月开工建设。二期工程开工缓慢的原因：一是资金下达较晚，二是工程前期报建手续繁杂导致工程开工进度缓慢。将责成勐海县尽快完成报批手续，尽早开工建设。

（4）关于"磨憨口岸进境植物种苗隔离检疫圃项目资金效益和社会效益未发挥出来"的问题。该项目由于未完善土地证等相关手续，导致不能办理经营许可证，不能正常开展经营活动，将责成磨憨管委会及相关企业尽快完善手续，早日发挥项目的经济效益和社会效益。

(续)

3. 关于"未按建设程序开展项目建设"的问题

针对打洛口岸查验货场及边民互市贸易市场工程、打洛口岸货运通道改扩建工程，两项工程无建设用地规划许可证、建设国有土地使用证；打洛口岸联检楼周边环境整治工程无建设工程施工许可证的问题。州政府将责成勐海县尽快按要求办理建设用地规划许可证、建设国有土地使用证及建设工程施工许可证。

4. 关于"磨憨口岸进境植物种苗隔离检疫圃项目未按规定招投标"的问题

原文中"2013年至2015年，光景公司上述2个项目共收到财政补助资金952万元"，金额有误，应为950万元。将责成磨憨管委会严格按照《云南省招标投标实施条例》，督促企业加快整改完善各项手续，并将整改情况报州人民政府。同时，在今后的项目建设管理中，加强监管，严格项目管理。

（二）口岸建设专项资金投入、分配、拨付、使用和管理存在的问题情况

1. 关于"州级财政未及时拨付专项资金1 540 000元"的问题

由于全省2014年度口岸建设专项资金下拨时间较晚，到达西双版纳州已是2015年年初。加之西双版纳州商务局2015年上半年人事变动较大，局长（口岸办主任）调离，对涉及资金等"三重一大"的事项未能及时召开党组会讨论。直至8月底新局长到任后，才于2015年9月16日西双版纳州商务局（州口岸办）党组会议讨论通过，向西双版纳州级财政提出资金分配使用方案。现西双版纳州财政局已审核同意该方案，将于近期拨付。

2. 口岸建设专项资金管理和使用中存在的问题

2.1 挤占、挪用口岸建设资金情况

（1）关于"用口岸运行维护费列支办公楼周边绿化工程及磨憨边防检查站伙食补助"的问题。由于对口岸建设资金管理政策的理解不到位，认为一是只要是属于口岸—通道—海关监管点范围的场所都属于口岸资金的使用范围，此项工程款主要是支付通道内绿化的管护工程；二是口岸"三联检"的补助属于其开支范围，但此次审计中，审计组专家明确指出给磨憨边防检查站的伙食补助属于地方财政应承担的部分，口岸资金中运行维护费只能用于口岸联检楼中的日常开销，如水费、电费、保洁费及小型修补等。州政府将责成磨憨管委会尽快调整会计科目，在今后的资金支付时，加强对口岸资金管理政策的理解和学习，主动向上一级部门请示汇报，确保口岸资金用早、用好、用实、用规范。

（续）

　　（2）关于"2013年至2014年关累边境贸易区管理委员会用口岸运行经费中列支八一节慰问金、节日赞助款，资助水泥款等共计89 671.6元"的问题。用口岸专项资金支付节日赞助款，水泥款等共计89 671.6元的情况，州政府已责成关累边境贸易区管理委员会按照《行政单位财务规则》财务上做调账处理。

　　对于《审计报告（征求意见书）》中挤占、挪用口岸建设资金情况，西双版纳州人民政府已于2015年12月14日召开专题研究会议，责成勐腊、勐海县政府及时完善整改意见，将挤占、挪用的资金归还原渠道。勐海县在开展原商务局局长离任审计时，已提出整改意见正在积极整改。

　　2.2 违反中央八项规定精神和"六项禁令"情况

　　（1）关于"关累工委用口岸运行经费支付14 600元购买办公茶叶"的问题。此款项为2013年至2015年期间购买茶叶所用，所购的茶叶不是一次性购买的，包括有2012年、2013年累计下来的，因集中一次性付款造成金额较大，所购茶叶部分用于单位自用。关于用口岸专项资金支付14 600元购买茶叶的情况，财务上已做调账处理。

　　（2）关于"磨憨口岸联检楼卫生间改造工程未达到改造要求，形成损失浪费"的问题。磨憨口岸联检楼于2009年8月正式投入使用。随着昆曼国际大通道的全线贯通和我国桥头堡战略的实施，磨憨口岸人流和物流量快速增长，给口岸的通关便利化带来了极大压力，各项基础设施已不能满足口岸发展的需要，特别是联检楼内卫生间内部设施毁坏严重。一是由于口岸人流量大，人员素质参差不齐，人为损坏较为频繁；二是磨憨口岸空气湿度大，设备自然锈蚀快；三是联检楼建设初期，由于资金有限，本着节约原则，很多设备质量普通，易损坏，使用周期较短。为维护国门形象，改善通关环境，磨憨管委会积极进行了卫生间改造。州政府将责成磨憨管委会今后督促区财政、口岸、建设等相关部门紧密联系项目实施单位，及时掌握项目进展情况，严格资金管理制度，加强资金绩效管理，避免浪费，确保资金使用效益。

　　（3）关于"2013年勐海县商务局用口岸建设专项资金列支KTV、足浴消费款12 820元"的问题。勐海县原局长罗宏斌同志离任审计时，县审计部门已提出了整改意见，目前勐海县正在积极整改，对违反中央八项规定精神和"六项禁令"的问题，已移送纪检机关，目前正在调查处理，待整改和处理结果出来后将及时向省审计厅审计组报告。（附件1：审计报告）

　　对于《审计报告（征求意见书）》中违反中央八项规定精神和"六项禁令"

(续)

情况，西双版纳州人民政府已于 2015 年 12 月 14 日召开专题研究会议，对勐腊、勐海县政府、磨憨管委会责令改正，调整有关会计账目，追回有关财政资金，并对违规违纪问题进行处理。

2.3 业务支出不明

关于"2013 年 2 月，关累边境贸易区管理委员从口岸运行经费中列支购办公用品款 11 230 元，报账原始凭证中有一张勐腊县大兴量贩超市开具的 10 000 元发票，经询问经手人员，该项支出不是购买办公用品，资金的实际用途不明"的问题。

情况说明：2012 年 7 月 26 日，受当年 8 号台风"韦森特"的影响，关累辖区持续强降雨，布里河水位迅速上涨，早上 6 点 10 分，洪水漫过河堤进入港口，造成通往港区的道路、电力、通信、供水全部中断，港口街道、绿化带、人行道全部淹没，水位最深处达 1 米多深，联检楼、海事办公楼、水上支队、检验检疫办公楼及大部分居民受灾严重。布里河关累港口段河堤被洪水全部损毁，河道被冲出一道路深达近 20 米的落差，一块巨型混凝土石块横河道中央，河水往港口居民区方向蔓延冲刷，正在建设中的现港都酒店将有被冲垮的可能，房主罗灵芝哭着跑来报告，要求尽快帮助处理，管委会工作人员实查看后感到情况很危急，但面对巨大的石块已无能为力，之后请来了关累帕沙石场的技术人员查看后决定进行爆破处理，然后再用挖机进行清理，经过 2 天的准备工作，共打 1 米多深的炮眼 30 多个，通过集中爆破将巨大的石块粉碎成小石块用挖机进行清理，最终避免二次灾害的发生。本次河道清理共发生费用 12 000 多元，抗洪救灾结束后也没有及时地支付给对方，石场负责人周斌也都是比较熟悉的人，也就没有着急向我们要钱，到 2013 年年初才提及此事，当时，其他所有抗洪救灾发生的费用全部支付完毕。由于本次河道清理没有相关的手续，支付时对方无法提供相应的发票，财务上无法处理，对方提出只需支付 10 000 元就行，但发票要我们自己负责，于是便到勐腊大兴量贩以购买办公用品的名义开发票作账务处理。

整改情况：关于用口岸专项资金支付 10 000 元办公用品，实际为布里河河道清理零星工程费的情况，已责令收款人把发票补齐，在财务上也已做调账处理。

2.4 业务支出不明

关于"关累边境贸易区管理委员 50 000 元支出的原始凭证为'白条'收据，无税务正式发票"的问题。

情况说明：自 2012 年关累口岸被国家列为"十二五"口岸发展规划，口

（续）

岸升级工作正式启动，为加强关累边境贸易区城市环境卫生管理，彻底改变城市"脏、乱、差"现象，创建清洁优美、文明和谐的人居环境，促使人民群众生活素质明显提高，保障人民群众自身身体健康。依据有关法律、法规，并结合关累边境贸易区管理委员会对勐腊新澜环境卫生管理有限责任公司2012年9月30日至2013年9月30日一整年内试运营情况审查得知，勐腊新澜环境卫生管理有限责任公司一整年内公司亏损6万多元的实际情况，关累边境贸易区管理委员会与勐腊新澜环境卫生管理有限责任公司于2013年9月30日签订了环境卫生委托管理协议，协议规定关累边境贸易区管理委员会于2013年至2015年分别支付勐腊新澜环境卫生管理有限责任公司环境卫生委托管理费60 000元、50 000元和40 000元。由于当时公司刚成立不久，手续办理尚不齐全，没有正规的税务发票，通过全体干部职工开会讨论后决定先按照签订的协议以开具收据的形式支付勐腊新澜环境卫生管理有限责任公司环境卫生委托管理费，待公司手续办理齐全之后再把发票补上，而后随着工作的开展却未跟进此事，导致发票一直未能补上。

整改情况：已责令勐腊新澜环境卫生管理有限责任公司把发票补齐。

2.5 项目合同业务关系不清，成果资料缺失情况

（1）关于"2014年6月，勐腊县商务局与昆明伟涛环保科技有限公司签订勐满口岸查验货场水土保持方案编制技术服务合同，金额150 000元。经查，勐满口岸查验货场水土保持方案由另一合同单位昆明滇禹勘察设计有限公司提供，昆明伟涛环保科技有限公司未履行合同义务"的问题。

整改情况：委托人李俊英提供了昆明滇禹勘察设计有限公司和昆明伟涛环保科技有限公司的双方《合作协议》。（附件2-1：合作协议，附件2-2：委托书，附件2-3：委托书）

（2）关于"2014年9月，勐腊县商务局与北京中咨华宇环保技术有限公司签订勐满口岸联检楼项目环境影响报告表编制合同，金额88 000元。经查，合同书上无对方单位印章，签字人李俊英无授权委托书，无北京中咨华宇环保技术有限公司出具的环境影响报告资料"的问题。

整改情况：经审实，李俊英无法提供北京中咨华宇环保技术有限公司盖章的有效合同、授权委托书和《环境影响报告表》，而提供的是登记表，因此根据《合同法》第三百六十二条的规定，勐腊县商务局已清退8.8万元的编制费。（附件3：现金进账单）

（续）

（3）关于"2013年6月，勐腊县商务局与云南中林地质勘察设计有限公司签订关累港口岸查验货场、二期链接一期道路工程勘察合同，金额120 000元。李俊英以委托代理人身份在合同上签字，但无'中林公司'授权委托书"的问题。

整改情况：已由乙方提供了"云南中林地质勘察设计有限公司"授权委托书。（附件4：委托书）

（4）关于"2014年6月，勐腊县商务局与北京中咨华宇环保技术有限公司（景洪昱鑫环保咨询服务有限公司）签订勐满口岸查验货场环评服务合同，合同金额180 000元，合同中出现两个单位名称，签约单位不明"的问题。

整改情况：景洪昱鑫环保咨询服务有限公司提供了说明书，已声明和李俊英无业务往来，并未签订任何项目合作协议，至于出现景洪昱鑫环保咨询服务有限公司的名称，李俊英用了该公司的合同范本，但未删除"景洪昱鑫环保咨询服务有限公司"名称，故在合同中出现两个公司名称。（附件5-1：说明书，附件5-2：委托书）

对《审计报告（征求意见书）》中的问题，州政府将责令勐腊县政府调查整改，对违纪违规的问题将移交纪检机关处理。

二、下一步工作打算

（1）进一步要求全州商务（口岸）部门及各县市区加强对国家财经法规法纪的学习，在行动上要认真贯彻落实。一是要按照中央八项规定精神和国家财经纪律认真对照检查，严格约束，规范行为，提高执行纪律的自觉性；二是针对口岸建设资金分布广的实际，在全州各口岸、通道开展一次查问题、找原因的自查工作，从政策上、制度上保障口岸建设资金安全，使用合规。

（2）正确把握口岸运行维护费的开支范围及标准，合理安排使用资金。严禁挤占挪用，如赞助支出、请客送礼、娱乐场所消费等，控制好政策的底线。

（3）从申报、审批、建设、运行等各个环节进一步做好项目管理工作，提高资金使用效益。一是要做到资金支出与项目进度相匹配，对应关系清晰，成果明确；二是要夯实项目前期工作，规范基本建设项目程序，避免超概、重复、损失浪费等问题发生；三是项目建设既要注重按计划推进，也要及时发挥完工项目在口岸经济发展中的作用，努力实现资金使用效益的最大化。

（续）

　　附件：1. 审计报告（略）。
　　　　　2-1. 合作协议（略）。
　　　　　2-2. 委托书（略）。
　　　　　2-3. 委托书（略）。
　　　　　3. 现金进账单（略）。
　　　　　4. 委托书（略）。
　　　　　5-1. 说明书（略）。
　　　　　5-2. 委托书（略）。
　　　　　6. 相关企业联系方式（略）。

西双版纳州人民政府
2015 年 12 月 16 日

兴文县水利局
关于《兴文县审计局审计报告征求意见书》的回复

兴文县审计局：

　　关于《兴文县审计局审计报告征求意见书》（兴审征〔2021〕4 号）我局已收悉，我局高度重视，安排相关人员进行核查，现将建议回复如下：

　　关于"古宋镇桃子坪村节水型社会建设项目未按中标价的 5% 在签订中标合同之前缴纳农民工保证金"的问题，由于该项目已完工两年，未出现拖欠农民工的情况发生，且中标企业未在我县兴文县政府投资工程公开招标限额以下项目施工企业白名单（所有类别）中，将其未交农民工保证金问题移交县人力资源社会保障局予以处理以及限制其承接新工程的处理，操作难度大，我局建议处理建议调整为责令我局在之后的项目管理中严格按照相关保障农民工工资支付的相关规定执行，要求施工单位足额缴纳民工工资保证金。

　　《兴文县审计局审计报告征求意见书》中的其他要求，我局将严格要求尽快落实整改。

兴文县水利局
2021 年 4 月 21 日

第三节　审计机关的审计报告

一、相关法律依据

根据《审计法》第四十五条的规定，审计机关按照审计署规定的程序对审计组的审计报告进行审议，并对被审计单位对审计组的审计报告提出的意见一并研究后，出具审计机关的审计报告。对违反国家规定的财政收支、财务收支行为，依法应当给予处理、处罚的，审计机关在法定职权范围内作出审计决定；需要移送有关主管机关、单位处理、处罚的，审计机关应当依法移送。审计机关应当将审计机关的审计报告和审计决定送达被审计单位和有关主管机关、单位，并报上一级审计机关。审计决定自送达之日起生效。

二、审计机关审计报告的适用范围

审计机关审计报告适用于对被审计单位财政收支、财务收支的真实、合法、效益进行审计后出具审计结论。

三、审计机关审计报告的内容

根据《审计署关于在全国实行统一审计文书格式的通知》（审法发〔1995〕7号）的规定，审计机关审定审计组的审计报告，提出审计机关的审计报告；审计报告送达被审计单位和有关单位。

审计机关的审计报告主要包括下列内容：
（1）审计的内容、范围和时间。
（2）审计机关认定的事实。
（3）对审计事项的评价及评价依据。
（4）改进财政收支、财务收支管理的建议。

四、审计机关审计报告的格式

（一）审计机关审计报告格式一

******（*审计机关全称*）

审 计 报 告

审报*〔****〕*号

关于对****的审计报告

_____：

　　根据审通*〔****〕*号审计通知书，自****年**月**日至****年**月**日对你单位****，进行了审计。现出具如下审计意见：

_____
_____
_____

　　根据上述情况，现提出下列意见和建议：

_____
_____
_____

******（*审计机关全称印章*）

****年**月**日

抄送：******

(二)审计机关审计报告格式二

****(*审计机关全称*)

审 计 报 告

*审**报〔20**〕**号

被审计单位：****************
审计项目：****************

根据《中华人民共和国审计法》第**条的规定，****(*审计机关全称或者规范简称*)派出审计组，自****年**月**日至****年**月**日，对****(*被审计单位全称或者规范简称。写全称时还应注明"以下简称****"*)****(*审计范围*)进行了审计，****(*根据需要可简要列明审计重点*)，对重要事项进行了必要的延伸和追溯。****(*被审计单位简称*)及有关单位对其提供的财务会计资料以及其他相关资料的真实性和完整性负责。***(*审计机关全称或者规范简称*)的责任是依法独立实施审计并出具审计报告。

[说明：
1. 审计依据和审计范围应当与审计通知书保持一致。
2. 被审计单位作出书面承诺的，应注明。
3. 采取跟踪审计等特殊审计方式的，应当写明。]

一、被审计单位基本情况

***。

[说明：
1. 本部分简要表述被审计单位、资金或者项目的背景信息，如被审计单位性质、组织结构；职责范围或经营范围、业务活动及其目标；相关财政财务管理体制和业务管理体制；相关内部控制及信息系统情况；相关财政财务收支情况；适用的绩效评价标准等。
2. 本部分反映的内容应当与项目审计目标密切相关。

（续）

3. 一般不得引用未经审计核实的数据，如必须引用，应当注明来源。]

二、审计评价意见

审计结果表明**。

[说明：

1. 本部分应围绕项目审计目标，依照有关法律法规、政策及其他标准，对被审计单位的财政收支、财务收支及其有关经济活动的真实、合法、效益情况进行评价。

2. 本部分既包括正面评价，也包括对审计发现的主要问题的简要概括。

3. 只对所审计的事项发表审计评价意见，对审计过程中未涉及、审计证据不充分、评价依据或者标准不明确以及超越审计职责范围的事项，不发表审计评价意见。

4. 审计评价意见不能与审计发现的问题相矛盾。

5. 本部分还可对被审计单位执行以往审计决定情况和采纳审计建议情况作出总体评价。

6. 审计评价用语要准确、适当，以写实为主。]

三、审计发现的主要问题和处理（处罚）意见

**。

[说明：

1. 此部分反映的问题主要包括审计发现的被审计单位违反国家规定的财政收支财务收支问题、影响绩效的突出问题、内部控制和信息系统重大缺陷等。

2. 反映被审计单位违反国家规定的财政收支、财务收支问题的，一般应表述违法违规事实、定性及依据、处理或处罚意见及依据；反映影响绩效的突出问题的，一般应表述事实、标准、原因、后果，以及改进意见；反映内部控制和信息系统重大缺陷的，一般应表述有关缺陷情况、后果及改进意见。

3. 依法需要移送的问题也应在本部分反映，但涉嫌犯罪等不宜让被审计单位知悉的事项除外。对移送处理的问题，一般应表述事实和移送处理意见。

4. 审计发现的问题应合理归类，按照重要性原则排序。如发现以前年度审计决定未执行的问题，一般列在当年查出的问题之后。

5. 每类问题一般应列有小标题。小标题一般应包含对问题的定性和金额，小标题应当准确、适当。

（续）

6.在引用法律和法规时，一般应列明文件名称、具体条款号及条款内容；在引用规章和规范性文件时，一般应列明发文单位、文件名称、发文号、具体条款号及条款内容。

7.处理处罚意见应当具体、可落实。对相关问题的移送处理意见一般表述为"此问题***已（将）移送*******处理"。

8.审计期间被审计单位对审计发现的重要问题已经整改的，应当表述有关整改情况。

9.对社会审计机构相关审计报告核查过程中发现的问题以及其他需要研究关注的问题，根据情况可以在本部分表述，或者另列一类"其他需要研究关注的问题"予以反映。]

四、审计建议

**。

[说明：
1.应围绕审计发现的主要问题，提出有针对性的建议。
2.审计建议的顺序应与反映问题的顺序基本一致。
3.审计建议应具有可操作性，便于被审计单位和其他有关单位采纳。
4.审计建议的对象一般为被审计单位。如果需要被审计单位和其他有关单位共同整改的，应建议被审计单位商有关单位共同研究解决。]

本报告有关内容，****（*审计机关*）将依法向社会公告。

对本报告指出的问题，请****（*被审计单位*）自收到本报告之日起**日（*审计机关根据具体情况确定，一般为60日，经济责任审计报告一般为90日*）内整改完毕，并将整改结果书面报告****（*审计机关*）。其中与****（*审计机关*）公告事项相关的问题整改结果，请****（*被审计单位*）在整改期限截止后依法向社会公告。****（*审计机关*）将视情况对整改结果进行检查，并将检查情况向社会公告。

[说明：经济责任审计、跟踪审计等对审计报告有特殊要求的，按照相关要求办理。]

（*审计机关印章*）
****年**月**日

第四节　专项审计调查报告

一、相关法律依据

根据《审计法》第二十九条的规定，审计机关有权对与国家财政收支有关的特定事项，向有关地方、部门、单位进行专项审计调查，并向本级人民政府和上一级审计机关报告审计调查结果。

二、专项审计调查报告的适用范围

专项审计调查报告适用于对预算管理或者国有资产管理使用等与国家财政收支有关的特定事项进行专项审计调查后出具审计调查结论。

三、专项审计调查报告的格式

****（审计机关全称）

专项审计调查报告

* 审 ** 调报〔20**〕** 号

被调查单位：****

审计调查项目：****

根据《中华人民共和国审计法》第二十七条的规定，****（审计机关全称或者规范简称）派出审计组，自 **** 年 ** 月 ** 日至 **** 年 ** 月 ** 日，对 ****（被调查单位全称或者规范简称。写全称时还应注明"以下简称 ****"）****（审计通知书列明的审计调查范围）进行了专项审计调

第三章 审计结果文书

（续）

查，****（根据需要可简要列明审计调查重点），对重要事项进行了必要的延伸和追溯。****（被调查单位简称）及有关单位对其提供的财务会计资料以及其他相关资料的真实性和完整性负责。***（审计机关全称或者规范简称）的责任是依法独立实施专项审计调查并出具专项审计调查报告。

[说明：
1. 审计依据和审计范围应当与审计通知书保持一致。
2. 被审计单位作出书面承诺的，应注明。]

一、被调查事项的基本情况

**。

[说明：
1. 本部分简要表述被调查事项的背景信息，如被调查事项的管理体制、相关业务活动及其目标、相关业务数据和财务数据、适用的绩效评价标准等。
2. 本部分反映的内容应当与专项审计调查目标密切相关。
3. 如果引用的数据未经审计调查核实，应当注明来源。]

二、审计调查评价意见

审计调查结果表明，***。

[说明：
1. 本部分应围绕审计调查目标对被调查事项作出评价，主要评价与被调查事项相关的政策和制度执行效果，也可评价相关财政收支、财务收支和经济活动的真实、合法、效益情况。
2. 本部分既包括正面评价，也包括对审计调查发现的主要问题的简要概括。
3. 只对审计调查的事项发表评价意见，对审计调查过程中未涉及、审计证据不充分、评价依据或者标准不明确以及超越审计职责范围的事项，不发表评价意见。
4. 评价意见不能与审计调查发现的问题相矛盾。
5. 评价用语要准确、适当，以写实为主。]

091

（续）

三、审计调查发现的主要问题

***。

[说明：

1. 本部分重点反映审计调查发现的政策、体制、制度及其执行中存在的问题，应表述问题事实、标准、原因及其影响，一般情况下，还应当提出整改建议，有明确法规依据的应当引用具体的定性法规内容。其中，对于被调查单位违反国家规定的财政收支、财务收支问题，需要出具审计决定书进行处理处罚的，还应表述处理处罚意见以及法律法规依据。

2. 对审计调查发现的问题，一般应当分析原因。原因分析可结合问题一并简要表述，也可在全部问题列完后综合分析。如果分析原因的篇幅较长，可以单列"产生问题的主要原因"，放在"审计调查发现的主要问题"部分之后予以反映。

3. 审计调查发现的问题应合理归类，按照重要性原则排序。

4. 每类问题一般应列有小标题。小标题一般应包含对问题的定性和金额，小标题应当准确、适当。

5. 在引用法律和法规时，一般应列明文件名称、具体条款号及条款内容；在引用规章和规范性文件时，一般应列明发文单位、文件名称、发文号、具体条款号及条款内容。

6. 审计期间被调查单位对审计调查发现的重要问题已经整改的，应当表述有关整改情况。

7. 对社会审计机构相关审计报告核查过程中发现的问题，可以在本部分表述，或者另列一类"其他需要研究关注的问题"予以反映。

8. 对需移送处理的问题，应表述事实和移送处理意见，但涉嫌犯罪等不宜让被调查单位知悉的事项不在此部分反映。]

四、审计调查建议

***。

[说明：

1. 围绕审计调查发现的主要问题，从政策、体制、制度和管理层面提出有针对性的建议。

2. 只针对审计调查报告反映的问题提出审计调查建议，审计调查建议与反映问题的顺序基本一致。

(续)

> 3.审计调查建议应具有可操作性,便于被调查单位和其他有关单位采纳。
> 4.审计调查建议的对象一般为被调查单位。如果需要被调查单位和其他有关单位共同整改的,应建议被调查单位商有关单位共同研究解决。]
>
> 本报告有关内容,****(审计机关)将依法向社会公告。
> 对本报告指出的问题,请****(被审计单位)自收到本报告之日起**日(*审计机关根据具体情况确定,一般为60日,经济责任审计报告一般为90日*)内整改完毕,并将整改结果书面报告****(审计机关)。其中与****(审计机关)公告事项相关的问题整改结果,请****(被审计单位)在整改期限截止后依法向社会公告。****(审计机关)将视情况对整改结果进行检查,并将检查情况向社会公告。
>
> (审计机关印章)
****年**月**日

四、专项审计调查报告范本

> 龙岩市审计局
>
> # 专项审计调查报告
>
> 龙审投调报续〔2021〕5号
>
> 被调查单位:龙岩市财政局、福建省龙岩市城市建设投资发展有限公司、龙岩市安居住宅建设有限公司、福建省龙岩汇金置业有限公司、龙岩市土地收购储备中心等单位
> 审计调查项目:2010—2019年立项并已完工的市本级政府投资建设项目竣工决算情况专项审计调查
>
> 根据《中华人民共和国审计法》第二十二条的规定,龙岩市审计局派出审计组,自2020年11月23日至11月30日,对2010年以来立项的市本级政府投资建设项目竣工财务决算情况进行专项审计调查。重点围绕福建省财政厅转发财政部《基本建设项目竣工财务决算管理暂行办法》和《基本建设项目建设成本管理规定》的通知(闽财建〔2016〕87号),开展竣工

（续）

决算工作情况进行审计调查。审计期间，审计组按照规定进行了审计公示，至审计结束，未收到单位或个人举报电话和来信来访。相关单位对所提供资料的真实性和完整性负责。龙岩市审计局的责任是依法独立实施专项审计调查并出具专项审计调查报告。

一、被调查事项的基本情况

对全市2010年以来立项的本级政府投资项目（总投资扣除征拆资金后金额300万元以上）建设情况进行调查摸底，截至2020年10月31日，2010年以来立项的本级政府（含经开区）投资建设项目176个，已完工项目116个，其中：城市基础设施86个、棚户区改造安居（包含安置房项目）19个、促进生态环保4个、文化产业2个、水利工程3个。此次审计调查重点对市本级投资项目竣工财务决算报送情况及监督管理情况开展专项审计调查，抽查了龙岩市安居住宅建设有限公司等11个建设单位的50个政府投资建设项目（比率为43.1%），同时对市城市建设投资发展有限公司和市安居住宅建设有限公司成立以来组织开展政府投资项目的房屋征拆结算审核、资产交付以及办理竣工财务决算情况进行延伸审计调查。

二、审计调查评价意见

审计调查结果表明，政府投资建设项目各相关单位重视政府投资建设工作，紧紧围绕国家宏观经济决策和市委、市政府"项目建设年""五大战役""城市建设年"和中心城市大会战等重大决策部署，在基础设施、社会事业、服务行业等重点领域统筹推进政府投资重大建设项目，但审计发现本级政府投资建设项目存在着基本上未按《基本建设项目竣工财务决算管理暂行办法》和《基本建设项目建设成本管理规定》办理竣工决算、资金清算和资产交付手续等问题，无法形成资产，不利于形成国有资产和国有资产保值增值，不利于中心城市建设做强做大。

三、审计调查发现的主要问题

（一）政府投资项目基本未按规定编制竣工决算。

调查摸底显示2010—2019年立项并已完成竣工验收并投入使用的市本级政府投资建设项目（总投资扣除征拆资金后金额300万元以上）116个，实际投资额约405亿元。审计调查发现仅有厦蓉高速公路龙岩互通迁建工程1个项目办理了竣工财务决算，其余已完工项目均未按规定在完工可投入使用或者试运行合格后3个月内编报竣工财务决算，有的项目已完工长达八年。相关单位存在"重建设轻竣工决算"思想，对项目后期财务决算工作不重视，

（续）

竣工财务决算意识淡薄。不符合《财政部〈基本建设项目竣工财务决算管理暂行办法〉》（财建〔2016〕503号）"第二条 基本建设项目（以下简称项目）完工可投入使用或者试运行合格后，应当在3个月内编报竣工财务决算，特殊情况确需延长的，中小型项目不得超过2个月，大型项目不得超过6个月"的规定。

（二）政府投资项目基本未按规定及时办理资金清算和资产交付手续。

每年均有大批基础设施项目完成竣工验收并投入使用，但大部分建设项目财务长期挂账（挂"在建工程"或"预付账款"科目），未及时未办理资产交付手续，无法形成资产。延伸审计发现：城投公司自成立以来已竣工未办理资产交付手续工程项目304个，使用建设资金133.31亿元，其中：挂"在建工程"88.46亿元、挂"预付账款"44.85亿元；安居公司已竣工未办理资产交付手续建设项目8个，使用建设资金18.73亿元，其中：挂"在建工程"1.77亿元、挂"预付账款"16.96亿元。不符合《财政部〈基本建设项目竣工财务决算管理暂行办法〉》（财建〔2016〕503号）"第十九条 项目竣工后应当及时办理资金清算和资产交付手续，并依据项目竣工财务决算批复意见办理产权登记和有关资产入账或调账"的规定。

（三）政府投资项目基本未及时开展房屋征拆结算审核工作。

审计调查发现政府投资建设项目由于征拆时间较长、补偿不规范、原始资料不齐全，征拆资金长期挂在预付账款，均未开展房屋征拆结算审核工作。审计抽查3个单位220个项目，共计征拆资金68.12亿元，其中：城投公司190个项目，使用征拆资金近45亿元；安居公司11个，征拆资金约11.03亿元；市收储中心19个安置房用地项目征拆成本12.09亿元，均未开展房屋征拆结算审核工作。不符合《财政部关于印发〈建设工程价款结算暂行办法〉的通知》（财建〔2004〕369号）"第十四条 工程完工后，应及时进行工程竣工结算……"的规定。

（四）建设单位及代建单位项目负责人及财务人员缺乏竣工财务决算业务知识。

此次审计调查政府投资项目建设单位及代建单位负责人和财务合计41人，能够分清工程造价结算与竣工财务决算区别的19人（占比46.34%），能够懂得编制竣工财务决算报表的仅1人（占比2.44%）。龙岩市财政部门未组织专门的竣工财务决算业务学习培训，项目建设单位作为项目实施主体，未组织基本建设财务规则、竣工财务决算管理等相关业务学习，以提高项目财务管理相关人员竣工财务决算业务知识，在项目竣工后及时编报竣工财务决算并报审。

（五）竣工财务决算督促检查不够到位。

审计调查发现龙岩市财政局项目预算管理部门和资产管理部门重工程造

（续）

价结算轻竣工财务决算，未组织对已完成竣工验收并投入使用建设项目组织竣工财务决算和资产交付情况专项督查。截至 2020 年 11 月底，龙岩市财政评审中心仅出具竣工财务决算评审报告 1 个（黄竹坑生活垃圾填埋场渗滤技术工程、总投资扣除征拆资金后金额 300 万元以内），目前正在审核竣工财务决算 2 个。不符合《基本建设财务规则》"第五十七条 财政部门和项目主管部门应当加强项目的监督管理，采取事前、事中、事后相结合，日常监督与专项监督相结合的方式，对项目财务行为实施全过程监督管理"的规定。

（六）建设、代建单位对工程结算造价审核把关不严。

施工单位编制的工程结算普遍存在高估冒算等问题，建设单位、代建单位、监理单位初审把关不严、核减率低，且大部分项目未达送审条件就报送审核机构审核。机构审核过程中发现多数项目重要资料不齐全、合同争议问题未解决、核减率高等问题。不符合《龙岩市人民政府办公室关于印发龙岩市本级财政投资评审管理办法的通知》"第三十条 项目建设单位应当配合财政投资评审机构开展工作，及时提供评审工作所需相关资料，并对所提供资料的真实性、合法性负责"的规定。

（七）项目管理人员和财务人员变更较多。

此次审计调查 50 个项目，发现变更项目负责人 11 个（占比 22%），变更财务负责人 28 个（占比 56%）。个别项目财务负责人变更频繁，如：安居公司承建的 9 个项目其财务负责人先后变更三次，城投公司承建的 18 个项目其财务负责人先后变更两次。不符合《基本建设项目竣工财务决算管理暂行办法》"在竣工财务决算未经审核前，项目建设单位一般不得撤销，项目负责人及财务主管人员、重大项目的相关工程技术主管人员、概（预）算主管人员一般不得调离。"的规定。

四、审计调查建议

（一）建立和健全相关配套制度。

建议市财政部门参照《中央基本建设项目竣工财务决算审核批复操作规程》制定我市竣工财务决算审核批复具体操作规程，逐步实现政府投资项目决算评审全覆盖。同时积极探索将竣工财务决算开展情况纳入工程项目绩效评估体系予以考核。

（二）加强宣传培训提高业务素质。

市财政部门以及项目建设单位应强化竣工财务决算业务学习培训，加强工作交流和业务研讨，扩大培训范围（培训对象应涵盖经办人员、分管领导和主要领导），增强竣工财务决算意识，提高财务人员业务知识，夯实财务

（续）

基础工作，为开展竣工财务决算打下基础。

（三）强化政府投资建设项目全过程管理。

项目建设单位应积极推进政府投资建设项目决策、施工设计、概算编制、工程发包、设备材料采购、建设施工、监理验收、造价结算等各环节工作，并按有关规定及时编报竣工财务决算，办理资产交付手续，促进国有资产保值增值，做强做大中心城市建设。

（四）开展专项征拆资金审核清理工作。

建议由市财政局牵头，组织市住建局、房屋征收中心等相关单位对历年来政府投资建设项目房屋征拆资金开展专项清理审查工作，及时办理征拆资金结算，以利于后续开展竣工财务决算工作。

（五）加强履行职责形成管理合力。

项目预算管理部门积极督促项目业主报送项目竣工财务决算，龙岩市财政评审中心按有关规定及时办理审核批复手续；资产管理部门加强对基本建设财政资金形成的资产的管理；发改、财政、项目主管部门等相关部门适时组织开展政府投资建设项目竣工财务决算和资产交付的专项监督检查工作，并指导督促县级做好政府投资建设项目竣工财务决算工作，促进规范我市政府投资建设项目行为，提高资金使用效益。

对本报告指出的问题，请相关单位自收到本报告之日起 90 日内整改完毕，并将整改结果书面报告龙岩市审计局。龙岩市审计局将视情况对整改结果进行检查，并将检查情况向社会公告。

龙岩市审计局
2021 年 2 月 3 日

牟定县审计局

专项审计调查报告

牟审投调报〔2021〕9 号

被调查单位：牟定县水务局
审计调查项目：牟定县"十三五"水务发展规划落实情况专项审计调查

根据《中华人民共和国审计法》第二十七条的规定，牟定县审计局派出

（续）

审计组，于 2021 年 9 月至 11 月对牟定县"十三五"水务发展规划落实情况进行了专项审计调查，重点调查了"十三五"期间水务发展规划落实、项目决策和审批、资金筹集管理使用、项目推进情况。对牟定县牟定河燃灯寺至江坡段河道治理工程、共和灌区节水配套改造工程等 2 项重点项目推进情况进行了抽审，并对重要事项进行了必要的延伸和追溯。牟定县水务局及有关单位对其提供的工程资料、财务会计资料、电子数据、其他证明资料的真实性和完整性负责，并对此作出了书面承诺。牟定县审计局的责任是依法独立实施专项审计调查并出具专项审计调查报告。

一、全县"十三五"水务发展规划落实情况

（一）预期性目标指标完成情况

牟定县"十三五"期间全县新增水库总库容 0.048 4 亿立方米，水利设施新增供水能力 0.037 2 亿立方米，新增有效灌溉面积达 0.656 8 亿亩。新增水土流失综合治理面积 52.92 平方千米。

（二）项目规划建设任务完成情况

1. 水源工程规划 13 件，未开工建设 5 件，停工 2 件，已竣工验收 6 件：中型水库（定远河水库）项目未立项建设；小（一）型水库 7 件已竣工验收 1 件（双龙闸水库），未立项建设 4 件（小黑箐水库、大力歪水库、象鼻箐水库、双河水库），停工 2 件（高泉闸水库、小土锅箐水库）；小（二）型水库 5 件（团结坝水库、五庄水库、水秧田水库、顶峰水库、力石团山水库）已竣工验收。

2. 河库连通工程规划 1 件（中屯水库至红豆树水库库库连通工程）："十四五"期间已立项，尚未开工建设。

3. 农村饮水安全巩固提升工程 511 件：项目已竣工。

4. 农田水利工程 6 件，已竣工验收 2 件，未立项建设 4 件：中型灌区 1 件已竣工验收并交付使用，小型灌区 3 件未立项建设；牟定县 4 万亩高效节水灌溉项目 1 件未立项建设；五小水利工程 1 件已竣工验收。

5. 防洪减灾工程 25 件，已竣工验收 24 件，未开工建设 1 件：河道治理工程 1 件（牟定河燃灯寺至江坡段重点河道治理工程）已竣工验收；小（二）型水库病险除险加固工程 22 件已竣工验收；山洪灾害防治项目（伏龙基河治理）1 件已竣工；抗旱应急引水工程 1 件（中屯水库至戌街抗旱应急工程）"十四五"已立项，尚未开工建设。

6. 城镇供排水工程 5 件，已竣工 4 件，未开工建设 1 件：县城第二水厂及配套管网二期工程项目已竣工验收，共和镇供水工程未开工建设；县城污水处理厂管网完善工程部分已验收；共和镇排水（雨水）工程部分已

（续）

验收；县水质监测中心建设项目已竣工。

7. 水生态治理与保护工程 8 件，已竣工验收 5 件，未开工建设 3 件：坡耕地治理工程 3 件未立项建设；水土保持重点工程 4 件已竣工验收；水资源管理信息平台建设及取水点监测 1 件已竣工。

（三）项目水利投资执行情况

牟定县"十三五"期间实际完成水利投资 4.470 1 亿元。

1. 水源工程"十三五"期间实际完成投资 1.379 1 亿元：小（一）型水库完成投资 1.290 8 亿元；小（二）型水库完成投资 0.088 3 亿元。

2. 农村饮水安全巩固提升工程"十三五"期间实际完成投资 0.314 5 亿元。

3. 农田水利工程"十三五"期间实际完成投资 1.311 6 亿元：牟定共和灌区完成投资 0.241 61 亿元；五小水利工程完成投资 1.07 亿元。

4. 防洪减灾工程"十三五"期间实际完成投资 0.721 5 亿元：牟定河燃灯寺至江坡段重点河道治理工程完成投资 0.298 5 亿元；小（二）型水库病险除险加固工程完成投资 0.38 亿元；伏龙基河山洪灾害防治项目完成投资 0.043 亿元；

5. 城镇供排水工程"十三五"期间实际完成投资 0.590 4 亿元：县城第二水厂及配套管网二期工程完成投资 0.371 6 亿元；污水处理水工程完成投资 0.168 8 亿元；县水质检测中心完成投资 0.05 亿元。

6. 水生态治理与保护工程"十三五"期间实际完成投资 0.153 亿元：牟定县水土保持重点工程完成投资 0.15 亿元；水资源管理信息平台建设及取水点监测（县级系统终端建设）完成投资 0.003 亿元。

二、"十三五"重点项目推进情况

（一）牟定县牟定河燃灯寺至江坡段河道治理工程

1. 工程开竣工及验收情况：2019 年 12 月 2 日开工建设，2020 年 10 月 16 日全面完工，11 月 27 日进行了法人验收，质量评定为合格。

2. 项目建设资金筹集和管理使用情况：概算总投资 3 647.52 万元，截至 2021 年 10 月 31 日实际到位 2 376 万元，未到位 1 271.52 万元。项目资金实行专户专账管理。截至 2021 年 10 月 31 日已支付 2 215.20 万元（建筑安装工程支出 1 693.22 万元，待摊投资支出 521.98 万元），银行利息收入 2.82 万元，银行存款余额 163.62 万元。

3. 项目账面反映投资完成情况：截至 2021 年 10 月 31 日账面反映完成投资 2 985 万元：建安投资 1 970.24 万元，待摊投资 1 014.76 万元（监理费 33.66 万元，设计费 110 万元，检测费 3 万元，招标代理服务费

（续）

8.40万元，建设单位管理费47.16万元，土地征用及迁移补偿费812.54万元）。账面完成投资占批复概算投资的82%。

（二）牟定县共和灌区节水配套改造工程

1. 工程开竣工及验收情况：该工程于2019年12月10日陆续开工建设，2020年7月30日全面完工。2021年8月11日进行了法人验收，质量评定为合格工程。

2. 项目建设资金筹集和管理使用情况：概算总投资2 515.86万元（中央补助资金1 795万元，整合楚姚、昆楚大高速公路占用牟定周山沟恢复还建补偿资金675万元，地方自筹45.86万元），截至2021年10月20日实际到位资金2 568.60万元（中央补助资金1 795万元，昆楚大高速公路占用牟定周山沟恢复还建补偿资金773.60万元）。项目资金实行专户专账管理。截至2021年11月2日已支付资金2 136.73万元：建安工程支出1 953.15万元，设备购置14.48万元，待摊投资支出158.47万元，临时工程支出5.16万元，其他投资支出5.47万元。银行利息收入2.53万元，银行存款余额434.40万元。

3. 项目账面反映投资完成情况：截至2021年11月2日已完成投资2 415.81万元：建安投资2 170.14万元，设备购置28.95万元，待摊投资200.62万元，其他投资10.94万元，临时工程投资5.16万元。账面完成投资占批复概算投资的96%。

三、"十三五"水务发展规划项目审计发现问题及整改情况

截至审计调查之日，"十三五"水务发展规划项目已审计5个，审计发现问题12个，其中：多计工程价款5个124.87万元；结余资金5个573.93万元；重复报销差旅费1个0.12万元；挤占项目建设资金1个1.89万元。

（一）牟定县2017年度6件小（二）型水库除险加固工程竣工决算审计查出问题整改情况

1. 多计工程价款9.57万元：县水务局已作调整账务处理。

2. 项目资金结余52.28万元：县水务局于2020年9月11日已将结余资金上缴财政。

（二）牟定县2018年度16件小（二）型水库除险加固工程竣工决算审计查出问题整改情况

1. 多计工程价款53.64万元：县水务局已作调整账务处理。

2. 重复报销差旅费0.12万元：县水务局于2020年7月10日收回归还原资金渠道。

(续)

3. 项目资金结余 138.91 万元：县水务局于 2020 年 9 月 11 日已将结余资金上缴财政。

（三）牟定县 2016 年农村饮水安全巩固提升工程（安乐乡管网延伸工程）竣工决算审计查出问题整改情况

1. 多计工程价款 39.25 万元：县水务局已作调整账务处理。

2. 项目资金结余 322.95 万元：县水务局于 2019 年 12 月 3 日已将结余资金上缴财政。

3. 挤占项目建设资金 1.89 万元：县水务局于 2019 年 12 月 3 日已收回挤占资金上缴财政。

（四）牟定县 2019 年国家水土保持重点工程安益小流域治理项目竣工决算审计查出问题整改情况

1. 多计工程价款 14.06 万元：县水务局已作调整账务处理。

2. 项目资金结余 32.01 万元：县水务局于 2021 年 6 月 23 日已将结余资金上缴财政。

（五）牟定 2018 年国家水土保持重点工程左家小流域治理项目竣工决算审计查出问题整改情况

1. 多计工程价款 8.35 万元：县水务局已作调整账务处理。

2. 项目资金结余 27.78 万元：县水务局于 2021 年 6 月 23 日已将结余资金上缴财政。

四、审计调查发现问题及处理意见

（一）规划落实方面的问题

2 个项目因资金不到位或林地审批政策调整，造成停工。1. 高泉闸水库工程：2017 年 2 月 9 日开工建设，计划工期 30 个月，2019 年 8 月完成大坝枢纽主体工程施工。截至审计之日，8.12 千米输水管道及 1.1 千米白沙河村改建公路因林地审批手续问题未建设，造成停工。2. 小土锅箐水库工程：2018 年 5 月 12 日经批准正式开工建设，工期 24 个月，2020 年 12 月 20 日已完成水库枢纽工程，开始下闸试蓄水。截至审计之日附属工程（输水管网建设工程）因州、县配套资金未到位，造成停工。

处理意见：积极争取各级配套资金到位，防止造成半拉子工程；积极协调相关部门，完备有关审批手续，争取尽快发挥效益。

（二）建设程序执行方面的问题

部分中介服务事项未进中介超市公开选取。1. 2020 年 3 月 19 日，牟定县龙川河河道治理工程建设管理局自行与楚雄永德工程质量检测有限公司签订了工程质量检测合同，检测费 3 万元，未经中介超市选取。2. 2019 年

（续）

12月6日，牟定县共和灌区节水配套改造项目工程建设管理局自行与昆明金慧科技有限公司牟定分公司签订了工程放线测绘合同，测绘费5.96万元，未经中介超市选取。

处理意见：严格执行《云南省投资审批中介超市运行规则》等规定，建设项目所需服务应按规定进入中介超市选取。

（三）征地拆迁移民方面的问题

滞留征地款350万元。牟定县龙川河河道治理工程建设管理局2021年4月2日拨付牟定县江坡镇农经管理站牟定河燃灯寺至江坡段重点河道治理项目永久征地款350万元，已签订协议16份，截至2021年11月12日，款项尚未兑付到村集体账户。

处理意见：积极争取资金，及时兑付征地补偿款，避免造成不良社会影响。

（四）其他方面的问题

项目融资服务费收取情况。1. 小土锅箐水库于2018年5月12日经批准正式开工建设。2018年12月28日与云南水投水务产业有限公司签订融资贷款协议，融资金额2 690万元，项目融资服务费为投资额2%，县水务局支付融资服务费共53.80万元。2. 高泉闸水库于2017年2月9日经批准正式开工建设。2019年6月30日与云南水投水务产业有限公司签订融资贷款协议，融资金额2 962万元，项目融资服务费为投资额2%，县水务局支付融资服务费共59.24万元。

处理意见：该问题将由省审计厅统一进行处理。

五、对存在问题的原因分析

（一）县级征地款配套不到位，后续征地补偿款无法全额兑付，导致已拨的征地补偿款至今滞留在江坡镇农经站。

（二）部分中介服务事项未进中介超市公开选取，一是项目业主对《关于加强全州投资审批中介超市建设运行和管理的通知》（楚政服联发〔2016〕2号）执行不到位。二是担心中介机构服务质量难以保证、具备资质但业务不精、在规定时限内难以完成工作任务、达不到项目质量要求。

（三）项目停工的主要原因：一是项目资金配比不到位。二是公路改建及库区淹没林地涉及州级自然保护区，暂无法办理林地使用手续，造成水库无法下闸蓄水、白沙河改建公路无法施工。

六、审计建议

建议牟定县水务局积极筹措资金，完善林地审批手续，加快未完工项目

（续）

建设进度尽快发挥效益。

对本次审计调查发现的问题，牟定县水务局应自收到本报告之日起60日内整改完毕。并将整改情况书面告知牟定县审计局，同时向牟定县人民政府报告，并向社会公告。

牟定县审计局将依法对本报告及跟踪检查整改情况向社会公告。

牟定县审计局

2021年12月8日

五、专项审计调查报告整改报告范本

北海市财政局关于
专项审计调查报告有关问题整改落实情况的报告

北财工交函〔2019〕82号

市审计局：

根据《广西壮族自治区北海市审计局专项审计调查报告》（北审报〔2019〕38号）的要求，我局针对专项审计调查报告中指出的问题，按照《北海市进一步清理拖欠民营企业中小企业账款工作方案》的工作分工，积极督促相关单位落实有关问题整改工作要求。现将有关整改工作落实情况报告如下。

一、关于少报漏报拖欠民营企业账款问题的整改情况

（一）关于少报拖欠民营企业账款问题的整改情况

北海市水利局上报市工信局拖欠款为4.32万元，经审计抽查拖欠款为4.7万元，少报质保金0.38万元。少报的拖欠款为该单位办公楼防雷设施维修工程质保金。北海市水利局已按照审计整改要求将少报的拖欠款上报市清欠办。

北海市合浦水库工程管理局上报市工信局拖欠款为112.8万元，经审计抽查拖欠款为148.69万元，少报拖欠工程项目设计费或监理费共36.21万元。该单位核查后已经将少报的设计费和监理费上报市清欠办，全部欠款已于2019年3月份全部清偿完毕。

（二）关于漏报拖欠民营企业账款问题的整改情况

市城市照明管理处等9个单位未向市工信局填报单位拖欠民营企业账款

（续）

167.86万元，整改情况如下：

（1）市城市照明管理处拖欠照明项目材料款或设备款84.81万元，已上报市清欠办，于2019年4月偿还了所欠的2笔数额分别为34.716 5万元、41.563 5万元的拖欠款，并更正了由于账务上未对已偿还维修欠款进行冲销处理所产生的8.525万元欠款。

（2）北海市市政工程管理处拖欠材料款6.93万元，已上报市清欠办，并于2019年8月13日偿还了漏报的拖欠款。

（3）北海中学拖欠质保证金2.51万元，是因项目升级改造工程存在质量问题造成的拖欠款，已协商解决，并上报市清欠办和清偿了该项拖欠款。

（4）北海市第一中学拖欠工程款和借款20.54万元，已上报市清欠办，已在《广西法制日报》刊登公告，联系各相关债权人；以前还款材料不全的施工方亦已提交完整工程款付款手续，已向市教育局申请资金进行偿还。

（5）市中心血站拖欠货物采购款4.94万元，已上报市清欠办，已于2019年7月22日在《北海日报》刊登公告，并将其列入2019年偿还计划，但是自刊登公告至8月26日止，尚未有被欠款企业与该单位对接。

（6）市妇幼保健院拖欠服务费和采购货物款19.02万元，已上报市清欠办，已通过登报公示的办法通知相关被欠款企业及时与其进行对账，办理结算手续，目前已偿还9家被拖欠民营企业款项共计4.786 2万元，并将余下企业视为逾期不办理情况，不被列入清理拖欠民营企业中小企业账款范围。

（7）市第二人民医院拖欠药品和卫生材料款4.99万元，已上报市清欠办，已支付"海南省医药公司"等4家公司拖欠款共0.86万元，还有7个被欠款企业因对方单位撤销、账号不符等原因无法支付或转出退回，1个被欠款企业货款存在有发票问题、质量问题纠纷，双方正在进一步协商处理，目前无法转款的金额为4.1万元。市第二人民医院于2019年7月18日在《北海日报》刊登公告，通知达美医疗器械经营部等8个被欠款企业于2019年7月31日前持相关资料与其办理财务对账及清算手续，截至8月23日，有关被欠款企业还没有前来结算。

（8）市结核病防治院拖欠药品和卫生材料款4.26万元，已上报市清欠办，积极联系被欠款企业，已偿还广西太华医药有限公司款项，并于2019年7月23日在报纸上刊登公告通知余下相关被欠款企业及时与其进行对账结算，并将15日后未与其联系的企业不列入清理拖欠民营中小企业拖欠账款的范围。

（续）

（9）北海市皮肤病防治院拖欠药品和卫生材料款19.86万元，已上报市清欠办，已积极联系相关被欠款企业进行对账，已支付了拖欠南宁康医源环保和广西康呈鑫两家公司的药品和材料款，并将所欠款的12家被欠款企业进行登报公示，但公示15日后这些被欠款企业尚未与其联系，已将这些公司不列入清理拖欠民营中小企业账款的范围。

二、关于填报拖欠民营企业账款不准确问题的整改情况

（一）关于将已偿还欠款作为拖欠民营企业账款填报问题的整改情况

北海市住房和城乡建设局将2笔已偿还保证金23万元仍作为拖欠账款向市工信局填报问题。该单位已对有关情况进行了说明，并在市审计局的取证单中予以说明。

（二）关于未结算的工程款作为拖欠民营企业账款填报问题的整改情况

（1）北海市水利工程管理处将未结算的2笔工程款和勘察费共46.7万元作为拖欠款填报。该单位已重新报送市审计局和市清欠办。

（2）北海市交通运输局重大项目建设办公室将未结算的5笔工程款和咨询服务费共171.24万元作为拖欠款填报。该单位与市清欠办沟通后，已将该5笔款项从拖欠民营企业账款中删除。

三、关于个别单位未及时理清具体拖欠民营企业账款情况问题的整改情况

截至2019年4月28日，北海市防护林场未能按《北海市进一步清理拖欠民营企业中小企业账款工作方案》的要求理清具体拖欠民营企业账款的情况。该单位经清查后，经过清理整改，截至2019年8月23日"预收账款"已清理金额26万元、"其他应付款——权责发生制列支项目"已清理金额764.900 8万元、"其他应付款——应付单位——青苗、附着物补偿费"已清理金额63.946 0万元。

对于贵局专项审计调查报告中指出的问题，我局高度重视并及时通知相关单位进行了整改落实。我局将按照贵局的整改工作要求，在整改期限截止后依法向社会公告整改结果；同时，我局将按照清欠工作分工，认真履行职责，密切配合牵头部门做好清欠各项工作，确保清欠工作取得实效。

北海市财政局
2019年8月31日

（续）

对专项审计调查报告的反馈意见

淳安县审计局：

　　贵局送达的淳审行报〔2018〕22号审计文书已收悉，根据本次专项审计调查报告所示，我镇2017年度小城镇环境综合整治工作在政策落实、工程管理、资金管理、成果绩效等方面成效显著，但也存在个别不足和问题，现就相关整改情况作如下反馈。

　　一、计划执行方面

　　水墨威坪街景观阁工程取消施工，但实际已支付该项目设计费7万元。

　　反馈意见：因该项目为我镇2016年招商引资项目"水墨威坪街"配套工程，按原定招商协议由开发商设计，镇政府落实费用支出，并经2017年3月20日镇班子会议研究同意景观阁设计费按7万元支付。后5月12日省整治办杨晓光专家来威坪调研，建议取消改为种植大樟树，但因施工图已全部完成，故按合同支付费用。我镇已责成业务科室引以为戒，在后续项目中做好规划与实际相一致。

　　二、资金管理方面

　　威坪镇小城镇环境综合整治项目，支付徐素珍环境整治务工费30 000元，未发现应有的发票、合同等支付依据。

　　反馈意见：2017年，为加强小城镇整治项目管理，威坪新农村公司与徐素珍签订劳务合同。2018年1月11日，镇班子会议研究，同意支付其10个月劳务工资共计3万元。现我镇已将劳务合同和班子会议纪要放入支付凭证中，同时将该笔费用调整为新农村公司管理费用支付。

　　针对以上两个问题，我镇已深刻认识到在项目推进过程中对于资料把控的重要性，第一时间整改落实并及时反馈。

淳安县威坪镇人民政府
2018年12月10日

深圳市罗湖区工业和信息化局关于《深圳市罗湖区审计局专项审计调查报告》（深罗审调报〔2022〕7号）有关问题的整改情况

针对《深圳市罗湖区审计局专项审计调查报告》（深罗审调报〔2022〕7号）反映的扶持资金发放不到位和部分资金拨付进度较慢的有关问题，我局高度重视并开展了一系列整改工作，现将整改情况公告如下：

一、关于第（二）条，扶持资金发放不到位。我局已在初审阶段及时调整，并提交区产业发展专项资金领导小组联席会审议通过。

二、关于第（三）条，部分资金拨付进度较慢。援企稳就业扶持项目核发进度已达94.75%，剩余23家未提交请款材料企业，7家已明确放弃本次补贴，16家无法联系。

深圳市罗湖区工业和信息化局
2023年1月6日

关于州审计局2021年7月至2022年6月审计查出问题整改情况专项调查发现问题的整改情况报告

州审计局：

根据《西双版纳傣族自治州审计局专项审计调查报告》西审调报〔2022〕4号要求，提出了我局未完成整改问题1个，我局高度重视，成立了审计整改领导小组，研究制定了整改方案，以问题为导向，分解整改任务。现将整改情况报告如下。

问题：往来款长期挂账33 721.61元。

整改落实情况：正在推进整改。经核实，以上其他应收款为2005年以前单位职工集资楼工程款单位资金支付部分，工程形成的资产不属于州住房和城乡建设局。因挂账年限久远，经多次核实调阅原始凭证，询问相关经办人员（均已离岗），仍无法明确应收款往来方。根据《云南省人民政府关于进一步加强财政往来款管理工作的通知》云政办发〔2021〕1号相关规定，我局发《西双版纳州住房和城乡建设局关于申请核销多年挂账应收款项的函》（西建函〔2023〕2号）报州财政局，截至目前财政尚未回函，待财政回函后按程序予以核销。

西双版纳州住房和城乡建设局
2023年2月14日

关于《玉环市审计局专项审计调查报告》
（玉审企调保〔2023〕16号）整改情况报告

玉环市审计局：

我单位于2023年12月6日收到玉环市审计局送达的《玉环市审计局专项审计调查报告》（玉审企调报〔2023〕16号），指出了我单位在投资决策管理和建设程序履行方面、工程招投标和政府采购执行方面、资金管理使用和投资控制方面存在的问题，提出了审计意见和建议。我单位对审计发现问题进行研究和分析，采取了相关措施进行整改。现将整改情况及下一步整改计划报告如下：

一、专项审计调查发现问题整改情况

（一）投资决策管理和建设程序履行方面
1. 工程实施未履行立项审批和施工许可手续
已采取的整改措施：无。
2. 建设项目重复申报立项
已采取的整改措施：楚门镇文房西路建设工程（滨江大道—新漩线）在2020年8月18日取得可行性研究报告的批复（玉发改楚审〔2020〕30号），建设内容为改建道路长约667米，标准段宽28米，道路沿线设箱涵一座，项目投资额为2 918万元，其中工程费用2 528万元。由于其中（兴安南路至滨江大道）段道路涉及水域占补平衡等问题，缺少相关审批程序无法招标一直没有施工。2022年，楚门镇实施玉环市科技产业功能区（智能制造）提升工程，申报专项债项目，为保障后续道路施工资金问题，故将楚门镇文房西路建设工程（滨江大道—新漩线）列入科技产业功能区（智能制造）提升工程的子项目，于2022年2月18日取得发改局关于《玉环市科技产业功能区（智能制造）提升工程》可行性报告的批复，同时决定按照道路现状启动招标和施工，不影响现状河道。现已发函向发改局申请注销楚门镇文房西路建设工程（滨江大道—新漩线）在2020年8月18日取得可行性研究报告的批复（玉发改楚审〔2020〕30号）。
整改情况：已完成整改。

（二）工程招投标和政府采购执行方面

服务类项目未实行政府采购。

已采取的整改措施：原考虑单个项目的预算、预算审核、结算审核、招标代理等服务专业性强，服务水平高、符合行业标准取费、单体项目服务费不高等因素，延续惯例使用玉环本土几家服务公司。为规范政府采购流程，考虑年度小额项目的临时性、突发性、不可控性，现拟对项目预算、预算审核、结算审核、招标代理等服务年度入围招标（根据项目造价服务取费），并结合相关服务公司的专业资质、业务水平等综合考量。

整改情况：已完成整改。

（三）资金管理使用和投资控制方面

专项债受益处置不规范。

已采取的整改措施：2023年9月12日，楚门镇转拨楚门城投公司飞龙家具净地收回旧厂房拆除工程中标款，并将专项款410万元纳入专项债专户管理。

整改情况：已完成整改。

二、专项审计调查建议采纳情况

根据审计建议，我镇召集相关科室专题进行研究和责任分解。对于审计提出的3条建议意见，全数予以采纳。

楚门镇人民政府
2024年1月15日

附件：

回单：楚门镇转拨楚门城投公司飞龙家具净地收回旧厂房拆除工程中标款410万元2023.9.12.pdf（略）

发票：楚门镇转拨楚门城投公司飞龙家具净地收回旧厂房拆除工程中标款410万元2023.9.12.pdf（略）

第五节　审计决定书

一、相关法律依据

根据《审计法》第四十五条的规定，审计机关按照审计署规定的程序对审计组的审计报告进行审议，并对被审计单位对审计组的审计报告提出的意见一并研究后，出具审计机关的审计报告。对违反国家规定的财政收支、财务收支行为，依法应当给予处理、处罚的，审计机关在法定职权范围内作出审计决定；需要移送有关主管机关、单位处理、处罚的，审计机关应当依法移送。审计机关应当将审计机关的审计报告和审计决定送达被审计单位和有关主管机关、单位，并报上一级审计机关。审计决定自送达之日起生效。

二、审计决定书的适用范围

审计决定书适用于对被审计单位违反国家规定的财政收支、财务收支行为进行处理、处罚。

三、审计决定书的内容

根据《审计署关于在全国实行统一审计文书格式的通知》（审法发〔1995〕7号）的规定，审计决定主要包括下列内容：

（1）依据审计意见书中所列审计机关认定的被审计单位违反国家规定的财政收支、财务收支行为的事实。

（2）引证有关的法律、法规和具有普遍约束力的决定、命令的条文以及据以作出的审计处理、处罚决定。

（3）审计处理、处罚决定执行的期限。

（4）被审计单位不服审计决定，向上一级审计机关申请复议的期限；不服审计署作出的审计决定的，向审计署申请复议的期限。

审计组的审计报告报送审计机关之前，应征求被审计单位意见，如被审计单位对审计报告有异议，审计组应当进一步核实、研究，并根据核实、研究的结果改定审计报告后，将审计报告连同被审计单位书面意见一并报送审计机关。审计机关应当自收到审计组的审计报告之日起30日内，将审计意见书和审计决定送达被审计单位和有关单位。

四、审计决定书的格式

（一）审计决定书格式一

******（审计机关全称）

审 计 决 定 书

审决 *〔****〕* 号

关于对 **** 的审计决定

_____：

　　根据审通 *〔****〕* 号审计通知书，自 **** 年 ** 月 ** 日至 **** 年 ** 月 ** 日对你单位 ****，进行了审计。现依据审意 *〔****〕* 号审计意见书中所列审计机关认定的被审计单位违反国家规定的财政收支、财务收支行为的事实，作出如下审计决定：

_____
_____
_____

　　本审计决定自送达之日起生效。如果对本决定不服，可以在本决定送达之日起 60 日内，向 ****** 申请行政复议；或者在本决定送达之日起 6 个月内，向 ****** 提起行政诉讼。复议或者诉讼期间本决定照常执行。

******（审计机关全称印章）
**** 年 ** 月 ** 日

抄送：******

（二）审计决定书格式二

****（审计机关全称）

审 计 决 定 书

*审**决〔20**〕**号

****（审计机关名称）关于****的审计决定

****（主送单位全称或者规范简称）：

自****年**月**日至****年**月**日，我署（厅、局、办）对你单位****进行了审计（专项审计调查）。现根据《中华人民共和国审计法》第四十一条（专项审计调查项目同时引用《中华人民共和国审计法实施条例》第四十四条）和其他有关法律法规，作出如下审计决定：

一、关于****问题的处理（处罚）

***。

二、关于****问题的处理（处罚）

***。

[说明：
1. 审计决定所列问题应与审计报告或者专项审计调查报告反映相关问题的标题及排列顺序基本一致。
2. 每项决定都必须有事实、定性、处理或处罚决定以及相应法规依据，且表述应当与审计报告或者专项审计调查报告的相关表述一致。]

本决定自送达之日起生效。你单位应当自收到本决定之日起**日（审计机关根据具体情况确定）内将本决定执行完毕，并将执行结果书面报告我署（厅、局、办）。

第三章　审计结果文书

（续）

（救济途径选项一：提请裁决）　如果对本决定不服，可以在本决定送达之日起 60 日内，提请＊＊＊（审计机关的本级人民政府，其中审计署及其派出机构的本级人民政府都是国务院）裁决。裁决期间本决定照常执行。

（救济途径选项二：申请复议或者提起诉讼）　如果对本决定不服，可以在本决定送达之日起 60 日内，向＊＊＊＊＊＊（按照行政复议法的规定，对审计署及其派出机构作出的审计决定不服的，应当向审计署申请行政复议；对地方审计机关作出的审计决定不服的，应当向本级人民政府或者上一级审计机关申请行政复议）申请行政复议；或者在本决定送达之日起 6 个月内，向＊＊＊＊＊＊（对审计署作出的审计决定不服的，按照行政诉讼法的规定应当向北京市第一中级人民法院提起行政诉讼；对审计署特派办或者地方审计机关作出的审计决定不服的，应当按照行政诉讼法和有关司法解释的要求，结合各省的具体规定，向特派办或者地方审计机关所在地基层人民法院或者中级人民法院提起行政诉讼）提起行政诉讼。复议或者诉讼期间本决定照常执行。

（审计机关印章）

＊＊＊＊年＊＊月＊＊日

五、审计决定书范本

衡水市审计局

审 计 决 定 书

衡审投决〔2017〕3号

衡水市审计局
关于衡水学院西校区建设项目预算执行审计的审计决定

衡水学院：
　　对衡水学院报送西校区建设项目前期立项以及结算资料的审计发现，

（续）

衡水市发展和改革委员会以衡发改社会审批〔2012〕320号文对该项目可行性研究报告重新进行批复，主要建设内容有新建13层学术交流中心楼1栋，建筑面积15 000平方米；9层社会科学研究中心楼1栋，建筑面积23 400平方米；6层美术教学楼1栋，建筑面积26 000平方米；3层体育训练馆1座，建筑面积12 000平方米；5层音乐教学楼1栋，建筑面积16 000平方米；13层学生公寓及食堂1栋，建筑面积23 000平方米；5层阶梯教室楼1栋，建筑面积8 000平方米；2层音乐楼1栋，建筑面积4 000平方米；5层实训中心楼1栋，建筑面积9 000平方米。总建筑面积136 400平方米。项目总投资35 000万元，全部为财政拨款。目前该项目的美术教学楼、音乐教学楼、社科中心、实训中心、阶梯教室、音乐厅已经竣工验收并投入使用，体育馆处于在建中，生活楼和学术交流中心正在办理建设程序。

实际报送资料中除包含以上已经竣工验收的六栋建筑外，还包括地下车库的建设内容，未包括在立项批复建设内容中，地下车库的投资额为18 176 555元。

违反了原国家计委《关于核定在建基本建设大中型项目概算等问题的通知》（计建设〔1996〕1154号）第五条"在编制初步设计及概算（调整概算）时，要将静态投资、动态投资、铺底流动资金分别列出。静态投资部分主要包括建筑安装工程费用、设备的购置费用（含工器具购置费）、关税、其他费用和基本预备费。动态投资部分主要包括建设期利息、价差预备费、汇率变动部分。项目的建设规模、建设内容和设计标准要严格控制在国家批准的可行性研究报告（或设计任务书）和初步设计的范围内，不得自行提高标准。动态投资部分的投资价格指数按6%计算。建设期利息、汇率、投资方向调节税一律按国家的有关规定计算。铺底流动资金按流动资金需要量的30%计算。今后，项目的初步设计及概算经批准后，静态投资一律不再进行调整"之规定。

根据《关于核定在建基本建设大中型项目概算等问题的通知》（计建设〔1996〕1154号）第七条"在项目建设过程中，建设单位违反规定自行增加建设规模、内容和提高建设标准而引起的概算投资增加，在调整概算审核中一律不予承认。审计机关对此要加强审计监督。"和《建设项目审计处理暂行规定》第六条"建设项目不突破概算总投资的单项工程间投资调剂，应督促建设单位向原审批部门申报批准。批准设计外的在建工程，应要求其暂停、缓建，并报原审批部门审批；原审批部门不予批准的计划外工程，由建设单位筹措符合规定资金予以归垫，并处以投资额5%以下罚款，由建设单位以自有资金支付。建设单位擅自扩大建设规划、提高建筑装修及设备购置标准的投资，视同计划外工程投资处理"之规定，

（续）

鉴于衡水学院自行筹措符合规定资金予以归垫，适用《衡水市审计处罚自由裁量权适用规则》第八条及《衡水市审计处罚自由裁量权执行标准》从轻处罚的情形，对衡水学院处以计划外投资额1%罚款，计181 765.55元。

衡水市审计局
2017年9月14日

河南省清丰县审计局

审 计 决 定 书

清审行决〔2020〕1号

清丰县审计局
关于2018至2019年基础教育政策落实和资金
使用绩效情况的审计决定

清丰县某某学校中学：

自2020年5月6日至8月30日，对清丰县2018年至2019年基础教育政策落实及资金绩效情况进行了专项审计，并延伸审计了部分学校。根据《中华人民共和国审计法》第四十一条和其他有关法律法规，作出如下审计决定：

关于票据管理不规范26 350元问题的处理

县某某学校2019年9月4日证白条列支高一新生军训教官就餐及保安人员就餐补助8 750元；11月12日证白条列支学校领导配餐及图书楼保安就餐充值卡2 600元；12月25日证收据支付河北非凡吉创教育科技有限公司高效课堂教师培训费15 000元。

上述行为违反了《中华人民共和国发票管理办法》第二十一条"不符合规定的发票，不得作为财务报销凭证，任何单位和个人有权拒收"之规定。

根据县某某学校违法事实、性质和情节、社会危害性程度和相关证据，违法行为认定为轻微。

根据《中华人民共和国审计法实施条例》第四十九条第一款"对被审计单位违反国家规定的财务收支行为，审计机关在法定职权范围内，区别情况采取审计法第四十五条规定的处理措施，可以通报批评，给予警告；有违法所得的，没收违法所得，并处违法所得1倍以上5倍以下的罚款；没有违

（续）

法所得的，可以处 5 万元以下的罚款；对直接负责的主管人员和其他直接责任人员，可以处 2 万元以下的罚款，审计机关认为应当给予处分的，向有关主管机关、单位提出给予处分的建议；构成犯罪的，依法追究刑事责任"之规定，责令清丰某某学校改正，并对其处以 10 000 元罚款，上缴入库。

  本决定自送达之日起生效。你单位应当自收到本决定之日起 60 日内将本决定执行完毕，并将执行结果书面报告我局。

  如果对本决定不服，可以在本决定送达之日起 60 日内，提请清丰县人民政府和濮阳市审计局申请行政复议；或者在本决定送达之日起 6 个月内向清丰县人民法院提起行政诉讼。复议和诉讼期间本决定照常执行。

清丰县审计局
2020 年 11 月 26 日

六、审计决定书回复范本

关于对市审计局审计决定书的回复

温经信〔2019〕21 号

温岭市审计局：

  你局于 2018 年 9 月 17 日至 12 月 11 日，对徐寅同志任市经信局局长期间的经济责任履行情况进行审计，重点审计了 2016 年度至 2017 年度，审计人员本着高度负责的精神，认真查阅我局有关资料，客观公正地指出了我局存在的一些问题，我局党委对审计决定书指出的问题予以高度重视，并专门召开党委会进行分析整改，现将整改情况报告如下：

  一、关于 2 个工业机器人项目 2015 年前购置款多奖励 389 650 元，我局已下文收回台州市锐安硬质合金工具有限公司和台州中恒机械有限公司多奖励的金额。

  二、关于其他应付款应转收入挂账 291 375.45 元，我局在 2018 年已清理以前年度部门结余资金 60 459.41 元，另 230 467.61 元我局按照审计决定已将其他应付款转收入。

  三、关于少代扣代缴个人所得税问题，市发展公司已于 2019 年 1 月 29 日在温岭市税务局进行悉数补缴，共补缴 46 296.72 元，今后市发展公司将严格按照《中华人民共和国个人所得税法》进行预扣预缴。

(续)

四、关于租期已结束房租押金挂账 35 690 元问题，市发展公司已于 2019 年 1 月份账处理时对租期已结束房租押金挂账 35 690 元进行调账转增收入核算，在今后的工作中将指定专人负责房屋出租管理事项，在房屋出租时登记《资产出租内部审批表》，完善出租房产管理台账，对出租合同进行严格把关确认。

温岭市经济和信息化局
2019 年 2 月 25 日

关于对开远市审计局审计决定书执行情况的说明

2018 年 2 月至 4 月期间，开远市审计局派出审计组对我局 2017 年预算执行和其他财政财务收支情况进行了审计，出具《开远市审计局关于开远市发展和改革局 2017 年预算执行"一条线"审计情况的专题报告》（开审发〔2018〕5 号）、《开远市审计局审计报告》（开审报〔2018〕5 号）、《开远市审计局审计决定书》（开审决〔2018〕3 号）。我局根据"审计专题报告""审计报告""审计决定书"作出的五个方面审计决定，及时进行整改和纠正，执行审计决定情况如下：

一、审计报告决定一："关于扩大资金开支范围 82 650.42 元问题的处理"，我局按照"审计决定"于 2018 年 4 月调整了会计账目，归还了原资金渠道。

二、审计报告决定二："关于违规向下属单位收取费用 100 000.00 元问题的处理"，说明如下：由于局机关工会收入单一，工会经费紧张，经费开支出现入不敷出的情况，且审计期间该笔经费已经全部开支，无法将 100 000.00 元工作经费原渠道返还。请审计组考虑发改局局机关工会经费困难的实际情况，建议此项 100 000.00 元工作经费不予退还开远市工程咨询中心。在今后的工作中，我们将引以为戒，不断加强对资金收支管理，严守财经纪律制度，严格执行《会计法》。

三、审计报告决定三："关于兑现搬迁对象不属于'6 类区域'建档立卡贫困人口建房补助问题的处理"，经落实，该搬迁户已经于 2016 年 12 月 24 日把 12 万元建房补助资金交还开远市乐白道街道办事处田心村民委员会。

四、审计报告决定四："关于 2016 年易地扶贫搬迁政策整改落实不到位问题的处理"，由于 2017 年易地扶贫搬迁资金补助政策调整，建档立卡户建房补助由原 6 万元补助、6 万元贷款调整为人均补助 2 万元、拆旧奖励

（续）

0.6万元，因此全省资金调整和补退工作将按照新的要求重新测算清理。目前由市发改局和市财政局牵头正在进行调账工作。

五、审计报告决定五："关于工程完工未及时办理结算问题的处理"，2016年易地扶贫搬迁为统规自建，由于部分工程进度资料不完整正在进行整改，已完成果都新村"三通一平"、老寨一期雨污分流及道路硬化等项目结算，绿化、生态净化池等项目实行包干价，其余未办理结算的公建项目已督促施工方尽快办理结算。

在今后的工作中，我们会加强对预算资金和其他财政财务收支的管理，特别是加强《预算法》《会计法》和财经制度的学习，加强对石漠化综合治理工程项目封山育林、补植补造和人工造林工程的管理，督促林业局尽快实施尚未完成和不合格的工程。对各项目实施部门的资金严格执行报账制度。积极督促相关部门做好项目工程竣工验收准备，接受省、州发改委等上级部门进行工程验收。在开展易地扶贫搬迁工作中加强与扶贫办的联系沟通，确保扶贫政策落到实处，强化易地扶贫搬迁专项资金管理，积极督促各安置点对已完工程办理结算手续。

开远市发展和改革局
2018年5月25日

钦州市三中关于钦州市审计局
《审计决定书》《审计报告》的整改情况汇报

钦州市审计局：

我校2018年11月5日收到贵局的《审计决定书》（钦审决〔2018〕4号）和《审计报告》（2018年第15号）后，学校领导高度重视，于11月8日上午组织召开《审计报告》专题工作会议，结合审计报告内容要求，进行了逐项的核对、清查和整改。现将核对、清查和整改的情况汇报如下：

（一）有关"不按规定支付工程款"的问题。

我校在接到《审计决定书》（钦审决〔2018〕4号）和《审计报告》（2018年第15号）后，学校积极组织相关人员进一步核实数据，进行具体清算，并召开多付工程款追缴工作专题会议，派员到相关承建单位联系、电话催缴、给承建单位"广西华南建设集团有限公司"和"钦州市建筑有限公司"发"催款函"等多种形式进行追缴多付的建筑工程款。对方受理了，但至今还没有收到退回多付的工程款。学校一直没有停止追缴的工作，

(续)

仍在继续组织追缴。

据了解，由于新校建设一、三标除审计工程以外，还有其他附属零星工程没有结算，有关工程款核算工作还在核对中，未能完成追缴，承建商口头承诺，待零星工程审核完成后将根据审结后的具体多付款清退。学校也将继续跟进联系对接，争取完成追缴多付工程款工作。

（二）有关"不按规定使用合规票据入账"的问题。

根据贵局审计报告的反馈的情况，我校立即做出了相应的整改，积极对接供应商追开发票，具体的情况如下：

1.2015年至2017年，我校食堂销售潲水取得收入73 500元，未按规定向对方开具正式发票的问题。我校接到反馈意见后，立即到税局开具了正式发票，已整改完毕。

2.2015年至2017年，我校食堂购买货物以收款收据入账10 911 451.54元，2015年1月至2017年1月，我校食堂用收款收据在伙食费支出，主要是考虑到降低食堂成本，优惠菜价给学生；但为了规范食堂管理，从2017年1月开始我校食堂要求供应商必须提供正规发票才能转账，现在所有的采购都提供与供应商相符合的正规发票，没有接收收款收据的情况了。

2015年至2017年年初，林志高供应鸡腿、鸡排等共2 038 234.67元；陈治秀向我校食堂供应肉粉饺子等1 083 593元，供货金额较大，只是开具收款收据，没有正式发票。我校接到反馈意见后，立即对接所有的供应商，陈治秀已经开具正式发票1 083 593元（上次已附发票复印件）；林志高已经联系不上，电话停机，营业执照已注销，现在正多方联系；其他供应商我们也一直对接，要求他们尽快开具正式发票。此项完成了部分整改。

3.有关"支付建筑项目工程款未按规定取得发票"的问题。

学校多次联系钦州市建筑总公司，求对方开具土方工程款200 000元的发票；联系中基建设有限公司南宁分公司要求开具体育馆、图书馆工程款335 000元的发票；联系了广西华南建设集团有限公司土方工程款49 867.3元的发票，到目前还没有结果。

4.2017年2月至8月，以供应商外的第三方商家的票据入账469 928.90元，为了规范食堂财务管理，我校于2017年1月开始要求供应商必须开具正规发票才能转账，当时有个别供应商没有办理好税务登记证，开不了正规发票，所以他们找其他公司帮开具正规发票，其中，供应商王超购买春卷、肉卷等食品67 599.7元，已经开具与自己名称一致的正式发票（上次已附发票复印件）；供应商林志高402 329.2元，我校一直在联系，但手机停机，

（续）

联系不上，他的营业执照也注销了，我校正在通过各种渠道联系，2017年8月份开始供应商开具的正规发票都与签订合同方一致，现在不存在开票方与签订合同方（收款方）不同的情况了。此项已完成部分整改。

5. 东莞市广龙厨具热水设备有限公司厨房设备664 360.60元，我校也一直联系追开发票。目前此项没有完成整改。

6. 根据贵局对我校审计报告中反映的我校食堂接受卖方提供的虚开增值税普通发票入账200 418.6元，其中2018年4月25日已更换6张正式发票共161 325.6元；还有1张金额为39 093元的未予以整改，接到审计报告后，我校马上组织相关人员开会布置整改工作，经过多方沟通对接，于2018年12月12日补开了39 093元的正式发票并复印给贵局，所以，200 418.6元虚开发票全部补开完正式发票。整改完成。

（三）有关"新校区迁建项目未办理竣工财务决算手续作资产入账"的问题。

学校已于2018年7月份整改期间估值入固定资产账，所有估值入账的账表、凭证在第一次整改时报送给审计局。

（四）有关"27名贫困生未享受国家助学金及减免学杂费政策"的问题。

我校已按审计意见完成了整改。

（五）有关"未按规定反映借入款项20 000 000元"的问题。

经审计指出后，我校已按规定将借入款项20 000 000元作挂账处理，完成了整改。

（六）有关"支付热水设备款未按规定入账170 000元"的问题。

经审计指出后，我校已按规定对该项支出进行了记账处理，完成了整改。

（七）有关"未按规定上缴非税收入287 566.67元"的问题。

经审计指出后，我校已于审计期间缴纳校园超市承包金税费467 133.33元和滞纳金434 497.28元。并保证以后不再让类似的错误发生。完成了整改。

钦州市第三中学
2019年1月7日

玉溪市林业和草原局关于对玉溪市审计局审计决定书（玉审决〔2021〕15 号）审计决定的整改报告

根据《中华人民共和国审计法》第二十五条和《党政主要领导干部和国有企事业单位主要领导人员经济责任审计规定》，市审计局于 2021 年 3 月 24 日至 6 月 2 日，对沐洪胜同志 2018 年 3 月至 2021 年 5 月任玉溪市林业和草原局党组书记、局长期间经济责任履行情况进行了审计。7 月 26 日下发了《玉溪市审计局关于审计沐洪胜同志任玉溪市林业和草原局党组书记、局长期间单位违反财经法规问题的审计决定》（玉审决〔2021〕15 号）。市林草局高度重视，于 2021 年 7 月 31 日召开第 22 次局党组会议研究，对整改工作进行具体安排部署，成立领导小组，制定《落实审计决定及审计意见的整改方案》（玉林发〔2021〕67 号），明确整改部门及整改时限。现将整改情况报告如下：

一、关于固定资产未登记入账问题

（一）问题：市林草局下属单位玉溪市玉白顶自然保护区管护局一名职工退回原购买房改房 1 套，面积 65.26m^2，2019 年房屋产权变更为"玉溪市国营玉白顶林场"，属国有资产，但未登记入固定资产核算。

（二）整改情况：玉白顶自然保护区管护局进一步加强固定资产管理，对固定资产进行全面清查，定期盘点，对于应列为固定资产的物资登记入账，根据清查结果，目前已将诸葛小区 3 套未入账房屋进行入账，面积共计 195.78m^2。已整改完毕。

二、关于红塔山自然保护区管护局应收未收土地租金 78 375 元问题

（一）问题：截止审计日，红塔山自然保护区管护局应收未收方某某 2018 年 12 月 1 日到 2015 年 5 月 31 日土地租金合计 78 375 元。

（二）整改情况：红塔山自然保护区管护局于 2021 年 8 月 18 日收取方平忠 2018 年 12 月 1 日至 2021 年 5 月 31 日土地租金 78 375 元，并于 2021 年 8 月 20 日全额上缴市财政非税收入管理局。已整改完毕。

三、关于将国有资产免费提供给职工使用问题

（一）问题：自 2010 年起玉白顶自然保护区管护局将位于诸葛东巷

（续）

8号的14套房屋免费提供给部分职工居住。其中：在职在编事业人员2名、编制内退休职工1名、编外长期护林员11户。

（二）整改情况：按照要求，玉白顶自然保护区管护局对王俊超、杨能、唐家云等三名职工进行房屋租金追缴，追缴从2018年1月1日起，截至目前共收到诸葛小区房屋租金9 200元，其中王俊超4 800元、杨能4 400元，现已上缴国库（已计提房产税、土地使用税），唐家云同志2018年1月1日至2021年12月31日房租因涉及历史遗留问题，暂时未收到补缴房租。同时，玉白顶自然保护区管护局对15套房屋的管理使用办法进行修改完善，制定了《玉白顶自然保护区管护局关于诸葛小区住房出租使用管理办法》，编外护林员自2018年1月1日至2021年12月31日不再收取房租，2022年1月1日起，按照1 200元/年收取房租，租金收入严格按照《玉溪市市级非税收入预算管理办法的通知》（玉政办发〔2017〕49号）上缴市财政。

附件：
1. 玉白顶自然保护区管护局补录固定资产记账凭证及明细账（略）
2. 玉白顶自然保护区管护局关于诸葛小区住房出租使用管理办法（略）
3. 红塔山自然保护区管护局收回方平忠土地租金78 375元及上缴财政单据（略）
4. 玉白顶自然保护区管护局国有资产免费提供给职工使用问题整改凭证（略）

玉溪市林业和草原局
2021年9月23日

第六节　审计建议书

一、相关法律依据

根据《审计法》第三十九条的规定，审计机关认为被审计单位所执行的上级主管机关、单位有关财政收支、财务收支的规定与法律、行政法规相抵触的，应当建议有关主管机关、单位纠正；有关主管机关、单位不予纠正的，审计机关应当提请有权处理的机关、单位依法处理。

根据《审计法》第四十四条的规定，被审计单位违反本法规定，转移、隐匿、篡改、毁弃会计凭证、会计账簿、财务会计报告以及其他与财政收支、财务收支有关的资料，或者转移、隐匿所持有的违反国家规定取得的资产，审计机关认为对直接负责的主管人员和其他直接责任人员依法应当给予处分的，应当提出给予处分的建议，被审计单位或者其上级机关、监察机关应当依法及时作出决定，并将结果书面通知审计机关。

二、审计建议书的适用情形

根据《审计署关于在全国实行统一审计文书格式的通知》（审法发〔1995〕7号）的规定，审计建议书适用于下列情形：

（1）被审计单位所执行的上级主管部门有关财政收支、财务收支的规定与法律、行政法规相抵触的，建议有关主管部门纠正。

（2）对被审计单位违反国家规定的财政收支、财务收支行为，审计机关认为需要向有关主管机关提出处理、处罚意见的，建议给予处理、处罚。

（3）被审计单位违反《审计法》，有转移、隐匿、篡改、毁弃会计凭证、会计账簿、会计报表以及其他与财政收支或者财务收支有关的资料的；转移、隐匿违法取得的资产的；违反国家规定的财政收支、财务收支行为的；审计机关认为对被审计单位违反《审计法》负有直接责任的主管人员和其他责任人员，应当依法给予行政处分的，建议给予行政处分。

审计建议书可以根据情况，发送被审计单位或上级机关、人民政府、监察机关和有关主管部门。

三、审计建议书的格式

******（审计机关全称）

审 计 建 议 书

审建*〔****〕*号

关于对********的审计建议

（续）

```
_____:
    我单位在对********的审计过程中，发现有下列事实：
_____
_____
现根据《中华人民共和国审计法》第*条的规定，建议你单位_____
_____，并请
将结果函告我单位。
    附：证明材料**页
                              ******（审计机关全称印章）
                                   ****年**月**日
```

第七节　审计事项移送处理书

一、相关法律依据

根据《审计法》第四十五条的规定，审计机关按照审计署规定的程序对审计组的审计报告进行审议，并对被审计单位对审计组的审计报告提出的意见一并研究后，出具审计机关的审计报告。对违反国家规定的财政收支、财务收支行为，依法应当给予处理、处罚的，审计机关在法定职权范围内作出审计决定；需要移送有关主管机关、单位处理、处罚的，审计机关应当依法移送。审计机关应当将审计机关的审计报告和审计决定送达被审计单位和有关主管机关、单位，并报上一级审计机关。审计决定自送达之日起生效。

根据《审计法》第五十四条的规定，被审计单位的财政收支、财务收支违反国家规定，审计机关认为对直接负责的主管人员和其他直接责任人员依法应当给予处分的，应当向被审计单位提出处理建议，或者移送监察机关和有关主管机关、单位处理，有关机关、单位应当将处理结果书面告知审计机关。

根据《审计法》第五十五条的规定，被审计单位的财政收支、财务收支违反法律、行政法规的规定，构成犯罪的，依法追究刑事责任。

根据《审计法》第五十六条的规定，报复陷害审计人员的，依法给予处分；构成犯罪的，依法追究刑事责任。

根据《审计法》第五十七条的规定，审计人员滥用职权、徇私舞弊、玩忽职守或者泄露所知悉的国家秘密、商业秘密的，依法给予处分；构成犯罪的，依法追究刑事责任。

根据《审计署关于进一步规范审计移送工作的意见》（审法发〔2006〕66号），审计发现的超越审计机关职权范围需要移送的事项，应区分不同情况办理移送：有关单位或个人涉嫌经济犯罪的案件，应移送公安机关或检察机关查处；没有涉嫌经济犯罪，但有关人员违反党纪政纪规定需要追究责任的，应移送纪检监察机关或相关干部管理部门查处；应由主管部门（单位）、监管部门或各级政府进行处理的其他问题，应移送有关部门（单位）或政府。审计署以《审计要情》形式上报有关案件线索和问题需要有关部门查处的，也应比照上述不同情况，在《审计要情》中提出具体的审计建议。审计发现的有关移送处理事项，一般应通过《审计移送处理书》向有管辖权的部门（单位）、机关或政府进行移送，或通过《审计要情》等形式向上级反映。同一事项不得同时向多个部门（单位）、机关或政府移送，也不得既通过《审计要情》等形式反映，又通过《审计移送处理书》进行移送。

审计发现的涉嫌经济犯罪案件，应依照国家有关规定分别移送相关司法机关查处，其中涉嫌贪污贿赂、渎职以及国家机关工作人员利用职权实施的其他重大犯罪等职务犯罪案件，移送检察机关查处；涉嫌其他经济犯罪案件，移送公安机关查处。涉嫌经济犯罪案件只向一个机关移送。同一案件既涉嫌职务犯罪又涉嫌其他犯罪，检察和公安机关分别具有管辖权的，应向对主要涉嫌的犯罪有管辖权的机关移送，不得向两个或两个以上机关同时移送。

审计署各业务司、各派出审计局审计发现的涉嫌经济犯罪案件，全部以审计署名义移送给有管辖权的厅（局）级及以上的公安机关或检察机关，原则上不向市（地）级及以下的公安机关或检察机关移送案件。各特派员办事处审计发现的涉嫌经济犯罪案件，应区别以下情况进行移送：涉案金额在1 000万元以上的案件，涉及副厅（局）级以上领导干部且涉案金额在100万元以上的案件，其他性质特别恶劣或具有一定社会影响的案件，统一交由审计署移送；其他涉嫌经济犯罪的案件，由相关特派员办事处直接向有管辖权的公安机关或检察机关移送。

审计发现有关人员违反党纪政纪规定需要追究责任的，应向涉及的被反映人其担任职务的同级纪检监察机关移送，同时担任两个以上职务的，一般应向与其担任最高职务同级的纪检监察机关移送。根据党政机关行文的规定以及纪检与监察部门合署办公的实际情况，审计发现需要向纪检监察机关移送的事项，一般应向监察机关移送。

二、审计事项移送处理书的适用范围

审计事项移送处理书适用于移送有关主管机关或者单位纠正、处理处罚或者追究有关人员责任。

三、审计事项移送处理书的适用情形与内容

根据《审计署关于在全国实行统一审计文书格式的通知》（审法发〔1995〕7号）的规定，移送处理书适用于下列情形：

（1）被审计单位违反《审计法》的规定，转移、隐匿、篡改、毁弃会计凭证、会计账簿、会计报表以及其他与财政、财务收支有关的资料或转移、隐匿违法取得的资产，审计机关认为对这些违法行为负有直接责任的主管人员和其他直接责任人员应当追究刑事责任的。

（2）被审计单位违反国家规定的财政收支、财务收支行为，构成犯罪，审计机关认为对其负有直接责任的主管人员和其他直接责任人员应当追究刑事责任的。

（3）被审计单位、有关单位拒绝、拖延提供与审计事项有关的资料，或者拒绝、阻碍检查，审计机关认为对其负有直接责任的主管人员和其他责任人员应当追究刑事责任的。

（4）报复陷害审计人员，构成犯罪，审计机关认为应当追究刑事责任的。

（5）审计人员滥用职权、徇私舞弊、玩忽职守构成犯罪，审计机关认为应当追究刑事责任的。

移送处理书应写明责任人员的违法事实，以及移送处理的理由。审计机关如果已对责任人员进行了经济处理，亦应同时写明。

移送处理书应附送有关证明材料。

四、审计事项移送处理书的格式

（一）审计事项移送处理书格式一

******（审计机关全称）

移 送 处 理 书

审移＊〔****〕＊号

关于对******的移送处理书**

（续）

_____:
　我单位在对*******的审计过程中，发现***有下列行为：_____
_____
_____

　　经研究认为，对上述行为应当依法追究****的刑事责任。根据《中华人民共和国审计法》第*条的规定，移送你单位处理，请将处理结果函告我单位。
　　附：证明材料**页

　　　　　　　　　　　　　　　　　******（审计机关全称印章）
　　　　　　　　　　　　　　　　　　　****年**月**日

（二）审计事项移送处理书格式二

****（审计机关全称）

审计事项移送处理书

*审**移〔20**〕**号

****（审计机关名称）关于****的
审计事项移送处理书

****（主送单位全称或者规范简称）：
　　我署（厅、局、办）在****审计（专项审计调查）中发现，***（单位名称或者人员姓名）****（涉嫌犯罪、违法违规或者违纪行为）。具体情况如下：
　　（移送方式选项一：移送公安机关处理的）********（列明涉嫌犯罪的单位名称、性质或者人员姓名、身份；涉嫌犯罪行为的事实、情节、金额、造成的后果等。）
　　依据《中华人民共和国刑法》（或者中华人民共和国刑法修正案等刑

（续）

事法律）第**条的规定，上述行为涉嫌构成****罪，应当依法追究刑事责任。

根据《中华人民共和国审计法》和《行政执法机关移送涉嫌犯罪案件的规定》的规定，现移送你单位处理。请将立案情况及查处结果及时书面告知我署（厅、局、办）。

（移送方式选项二：向同级或上级党组织报告，同时抄送同级纪检机关的）********（列明涉嫌违纪的人员姓名、身份；涉嫌违纪行为的事实、情节、金额、造成的后果等。）

上述做法不符合***的规定（或者依据《中国共产党纪律处分条例》第**条****的规定，应当追究***的责任）。

根据《中国共产党党内监督条例》和《中华人民共和国审计法》的规定，现移送你单位处理。请将处理结果及时书面告知我署（厅、局、办）。

（移送方式选项三：移送监察机关处理的）********（列明涉嫌职务违法或职务犯罪的人员姓名、身份；涉嫌职务违法或职务犯罪行为的事实、情节、金额、造成的后果等。）

上述做法不符合***的规定（或者依据《中华人民共和国刑法》（或者中华人民共和国刑法修正案等刑事法律）第**条的规定，上述行为涉嫌构成***罪，应当依法追究刑事责任）。

根据《中华人民共和国审计法》和《中华人民共和国监察法》的规定，现移送你单位处理。请将处理结果及时书面告知我署（厅、局、办）。

（移送方式选项四：移送主管部门或者政府处理的）********（列明违法违规的单位名称；违法违规行为的事实、情节、金额、造成的后果等。）

上述做法不符合***的规定（或者依据****的规定，应予纠正处理）。

根据《中华人民共和国审计法》的规定，现移送你单位处理，请将处理结果及时书面告知我署（厅、局、办）。

（审计机关印章）

****年**月**日

联系人：***（主办人）　联系电话：****

五、审计事项移送处理书范本

新沂市审计局

移 送 处 理 书

新审固移〔2016〕7号

新沂市审计局关于百合家园二期工程涉税问题的
移送处理书

徐州市新沂地方税务局：

  我局在对百合家园二期工程审计中发现，该工程已经竣工验收，涉及相关税费并未缴清。具体情况如下：百合家园二期工程由新安镇人民政府组织实施，新沂昂立房地产有限公司开发建设，新沂市重点工程建设办公室监管。工程送审总金额 169 289 263.41 元，审定总金额 162 218 950.13 元。

  财务支出送审金额 39 844 709.58 元，审计结果为 16 421 164.72 元。

  根据《中华人民共和国审计法》的规定，现移送你单位依法处理。请将涉税查处结果及时书面告知我局。

新沂市审计局
2016 年 4 月 13 日

第八节　审计处罚决定书

一、相关法律依据

  根据《审计法实施条例》第四十七条的规定，被审计单位违反《审计法》和《审计法实施条例》的规定，拒绝、拖延提供与审计事项有关的资料，或者提供的资料不真实、不完整，或者拒绝、阻碍检查的，由审计机关责令改正，可以通报批评，给予警告；拒不改正的，对被审计单位可以处 5 万元以下的罚款，对直接负责的主管人员和其他直接责任人员，可以处2万元以下的罚款，审计机关认为应当给予处分的，向有关主管机关、单位提出给予处分的建议；构成犯罪的，依法追究刑事责任。

二、审计处罚决定书的适用范围

审计处罚决定书适用于对被审计单位拒绝、拖延提供与审计事项有关的资料，或者提供的资料不真实、不完整，或者拒绝、阻碍检查，且拒不改正的行为，给予行政处罚。

三、审计处罚决定书的格式

****（审计机关全称）

审计处罚决定书

*审**罚决〔20**〕**号

被处罚单位名称：
被处罚单位地址：
被处罚个人姓名：
所在单位及职务：
被处罚个人住址：

　　（被处罚单位名称或规范简称、被处罚个人姓名）于**年**月**日，拒绝、拖延提供与审计事项有关的资料（或者提供的资料不真实、不完整，或者拒绝、阻碍检查）。依据《中华人民共和国审计法实施条例》第四十七条，决定对**（被处罚单位名称或规范简称、被处罚个人姓名）处以罚款****元整。

　　（被处罚单位名称或规范简称、被处罚个人姓名）须在收到处罚决定书之日起15日内持本决定书到**（指定银行网点）缴纳罚款。逾期不缴纳的，每日按罚款数额的3%加处罚款。逾期不按规定缴纳罚款的，本单位将申请人民法院强制执行。

（续）

　　对本处罚决定不服的，可以在收到本处罚决定书之日起60日内向****申请行政复议或者6个月内向****人民法院提起行政诉讼。

（审计机关印章）
****年**月**日

[说明：

1. 本处罚决定适用于违法事实发生后，审计机关责令改正，但被审计单位或者直接负责的主管人员和其他直接责任人员拒不改正的情形。

2. 本处罚决定第一部分应根据实际情况列明被处罚对象的基本情况，可以选择只处罚单位或者个人，也可对单位和个人一并处罚；如只处罚个人，应当列明所在单位名称；如被处罚个人为多人时，应列明全部被处罚人的基本情况。

3. 本处罚决定的作出应当严格遵循行政处罚法规定的相关程序。

4. 按照行政复议法的规定，对审计署及其派出机构作出的审计处罚决定不服的，应当向审计署申请行政复议；对地方审计机关作出的审计处罚决定不服的，应当向本级人民政府或者上一级审计机关申请行政复议。

5. 对审计署作出的审计处罚决定不服的，按照行政诉讼法的规定，应当向北京市第一中级人民法院提起行政诉讼；对审计署特派办或者地方审计机关作出的审计处罚决定不服的，应当按照行政诉讼法和有关司法解释的要求，结合各省的具体规定，向特派办或者地方审计机关所在地基层人民法院或者中级人民法院提起行政诉讼。]

四、审计处罚决定书范本

安徽省安庆市宜秀区审计局

审计处罚决定书

审宜决〔2020〕131号

被处罚单位名称：安庆市第一中学
被处罚单位地址：安徽省安庆市龙门口街38号

（续）

　　安庆市第一中学各年级组未能按审计组要求，完整提供***同志任期内（2016—2019年度）向学生收取资料等费用收支资料。教务处和年级组以不保留以前年度资料为由，仅提供2019—2020年学年的票据、统计表等资料。根据中共安庆市委巡察工作领导小组《印发〈关于建立健全巡察与审计工作协作机制的意见〉的通知》（庆巡发〔2020〕8号）规定，审计组调阅了有关巡察材料，发现专项巡察期间，向巡察组提供了2017—2019年各年级组收费资料。

　　根据《中华人民共和国审计法》第四十三条"被审计单位违反本法规定，拒绝或者拖延提供与审计事项有关的资料的……由审计机关责令改正，可以通报批评，给予警告；拒不改正的，依法追究责任"的规定，对安庆一中在市直部门进行通报批评，给予警告处罚。

　　对本处罚决定不服的，可以在收到本处罚决定书之日起60日内向本级人民政府或者上一级审计机关申请行政复议或者6个月内向宜秀区人民法院提起行政诉讼。

安徽省安庆市宜秀区审计局
2020年3月21日

衡水市审计局

审计处罚决定书

衡审投罚决〔2017〕3号

被处罚单位名称：衡水学院

被处罚单位地址：衡水市桃城区和平西路1088号

　　在我局对衡水学院西校区建设项目预算执行的审计中，衡水学院提供的与审计事项有关的资料不完整。截至审计结束之日，审计范围内六栋建筑及地下车库的施工招标的未中标单位投标资料仍未提供。根据《中华人民共和国审计法实施条例》第四十七条"被审计单位违反审计法和本条例的规定，拒绝、拖延提供与审计事项有关的资料，或者提供的资料不真实、不完整，或者拒绝、阻碍检查的，由审计机关责令改正，可以通报批评，给予警告；

（续）

> 拒不改正的，对被审计单位可以处 5 万元以下的罚款"的规定，鉴于缺失资料导致部分审计工作无法开展，适用《衡水市审计处罚自由裁量权适用规则》第七条及《衡水市审计处罚自由裁量权执行标准》从重处罚的情形，对衡水学院处以 3.5 万元罚款。
>
> 衡水市审计局
2017 年 9 月 14 日

五、审计处罚相关规定

根据《审计机关审计听证规定》（审计署令第 14 号）的规定，审计机关进行审计听证应当遵循公正、公平、公开的原则。

审计机关对被审计单位和有关责任人员（以下统称当事人）拟作出下列审计处罚的，应当向当事人送达审计听证告知书，告知当事人有要求听证的权利，当事人要求听证的，审计机关应当举行审计听证会：

（1）对被审计单位处以十万元以上或者对个人处以一万元以上罚款的。

（2）对被审计单位处以没收十万元以上违法所得的。

（3）法律、法规、规章规定的其他情形。

审计听证告知书主要包括以下内容：

（1）当事人的名称或者姓名。

（2）当事人违法的事实和证据。

（3）审计处罚的法律依据。

（4）审计处罚建议。

（5）当事人有要求审计听证的权利。

（6）当事人申请审计听证的期限。

（7）审计机关的名称（印章）和日期。

当事人要求举行审计听证会的，应当自收到审计听证告知书之日起五个工作日内，向审计机关提出书面申请，列明听证要求，并由当事人签名或者盖章。逾期不提出书面申请的，视为放弃审计听证权利。

审计机关应当在举行审计听证会七个工作日前向当事人及有关人员送达审计听证会通知书，通知当事人举行审计听证会的时间、地点，审计听证主持人、书记员姓名，并告知当事人有申请主持人、书记员回避的权利。除涉及国家秘密、商业秘密或者个人隐私依法予以保密外，审计听证会应当公开举行。

审计听证会的主持人由审计机关负责人指定的非本案审计人员担任，负责审计听证会的组织、主持工作。书记员可以由一至二人组成，由主持人指定，负责审计听证的记录工作，制作审计听证笔录。

当事人认为主持人或者书记员与本案有直接利害关系的，有权申请其回避并说明理由。当事人申请主持人回避应当在审计听证会举行之前提出；申请书记员回避可以在审计听证会举行时提出。当事人申请回避可以以书面形式提出，也可以以口头形式提出。以口头形式提出的，由书记员记录在案。主持人的回避，由审计机关负责人决定；书记员的回避，由主持人决定。相关回避情况应当记入审计听证笔录。

当事人可以亲自参加审计听证，也可以委托一至二人代理参加审计听证。委托他人代理参加审计听证会的，代理人应当出具当事人的授权委托书。当事人的授权委托书应当载明代理人的代理权限。

当事人接到审计听证通知书后，本人或者其代理人不能按时参加审计听证会的，应当及时告知审计机关并说明理由。当事人及其代理人无正当理由拒不出席听证或者未经许可中途退出听证的，视为放弃听证权利，审计机关终止听证。终止听证的情况应当记入审计听证笔录。

书记员应当将审计听证的全部活动记入审计听证笔录。审计机关认为有必要的，可以对审计听证会情况进行录音、录像。审计听证笔录应当交听证双方确认无误后签字或者盖章。当事人或者其代理人如认为笔录有差错，可以要求补正。当事人或者其代理人拒绝签字或者盖章的，由听证主持人在笔录中注明。

审计听证会参加人和旁听人员应当遵守以下听证纪律：

（1）审计听证会参加人应当在主持人的主持下发言、提问、辩论。

（2）未经主持人允许，审计听证会参加人不得提前退席。

（3）未经主持人允许，任何人不得录音、录像或摄影。

（4）旁听人员要保持肃静，不得发言、提问或者议论。

主持人在审计听证会主持过程中，有以下权利：

（1）对审计听证会参加人的不当辩论或者其他违反审计听证会纪律的行为予以制止、警告。

（2）对违反审计听证会纪律的旁听人员予以制止、警告、责令退席。

（3）对违反审计听证纪律的人员制止无效的，提请公安机关依法处置。

审计听证会应当按照下列程序进行：

（1）主持人宣读审计听证会的纪律和应注意的事项。

（2）主持人宣布审计听证会开始。

（3）主持人宣布案由并宣读参加审计听证会的主持人、书记员、听证参加人的姓名、工作单位和职务。

（4）主持人告知当事人或者其代理人有申请书记员回避的权利，并询问当事人或者其代理人是否申请回避。

（5）本案审计人员提出当事人违法的事实、证据和审计处罚的法律依据以及审计处罚建议。

（6）当事人进行陈述、申辩。

（7）在主持人允许下，双方进行质证、辩论。

（8）双方作最后陈述。

（9）书记员将所作的笔录交听证双方当场确认并签字或者盖章。

（10）主持人宣布审计听证会结束。

有下列情形之一的，可以延期举行审计听证会：

（1）当事人或者其代理人有正当理由未到场的。

（2）需要通知新的证人到场，或者有新的事实需要重新调查核实的。

（3）主持人应当回避，需要重新确定主持人的。

（4）其他需要延期的情形。

审计听证会结束后，主持人应当将审计听证笔录、案卷材料等一并报送审计机关。审计机关根据审计听证笔录以及有关审理意见，区别以下情形作出决定：

（1）确有应受审计处罚的违法行为的，根据情节轻重及具体情况，作出审计处罚。

（2）违法事实不能成立的，不予审计处罚。

（3）违法行为轻微，依法依规可以不予审计处罚的，不予审计处罚。

违法行为涉嫌犯罪的，审计机关应当依法依规移送监察机关或者司法机关处理。

审计机关不得因当事人要求审计听证、在审计听证中进行申辩和质证而加重处罚。审计听证文书和有关资料应当归入相应的审计项目档案。审计听证文书送达适用《中华人民共和国民事诉讼法》的有关规定。

第四章 审计复议文书

> **导读**
>
> 本章介绍审计复议文书，包括四节，分别介绍复议受理通知书、不受理复议裁定书、复议申请补正通知书以及复议决定书。

第一节 复议受理通知书

一、相关法律依据

根据《审计法》第五十三条的规定，被审计单位对审计机关作出的有关财务收支的审计决定不服的，可以依法申请行政复议或者提起行政诉讼。

根据《中华人民共和国行政复议法》（以下简称《行政复议法》）第六条的规定，有下列情形之一的，公民、法人或者其他组织可以依照本法申请行政复议：

（1）对行政机关作出的警告、罚款、没收违法所得、没收非法财物、责令停产停业、暂扣或者吊销许可证、暂扣或者吊销执照、行政拘留等行政处罚决定不服的。

（2）对行政机关作出的限制人身自由或者查封、扣押、冻结财产等行政强制措施决定不服的。

（3）对行政机关作出的有关许可证、执照、资质证、资格证等证书变更、中止、撤销的决定不服的。

（4）对行政机关作出的关于确认土地、矿藏、水流、森林、山岭、草原、荒地、滩涂、海域等自然资源的所有权或者使用权的决定不服的。

（5）认为行政机关侵犯合法的经营自主权的。

（6）认为行政机关变更或者废止农业承包合同，侵犯其合法权益的。

（7）认为行政机关违法集资、征收财物、摊派费用或者违法要求履行其他义务的。

（8）认为符合法定条件，申请行政机关颁发许可证、执照、资质证、资格证等证书，或者申请行政机关审批、登记有关事项，行政机关没有依法办理的。

（9）申请行政机关履行保护人身权利、财产权利、受教育权利的法定职责，行政机关没有依法履行的。

（10）申请行政机关依法发放抚恤金、社会保险金或者最低生活保障费，行政机关没有依法发放的。

（11）认为行政机关的其他具体行政行为侵犯其合法权益的。

根据《中华人民共和国行政复议法实施条例》（以下简称《行政复议法实施条例》）第十九条的规定，申请人书面申请行政复议的，应当在行政复议申请书中载明下列事项：

（1）申请人的基本情况（包括：公民的姓名、性别、年龄、身份证号码、工作单位、住所、邮政编码；法人或者其他组织的名称、住所、邮政编码和法定代表人或者主要负责人的姓名、职务）。

（2）被申请人的名称。

（3）行政复议请求、申请行政复议的主要事实和理由。

（4）申请人的签名或者盖章。

（5）申请行政复议的日期。

二、复议受理通知书的适用情形

根据《审计署关于在全国实行统一审计文书格式的通知》（审法发〔1995〕7号）的规定，复议申请人（包括被审计单位、有关单位及个人）对审计机关作出的具体行政行为不服的，可以向上一级审计机关申请复议。审计机关应当自收到复议申请书之日起5日内，认为复议申请符合规定的，应当受理，作出复议受理通知书，送达申请人。

复议受理通知书应写明受理的原因和日期，同时抄送作出具体行政行为的审计机关。

三、复议受理通知书的格式

******（审计机关全称）

复议受理通知书

审复受 * 〔****〕* 号

关于受理 ******** 复议申请的通知

_____:

　　你（单位或个人）对 ******** 不服的复议申请书已于 **** 年 ** 月 ** 日收悉。经审查，此项申请符合《中华人民共和国行政复议法》第六条的规定，决定予以受理。

　　　　　　　　　　　　　　　　******（审计机关全称印章）
　　　　　　　　　　　　　　　　**** 年 ** 月 ** 日

抄送：******

第二节　不受理复议裁定书

一、相关法律依据

　　根据《行政复议法》第二十四条的规定，县级以上地方各级人民政府管辖下列行政复议案件：①对本级人民政府工作部门作出的行政行为不服的；②对下一级人民政府作出的行政行为不服的；③对本级人民政府依法设立的派出机关作出的行政行为不服的；④对本级人民政府或者其工作部门管理的法律、法规、规章授权的组织作出的行政行为不服的。除上述规定外，省、自治区、直辖市人民政府同时管辖对本机关作出的行政行为不服的行政复议案件。省、自治区人民政府依法设立的派出机关参照设区的市级人民政府的职责权限，管辖相关行政复议案件。对县级以上地方各级人民政府工作部门依法设立的派出机构依照法律、法规、规章规定，以派出机构的名义作出的行政行为不服的行政复议案件，由本级人民政府管辖；其中，对直辖市、设区的市人民政府工作部门按照行政区划设立的派出机构作出的行政行为不服的，也可以由其所在地的人民政府管辖。

根据《行政复议法》第三十条的规定，行政复议机关收到行政复议申请后，应当在五日内进行审查。对符合下列规定的，行政复议机关应当予以受理：①有明确的申请人和符合行政复议法规定的被申请人；②申请人与被申请行政复议的行政行为有利害关系；③有具体的行政复议请求和理由；④在法定申请期限内提出；⑤属于行政复议法规定的行政复议范围；⑥属于本机关的管辖范围；⑦行政复议机关未受理过该申请人就同一行政行为提出的行政复议申请，并且人民法院未受理过该申请人就同一行政行为提起的行政诉讼。对不符合上述规定的行政复议申请，行政复议机关应当在审查期限内决定不予受理并说明理由；不属于本机关管辖的，还应当在不予受理决定中告知申请人有管辖权的行政复议机关。行政复议申请的审查期限届满，行政复议机关未作出不予受理决定的，审查期限届满之日起视为受理。

根据《行政复议法实施条例》第二十八条的规定，行政复议申请符合下列规定的，应当予以受理：①有明确的申请人和符合规定的被申请人。②申请人与具体行政行为有利害关系。③有具体的行政复议请求和理由。④在法定申请期限内提出。⑤属于行政复议法规定的行政复议范围。⑥属于收到行政复议申请的行政复议机构的职责范围。⑦其他行政复议机关尚未受理同一行政复议申请，人民法院尚未受理同一主体就同一事实提起的行政诉讼。

二、不受理复议裁定书的适用情形与内容

根据《审计署关于在全国实行统一审计文书格式的通知》（审法发〔1995〕7号）的规定，审计机关应当自收到申请人（包括被审计单位、有关单位及个人）的复议申请书之日起5日内，认为复议申请不符合规定的，应裁定不予受理，作出不受理复议裁定书，送达申请人。

不受理复议裁定书应写明不受理的理由，同时抄送作出具体行政行为的审计机关。

三、不受理复议裁定书的格式

******（审计机关全称）

不受理复议裁定书

审复裁＊〔****〕＊号

关于不受理*复议申请的裁定**

_____:

你（单位或个人）对********不服的复议申请书已于****年**月**日收悉。经审查，此项申请不符合《中华人民共和国行政复议法》第＊条的规定，决定不予受理。

******（审计机关全称印章）

****年**月**日

抄送：******

第三节　复议申请补正通知书

一、相关法律依据

根据《行政复议法实施条例》第二十一条的规定，有下列情形之一的，申请人应当提供证明材料：

（1）认为被申请人不履行法定职责的，提供曾经要求被申请人履行法定职责而被申请人未履行的证明材料。

（2）申请行政复议时一并提出行政赔偿请求的，提供受具体行政行为侵害而造成损害的证明材料。

（3）法律、法规规定需要申请人提供证据材料的其他情形。

根据《行政复议法实施条例》第二十九条的规定，行政复议申请材料不齐全或者表述不清楚的，行政复议机构可以自收到该行政复议申请之日起 5 日内书面通知申请人补正。补正通知应当载明需要补正的事项和合理的补正期限；无正当理由逾期不补正的，视为申请人放弃行政复议申请。补正申请材料所用时间不计入行政复议审理期限。

二、复议申请补正通知书的适用情形与内容

根据《审计署关于在全国实行统一审计文书格式的通知》（审法发〔1995〕7 号）的规定，审计机关应当自收到申请人（包括被审计单位、有关单位和个人）的复议申请书之日起 5 日内，认为复议申请书需要补正的，应当把复议申请书发还申请人，限期补正，作出复议申请补正通知书，送达申请人。

复议申请补正通知书应写明补正的理由、内容和期限，同时抄送作出具体行政行为的审计机关。

三、复议申请补正通知书的格式

******（*审计机关全称*）

复议申请补正通知书

审复补 *〔****〕* 号

关于补正 **** 复议申请的通知

_____：

你（*单位或个人*）对 ********* 不服的复议申请书已于 **** 年 ** 月 ** 日收悉。经审查，此项申请未载明《中华人民共和国行政复议法实施条例》第二十一条第 * 项的内容，请在收到复议申请补正通知书之日起 * 日内予以补正。过期不补正的，视为未申请。

******（*审计机关全称印章*）

**** 年 ** 月 ** 日

抄送：******

第四节　复议决定书

一、相关法律依据

根据《行政复议法》第六十一条的规定，行政复议机关依照行政复议法审理行政复议案件，由行政复议机构对行政行为进行审查，提出意见，经行政复议机关的负责人同意或者集体讨论通过后，以行政复议机关的名义作出行政复议决定。经过听证的行政复议案件，行政复议机关应当根据听证笔录、审查认定的事实和证据，依照行政复议法作出行政复议决定。提请行政复议委员会提出咨询意见的行政复议案件，行政复议机关应当将咨询意见作为作出行政复议决定的重要参考依据。

二、复议决定书的适用情形与内容

根据《审计署关于在全国实行统一审计文书格式的通知》（审法发〔1995〕7号）的规定，审计机关应当在收到复议申请书之日起2个月内作出复议决定，法律、法规另有规定的除外。

复议决定应当写明下列事项：

（1）申请人的名称、地址、法定代表人的姓名（个人的姓名、性别、年龄、职业、住址）。

（2）被申请人的名称、地址、法定代表人的姓名、职务。

（3）申请复议的主要请求和理由。

（4）复议机关认定的事实、理由，适用的法律、法规、规章和具有普遍约束力的决定、命令。

（5）复议决定。

（6）不服复议决定向人民法院起诉的期限。

（7）作出复议决定的日期。

复议决定由复议机关的法定代表人署名，加盖复议机关的印章。复议决定应抄送作出具体行政行为的审计机关。

三、复议决定书的格式

******（审计机关全称）

复议决定

审复决 *〔****〕* 号

关于对 **** 的复议决定

申请人名称、地址：
法定代表人的姓名：（个人的姓名、性别、年龄、职业、住址）
被申请人的名称、地址：
法定代表人的姓名、职务：
　　申请人 **** 因不服被申请人 *****，申请复议，其主要请求和理由是：
_____
_____
　　经复议，认定的事实如下：
_____
_____
　　根据上述事实，现依法作出如下复议决定：
_____
_____

　　申请人如不服本决定，可以在收到本决定之日起十五日内，向 ** 人民法院起诉。

　　　　　　　　　　　******（审计机关全称印章）
　　　　　　　　　　　******（复议机关法定代表人签名）
　　　　　　　　　　　　****年**月**日

　　抄送：******

四、复议决定书范本

杭州市审计局

审计复议决定书

杭审法复决〔2017〕115 号

申请人：蒋**，男，汉族，1950 年 4 月 21 日出生，住杭州市下城区**路 1 号

被申请人：杭州市余杭区审计局，住所：杭州市余杭区临平龙王塘路 78 号

法定代表人：沈**，局长

申请人蒋**于 2017 年 8 月 24 日向本机关申请行政复议，请求对杭州市余杭区审计局作出的编号为余审文〔2009〕**号的《关于原**造纸厂资产整体出让中债权债务处理情况的专题审计报告》（以下简称为《专题审计报告》）行政复议，指定再审计。本机关依法予以受理并进行了审理。现本案已审理终结。

申请人称：余杭区审计局于 2009 年 4 月 7 日作出《专题审计报告》违背事实，"……补充协议的签订，免除了受让方***万元债务。截至审计日止杭州**有限公司同意承担的 78 万元尚未支付"更与事实不符，申请人提交的"转让协议、杭州**造纸厂整体转让移交书、补充协议、中止租赁协议书等一级书证"已形成证据链可以证明；该《专题审计报告》在其**罪、**罪一案审判中，作为庭审证据之一分别被一审法院和二审法院采信，致申请人被判入狱，故请求本机关指定再审计。

申请人提交的证据有：①《协议书》，由杭州市余杭区**农场、杭州余杭区**有限公司和杭州**有限公司签订，落款时间 2002 年 5 月 15 日。②《补充协议书》，由杭州市余杭区**农场、杭州余杭区**经营有限公司和杭州**有限公司签订，落款时间 2002 年 6 月 3 日。③《承包合同终止协议》，由杭州余杭**农场和杭州**有限公司签订，落款时间 2004 年 10 月 26 日。④《关于原**造纸厂资产整体出让中债权债务处理情况的专

（续）

题审计报告》，编号为余审文〔2009〕**号，由余杭区审计局于2009年4月7日出具。⑤《杭州市余杭区审计局关于原余杭区**经营公司董事长、总经理经济责任的审计结果报告》，编号为余审文〔2009〕**号。⑥《关于**造纸厂转资情况的调研报告》。⑦《蒋**涉嫌**罪、**罪一案法律专家意见书》，落款时间2011年3月15日。⑧《驳回申诉通知书》，编号为〔2015〕浙杭刑申字第*号，由浙江省杭州市中级人民法院于2015年5月25日作出，其中载明"有关损失认定的问题，杭州市余杭区审计局余审文〔2009〕**号文件专门就转让中债权债务处理情况有专题的报告。经查，蒋**收购**造纸厂后，通过签订补充协议的形式，减免了***余万元债务的事实，有补充协议书、审计报告以及陈**、傅**的供述证实"。

被申请人答复称：①该局于2009年4月受杭州市人民检察院委托，就2002年杭州市余杭区**造纸厂整体转让事宜进行专项审计，其受托审计后向杭州市人民检察院出具的《专题审计报告》非具体行政行为，依法不属于行政复议范围。②申请人于2015年12月、2016年2月多次以来信信访方式反映《专题审计报告》违背事实的问题，该局均依法给予了答复。根据《信访条例》的相关规定，申请人的行为系对同一事实和理由的投诉请求，可以不再受理。③该局于2009年4月7日出具《专题审计报告》，申请人于2017年8月提出行政复议申请，超出了《行政复议法》规定的行政复议申请期限，不符合复议申请受理条件。

被申请人提交的证据有：①杭州市人民检察院《委托审计函》，编号为杭检**委〔2009〕*号，拟证明该局受杭州市人民检察院委托，对杭州市余杭区**造纸厂整体转让事宜实施专项审计。②《关于原**造纸厂资产整体出让中债权债务处理情况的专题审计报告》，拟证明该报告仅向杭州市人民检察院出具，非具体行政行为。③余杭区审计局群众来访来信处理登记表、申请人信访件及该局信访回复，拟证明申请人申请复议的事项已在2015年至2016年期间多次信访，该局均依法给予答复。

被申请人提交的法律依据有：《中华人民共和国行政复议法》第六条、第九条、第二十八条；《信访条例》第三十五条。

申请人于9月25日来本机关查阅了被申请人提交的书面答复、证据材料和法律法规依据。

经审理，本机关查明以下事实：①被申请人受杭州市人民检察院委托，就2002年杭州市余杭区**造纸厂整体转让事宜实施了专项审计，并于2009年4月7日向杭州市人民检察院出具了《专题审计报告》。②2015年

（续）

至 2016 年间，申请人在服刑期间三次通过信访方式反映《专题审计报告》违背事实。③2015 年 5 月 25 日，浙江省杭州市中级人民法院作出编号为〔2015〕浙杭**字第*号《驳回申诉通知书》。

以上事实，有杭州市人民检察院《委托审计函》（杭检**委〔2009〕*号）、《关于原**造纸厂资产整体出让中债权债务处理情况的专题审计报告》、杭州市余杭区审计局群众来访来信处理登记表、申请人信访件、浙江省杭州市中级人民法院《驳回申诉通知书》（〔2015〕浙杭**字第*号）等证据证明。

本机关认为：被申请人余杭区审计局受杭州市人民检察院委托，就检察机关查办案件过程中涉及审计专业性的事项进行审计，并就此向检察机关出具《专题审计报告》，符合国家有关规定，不属于行政复议范围。同时，根据《中华人民共和国行政复议法》第九条第一款规定，公民、法人或者其他组织认为具体行政行为侵犯其合法权益的，可以自知道该具体行政行之日起六十日内提出行政复议申请，申请人的行政复议申请已超过期限，不符合《中华人民共和国行政复议法实施条例》第二十八条第（四）项规定的受理条件。综上，根据《中华人民共和国行政复议法实施条例》第四十八条第一款第（二）项规定，决定如下：

驳回申请人的行政复议申请。

如不服本决定，可以自收到本行政复议决定书之日起 15 日内，依法向人民法院提起行政诉讼。

杭州市审计局
2017 年 10 月 20 日

抄送：市政府法制办　省审计厅

杭州市审计局办公室　　　　　　　　　　2017 年 10 月 20 日印发

耒阳市人民政府

行政复议决定书

耒府复决字〔2022〕17 号

申请人：徐某某，男，1979 年 8 月 26 日出生，公民身份号码：4304811979××××××××，户籍地：××市××街道办事处××居委会×组

申请人：徐某某，男，1976 年 8 月 28 日出生，公民身份号码：4304811976××××××××，户籍地：××市××街道办事处××居委会×组

被申请人：××市审计局，住所地：××市××中路××号

法定代表人：邓某，职务：该局局长

委托代理人：刘某某，职务：××市审计局法规审理股工作人员

申请人对被申请人作出的《关于徐某某、徐某某请求履行审计职责申请的回复》不服，向本机关申请行政复议，本机关于 2022 年 11 月 4 日依法予以受理，现已审理终结。

申请人请求：依法撤销被申请人于 2022 年 9 月 8 日作出的《关于徐某某、徐某某请求履行审计职责申请的回复》，责令其依法履行审计职责。

申请人称：2022 年 9 月 6 日通过邮寄方式，请求被申请人依法审计《××市×××城片区开发建设项目》征地拆迁补偿专项资金。2022 年 9 月 15 日收到被申请人××市审计局作出的《关于徐某某、徐某某请求履行审计职责申请的回复》，回复中被申请人称申请人申请的事项不在《耒阳市 2022 年度审计项目计划》中，故不能依程序审计。申请人认为被申请人作出的上述答复未尽到法定审计职责，属于行政不作为。

申请人向复议机关提供了以下证据：证据一、身份证复印件；证据二、《请求履行审计职责申请书》；证据三、《关于徐某某、徐某某请求履行审计职责申请的回复》；证据四、××市××街道办事处××片区建设专户财政支付凭证；证据五、××市××街道办事处代管资金财政专户转账单；证据六、××市×××城和江东新城（城中村）棚户区改造项目部转账单；证据七、中国农业发展银行××支行证明等。

（续）

　　被申请人答复称：被申请人不能依照申请人请求的事项直接实施审计，被申请人必须依照法律规定的程序进行审计。申请人请求的事项被确定为审计项目前须经法定以下程序：一是审计机关应当根据法定的审计职责和审计管辖范围，编制年度审计项目计划。编制年度审计项目计划应当服务大局，围绕政府工作中心，突出审计工作重点，合理安排审计资源，防止不必要的重复审计。二是审计机关按照调查审计需求，初步选择审计项目；对初选审计项目进行可行性研究，确定备选审计项目及其优先顺序；评估审计机关可用审计资源，确定审计项目等三个步骤编制年度审计项目计划。三是年度审计项目计划按照审计机关规定的程序审定。四是审计机关根据项目评估结果，确定年度审计项目计划。五是审计机关应当将年度审计项目计划报经本级党委审计委员会批准，并向上一级审计机关备案。审计机关实施审计监督主要按照同级人民政府和上级审计机关要求进行，根据年度审计项目计划依法独立实施，而非按照公民、法人或其他组织的申请而实施审计监督行为，被申请人已经对申请人的申请作出了书面回复，不存在任何行政不作为或者不当的行为，故请求复议机关驳回申请人的申请。

　　被申请人向复议机关提供了以下证据：证据一、统一社会信用代码证书；证据二、《关于徐某某、徐某某请求履行审计职责申请的回复》；证据三、邮寄凭证等。

　　经审理查明：2022年9月6日，申请人通过邮寄方式，请求被申请人依法对××市自然资源局、××市××街道办事处、××市城市和农村建设投资有限公司组织实施《耒阳市×××城片区开发建设项目》征地拆迁补偿专项资金一事进行审计。2022年9月8日，被申请人作出《关于徐某某、徐某某请求履行审计职责申请的回复》。告知申请人其申请审计的《××市×××城片区开发建设项目》不在《××市2022年度审计项目计划》中，决定根据《中华人民共和国国家审计准则》就申请人申请的事项报请市委审计委员会研究是否纳入下一年年度计划，以便被申请人依法依规开展审计工作。2022年9月14日，被申请人向申请人送达《关于徐某某、徐某某请求履行审计职责申请的回复》。申请人不服，向本机关提出复议申请。

　　本机关认为：根据《中华人民共和国审计法》第三条"审计机关依照法律规定的职权和程序，进行审计监督。"第五条"审计机关依照法律规定独立行使审计监督权，不受其他行政机关、社会团体和个人的干涉。"、第十

（续）

七条第二款"地方各级审计机关分别在省长、自治区主席、市长、州长、县长、区长和上一级审计机关的领导下，对本级预算执行情况和其他财政收支情况进行审计监督，向本级人民政府和上一级审计机关提出审计结果报告。"以及《中华人民共和国审计法实施条例》第三十四条第一款"审计机关应当根据法律、法规和国家其他有关规定，按照本级人民政府和上级审计机关的要求，确定年度审计工作重点，编制年度审计项目计划。"、第三十五条"审计机关应当根据年度审计项目计划，组成审计组，调查了解被审计单位的有关情况，编制审计方案，并在实施审计3日前，向被审计单位送达审计通知书。"之规定，审计机关实施审计监督主要按照同级人民政府和上级审计机关要求进行，根据年度审计项目计划依法独立实施，审计监督程序的启动和开展不属于依行政相对人申请启动的具体行政行为，不存在行政不作为或者不当的行为。本案中申请人申请被申请人对《××市×××城片区开发建设项目》履行审计的法定职责，被申请人收到申请人的申请后，于2022年9月8日作出涉案回复，并及时将涉案回复邮寄给申请人，该回复是依据《中华人民共和国国家审计准则》，对申请人的申请进行了一般告知，并未对申请人设定权利义务，对申请人合法权益不产生实际影响。故申请人的主张缺乏事实和法律依据，本机关对其主张不予支持。

根据《中华人民共和国行政复议法实施条例》第四十八条第一款第（一）项之规定，本机关决定如下：

驳回申请人徐某某、徐某某的行政复议申请。

申请人如不服本决定，可以自收到行政复议决定书之日起15日内，依法向人民法院提起行政诉讼。

耒阳市人民政府
2022年12月28日

第五章
审计文本参考格式

> **导读**
>
> 本章介绍审计文本参考格式，包括三节，分别介绍审计取证单、审计工作底稿以及审计文书送达回证。

第一节 审计取证单

一、相关法律依据

根据《国家审计准则》第九十四条的规定，审计人员取得证明被审计单位存在违反国家规定的财政收支、财务收支行为以及其他重要审计事项的审计证据材料，应当由提供证据的有关人员、单位签名或者盖章；不能取得签名或者盖章不影响事实存在的，该审计证据仍然有效，但审计人员应当注明原因。审计事项比较复杂或者取得的审计证据数量较大的，可以对审计证据进行汇总分析，编制审计取证单，由证据提供者签名或者盖章。

二、审计取证单的适用范围

审计取证单适用于审计事项比较复杂或者取得的审计证据数量较大时的汇总分析。

三、审计取证单的格式

<table>
<tr><td colspan="4" align="center">审 计 取 证 单</td></tr>
<tr><td colspan="4" align="right">第　　页（共　　页）</td></tr>
<tr><td>项目名称</td><td colspan="3"></td></tr>
<tr><td>被审计（调查）
单位或个人</td><td colspan="3"></td></tr>
<tr><td>审计（调查）事项</td><td colspan="3"></td></tr>
<tr><td>审计
（调查）
事项
摘要</td><td colspan="3"></td></tr>
<tr><td>审计人员</td><td></td><td>编制日期</td><td></td></tr>
<tr><td rowspan="2">证据
提供
单位
意见</td><td colspan="3" align="center">（盖章）</td></tr>
<tr><td>证据提供单位负责人
（签名）</td><td></td><td>日期</td></tr>
</table>

附件：　　页

［说明：1. 审计取证单根据《中华人民共和国国家审计准则》第九十四条的规定制作，主要适用于审计事项比较复杂或者取得的审计证据数量较大时的汇总分析。
2. 证据提供单位意见栏填写不下的，可另附说明。］

第二节　审计工作底稿

一、相关法律依据

根据《国家审计准则》第一百零三条的规定，审计记录包括调查了解记录、审计工作底稿和重要管理事项记录。

二、审计工作底稿的适用范围

审计工作底稿主要记录审计人员依据审计实施方案执行审计措施的活动。审计人员对审计实施方案确定的每一审计事项，均应当编制审计工作底稿。一个审计事项可以根据需要编制多份审计工作底稿。

三、审计工作底稿的内容

审计工作底稿的内容主要包括：
（1）审计项目名称。
（2）审计事项名称。
（3）审计过程和结论。
（4）审计人员姓名及审计工作底稿编制日期并签名。
（5）审核人员姓名、审核意见及审核日期并签名。
（6）索引号及页码。
（7）附件数量。
审计工作底稿记录的审计过程和结论主要包括：
（1）实施审计的主要步骤和方法。
（2）取得的审计证据的名称和来源。
（3）审计认定的事实摘要。
（4）得出的审计结论及其相关标准。

第五章 审计文本参考格式

四、审计工作底稿的格式

审计工作底稿

索引号：　　　　　　　　　　　　　　　　　　　　　第　　页（共　　页）

项目名称	
审计（调查）事项	*（按照审计实施方案确定的事项名称填写）*
审计人员	编制日期

审计过程：
　　（说明实施审计的步骤和方法、所取得的审计证据的名称和来源。多个底稿间共用审计证据且审计证据附在其他底稿后的，应当在上述内容表述完毕后，注明"其中，**审计证据附在**号底稿后"。）

审计认定的事实摘要及审计结论：
　　（审计结论包括未发现问题的结论和已发现问题的结论。对已发现问题的结论，应说明得出结论所依据的规定和标准。）

审核意见：
　　（审核意见种类包括：①予以认可。②责成采取进一步审计措施，获取适当、充分的审计证据。③纠正或者责成纠正不恰当的审计结论。）

审核人员　　　　　　　　　　　　　　　　审核日期

附件：　　页

（续）

> [说明：审核人员提出②③项审核意见的，审计人员应当将落实情况和结果作出书面说明，经审核人员认可并签字后，附于本底稿后。]

第三节 审计文书送达回证

一、相关法律依据

根据《审计法》第四十一条的规定，审计机关应当将审计机关的审计报告和审计决定送达被审计单位和有关主管机关、单位。审计决定自送达之日起生效。

根据《审计法实施条例》第四十六条的规定，审计机关送达审计文书，可以直接送达，也可以邮寄送达或者以其他方式送达。直接送达的，以被审计单位在送达回证上注明的签收日期或者见证人证明的收件日期为送达日期；邮寄送达的，以邮政回执上注明的收件日期为送达日期；以其他方式送达的，以签收或者收件日期为送达日期。审计机关的审计文书的种类、内容和格式，由审计署规定。

二、审计文书送达回证的适用情形与内容

根据《审计署关于在全国实行统一审计文书格式的通知》（审法发〔1995〕7号）的规定，为了适应《审计法》关于审计程序中有关时限的规定以及行政复议的要求，审计署设定了审计文书送达回证。该文书主要适用于审计机关发送审计通知书、审计报告征求意见书、审计决定和复议决定等审计文书时使用。

审计文书送达回证应写明受送达人，送达地点、发送单位、事由和文书名称。受送达人是指被审计单位、有关单位和个人；送达地点是指接受审计文书的地点；发送单位是指审计机关；事由是指发送文书的原因。

三、审计文书送达回证的格式

（一）审计文书送达回证格式一

******（审计机关全称）

审计文书送达回证

受送达人	
送达地点	
发送单位	
事由	

文书名称	页数	送件人	收件人	收件日期

备注	

******（审计机关全称印章）
****年**月**日

（二）审计文书送达回证格式二

******（审计机关全称）

审计文书送达回证

送达文书名称和文号：

155

（续）

　　送达机关：　　　　　　　　　　　　（盖章）
　　送件人及送件时间：　（签名）＊＊＊＊年＊＊月＊＊日
　　送达方式：
　　受送达机关或者个人：　（签章）＊＊＊＊年＊＊月＊＊日

　　收件人及收件时间：　（签名）＊＊＊＊年＊＊月＊＊日

　　备注：直接送达或者委托送达的，请将本送达回证填写后交还送件人；邮寄送达的，请将本送达回证寄交＊＊＊（写明送达机关名称），地址：＊＊＊＊＊＊＊＊＊，邮编：＊＊＊＊＊。

第六章

内部审计基本法律制度与准则

导读

本章介绍内部审计基本法律制度与准则，包括五节，分别介绍内部审计制度、内部审计基本准则与职业道德规范、内部审计作业类准则、内部审计业务类准则以及内部审计管理类准则。

第一节　内部审计制度

一、总则

依法属于审计机关审计监督对象的单位（以下统称"单位"）的内部审计工作，以及审计机关对单位内部审计工作的业务指导和监督，适用《审计署关于内部审计工作的规定》（审计署令第 11 号）。

内部审计是指对本单位及所属单位财政财务收支、经济活动、内部控制、风险管理实施独立、客观的监督、评价和建议，以促进单位完善治理、实现目标的活动。

单位应当依照有关法律法规、《审计署关于内部审计工作的规定》和内部审计职业规范，结合本单位实际情况，建立健全内部审计制度，明确内部审计工作的领导体制、职责权限、人员配备、经费保障、审计结果运用和责任追究等。

内部审计机构和内部审计人员从事内部审计工作，应当严格遵守有关法律法规、《审计署关于内部审计工作的规定》和内部审计职业规范，忠于职守，做到独立、客观、公正、保密。内部审计机构和内部审计人员不得参与可能影响独立、客观履行审计职责的工作。

二、内部审计机构和人员管理

国家机关、事业单位、社会团体等单位的内部审计机构或者履行内部审计职责的内设机构，应当在本单位党组织、主要负责人的直接领导下开展内部审计工作，向其负责并报告工作。

国有企业内部审计机构或者履行内部审计职责的内设机构应当在企业党组织、董事会（或者主要负责人）直接领导下开展内部审计工作，向其负责并报告工作。国有企业应当按照有关规定建立总审计师制度。总审计师协助党组织、董事会（或者主要负责人）管理内部审计工作。

内部审计人员应当具备从事审计工作所需要的专业能力。单位应当严格内部审计人员录用标准，支持和保障内部审计机构通过多种途径开展继续教育，提高内部审计人员的职业胜任能力。内部审计机构负责人应当具备审计、会计、经济、法律或者管理等工作背景。

内部审计机构应当根据工作需要，合理配备内部审计人员；除涉密事项外，可以根据内部审计工作需要向社会购买审计服务，并对采用的审计结果负责。

单位应当保障内部审计机构和内部审计人员依法依规独立履行职责，任何单位和个人不得打击报复。内部审计机构履行内部审计职责所需经费，应当列入本单位预算。对忠于职守、坚持原则、认真履职、成绩显著的内部审计人员，由所在单位予以表彰。

三、内部审计职责权限和程序

内部审计机构或者履行内部审计职责的内设机构应当按照国家有关规定和本单位的要求，履行下列职责：

（1）对本单位及所属单位贯彻落实国家重大政策措施情况进行审计。

（2）对本单位及所属单位发展规划、战略决策、重大措施以及年度业务计划执行情况进行审计。

（3）对本单位及所属单位财政财务收支进行审计。

（4）对本单位及所属单位固定资产投资项目进行审计。

（5）对本单位及所属单位的自然资源资产管理和生态环境保护责任的履行情况进行审计。

（6）对本单位及所属单位的境外机构、境外资产和境外经济活动进行审计。

（7）对本单位及所属单位经济管理和效益情况进行审计。

（8）对本单位及所属单位内部控制及风险管理情况进行审计。

（9）对本单位内部管理的领导人员履行经济责任情况进行审计。

（10）协助本单位主要负责人督促落实审计发现问题的整改工作。

（11）对本单位所属单位的内部审计工作进行指导、监督和管理。

（12）国家有关规定和本单位要求办理的其他事项。

第六章　内部审计基本法律制度与准则

内部审计机构或者履行内部审计职责的内设机构应有下列权限：

（1）要求被审计单位按时报送发展规划、战略决策、重大措施、内部控制、风险管理、财政财务收支等有关资料（含相关电子数据，下同），以及必要的计算机技术文档。

（2）参加单位有关会议，召开与审计事项有关的会议。

（3）参与研究制定有关的规章制度，提出制定内部审计规章制度的建议。

（4）检查有关财政财务收支、经济活动、内部控制、风险管理的资料、文件和现场勘察实物。

（5）检查有关计算机系统及其电子数据和资料。

（6）就审计事项中的有关问题，向有关单位和个人开展调查和询问，取得相关证明材料。

（7）对正在进行的严重违法违规、严重损失浪费行为及时向单位主要负责人报告，经同意作出临时制止决定。

（8）对可能转移、隐匿、篡改、毁弃会计凭证、会计账簿、会计报表以及与经济活动有关的资料，经批准，有权予以暂时封存。

（9）提出纠正、处理违法违规行为的意见和改进管理、提高绩效的建议。

（10）对违法违规和造成损失浪费的被审计单位和人员，给予通报批评或者提出追究责任的建议。

（11）对严格遵守财经法规、经济效益显著、贡献突出的被审计单位和个人，可以向单位党组织、董事会（或者主要负责人）提出表彰建议。

单位党组织、董事会（或者主要负责人）应当定期听取内部审计工作汇报，加强对内部审计工作规划、年度审计计划、审计质量控制、问题整改和队伍建设等重要事项的管理。

下属单位、分支机构较多或者实行系统垂直管理的单位，其内部审计机构应当对全系统的内部审计工作进行指导和监督。系统内各单位的内部审计结果和发现的重大违纪违法问题线索，在向本单位党组织、董事会（或者主要负责人）报告的同时，应当及时向上一级单位的内部审计机构报告。单位应当将内部审计工作计划、工作总结、审计报告、整改情况以及审计中发现的重大违纪违法问题线索等资料报送同级审计机关备案。

内部审计的实施程序应当依照内部审计职业规范和本单位的相关规定执行。

内部审计机构或者履行内部审计职责的内设机构，对本单位内部管理的领导人员实施经济责任审计时，可以参照执行国家有关经济责任审计的规定。

四、审计结果运用

单位应当建立健全审计发现问题整改机制，明确被审计单位主要负责人为整改第一责任人。对审计发现的问题和提出的建议，被审计单位应当及时整改，并将整改结果书面告知内部审计机构。

单位对内部审计发现的典型性、普遍性、倾向性问题，应当及时分析研究，制定和完善相关管理制度，建立健全内部控制措施。

内部审计机构应当加强与内部纪检监察、巡视巡察、组织人事等其他内部监督力量的协作配合，建立信息共享、结果共用、重要事项共同实施、问题整改问责共同落实等工作机制。内部审计结果及整改情况应当作为考核、任免、奖惩干部和相关决策的重要依据。

单位对内部审计发现的重大违纪违法问题线索，应当按照管辖权限依法依规及时移送纪检监察机关、司法机关。

审计机关在审计中，特别是在国家机关、事业单位和国有企业三级以下单位审计中，应当有效利用内部审计力量和成果。对内部审计发现且已经纠正的问题不再在审计报告中反映。

五、对内部审计工作的指导和监督

审计机关应当依法对内部审计工作进行业务指导和监督，明确内部职能机构和专职人员，并履行下列职责：

（1）起草有关内部审计工作的法规草案。
（2）制定有关内部审计工作的规章制度和规划。
（3）推动单位建立健全内部审计制度。
（4）指导内部审计统筹安排审计计划，突出审计重点。
（5）监督内部审计职责履行情况，检查内部审计业务质量。
（6）指导内部审计自律组织开展工作。
（7）法律、法规规定的其他职责。

审计机关可以通过业务培训、交流研讨等方式，加强对内部审计人员的业务指导。

审计机关应当对单位报送的备案资料进行分析，将其作为编制年度审计项目计划的参考依据。

审计机关可以采取日常监督、结合审计项目监督、专项检查等方式，对单位的内部审计制度建立健全情况、内部审计工作质量情况等进行指导和监督。对内部审计制度建设和内部审计工作质量存在问题的，审计机关应当督促单位内部审计机构及时进行整改并书面报告整改情况；情节严重的，应当通报批评并视情况抄送有关主管部门。

审计机关应当按照国家有关规定对内部审计自律组织进行政策和业务指导，推动内部审计自律组织按照法律法规和章程开展活动；必要时，可以向内部审计自律组织购买服务。

六、责任追究

被审计单位有下列情形之一的，由单位党组织、董事会（或者主要负责人）责令改正，并对直接负责的主管人员和其他直接责任人员进行处理：

（1）拒绝接受或者不配合内部审计工作的。

（2）拒绝、拖延提供与内部审计事项有关的资料，或者提供资料不真实、不完整的。

（3）拒不纠正审计发现问题的。

（4）整改不力、屡审屡犯的。

（5）违反国家规定或者本单位内部规定的其他情形。

内部审计机构或者履行内部审计职责的内设机构和内部审计人员有下列情形之一的，由单位对直接负责的主管人员和其他直接责任人员进行处理；涉嫌犯罪的，移送司法机关依法追究刑事责任：

（1）未按有关法律法规、《审计署关于内部审计工作的规定》和内部审计职业规范实施审计导致应当发现的问题未被发现并造成严重后果的。

（2）隐瞒审计查出的问题或者提供虚假审计报告的。

（3）泄露国家秘密或者商业秘密的。

（4）利用职权谋取私利的。

（5）违反国家规定或者本单位内部规定的其他情形。

内部审计人员因履行职责受到打击、报复、陷害的，单位党组织、董事会（或者主要负责人）应当及时采取保护措施，并对相关责任人员进行处理；涉嫌犯罪的，移送司法机关依法追究刑事责任。

第二节　内部审计基本准则与职业道德规范

一、《内部审计基本准则》

（一）总则

内部审计是一种独立、客观的确认和咨询活动，它通过运用系统、规范的方法，审查和评价组织的业务活动、内部控制和风险管理的适当性和有效性，以促进组织完善治理、增加价值和实现目标。

《内部审计基本准则》适用于各类组织的内部审计机构、内部审计人员及其从事的内部审计活动。其他组织或者人员接受委托、聘用、承办或者参与内部审计业务,也应当遵守《内部审计基本准则》。

（二）一般准则

组织应当设置与其目标、性质、规模、治理结构等相适应的内部审计机构,并配备具有相应资格的内部审计人员。

内部审计的目标、职责和权限等内容应当在组织的内部审计章程中明确规定。

内部审计机构和内部审计人员应当保持独立性和客观性,不得负责被审计单位的业务活动、内部控制和风险管理的决策与执行。

内部审计人员应当遵守职业道德,在实施内部审计业务时保持应有的职业谨慎。

内部审计人员应当具备相应的专业胜任能力,并通过后续教育加以保持和提高。

内部审计人员应当履行保密义务,对于实施内部审计业务中所获取的信息保密。

（三）作业准则

内部审计机构和内部审计人员应当全面关注组织风险,以风险为基础组织实施内部审计业务。

内部审计人员应当充分运用重要性原则,考虑差异或者缺陷的性质、数量等因素,合理确定重要性水平。

内部审计机构应当根据组织的风险状况、管理需要及审计资源的配置情况,编制年度审计计划。

内部审计人员根据年度审计计划确定的审计项目,编制项目审计方案。

内部审计机构应当在实施审计3日前,向被审计单位或者被审计人员送达审计通知书,做好审计准备工作。

内部审计人员应当深入了解被审计单位的情况,审查和评价业务活动、内部控制和风险管理的适当性和有效性,关注信息系统对业务活动、内部控制和风险管理的影响。

内部审计人员应当关注被审计单位业务活动、内部控制和风险管理中的舞弊风险,对舞弊行为进行检查和报告。

内部审计人员可以运用审核、观察、监盘、访谈、调查、函证、计算和分析程序等方法,获取相关、可靠和充分的审计证据,以支持审计结论、意见和建议。

内部审计人员应当在审计工作底稿中记录审计程序的执行过程,获取的审计证据，以及作出的审计结论。

内部审计人员应当以适当方式提供咨询服务，改善组织的业务活动、内部控制和风险管理。

（四）报告准则

内部审计机构应当在实施必要的审计程序后，及时出具审计报告。

审计报告应当客观、完整、清晰，具有建设性并体现重要性原则。

审计报告应当包括审计概况、审计依据、审计发现、审计结论、审计意见和审计建议。

审计报告应当包含是否遵循内部审计准则的声明。如存在未遵循内部审计准则的情形，应当在审计报告中作出解释和说明。

（五）内部管理准则

内部审计机构应当接受组织党委（党组）、董事会（或者主要负责人）的领导和监督，并保持与党委（党组）、董事会（或者主要负责人）或者最高管理层及时、高效的沟通。

内部审计机构应当建立合理、有效的组织结构，多层级组织的内部审计机构可以实行集中管理或者分级管理。

内部审计机构应当根据内部审计准则及相关规定，结合本组织的实际情况制定内部审计工作手册，指导内部审计人员的工作。

内部审计机构应当对内部审计质量实施有效控制，建立指导、监督、分级复核和内部审计质量评估制度，并接受内部审计质量外部评估。

内部审计机构应当编制中长期审计规划、年度审计计划、本机构人力资源计划和财务预算。

内部审计机构应当建立激励约束机制，对内部审计人员的工作进行考核、评价和奖惩。

内部审计机构应当在党委（党组）、董事会（或者主要负责人）或者最高管理层的支持和监督下，做好与外部审计的协调工作。内部审计机构应当跟踪审计发现问题和审计意见建议的落实情况，督促被审计单位做好审计整改工作。

内部审计机构负责人应当对内部审计机构管理的适当性和有效性负主要责任。

二、《内部审计人员职业道德规范》

（一）总则

内部审计人员职业道德是内部审计人员在开展内部审计工作中应当具有的

职业品德、应当遵守的职业纪律和应当承担的职业责任的总称。

内部审计人员从事内部审计活动时，应当遵守《内部审计人员职业道德规范》，认真履行职责，不得损害国家利益、组织利益和内部审计职业声誉。

（二）一般原则

内部审计人员在从事内部审计活动时，应当保持诚信正直。

内部审计人员应当遵循客观性原则，公正、不偏不倚地作出审计职业判断。

内部审计人员应当保持并提高专业胜任能力，按照规定参加后续教育。

内部审计人员应当遵循保密原则，按照规定使用其在履行职责时所获取的信息。

内部审计人员违反《内部审计人员职业道德规范》要求的，组织应当批评教育，也可以视情节给予一定的处分。

（三）诚信正直

内部审计人员在实施内部审计业务时，应当诚实、守信，不应有下列行为：

（1）歪曲事实。

（2）隐瞒审计发现的问题。

（3）进行缺少证据支持的判断。

（4）做误导性的或者含糊的陈述。

内部审计人员在实施内部审计业务时，应当廉洁、正直，不应有下列行为：

（1）利用职权谋取私利。

（2）屈从于外部压力，违反原则。

（四）客观性

内部审计人员实施内部审计业务时，应当实事求是，不得由于偏见、利益冲突而影响职业判断。

内部审计人员实施内部审计业务前，应当采取下列步骤对客观性进行评估：

（1）识别可能影响客观性的因素。

（2）评估可能影响客观性因素的严重程度。

（3）向审计项目负责人或者内部审计机构负责人报告客观性受损可能造成的影响。

内部审计人员应当识别下列可能影响客观性的因素：

（1）审计本人曾经参与过的业务活动。

（2）与被审计单位存在直接利益关系。

（3）与被审计单位存在长期合作关系。

（4）与被审计单位管理层有密切的私人关系。
（5）遭受来自组织内部和外部的压力。
（6）内部审计范围受到限制。
（7）其他。

内部审计机构负责人应当采取下列措施保障内部审计的客观性：
（1）提高内部审计人员的职业道德水准。
（2）选派适当的内部审计人员参加审计项目，并进行适当分工。
（3）采用工作轮换的方式安排审计项目及审计组。
（4）建立适当、有效的激励机制。
（5）制定并实施系统、有效的内部审计质量控制制度、程序和方法。
（6）当内部审计人员的客观性受到严重影响，且无法采取适当措施降低影响时，停止实施有关业务，并及时向董事会或者最高管理层报告。

（五）专业胜任能力

内部审计人员应当具备下列履行职责所需的专业知识、职业技能和实践经验：
（1）审计、会计、财务、税务、经济、金融、统计、管理、内部控制、风险管理、法律和信息技术等专业知识，以及与组织业务活动相关的专业知识。
（2）语言文字表达、问题分析、审计技术应用、人际沟通、组织管理等职业技能。
（3）必要的实践经验及相关职业经历。

内部审计人员应当通过后续教育和职业实践等途径，了解、学习和掌握相关法律法规、专业知识、技术方法和审计实务的发展变化，保持和提升专业胜任能力。

内部审计人员实施内部审计业务时，应当保持职业谨慎，合理运用职业判断。

（六）保密

内部审计人员应当对实施内部审计业务所获取的信息保密，非因有效授权、法律规定或其他合法事由不得披露。

内部审计人员在社会交往中，应当履行保密义务，警惕非故意泄密的可能性。内部审计人员不得利用其在实施内部审计业务时获取的信息牟取不正当利益，或者以有悖于法律法规、组织规定及职业道德的方式使用信息。

第三节　内部审计作业类准则

一、《第 2101 号内部审计具体准则——审计计划》

（一）总则

《第 2101 号内部审计具体准则——审计计划》（以下简称《审计计划》准则）所称审计计划，是指内部审计机构和内部审计人员为完成审计业务，达到预期的审计目的，对审计工作或者具体审计项目作出的安排。

《审计计划》准则适用于各类组织的内部审计机构、内部审计人员及其从事的内部审计活动。其他组织或者人员接受委托、聘用、承办或者参与内部审计业务，也应当遵守《审计计划》准则。

（二）一般原则

审计计划一般包括年度审计计划和项目审计方案。年度审计计划是对年度预期要完成的审计任务所作的工作安排，是组织年度工作计划的重要组成部分。项目审计方案是对实施具体审计项目所需要的审计内容、审计程序、人员分工、审计时间等作出的安排。

内部审计机构应当在本年度编制下年度审计计划，并报经组织董事会或者最高管理层批准；审计项目负责人应当在审计项目实施前编制项目审计方案，并报经内部审计机构负责人批准。

内部审计机构应当根据批准后的审计计划组织开展内部审计活动。在审计计划执行过程中，如有必要，应当按照规定的程序对审计计划进行调整。

内部审计机构负责人应当定期检查审计计划的执行情况。

（三）年度审计计划

内部审计机构负责人负责年度审计计划的编制工作。

编制年度审计计划应当结合内部审计中长期规划，在对组织风险进行评估的基础上，根据组织的风险状况、管理需要和审计资源的配置情况，确定具体审计项目及时间安排。

年度审计计划应当包括下列基本内容：

（1）年度审计工作目标。
（2）具体审计项目及实施时间。
（3）各审计项目需要的审计资源。
（4）后续审计安排。

内部审计机构在编制年度审计计划前，应当重点调查了解下列情况，以评价具体审计项目的风险：

（1）组织的战略目标、年度目标及业务活动重点。
（2）对相关业务活动有重大影响的法律、法规、政策、计划和合同。
（3）相关内部控制的有效性和风险管理水平。
（4）相关业务活动的复杂性及其近期变化。
（5）相关人员的能力及其岗位的近期变动。
（6）其他与项目有关的重要情况。

内部审计机构负责人应当根据具体审计项目的性质、复杂程度及时间要求，合理安排审计资源。

（四）项目审计方案

内部审计机构应当根据年度审计计划确定的审计项目和时间安排，选派内部审计人员开展审计工作。

审计项目负责人应当根据被审计单位的下列情况，编制项目审计方案：

（1）业务活动概况。
（2）内部控制、风险管理体系的设计及运行情况。
（3）财务、会计资料。
（4）重要的合同、协议及会议记录。
（5）上次审计结论、建议及后续审计情况。
（6）上次外部审计的审计意见。
（7）其他与项目审计方案有关的重要情况。

项目审计方案应当包括下列基本内容：

（1）被审计单位、项目的名称。
（2）审计目标和范围。
（3）审计内容和重点。
（4）审计程序和方法。
（5）审计组成员的组成及分工。
（6）审计起止日期。
（7）对专家和外部审计工作结果的利用。
（8）其他有关内容。

二、《第 2102 号内部审计具体准则——审计通知书》

（一）总则

《第 2102 号内部审计具体准则——审计通知书》（以下简称《审计通知书》准则）所称审计通知书，是指内部审计机构在实施审计之前，告知被审计单位或者人员接受审计的书面文件。
《审计通知书》准则适用于各类组织的内部审计机构、内部审计人员及其从事的内部审计活动。其他组织或者人员接受委托、聘用、承办或者参与的内部审计业务，也应当遵守《审计通知书》准则。

（二）审计通知书的编制与送达

审计通知书应当包括下列内容：
（1）审计项目名称。
（2）被审计单位名称或者被审计人员姓名。
（3）审计范围和审计内容。
（4）审计时间。
（5）需要被审计单位提供的资料及其他必要的协助要求。
（6）审计组组长及审计组成员名单。
（7）内部审计机构的印章和签发日期。

内部审计机构应当根据经过批准后的年度审计计划和其他授权或者委托文件编制审计通知书。

内部审计机构应当在实施审计 3 日前，向被审计单位或者被审计人员送达审计通知书。特殊审计业务的审计通知书可以在实施审计时送达。

审计通知书送达被审计单位，必要时可以抄送组织内部相关部门。经济责任审计项目的审计通知书送达被审计人员及其所在单位，并抄送有关部门。

三、《第 2103 号内部审计具体准则——审计证据》

（一）总则

《第 2103 号内部审计具体准则——审计证据》（以下简称《审计证据》准则）所称审计证据，是指内部审计人员在实施内部审计业务中，通过实施审计程序所获取的，用以证实审计事项，支持审计结论、意见和建议的各种事实依据。

《审计证据》准则适用于各类组织的内部审计机构、内部审计人员及其从事的内部审计活动。其他组织或者人员接受委托、聘用、承办或者参与内部审计业务，也应当遵守《审计证据》准则。

（二）一般原则

内部审计人员应当依据不同的审计事项及其审计目标，获取不同种类的审计证据。

审计证据主要包括下列种类：
（1）书面证据。

第六章 内部审计基本法律制度与准则

（2）实物证据。
（3）视听证据。
（4）电子证据。
（5）口头证据。
（6）环境证据。

内部审计人员获取的审计证据应当具备相关性、可靠性和充分性。相关性，即审计证据与审计事项及其具体审计目标之间具有实质性联系。可靠性，即审计证据真实、可信。充分性，即审计证据在数量上足以支持审计结论、意见和建议。

审计项目的各级复核人员应当在各自职责范围内对审计证据的相关性、可靠性和充分性予以复核。

内部审计人员在获取审计证据时，应当考虑下列基本因素：

（1）具体审计事项的重要性。内部审计人员应当从数量和性质两个方面判断审计事项的重要性，以做出获取审计证据的决策。

（2）可以接受的审计风险水平。证据的充分性与审计风险水平密切相关。可以接受的审计风险水平越低，所需证据的数量越多。

（3）成本与效益的合理程度。获取审计证据应当考虑成本与效益的对比，但对于重要审计事项，不应当将审计成本的高低作为减少必要审计程序的理由。

（4）适当的抽样方法。

（三）审计证据的获取与处理

内部审计人员向有关单位和个人获取审计证据时，可以采用（但不限于）下列方法：

（1）审核。
（2）观察。
（3）监盘。
（4）访谈。
（5）调查。
（6）函证。
（7）计算。
（8）分析程序。

内部审计人员应当将获取的审计证据名称、来源、内容、时间等完整、清晰地记录于审计工作底稿中。采集被审计单位电子数据作为审计证据的，内部审计人员应当记录电子数据的采集和处理过程。

内部审计机构可以聘请其他专业机构或者人员对审计项目的某些特殊问题进行鉴定，并将鉴定结论作为审计证据。内部审计人员应当对所引用鉴定结论的可靠性负责。

对于被审计单位有异议的审计证据，内部审计人员应当进一步核实。

内部审计人员获取的审计证据，如有必要，应当由证据提供者签名或者盖章。如果证据提供者拒绝签名或者盖章，内部审计人员应当注明原因和日期。

内部审计人员应当对获取的审计证据进行分类、筛选和汇总，保证审计证据的相关性、可靠性和充分性。

在评价审计证据时，内部审计人员应当考虑审计证据之间的相互印证关系及证据来源的可靠程度。

四、《第 2104 号内部审计具体准则——审计工作底稿》

（一）总则

《第 2104 号内部审计具体准则——审计工作底稿》（以下简称《审计工作底稿》准则）所称审计工作底稿，是指内部审计人员在审计过程中所形成的工作记录。

《审计工作底稿》准则适用于各类组织的内部审计机构、内部审计人员及其从事的内部审计活动。其他组织或者人员接受委托、聘用，承办或者参与内部审计业务，也应当遵守《审计工作底稿》准则。

（二）一般原则

内部审计人员在审计工作中应当编制审计工作底稿，以达到下列目的：
（1）为编制审计报告提供依据。
（2）证明审计目标的实现程度。
（3）为检查和评价内部审计工作质量提供依据。
（4）证明内部审计机构和内部审计人员是否遵循内部审计准则。
（5）为以后的审计工作提供参考。

审计工作底稿应当内容完整、记录清晰、结论明确，客观地反映项目审计方案的编制及实施情况，以及与形成审计结论、意见和建议有关的所有重要事项。

内部审计机构应当建立审计工作底稿的分级复核制度，明确规定各级复核人员的要求和责任。

（三）审计工作底稿的编制与复核

审计工作底稿主要包括下列要素：
（1）被审计单位的名称。
（2）审计事项及其期间或者截止日期。
（3）审计程序的执行过程及结果记录。

（4）审计结论、意见及建议。
（5）审计人员姓名和审计日期。
（6）复核人员姓名、复核日期和复核意见。
（7）索引号及页次。
（8）审计标识与其他符号及其说明等。

项目审计方案的编制及调整情况应当编制审计工作底稿。

审计工作底稿中可以使用各种审计标识，但应当注明含义并保持前后一致。

审计工作底稿应当注明索引编号和顺序编号。相关审计工作底稿之间如存在勾稽关系，应当予以清晰反映，相互引用时应当交叉注明索引编号。

审计工作底稿的复核工作应当由比审计工作底稿编制人员职位更高或者经验更为丰富的人员承担。

如果发现审计工作底稿存在问题，复核人员应当在复核意见中加以说明，并要求相关人员补充或者修改审计工作底稿。

在审计业务执行过程中，审计项目负责人应当加强对审计工作底稿的现场复核。

（四）审计工作底稿的归档与保管

内部审计人员在审计项目完成后，应当及时对审计工作底稿进行分类整理，按照审计工作底稿相关规定进行归档、保管和使用。

审计工作底稿归组织所有，由内部审计机构或者组织内部有关部门具体负责保管。

内部审计机构应当建立审计工作底稿保管制度。如果内部审计机构以外的组织或者个人要求查阅审计工作底稿，必须经内部审计机构负责人或者其主管领导批准，但国家有关部门依法进行查阅的除外。

五、《第2105号内部审计具体准则——结果沟通》

（一）总则

《第2105号内部审计具体准则——结果沟通》（以下简称《结果沟通》准则）所称结果沟通，是指内部审计机构与被审计单位、组织适当管理层就审计概况、审计依据、审计发现、审计结论、审计意见和审计建议进行的讨论和交流。

《结果沟通》准则适用于各类组织的内部审计机构、内部审计人员及其从事的内部审计活动。其他组织或者人员接受委托、聘用，承办或者参与内部审计业务，也应当遵守《结果沟通》准则。

（二）一般原则

结果沟通的目的，是提高审计结果的客观性、公正性，并取得被审计单位、组织适当管理层的理解和认同。

内部审计机构应当建立审计结果沟通制度，明确各级人员的责任，进行积极有效的沟通。

内部审计机构应当与被审计单位、组织适当管理层进行认真、充分的沟通，听取其意见。

结果沟通一般采取书面或者口头方式。

内部审计机构应当在审计报告正式提交之前进行审计结果的沟通。

内部审计机构应当将结果沟通的有关书面材料作为审计工作底稿归档保存。

（三）结果沟通的内容

结果沟通主要包括下列内容：
（1）审计概况。
（2）审计依据。
（3）审计发现。
（4）审计结论。
（5）审计意见。
（6）审计建议。

如果被审计单位对审计结果有异议，审计项目负责人及相关人员应当进行核实和答复。

内部审计机构负责人应当与组织适当管理层就审计过程中发现的重大问题及时进行沟通。

内部审计机构与被审计单位进行结果沟通时，应当注意沟通技巧。

六、《第2106号内部审计具体准则——审计报告》

（一）总则

《第2106号内部审计具体准则——审计报告》（以下简称《审计报告》准则）所称审计报告，是指内部审计人员根据审计计划对被审计单位实施必要的审计程序后，就被审计事项作出审计结论，提出审计意见和审计建议的书面文件。

《审计报告》准则适用于各类组织的内部审计机构、内部审计人员及其从事的内部审计活动。其他组织或者人员接受委托、聘用，承办或者参与内部审计业务，也应当遵守《审计报告》准则。

（二）一般原则

内部审计人员应当在审计实施结束后，以经过核实的审计证据为依据，形成审计结论、意见和建议，出具审计报告。如有必要，内部审计人员可以在审计过程中提交期中报告，以便及时采取有效的纠正措施改善业务活动、内部控制和风险管理。

审计报告的编制应当符合下列要求：

（1）实事求是、不偏不倚地反映被审计事项的事实。

（2）要素齐全、格式规范，完整反映审计中发现的重要问题。

（3）逻辑清晰、用词准确、简明扼要、易于理解。

（4）充分考虑审计项目的重要性和风险水平，对于重要事项应当重点说明。

（5）针对被审计单位业务活动、内部控制和风险管理中存在的主要问题或者缺陷提出可行的改进建议，以促进组织实现目标。

内部审计机构应当建立健全审计报告分级复核制度，明确规定各级复核人员的要求和责任。

（三）审计报告的内容

审计报告主要包括下列要素：

（1）标题。

（2）收件人。

（3）正文。

（4）附件。

（5）签章。

（6）报告日期。

（7）其他。

审计报告的正文主要包括下列内容：

（1）审计概况，包括审计目标、审计范围、审计内容及重点、审计方法、审计程序及审计时间等。

（2）审计依据，即实施审计所依据的相关法律法规、内部审计准则等规定。

（3）审计发现，即对被审计单位的业务活动、内部控制和风险管理实施审计过程中所发现的主要问题的事实。

（4）审计结论，即根据已查明的事实，对被审计单位业务活动、内部控制和风险管理所作的评价。

（5）审计意见，即针对审计发现的主要问题提出的处理意见。

（6）审计建议，即针对审计发现的主要问题，提出的改善业务活动、内部控制和风险管理的建议。

审计报告的附件应当包括针对审计过程、审计中发现问题所作出的具体说明，以及被审计单位的反馈意见等内容。

（四）审计报告的编制、复核与报送

审计组应当在实施必要的审计程序后，及时编制审计报告，并征求被审计对象的意见。

被审计单位对审计报告有异议的，审计项目负责人及相关人员应当核实，必要时应当修改审计报告。

审计报告经过必要的修改后，应当连同被审计单位的反馈意见及时报送内部审计机构负责人复核。

内部审计机构应当将审计报告提交被审计单位和组织适当管理层，并要求被审计单位在规定的期限内落实纠正措施。

已经出具的审计报告如果存在重要错误或者遗漏，内部审计机构应当及时更正，并将更正后的审计报告提交给原审计报告接收者。

内部审计机构应当将审计报告及时归入审计档案，妥善保存。

七、《第2107号内部审计具体准则——后续审计》

（一）总则

《第2107号内部审计具体准则——后续审计》（以下简称《后续审计》准则）所称后续审计，是指内部审计机构为跟踪检查被审计单位针对审计发现的问题所采取的纠正措施及其改进效果，而进行的审查和评价活动。

《后续审计》准则适用于各类组织的内部审计机构、内部审计人员及其从事的内部审计活动。其他组织或者人员接受委托、聘用，承办或者参与内部审计业务，也应当遵守《后续审计》准则。

（二）一般原则

对审计中发现的问题采取纠正措施，是被审计单位管理层的责任。评价被审计单位管理层所采取的纠正措施是否及时、合理、有效，是内部审计人员的责任。

内部审计机构可以在规定期限内，或者与被审计单位约定的期限内实施后续审计。

内部审计机构负责人可以适时安排后续审计工作，并将其列入年度审计计划。

第六章 内部审计基本法律制度与准则

内部审计机构负责人如果初步认定被审计单位管理层对审计发现的问题已采取了有效的纠正措施，可以将后续审计作为下次审计工作的一部分。

当被审计单位基于成本或者其他方面考虑，决定对审计发现的问题不采取纠正措施并作出书面承诺时，内部审计机构负责人应当向组织董事会或者最高管理层报告。

（三）后续审计程序

审计项目负责人应当编制后续审计方案，对后续审计作出安排。
编制后续审计方案时应当考虑下列因素：
（1）审计意见和审计建议的重要性。
（2）纠正措施的复杂性。
（3）落实纠正措施所需要的时间和成本。
（4）纠正措施失败可能产生的影响。
（5）被审计单位的业务安排和时间要求。

对于已采取纠正措施的事项，内部审计人员应当判断是否需要深入检查，必要时可以提出应在下次审计中予以关注。

内部审计人员应当根据后续审计的实施过程和结果编制后续审计报告。

八、《第 2108 号内部审计具体准则——审计抽样》

（一）总则

《第 2108 号内部审计具体准则——审计抽样》（以下简称《审计抽样》准则）所称审计抽样，是指内部审计人员在审计业务实施过程中，从被审查和评价的审计总体中抽取一定数量具有代表性的样本进行测试，以样本审查结果推断总体特征，并作出审计结论的一种审计方法。

《审计抽样》准则适用于各类组织的内部审计机构、内部审计人员及其从事的内部审计活动。其他组织或者人员接受委托、聘用、承办或者参与内部审计业务，也应当遵守《审计抽样》准则。

（二）一般原则

确定抽样总体、选择抽样方法时应当以审计目标为依据，并考虑被审计单位及审计项目的具体情况。

抽样总体的确定应当遵循相关性、充分性和经济性等原则。相关性是指抽样总体与审计对象及其审计目标相关；充分性是指抽样总体能够在数量上代表审计项目的实际情况；经济性是指抽样总体的确定符合成本效益原则。

审计抽样方法包括统计抽样和非统计抽样。在审计抽样过程中，内部审计人员可以采用统计抽样方法，也可以采用非统计抽样方法，或者两种方法结合使用。

选取的样本应当有代表性，具有与审计总体相似的特征。

内部审计人员在选取样本时，应当对业务活动中存在重大差异或者缺陷的风险以及审计过程中的检查风险进行评估，并充分考虑因抽样引起的抽样风险及其他因素引起的非抽样风险。

抽样结果的评价应当从定量和定性两个方面进行，并以此为依据合理推断审计总体特征。

（三）抽样程序和方法

审计抽样的一般程序包括下列步骤：
（1）根据审计目标及审计对象的特征制定审计抽样方案。
（2）选取样本。
（3）对样本进行审查。
（4）评价抽样结果。
（5）根据抽样结果推断总体特征。
（6）形成审计结论。
审计抽样方案包括下列主要内容：
（1）审计总体，是指由审计对象的各个单位组成的整体。
（2）抽样单位，是指从审计总体中抽取并代表总体的各个单位。
（3）样本，是指在抽样过程中从审计总体中抽取的部分单位组成的整体。
（4）误差，是指业务活动、内部控制和风险管理中存在的差异或者缺陷。
（5）可容忍误差，是指内部审计人员可以接受的差异或者缺陷的最大程度。
（6）预计总体误差，是指内部审计人员预先估计的审计总体中存在的差异或者缺陷。
（7）可靠程度，是指预计抽样结果能够代表审计总体质量特征的概率。
（8）抽样风险，是指内部审计人员依据抽样结果得出的结论与总体特征不相符合的可能性。
（9）样本量，是指为了能使内部审计人员对审计总体作出审计结论所抽取样本单位的数量。
（10）其他因素。

内部审计人员应当根据审计重要性水平，合理确定预计总体误差、可容忍误差和可靠程度。

内部审计人员应当根据审计目标和审计对象的特征，选择确定审计抽样方法。统计抽样是指以数理统计方法为基础，按照随机原则从总体中选取样本进行审查，并对总体特征进行推断的审计抽样方法。统计抽样主要包括发现抽样、连续抽样等属性抽样方法，以及单位均值抽样、差异估计抽样和货币单位抽样等变量抽样方法。非统计抽样是指内部审计人员根据自己的专业判断和经验抽取样本进行审查，并对总体特征进行推断的审计抽样方法。统计抽样和非统计抽样审计方法相互结合使用，可以降低抽样风险。

内部审计人员应当根据下列要素确定样本量：
（1）审计总体。审计总体的量越大，所需要的样本量越多。
（2）可容忍误差。可容忍误差越大，所需样本量越少。
（3）预计总体误差。预计总体误差越大，所需样本量越多。
（4）抽样风险。抽样风险越小，所需样本量越多。
（5）可靠程度。可靠程度越大，所需样本量越多。

内部审计人员可以运用下列方法选取样本：
（1）随机数表选样法。
（2）系统选样法。
（3）分层选样法。
（4）整群选样法。
（5）任意选样法。

内部审计人员在选取样本之后，应当对样本进行审查，获取相关、可靠和充分的审计证据。

（四）抽样结果的评价

内部审计人员应当根据预先确定的误差构成条件，确定存在误差的样本。

内部审计人员应当对抽样风险和非抽样风险进行评估，以防止对审计总体作出不恰当的审计结论。

抽样风险主要包括两类：
（1）误受风险，是指样本结果表明审计项目不存在重大差异或者缺陷，而实际上却存在着重大差异或者缺陷的可能性。
（2）误拒风险，是指样本结果表明审计项目存在重大差异或者缺陷，而实际上并没有存在重大差异或者缺陷的可能性。

非抽样风险是由抽样之外的其他因素造成的风险，一般包括下列原因：
（1）审计程序设计及执行不恰当。
（2）抽样过程没有按照规范程序执行。
（3）样本审查结果解释错误。
（4）审计人员业务能力不足。
（5）其他原因。

内部审计人员应当根据样本误差，采用适当的方法，推断审计总体误差。

内部审计人员应当根据抽样结果的评价，确定审计证据是否足以证实某一审计总体特征。如果推断的总体误差超过可容忍误差，应当增加样本量或者执行替代审计程序。

内部审计人员在上述评价的基础上还应当考虑误差性质、误差产生的原因，以及误差对其他审计项目可能产生的影响等。

九、《第2109号内部审计具体准则——分析程序》

（一）总则

《第2109号内部审计具体准则——分析程序》（以下简称《分析程序》准则）所称分析程序，是指内部审计人员通过分析和比较信息之间的关系或者计算相关的比率，以确定合理性，并发现潜在差异和漏洞的一种审计方法。

《分析程序》准则适用于各类组织的内部审计机构、内部审计人员及其从事的内部审计活动。其他组织或者人员接受委托、聘用，承办或者参与内部审计业务，也应当遵守《分析程序》准则。

（二）一般原则

内部审计人员应当合理运用职业判断，根据需要在审计过程中执行分析程序。

内部审计人员执行分析程序，有助于实现下列目标：
（1）确认业务活动信息的合理性。
（2）发现差异。
（3）分析潜在的差异和漏洞。
（4）发现不合法和不合规行为的线索。
内部审计人员通过执行分析程序，能够获取与下列事项相关的证据：
（1）被审计单位的持续经营能力。
（2）被审计事项的总体合理性。
（3）业务活动、内部控制和风险管理中差异和漏洞的严重程度。
（4）业务活动的经济性、效率性和效果性。
（5）计划、预算的完成情况。
（6）其他事项。
分析程序所使用的信息按其存在的形式划分，主要包括下列内容：
（1）财务信息和非财务信息。
（2）实物信息和货币信息。
（3）电子数据信息和非电子数据信息。
（4）绝对数信息和相对数信息。
执行分析程序时，内部审计人员应当考虑信息之间的相关性，以免得出不恰当的审计结论。

第六章　内部审计基本法律制度与准则

内部审计人员应当保持应有的职业谨慎，在确定对分析程序结果的依赖程度时，需要考虑下列因素：
（1）分析程序的目标。
（2）被审计单位的性质及其业务活动的复杂程度。
（3）已收集信息资料的相关性、可靠性和充分性。
（4）以往审计中对被审计单位内部控制、风险管理的评价结果。
（5）以往审计中发现的差异和漏洞。

（三）分析程序的执行

分析程序一般包括下列基本内容：
（1）将当期信息与历史信息相比较，分析其波动情况及发展趋势。
（2）将当期信息与预测、计划或者预算信息相比较，并作差异分析。
（3）将当期信息与内部审计人员预期信息相比较，分析差异。
（4）将被审计单位信息与组织其他部门类似信息相比较，分析差异。
（5）将被审计单位信息与行业相关信息相比较，分析差异。
（6）对财务信息与非财务信息之间的关系、比率的计算与分析。
（7）对重要信息内部组成因素的关系、比率的计算与分析。

分析程序主要包括下列具体方法：
（1）比较分析。
（2）比率分析。
（3）结构分析。
（4）趋势分析。
（5）回归分析。
（6）其他技术方法。

内部审计人员可以根据审计目标和审计事项单独或者综合运用以上方法。

内部审计人员需要在审计计划阶段执行分析程序，以了解被审计事项的基本情况，确定审计重点。

内部审计人员需要在审计实施阶段执行分析程序，对业务活动、内部控制和风险管理进行审查，以获取审计证据。

内部审计人员需要在审计终结阶段执行分析程序，验证其他审计程序所得结论的合理性，以保证审计质量。

（四）对分析程序结果的利用

内部审计人员应当考虑下列影响分析程序效率和效果的因素：
（1）被审计事项的重要性。
（2）内部控制、风险管理的适当性和有效性。
（3）获取信息的便捷性和可靠性。
（4）分析程序执行人员的专业素质。

（5）分析程序操作的规范性。

内部审计人员执行分析程序发现差异时，应当采用下列方法对其进行调查和评价：

（1）询问管理层获取其解释和答复。

（2）实施必要的审计程序，确认管理层解释和答复的合理性与可靠性。

（3）如果管理层没有作出恰当解释，应当扩大审计范围，执行其他审计程序，实施进一步审查，以便得出审计结论。

第四节　内部审计业务类准则

一、《第 2201 号内部审计具体准则——内部控制审计》

（一）总则

《第 2201 号内部审计具体准则——内部控制审计》（以下简称《内部控制审计》准则）所称内部控制审计，是指内部审计机构对组织内部控制设计和运行的有效性进行的审查和评价活动。

《内部控制审计》准则适用于各类组织的内部审计机构、内部审计人员及其从事的内部控制审计活动。其他组织或者人员接受委托、聘用，承办或者参与内部审计业务，也应当遵守《内部控制审计》准则。

（二）一般原则

董事会及管理层的责任是建立、健全内部控制并使之有效运行。内部审计的责任是对内部控制设计和运行的有效性进行审查和评价，出具客观、公正的审计报告，促进组织改善内部控制及风险管理。

内部控制审计应当以风险评估为基础，根据风险发生的可能性和对组织单个或者整体控制目标造成的影响程度，确定审计的范围和重点。内部审计人员应当关注串通舞弊、滥用职权、环境变化和成本效益等内部控制的局限性。

内部控制审计应当在对内部控制全面评价的基础上，关注重要业务单位、重大业务事项和高风险领域的内部控制。

内部控制审计应当真实、客观地揭示经营管理的风险状况，如实反映内部控制设计和运行的情况。

内部控制审计按其范围划分，分为全面内部控制审计和专项内部控制审计。全面内部控制审计是针对组织所有业务活动的内部控制，包括内部环境、风险评估、控制活动、信息与沟通、内部监督五个要素所进行的全面审计。专项内部控制审计是针对组织内部控制的某个要素、某项业务活动或者业务活动某些环节的内部控制所进行的审计。

（三）内部控制审计的内容

内部审计机构可以参考《企业内部控制基本规范》及配套指引的相关规定，根据组织的实际情况和需要，通过审查内部环境、风险评估、控制活动、信息与沟通、内部监督等要素，对组织层面内部控制的设计与运行情况进行审查和评价。

内部审计人员开展内部环境要素审计时，应当以《企业内部控制基本规范》和各项应用指引中有关内部环境要素的规定为依据，关注组织架构、发展战略、人力资源、组织文化、社会责任等，结合本组织的内部控制，对内部环境进行审查和评价。

内部审计人员开展风险评估要素审计时，应当以《企业内部控制基本规范》有关风险评估的要求，以及各项应用指引中所列主要风险为依据，结合本组织的内部控制，对日常经营管理过程中的风险识别、风险分析、应对策略等进行审查和评价。

内部审计人员开展控制活动要素审计时，应当以《企业内部控制基本规范》和各项应用指引中关于控制活动的规定为依据，结合本组织的内部控制，对相关控制活动的设计和运行情况进行审查和评价。

内部审计人员开展信息与沟通要素审计时，应当以《企业内部控制基本规范》和各项应用指引中有关内部信息传递、财务报告、信息系统等规定为依据，结合本组织的内部控制，对信息收集处理和传递的及时性、反舞弊机制的健全性、财务报告的真实性、信息系统的安全性，以及利用信息系统实施内部控制的有效性进行审查和评价。

内部审计人员开展内部监督要素审计时，应当以《企业内部控制基本规范》有关内部监督的要求，以及各项应用指引中有关日常管控的规定为依据，结合本组织的内部控制，对内部监督机制的有效性进行审查和评价，重点关注监事会、审计委员会、内部审计机构等是否在内部控制设计和运行中有效发挥监督作用。

内部审计人员根据管理需求和业务活动的特点，可以针对采购业务、资产管理、销售业务、研究与开发、工程项目、担保业务、业务外包、财务报告、全面预算、合同管理、信息系统等，对业务层面内部控制的设计和运行情况进行审查和评价。

（四）内部控制审计的具体程序与方法

内部控制审计主要包括下列程序：

（1）编制项目审计方案。
（2）组成审计组。
（3）实施现场审查。
（4）认定控制缺陷。
（5）汇总审计结果。
（6）编制审计报告。

内部审计人员在实施现场审查之前，可以要求被审计单位提交最近一次的内部控制自我评估报告。内部审计人员应当结合内部控制自我评估报告，确定审计内容及重点，实施内部控制审计。

内部审计机构可以适当吸收组织内部相关机构熟悉情况的业务人员参加内部控制审计。

内部审计人员应当综合运用访谈、问卷调查、专题讨论、穿行测试、实地查验、抽样和比较分析等方法，充分收集组织内部控制设计和运行是否有效的证据。

内部审计人员编制审计工作底稿应当详细记录实施内部控制审计的内容，包括审查和评价的要素、主要风险点、采取的控制措施、有关证据资料，以及内部控制缺陷认定结果等。

（五）内部控制缺陷的认定

内部控制缺陷包括设计缺陷和运行缺陷。内部审计人员应当根据内部控制审计结果，结合相关管理层的自我评估，综合分析后提出内部控制缺陷认定意见，按照规定的权限和程序进行审核后予以认定。

内部审计人员应当根据获取的证据，对内部控制缺陷进行初步认定，并按照其性质和影响程度分为重大缺陷、重要缺陷和一般缺陷。重大缺陷是指一个或者多个控制缺陷的组合，可能导致组织严重偏离控制目标；重要缺陷是指一个或者多个控制缺陷的组合，其严重程度和经济后果低于重大缺陷，但仍有可能导致组织偏离控制目标；一般缺陷是指除重大缺陷、重要缺陷之外的其他缺陷。重大缺陷、重要缺陷和一般缺陷的认定标准，由内部审计机构根据上述要求，结合本组织具体情况确定。

内部审计人员应当编制内部控制缺陷认定汇总表，对内部控制缺陷及其成因、表现形式和影响程度进行综合分析和全面复核，提出认定意见，并以适当的形式向组织适当管理层报告。重大缺陷应当及时向组织董事会或者最高管理层报告。

（六）内部控制审计报告

内部控制审计报告的内容，应当包括审计目标、依据、范围、程序与方法、内部控制缺陷认定及整改情况，以及内部控制设计和运行有效性的审计结论、意见、建议等相关内容。

内部审计机构应当向组织适当管理层报告内部控制审计结果。一般情况下，全面内部控制审计报告应当报送组织董事会或者最高管理层。包含有重大缺陷认定的专项内部控制审计报告在报送组织适当管理层的同时，也应当报送董事会或者最高管理层。

经董事会或者最高管理层批准，内部控制审计报告可以作为《企业内部控制评价指引》中要求的内部控制评价报告对外披露。

二、《第2202号内部审计具体准则——绩效审计》

（一）总则

《第2202号内部审计具体准则——绩效审计》（以下简称《绩效审计》准则）所称绩效审计，是指内部审计机构和内部审计人员对本组织经营管理活动的经济性、效率性和效果性进行的审查和评价。经济性是指组织经营管理过程中获得一定数量和质量的产品或者服务及其他成果时所耗费的资源最少；效率性是指组织经营管理过程中投入资源与产出成果之间的对比关系；效果性是指组织经营管理目标的实现程度。

《绩效审计》准则适用于各类组织的内部审计机构、内部审计人员及其从事的绩效审计活动。其他组织或者人员接受委托、聘用，承办或者参与内部审计业务，也应当遵守《绩效审计》准则。

（二）一般原则

内部审计机构应当充分考虑实施绩效审计项目对内部审计人员专业胜任能力的需求，合理配置审计资源。

组织各管理层根据授权承担相应的经营管理责任，对经营管理活动的经济性、效率性和效果性负责。内部审计机构开展绩效审计不能减轻或者替代管理层的责任。

内部审计机构和内部审计人员根据实际需要选择和确定绩效审计对象，既可以针对组织的全部或者部分经营管理活动，也可以针对特定项目和业务。

（三）绩效审计的内容

根据实际情况和需要，绩效审计可以同时对组织经营管理活动的经济性、效率性和效果性进行审查和评价，也可以只侧重某一方面进行审查和评价。

绩效审计主要审查和评价下列内容：

（1）有关经营管理活动经济性、效率性和效果性的信息是否真实、可靠。

（2）相关经营管理活动的人、财、物、信息、技术等资源取得、配置和使用的合法性、合理性、恰当性和节约性。

（3）经营管理活动既定目标的适当性、相关性、可行性和实现程度，以及未能实现既定目标的情况及其原因。

（4）研发、财务、采购、生产、销售等主要业务活动的效率。

（5）计划、决策、指挥、控制及协调等主要管理活动的效率。

（6）经营管理活动预期的经济效益和社会效益等的实现情况。

（7）组织为评价、报告和监督特定业务或者项目的经济性、效率性和效果性所建立的内部控制及风险管理体系的健全性及其运行的有效性。

（8）其他有关事项。

（四）绩效审计的方法

内部审计机构和内部审计人员应当依据重要性、审计风险和审计成本，选择与审计对象、审计目标及审计评价标准相适应的绩效审计方法，以获取相关、可靠和充分的审计证据。

选择绩效审计方法时，除运用常规审计方法以外，还可以运用下列方法：

（1）数量分析法，即对经营管理活动相关数据进行计算分析，并运用抽样技术对抽样结果进行评价的方法。

（2）比较分析法，即通过分析、比较数据间的关系、趋势或者比率获取审计证据的方法。

（3）因素分析法，即查找产生影响的因素，并分析各个因素的影响方向和影响程度的方法。

（4）量本利分析法，即分析一定期间内的业务量、成本和利润三者之间变量关系的方法。

（5）专题讨论会，即通过召集组织相关管理人员就经营管理活动特定项目或者业务的具体问题进行讨论的方法。

（6）标杆法，即对经营管理活动状况进行观察和检查，通过与组织内外部相同或者相似经营管理活动的最佳实务进行比较的方法。

（7）调查法，即凭借一定的手段和方式（如访谈、问卷），对某种或者某几种现象、事实进行考察，通过对搜集到的各种资料进行分析处理，进而得出结论的方法。

（8）成本效益（效果）分析法，即通过分析成本和效益（效果）之间的关系，以每单位效益（效果）所消耗的成本来评价项目效益（效果）的方法。

（9）数据包络分析法，即以相对效率概念为基础，以凸分析和线性规划为工具，应用数学规划模型计算比较决策单元之间的相对效率，对评价对象做出评价的方法。

（10）目标成果法，即根据实际产出成果评价被审计单位或者项目的目标是否实现，将产出成果与事先确定的目标和需求进行对比，确定目标实现程度的方法。

（11）公众评价法，即通过专家评估、公众问卷及抽样调查等方式，获取具有重要参考价值的证据信息，评价目标实现程度的方法。

（五）绩效审计的评价标准

内部审计机构和内部审计人员应当选择适当的绩效审计评价标准。绩效审计评价标准应当具有可靠性、客观性和可比性。

绩效审计评价标准的来源主要包括：

（1）有关法律法规、方针、政策、规章制度等的规定。
（2）国家部门、行业组织公布的行业指标。
（3）组织制定的目标、计划、预算、定额等。
（4）同类指标的历史数据和国际数据。
（5）同行业的实践标准、经验和做法。

内部审计机构和内部审计人员在确定绩效审计评价标准时，应当与组织管理层进行沟通，在双方认可的基础上确定绩效审计评价标准。

（六）绩效审计报告

绩效审计报告应当反映绩效审计评价标准的选择、确定及沟通过程等重要信息，包括必要的局限性分析。

绩效审计报告中的绩效评价应当根据审计目标和审计证据作出，可以分为总体评价和分项评价。当审计风险较大，难以作出总体评价时，可以只做分项评价。

绩效审计报告中反映的合法、合规性问题，除进行相应的审计处理外，还应当侧重从绩效的角度对问题进行定性，描述问题对绩效造成的影响、后果及严重程度。

绩效审计报告应当注重从体制、机制、制度上分析问题产生的根源，兼顾短期目标和长期目标、个体利益和组织整体利益，提出切实可行的建议。

三、《第 2203 号内部审计具体准则——信息系统审计》

（一）总则

《第 2203 号内部审计具体准则——信息系统审计》（以下简称《信息系统审计》准则）所称信息系统审计，是指内部审计机构和内部审计人员对组织的信息系统及其相关的信息技术内部控制和流程所进行的审查与评价活动。

《信息系统审计》准则适用于各类组织的内部审计机构、内部审计人员及其从事的信息系统审计活动。其他组织或者人员接受委托、聘用，承办或者参与内部审计业务，也应当遵守《信息系统审计》准则。

（二）一般原则

信息系统审计的目的是通过实施信息系统审计工作，对组织是否实现信息技术管理目标进行审查和评价，并基于评价意见提出管理建议，协助组织信息技术管理人员有效地履行职责。

组织的信息技术管理目标主要包括：

（1）保证组织的信息技术战略充分反映组织的战略目标。

（2）提高组织所依赖的信息系统的可靠性、稳定性、安全性及数据处理的完整性和准确性。

（3）提高信息系统运行的效果与效率，合理保证信息系统的运行符合法律法规以及相关监管要求。

组织中信息技术管理人员的责任是进行信息系统的开发、运行和维护，以及与信息技术相关的内部控制的设计、执行和监控；信息系统审计人员的责任是实施信息系统审计工作并出具审计报告。

从事信息系统审计的内部审计人员应当具备必要的信息技术及信息系统审计专业知识、技能和经验。必要时，实施信息系统审计可以利用外部专家服务。

信息系统审计可以作为独立的审计项目组织实施，也可以作为综合性内部审计项目的组成部分实施。当信息系统审计作为综合性内部审计项目的一部分时，信息系统审计人员应当及时与其他相关内部审计人员沟通信息系统审计中的发现，并考虑依据审计结果调整其他相关审计的范围、时间及性质。

内部审计人员应当采用以风险为基础的审计方法进行信息系统审计，风险评估应当贯穿于信息系统审计的全过程。

（三）信息系统审计计划

内部审计人员在实施信息系统审计前，需要确定审计目标并初步评估审计风险，估算完成信息系统审计或者专项审计所需的资源，确定重点审计领域及审计活动的优先次序，明确审计组成员的职责，编制信息系统审计方案。

编制信息系统审计方案时，除遵循相关内部审计具体准则的规定，内部审计人员还应当考虑下列因素：

（1）高度依赖信息技术、信息系统的关键业务流程及相关的组织战略目标。

（2）信息技术管理的组织架构。

（3）信息系统框架和信息系统的长期发展规划及近期发展计划。

（4）信息系统及其支持的业务流程的变更情况。

（5）信息系统的复杂程度。

（6）以前年度信息系统内、外部审计所发现的问题及后续审计情况。

第六章　内部审计基本法律制度与准则

（7）其他影响信息系统审计的因素。

当信息系统审计作为综合性内部审计项目的一部分时，内部审计人员在审计计划阶段还应当考虑项目审计目标及要求。

（四）信息技术风险评估

内部审计人员进行信息系统审计时，应当识别组织所面临的与信息技术相关的内、外部风险，并采用适当的风险评估技术与方法，分析和评价其发生的可能性及影响程度，为确定审计目标、范围和方法提供依据。

信息技术风险是指组织在信息处理和信息技术运用过程中产生的、可能影响组织目标实现的各种不确定因素。信息技术风险包括组织层面的信息技术风险、一般性控制层面的信息技术风险及业务流程层面的信息技术风险等。

内部审计人员在识别和评估组织层面、一般性控制层面的信息技术风险时，需要关注下列内容：

（1）业务关注度，即组织的信息技术战略与组织整体发展战略规划的契合度以及信息技术（包括硬件及软件环境）对业务和用户需求的支持度。

（2）信息资产的重要性。

（3）对信息技术的依赖程度。

（4）对信息技术部门人员的依赖程度。

（5）对外部信息技术服务的依赖程度。

（6）信息系统及其运行环境的安全性、可靠性。

（7）信息技术变更。

（8）法律规范环境。

（9）其他。

业务流程层面的信息技术风险受行业背景、业务流程的复杂程度、上述组织层面及一般性控制层面的控制有效性等因素的影响而存在差异。一般而言，内部审计人员应当了解业务流程，并关注下列信息技术风险：

（1）数据输入。

（2）数据处理。

（3）数据输出。

内部审计人员应当充分考虑风险评估的结果，以合理确定信息系统审计的内容及范围，并对组织的信息技术内部控制设计合理性和运行有效性进行测试。

（五）信息系统审计的内容

信息系统审计主要是对组织层面信息技术控制、信息技术一般性控制及业务流程层面相关应用控制的审查和评价。

信息技术内部控制的各个层面均包括人工控制、自动控制和人工、自动相结合的控制形式，内部审计人员应当根据不同的控制形式采取恰当的审计程序。

组织层面信息技术控制是指董事会或者最高管理层对信息技术治理职能及内部控制的重要性的态度、认识和措施。内部审计人员应当考虑下列控制要素中与信息技术相关的内容：

（1）控制环境。内部审计人员应当关注组织的信息技术战略规划对业务战略规划的契合度、信息技术治理制度体系的建设、信息技术部门的组织结构和关系、信息技术治理相关职权与责任的分配、信息技术人力资源管理、对用户的信息技术教育和培训等方面。

（2）风险评估。内部审计人员应当关注组织的风险评估的总体架构中信息技术风险管理的框架、流程和执行情况，信息资产的分类以及信息资产所有者的职责等方面。

（3）信息与沟通。内部审计人员应当关注组织的信息系统架构及其对财务、业务流程的支持度、董事会或者最高管理层的信息沟通模式、信息技术政策/信息安全制度的传达与沟通等方面。

（4）内部监督。内部审计人员应当关注组织的监控管理报告系统、监控反馈、跟踪处理程序以及组织对信息技术内部控制的自我评估机制等方面。

信息技术一般性控制是指与网络、操作系统、数据库、应用系统及其相关人员有关的信息技术政策和措施，以确保信息系统持续稳定的运行，支持应用控制的有效性。对信息技术一般性控制的审计应当考虑下列控制活动：

（1）信息安全管理。内部审计人员应当关注组织的信息安全管理政策，物理访问及针对网络、操作系统、数据库、应用系统的身份认证和逻辑访问管理机制，系统设置的职责分离控制等。

（2）系统变更管理。内部审计人员应当关注组织的应用系统及相关系统基础架构的变更、参数设置变更的授权与审批，变更测试，变更移植到生产环境的流程控制等。

（3）系统开发和采购管理。内部审计人员应当关注组织的应用系统及相关系统基础架构的开发和采购的授权审批，系统开发的方法论，开发环境、测试环境、生产环境严格分离情况，系统的测试、审核、移植到生产环境等环节。

（4）系统运行管理。内部审计人员应当关注组织的信息技术资产管理、系统容量管理、系统物理环境控制、系统和数据备份及恢复管理、问题管理和系统的日常运行管理等。

业务流程层面应用控制是指在业务流程层面为了合理保证应用系统准确、完整、及时完成业务数据的生成、记录、处理、报告等功能而设计、执行的信息技术控制。对业务流程层面应用控制的审计应当考虑下列与数据输入、数据处理以及数据输出环节相关的控制活动：
（1）授权与批准。
（2）系统配置控制。
（3）异常情况报告和差错报告。
（4）接口/转换控制。
（5）一致性核对。
（6）职责分离。
（7）系统访问权限。
（8）系统计算。
（9）其他。

信息系统审计除上述常规的审计内容外，内部审计人员还可以根据组织当前面临的特殊风险或者需求，设计专项审计以满足审计战略，具体包括（但不限于）下列领域：
（1）信息系统开发实施项目的专项审计。
（2）信息系统安全专项审计。
（3）信息技术投资专项审计。
（4）业务连续性计划的专项审计。
（5）外包条件下的专项审计。
（6）法律、法规、行业规范要求的内部控制合规性专项审计。
（7）其他专项审计。

（六）信息系统审计的方法

内部审计人员在进行信息系统审计时，可以单独或者综合运用下列审计方法获取相关、可靠和充分的审计证据，以评估信息系统内部控制的设计合理性和运行有效性：
（1）询问相关控制人员。
（2）观察特定控制的运用。
（3）审阅文件和报告及计算机文档或者日志。
（4）根据信息系统的特性进行穿行测试，追踪交易在信息系统中的处理过程。
（5）验证系统控制和计算逻辑。
（6）登录信息系统进行系统查询。
（7）利用计算机辅助审计工具和技术。
（8）利用其他专业机构的审计结果或者组织对信息技术内部控制的自我评估结果。
（9）其他。

信息系统审计人员可以根据实际需要利用计算机辅助审计工具和技术进行

数据的验证、关键系统控制/计算的逻辑验证、审计样本选取等；内部审计人员在充分考虑安全的前提下，可以利用可靠的信息安全侦测工具进行渗透性测试等。

内部审计人员在对信息系统内部控制进行评估时，应当获得相关、可靠和充分的审计证据以支持审计结论完成审计目标，并应当充分考虑系统自动控制的控制效果的一致性及可靠性的特点，在选取审计样本时可以根据情况适当减少样本量；在系统未发生变更的情况下，可以考虑适当降低审计频率。

内部审计人员在审计过程中应当在风险评估的基础上，依据信息系统内部控制评估的结果重新评估审计风险，并根据剩余风险设计进一步的审计程序。

四、《第 2204 号内部审计具体准则——对舞弊行为进行检查和报告》

（一）总则

《第 2204 号内部审计具体准则——对舞弊行为进行检查和报告》（以下简称《对舞弊行为进行检查和报告》准则）所称舞弊，是指组织内、外人员采用欺骗等违法违规手段，损害或者谋取组织利益，同时可能为个人带来不正当利益的行为。

《对舞弊行为进行检查和报告》准则适用于各类组织的内部审计机构、内部审计人员及其从事的内部审计活动。其他组织或者人员接受委托、聘用、承办或者参与内部审计业务，也应当遵守《对舞弊行为进行检查和报告》准则。

（二）一般原则

组织管理层对舞弊行为的发生承担责任。建立、健全并有效实施内部控制，预防、发现及纠正舞弊行为是组织管理层的责任。

内部审计机构和内部审计人员应当保持应有的职业谨慎，在实施的审计活动中关注可能发生的舞弊行为，并对舞弊行为进行检查和报告。

内部审计机构和内部审计人员在检查和报告舞弊行为时，应当从下列方面保持应有的职业谨慎：

（1）具有识别、检查舞弊的基本知识和技能，在实施审计项目时警惕相关方面可能存在的舞弊风险。

（2）根据被审计事项的重要性、复杂性以及审计成本效益，合理关注和检查可能存在的舞弊行为。

（3）运用适当的审计职业判断，确定审计范围和审计程序，以检查、发现和报告舞弊行为。

第六章　内部审计基本法律制度与准则

（4）发现舞弊迹象时，应当及时向适当管理层报告，提出进一步检查的建议。

由于内部审计并非专为检查舞弊而进行，即使审计人员以应有的职业谨慎执行了必要的审计程序，也不能保证发现所有的舞弊行为。

损害组织经济利益的舞弊是指组织内、外人员为谋取自身利益，采用欺骗等违法违规手段使组织经济利益遭受损害的不正当行为。其具体包括下列情形：

（1）收受贿赂或者回扣。
（2）将正常情况下可以使组织获利的交易事项转移给他人。
（3）贪污、挪用、盗窃组织资产。
（4）使组织为虚假的交易事项支付款项。
（5）故意隐瞒、错报交易事项。
（6）泄露组织的商业秘密。
（7）其他损害组织经济利益的舞弊行为。

谋取组织经济利益的舞弊是指组织内部人员为使本组织获得不当经济利益而其自身也可能获得相关利益，采用欺骗等违法违规手段，损害国家和其他组织或者个人利益的不正当行为。其具体包括下列情形：

（1）支付贿赂或者回扣。
（2）出售不存在或者不真实的资产。
（3）故意错报交易事项、记录虚假的交易事项，使财务报表使用者误解而作出不适当的投融资决策。
（4）隐瞒或者删除应当对外披露的重要信息。
（5）从事违法违规的经营活动。
（6）偷逃税款。
（7）其他谋取组织经济利益的舞弊行为。

内部审计人员在检查和报告舞弊行为时，应当特别注意做好保密工作。

（三）评估舞弊发生的可能性

内部审计人员在审查和评价业务活动、内部控制和风险管理时，应当从以下方面对舞弊发生的可能性进行评估：

（1）组织目标的可行性。
（2）控制意识和态度的科学性。
（3）员工行为规范的合理性和有效性。
（4）业务活动授权审批制度的有效性。
（5）内部控制和风险管理机制的有效性。
（6）信息系统运行的有效性。

内部审计人员除考虑内部控制的固有局限外，还应当考虑下列可能导致舞弊发生的情况：

（1）管理人员品质不佳。
（2）管理人员遭受异常压力。
（3）业务活动中存在异常交易事项。
（4）组织内部个人利益、局部利益和整体利益存在较大冲突。

内部审计人员应当根据可能发生的舞弊行为的性质，向组织适当管理层报告，同时就需要实施的舞弊检查提出建议。

（四）舞弊的检查

舞弊的检查是指实施必要的检查程序，以确定舞弊迹象所显示的舞弊行为是否已经发生。

内部审计人员进行舞弊检查时，应当根据下列要求进行：
（1）评估舞弊涉及的范围及复杂程度，避免向可能涉及舞弊的人员提供信息或者被其所提供的信息误导。
（2）设计适当的舞弊检查程序，以确定舞弊者、舞弊程度、舞弊手段及舞弊原因。
（3）在舞弊检查过程中，与组织适当管理层、专业舞弊调查人员、法律顾问及其他专家保持必要的沟通。
（4）保持应有的职业谨慎，以避免损害相关组织或者人员的合法权益。

（五）舞弊的报告

舞弊的报告是指内部审计人员以书面或者口头形式向组织适当管理层或者董事会报告舞弊检查情况及结果。

在舞弊检查过程中，出现下列情况时，内部审计人员应当及时向组织适当管理层报告：
（1）可以合理确信舞弊已经发生，并需要深入调查。
（2）舞弊行为已经导致对外披露的财务报表严重失实。
（3）发现犯罪线索，并获得了应当移送司法机关处理的证据。

内部审计人员完成必要的舞弊检查程序后，应当从舞弊行为的性质和金额两方面考虑其严重程度，并出具相应的审计报告。审计报告的内容主要包括舞弊行为的性质、涉及人员、舞弊手段及原因、检查结论、处理意见、提出的建议及纠正措施。

五、《第 2205 号内部审计具体准则——经济责任审计》

（一）总则

《第 2205 号内部审计具体准则——经济责任审计》所称经济责任，是指领导干部在本单位任职期间,对其管辖范围内贯彻执行党和国家经济方针政策、决策部署,推动本单位事业发展,管理公共资金、国有资产、国有资源,防控经济风险等有关经济活动应当履行的职责。

《第2205号内部审计具体准则——经济责任审计》所称经济责任审计,是指内部审计机构、内部审计人员对本单位所管理的领导干部在任职期间的经济责任履行情况的监督、评价和建议活动。

经济责任审计工作以马克思列宁主义、毛泽东思想、邓小平理论、"三个代表"重要思想、科学发展观、习近平新时代中国特色社会主义思想为指导,贯彻创新、协调、绿色、开放、共享的新发展理念,聚焦经济责任,客观评价,揭示问题,促进党和国家经济方针政策和决策部署的落实,促进领导干部履职尽责和担当作为,促进权力规范运行和反腐倡廉,促进组织规范管理和目标实现。

《第2205号内部审计具体准则——经济责任审计》适用于党政工作部门、纪检监察机关、法院、检察院、事业单位和人民团体,国有及国有资本占控股地位或主导地位的企业(含金融机构)等单位的内部审计机构、内部审计人员所从事的经济责任审计活动,其他类型单位可以参照执行。

(二)一般原则

经济责任审计的对象包括:党政工作部门、纪检监察机关、法院、检察院、事业单位和人民团体等单位所属独立核算单位的主要领导干部,以及所属非独立核算但负有经济管理职能单位的主要领导干部;企业(含金融机构)本级中层主要领导干部,下属全资、控股或占主导地位企业的主要领导干部,以及对经营效益产生重大影响或掌握重要资产的部门和机构的主要领导干部;上级要求以及本单位内部确定的其他重要岗位人员等。

经济责任审计可以在领导干部任职期间进行,也可以在领导干部离任后进行,以任职期间审计为主。

经济责任审计应当根据干部监督管理需要和审计资源等实际情况有计划地进行,对审计对象实行分类管理,科学制定年度审计计划,推进领导干部履行经济责任情况审计全覆盖。

经济责任审计一般由内部审计机构商同级组织人事部门,或者根据组织人事部门的书面建议,拟定经济责任审计项目安排,纳入年度审计计划,报本单位党组织、董事会(或者主要负责人)批准后组织实施。

经济责任年度审计计划确定后,一般不得随意调整。确需调整的,应当按照管理程序,报本单位党组织、董事会(或者主要负责人)批准后实施。

被审计领导干部遇有被国家机关采取强制措施、纪律审查、监察调查或者死亡等特殊情况,以及存在其他不宜继续进行经济责任审计情形的,内部审计机构应商本单位纪检监察机构、组织人事部门等有关部门并提出意见,报本单位党组织、董事会（或者主要负责人）批准后终止审计程序。

各单位可以结合实际情况，建立健全经济责任审计工作组织协调机制，成立相应的经济责任审计工作协调机构（以下统称协调机构），负责研究制定本单位有关经济责任审计的制度文件，监督检查经济责任审计工作情况，协调解决工作中出现的问题，推进经济责任审计结果运用。协调机构在本单位党组织、董事会（或者主要负责人）的领导下开展工作。

协调机构一般由内部审计、纪检监察、组织人事及其他相关监督管理职能部门组成。协调机构下设办公室，负责日常工作，办公室设在内部审计机构，办公室主任由内部审计机构负责人担任。

（三）审计内容

内部审计机构应当根据被审计领导干部的职责权限和任职期间履行经济责任情况，结合被审计领导干部监督管理需要、履职特点、审计资源及其任职期间所在单位的实际情况，依规依法确定审计内容。

经济责任审计的主要内容一般包括：

（1）贯彻执行党和国家经济方针政策和决策部署，推动单位可持续发展情况。

（2）发展战略的制定、执行和效果情况。

（3）治理结构的建立、健全和运行情况。

（4）管理制度的健全和完善，特别是内部控制和风险管理制度的制定和执行情况，以及对下属单位的监管情况。

（5）有关目标责任制完成情况。

（6）重大经济事项决策程序的执行情况及其效果。

（7）重要经济项目的投资、建设、管理及效益情况。

（8）财政、财务收支的真实、合法和效益情况。

（9）资产的管理及保值增值情况。

（10）自然资源资产管理和生态环境保护责任的履行情况。

（11）境外机构、境外资产和境外经济活动的真实、合法和效益情况。

（12）在经济活动中落实有关党风廉政建设责任和遵守廉洁从业规定情况。

（13）以往审计发现问题的整改情况。

（14）其他需要审计的内容。

（四）审计程序和方法

经济责任审计可分为审计准备、审计实施、审计报告和后续审计四个阶段。

（1）审计准备阶段主要工作包括：组成审计组、开展审前调查、编制审计方案和下达审计通知书。审计通知书送达被审计领导干部及其所在单位，并抄送同级纪检监察机构、组织人事部门等有关部门。

第六章　内部审计基本法律制度与准则

（2）审计实施阶段主要工作包括：召开审计进点会议、收集有关资料、获取审计证据、编制审计工作底稿、与被审计领导干部及其所在单位交换意见。被审计领导干部应当参加审计进点会并述职。

（3）审计报告阶段主要工作包括：编制审计报告、征求意见、修改与审定审计报告、出具审计报告、建立审计档案。

（4）后续审计阶段主要工作包括：移交重大审计线索、推进责任追究、检查审计发现问题的整改情况和审计建议的实施效果。

对单位内同一部门、同一所属单位的2名以上领导干部的经济责任审计，可以同步组织实施，分别认定责任。

内部审计人员应当考虑审计目标、审计重要性、审计风险和审计成本等因素，综合运用审核、观察、监盘、访谈、调查、函证、计算和分析等审计方法，充分运用信息化手段和大数据分析，获取相关、可靠和充分的审计证据。

（五）审计评价

内部审计机构应当根据被审计领导干部的职责要求，依据有关党内法规、法律法规、政策规定、责任制考核目标等，结合所在单位的实际情况，根据审计查证或者认定的事实，坚持定性评价与定量评价相结合，客观公正、实事求是地进行审计评价。

审计评价应当遵循全面性、重要性、客观性、相关性和谨慎性原则。审计评价应当与审计内容相一致，一般包括被审计领导干部任职期间履行经济责任的主要业绩、主要问题以及应当承担的责任。

审计评价事项应当有充分的审计证据作支持，对审计中未涉及、审计证据不适当或不充分的事项不作评价。

审计评价可以综合运用多种方法，主要包括：与同业对比分析和跨期分析；与被审计领导干部履行经济责任有关的指标量化分析；将被审计领导干部履行经济责任的行为或事项置于相关经济社会环境中进行对比分析等。

内部审计机构应当根据审计内容和审计评价的需要，合理选择定性和定量评价指标。

审计评价的依据一般包括：

（1）党和国家有关经济方针政策和决策部署。

（2）党内法规、法律、法规、规章、规范性文件。

（3）国家和行业的有关标准。

（4）单位的内部管理制度、发展战略、规划和目标。

（5）有关领导的职责分工文件，有关会议记录、纪要、决议和决定，有关预算、决算和合同，有关内部管理制度。

（6）有关主管部门、职能管理部门发布或者认可的统计数据、考核结果和评价意见。

（7）专业机构的意见和公认的业务惯例或者良好实务。

（8）其他依据。

对被审计领导干部履行经济责任过程中存在的问题，内部审计机构应当按照权责一致原则，根据领导干部职责分工及相关问题的历史背景、决策过程、性质、后果和领导干部实际发挥的作用等情况，界定其应当承担的直接责任或者领导责任。

内部审计机构对被审计领导干部应当承担责任的问题或者事项，可以提出责任追究建议。

领导干部对履行经济责任过程中的下列行为应当承担直接责任：

（1）直接违反有关党内法规、法律法规、政策规定的。

（2）授意、指使、强令、纵容、包庇下属人员违反有关党内法规、法律法规、政策规定的。

（3）贯彻党和国家经济方针政策、决策部署不坚决不全面不到位，造成公共资金、国有资产、国有资源损失浪费，生态环境破坏，公共利益损害等后果的。

（4）未完成有关法律法规规章、政策措施、目标责任书等规定的领导干部作为第一责任人（负总责）事项，造成公共资金、国有资产、国有资源损失浪费，生态环境破坏，公共利益损害等后果的。

（5）未经民主决策程序或者民主决策时在多数人不同意的情况下，直接决定、批准、组织实施重大经济事项，造成公共资金、国有资产、国有资源损失浪费，生态环境破坏，公共利益损害等后果的。

（6）不履行或者不正确履行职责，对造成的后果起决定性作用的其他行为。

领导干部对履行经济责任过程中的下列行为应当承担领导责任：

（1）民主决策时，在多数人同意的情况下，决定、批准、组织实施重大经济事项，由于决策不当或者决策失误造成公共资金、国有资产、国有资源损失浪费，生态环境破坏，公共利益损害等后果的。

（2）违反单位内部管理规定造成公共资金、国有资产、国有资源损失浪费，生态环境破坏，公共利益损害等后果的。

（3）参与相关决策和工作时，没有发表明确的反对意见，相关决策和工作违反有关党内法规、法律法规、政策规定，或者造成公共资金、国有资产、国有资源损失浪费，生态环境破坏，公共利益损害等后果的。

（4）疏于监管，未及时发现和处理所管辖范围内本级或者下一级地区（部门、单位）违反有关党内法规、法律法规、政策规定的问题，造成公共资金、国有资产、国有资源损失浪费，生态环境破坏，公共利益损害等后果的。

（5）除直接责任外，不履行或者不正确履行职责，对造成的后果应当承担责任的其他行为。

审计评价时，应当把领导干部在推进改革中因缺乏经验、先行先试出现的失误和错误，同明知故犯的违纪违法行为区分开来；把上级尚无明确限制的探索性试验中的失误和错误，同上级明令禁止后依然我行我素的违纪违法行为区分开来；把为推动发展的无意过失，同为谋取私利的违纪违法行为区分开来。正确把握事业为上、实事求是、依纪依法、容纠并举等原则，经综合分析研判，可以免责或者从轻定责，鼓励探索创新，支持担当作为，保护领导干部干事创业的积极性、主动性、创造性。

被审计领导干部以外的其他人员对有关问题应当承担的责任，内部审计机构可以以适当方式向组织人事部门等提供相关情况。

（六）审计报告

审计组实施经济责任审计项目后，应当编制审计报告。

经济责任审计报告的内容，主要包括：

（1）基本情况，包括审计依据、实施审计的情况、被审计领导干部所在单位的基本情况、被审计领导干部的任职及分工情况等。

（2）被审计领导干部履行经济责任情况的总体评价。

（3）被审计领导干部履行经济责任情况的主要业绩。

（4）审计发现的主要问题和责任认定。

（5）审计处理意见和建议。

（6）以往审计发现问题的整改情况。

（7）其他必要的内容。

内部审计机构应当将审计组编制的审计报告书面征求被审计领导干部及其所在单位的意见。被审计领导干部及其所在单位在收到征求意见的审计报告后，应当在规定的时间内提出书面意见；逾期未提出书面意见的，视同无异议。

审计组应当针对收到的书面意见，进一步核实情况，对审计报告作出必要的修改，连同被审计领导干部及其所在单位的书面意见一并报送内部审计机构审定。

内部审计机构按照规定程序审定并出具审计报告，同时可以根据实际情况出具经济责任审计结果报告，简要反映审计结果。

经济责任审计报告和经济责任审计结果报告应当事实清楚、评价客观、责任明确、用词恰当、文字精练、通俗易懂。

内部审计机构应当将审计报告、审计结果报告按照规定程序报本单位党组织、董事会（或者主要负责人）；提交委托审计的组织人事部门；送纪检监察机构等协调机构成员部门。

审计报告送达被审计领导干部及其所在单位和相关部门。

（七）审计结果运用

内部审计机构应当推动经济责任审计结果的充分运用，推进单位健全经济责任审计整改落实、责任追究、情况通报等制度。

内部审计机构发现被审计领导干部及其所在单位违反党内法规、法律法规和规章制度时，应当建议由单位的权力机构或有关部门对责任单位和责任人员作出处理、处罚决定；发现涉嫌违法犯罪线索时，应当及时报告本单位党组织、董事会（或者主要负责人）。

内部审计机构应当推动经济责任审计结果作为干部考核、任免和奖惩的重要依据。推动被审计领导干部及其所在单位将审计结果以及整改情况纳入所在单位领导班子党风廉政建设责任制考核的内容，作为领导班子民主生活会以及领导班子成员述责述廉的重要内容。

经济责任审计结果报告应当按照规定归入被审计领导干部本人档案。

内部审计机构应当推动建立健全单位纪检监察等其他内部监督管理职能部门的协调贯通机制，在各自职责范围内运用审计结果。

内部审计机构应当及时跟踪、了解、核实被审计领导干部及其所在单位对于审计发现问题和审计建议的整改落实情况。必要时，内部审计机构应当开展后续审计，审查和评价被审计领导干部及其所在单位对审计发现问题的整改情况。

内部审计机构应当将经济责任审计结果和被审计领导干部及其所在单位的整改落实情况，在一定范围内进行通报；对审计发现的典型性、普遍性、倾向性问题和有关建议，以综合报告、专题报告等形式报送党组织、董事会（或者主要负责人），提交有关部门。

内部审计机构应当有效利用国家审计机关、上级单位对本单位实施经济责任审计的成果，督促本单位及所属单位整改审计发现问题，落实审计建议。

第五节　内部审计管理类准则

一、《第2301号内部审计具体准则——内部审计机构的管理》

（一）总则

《第2301号内部审计具体准则——内部审计机构的管理》（以下简称《内部审计机构的管理》准则）所称内部审计机构的管理，是指内部审计机构对内部审计人员和内部审计活动实施的计划、组织、领导、控制和协调工作。

《内部审计机构的管理》准则适用于各类组织的内部审计机构。

第六章　内部审计基本法律制度与准则

（二）一般原则

内部审计机构的管理主要包括下列目的：

（1）实现内部审计目标。

（2）促使内部审计资源得到充分和有效的利用。

（3）提高内部审计质量，更好地履行内部审计职责。

（4）促使内部审计活动符合内部审计准则的要求。

内部审计机构应当接受组织董事会或者最高管理层的领导和监督，内部审计机构负责人应当对内部审计机构管理的适当性和有效性负主要责任。

内部审计机构应当制定内部审计章程，对内部审计的目标、职责和权限进行规范，并报经董事会或者最高管理层批准。

内部审计章程应当包括下列主要内容：

（1）内部审计目标。

（2）内部审计机构的职责和权限。

（3）内部审计范围。

（4）内部审计标准。

（5）其他需要明确的事项。

内部审计机构应当建立合理、有效的组织结构，多层级组织的内部审计机构可以实行集中管理或者分级管理。实行集中管理的内部审计机构可以对下级组织实行内部审计派驻制或者委派制。实行分级管理的内部审计机构应当通过适当的组织形式和方式对下级内部审计机构进行指导和监督。

内部审计机构管理的内容主要包括下列方面：

（1）审计计划。

（2）人力资源。

（3）财务预算。

（4）组织协调。

（5）审计质量。

（6）其他事项。

内部审计机构的管理可以分为部门管理和项目管理。部门管理主要包括内部审计机构运行过程中的一般性行政管理。项目管理主要包括内部审计机构对审计项目业务工作的管理与控制。

（三）部门管理的内容和方法

内部审计机构应当根据组织的风险状况、管理需要及审计资源的配置情况，编制年度审计计划。

内部审计机构应当根据内部审计目标和管理需要，加强人力资源管理，保证人力资源利用的充分性和有效性，主要包括下列内容：

（1）内部审计人员的聘用。

（2）内部审计人员的培训。

（3）内部审计人员的工作任务安排。

（4）内部审计人员专业胜任能力分析。

（5）内部审计人员的业绩考核与激励机制。

（6）其他有关事项。

内部审计机构负责人应当根据年度审计计划和人力资源计划编制财务预算。编制财务预算时应当考虑下列因素：

（1）内部审计人员的数量。

（2）内部审计工作的安排。

（3）内部审计机构的行政管理活动。

（4）内部审计人员的教育及培训要求。

（5）内部审计工作的研究和发展。

（6）其他有关事项。

内部审计机构应当根据组织的性质、规模和特点，编制内部审计工作手册，以指导内部审计人员的工作。内部审计工作手册主要包括下列内容：

（1）内部审计机构的目标、权限和职责的说明。

（2）内部审计机构的组织、管理及工作说明。

（3）内部审计机构的岗位设置及岗位职责说明。

（4）主要审计工作流程。

（5）内部审计质量控制制度、程序和方法。

（6）内部审计人员职业道德规范和奖惩措施。

（7）内部审计工作中应当注意的事项。

内部审计机构和内部审计人员应当在组织董事会或者最高管理层的支持和监督下，做好与组织其他机构和外部审计的协调工作。

内部审计机构应当接受组织董事会或者最高管理层的领导和监督，在日常工作中保持有效的沟通，向其定期提交工作报告，适时提交审计报告。

内部审计机构应当制定内部审计质量控制制度，通过实施督导、分级复核、审计质量内部评估、接受审计质量外部评估等，保证审计质量。

（四）项目管理的内容和方法

内部审计机构应当根据年度审计计划确定的审计项目，编制项目审计方案并组织实施，在实施过程中做好审计项目管理与控制工作。

在审计项目管理过程中，内部审计机构负责人与项目负责人应当充分履行职责，以确保审计质量，提高审计效率。

内部审计机构负责人在项目管理中应当履行下列职责：

（1）选派审计项目负责人并对其进行有效的授权。
（2）审定项目审计方案。
（3）督导审计项目的实施。
（4）协调、沟通审计过程中发现的重大问题。
（5）审定审计报告。
（6）督促被审计单位对审计发现问题的整改。
（7）其他有关事项。

审计项目负责人应当履行的职责包括下列方面：

（1）编制项目审计方案。
（2）组织审计项目的实施。
（3）对项目审计工作进行现场督导。
（4）向内部审计机构负责人及时汇报审计进展及重大审计发现。
（5）组织编制审计报告。
（6）组织实施后续审计。
（7）其他有关事项。

内部审计机构可以采取下列辅助管理工具，完善和改进项目管理工作，保证审计项目管理与控制的有效性：

（1）审计工作授权表。
（2）审计任务清单。
（3）审计工作底稿检查表。
（4）审计文书跟踪表。
（5）其他辅助管理工具。

内部审计机构应当建立审计项目档案管理制度，加强审计工作底稿的归档、保管、查询、复制、移交和销毁等环节的管理工作，妥善保存审计档案。

二、《第 2302 号内部审计具体准则——与董事会或者最高管理层的关系》

（一）总则

《第 2302 号内部审计具体准则——与董事会或者最高管理层的关系》（以

下简称《与董事会或者最高管理层的关系》准则）所称与董事会或者最高管理层的关系，是指内部审计机构因其隶属于董事会或者最高管理层所形成的接受其领导并向其报告的组织关系。

《与董事会或者最高管理层的关系》准则适用于各类组织的内部审计机构。

（二）一般原则

内部审计机构应当接受董事会或者最高管理层的领导，保持与董事会或最高管理层的良好关系，实现董事会、最高管理层与内部审计在组织治理中的协同作用。

对内部审计机构有管理权限的董事会或者类似的机构包括：

（1）董事会。

（2）董事会下属的审计委员会。

（3）非营利组织的理事会。

对内部审计机构有管理权限的最高管理层包括：

（1）总经理。

（2）与总经理级别相当的人员。

内部审计机构与董事会或者最高管理层的关系主要包括：

（1）接受董事会或者最高管理层的领导。

（2）向董事会或者最高管理层报告工作。

内部审计机构负责人应当积极寻求董事会或者最高管理层对内部审计工作的理解与支持。

在设立监事会的组织中，内部审计机构应当在授权范围内配合监事会的工作。

（三）接受董事会或者最高管理层的领导

内部审计机构接受董事会或者最高管理层领导的方式主要包括：

（1）报请董事会或者最高管理层批准审计工作事项。

（2）接受并完成董事会或者最高管理层的业务委派。

内部审计机构应当向董事会或者最高管理层报请批准的事项主要包括：

（1）内部审计章程。

（2）年度审计计划。

（3）人力资源计划。

（4）财务预算。

（5）内部审计政策的制定及变动。

内部审计机构除实施常规审计业务外，还可以接受董事会或者最高管理层委派的下列事项：
（1）进行舞弊检查。
（2）实施专项审计。
（3）开展经济责任审计。
（4）评价社会审计组织的工作质量。
（5）其他。

（四）向董事会或者最高管理层报告

内部审计机构应当与董事会或者最高管理层保持有效的沟通，除向董事会或者最高管理层提交审计报告之外，还应当定期提交工作报告，一般每年至少一次。

内部审计机构的工作报告应当概括、清晰地说明内部审计工作的开展以及内部审计资源的使用情况，主要包括下列内容：
（1）年度审计计划的执行情况。
（2）审计项目涉及范围及审计意见的总括说明。
（3）对组织业务活动、内部控制和风险管理的总体评价。
（4）审计中发现的差异和缺陷的汇总及其原因分析。
（5）审计发现的重要问题和建议。
（6）财务预算的执行情况。
（7）人力资源计划的执行情况。
（8）内部审计工作的效率和效果。
（9）董事会或者最高管理层要求或关注的其他内容。

内部审计机构提交工作报告时，还应当对年度审计计划、财务预算和人力资源计划执行中出现的重大偏差及原因作出说明，并提出改进措施。

内部审计机构应当及时向董事会或者最高管理层提交审计报告，审计报告应当清晰反映审计发现的重要问题、审计结论、意见和建议。

日常工作中，内部审计机构还应当与董事会或者最高管理层就下列事项进行交流：
（1）董事会或者最高管理层关注的领域。
（2）内部审计活动满足董事会或者最高管理层信息需求的程度。
（3）内部审计的新趋势和最佳实务。
（4）内部审计与外部审计之间的协调。

三、《第 2303 号内部审计具体准则——内部审计与外部审计的协调》

(一)总则

《第 2303 号内部审计具体准则——内部审计与外部审计的协调》(以下简称《内部审计与外部审计的协调》准则)所称内部审计与外部审计的协调,是指内部审计机构与社会审计组织、国家审计机关在审计工作中的沟通与合作。

《内部审计与外部审计的协调》准则适用于各类组织的内部审计机构。

(二)一般原则

内部审计应当做好与外部审计的协调工作,以实现下列目的:
(1)保证充分、适当的审计范围。
(2)减少重复审计,提高审计效率。
(3)共享审计成果,降低审计成本。
(4)持续改进内部审计机构工作。

内部审计与外部审计的协调工作,应当在组织董事会或者最高管理层的支持和监督下,由内部审计机构负责人具体组织实施。

内部审计机构负责人应当定期对内外部审计的协调工作进行评估,并根据评估结果及时调整、改进内外部审计协调工作。

内部审计机构应当在外部审计对本组织开展审计时做好协调工作。

(三)协调的方法和内容

内部审计与外部审计之间的协调,可以通过定期会议、不定期会面或者其他沟通方式进行。

内部审计与外部审计的协调工作包括下列方面:
(1)与外部审计机构和人员的沟通。
(2)配合外部审计工作。
(3)评价外部审计工作质量。
(4)利用外部审计工作成果。

内部审计与外部审计应当在审计范围上进行协调,在编制年度审计计划和项目审计方案时,应当考虑双方的工作,以确保充分、适当的审计范围,最大限度减少重复性工作。

在条件允许的情况下，内部审计与外部审计应当在必要的范围内互相交流相关审计工作底稿，以便利用对方的工作成果。

内部审计与外部审计应当相互参阅审计报告。

内部审计与外部审计应当在具体审计程序和方法上相互沟通，达成共识，以促进双方的合作。

四、《第 2304 号内部审计具体准则——利用外部专家服务》

（一）总则

《第 2304 号内部审计具体准则——利用外部专家服务》（以下简称《利用外部专家服务》准则）所称利用外部专家服务，是指内部审计机构聘请在某一领域中具有专门技能、知识和经验的人员或者单位提供专业服务，并在审计活动中利用其工作结果的行为。

《利用外部专家服务》准则适用于各类组织的内部审计机构。

（二）一般原则

内部审计机构可以根据实际需要利用外部专家服务。利用外部专家服务是为了获取相关、可靠和充分的审计证据，保证审计工作的质量。

外部专家应当对其所选用的假设、方法及其工作结果负责。

内部审计机构应当对利用外部专家服务结果所形成的审计结论负责。

内部审计机构和内部审计人员可以在下列方面利用外部专家服务：

（1）特定资产的评估。

（2）工程项目的评估。

（3）产品或者服务质量问题。

（4）信息技术问题。

（5）衍生金融工具问题。

（6）舞弊及安全问题。

（7）法律问题。

（8）风险管理问题。

（9）其他。

外部专家可以由内部审计机构从组织外部聘请，也可以在组织内部指派。

（三）对外部专家的聘请

内部审计机构聘请外部专家时，应当对外部专家的独立性、客观性进行评价，评价时应当考虑下列影响因素：

（1）外部专家与被审计单位之间是否存在重大利益关系。

（2）外部专家与被审计单位董事会、最高管理层是否存在密切的私人关系。

（3）外部专家与审计事项之间是否存在专业相关性。

（4）外部专家是否正在或者即将为组织提供其他服务。

（5）其他可能影响独立性、客观性的因素。

在聘请外部专家时，内部审计机构应当对外部专家的专业胜任能力进行评价，考虑其专业资格、专业经验与声望等。

在利用外部专家服务前，内部审计机构应当与外部专家签订书面协议。书面协议主要包括下列内容：

（1）外部专家服务的目的、范围及相关责任。

（2）外部专家服务结果的预定用途。

（3）在审计报告中可能提及外部专家的情形。

（4）外部专家利用相关资料的范围。

（5）报酬及其支付方式。

（6）对保密性的要求。

（7）违约责任。

（四）对外部专家服务结果的评价和利用

内部审计机构在利用外部专家服务结果作为审计证据时，应当评价其相关性、可靠性和充分性。

内部审计机构在评价外部专家服务结果时，应当考虑下列影响因素：

（1）外部专家选用的假设和方法的适当性。

（2）外部专家所用资料的相关性、可靠性和充分性。

在利用外部专家服务时，如果有必要，内部审计机构应当在审计报告中提及。

内部审计机构对外部专家服务评价后，如果认为其服务的结果无法形成相关、可靠和充分的审计证据，应当通过实施其他替代审计程序补充获取相应的审计证据。

五、《第 2305 号内部审计具体准则——人际关系》

（一）总则

《第 2305 号内部审计具体准则——人际关系》（以下简称《人际关系》

准则）所称人际关系，是指内部审计人员与组织内外相关机构和人员之间的相互交往与联系。

《人际关系》准则适用于各类组织的内部审计机构中的内部审计人员。其他组织或者人员接受委托、聘用，承办或者参与内部审计业务，也应当遵守《人际关系》准则。

（二）一般原则

内部审计人员在从事内部审计活动中，需要与下列机构和人员建立人际关系：
（1）组织适当管理层和相关人员。
（2）被审计单位和相关人员。
（3）组织内部各职能部门和相关人员。
（4）组织外部相关机构和人员。
（5）内部审计机构中的其他成员。
内部审计人员应当与组织内外相关机构和人员进行必要的沟通，保持良好的人际关系，以实现下列目的：
（1）在内部审计工作中与相关机构和人员建立相互信任的关系，促进彼此的交流与沟通。
（2）在内部审计工作中取得相关机构和人员的理解和配合，及时获得相关、可靠和充分的信息，提高内部审计效率。
（3）保证内部审计意见得到有效落实，实现内部审计目标。
内部审计人员应当具备建立良好人际关系的意识和能力。
内部审计人员在人际关系的处理中应当注意保持独立性和客观性。
内部审计人员应当在遵循有关法律、法规的情况下灵活、妥善地处理人际关系。
内部审计机构负责人应当定期对内部审计人员的人际关系进行评价，并根据评价结果及时采取措施改进人际关系。

（三）处理人际关系的方式和方法

内部审计人员在处理人际关系时，应当主动、及时、有效地进行沟通，以保证信息的快捷传递和充分交流。

内部审计人员处理人际关系时采用的沟通类型包括：
（1）人员沟通，即内部审计人员与相关人员之间的沟通。
（2）组织沟通，即内部审计机构在特定组织环境下的沟通，主要包括与上下级部门之间的信息交流，与组织内各平行部门之间的信息交流，信息在非平行、非隶属部门之间的交流。

内部审计人员处理人际关系时采用的主要沟通方式有口头沟通和书面沟通两种。口头沟通即内部审计人员利用口头语言进行信息交流；书面沟通即内部审计人员利用书面语言进行信息交流。

内部审计人员人际关系冲突的原因主要包括：

（1）缺乏必要、及时的信息沟通。

（2）对同一事物的认识存在分歧，导致不同的评价。

（3）各自的价值观、利益观不一致。

（4）职业道德信念的差异。

内部审计人员应当及时、妥善地化解人际冲突，可以采取的方法主要包括：

（1）暂时回避，寻找适当的时机再进行协调。

（2）说服、劝导。

（3）适当的妥协。

（4）互相协作。

（5）向适当管理层报告，寻求协调。

（6）其他。

内部审计人员应当积极、主动地与对内部审计工作负有领导责任的组织适当管理层进行沟通，可以采取的沟通途径主要包括：

（1）与组织适当管理层就审计计划进行沟通，以达成共识。

（2）咨询组织适当管理层，了解内部控制环境。

（3）根据审计发现的问题和作出的审计结论，及时向组织适当管理层提出审计意见和建议。

（4）出具书面审计报告之前，利用各种沟通方式征求组织适当管理层对审计结论、意见和建议的意见。

内部审计人员应当与被审计单位建立并保持良好的人际关系，可以采取下列沟通途径获得被审计单位的理解、配合和支持：

（1）在了解被审计单位基本情况时，应当进行及时、有效的沟通和协调。

（2）通过询问、会谈、会议、问卷调查等沟通方式，了解被审计单位业务活动、内部控制和风险管理的情况。

（3）通过口头方式或者其他非正式方式，与被审计单位交流审计中发现的问题。

（4）在审计报告提交之前，以书面方式与被审计单位进行结果沟通。

内部审计人员应当与组织内其他职能部门建立并保持良好的人际关系，确保在下列方面得到支持与配合：

（1）了解组织及相关职能部门的情况。

（2）寻求审计中发现问题的解决方法。

（3）落实审计结论、意见和建议。
（4）有效利用审计成果。
（5）其他。

内部审计人员应当与组织外部相关机构和人员之间建立并保持良好的人际关系，以获得更多的认同、支持及协助。

内部审计人员应当重视内部审计机构成员间的人际关系，相互协作，相互包容。

六、《第 2306 号内部审计具体准则——内部审计质量控制》

（一）总则

《第 2306 号内部审计具体准则——内部审计质量控制》（以下简称《内部审计质量控制》准则）所称内部审计质量控制，是指内部审计机构为保证其审计质量符合内部审计准则的要求而制定和执行的制度、程序和方法。

《内部审计质量控制》准则适用于各类组织的内部审计机构和内部审计人员。

（二）一般原则

内部审计机构负责人对制定并实施系统、有效的质量控制制度与程序负主要责任。

内部审计质量控制主要包括下列目标：

（1）保证内部审计活动遵循内部审计准则和本组织内部审计工作手册的要求。
（2）保证内部审计活动的效率和效果达到既定要求。
（3）保证内部审计活动能够增加组织的价值，促进组织实现目标。

内部审计质量控制分为内部审计机构质量控制和内部审计项目质量控制。

内部审计机构负责人和审计项目负责人通过督导、分级复核、质量评估等方式对内部审计质量进行控制。

（三）内部审计机构质量控制

内部审计机构负责人对内部审计机构质量负责。

内部审计机构质量控制需要考虑下列因素。

（1）内部审计机构的组织形式及授权状况。
（2）内部审计人员的素质与专业结构。
（3）内部审计业务的范围与特点。

（4）成本效益原则的要求。
（5）其他。

内部审计机构质量控制主要包括下列措施：
（1）确保内部审计人员遵守职业道德规范。
（2）保持并不断提升内部审计人员的专业胜任能力。
（3）依据内部审计准则制定内部审计工作手册。
（4）编制年度审计计划及项目审计方案。
（5）合理配置内部审计资源。
（6）建立审计项目督导和复核机制。
（7）开展审计质量评估。
（8）评估审计报告的使用效果。
（9）对审计质量进行考核与评价。

（四）内部审计项目质量控制

内部审计项目负责人对审计项目质量负责。
内部审计项目质量控制应当考虑下列因素：
（1）审计项目的性质及复杂程度。
（2）参与项目审计的内部审计人员的专业胜任能力。
（3）其他。

内部审计项目质量控制主要包括下列措施：
（1）指导内部审计人员执行项目审计方案。
（2）监督审计实施过程。
（3）检查已实施的审计工作。

内部审计项目负责人在指导内部审计人员开展项目审计时，应当告知项目组成员下列事项：
（1）项目组成员各自的责任。
（2）被审计项目或者业务的性质。
（3）与风险相关的事项。
（4）可能出现的问题。
（5）其他。

内部审计项目负责人监督内部审计实施过程时，应当履行下列职责：
（1）追踪业务的过程。
（2）解决审计过程中出现的重大问题，根据需要修改原项目审计方案。
（3）识别在审计过程中需要咨询的事项。

（4）其他。

内部审计项目负责人在检查已实施的审计工作时，应当关注下列内容：

（1）审计工作是否已按照审计准则和职业道德规范的规定执行。

（2）审计证据是否相关、可靠和充分。

（3）审计工作是否实现了审计目标。

七、《第 2307 号内部审计具体准则——评价外部审计工作质量》

（一）总则

《第 2307 号内部审计具体准则——评价外部审计工作质量》（以下简称《评价外部审计工作质量》准则）所称评价外部审计工作质量，是指由内部审计机构对外部审计工作过程及结果的质量所进行的评价活动。

《评价外部审计工作质量》准则适用于各类组织的内部审计机构。

（二）一般原则

内部审计机构应当根据适当的标准对外部审计工作质量进行客观评价，合理利用外部审计成果。

评价外部审计工作质量，可以按照评价准备、评价实施和评价报告三个阶段进行。

内部审计机构应当挑选具有足够专业胜任能力的人员对外部审计工作质量进行评价。

（三）评价准备

在评价外部审计工作质量之前，内部审计机构应当考虑下列因素：

（1）评价活动的必要性。

（2）评价活动的可行性。

（3）评价活动预期结果的有效性。

在决定对外部审计工作质量进行评价后，内部审计机构应当编制适当的评价方案。评价方案应当包括下列主要内容：

（1）评价目的。

（2）评价的主要内容与步骤。

（3）评价的依据。

（4）评价工作的主要方法。

（5）评价工作的时间安排。

（6）评价人员的分工。

内部审计机构应当取得反映外部审计工作质量的审计报告及其他相关资料。

内部审计机构应当详细了解外部审计所采用的审计依据、实施的审计过程及其在审计过程中与组织之间进行协调的情况。

如有必要，内部审计机构可以与外部审计机构就评价事项进行适当的沟通。

（四）评价实施

内部审计机构在评价外部审计工作质量时，应当重点关注下列内容：

（1）外部审计机构和人员的独立性与客观性。

（2）外部审计人员的专业胜任能力。

（3）外部审计人员的职业谨慎性。

（4）外部审计机构的信誉。

（5）外部审计所采用审计程序及方法的适当性。

（6）外部审计所采用审计依据的有效性。

（7）外部审计所获取审计证据的相关性、可靠性和充分性。

内部审计机构在评价外部审计工作质量时，应当充分考虑其与内部审计活动的差异。

内部审计机构在评价外部审计工作质量时，可以采用审核、观察、询问等常用方法，以及与有关方面进行沟通、协调的方法。

内部审计机构应当将评价工作过程及结果记录于审计工作底稿中。

（五）评价报告

内部审计机构作出外部审计工作质量评价结论之前，应当征求组织内部有关部门和人员的意见。必要时，内部审计人员也可以就评价结论与被评价的外部审计机构进行沟通。

内部审计机构完成外部审计工作质量评价之后，应当编制评价报告。评价报告一般包括下列要素：

（1）评价报告的名称。

（2）被评价外部审计机构的名称。

（3）评价目的。

（4）评价的主要内容及方法。

（5）评价结果。

（6）评价报告编制人员及编制时间。

八、《第2308号内部审计具体准则——审计档案工作》

（一）总则

《第2308号内部审计具体准则——审计档案工作》所称审计档案，是指内部审计机构和内部审计人员在审计项目实施过程中形成的、具有保存价值的历史记录。

《第2308号内部审计具体准则——审计档案工作》所称审计档案工作，是指内部审计机构对应纳入审计档案的材料（以下简称审计档案材料）进行收集、整理、立卷、移交、保管和利用的活动。

《第2308号内部审计具体准则——审计档案工作》适用于各类组织的内部审计机构、内部审计人员及其从事的内部审计活动。其他单位或人员接受委托、聘用，承办或者参与内部审计项目，形成的审计档案材料应当交回组织，并遵守《第2308号内部审计具体准则——审计档案工作》。

（二）一般原则

内部审计人员在审计项目实施结束后，应当及时收集审计档案材料，按照立卷原则和方法进行归类整理、编目装订、组合成卷和定期归档。

内部审计人员立卷时，应当遵循按性质分类、按单元排列、按项目组卷原则。

内部审计人员应当坚持谁审计、谁立卷的原则，做到审结卷成、定期归档。

内部审计人员应当按审计项目立卷，不同审计项目不得合并立卷。跨年度的审计项目，在审计终结的年度立卷。

审计档案质量的基本要求是：审计档案材料应当真实、完整、有效、规范，并做到遵循档案材料的形成规律和特点，保持档案材料之间的有机联系，区别档案材料的重要程度，便于保管和利用。

内部审计机构应当建立审计档案工作管理制度，明确规定审计档案管理人员的要求和责任。

内部审计项目负责人应当对审计档案的质量负主要责任。

（三）审计档案的范围与排列

内部审计人员应当及时收集在审计项目实施过程中直接形成的文件材料和与审计项目有关的其他审计档案材料。

内部审计人员应当根据审计档案材料的保存价值和相互之间的关联度，以审计报告相关内容的需要为标准，整理鉴别和选用需要立卷的审计档案材料，并归集形成审计档案。

审计档案材料主要包括以下几类：

（1）立项类材料：审计委托书、审计通知书、审前调查记录、项目审计方案等。

（2）证明类材料：审计承诺书、审计工作底稿及相应的审计取证单、审计证据等。

（3）结论类材料：审计报告、审计报告征求意见单、被审计对象的反馈意见等。

（4）备查类材料：审计项目回访单、被审计对象整改反馈意见、与审计项目联系紧密且不属于前三类的其他材料等。

审计档案材料应当按下列四个单元排列：

（1）结论类材料，按逆审计程序、结合其重要程度予以排列．

（2）证明类材料，按与项目审计方案所列审计事项对应的顺序、结合其重要程度予以排列。

（3）立项类材料，按形成的时间顺序、结合其重要程度予以排列。

（4）备查类材料，按形成的时间顺序、结合其重要程度予以排列。

审计档案内每组材料之间的排列要求：

（1）正件在前，附件在后；

（2）定稿在前，修改稿在后；

（3）批复在前，请示在后；

（4）批示在前，报告在后；

（5）重要文件在前，次要文件在后；

（6）汇总性文件在前，原始性文件在后。

（四）纸质审计档案的编目、装订与移交

纸质审计档案主要包括下列要素：

（1）案卷封面。

（2）卷内材料目录。

（3）卷内材料。

（4）案卷备考表。

案卷封面应当采用硬卷皮封装。

卷内材料目录应当按卷内材料的排列顺序和内容编制。

卷内材料应当逐页注明顺序编号。

案卷备考表应当填写立卷人、项目负责人、检查人、立卷时间以及情况说明。

第六章　内部审计基本法律制度与准则

纸质审计档案的装订应当符合下列要求：
（1）拆除卷内材料上的金属物。
（2）破损和褪色的材料应当修补或复制。
（3）卷内材料装订部分过窄或有文字的，用纸加宽装订。
（4）卷内材料字迹难以辨认的，应附抄件加以说明。
（5）卷内材料一般不超过 200 页装订。

内部审计人员（立卷人）应当将获取的电子证据的名称、来源、内容、时间等完整、清晰地记录于纸质材料中，其证物装入卷内或物品袋内附卷保存。

内部审计人员（立卷人）完成归类整理，经项目负责人审核、档案管理人员检查后，按规定进行编目和归档，向组织内部档案管理部门（以下简称档案管理部门）办理移交手续。

（五）电子审计档案的建立、移交与接收

内部审计机构在条件允许的情况下，可以为审计项目建立电子审计档案。

内部审计机构应当确保电子审计档案的真实、完整、可用和安全。

电子审计档案应当采用符合国家标准的文件存储格式，确保能够长期有效读取。主要包括以下内容：
（1）用文字处理技术形成的文字型电子文件。
（2）用扫描仪、数码相机等设备获得的图像电子文件。
（3）用视频或多媒体设备获得的多媒体电子文件。
（4）用音频设备获得的声音电子文件。
（5）其他电子文件。

内部审计机构在审计项目完成后，应当以审计项目为单位，按照归档要求，向档案管理部门办理电子审计档案的移交手续，并符合以下基本要求：
（1）元数据应当与电子审计档案一起移交，一般采用基于 ×ML 的封装方式组织档案数据；
（2）电子审计档案的文件有相应纸质、缩微制品等载体的，应当在元数据中著录相关信息；
（3）采用技术手段加密的电子审计档案应当解密后移交，压缩的电子审计档案应当解压缩后移交；特殊格式的电子审计档案应当与其读取平台一起移交；
（4）内部审计机构应当将已移交的电子审计档案在本部门至少保存 5 年，其中的涉密信息必须符合保密存储要求。

电子审计档案移交的主要流程包括：组织和迁移转换电子审计档案数据、检验电子审计档案数据和移交电子审计档案数据等步骤。

电子审计档案的移交可采用离线或在线方式进行。离线方式是指内部审计机构一般采用光盘移交电子审计档案；在线方式是指内部审计机构通过与管理要求相适应的网络传输电子审计档案。

档案管理部门可以建立电子审计档案接收平台，进行电子审计档案数据的接收、检验、迁移、转换、存储等工作。

电子审计档案检验合格后办理交接手续，由交接双方签字；也可采用电子形式并以电子签名方式予以确认。

（六）审计档案的保管和利用

审计档案应当归组织所有，一般情况下，由档案管理部门负责保管，档案管理部门应当安排对审计档案业务熟悉的人员对接收的纸质和电子审计档案进行必要的检查。

归档与纸质文件相同的电子文件时，应当在彼此之间建立准确、可靠的标识关系，并注明含义、保持一致。

内部审计机构和档案管理部门应当按照国家法律法规和组织内部管理规定，结合自身实际需要合理确定审计档案的保管期限。

审计档案的密级和保密期限应当根据审计工作保密事项范围和有关部门保密事项范围合理确定。

内部审计机构和档案管理部门应当定期开展保管期满审计档案的鉴定工作，对不具有保存价值的审计档案进行登记造册，经双方负责人签字，并报组织负责人批准后，予以销毁。

内部审计机构应当建立健全审计档案利用制度。借阅审计档案，一般限定在内部审计机构内部。

内部审计机构以外或组织以外的单位查阅或者要求出具审计档案证明的，必须经内部审计机构负责人或者组织的主管领导批准，国家有关部门依法进行查阅的除外。

损毁、丢失、涂改、伪造、出卖、转卖、擅自提供审计档案的，由组织依照有关规定追究相关人员的责任；构成犯罪的，移送司法机关依法追究刑事责任。

九、《第 2309 号内部审计具体准则——内部审计业务外包管理》

（一）总则

《第 2309 号内部审计具体准则——内部审计业务外包管理》所称内部审计业务外包管理，是指组织及其内部审计机构将业务委托给本组织外部具有

第六章　内部审计基本法律制度与准则

一定资质的中介机构,而实施的相关管理活动。

《第 2309 号内部审计具体准则——内部审计业务外包管理》适用于各类组织的内部审计机构。接受委托的中介机构在实施内部审计业务时应当遵守中国内部审计准则。

（二）一般原则

除涉密事项外,内部审计机构可以根据具体情况,考虑下列因素,对内部审计业务实施外包：

(1) 内部审计机构现有的资源无法满足工作目标要求。
(2) 内部审计人员缺乏特定的专业知识或技能。
(3) 聘请中介机构符合成本效益原则。
(4) 其他因素。

内部审计机构需要将内部审计业务外包给中介机构实施的,应当确定外包的具体项目,并经过组织批准。

内部审计业务外包通常包括业务全部外包和业务部分外包两种形式：

(1) 业务全部外包,是指内部审计机构将一个或多个审计项目委托中介机构实施,并由中介机构编制审计项目的审计报告.
(2) 业务部分外包,是指一个审计项目中,内部审计机构将部分业务委托给中介机构实施,内部审计机构根据情况利用中介机构的业务成果,编制审计项目的审计报告。

内部审计业务外包管理的关键环节一般包括：选择中介机构、签订业务外包合同(业务约定书)、审计项目外包的质量控制、评价中介机构的工作质量等。

内部审计机构应当对中介机构开展的受托业务进行指导、监督、检查和评价,并对采用的审计结果负责。

（三）选择中介机构

内部审计机构应当根据外包业务的要求,通过一定的方式,按照一定的标准,遴选一定数量的中介机构,建立中介机构备选库。

内部审计机构确定纳入备选库的中介机构时,应当重点考虑以下条件：

(1) 依法设立,合法经营,无违法、违规记录；
(2) 具备国家承认的相应专业资质；
(3) 从业人员具备相应的专业胜任能力；
(4) 拥有良好的职业声誉。

内部审计机构应当根据实际情况和业务外包需求,以及对中介机构工作质量的评价结果,定期对备选库进行更新。

内部审计机构可以根据审计项目需要和实际情况，提出对选择中介机构的具体要求。相关部门按照公开、公正、公平的原则，采取公开招标、邀请招标、询价、定向谈判等形式，确定具体实施审计项目的中介机构。

（四）签订业务外包合同（业务约定书）

按照组织合同管理的权限和程序，内部审计机构可以负责起草或者参与起草业务外包合同（业务约定书），正式签订前应当将合同文本提交组织的法律部门审查，或征求法律顾问或律师的意见，以规避其中的法律风险。

组织应当与选择确定的中介机构签订书面的业务外包合同（业务约定书），主要内容应当包括：

（1）工作目标。
（2）工作内容。
（3）工作质量要求。
（4）成果形式和提交时间。
（5）报酬及支付方式。
（6）双方的权利与义务。
（7）违约责任和争议解决方式。
（8）保密事项。
（9）双方的签字盖章。

如业务外包过程中涉及主合同之外其他特殊权利义务的，组织也可以与中介机构签订单独的补充协议进行约定。

内部审计机构应当按照组织合同管理有关规定，严格履行业务外包合同（业务约定书）相关手续。

（五）审计项目外包的质量控制

内部审计机构应当充分参与、了解中介机构编制的项目审计方案的详细内容，明确审计目标、审计范围、审计内容、审计程序及方法，确保项目审计方案的科学性。

在审计项目实施过程中，内部审计机构应当定期或不定期听取中介机构工作汇报、询问了解审计项目实施情况、帮助解决工作中遇到的问题等，确保中介机构业务实施过程的顺利。

内部审计机构应当对中介机构提交的审计报告初稿进行复核并提出意见，确保审计报告的质量。

中介机构完成审计项目工作后，内部审计机构应当督促其按照审计档案管理相关规定汇总整理并及时提交审计项目的档案资料。

中介机构未能全面有效履行外包合同规定的义务，有下列情形之一的，内部审计机构可以向组织建议终止合同，拒付或酌情扣减审计费用：

（1）未按合同的要求实施审计，随意简化审计程序。

（2）审计程序不规范，审计报告严重失实，审计结论不准确，且拒绝进行重新审计或纠正。

（3）存在应披露而未披露的重大事项等重大错漏。

（4）违反职业道德、弄虚作假、串通作弊、泄露被审计单位秘密。

（5）擅自将受托审计业务委托给第三方。

（6）其他损害委托方或被审计单位的行为。

（六）评价中介机构的工作质量

内部审计机构可以针对具体的审计项目对中介机构的工作质量进行评价，也可以针对中介机构一定时期的工作质量进行总体评价。

内部审计机构对中介机构工作质量的评价，一般包括：

（1）履行业务外包合同（业务约定书）承诺的情况。

（2）审计项目的质量。

（3）专业胜任能力和职业道德。

（4）归档资料的完整性。

（5）其他方面。

内部审计机构可以采用定性、定量或者定性定量相结合的方式对中介机构的工作质量进行评价。

组织及其内部审计机构应当把对中介机构工作质量评价的结果，作为建立中介机构备选库、选择和确定中介机构的重要参考。中介机构违背业务外包合同（业务约定书）的，内部审计机构应当根据评价结果，依照合同约定，向组织建议追究中介机构的违约责任。

第七章

政府审计项目计划范本

导读

本章介绍政府审计项目计划范本，包括五节，分别介绍上海市审计局审计项目计划范本、浙江省审计厅审计项目计划范本、山东省审计厅审计项目计划范本、安徽省审计机关审计项目计划范本以及海南省审计厅审计项目计划范本。

第一节　上海市审计局审计项目计划范本

一、上海市审计局2023年度审计项目计划

上海市审计局2023年度审计项目计划

2023年，市审计局坚持以习近平新时代中国特色社会主义思想为指导，全面贯彻党的二十大精神，认真落实中央审计委员会和市委全会工作部署，牢牢把握"四个放在"的政治要求，坚持稳中求进工作总基调，完整、准确、全面贯彻新发展理念，坚持系统观念和问题导向，聚焦审计主责主业，紧紧围绕推进高质量发展、保障和改善民生、防范化解重大风险、促进权力规范运行等重点领域，加大审计力度，提升审计监督质效，更好发挥审计在党和国家监督体系中的重要作用，为上海加快建设具有世界影响力的社会主义现代化国际大都市提供坚强保障。

根据上述要求，市审计局2023年度审计项目计划安排如下：

(续)

一、以推动高质量发展为目标，大力开展重大政策措施落实情况跟踪审计

聚焦长三角一体化发展战略，关注虹桥国际开放枢纽建设运营情况，推动落实国家区域协调发展重大战略。聚焦科创中心建设，关注本市重点科技创新平台相关政策落实情况，助推提升科技创新中心策源能力。聚焦优化营商环境，关注本市市属村镇银行支农支小政策执行情况，促进减轻市场主体负担、增强经济内生动力。聚焦碳达峰碳中和目标任务，关注本市移动源污染防治相关政策落实情况等，推动完善本市移动源污染防治政策体系和相关领域绿色低碳转型。

二、以提升财政政策效能为目标，全面开展财政管理审计

围绕加强财政资源统筹、提高财政资金使用绩效等要求，对一般公共预算及政府性基金预算、国有资本经营预算、社会保险基金预算执行和决算草案开展审计，对部门（单位）预算执行情况开展专项审计调查。围绕推进财政体制改革，关注本市财政转移支付资金管理使用情况。围绕重点专项资金绩效目标要求，关注重点专项资金的管理使用情况。以推进重大项目建设为目标，关注交通枢纽等政府性投资项目建设情况。

三、以推进民心工程和民生实事为目标，深入开展重点民生项目和资金审计

聚焦群众急难愁盼问题，关注本市就业补助资金和失业保险基金使用情况，以及城中村改造、"千座公园"等民生项目建设推进情况。聚焦提升城市数字化治理能力，关注本市电子身份凭证管理和使用情况。

四、以规范权力运行为目标，持续开展领导干部经济责任审计

根据市委组织部委托，对部分区、部门（单位）及国有企业的相关领导干部和人员任职期间履行经济责任情况开展审计，对个别部门开展领导干部自然资源资产离任审计。重点关注贯彻执行党和国家经济方针政策和决策部署、重要发展规划及政策措施制定和执行效果、落实党风廉政建设责任和遵守廉政规定等情况。

五、以促进国有资产治理体系和治理能力现代化为目标，扎实开展国有资产管理情况审计

贯彻落实市人大常委会关于加强国有资产管理情况监督的决定，深入揭示

（续）

重大信息失真、重大经营损失、重大管理漏洞等突出风险，关注资产配置、使用效益和统筹共用情况，以及绿色发展、环境污染防治、自然资源资产保护和有效利用等情况。

二、上海市审计局2022年度审计项目计划

上海市审计局2022年度审计项目计划

2022年，市审计局坚持以习近平新时代中国特色社会主义思想为指导，全面贯彻党的十九大和十九届历次全会以及中央经济工作会议精神，深入贯彻习近平总书记对审计工作的重要指示批示精神，紧紧围绕党中央赋予上海新的历史使命，认真落实中央审计委员会和市委审计委员会工作部署，牢牢把握稳中求进工作总基调，围绕深化"五个中心"建设、持续强化"四大功能"、发展"五型经济"、加快建设人民城市、保障"六稳""六保"工作任务落实落地，聚焦主责主业，做好常态化"经济体检"工作，更好发挥审计在党和国家监督体系中的重要作用。

根据上述要求，市审计局2022年度审计项目计划安排如下：

一、重大政策措施落实情况跟踪审计

以推动重大决策部署落地生效、促进改革纵深发展为目标，聚焦乡村振兴战略，关注现代农业高质量发展相关政策落实情况；聚焦五个新城建设，关注新城政策供给和规划建设情况；聚焦优化营商环境，关注金融支持实体经济发展政策和资金使用情况；聚焦科创中心建设，关注相关单位科研成果转化情况等。

二、财政管理审计

围绕加强财政资源统筹，优化财政支出结构，提高财政资金使用绩效，重点关注财政资金管理使用、落实"过紧日子"要求、全面预算绩效管理等，对一般公共预算及政府性基金预算、国有资本经营预算、社会保险基金预算执行和决算草案开展审计，对9家部门（单位）开展预算执行和决算草案审计。以推动重大工程项目建设为目标，重点关注轨道交通、市政道路等政府性投资项目建设情况。

（续）

三、重点民生项目和资金审计

以兜住兜牢民生底线为目标，紧紧围绕促进惠民政策贯彻落实，解决群众急难愁盼问题，关注困难群众救助补助资金和政策落实情况、就业补助资金和失业保险基金使用情况等。聚焦民心工程，关注旧住房改造等城市更新政策措施落实情况。

四、领导干部经济责任审计

以促进高质量发展和领导干部履职尽责为目标，重点关注贯彻执行党和国家经济方针政策、决策部署，重要发展规划及政策措施制定和执行效果，重大经济事项决策和执行，落实党风廉政建设责任和遵守廉政规定等情况。根据市委组织部委托，对部分区、部门（单位）及国有企业的相关领导干部和人员任职期间履行经济责任情况开展审计，对部分区开展领导干部自然资源资产离任审计。

五、国有资产管理情况审计

落实市人大常委会关于加强国有资产管理情况监督的决定，聚焦政府国有资产管理情况。重点关注国资国企风险防范、改革推进、财务收支真实性以及经济竞争力和创新力的提升，行政事业性国有资产共享共用及使用效益，自然资源资产的保护和有效利用等情况。

第二节　浙江省审计厅审计项目计划范本

一、浙江省审计厅 2023 年度重点审计项目计划

浙江省审计厅 2023 年度重点审计项目计划

2023 年是全面贯彻落实党的二十大精神的开局之年，浙江审计工作坚持以习近平新时代中国特色社会主义思想为根本指引，深入学习贯彻党的二十大、省第十五次党代会、省委十五届二次全会以及中央和省委经济工作

（续）

　　会议等重要精神，紧扣忠实践行"八八战略"、努力打造"重要窗口"主题主线，立足"审计机关首先是政治机关，审计监督首先是经济监督"定位，紧盯高质量发展这一新时代首要任务，围绕省委提出的三个"一号工程"谋划开展审计项目，用实干实绩实效为我省推进"两个先行"和谱写中国式现代化浙江新篇章提供有力保障。

　　经批准，2023年重点安排全省统一组织审计项目11个。具体如下：

　　（1）全省各级财政部门具体组织2022年本级预算执行和决算草案编制情况审计。以推进财政平稳高效运行、加快现代财政制度建立为目标，重点关注预算编制及执行、财政资源统筹和支出结构调整优化、专项资金使用及绩效、预算管理改革推进等情况。

　　（2）下级政府2022年财政决算审计。以提高财政资金使用绩效，促进财政加力提效为目标，重点关注地方政府决算收支的真实完整、重大政策落实、重点支出和重大投资项目资金使用及绩效、财政转移支付资金分配使用及绩效、财经纪律执行等情况。

　　（3）"8+4"政策体系重点任务（先进制造业要素保障）专项审计调查。以推动解决制造业高质量发展要素制约问题，进一步优化发展环境为目标，重点关注要素保障总体投入、财税和金融扶持政策及资金落实、重大项目用地用能保障、人力资源引进配置等情况。

　　（4）重大科创平台和新型高校建设情况专项审计调查。以促进省级重大科创平台和新型高校高质量发展，保障财政资金规范使用管理为目标，关注重大政策和发展建设目标任务落实、财政资金投入使用和绩效、省级重大科创平台和新型高校建设管理和运行、有关体制机制改革和管理创新等情况。

　　（5）共同富裕涉农相关政策和资金专项审计调查。以助力服务共同富裕涉农相关政策措施落实到位，涉农资金有效使用为目标，重点关注乡村产业、乡村科技、乡村改革和乡村帮扶等促共富行动实施情况以及相关专项资金分配使用情况。

　　（6）扩大有效投资"千项万亿"工程推进情况专项审计调查。以促进投资提质、稳量、优结构为目标，关注"千项万亿"工程推进总体情况及科技创新强基等九大领域重大项目谋划、固定资产项目建设、项目落地见效等情况。

　　（7）省对口支援新疆建设资金和项目跟踪审计。以促进项目有序建设、资金规范有效使用为目标，重点关注项目建设进度、工程质量管控、资金使用绩效，以及内控管理制度建设等情况。

　　（8）医疗、医保、医药联动改革专项审计调查。以推动深化医疗体制改

（续）

革，促进医疗、医保、医药联动为目标，重点关注药品耗材供应保障制度建设和施行、公立医院综合改革、医保改革措施推进等情况。

（9）海洋生态保护和高质量发展情况专项审计调查。以推进建设依海富民、人海和谐、合作共赢的海洋强省为目标，重点关注贯彻落实海洋法律法规和重大政策与决策部署、海洋资源管理和开发利用、海洋生态保护修复、海洋污染防治以及相关资金管理利用和项目建设运营绩效等情况。

（10）2023年省政府十方面民生实事推进情况专项审计调查。以推动民生实事高质量落地、助力建设共同富裕示范区、让群众共享改革发展成果为目标，重点关注2023年省政府十方面民生实事的组织管理、项目进度、资金投入和使用、建成后运营管理等情况。

（11）扩大内需促进消费战略举措落实情况专项审计调查。以贯彻落实党的二十大"构建以国内大循环为主体、国内国际双循环相互促进的新发展格局"精神，助推我省扩大内需促进消费战略举措落实落地为目标，重点关注消费扩容提质、消费业态培育、消费潜力激发、公平放心消费环境营造、消费支撑体系建设等情况。

二、浙江省审计厅2022年度重点审计项目计划

浙江省审计厅2022年度重点审计项目计划

2022年，全省审计机关将坚持以习近平新时代中国特色社会主义思想为指导，深入贯彻落实党的十九大和十九届历次全会、中央经济工作会议精神，以及省第十四次党代会和省委十四届历次全会、省委经济工作会议精神，紧紧围绕党中央、国务院和省委、省政府决策部署，以及审计署工作安排，牢牢把握"稳进提质、除险保安、塑造变革"要求谋划开展审计项目，努力为我省争创社会主义现代化先行省、高质量发展建设共同富裕示范区贡献审计力量。

经批准，2022年度重点安排省审计厅统一组织审计项目11个。具体如下：

（1）2021年本级预算执行和决算草案审计。以促进规范预决算编制、强化预算执行刚性、提高资金使用绩效、完善财政管理制度为目标，重点关注集中财力办大事政策体系落地、省以下财政事权和支出责任划分改革实施、全面预算绩效管理组织实施、政府财务报告编制、政府过紧日子政策执行等情况。

（续）

（2）2021年财政决算审计。以规范决算管理、提高资金使用绩效、防范财政风险、促进建立现代财政制度为目标，重点关注中央和省委重大决策部署落实情况、市县政府财政运行状况、财政体制改革推进情况、重点支出政策制定及预算绩效管理情况、政府预算体系建设和决算收支情况。

（3）部分山区县跨越式高质量发展专项审计调查。以推动国家和省级有关山区县跨越式高质量发展的重大政策措施落实和改革创新试点任务落地、促进山区县经济高质量发展、助力建设共同富裕示范区为目标，重点关注山区26县跨越式高质量发展"一方案、两行动"推进落实情况、2021年度"山海协作八大行动计划"工作任务完成情况、山区26县旅游业发展和"微改造、精提升"行动实施情况，以及山区26县财政转移支付等扶持政策实施及绩效情况。

（4）教育均衡化建设情况专项审计调查。以促进教育资源布局更加均衡、教育投入更加公平、教育管理更加规范为目标，重点关注财政资金投入分配和教育成本分担机制的建立、执行情况，教育资源配置和规划布局的均衡情况，以及促进基础教育均衡相关重要政策的落地和执行情况。

（5）储备粮管理情况专项审计调查。以促进建立健全长效管理机制、保障粮食安全为目标，重点关注储备粮数量真实性、质量安全性、承储库点储存管理合规性等储备粮收购、存储和轮换管理情况，以及财政补贴资金、农发行贷款和粮食仓储物流设施建设资金管理使用等情况。

（6）农业高质量发展情况专项审计调查。以推动乡村振兴战略部署落地见效、助推农业高质量发展为目标，重点关注粮食生产功能区整治优化、现代农业园区和特色产业强镇等集聚发展、数字农业和绿色农业培育发展、农机研制推广，以及产业惠农等政策落实、相关涉农专项资金分配、管理、使用和绩效等情况。

（7）住房与城市建设专项资金使用和绩效专项审计调查。以加强住房与城市建设专项资金使用管理、提高城建项目投资绩效为目标，重点关注建设和财政部门分配专项资金的合理性、资金管理使用合规性，以及相关城镇污水处理基础设施、海绵管廊、智慧城管建设等项目的推进及绩效情况。

（8）浙江省对口支援建设资金和项目跟踪审计。以促进对口支援重大政策措施落实、保障支援资金安全、提高支援项目绩效为目标，重点关注援建资金的管理使用、援建项目的实施推进，以及对口支援指挥部工作经费的管理使用情况。

（9）公共卫生服务体系建设情况专项审计调查。以推动完善我省公共卫生服务体系、提高应对突发重大公共卫生事件能力为目标，重点关注各地公共卫生服务体系制度建设、能力建设、信息化建设等情况，各级财政对公共卫生服务体系建设的投入、各地公共卫生服务项目开展，公立医院改革、分级诊疗、县域医共体建设、疫情防控等政策落实等情况。

（10）钱塘江流域水生态保护专项审计调查。以助力绿水青山就是金山银山理念全面落地、促进建立健全钱塘江流域生态保护长效机制为目标，重点关注钱塘江流域水环境治理和生态修复情况，以及相关专项资金筹集管理使用和重点项目建设运营等情况。

（11）2022年省政府十大民生实事推进情况专项审计调查。以推动省政府2022年十大民生实事高质量落地、助力建设共同富裕示范区、提高群众获得感为目标，重点关注民生实事目标任务完成情况、组织管理情况、相应资金的投入使用、相关项目的进度管理及绩效情况。

第三节　山东省审计厅审计项目计划范本

一、山东省审计厅2023年下半年审计项目计划安排情况

山东省审计厅2023年下半年审计项目计划安排情况

总体思路：坚持以习近平新时代中国特色社会主义思想为指导，全面贯彻党的二十大精神，深入贯彻落实习近平总书记对山东工作的重要指示要求和关于审计工作的重要论述，坚持稳中求进工作总基调，围绕高质量发展首要任务，完整、准确、全面贯彻新发展理念，紧扣"走在前、开新局"各项决策部署，按照"集中统一、全面覆盖、权威高效"要求，聚焦财政财务收支真实合法效益主责主业，依法全面履行审计监督职责，做好常态化"经济体检"，以高质量审计全力助推中国式现代化山东实践。

具体安排包括：

一、政策措施落实情况审计

以推动党中央重大决策部署贯彻落实、推进我省重大发展战略实施、促进经济高质量发展为目标，牢牢把握建设绿色低碳高质量发展先行区"总抓手"定位，聚焦黄河流域生态保护和高质量发展、乡村振兴、新旧动能

（续）

转换等重大战略，围绕省委、省政府重点任务，加大对相关领域重大政策、重大建设项目、重点民生资金、重大风险隐患的审计监督力度，突出重点、精准发力，充分发挥审计职能作用，推动重大政策措施落实落地。

二、财政财务收支审计

以推动加强财政管理、严肃财经纪律、提高财政支出质效、维护国有资产安全、促进高质量发展为目标，重点关注政府性资源统筹管理、政府决算编制、财政收入质量、专项资金管理使用绩效、落实政府过紧日子要求、政府债务风险管控、隐性债务化解、基层"三保"；省属高校、企业、金融机构等贯彻执行重大经济方针政策和决策部署、财务收支真实合法效益、内部管控和经营风险、国有资产管理、以前年度审计查出问题整改等情况。

三、领导干部经济责任审计

以强化干部管理监督，促进领导干部履职尽责、担当作为为目标，重点关注贯彻落实党和国家重大经济方针政策和决策部署，地区（部门、单位）重要发展规划制定、执行和效果，重大经济事项决策，财政财务收支和经济运行风险防范、国有资产管理，在经济活动中落实党风廉政建设责任和遵守廉洁从政（从业）规定以及以前年度审计查出问题整改等情况。

四、领导干部自然资源资产离任（任中）审计

以促进领导干部贯彻落实绿色发展理念、认真履行自然资源资产管理和生态环境保护责任为目标，重点关注贯彻执行党中央生态文明建设方针政策、资源环境约束性指标完成、资源环境监督管理责任履行、国有自然资源资产管理、资源环境相关资金征管用和项目建设运行以及以前年度审计查出问题整改等情况。

二、山东省审计厅2022审计年度审计项目计划安排情况

山东省审计厅2022审计年度审计项目计划安排情况

总体思路：以习近平新时代中国特色社会主义思想为指导，深入贯彻党的十九大和十九届历次全会精神，全面落实省第十二次党代会精神，锚定"走在前、开新局"，在抓好省委、省政府既有工作部署的基础上，牢牢

（续）

把握"六个一"发展思路、有效运用"六个更加注重"策略方法、紧紧围绕十二个方面重点工作，完整、准确、全面贯彻新发展理念，主动服务和融入新发展格局，立足"审计监督首先是经济监督"定位，做好常态化"经济体检"工作，推动统筹疫情防控和经济社会发展、统筹发展和安全，保障黄河流域生态保护和高质量发展战略、"稳中求进"政策措施、"三个十大"行动计划等落实落地，更好发挥审计在党和国家监督体系中的重要作用，以优异成绩迎接党的二十大胜利召开。

具体安排包括：

一、政策措施落实情况审计

以推动党中央重大决策部署贯彻落实、推进我省重大发展战略实施、促进经济高质量发展为目标，围绕黄河国家战略和乡村振兴、稳经济和推动高质量发展、扩内需和重大基础设施建设、文化强省和向海图强发展、改善民生和共同富裕、防范化解重大风险等重点方面，加大对相关领域重大政策、重大建设项目、重点民生资金、重大风险隐患的审计监督力度，突出重点、精准发力，充分发挥审计职能作用，推动重大政策措施落实落地。

二、省级预算执行和其他财政收支审计

以促进财政支出政策提质增效、深化预算管理体制改革，优化预算内投资结构、提高财政投资效益，规范部门预算管理、提高财政资金使用绩效为目标，重点关注省级预算执行及决算草案编制、财政资源统筹、财政支出政策落实、基层"三保"运行支出保障、重点专项资金管理使用、全面预算绩效管理、盘活存量资金、落实政府过紧日子要求、贯彻中央八项规定及其实施细则精神等情况。

三、领导干部经济责任审计

以强化干部管理监督，促进领导干部履职尽责、担当作为为目标，重点关注贯彻落实党和国家重大经济方针政策和决策部署，地区（部门、单位）重要发展规划制定、执行和效果，重大经济事项决策，财政财务收支和经济运行风险防范，民生保障和改善，生态文明建设，以及在经济活动中落实党风廉政建设责任和遵守廉洁从政（从业）规定等情况。

四、领导干部自然资源资产离任（任中）审计

以促进领导干部贯彻落实绿色发展理念、认真履行自然资源资产管理

（续）

和生态环境保护责任为目标，重点关注贯彻执行党中央生态文明建设方针政策、推进落实碳达峰碳中和决策部署和"两高"项目审批监管、资源环境约束性指标完成、资源环境监督管理责任履行、资源环境相关资金征管用及项目建设运行等情况。

第四节　安徽省审计机关审计项目计划范本

一、安徽省审计机关2023年度审计项目计划

安徽省审计机关2023年度审计项目计划

一、审计项目计划安排的总体思路

坚持以习近平新时代中国特色社会主义思想为指导，全面贯彻落实党的二十大精神，增强"四个意识"，坚定"四个自信"，始终把"两个确立""两个维护"作为最高政治原则和根本政治规矩，坚持党中央对审计工作的集中统一领导，全面贯彻中央经济工作会议精神，全面落实省委十一届四次全会和省委经济工作会议要求，坚持稳中求进工作总基调，完整、准确、全面把握扎实推进中国式现代化对审计工作提出的新要求新任务，服务和融入新发展格局，推动高质量发展。结合我省实际，立足经济监督，聚焦主责主业，依法全面履行审计监督职责，做好常态化"经济体检"工作，保障"十四五"规划有效实施，服务长三角一体化区域发展战略，推进我省三次产业高质量协同发展，促进暖民心行动各项政策落实落细，推动提升广大人民群众获得感、幸福感、安全感，为加快建设现代化美好安徽发挥审计重要作用。

二、具体审计项目

2023年计划安排7类96个审计项目，具体如下。

（续）

（一）政策落实审计
（1）长三角区域政务服务一体化专项审计调查。
（2）乡村建设有关情况专项审计调查。
（3）就业补助资金和失业保险基金审计。
（4）大气污染防治资金专项审计调查。
（5）高标准农田建设管理情况专项审计调查。
（6）省级政府投资基金运营管理情况审计。

（二）财政审计
（1）2022年度省级预算执行情况和决算草案审计。
（2）2022年度省直部门（单位）预算执行审计。
（3）地方财政收支审计。
（4）国外贷援款项目资产管理使用情况专项审计调查。
（5）网络安全和信息化建设情况专项审计。

（三）经济责任审计
（1）地方党政领导干部经济责任审计。
（2）省直部门（单位）领导干部经济责任审计。
（3）省属高校（高职院校）领导干部经济责任审计。
（4）省属企业主要领导人员经济责任审计。
（5）省辖市中级人民法院院长经济责任审计。
（6）市级审计机关主要负责人经济责任审计。

（四）领导干部自然资源资产离任审计
领导干部自然资源资产离任（任中）审计。

（五）公共投资审计
（1）引江济淮工程安徽段建设项目跟踪审计。
（2）城镇老旧小区改造资金和项目审计。

（六）国外贷援款项目审计
国外贷援款项目审计。

（七）其他审计
（1）重点省属企业重点事项专项审计调查。
（2）2021至2022年度审计查出问题整改情况专项审计调查。

二、安徽省审计机关2022年度审计项目计划

安徽省审计机关2022年度审计项目计划

一、审计计划安排的总体思路

坚持以习近平新时代中国特色社会主义思想为指导，全面贯彻落实党的十九大、十九届历次全会和中央经济工作会议精神，深入学习贯彻习近平总书记对安徽作出的系列重要讲话指示批示精神和关于审计工作的重要讲话指示批示精神，增强"四个意识"、坚定"四个自信"、衷心拥护"两个确立"、忠诚践行"两个维护"，强化党对审计工作的领导，全面落实省第十一次党代会和省委经济工作会议部署，坚持稳中求进工作总基调，立足新发展阶段，完整、准确、全面贯彻新发展理念，服务和融入新发展格局，牢牢把握经济监督职责定位，聚焦主责主业，做好常态化"经济体检"工作，推动高质量发展，更好发挥审计在推进国家治理体系和治理能力现代化中的作用，为打造具有重要影响力的"三地一区"、建设现代化美好安徽提供有力监督保障，以优异成绩迎接党的二十大胜利召开。

二、具体审计项目

2022年计划安排7类审计项目。具体如下：
（一）政策落实跟踪审计
（1）农村人居环境整治相关政策和资金审计。
（2）困难群众救助补助资金审计。
（3）中央及省级转移支付资金审计。
（4）旅游强省、服务业发展等政策落实情况审计。
（5）就业补助资金和失业保险基金审计。
（6）专精特新中小企业高质量发展等产业政策落实情况审计。
（7）高标准农田建设资金审计。
（8）农业高质量发展资金审计。
（9）畜禽养殖废弃物资源化利用情况专项审计调查。
（10）全省饮用水水源地保护情况专项审计调查。
（11）省级政府性投资基金运营管理情况审计。
（12）职业教育政策落实情况专项审计调查。
（13）地方政府融资平台公司和担保公司运营管理情况专项审计调查。

（续）

（二）财政审计
（1）2021年度省级预算执行情况和决算草案审计。
（2）2021年度省直部门（单位）预算执行审计。
（3）地方财政收支审计。
（4）省本级行政事业单位国有资产管理情况专项审计。
（5）省级文化强省建设资金管理使用情况专项审计调查。
（6）网络安全和信息化建设审计。

（三）经济责任审计
（1）地方党政领导干部经济责任审计。
（2）省直部门（单位）领导干部经济责任审计。
（3）省属高校（高职院校）领导干部经济责任审计。
（4）省属企业主要领导人员经济责任审计。
（5）市级审计机关主要负责人经济责任审计。
（6）授权市审计局实施经济责任审计。

（四）领导干部自然资源资产离任审计
领导干部自然资源资产离任审计。

（五）公共投资审计
（1）引江济淮工程安徽段建设项目跟踪审计。
（2）城镇老旧小区改造资金和项目审计。
（3）安徽省重点城际铁路建设项目跟踪审计。
（4）长三角一体化发展交通互联互通建设项目专项审计调查。
（5）长三角一体化发展水环境综合治理重大建设项目审计。

（六）国外贷援款项目审计
国外贷援款项目审计。

（七）其他审计
其他审计。

第五节　海南省审计厅审计项目计划范本

一、2022审计年度海南省审计厅审计项目计划

2022审计年度海南省审计厅审计项目计划

一、审计项目安排的总体思路

深入贯彻落实习近平总书记考察海南重要讲话和省第八次党代会精神，紧紧围绕中央审计委员会和省委审计委员会决策部署，立足"审计监督首先是经济监督"定位，突出围绕稳定经济发展和全岛封关准备工作、粮食安全、生态安全、航天科技和深海科技、能源安全、共同富裕、风险防控等关键词，聚焦财政财务收支真实合法效益审计主责主业，做好常态化"经济体检"工作，全面、专业、高效地服务省委、省政府决策，更好发挥审计在推进党的自我革命中的重要作用，为加快推进海南全面深化改革开放和中国特色自由贸易港建设提供坚强的审计保障。

二、审计项目安排的主要原则

（一）坚持心怀"国之大者"

紧扣海南自贸港全岛封关运作准备工作、"一本三基四梁八柱"战略框架的全面落实，主动服从服务大局，按照省委、省政府战略意图精心安排审计项目，按照省委、省政府部署要求精准确定审计重点。聚焦财政资金分配、国有资产处置、公共资源交易、项目审批监管等重要领域和关键环节，进一步加大对重大政策、重大建设项目、重点民生资金、重大风险隐患、公共权力运行的审计力度，切实增强审计监督的针对性和有效性。

（二）坚持聚焦主责主业

牢牢把握经济监督定位，严格遵循宪法、审计法、审计法实施条例等法律法规赋予的职责权限，强化审计监督。沿着"政治—政策—项目—资金"这条主线，加强调查研究，做实研究型审计，统筹安排各类审计项目，重点开展好重点园区和重大基础设施投资项目的政策落实跟踪审计、财政管理与绩效全贯通式审计、防范化解重大风险相关领域预警式审计、

（续）

重点民生资金使用全链条审计、领导干部经济责任和自然资源资产离任穿透式审计，全面提升审计监督效能。

（三）坚持规划引领

紧扣海南"十四五"规划和审计工作发展规划确定的目标任务，建立中长期审计项目备选库，并结合海南经济社会发展新形势，持续开展立项研究，不断充实完善项目库，对项目库实行动态管理、滚动实施。做好年度项目计划和项目备选库的有机衔接，年度安排项目原则上从项目备选库中筛选确定，确保分阶段、分步骤落实规划确定的目标任务。

（四）坚持揭示问题与推动解决问题相统一

认真落实习近平总书记关于审计整改的重要指示批示精神，严格按照省委、省政府对审计整改的部署要求，把推动审计整改作为重大政治任务，加大督促检查力度。在各项审计中把审计整改情况作为重要审计内容，做好审计"下半篇文章"，压实被审计单位的整改责任，促进堵塞管理漏洞、修补制度缺陷，一体推进揭示问题、规范管理、促进改革，将审计整改成果切实转化为自贸港建设的治理效能。

三、审计重点

（一）聚焦财政资金提质增效

围绕国务院进一步深化预算管理制度改革意见的落实情况和我省全面推行的预算管理改革，开展省本级和部门预算执行审计、中央投资专项资金及省级财政投资资金审计等项目，加大对中央直达资金、地方政府专项债券资金管理使用绩效的审计力度，重点关注财政资源统筹、财政支出政策落实、存量资金盘活、预算绩效管理等情况，重点揭示财经纪律执行不严、地方政府隐性债务未有效遏制、恶意拖欠账款和逃废债等问题，推动自贸港建设各项资金的管理使用更加规范、高效。

（二）聚焦重大政策落地落实

围绕海南自贸港建设相关政策落实，加强各专业审计与政策落实跟踪审计的有效对接，把重大政策措施贯彻落实情况作为各类审计的首要职责和重点内容，加大对自贸港建设重点任务、重点产业园区建设、四大主导产业、优化营商环境等跟踪审计力度，加强对审计发现问题的宏观分析，提出改进完善政策、促进政策集成和制度创新的意见建议。围绕全岛封关运作零关税，开展海南自贸港"稳投资促发展"政策落实审计、创一流营商环境政策落实审计等项目。围绕助企纾困政策落实，加大对退税减税降费、超常规稳住经济大盘和稳经济助企纾困发展、金融支持实体经济特别是中小微企业政策措施落实的审计力度，促进减轻市场主体负担，增强经济内生动力。

（续）

（三）聚焦重大风险防控

把推动防范化解风险摆在审计工作更加突出的位置，将"风险防范"意识融入每个审计项目，加强重点领域预警式审计监督，及时发现问题、预警风险。结合具体审计领域，瞪大眼睛、明察秋毫，在审计地方债务管理、信贷资金投放、不良资产处置、会计信息真实性、能源资源开发利用等情况时，首要揭示重大经济贪腐、重大财务舞弊、重大财政造假、重大会计信息失真、重大生态损毁等突出风险，及时反映影响经济安全的苗头性、倾向性、普遍性问题，严肃查处饮鸩止渴、铤而走险、风险绑架等恶意行为，推动源头治理、防患于未然。

（四）聚焦保障和改善民生

围绕共同富裕和乡村振兴，聚焦兜牢民生底线，开展为民办实事事项、高标准农田建设、特殊困难群体保障、医疗保险基金及"三医联动"改革、粮食安全等审计，重点揭示滞拨截留、挤占挪用、优亲厚友、损失浪费等侵害群众切身利益的问题，将审计监督跟进到民生项目和资金的"最后一公里"，把看好和推动用好民生资金作为审计最大的为民情怀。

（五）聚焦公共工程项目高质量建设

围绕重点投资项目建设目标落实和加快海南自贸港基础设施建设，重点做好全省环岛旅游公路预算执行审计、全省EPC项目建设管理审计调查、海口新海港交通综合枢纽（GTC）及配套设施建设工程预算执行审计、省级代管（代建）制度执行情况审计调查等，继续开展好12个重大公共工程项目跟踪监督，紧盯项目决策、招标投标、竞标发包、工程验收支付等关键环节和项目推进、投资绩效等重点内容，将审计监督关口前移，推动项目业主、行业主管部门履职尽责，防范化解公共工程廉洁风险，促进投资有效落地、项目建设管理规范，营造更加良好的投资环境。

（六）聚焦自然资源管理和生态环境保护

围绕国家（海南）生态文明试验区建设，开展领导干部自然资源资产离任（任中）审计、海南热带雨林国家公园建设跟踪审计等项目，依托自然资源资产审计信息化平台实时监督、预警，开展南渡江昌化江万泉河三大流域生态环境保护及"六水共治"情况专项审计调查，重点关注领导干部贯彻执行生态文明建设方针政策和决策部署、完成生态环保目标任务、"两高"项目审批监管等情况，推动生态环境与经济社会协调发展。

（七）聚焦权力规范运行

以强化干部管理监督，促进干部履职尽责、担当作为为目标，开展党政主要领导干部和国有企事业单位主要领导人员经济责任审计，重点关注贯彻落实国家重大经济方针政策和决策部署、重大经济事项决策执行及效

第七章　政府审计项目计划范本

（续）

果，财政财务管理和经济风险防范，以及落实党风廉政建设责任和廉洁从政（从业）等情况。深化与经济责任审计工作联席会议成员单位的协作配合，持续推进省厅和市县审计机关对同行业同部门领导干部经济责任联审机制、市县党政主要领导干部经济责任审计与所属省管干部同步审计组织模式。坚持"三个区分开来"，运用审计容错免责工作机制，准确界定责任，客观公正评价，激励干部担当作为，推动依法行政、规范用权。

四、具体审计项目安排

2022审计年度（涵盖时间范围为2022年7月至2023年6月）安排审计项目7类74个，其中，财政审计项目4个、政策落实跟踪审计项目1个、民生审计项目2个、资源环境审计项目6个、经济责任审计项目42个、省属国有企业财务审计项目3个、固定资产投资审计项目16个。

二、海南省审计厅2020审计年度审计项目计划

海南省审计厅2020审计年度审计项目计划

根据中央审计委员会办公室关于加强上下级审计机关审计计划衔接和成果共享的要求，经省委审计委员会同意，省审计厅参照审计署做法，将审计项目计划年度由公历年度改为审计业务年度，并依据《中华人民共和国审计法》，紧紧围绕省委、省政府重大决策部署和审计署工作要求，编制2020审计年度审计项目计划（涵盖时间范围为2020年7月至2021年6月）。

一、审计工作的总体思路

以习近平新时代中国特色社会主义思想为指导，深入贯彻党的十九届四中全会和习近平总书记对审计工作的重要指示批示精神，认真落实省委七届八次全会精神，紧扣《海南自由贸易港建设总体方案》的实施，坚定不移贯彻新发展理念，坚持以供给侧结构性改革为主线，突出高质量发展，深入推进审计全覆盖，依法全面履行审计监督职责，聚焦经济社会发展重点，强化审计常态化"经济体检"作用，推动做好"六稳"工作、落实"六保"任务，为全力应对统筹常态化疫情防控和经济社会发展、全面建成小康社会、海南自由贸易港建设作出积极贡献。

（续）

二、2020 审计年度审计项目计划安排

2020 审计年度拟安排审计项目 7 类 97 个。其中，政策落实跟踪审计项目 5 个、财政审计项目 5 个、民生审计项目 9 个、资源环境审计项目 7 个、党政领导干部经济责任审计项目 37 个、国有企业领导人员经济责任审计项目 5 个、公共投资审计项目 29 个。

三、审计项目的审计目标、范围、重点及组织方式

（一）重大政策措施落实情况跟踪审计

1.《海南自由贸易港建设总体方案》落实情况跟踪审计

【审计目标】 推动海南自由贸易港建设重大政策举措和重点工作任务有效落实，积极稳妥推进海南自由贸易港建设早期安排，全力争取早期收获，助力海南自由贸易港建设开好局、起好步。

【审计范围】 时间范围：《海南自由贸易港建设总体方案》发布以来。审计对象范围：省直相关部门及下属单位、各市县政府。

【审计重点】 重点关注海南自由贸易港建设重大政策举措落实、重大改革试点及目标任务完成、重大风险防范、重点投资项目推进、营商环境优化改善、工作机制有效运行等情况。

【组织方式】 财政审计三处负责统筹立项和汇总审计成果，各责任处室结合《海南自由贸易港建设总体方案》有关审计要点或审计事项，分别牵头组织实施审计，按单独项目进行管理，同时指导市县审计局开展审计。实施时间：2020 年 7 月至 2021 年 6 月。

2. 省委省政府超常规举措落实情况跟踪审计

【审计目标】 保障超常规举措顺利实施，防止虚假超常规、借超常规之名违法违规等，确保我省应对疫情和经济下行压力的超常规举措顺利有效实施。

【审计范围】 时间范围：2020 年度。审计对象范围：省直相关部门及下属单位、各市县政府。

【审计重点】 重点关注超常规推动投资举措、超常规推动消费举措、超常规推动招商举措、涉企超常规举措、超常规推动园区发展和优化营商环境举措、科教产业方面超常规举措、超常规抓好"三农"工作举措、用地用海和优化环保举措、住房保障和稳就业超常规举措等事项落实情况。

【组织方式】 财政审计三处负责统筹立项和汇总审计成果，10 个事项分由 9 个处室分别牵头组织实施审计，按单独项目进行管理，分季度开展并指导市县审计局实施审计。实施时间：2020 年 7 月至 12 月。

（续）

3. 新增财政资金直达市县基层直接惠企利民情况专项审计

【审计目标】 围绕"及时、直达、精准、安全、绩效"目标要求，对新增财政资金筹集、分配、拨付下达、管理使用及发挥绩效情况全程跟踪审计，促进资金及时拨付、精准使用、安全高效；促进资金直达市县基层、直接惠企利民，主要用于保就业、保基本民生、保市场主体，支持减税降费、减租降息、扩大消费和投资等；促进做好"六稳"工作，落实"六保"任务。

【审计范围】 时间范围：2020年7月至12月。审计对象范围：负责新增财政资金分配管理的市县政府及所属财政、发展改革、人力资源社会保障、民政等部门和单位，相关商业银行。

【审计重点】 重点关注新增财政资金筹集分配、拨付下达、管理使用，以及资金监控系统运行等情况。

【组织方式】 财政审计一处牵头组织实施，嵌入2020年下半年"平台+N"项目，在琼海市、陵水县、定安县、白沙县领导干部经济责任审计中同步开展。实施时间：2020年7月至2021年6月。

4. "三促进"专项审计（促进就业优先政策落实情况专项审计、促进财政资金提质增效专项审计、促进优化营商环境专项审计）

【审计目标】 一是推动就业优先政策落实。二是提高财政资金配置效率和使用效益，助力推进积极的财政政策更加积极有为。三是进一步激发市场活力，助力企业纾困发展。

【审计范围】 时间范围和审计对象范围根据审计署统一部署确定。

【审计重点】 一是关注有关援企稳岗、重点行业及重点群体就业支持、清理取消对就业的不合理限制等政策落实和就业资金管理使用等情况。二是关注财政资金分配管理、财政支出结构优化、基本民生支出安排、重点领域保障、存量资金盘活、重点专项资金管理使用等情况。三是关注"放管服"改革、国资国企改革、降低企业生产经营成本、便利投资兴业等情况。

【组织方式】 财政审计三处负责统筹，按审计署部署要求和印发的审计要点，将"三促进"专项审计嵌入重大政策措施落实审计项目开展。社保审计处负责实施促进就业优先政策落实情况专项审计、财政审计一处负责实施促进财政资金提质增效专项审计、财政审计三处负责实施促进优化营商环境专项审计。实施时间：根据审计署统一组织部署。

5. 清理拖欠民营和中小企业账款工作落实情况审计

【审计目标】 确保全省清理拖欠民营和中小企业账款工作按进度推进，按时完成清欠任务目标，保障民营企业和中小企业的利益。

【审计范围】 时间范围：2020年7月至12月。审计对象范围：除省本级、海口市外的市、县（区）政府。

（续）

【审计重点】　一是持续关注清欠计划制定和执行情况，是否存在"边清边欠"问题。二是重点关注清欠任务较重的地区和部门相关支出控制情况，未完成清欠目标的是否按规定压减一般性支出和"三公"经费、降低公务出行、严格出国审批、从严控制津补贴标准等。

【组织方式】　每季度根据审计工作量安排不同组织方式：涉及市县较多时，财政审计三处负责统筹和组织市县审计局实施；涉及市县较少时，财政审计三处负责直接实施，或者嵌入其他审计项目开展。实施时间：2020 年 7 月至 12 月。

6. 地方政府债券资金分配使用绩效和政府隐性债务化解方案执行情况审计

【审计目标】　促进防范化解财政和金融风险，切实提高资金使用绩效，有效发挥财政资金效益。

【审计范围】　时间范围：2020 年度。审计对象范围：省本级和 19 个市县。

【审计重点】　一是关注省本级和各市县截至 2020 年年末地方政府债券资金规模。二是关注新增地方政府债券资金分配标准和依据，安排的具体项目和金额，以及项目的基本情况，截至 2020 年年末的进展情况、资金使用情况。三是关注置换债券置换的总体情况及存在问题。四是关注省本级和各市县执行债务化解方案情况，核查违规举借债务情况。

【组织方式】　财政审计一处牵头组织实施，嵌入 2021 年上半年"平台+N"项目，在本级政府预算执行审计中同步开展。实施时间：2021 年 2 月至 6 月。

7. 省地方金融机构防范化解重大风险政策落实情况审计

【审计目标】　推动省地方金融机构贯彻落实防范化解重大风险有关政策措施，推动建立健全全面风险管理体系，完善风险防控和处置机制，以及妥善解决中小微企业融资难、融资贵等问题。

【审计范围】　时间范围：2016 年至 2019 年。审计对象范围：相关金融机构。

【审计重点】　一是关注金融服务精准扶贫政策执行情况。二是关注金融服务小微企业、服务民企政策执行情况。三是关注地方金融机构内部控制制度执行情况。

【组织方式】　企业审计一处负责统筹和汇总审计成果，结合相关国企审计项目实施。实施时间：2020 年 7 月至 2021 年 6 月。

8. 就业扶贫政策措施落实情况跟踪审计（包括贫困劳动力零就业家庭清零专项行动跟踪审计、贫困劳动力积极务工专项行动跟踪审计）

【审计目标】　围绕省委、省政府《关于进一步采取超常规举措确保完成

（续）

全年经济目标的实施意见》和省打赢脱贫攻坚战指挥部《海南省组织贫困劳动力积极务工专项行动工作方案》，聚焦"精准、安全、绩效"主线，坚持以目标和结果为导向，摸清贫困劳动力零就业家庭清零专项行动总体情况，重点揭示政策措施落实、资金分配管理使用、项目实施管理中存在的突出问题，注重从制度层面分析问题成因并提出审计建议，多渠道推进就业扶贫工作，促进贫困人口务工脱贫增收，全面完成脱贫攻坚各项任务。

【审计范围】 时间范围：2020年度。审计对象范围：主要涉及省扶贫办，琼海市、东方市、陵水县、定安县、白沙县、琼中县6个市县政府及所属人社、发改、财政、扶贫、农业农村等部门和乡镇。

【审计重点】 重点关注省委、省政府《关于进一步采取超常规举措确保完成全年经济目标的实施意见》有关要求落实情况、《海南省组织贫困劳动力积极务工专项行动工作方案》任务执行情况、就业扶贫资金管理使用情况、项目实施管理情况等。

【组织方式】 农业农村审计处牵头组织实施，嵌入2020年下半年"平台+N"项目，在琼海市、东方市、陵水县、定安县、白沙县、琼中县领导干部经济责任审计中同步开展。实施时间：2020年7月至12月。

9. 促进学前教育产业提升跟踪审计

【审计目标】 促进省教育厅及各市县政府采取有效措施，大力提升学前教育"两个比例"，在2020年实现"公办幼儿园在园数达到50%，普惠性幼儿园在园数达到80%"的目标。

【审计范围】 时间范围：2020年度。审计对象范围：省教育厅、全省18个市县（不含三沙市）财政局、教育局、编办、幼儿园。

【审计重点】 一是关注全省学前教育"两个比例"提升情况和达标情况，核实是否存在弄虚作假等问题。二是关注相关部门单位在"用、开、建、治、创、补、认、管"8个方面制定具体行动方案及各项举措落实情况，重点检查方案落实不到位等问题，查找措施执行中存在的制度障碍或漏洞。三是关注提升"两个比例"有关工作投入资金管理使用情况，主要审查工作经费投入保障情况，重点揭示因资金保障不到位导致工作迟缓和停滞问题；审查专项资金拨付使用绩效，重点揭示挤占挪用、虚报套取、损失浪费等问题。四是关注市县政府和教育主管部门主体责任落实情况，重点揭示是否建立工作推进协调机制和督查考核机制，以及机制是否有效运行等情况。

【组织方式】 教科文卫审计处负责统筹实施，组织省厅有关处室和市县审计局在政策落实跟踪审计和市县领导干部经济责任审计中开展。实施时间：2020年7月至12月。

（续）

10. 建立防止返贫监测和帮扶机制落实情况跟踪审计

【审计目标】　围绕《国务院扶贫开发领导小组关于建立防止返贫监测和帮扶机制的指导意见》和《省扶贫开发领导小组关于建立防止返贫致贫监测和帮扶机制的实施意见》，审查省级扶贫主管部门和市县政府政策措施贯彻落实情况，及时揭示影响政策落地见效的制度性障碍，防范化解返贫风险、巩固脱贫成果，推动建立扶贫脱贫防贫长效机制。

【审计范围】　时间范围：2020年度。审计对象范围：主要涉及省扶贫办、省住房城乡建设厅、省教育厅、省医疗保障局、省民政厅、省社会保险服务中心、省残联、省卫生健康委等部门，琼海市、东方市、陵水县、定安县、白沙县、琼中县6个市县政府及所属扶贫、住建、教育、医保、民政、社保、残联、卫健、财政等部门和乡镇。

【审计重点】　重点关注《国务院扶贫开发领导小组关于建立防止返贫监测和帮扶机制的指导意见》和《省扶贫开发领导小组关于建立防止返贫致贫监测和帮扶机制的实施意见》等政策措施贯彻落实情况、帮扶资金使用和项目建设管理情况等。

【组织方式】　农业农村审计处牵头组织实施，嵌入2020年下半年"平台+N"项目，在琼海市、东方市、陵水县、定安县、白沙县、琼中县领导干部经济责任审计中同步开展。实施时间：2020年7月至12月。

（二）财政审计

1. 省财政厅具体组织2020年度省本级预算执行和决算草案编制审计

【审计目标】　通过对预算编制执行和决算草案审计，加强项目库管理，规范预算编制行为，硬化预算约束，提高财政资金使用效益。

【审计范围】　时间范围：2020年度，重要事项延伸至相关年度。审计对象范围：省财政厅，省本级各部门预算单位、各市县政府。

【审计重点】　重点关注落实中央关于过"紧日子"要求情况、项目库管理使用情况、预算编制管理和执行情况、政府采购工作情况、全面实施预算绩效管理及提高资金使用效益等情况。

【组织方式】　财政审计一处负责实施审计。实施时间：2021年2月至6月。

2. 洋浦经济开发区2020年度财政预算执行和决算草案编制审计

【审计目标】　通过对预算编制执行和决算草案审计，加强项目库管理，规范预算编制行为，硬化预算约束，提高财政资金使用效益。

【审计范围】　时间范围：2020年度，重要事项延伸至相关年度。审计对象范围：洋浦经济开发区管理委员会。

（续）

【审计重点】 重点关注落实中央关于过"紧日子"要求情况、项目库管理使用情况、预算编制管理和执行情况、政府采购工作情况、全面实施预算绩效管理及提高资金使用效益等情况。

【组织方式】 财政审计一处负责实施审计。实施时间：2021年3月至6月。

3.2020年度省本级部门预算执行情况审计

【审计目标】 推动规范部门预算管理，提高财政资金使用绩效、维护财政资金安全有效。

【审计范围】 时间范围：2020年度。审计对象范围：60个部门单位。

【审计重点】 重点关注部门预算执行和财政财务收支情况、会议（培训）活动经费预算及支出情况、委托费支出情况、部门沉淀财政资金至下属单位情况、国有资产管理及运营等情况。

【组织方式】 财政审计二处牵头制定审计工作方案和汇总审计成果，电子数据审计处协助对预算单位数据进行分析、筛查，对30个部门单位非现场审计。省厅有关处室分别立项审计，对疑点进行核查，对30个部门单位现场审计。实施时间：2021年3月至4月。

4.中央支持海南全面深化改革开放综合财力补助资金跟踪审计

【审计目标】 跟踪中央支持海南全面深化改革开放综合财力补助资金的分配、管理、使用情况，督促有关单位加快项目建设和资金支出进度，促进发挥资金使用效益。

【审计范围】 时间范围：2020年度。审计对象范围：省财政厅、省交通运输厅、海口市、三亚市、儋州市等与资金分配、管理、使用有关的部门和市县。

【审计重点】 重点关注相关部门和市县资金使用进度和绩效情况、项目建设进度情况等。及时揭示不按规定用途使用中央支持海南全面深化改革开放综合财力补助资金，截留、挤占和挪用资金等问题。

【组织方式】 固定资产投资审计一处牵头组织实施。部分审计事项嵌入经济责任审计和公共工程跟踪审计项目开展。实施时间：2020年11月至2021年1月。

5.省本级新型研发机构资助资金审计

【审计目标】 通过对新型研发机构资助资金立项决策、申报评审、实施监督和资金使用绩效情况的审计，揭示主管部门管理失控，导致科研经费投入不精准、使用效益差，以及弄虚作假骗取资金、挪用资金、浪费资金问题。

（续）

【审计范围】 时间范围：2016年至2019年。审计对象范围：省科技厅及有关资助企业等。

【审计重点】 一是专项资金设立决策情况。关注新型研发机构资助资金专项设立的内部决策、上报审批是否符合规定程序，是否制定相应的管理办法。二是资金项目申报评审情况。关注项目申报是否公开征集，是否按规范组织评审，评审结果是否公正、公开。三是项目批准后的监管情况。关注主管部门在立项且拨付资金后履行日常指导监督职责情况。四是项目实施效果。延伸审计资助企业，检查申报证明材料真实性，检查工作计划完成情况，检查资金使用情况，重点揭示弄虚作假骗取资金、挪用资金、浪费资金等问题。

【组织方式】 教科文卫审计处负责实施审计。实施时间：2020年7月至9月。

6. 全省外语标识标牌建设资金管理使用情况审计

【审计目标】 对全省公共场所外语标识标牌建设资金的真实性、合法性和合规性进行审计，及时发现和揭示存在问题，分析产生原因，提出合理的审计建议，促进外语标识牌建设相关政策的贯彻落实，促进资金使用安全高效。

【审计范围】 时间范围：2020年度。审计对象范围：省本级和海口市、三亚市、儋州市、琼海市、文昌市、万宁市、陵水县、保亭县等相关市县。

【审计重点】 一是关注外语标识牌建设工作相关政策的贯彻落实情况。二是关注资金投入和使用情况。审查项目支出审批手续是否合规，票据是否合法，支出内容是否真实，有无套用资金和虚报冒领等情况，项目建设和资金使用是否遵循资源共享、厉行节约的原则。三是关注外语标识牌建设工作内控制度建立及运行情况，审查资金使用的决策是否科学民主，各项内控是否健全有效。四是关注标识牌建设成效，审查有关工作是否符合标准规范，财政资金是否充分发挥绩效等。

【组织方式】 财政审计二处牵头制定审计方案和汇总审计成果，统筹组织有关市县审计局在部门预算执行审计中开展。实施时间：2021年3月至4月。

7. 农垦改革相关政策和资金审计

【审计目标】 积极推动农垦改革相关政策落地生效，切实提升农垦改革补助资金使用绩效。

【审计范围】 时间范围：根据农垦改革补助专项资金的拨付时间而定。审计对象范围：海南农垦控股集团有限公司。

（续）

【审计重点】 重点关注农垦改革政策落实情况、资金专款专用情况、资金形成相关经济和社会效益等情况。

【组织方式】 企业审计一处负责实施审计。实施时间：2021年2月至6月。

8.2020年部门信息系统审计

【审计目标】 通过对相关部门和单位的信息系统进行监督检查，揭示信息系统规划、建设和运行管理中存在的突出问题和重大风险隐患，促进提升部门和单位信息系统的安全性、可靠性和经济性。

【审计范围】 时间范围：2020年度。审计对象范围：纳入2020年部门经济责任审计的单位。

【审计重点】 重点关注信息系统建设管理情况、信息系统应用绩效情况、网络和信息安全等情况。

【组织方式】 电子数据审计处牵头提出审计要点和汇总审计成果，组织省厅有关处室在领导干部经济责任审计中开展。实施时间：2020年7月至12月。

9.省本级和10个市县税务局税收征管及部门预算执行审计

【审计目标】 通过对税务部门政策落实、税收征管及部门预算执行情况开展审计，进一步推进深化税收制度和税收征管体制改革，促进健全地方税体系。

【审计范围】 时间范围：2020年度。审计对象范围：根据审计署统一组织部署。

【审计重点】 重点关注税收制度和税收征管体制改革落实情况，税收收入、非税收入征收真实性，以及部门预算执行情况等。

【组织方式】 审计署立项，省厅组织审计人员参与审计工作。实施时间：2020年12月至2021年3月。

（三）民生审计

1.省委、省政府2020年为民办实事事项专项审计调查（8个事项，涉及5个牵头单位：省教育厅、省卫生健康委、省医疗保障局、省民政厅、省地方金融监管局）

【审计目标】 了解和掌握为民办实事事项进展情况、客观反映事项完成情况，及时揭示存在问题，分析产生原因，提出解决建议，全力推动相关民生工作按期完成和民生实事项目落地。

【审计范围】 时间范围：2020年度。审计对象范围：为民办实事事项的牵头单位，延伸审计调查具体实施的相关单位和市县。

【审计重点】 根据为民办实事事项具体内容的特点调查了解相关情况，

（续）

重点关注为民办实事项目计划、实施措施、财政资金安排和项目进展等情况。

【组织方式】 财政审计三处牵头制定审计工作方案和汇总审计成果，省厅有关处室分别立项实施。实施时间：2020年7月至12月。

2. 保障性安居工程资金投入及使用绩效审计

【审计目标】 促进全面落实棚户区改造等重大政策措施，保障资金安全，提高资金使用绩效，揭示风险隐患；推动加快建立多主体供给、多渠道保障、租购并举的住房制度，更好地保障人民群众住有所居。

【审计范围】 时间范围：2020年度。审计对象范围：根据审计署统一组织部署。

【审计重点】 一是关注保障性安居工程目标任务和政策落实情况。二是关注保障性安居工程住房建设和管理使用情况，重点关注棚户区改造力度和老旧小区改造，安居工程资金筹集、管理和使用情况。三是关注《省政府办公厅关于开展安居型商品住房建设试点工作的指导意见》有关要求落实情况。

【组织方式】 社会保障审计处牵头制定审计工作方案和汇总审计成果，组织省厅有关处室和市县审计局审计，各审计组分别立项审计，电子数据审计处协助对预算单位数据进行分析、筛查。实施时间：2020年12月至2021年3月。

3. 社会保险基金审计

【审计目标】 促进全面贯彻落实党中央、国务院提出的各项保险政策，推动完善基本养老、基本医疗、工伤和失业保险政策制度；促进全面建成覆盖全民、城乡统筹、保障适度、权责清晰、可持续的多层次社会保障体系，更好地保障和改善民生。

【审计范围】 时间范围：2020年度。审计对象范围：2020年12月至2021年3月。

【审计重点】 重点关注社会保险相关政策贯彻落实、应对疫情阶段性社保费减免缓征、社会保险基金筹集管理使用、基金收支平衡、基金安全性和可持续性、养老保险全国统筹、降低社会保险费率综合方案落实、医疗保险控费和医药服务供给侧改革、失业保险基金用于职业技能提升行动等情况。

【组织方式】 按照审计署审计工作方案执行。社会保障审计处牵头制定审计工作方案和汇总审计成果，组织省厅有关处室和市县审计局审计，各审计组分别立项审计，电子数据审计处协助对预算单位数据进行分析、筛查。实施时间：根据审计署统一组织部署。

（续）

4. 扶贫资金审计

【审计目标】 促进扶贫资金安全和规范管理，提高扶贫项目绩效，推动省委、省政府《关于打赢脱贫攻坚战的实施意见》的贯彻落实，建立解决相对贫困的长效机制，确保如期全面打赢脱贫攻坚战。

【审计范围】 时间范围和审计对象范围根据审计署统一部署确定。

【审计重点】 重点关注"两不愁三保障"重点任务落实、脱贫攻坚战任务完成、脱贫攻坚成果巩固、脱贫与乡村振兴有效衔接、防范化解返贫风险、扶贫审计发现问题整改、扶贫相关政策落实及资金管理使用等情况。

【组织方式】 农业农村审计处牵头组织实施。实施时间：根据审计署统一组织部署。

5. 乡村振兴相关政策及资金审计

【审计目标】 以"政策、资金、项目"为主线，梳理排查"三农"领域存在的突出短板，通过审计推动乡村振兴战略政策措施落实、全面建成小康社会，促进"三农"领域补短板强弱项，提高涉农资金使用绩效。

【审计范围】 时间范围和审计对象范围根据审计署统一部署确定。

【审计重点】 重点关注乡村振兴政策措施落实、重要农产品稳产保供、乡村基本公共服务改善、农村人居环境整治、农村基础设施提档升级、资金管理使用绩效、项目管理程序及实施效果等情况。

【组织方式】 农业农村审计处牵头组织实施。实施时间：根据审计署统一组织部署。

6. 电商扶贫项目专项审计调查

【审计目标】 以"政策、资金、绩效"为主线，坚持以问题为导向，通过审计促进电商扶贫政策措施有效落实，推动脱贫攻坚有关重点工作任务落实。

【审计范围】 时间范围：2018年至2020年。单位范围：主要涉及省扶贫办，琼海市、东方市、陵水县、定安县、白沙县、琼中县6个市县政府及所属财政、扶贫、商务等有关部门和乡镇政府。

【审计重点】 重点关注电商扶贫政策落实情况、资金管理使用情况、项目运营绩效等情况。

【组织方式】 农业农村审计处牵头制定专项审计调查工作方案，嵌入2020年下半年"平台+N"项目，在琼海市、东方市、陵水县、定安县、白沙县、琼中县领导干部经济责任审计中同步开展。实施时间：2020年7月至12月。

（续）

7. 产业扶贫专项审计调查

【审计目标】 以"精准、安全、绩效"为主线，摸清产业扶贫资金底数和支出进度，重点关注产业扶贫资金入股公司、合作社后的资金安全和项目实施效益等方面存在的问题，通过审计促进产业扶贫资金安全高效使用，扶贫项目切实惠及群众，推动脱贫攻坚各项重点工作任务落实。

【审计范围】 时间范围：2018年至2020年。单位范围：主要涉及省扶贫办，琼海市、东方市、陵水县、定安县、白沙县、琼中县6个市县政府及所属财政、扶贫、农业农村等有关部门和乡镇。

【审计重点】 重点关注产业扶贫政策落实情况、资金管理使用情况、项目实施管理和效益情况、相关部门及工作人员履职作为等情况。

【组织方式】 农业农村审计处负责牵头制定专项审计调查工作方案，嵌入2020年下半年"平台+N"项目，在琼海市、东方市、陵水县、定安县、白沙县、琼中县领导干部经济责任审计中同步开展。实施时间：2020年7月至12月。

8. 基层医疗机构标准化建设审计

【审计目标】 促进《海南省基层医疗卫生机构标准化建设行动计划》各项重点任务落地，加快项目建设和强化风险防范。

【审计范围】 时间范围：2019年1月至实施审计时。审计对象范围：市县政府及市县卫生、计生部门和基层医疗卫生机构标准化建设项目建设单位。

【审计重点】 重点关注《海南省基层专业技术人员"县属乡用、乡属村用"工作方案》政策落实、业务用房和周转房建设、财政资金管理使用、医疗设备采购配置、基层医疗机构人员编制是否及时有效使用等情况。重点揭示市县政府及相关部门单位建设管理主体责任不落实，违规采购设备，以及在工程建设竞标发包、设备采购、资金使用中营私舞弊、损失浪费等问题。

【组织方式】 教科文卫审计处负责统筹实施，组织省厅有关处室在市县领导干部经济责任审计中开展。实施时间：2020年7月至12月。

（四）资源环境审计

1. 领导干部自然资源资产离任审计

【审计目标】 贯彻落实绿色发展理念，推动落实生态环境保护各项工作任务，促进领导干部树立绿色发展理念和正确政绩观，切实履行自然资源资产管理和生态环境保护责任，解决自然资源资产和生态环境领域突出问题，加强自然资源资产节约集约利用和生态环境安全。

【审计范围】 时间范围：以省委组织部委托领导干部的任职期间作为审计时间范围，重要事项可延伸到相关年度。审计对象范围：琼海市（市委

（续）

书记、市长）、陵水县（县委书记）、定安县（县委书记）、白沙县（县长）、东方市（市委书记）、琼中县（县委书记、县长），6个市县共8名领导干部。

【审计重点】 重点关注被审计领导干部及所在地区贯彻执行生态文明建设方针政策、决策部署和相关法律法规、完成自然资源资产管理和生态环境保护目标任务、履行有关责任以及相关资金征收管理使用和项目建设运营等情况。

【组织方式】 自然资源和生态环境审计一处牵头制定审计工作方案，指导省厅有关处室按分工实施审计。实施时间：全年。

2. "十三五"期间全省生态环境监测能力建设专项审计调查

【审计目标】 通过对水土气等主管部门"十三五"期间生态环境监测规划项目落地情况的审计，揭示其生态环境监测能力建设中存在的短板和问题，促进相关职能主管部门履职尽责，为国家生态文明试验区建设保驾护航。

【审计范围】 时间范围：2016年至2020年，重大问题延伸审计其他年度。审计对象范围：省生态环境厅及各市县生态环境局。

【审计重点】 生态环境监测项目的建设及运维情况，相关职能主管部门的履职尽责情况。

【组织方式】 自然资源和生态环境审计一处负责统筹实施，组织全省18个市县（不含三沙市）审计局开展审计。实施时间：2021年3月至4月。

（五）党政领导干部经济责任审计

【审计目标】 坚持党政同责、同责同审，以监督权力运行和责任落实为抓手，依法对领导干部任职期间的经济责任履行情况进行审计，遵循"三个区分开来"的要求，客观作出评价，促进领导干部守法守纪守规尽责，廉洁用权，干净干事。

【审计范围】 时间范围：以省委组织部委托领导干部的任职期间作为审计时间范围，重要事项可延伸到相关年度。审计对象范围：涉及省级2个部门和单位、2家院校、3家企业、7个市县，共37名领导干部。

【审计重点】 重点关注领导干部贯彻执行党和国家经济方针政策、决策部署情况，遵守有关法律法规和财经纪律情况，本地区本部门本单位发展规划和政策措施制定、执行情况，重大决策和内部控制制度的执行情况，内部审计工作情况，遵守党风廉政建设有关规定情况等。在市县党政领导干部经济责任审计中，以市县发展综合考核评价办法作为审计判断的依据和标准，重点关注生态环境保护、扶贫成效、全域旅游等考核指标的完成情况。

（续）

【组织方式】 经济责任审计处牵头制定审计工作方案，指导省厅有关处室按分工实施审计。实施时间：全年。

（六）国有企业领导人员经济责任审计

【审计目标】 以健全权力运行制约和监督体系为目标，以监督权力运行和责任落实为重点，通过揭示权力失控、决策失误、行为失范等造成国家利益损失及国有资产流失的突出问题，客观评价企业领导人员任职期间的经营业绩与经济责任履行情况，促进企业加强和改善经营管理，深化国有企业改革、推动国有资本做强做优做大。

【审计范围】 时间范围：根据企业领导人任职为准。审计对象范围：海南银行股份有限公司（董事长、行长）、海南高速公路股份有限公司（董事长、总经理）、省建设项目规划设计研究院（院长），3个国有企业共5名领导人员。必要时可延伸审计调查其他部门、单位或个人。

【审计重点】 一是遵守国家法律法规，贯彻执行党和国家以及省委、省政府重大政策措施情况。二是经营业绩及财务收支情况。三是重大经济决策情况。四是单位内控以及对所属单位管控情况。五是履行党风廉政建设第一责任人职责情况，以及遵守有关廉洁从业规定情况等。

【组织方式】 企业审计一处、二处负责组织实施。实施时间：全年。

（七）公共投资审计

省委党校新校区建设项目、省政务服务中心二期和广场地下车库项目等29个公共工程项目跟踪审计。

【审计目标】 坚决落实省委、省政府关于开展公共工程和土地出让项目跟踪监督工作部署，通过审计监督保障公共工程项目的廉洁、规范和高效建设，防范化解公共工程项目廉政风险，促进营造安全、廉洁的良好投资环境。

【审计范围】 时间范围：公共工程项目从策划起到竣工验收交付使用止。审计对象范围：省财政厅、省发展改革委、省住房城乡建设厅、省生态环境厅、省水务厅、省工业和信息化厅、省政务服务中心等公共工程相关审批监管部门，公共工程项目业主单位、代管（代建）单位和业主单位上级主管部门。必要时可延伸审计调查其他部门、单位或个人。

【审计重点】 一是关注项目业主单位履行工程项目廉政建设主体责任情况和主管部门及审批监管部门履职尽责情况。二是关注工程项目决策立项、可研审批情况。三是关注工程项目初步设计和概算审批情况。四是关注工程项目施工图设计和预算编制审批情况。五是关注工程项目竞标发包情况。六是关注施工组织、监理以及物资采购和验收支付、资金管理情况。

（续）

【组织方式】 投资审计三处牵头制定审计工作方案，采取"平台+N"模式（平台即项目行业类别，N即具体项目），组成分类审计组，负责若干个本类别项目的跟踪审计。各类别审计组审计通知书同时发若干个项目业主，实行阶段或节点集中审计的方式进行跟踪监督，分别出具分项目的阶段性审计报告。实施时间：跟踪审计。

第八章

领导干部自然资源资产离任审计报告范本

导读

本章介绍领导干部自然资源资产离任审计报告范本,包括十节,分别介绍浙江省领导干部自然资源资产离任审计报告范本、四川省雅安市领导干部自然资源资产离任(任中)审计报告范本、四川省广元市领导干部自然资源资产责任履行情况试点审计结果范本、河南省南阳市领导干部自然资源资产任期审计结果范本、河南省安阳市领导干部任期自然资源资产管理责任履行情况审计结果范本、江苏省领导干部自然资源资产离任审计结果公告范本、辽宁省领导干部自然资源资产离任审计的审计公示范本、广东省领导干部自然资源资产离任审计工作方案范本、湖南省领导干部自然资源资产离任(任中)的审计结果报告范本以及海南省领导干部自然资源资产离任(任中)审计结果报告范本。

第一节 浙江省领导干部自然资源资产离任审计报告范本

领导干部自然资源资产离任审计报告

根据中共中央办公厅、国务院办公厅《领导干部自然资源资产离任审计规定(试行)》和省委办公厅、省政府办公厅《浙江省领导干部自然资源资产离任审计实施办法(试行)》的规定,经县委审计委员会批准,由岱山县审计局派出审计组,于2019年8月12日至9月13日,对李某某同

（续）

志担任秀山乡党委书记期间自然资源资产管理和生态环境保护责任履行情况进行了审计，重点审计了水、土地、森林等自然资源和相关生态环境保护情况，对重要事项进行了必要的延伸和追溯。秀山乡党委、秀山乡人民政府及相关单位对其提供资料的真实性、完整性负责。岱山县审计局的责任是依法独立实施审计并出具审计意见。

一、基本情况

秀山乡位于浙江舟山群岛新区中部，由大牛轭山、大长山、小长山、青山等17个岛屿组成，总面积24.26平方千米，秀山岛面积22.88平方千米，在舟山诸岛中位列第九。截至2018年12月底，全乡户籍人口为7 282人。

秀山乡规划为"南北工业、中心城镇、东西旅游"的总体格局，现为国家AAA旅游景区，东部以九子、三礁、吽唠三个沙滩为主的逾万亩沙滩群，主要港口为岛西南部的兰山港，是浙江省著名的深水良港，外资企业日本常石集团（舟山）修造船基地落户该港区。全乡范围内有饮用水源地三处，系馒头山水库、鲍家岭水库、南浦岙里水库，库容分别为51万立方米、15.99万立方米和14.7万立方米。秀山乡提供的资料表明：2018年秀山乡实现工业总产值34.09亿元，同比增长9.23%，共接待游客187.04万人次，同比增长16.7%。

2018年年末，秀山乡自然资源资产管理和生态环境保护指标主要包括：耕地保有量4 303亩[1]、永久基本农田保护面积1 743.89亩、森林覆盖率52.77%、森林蓄积量2.06万立方米、生态公益林面积13 665亩、湿地面积3 464公顷[2]、海岸自然岸线长度46千米、空气质量优良达96%（见表一）。

表一　自然资源资产管理和生态环境保护指标情况表

具体指标	2015年	2016年	2017年	2018年
耕地保有量（亩）	4 303	4 303	430 3	4 303
桉树永久基本农田保护面积（亩）	1 743.89	1 743.89	1 743.89	1 743.89
新增建设用地规模（亩）	116.1	4.94	5.946	18.08
森林覆盖率	52.77%	52.77%	52.77%	52.77%
森林蓄积量（万立方米）	2.061 3	2.061 3	2.061 3	2.0613

---

[1]　1亩≈666.67平方米，后同。
[2]　1公顷=10 000平方米，后同。

（续）

（续表）

具体指标	2015 年	2016 年	2017 年	2018 年
生态公益林面积（万亩）	1.366 5	1.366 5	1.366 5	1.3665
湿地面积（公顷）	346 4	346 4	346 4	3 464
大陆自然岸线保有长度（千米）（海岸自然岸线）	46	46	46	46
空气质量优良天数比率	90.0%	94.7%	96.8%	96.0%
细颗粒物（PM2.5）浓度降低率	—	18.7%	7.69%	8.33%

任期内，秀山乡政府自然资源和环保的专项资金投入共 6 692.38 万元，包括污水治理 1 394.81 万元、绿化项目 245.61 万元、环境保护 410.02 万元、土地保护整治 151.16 万元、水库建设管理和河道清淤维护支出 1 839.64 万元和小城镇环境整治项目累计投入 2 651.14 万元。

李某某同志 2015 年至 2018 年期间担任秀山乡党委书记，主持乡党委、乡人大全面工作。

二、审计评价

任职期间，李某某同志贯彻上级关于生态文明建设决策部署，落实生态环境保护职责，采取举措并取得成效。秀山乡获得 2015 年度生态县建设年度考核优秀；2016 年、2017 年度美丽岱山考核优秀。

（1）依托生态资源，逐步提升旅游环境。秀山乡建设完成四季花海、三礁风情街、滨海游步道项目，完成景观池塘、观景平台、沙滩书吧等相关配套设施建设，推进旅游景点环境优化，提档升级兰秀风情带建设。

（2）合理推进"五水共治"等整治建设工作。秀山乡完成凉帽河、黄泥坎河、秀东河等河道清淤工作；验收完成 24 处劣 V 类水体剿灭建设工作；实施秀北村、秀东村管网和终端工程，项目涉及 1 544 户农户生活污水排放。完成枫弄坑、园墩、郑家、外凤凰等山塘加固工作，实施双鸾海塘综合治理工程。

（3）小城镇环境综合整治集中发力。秀山乡建立《秀山乡小城镇环境综合整治规划》，规划入选省级优秀规划，至 2018 年年末，小城镇环境整治项目累计投入资金 2 651.14 万元。

但此次审计发现，秀山乡存在绿化养护、边坡治理工程后续管理未到位等问题。

综合上述情况，审计认为李某某同志在任职期间履行自然资源资产管理和生态环境保护责任情况较好。

第八章 领导干部自然资源资产离任审计报告范本

（续）

三、审计发现的主要问题

（一）履行自然资源资产管理和生态环境保护监督责任方面

1. 剿灭劣V类水体项目，发现2处水体存在漂浮垃圾现象

2017秀山乡政府投入109.44万元实施24处劣V类水体建设。审计现场实地抽查8处，结果表明：秀南石井谭河道附近的小沟渠内有较大垃圾漂浮物，大矸头河道有矿泉水瓶、塑料袋等白色垃圾。

2. 边坡治理工程后续管理未到位

秀南村箬跳岭岭墩边坡治理工程2016年10月由杭州实创建设有限公司实施（中标价61.83万元），2017年4月至7月施工，2018年支付30万元。至审计日止，工程尚未结算。2019年9月4日，审计组现场查看结果表明：工程排水渠道部分已破坏，且存在垃圾堆放、渠道堵塞的状况，边坡排水能力存在隐患。

3. 三礁隧道南口下侧片林工程养护工作未到位

该项目由杭州华水市政工程有限公司施工，2015年施工完成，养护期为2年，合同金额为78.59万元。项目支出为73.39万元（因大樟树后期只种活6株，扣除施工方5.2万元）。审计组现场查看结果表明：片林区域已经杂草丛生，数量较难清点，大香樟仅发现一株，绿化养护工作未到位。

（二）组织自然资源资产和生态环境保护相关资金征管用和项目建设运行情况方面

1. 污水处理运行管护不到位，2个污水处理站未运行

秀山乡委托浙江爱迪曼环保科技有限公司实施2017年至2019年度污水处理运行维护，合同价为80.52万元，其中2017年、2018年支付运行维护费35.91万元。2019年8月21日和9月5日，审计2次抽查了秀东社区石弄堂新村污水处理站，发现污水处理站均未运行，设备完全处于关闭状态，零件损坏；8月15日，审计抽查了若跳新村污水处理站，发现污水处理站未运行。

从污水处理站用电量看，秀东社区石弄堂新村污水处理站2018年电费较2017年下降71.85%、秀北社区双凤郑家污水处理站2018年电费较2017年下降57.29%，可见污水处理能力呈下降趋势。

2. 2个水利工程决算造价比中标价超过20%

秀山乡水利工程标准化管理维修工程Ⅰ标段（馒头山水库、黄泥坎水库）中标价39.84万元，审核造价55.59万元，审核造价超中标价39.53%。秀山乡水利工程标准化管理维修工程Ⅲ标段（秀南标准海塘、南浦岙里水利、茶山坑水库、鲍家岭水库）中标价44.28万元，工程新增应急防汛道路工程，审核造价56.28万元，审核造价超中标价27.10%。

(续)

四、审计建议

（1）严格履行生态环境保护责任，进一步提高生态环境质量。重视生态环境资金使用的流程性、规范性和绩效性，强化污水处理运行维护管理，保障资金投入的效益性。

（2）强化资源环境监管执法，加大资源环境违法问题处理处罚力度，加强对水环境资源污染的查处和跟进。

中共岱山县委审计委员会办公室　岱山县审计局
2019年10月24日

第二节　四川省雅安市领导干部自然资源资产离任（任中）审计报告范本

石棉县迎政乡党委书记岳某同志领导干部自然资源资产离任（任中）的审计报告

根据中共中央办公厅、国务院办公厅《领导干部自然资源资产离任审计规定（试行）》，我局派出审计组，于2018年7月2日至2018年10月30日，对岳某同志2017年7月至2018年6月担任石棉县迎政乡（以下简称"县迎政乡"）书记期间的自然资源资产管理和生态环境保护责任履行情况进行了审计，重点审计了水、土地、森林等自然资源和相关生态环境保护情况。重点抽查了石棉县财政局、石棉县水务局、石棉县国土局、石棉县林业局、石棉县环保局、石棉县农业局和石棉县畜牧局等9个部门，对重要事项进行了必要的延伸和追溯。县迎政乡人民政府及相关单位对其提供资料的真实性、完整性负责。我局的责任是依法独立实施审计并出具审计意见。

一、基本情况

县迎政乡，辖区面积64平方千米，辖八牌、三合、新民、红旗、前进5个村。乡境内主要山峰有4座，主要河流有大渡河、八牌河及其他支

(续)

流，主要矿产资源为非金属矿、无烟煤矿、花岗石等，全乡以耕地为主，其他为林地、荒山、河滩及其他用地。

岳某同志于2017年7月担任县迎政乡党委书记，主持县迎政乡党委全面工作，牵头完成县委、县政府交办的工作，负责自然资源资产管理和生态环境保护责任履行。

二、审计评价

任职期间，岳某同志认真贯彻中央关于生态文明建设决策部署，落实生态环境保护"党政同责"和"一岗双责"，积极采取举措并取得以下成效：一是建立健全环境保护工作领导小组，认真贯彻生态文明建设方针政策，完善落实相关工作机制。二是制定自然资源资产管理和生态环境保护目标任务，落实责任，完成上级部门下达的各项目标任务。三是制定完善辖区内企业生态环境质量监督的相关制度，坚决打好"三大攻坚战"，为石棉县打造绿美城市贡献力量。

但此次审计发现，县迎政乡还存在未按照规定恢复植被、土地流转手续不全、部分宅基地超面积审批、农村垃圾运输工具不符合规定等问题。

综合以上情况，审计认为岳某同志在任职期间履行自然资源资产管理和生态环境保护责任情况较好。

石棉县审计局
2018年12月5日

第三节　四川省广元市领导干部自然资源资产责任履行情况试点审计结果范本

姚渡镇2016年至2017年6月领导干部自然资源资产责任履行情况试点审计结果

根据中共中央办公厅、国务院办公厅《开展领导干部自然资源资产离任审计试点方案》和中共广元市委办公室、广元市人民政府办公室关于印发《广元市领导干部自然资源资产责任审计试点实施方案》（广委办函

（续）

〔2017〕47号），青川县审计局于2017年7月31日至10月19日，对姚渡镇2016年至2017年6月领导干部自然资源资产责任履行情况进行了审计试点，重点审计了水、土地、森林等自然资源资产和相关生态环境保护情况，重点抽查了姚渡镇市坪村、王家村、青元村、平原村、阳山村、柳田村、新元村、姚渡镇场镇社区、姚渡镇卫生院、辖区内的毛寨省级自然保护区，并对重要事项进行了必要的延伸和追溯。

一、基本情况

姚渡镇位于青川县东北部，邻甘肃文县、武都，陕西宁强。总面积为213平方千米，辖7村1居委会，有省级自然保护区1个。

二、审计评价

结合本地区资源禀赋特点，姚渡镇树立"绿水青山就是金山银山，保护环境就是保护生产力，改善环境就是发展生产力"理念，坚持举生态旗、打生态牌、走生态路，下发了《2016年环境保护工作计划的通知》《2017年环境保护工作计划的通知》，编制了《姚渡镇2016年秸秆禁烧工作实施方案》《姚渡镇2017年秸秆禁烧工作实施方案》《姚渡镇2016年大气污染防治方案》《姚渡镇2017年大气污染防治方案》《姚渡镇2016年处置重特大森林火灾应急方案》《姚渡镇2016年松材线虫病虫害等重大林业有害生物防治实施方案》等文件，对土地、森林和水资源资产管理和环境保护作出安排部署。

为切实加强对耕地的保护和基本农田保护的日常管理，全面落实耕地保护责任制，姚渡镇与7个村和毛寨伐木场签订有《姚渡镇2016年度耕地保护暨国土资源管理目标责任书》和2017年度《基本农田保护责任书》，明确了各村的耕地保有量和基本农田保护面积，建立了耕地保护的指标量化制，并对各村2016年度耕地保护工作目标责任进行了考核。姚渡镇加大土地动态巡查力度，建有土地动态巡查台账，基本农田保护碑管理与维护基本到位；同时，加大对《中华人民共和国土地管理法》和《中华人民共和国基本农田保护条例》的学习和宣传，提高了全民保护耕地的法律意识和政府领导依法行政、依法用地的自觉性。

姚渡镇加强组织领导，先后成立了环境保护工作领导小组、全面落实河长制工作领导小组、大气重污染应急工作领导小组、耕地保护工作领导小组等；配合国土资源、环境保护、水利、林业、住建等部门依法开展各类行政许可审批和监督执法工作，重点开展了农业面源污染、农业废弃物回收、大气污染防治、水源地保护、河道综合整治、村庄环境整治等专项治理活动，强化了自然资源资产管理和环境保护工作。

第八章　领导干部自然资源资产离任审计报告范本

（续）

但审计也发现，姚渡镇存在野生动物保护不力、农业面源污染治理管理不到位、污水管网建设不配套和污水处理不达标、违规占用土地、废弃农膜收集和处理工作进展缓慢、环境综合治理不达标自然保护区管理不力等和涉及自然资源资产类的项目建设推进缓慢等问题。

综合上述情况，审计认为姚渡镇人民政府在2016年至2017年6月期间履行自然资源资产管理和生态环境保护责任情况较好。

三、审计发现的主要问题

（1）野生动物保护不力。
（2）农业面源污染治理管理不到位。
（3）违禁农药使用监管不力。
（4）污水管网建设不配套和污水处理不达标。
（5）违规占用土地。
（6）医疗废弃物处理设施不达标和废水排放未通过检测。
（7）污水处理厂闲置。
（8）未严格执行河长制管理制度。
（9）环境综合治理不达标。
（10）垃圾填埋场建设和垃圾处理不达标。
（11）废弃农膜收集和处理不彻底。
（12）易地搬迁政策执行不到位。
（13）未完成个别目标任务。

四、审计处理情况和建议

对上述问题，审计局已依法出具了审计报告，依照审计法规，在审计职权范围内分别作出了处理。

针对审计发现的问题，审计建议：姚渡镇应切实加强自然资源资产管理，促进自然资源节约集约利用；严格履行生态环境保护责任，进一步提高生态环境质量；强化资源环境监管，加大资源环境违法问题处理处罚力度；严把土地整治质量关，建立有效管护机制。

五、审计发现问题的整改情况

对审计发现的问题，姚渡镇人民政府正在积极组织整改。具体整改结果由姚渡镇人民政府向社会公告。

青川县审计局
2017年12月14日

第四节　河南省南阳市领导干部自然资源资产任期审计结果范本

宋某某同志任军马河镇党委书记期间自然资源资产审计结果

2019年12月27日公告

根据中共中央办公厅、国务院办公厅《开展领导干部自然资源资产离任审计试点工作方案》和西峡县人民政府《关于印发西峡县2019年度审计项目计划的通知》（西政文〔2019〕16号）文件，2019年7月1日至2019年9月27日，西峡县审计局对宋某某同志任军马河镇党委书记期间的自然资源资产情况进行了审计。现将审计结果公告如下。

一、基本情况

军马河镇位于西峡县北部，距西峡县城约45千米，境内灌河、长探河纵贯全镇，蕴藏着丰富的水利资源，省豫"48线"贯穿5个新农村，县级"军长公路"贯穿8个行政村，交通便利。全镇总面积约163.7平方千米，辖13个行政村，124个村民小组，17 548人。

（1）截至2018年，军马河镇拥有农用地15 397.59公顷，其中：耕地587.90公顷，园地114.85公顷，林地14 522.19公顷，其他农用地172.65公顷，占全乡土地总面积3.59%、0.70%、88.72%和1.05%。

建设用地344.73公顷，其中：城乡建设用地282.80公顷，交通水利用地57.44公顷，其他建设用地4.48公顷，占全乡土地总面积1.73%、0.35%、0.03%。

其他土地626.96公顷，其中：水域410.42公顷，自然保留地216.54公顷，占全乡土地总面积2.51%、1.32%。

（2）目标任务完成情况。军马河镇土地利用总体规划（2010—2020）基本农田保护面积目标任务475公顷，截至2018年基本农田477.03公顷。

第八章 领导干部自然资源资产离任审计报告范本

(续)

（3）相关指标情况。2017年，军马河镇土地总面积16 369.28公顷，建设用地面积344.73公顷，土地开发强度为2.1%。

2016年5月至2018年2月，军马河镇土地违法案件2宗，共违法占用耕地17 266.7平方米，缴纳国土资源罚没收入211 153.16元。

（4）矿产资源现状及利用情况。截至2017年年底，军马河镇共有2家取得采矿证的采矿企业，目前都已停产。分别是：位于军马河镇台子村的建中矿业有限公司，开采矿种是铁矿；位于鱼库村的福源化冶有限公司，开采矿种是大理石矿。

二、审计评价

审计结果表明，宋某某同志自2016年5月至2018年2月任军马河镇党委书记期间，在县委、县政府的正确领导下，认真贯彻中央和省委省政府关于生态文明建设决策部署，落实生态环境保护政策，积极推进自然资源保护与经济建设同步发展，有力促进了自然资源资产集约利用安全，土地资源得到安全较好利用，矿产资源得到合理保护开发。但此次审计也发现，军马河镇存在环境恢复治理重视不够、土地执法处理不到位等问题。

三、审计发现主要问题

（1）矿山环境恢复治理重视不够。
（2）使用土地无手续。
（3）土地执法处理不到位。

四、审计处理及整改情况

对此次审计发现的问题，西峡县审计局已依法出具了审计报告。军马河镇人民政府具体整改情况由其自行公告。

西峡县审计局
2019年12月27日

第五节 河南省安阳市领导干部任期自然资源资产管理责任履行情况审计结果公告范本

王某某同志任县国土资源局局长期间自然资源资产管理责任履行情况审计结果公告

2020 年第 8 号

按照中共中央办公厅、国务院办公厅《领导干部自然资源资产离任审计规定（试行）》（以下简称《规定》），我局派出审计组于 2019 年 9 月 10 日至 2020 年 1 月 13 日对安阳县国土资源局王某某同志任局长期间履行自然资源资产管理责任情况进行了审计。现将审计结果公告如下。

一、基本情况

截至 2018 年年底，安阳县（9 个乡镇、东瓦亭和西瓦亭）土地面积共计 59 028.01 公顷。其中：耕地面积 37 192.17 公顷；园地面积 64.43 公顷；林地 971.96 公顷；城镇村及工矿用地面积 9 532.77 公顷；水域及水利设施用地 908.00 公顷。

二、审计发现的主要问题

未严格落实土地利用总体规划；存在建设用地批而未征，征而未供的问题；土地执法力度不够，违法占地呈上升趋势。

三、审计处理及整改情况

对审计发现的问题，安阳县审计局已依法出具了审计意见。安阳县自然资源局（原县国土资源局）对审计发现的问题高度重视并将积极整改，具体整改情况由其自行公告。

安阳县审计局
2020 年 2 月 20 日

第六节　江苏省领导干部自然资源资产离任审计结果公告范本

城东街道原党工委书记汤某某同志自然资源资产离任审计结果公告

二〇一九年七月三十日公告

根据《中华人民共和国审计法》第二十五条、中共中央办公厅、国务院办公厅《领导干部自然资源资产离任审计规定（试行）》《江苏省领导干部自然资源资产离任审计方案》和《关于开展地方党政主要领导干部自然资源资产离任审计工作的实施意见》（泰海委办〔2018〕76号）的要求，区审计局派出审计组，自2018年10月29日至12月14日，对汤某某同志担任城东街道党工委书记期间自然资源资产管理和生态环境保护责任履行情况进行了审计，现将审计结果公告如下。

一、基本情况

（一）城东街道基本情况

城东街道地处泰州市城郊接合部，东邻经东路、西到卤汀河、南至济川路，北与姜堰华港镇交界，辖区面积38平方千米，常住人口11万人，下辖行政村7个，涉农社区5个，纯社区9个。辖区内新328国道、宁启铁路及新通扬运河穿境而过，水陆交通便利，区位优势明显。

（二）任职情况

汤某某同志2013年9月至2017年3月任城东街道党工委书记，任职期间主持党工委全面工作，分管人大工委、政协工委工作。

二、审计评价意见

汤某某同志任职期间，认真贯彻中央、省、市关于生态文明建设决策部署，落实生态环境保护"党政同责"和"一岗双责"，坚持与时俱

（续）

进，深入推进生态文明建设。

在生态环境建设方面，提出绿色发展、循环发展、低碳发展的理念，建设"美丽城东"，实施了河道"活水工程"，开展"企业节能低碳行动"，严格保护基本农田，加强农村环境综合整治。

在农业建设方面，抓住国家中低产田改造、高标准农田建设和阳光大道东扩工程的机遇，加快打造街道北片地区现代高效农业、都市休闲农业、观光旅游农业，推进产业链融合，打造城东的"北部生态走廊"。

三、审计发现的主要问题

（一）土地资源方面

涉农用地转为建设用地未履行手续；耕地保有量未达标。

（二）水资源方面

违规填埋河道；河道存在拦网养鱼问题。

（三）生态环境保护方面

生态红线管控区存在禁止活动的问题；城东街道办事处辖区内卤汀河东侧生态红线范围内存在废弃加油站未拆除、扒翻种植的问题；辖区新通扬运河生态红线保护范围内存在垃圾乱抛、扒翻种植的问题。

四、审计建议

树立绿色发展理念，提升街道环境质量；建立健全自然资源资产管理和责任落实制度；积极与国土、环保、水利等执法部门对接，统一思想，提高认识，建立健全协作机制。

五、被审计单位整改情况

针对审计发现的主要问题，城东街道已基本整改到位，其他问题和建议正在积极整改、落实中。

泰州市海陵区审计局

2019 年 7 月 30 日

第七节　辽宁省领导干部自然资源资产离任审计的审计公示范本

北镇市审计局关于中安镇人民政府原镇长蒋某同志领导干部自然资源资产离任审计的审计公示

根据《中华人民共和国审计法》和中共中央办公厅、国务院办公厅《领导干部自然资源资产离任审计规定（试行）》，经北镇市委审计委员会批准，北镇市委审计委员会办公室、北镇市审计局决定派出审计组，自2020年11月13日开始，对中安镇人民政府原镇长蒋某同志开展领导干部自然资源资产离任审计。为全面真实了解掌握审计事项相关情况，主动接受社会监督，现将有关情况公示如下。

一、审计时间范围

审计时间范围为2016年2月至2019年10月。重大事项将追溯到相关年度或延伸审计有关单位。

二、有关情况反映

审计期间，若有需要反映的事项，可直接向审计组反映。所反映的情况，审计组将依据审计职权范围在审计期间进行核实、处理、回复，并对反映的情况和反映组织（个人）依法保密。

三、审计人员

审计组组长：王　某

审计组成员：肖某某　张某某

（续）

四、审计工作纪律

审计期间，审计人员严格遵守审计"四严禁"工作要求：严禁违反政治纪律和政治规矩，严格执行请示报告制度；严禁违反中央八项规定及其实施细则精神；严禁泄露审计工作秘密；严禁工作时间饮酒和酒后驾驶机动车。

审计期间，审计人员严格遵守审计"八不准"工作纪律：不准由被审计单位和个人报销或补贴住宿、餐饮、交通、通信、医疗等费用；不准接受被审计单位和个人赠送的礼品礼金，或未经批准通过授课等方式获取报酬；不准参加被审计单位和个人安排的宴请、娱乐、旅游等活动；不准利用审计工作知悉的国家秘密、商业秘密和内部信息谋取利益；不准利用审计职权干预被审计单位依法管理的资金、资产、资源的审批或分配使用；不准向被审计单位推销商品或介绍业务；不准接受被审计单位和个人的请托干预审计工作；不准向被审计单位和个人提出任何与审计工作无关的要求。

五、监督审计工作方式

北镇市审计局监督电话：0416-6623698

北镇市审计局
2020年11月1日

第八节　广东省领导干部自然资源资产离任审计工作方案范本

河源市2018年度镇委书记镇长自然资源资产离任审计工作方案

为了做好2018年我市乡镇党政主要领导干部自然资源资产离任审计工作，根据审计署办公厅《关于做好2018年领导干部自然资源资产离任审计相

第八章　领导干部自然资源资产离任审计报告范本

（续）

关工作的通知》（审办资环发〔2018〕15号）和省审计厅工作部署，按照国家审计准则的有关规定，制定本工作方案。

一、审计目标

按照"摸清情况、揭示问题、分析原因、界定责任"的总体思路，通过审计，摸清被审计领导干部（以下称"领导干部"）任职内所在乡镇主要自然资源资产实物量（含数量和质量，下同）和生态环境质量变化情况，推动解决自然资源资产和生态环境领域突出问题，揭示资源环境领域存在的重大违法违纪问题，严重损毁自然资源资产和重大生态破坏环境污染典型问题，对领导干部履行自然资源资产管理和生态环境保护责任情况进行审计评价并界定责任，推动其在自然资源资产管理和生态环境保护工作中守法、守纪、守规、尽责，促进被审计地区贯彻落实"两山"理念，系统构建山水林田湖生态安全屏障，推动打好污染防治攻坚战。

二、基本原则

（一）坚持依法审计，问题导向

严格遵循《中华人民共和国宪法》《中华人民共和国审计法》等基本法律法规，依照法定的职责、权限和程序开展审计，坚持以问题为导向，以责定审，严肃查处重大违法违纪违规和损毁资源、破坏生态、污染环境等重大典型问题，正确把握生态文明建设体制改革中的新问题、新情况。

（二）坚持客观求实，推动改革

要适应新常态、践行新理念，以是否符合中央规定精神和重大改革方向作为审计定性标准。把推进改革中因缺乏经验、先行先试出现的失误和错误，同明知故犯的违纪违法行为区分开来；把上级尚无限制的探索性试验中的失误和错误，同上级明令禁止后依然我行我素的违纪违法行为区分开来；把为推动发展的无意过失，同为谋取私利的违纪违法行为区分开来，审慎作出结论和处理。同时注意发现领导干部和所在乡镇自然资源资产管理和生态环境保护方面的创新经验和好的做法。

（三）坚持因地制宜，聚集重点

要根据被审计乡镇主体功能区定位以及资源禀赋特点、生态环境保护工作重点，并结合岗位职责特点，围绕森林、土地、水等主要自然资源资产实物量发生重大变化及重大政策执行情况聚集重点；围绕领导干部履行自然资源资产管理和生态环境保护责任情况，着力查处资源环境领域重大违法违纪违规问题。

（续）

三、审计对象和范围

（一）审计对象

紫金县上义镇、龙川县廻龙镇、龙川县黎咀镇、龙川县贝岭镇、连平县陂头镇、连平县高莞镇党委政府主要领导干部。

（二）审计范围

被审计乡镇党委政府主要领导干部任职期间（审计时在任的，截至2017年年底）履行自然资源资产管理和生态环境保护责任情况及其他相关事项，重要事项可延伸审计相关年度，重点检查党的十八大以来领导干部在自然资源资产管理和生态环境保护工作中的履职尽责情况。

四、审计内容与重点、审计评价、责任划分

（一）审计内容与重点

根据省审计厅工作部署，结合被审计乡镇主体功能区规划和自然资源禀赋特点等，选择重点自然资源资产和生态环境重要方面进行审计，要以领导干部任职前后所在地区重点自然资源资产实物量及生态环境质量状况变化为基础，以其任职期间履行自然资源资产管理和生态环境保护责任为主线，确定领导干部自然资源资产离任审计的主要内容，主要包括以下几方面：

（1）贯彻执行中央和上级自然资源资产管理和生态环境保护方针政策和决策部署情况。主要审查被审计乡镇领导干部贯彻执行中央生态文明建设方针政策和决策部署以及上级党委、政府决策部署方面存在的问题。

一是关注中共中央、国务院《生态文明体制改革总体方案》相关改革任务落地、实施情况。重点揭示部署贯彻不力、协调机制不健全、有关部门和个人不作为、重点改革任务推进缓慢等方面突出问题，主要检查被审计乡镇涉及的自然资源资产的确权登记、全面推行河长制等相关改革任务是否得到有效推进落实等情况，关注永久基本农田划定、推行河长制目标任务完成等情况，检查园区招商引资是否严格遵守国家战略规划及地方规划和政策要求，并实地抽查企业经营情况，查看入园企业是否符合相关规划或产业政策要求。

二是关注供给侧结构性改革相关任务完成情况。重点揭示"去产能"过程中弄虚作假、已化解的过剩产能死灰复燃、违规批准新增产能等方面突出问题，检查领导干部签字承诺或所在地政府承诺的去产能目标完成情况，关注去产能过程中下岗失业人员社会保障待遇和再就业人员帮扶政策的制定和落实情况。

第八章 领导干部自然资源资产离任审计报告范本

（续）

（2）自然资源资产管理和生态环境保护目标完成情况。主要审查被审计乡镇领导干部以及党委、政府（包括所属部门）在国家和上级政府要求的自然资源资产管理和资源环境数量质量相关约束性、规划性指标以及重点任务完成方面的问题。

一是关注上级政府确定的自然资源利用和环境质量等方面约束性指标完成情况。重点揭示指标未完成，篡改、伪造或者指使篡改、伪造数据等弄虚作假行为等方面突出问题，主要检查"十二五"国民经济和社会发展规划，以及耕地保护和土地利用计划执行、森林资源保护和森林防火指标、水资源管理利用指标、主要污染物总量控制指标、美丽乡村建设指标等约束性指标的真实性和可靠性等情况。

二是关注其他纳入国家生态文明建设考核目标或绿色发展指标、上级政府确定的相关指标以及专项规划确定的工作目标完成情况。重点揭示相关指标未完成，指标数据弄虚作假等方面突出问题，主要检查大气污染防治行动计划、水污染防治行动计划、土壤污染防治行动计划等专项规划落实和完成情况，危险废物处置利用率、生活垃圾无害化处理率、污水集中处理率等指标完成情况。

（3）自然资源资产管理和生态环境保护重大事项决策情况。主要审查被审计乡镇领导干部以及党委、政府（包括所属部门）对自然资源资产开发利用和生态环境保护重大事项决策和审批情况。重点揭示作出的决策与生态环境和资源方面政策、法律法规相违背，不顾资源环境承载能力盲目决策引进重大项目和支出重大资金等方面突出问题，主要检查"两高一剩"企业引进、小水电项目开发建设等方面情况。

（4）自然资源资产和生态环境保护相关资金征收管理使用情况。主要审查被审计乡镇自然资源资产开发利用和生态环境保护相关资金和项目的管理情况。重点揭示资金管理使用中的违法违规、资金浪费等问题，以及项目建设及运行中的违法违规、效果不佳等问题，主要检查生态公益林保护、土地整治、水环境综合整治、废弃物与化学品等资金，以及重大生态保护修复、农村环境治理、资源循环利用、生活垃圾处置等项目情况。

（5）履行自然资源资产管理和生态环境保护监督责任情况。主要审查被审计乡镇领导干部以及党委、政府（包括所属部门）在自然资源资产开发和生态环境保护方面监督、督促责任的缺失问题。

一是关注被审计乡镇对企业违反资源环境生态相关法律法规行为的处置情况。重点揭示有关地方和部门监督执法不严，对损毁自然资源和损害生态环境的问题及相关责任单位和人员处理处罚不到位，非法红砖厂关闭不到位，生态环境风险隐患预警机制不健全、预防措施不到位、应急

（续）

处置能力不足等问题，被审计乡镇重点断面水质超标、空气质量超标等问题。同时，还要关注自然资源和生态环境有关执法情况，以及地方对国家审计、环保、土地等相关督察结果的整改落实等方面的问题。

二是关注被审计乡镇自然资源资产和生态环境领域危害人民群众生命财产安全的重大风险隐患，重点揭示影响较大、长期得不到有效解决的资源损毁、生态破坏、环境污染等方面突出问题，主要检查城镇集中式饮用水源地保护、农村饮水安全工程建设、危险废弃物和医疗废弃物的转运与处置和黑臭水体治理等情况。

（二）审计评价

按照《领导干部自然资源资产离任审计规定（试行）》关于审计总体评价的要求，紧紧围绕领导干部履行自然资源资产管理和生态环境保护责任情况的审计目标，结合地区的实际情况，综合反映自然资源资产实物量和生态环境质量状况变化情况，根据审计查证或者认定的事实，针对审计发现的问题，加强原因分析，分析是法规不健全还是有法不依，是体制机制不健全还是有章不循，是工作职责不清还是未履职尽责；对造成生态环境损害的问题，分析是人为因素还是自然因素、是历史因素还是现实因素等，分"好""较好""一般""较差""差"五个等次，对领导干部履行自然资源资产管理和生态环境保护责任情况进行客观公正、实事求是的总体评价。审计评价要充分利用测绘遥感、自动监测等技术手段，做到定性评价与定量评价相结合。参考三方面的硬性指标：一是任期内的资源环境数量和质量变化情况；二是约束性指标或目标责任书的完成情况；三是重大环境或资源环境毁损事件发生情况。

（三）责任划分

按照权责一致的原则，充分考虑地域因素、季节、气候、生长期等自然因素的影响以及环境问题的潜伏性、时滞性、外部性等，针对自然资源资产和生态环境质量状况的变化，依法准确界定被审计领导干部对审计发现问题应承担的责任。对于历史遗留的、短期难以解决的生态环境问题，以及涉及范围广、难以准确计量的自然资源变化情况，要以被审计领导干部任期内采取减缓措施的程度和效果进行认定。

对审计发现的问题，参照《党政领导干部生态环境损害责任追究办法（试行）》《广东省党政领导干部生态环境损害责任追究实施细则》《领导干部自然资源资产离任审计规定（试行）》的有关规定，坚持按照"三个区分开来"的原则，根据领导干部职责权限和任职时间，以及决策程序要求和决策过程等情况，采取"看职责、看行为、看后果"的方法，依法准确界定领导干部对存在主要问题应承担的责任。

第八章　领导干部自然资源资产离任审计报告范本

（续）

五、审计技术方法

市审计局将转发省审计厅制定的审计指南供审计组参考使用，并提供相关技术支持。

六、审计组织和分工

（一）组织领导

全市领导干部自然资源资产离任审计工作由市审计局统一部署，列入市局2018年度审计工作计划，由市局经济责任审计中心牵头组织实施，各县区审计局具体实施。市局将根据工作需要，对各审计组审计工作开展情况及审计质量进行指导检查。

（二）具体分工

市局负责总体审计牵头工作，市经济责任审计中心根据市局的安排，组织协调项目实施，负责及时传达市局领导的指示要求，协调配置人力资源，对各审计组进行督导检查，根据领导干部经济责任审计工作领导小组的要求审核、批准各审计组的审计实施方案、审计报告，整理各审计组报送的主要信息进行信息交流，掌握和督导项目实施进度，指导各审计组实施审计，组织审计培训，解答各审计组审计实施过程中遇到的问题，上报审计报告、专题报告。各县区审计局负责按相关乡镇的经济责任审计分工一并组织实施。

（三）沟通联系

市经济责任审计中心以工作动态的形式发布审计信息和要求，各审计组按期以工作动态的形式报告工作进展情况、发现的主要问题和下一步工作安排等。对发现的重大案件线索和其他重大事项要及时报告。

（四）审计组组成及分工

审计组组成及分工详见《河源市2018年度镇委书记镇长经济责任异地同步审计工作方案》，同时开展领导干部自然资源资产离任审计的审计组成员不少于6人。

七、时间安排

详见《河源市2018年度镇委书记镇长经济责任异地同步审计工作方案》。

八、审计工作要求

（一）切实提高认识，精心组织实施

开展领导干部自然资源资产离任审计是中央、省委省政府、市委市政府的重大决策部署，是我市认真贯彻落实习近平新时代中国特色社会主义思

（续）

想和党的十九大精神、国务院关于加强审计工作的意见，实施审计监督全覆盖的重要举措，也是贯彻落实中央《关于加快生态文明建设的意见》《生态文明体制改革总体方案》的具体体现，对推进党风廉政建设、促进我市经济社会健康发展具有重要意义。各参审局及参审人员要高度重视，增强责任感和使命感，加强领导，精心组织，周密部署，有针对性地组织实施，查处和反映一批共性和典型性的问题，认真完成好审计任务。

（二）配好审计资源，严格审计管理

领导干部自然资源资产离任审计涉及面广、内容事项多，要充分认识审计任务的敏感性和艰巨性，精心组织实施，全面落实各项工作要求。领导小组要积极协调组织部门、纪检部门，各审计组应加强与发展改革、财政、国土资源、环境保护、水利、农业、林业和统计等部门的联系，及时向市局报告工作进展情况、发现的主要问题和其他重大事项，要切实执行国家审计准则，严格审计程序，规范审计行为，按时、高质量地完成审计任务。

（三）积极探索，审慎开展审计评价和责任界定

紧紧围绕"审什么、怎么审、责任怎么定"这三个基本问题开展审计，在理清责任人和破坏生态环境造成的危害及后果的基础上，根据领导干部职责权限和任职时间、决策程序规定和决策过程等，科学分析并界定领导干部对存在主要问题应承担的责任。

（四）勇于创新，积极开展审计方式方法和内容探索

要树立大数据审计理念，加大对自然资源资产管理和生态环境保护信息系统相关业务管理系统数据收集和分析，探索对乡镇领导干部自然资源资产负债表内容的审计方式和技术方法；利用地理信息系统软件技术，结合实地检查，对主要自然资源资产的实物量和质量情况、任务完成情况进行核实。

（五）严守纪律，确保高质量完成任务

各审计组要严格执行各项纪律要求，加强廉政建设，重视保密工作，加强现场保密管理，参审人员不得随意透露审计试点情况，不得私自接受新闻媒体采访。要切实做到依法审计、文明审计，注意政策把握，加强调查研究，注重与被审计单位和有关方面沟通协调，多角度、多方面了解情况，做到取证扎实，定性准确，表述客观。

河源市审计局

2018 年 2 月 5 日

第九节　湖南省领导干部自然资源资产离任（任中）审计结果范本

宋某任中共中方县泸阳镇党委书记、张某任泸阳镇镇长期间开展自然资源资产离任（任中）的审计结果

2019 年第 3 号公告

根据《中华人民共和国审计法》第二十六条、中共中央办公厅、国务院办公厅《领导干部自然资源资产离任审计规定（试行）》（厅字〔2017〕39 号）相关规定，中方县审计局派出审计组对宋某担任中共中方县泸阳镇党委书记期间、张某担任泸阳镇镇长期间自然资源资产管理和生态环境保护责任履行情况进行了审计。

一、基本情况

中方县泸阳镇地处中方县东北部，系怀化中心城市东大门、全国重点镇。2015 年 12 月机构改革后，由原泸阳镇、聂家村乡、下坪乡合并组建。全镇共辖 3 个居委会和 11 个行政村，现有总人口 4.67 万人。

（一）自然资源资产概况

土地、森林资源基本情况：泸阳镇总面积为 211.9 平方千米，森林覆盖率达 62%。

水资源情况：全镇境内共有溪流 17 条，总长度为 187.9 千米，流域面积为 907.67 平方千米。

矿产资源情况：辖区矿产资源丰富，共有工贸企业 33 家（其中规模企业 11 家）、煤矿 3 家（已全部退出）、页岩砖厂 13 家（其中 9 家停产）、岩场 13 家（其中 7 家停产）。

（续）

（二）领导干部任职情况

宋某于2015年12月起任中共中方县泸阳镇党委委员、书记职务，任职期间主持党委全面工作。张某于2012年11月起任中方县泸阳镇镇长职务，任职期间主持政府全面工作，主管财政、民政、计划生育、安全等工作。

二、审计发现的主要问题

（一）贯彻落实中央、省委省政府生态文明建设方针政策和决策部署情况

巡河工作严重滞后。

（二）遵守自然资源资产管理和生态环境保护法律法规方面

（1）存在大量手续（证件）不完备或过期的企业。①4家非煤矿山企业手续（证件）不齐或过期。②1家造纸厂企业用地手续长期未办理。③43户养殖大户经营手续不全。④38户养殖大户粪污处理设施不达标。

（2）对农民违规占地建房监管不严。

（3）养殖污水和生活污水直排。

（三）完成自然资源资产管理和生态环境保护目标方面

森林防火责任落实不到位。

（四）履行自然资源资产管理和生态环境保护监督责任方面

（1）饮用水源地保护工作不到位，集镇饮用水水质不达标。

（2）关停矿山企业未进行地质环境恢复治理。

（五）组织自然资源资产和生态环境保护相关资金征管用和项目建设运营方面

泸阳水厂未缴纳水资源费。

（六）其他方面

PM10监测值稍高。

三、审计处理及整改情况

对此次审计发现的问题，中方县审计局已经依法出具了审计报告。

对审计指出的问题，泸阳镇人民政府高度重视，关于集镇饮用水水质不达标问题，对饮用水源周边的养猪场进行了整改，目前水质已经达标。对其他问题出台了一系列制度文件等进行整改规范。

中方县审计局

2019年3月1日

第十节　海南省领导干部自然资源资产离任（任中）审计结果报告范本

海南省 2020 年度领导干部自然资源资产

离任（任中）审计结果报告

2020 年 9 月至 12 月，省审计厅派出审计组，对琼海、定安、琼中和白沙 4 市县共 6 位党政主要领导干部开展自然资源资产离任（任中）审计。审计结果如下：

一、审计工作基本情况及审计评价意见

审计中主要关注被审计领导干部及所在单位履行自然资源资产管理和生态环境保护责任情况，重点审计了耕地、森林、水资源和大气、土壤环境等领域。

审计结果表明，被审计领导干部任职期间均能够贯彻中央和省关于生态文明建设的各项决策部署，落实生态环境保护"党政同责"和"一岗双责"，加强执法力度推进自然资源资产管理和生态环境保护工作。但仍存在部分生态环境保护任务未按要求完成，部分市县履行资源管理和生态环境保护职责不到位，非法占用耕地、林地，资源环境收费未及时足额征收、少数项目进度缓慢等违规问题 81 个，涉及问题金额 2 282.46 万元。

二、审计发现的主要问题

（一）部分生态环境保护任务部署未按要求完成

一是白沙县未制定贯彻落实《国家生态文明试验区（海南）实施方案》任务清单，琼中县任务清单中有 2 项任务未按要求在 2019 年底前完成。二是琼海市、白沙县新能源汽车充电桩建设任务推进缓慢，琼海市"十三五"任务完成率仅 18.38%，白沙县 2019 年仅完成目标任务的 63.84%。三是有关规划指标未完成，琼海市 8 项"十三五"生态环境保护规划指标未完成；

（续）

定安县村镇集中式饮用水水源地水质达标率和城市内河（湖）劣Ⅴ类水质比例2项约束性指标现值与目标值存在较大差距；白沙县3个污染水体治理目标任务未按时完成。四是琼海市、定安县未落实水污染物排放企业红黄牌工作制度，白沙县未建立环境污染"黑名单"制度，琼中县"小散乱污"专项治理未能按期完成。

（二）部分市县履行资源管理和生态环境保护职责不到位

一是琼中、琼海、定安和白沙4个市县非法占用耕地、林地问题突出，合计5 525.21亩被非法用于养殖或者建设，琼海市海岸带保护管理工作落实不到位，海岸带33.46亩土地被违规占用。二是琼海市、白沙县落实耕地、林地占补平衡不力，被占用的4 914.5亩耕地、390.45亩林地未得到补充。三是琼中、琼海、定安和白沙4个市县耕地非粮化和撂荒严重，合计撂荒6 959.47亩，琼海市累计耕地非粮化40.44万亩，占其划定永久基本农田面积50.75万亩的79.68%。四是琼中、琼海、定安3个市县11个矿山尚未完成修复，白沙县2个到期采矿区未依规进行生态修复。五是琼海、白沙2个市县水源地保护不到位，部分水源水质不达标，保护区围网、标识等未完成，琼海备用水源建设任务推进滞后。六是定安"两违"整治进度缓慢，仅完成整治项目7 911个，占比43.83%，琼海未按规定程序认定"两违"图斑处置方式。七是琼海、白沙2个市县落实河湖长制度不到位，琼海市未建立《湾长制管理办法》等5项制度，白沙县巡河工作落实不到位，部分河床建筑垃圾、生活垃圾未及时清理。八是相关督察整改不到位，琼海市、定安县和白沙县共有14项中央环保督察整改任务未完成，琼海市5项整改任务上报完成进度与实际不符，同时未按期完成森林督察58个图斑整改任务。

（三）部分环境质量项目推进不力，进度缓慢，运行绩效差

一是定安县1个段河道疏浚工程项目"化整为零"，规避公开招投标；琼中县、白沙县3个项目未经环评便开工建设，其中白沙未开展环境影响评价，违规河道采砂54.47万立方米。二是琼中县、定安县农村生活污水处理设施项目推进缓慢，定安县只完成29个行政村118个自然村生活污水处理设施，未完成农村生活污水处理设施覆盖率提高到30%以上的目标，琼中县富美乡村水环境治理项目未按照合同约定时间完成，导致部分招商项目无法开工建设。三是琼海市、白沙县农村生活污水处理项目后续管理不到位，115个农村污水处理设施运行不正常。四是琼海市、定安县垃圾处理设施不到位，琼海市存量垃圾无害化处理工作进展缓慢，非正规垃圾堆放场环境监测工作落实不到位，定安县填埋场违规收纳大量生活垃圾，污染生态环境。五是定安县、白沙县多个农村饮水安全工程水质不达标，定安

（续）

县 10 个农村饮用水存在总大肠菌群、耐热大肠菌群、大肠埃希氏菌指标超标，白沙县 3 个年度水质合格率为零，2 个年度水质合格率均低于 40%。

（四）部分资源环境资金征收和使用不规范

琼海、定安和白沙 3 个市县应征收未征收水资源费、水土保持费等多项资源环境收费 2 070.92 万元，琼中、白沙 2 个县水资源费、污水处理费等收入 177.08 万元未及时上缴财政。定安县投入 1.18 亿元用于城镇内河水污染治理，但仍有 2 条城镇内河水质连续数月超标。

三、审计发现问题的整改情况及建议

针对审计发现的问题，省审计厅已在《审计意见》中要求被审计单位限期整改，涉及财政收支问题均已下达审计决定要求执行，现提出以下建议。

（1）市县政府应加强自然资源资产管理和生态环境保护能力建设，提高完成相关工作目标任务的能力。保障党和国家生态文明建设的各项决策部署得到有效的贯彻落实。省直相关职能部门要完善工作推进机制，加强对市县的任务督导和业务指导。

（2）加大自然资源资产管理和生态环境保护的监管执法力度。市县党委、政府要严格土地、森林、生态环境等监管执法，加大对自然资源及生态环境违法问题处理处罚力度，杜绝出现基本农田、林地被非法占用等问题。

（3）加强生态环境保护相关资金的征收管理，确保应收尽收。市县政府要严格要求相关部门，严格按照生态环境保护相关资金征收管理办法，规范征收管理程序，及时足额征收相关资金，确保及时缴入国库。

第九章

审计结果公告范本

导读

本章介绍审计结果公告范本，包括六节，分别介绍审计署审计结果公告范本、上海市审计局审计结果公告范本、河北省审计厅审计结果公告范本、安徽省审计厅审计结果公告范本、海南省审计厅审计结果公告范本以及辽宁省审计厅审计结果公告范本。

第一节　审计署审计结果公告范本

中华人民共和国审计署

审计结果公告

2020 年第 1 号（总第 355 号）

2019 年第四季度国家重大政策措施落实情况跟踪审计结果

审计署认真贯彻落实党中央、国务院对审计工作的部署要求，持续开展对

(续)

国家重大政策措施落实情况的跟踪审计。2019年第四季度，审计署继续组织对31个省（自治区、直辖市，以下统称省）、新疆生产建设兵团和35个中央部门、15家金融机构进行审计，并对41户中央企业进行延伸审计，围绕推动经济高质量发展和供给侧结构性改革，聚焦减税降费、三大攻坚战、乡村振兴战略以及稳就业、稳金融、稳外贸、稳外资、稳投资、稳预期等重大政策措施落实情况，抽查了1 621个单位、2 742个项目，涉及资金4 389.5亿元，并对以往审计查出问题整改情况进行了跟踪检查。从审计情况看，有关地区和部门认真贯彻落实党中央、国务院重大决策部署，结合实际主动作为，推动经济持续健康发展。

一、减税降费政策措施落实相关审计情况

从审计情况看，税务总局贯彻落实党中央、国务院实施更大规模减税降费的决策部署，推出一系列便民办税缴费举措，规范税费业务征管，切实降低企业税费负担；有关地区和部门认真贯彻落实减税降费相关政策措施，在减轻企业和个人负担、激发市场主体活力等方面做了大量工作。据税务部门统计，2019年全国累计新增减税降费超过2万亿元，取得较好效果。但发现部分行业增值税改革配套措施仍不够完善，部分税收征管"放管服"改革仍不够到位等。还发现一些地区仍存在违规收费、转嫁费用等问题，涉及金额14.28亿元。其中：16个省的101家单位未按规定降低收费标准、违规征收应免征或已取消的行政事业性收费、自立名目收费、违规征收政府性基金12.19亿元；12个省的51家单位违规向企业转嫁应由财政预算保障的费用、要求企业购买第三方电子认证服务或承担电子政务平台服务费7 081万元；6个省的8家单位依托主管部门的行政审批事项开展中介服务并收费5 540.77万元；4个省的22家单位未严格实行"考培分离"，强制培训与考试挂钩，收取培训费用6 889.59万元；2个省的4家商会、协会通过开展评比表彰违规收费、未设置固定标准收取会费、重复收费等1 364.42万元。

二、清理拖欠民营企业中小企业账款相关审计情况

审计重点抽查了各地区各部门建立清欠台账、制订清偿计划、清偿拖欠账款等情况，截至2019年年底，全国已清偿账款6 600余亿元，完成了清偿一半以上的目标任务，工作取得积极成效。但发现部分地区和单位存在台账不准确，少报、多报拖欠账款，有的边清边欠；未制定或未完善清偿计划、虚减清偿任务；未完成清偿任务、虚增偿还金额等问题。

（续）

三、过"紧日子"相关政策审计情况

审计重点关注了各地区各部门落实厉行节约要求、盘活存量资金资产、加快资金拨付使用等情况。总的看，各地区各部门按照党中央、国务院要求，坚持过"紧日子"，不断优化支出结构，促进积极财政政策提质增效。审计发现的主要问题：

（1）部分单位未严格落实厉行节约相关要求。1个省的1家单位由于管理不到位造成损失浪费，涉及金额45.11万元；2个省的10家单位超标准采购货物。

（2）部分地区和单位存量资金资产未有效盘活。10个省和1个部门未统筹盘活结余和结转2年以上财政存量资金41.23亿元；1个省未统筹盘活已收回的财政存量资金2 512.45万元；1个部门未及时上缴财政性资金5 129.48万元；2个省的2家行政事业单位国有资产长期闲置，涉及建筑面积6 837.07平方米。

四、"六稳"政策措施落实相关审计情况

审计重点抽查了就业优先、合理扩大有效投资等任务的落实情况。总的看，各地区各部门积极采取有效措施，推动"六稳"政策措施落地生效。审计发现的主要问题：

（1）部分地区落实高职扩招政策不到位。5个省、40所高职院校存在未及时足额保障办学经费、相关资助政策落实不到位和未对退役军人、下岗失业人员、农民工、新型职业农民4类人员单列招生计划等问题；7个省、61所高职院校教学管理等工作薄弱，存在降低教学标准、未按要求实施分类教育管理等问题。

（2）部分就业补助资金、失业保险金管理使用不规范或效益不高。10个省违规向不符合条件的单位或个人发放就业补助资金492.62万元；3个省违规向不符合条件的人员发放失业保险金3 414.39万元；2个省挪用就业补助资金153.32万元用于会议费、人员工资等支出；5个省的就业补助资金使用效益不高，长期闲置或拨付不及时。

（3）部分地区投资项目进展缓慢，相关专项资金管理使用不规范。6个省、1个部门和1家央企的266个项目未按期开工、完工等，涉及投资57.52亿元；8个省的6.19亿元中小企业发展专项资金长期闲置或支出不规范；16个省的922.88亿元中央财政转移支付资金未在规定时间内分解下达。

(续)

五、深化"放管服"改革相关审计情况

审计重点关注了"证照分离"改革、工程建设项目审批制度改革、推行网上审批和服务等情况。从审计情况看，各地区各部门采取有力措施加快改革进程、优化审批制度、简化审批流程，营商环境持续改善，成效明显。审计发现的主要问题：

（1）部分地区"证照分离"等政策落实不到位。主要是未按要求清理规范行政审批事项及行政审批前置条件、中介服务，未按要求实现行政审批所需资料网上查验等，涉及6个省的10家单位。

（2）部分地区网上审批等优化服务政策落实不到位。主要是投资项目在线审批监管平台和工程建设项目审批管理系统尚未实现互联互通等政策目标、未按规定公布或公告审批相关信息、优惠或便民措施落实不到位等，涉及20个省。

（3）部分地区违规设置市场壁垒等。主要是在市场化交易中，违规设置区域性壁垒等不合理限制性条件、限制排斥潜在投标人或投标人等，涉及8个省的18家单位。

六、脱贫攻坚、乡村振兴相关审计情况

审计关注了各地区各部门贯彻落实脱贫攻坚和乡村振兴决策部署情况，重点审计了24个省的24个贫困县，其中国家扶贫开发工作重点县（含集中连片特殊困难地区县）21个；抽审资金71.57亿元，涉及755个项目、382个单位、210个乡镇、449个行政村，入户走访1 563个贫困户。从审计情况看，各地区、各部门持续落实党中央、国务院决策部署，集中力量推进脱贫攻坚战圆满收官，积极有序推进乡村振兴任务落实。审计发现的主要问题：

（1）部分地区脱贫攻坚在解决突出问题等方面还存在薄弱环节，有些扶贫资金项目管理还不够规范。24个县总体解决了"三保障"突出问题，积极促进贫困群众稳定增收，但18个县在稳定住、巩固好等方面还有一些不足，存在部分贫困群众未享受应享受的医疗扶贫政策、改造后房屋仍存在安全隐患、农村饮水水质仍不达标等问题；20个县还存在落实产业、就业和易地扶贫搬迁后续扶持等政策不到位的问题，主要是产业扶贫项目未与贫困户建立利益联结机制，就业扶贫对象不够精准，部分地区易地扶贫搬迁配套设施不完善，后续产业、就业帮扶工作未跟上等；19个县存在资金和项目闲置或管理不规范等问题，涉及金额4.97亿元；4个县扶贫工作中还存在搞"形象工程"、加重基层工作负担等问题，涉及金额302.9万元。

（续）

（2）部分地区农村集体产权制度改革、粮食和生猪生产保障等乡村振兴重点任务措施落实不到位，部分惠农补贴管理使用不规范。9个省的10个县农村集体产权制度改革工作存在清产核资数据不实、管理不规范等问题，涉及资金7.53亿元；9个省的10个县存在惠农补贴"一卡通"发放管理不规范、超范围发放、资金闲置等问题，涉及资金7.6亿元；8个省的8个地区存在农村人居环境整治项目进展缓慢或未达到预期效果、粮食和生猪生产保障措施落实不到位等问题，涉及资金8 335.3万元。

七、污染防治相关审计情况

审计重点关注了部分地区生态环境重要目标任务落实、机动车污染治理工作等情况。从审计情况看，被审计地区加大生态环境的治理及保护力度，加快项目建设进度，取得积极成效。审计发现的主要问题：

（1）部分地区生态环境重要目标任务未完成或推进缓慢。11个省的33个地区长江生态保护修复、黑臭水体治理、污水处理达标改造等目标任务未完成或推进缓慢；7个省45个运输结构调整项目未按期开工或完工、铁路货运增量任务未完成。

（2）部分地区和单位机动车污染治理工作存在薄弱环节。20个省61个地区在老旧柴油货车淘汰、重型柴油车远程在线监控等方面落实国家政策不力；14个省在机动车排放检测、达标抽测，超标排放车辆信息共享，督促超标排放柴油货车维修治理等方面存在明显短板；8个省11个地区和2个机场在非道路移动机械排放监管、车用燃油和尿素质量管控等方面工作薄弱。

八、初步整改情况

审计指出问题后，有关地区和部门落实责任主体，压实整改责任，正在积极整改。26个省在审计过程中已整改问题金额13.49亿元，其中退还各类违规多收费用4 555.16万元，清偿民营企业中小企业账款及清理各类保证金8.35亿元，追回各类违规发放或骗取套取的财政补助等资金3 194.44万元，盘活闲置资金和下达资金4.32亿元，向建档立卡贫困户等对象补发或补缴各类资金495.84万元，清理规范行政审批事项流程及中介服务事项9项，出台和完善相关规章制度7项。审计署将继续跟踪后续整改情况，进一步督促审计指出问题整改到位。

附件：1.一些地区和部门积极推进国家重大政策措施落实的经验做法（略）
　　　2.以前发现问题整改事例（略）
　　　3.2019年第四季度跟踪审计发现的主要问题（略）

第九章　审计结果公告范本

中华人民共和国审计署

审计结果公告

2023 年第 1 号（总第 367 号）

北京冬奥组委财务决算审计结果

根据《中华人民共和国审计法》有关规定，审计署组织对北京 2022 年冬奥会和冬残奥会组织委员会（以下简称北京冬奥组委）财务决算进行审计，审计工作得到北京冬奥组委的大力支持和配合。现将审计结果公告如下：

经审计，截至 2023 年 3 月底，北京冬奥组委决算收入 153.9 亿元，其中：市场开发收入 111.3 亿元，国际奥委会资助 37.8 亿元，利息等其他收入 4.8 亿元。决算支出 150.4 亿元，其中：制冰造雪等体育竞赛支出 13.3 亿元，临时电力等场馆设施支出 18.7 亿元，技术系统支出 23.2 亿元，交通、餐饮等赛时服务支出 23.6 亿元，仪式、宣传和文化活动支出 15.7 亿元，安保、防疫等办赛保障支出 15.5 亿元，人力资源相关支出 28 亿元，行政办公等赛事运营支出 12.4 亿元。决算结余 3.5 亿元。

从收入方面看，受疫情影响，北京冬奥组委未对外销售门票，无门票收入，同时，吉祥物等特许经营收入超预期，增加了市场开发收入；从支出方面看，受疫情影响，安保、防疫等办赛保障支出增加，同时，行政和人力相关支出压减；相抵后，实现了"收支平衡，略有结余"的目标。

第二节　上海市审计局审计结果公告范本

上海市审计局

审计结果公告

2020 年第 11 号（总第 389 号）

上海市文化和旅游局 2019 年度预算执行和其他财政收支情况的审计结果

根据《中华人民共和国审计法》第十六条，2020 年 3 月至 4 月，上海市审计局对上海市文化和旅游局（以下简称"市文化旅游局"）2019 年度预算执行和其他财政收支情况进行了审计，并延伸审计了 5 家单位。现将审计结果公告如下。

一、基本情况和审计评价

市文化旅游局为市级预算主管部门。2019 年度部门预算由市文化旅游局本部和 25 家预算单位的预算组成。市财政局批复市文化旅游局 2019 年度部门财政支出预算为 9.92 亿元，调整后的财政支出预算为 15.82 亿元，全部为一般公共预算支出，调整内容主要为增加基本建设拨款、新增机构改革预算等。2019 年，市文化旅游局实际收到财政拨款 15.5 亿元。

审计结果表明，市文化旅游局能够根据国家预算管理的法律法规，组织好本部门预算编报工作。预算收支基本符合国家有关规定，会计核算基本遵守有关财经法规。同时，市文化旅游局进一步加强了预算和财务管理工作，建立健全有关内部管理制度，但审计中也发现一些需要加以纠正和改进的问题。

二、审计发现的主要问题

（一）预算编制和执行方面

一是个别单位由于对款项支付进度预计不够准确等原因，造成基本建设

（续）

项目资金结存，涉及金额 1.01 亿元；二是 4 个财政性资金项目，预算编制未统筹考虑项目历年结转资金，结转资金为 3 804.34 万元；三是个别单位收取超规定的保证金 45.98 万元，部分单位的 48.09 万元资金沉淀在加油卡中；四是个别项目未及时调整预算；五是个别单位专家费用支付方式不规范，涉及金额 11.47 万元。

（二）有关国家法律法规和其他相关政策执行方面

一是部分非税收入未及时上缴财政，涉及金额 1 312.85 万元；二是部分印刷服务未执行政府采购；三是个别单位未按规定计提固定资产折旧。

（三）房屋资产管理方面

一是经抽查，部分房产未及时办理产证或权属变更，面积共计 23.83 万平方米；二是部分房屋资产有账无实，涉及金额 130 万元；三是部分房屋无偿出借给系统外单位使用，建筑面积 4 056.68 平方米；四是个别单位租金未及时收回，涉及金额 12.1 万元；五是 1 处房产闲置 1 年以上，建筑面积 1 054.86 平方米。

（四）内部管理方面

主要为部分往来款账龄超过 3 年未及时清理，涉及金额 7 805.10 万元。个别项目的合同签署程序倒置。

三、审计处理情况及意见

对上述问题，市审计局已依法出具了审计报告。对预算编制和执行方面的问题，要求市文化旅游局督促相关单位进一步加强预算管理，规范服务采购行为，规范经费支出，提升财政资金使用效益。对有关国家法律法规和其他相关政策执行方面的问题，要求市文化旅游局督促相关单位及时上缴非税收入，严格执行政府采购相关规定，规范会计核算。对房屋资产管理方面的问题，要求市文化旅游局加强与相关部门协调，推进产权办理工作，同时规范房产出租出借行为，提高资产使用效益。对内部管理方面的问题，要求市文化旅游局进一步加强合同管理，定期清理往来账款，严格执行内部控制制度。

具体整改结果由市文化旅游局向社会公告。

上海市审计局

审计结果公告

2022 年第 25 号（总第 463 号）

上海市污水治理三期工程竣工决算审计结果

根据《中华人民共和国审计法》规定，2021 年 10 月至 11 月，上海市审计局对上海市城市排水有限公司（以下简称排水公司）负责建设的上海市污水治理三期工程进行了竣工决算审计。现将审计结果公告如下：

一、项目基本情况和审计评价

2001 年 5 月，原国家发展计划委员会批准了该工程的项目建议书。2003 年 4 月，国家发展和改革委员会批准了该工程的可行性研究报告。2003 年 10 月和 2005 年 3 月，原上海市建设和管理委员会、原上海市建设和交通委员会分别批准了该工程的初步设计和概算投资，工程概算总投资为 46.11 亿元。2006 年 8 月和 2007 年 7 月，市发展改革委先后对项目资金来源进行了调整，其中市建设财力安排 14 亿元。

根据排水公司上报的项目竣工财务决算报表反映，截至 2021 年 6 月 30 日，该项目完成投资 27.53 亿元，其中：建安投资 15.92 亿元，设备投资 3.38 亿元，待摊投资 8.23 亿元。经审计，该项目实际完成投资为 27.32 亿元，其中：建安投资 15.78 亿元，设备投资 3.38 亿元，待摊投资 8.16 亿元。

审计结果表明，该项目在建设过程中，排水公司基本遵守国家法律法规和有关政策规定，基本执行了有关建设程序，会计核算基本遵循相关会计准则和会计制度的规定，竣工财务决算报表基本真实地反映了项目的投资情况，工程建设管理、资金收支管理等方面的内部控制基本健全有效。但审计也发现一些问题。

二、审计发现的主要问题

（一）多计项目投资
多计建安投资、设备投资等项目投资共计 2 146.82 万元。
（三）内部管理薄弱
合同签订不合理，购置的临时接电箱式变压器安装使用后，排水公司未对其残值进行评估回收。排水公司在项目竣工后未及时销户并申请退费，

（续）

造成部分临时用电容量费未退回。

三、审计处理情况

对上述问题，市审计局已依法出具审计报告。对多计项目投资的问题，要求排水公司核减工程成本，审计指出后，排水公司已作相应账务处理；对建设程序不规范的问题，要求排水公司严格遵守基本建设程序，按规定程序施工建设，及时组织各项专项验收，确保建设程序执行规范完整；对内部管理薄弱的问题，要求排水公司对工程可回收的物资和费用应收尽收，避免损失浪费。

具体整改结果由排水公司向社会公告。

上海市长宁区人民政府新华路街道办事处 2023 年度预算执行和其他财政收支情况及决算草案的审计结果

根据《中华人民共和国审计法》规定，2024 年 3 月至 5 月，区审计局对长宁区人民政府新华路街道办事处（以下简称新华路街道）2023 年度预算执行和其他财政收支情况以及决算草案进行了审计，现将审计结果公告如下：

一、基本情况和审计评价

新华路街道为区级预算主管单位，2023 年度部门预算由新华路街道本部和下属 5 户事业单位组成。区财政局批复新华路街道 2023 年度部门财政支出预算总额为 18 073.97 万元。审计结果表明，新华路街道会计核算基本能遵守有关财经法规，提供的财务决算报表比较真实地反映了 2023 年度预算执行和其他财政收支情况。但审计也发现一些需要加以纠正和改进的问题。

二、审计发现的主要问题

（一）预、决算管理方面

部门决算数与财务账面数不一致。新华路街道 2023 年度决算报表年初及年末结转和结余均与财务账面存在 16.08 万元差异。

（二）财政资金绩效管理方面

部分结余资金未及时上缴。截至 2023 年底，上海市长宁区新华街道残疾人服务社等四家民办非企业有 500.06 万元历年财政资金结余未及时上缴，其中 2 年以上结余资金为 388.20 万元。

（三）内部控制和管理方面

1. 部分处置资产账面核销不及时。新华路街道账面原值为 63.14 万元的

（续）

122 件固定资产，已分批移交至定点回收单位，但财务账面未及时核销。

2. 部分采购项目比价存在关联方。新华路街道对内部比价监管不严，有 2 个采购项目比价过程中，存在参与比价的三家公司中两方存在关联关系的情况，金额合计 33 万元。

三、审计处理情况

对上述问题，区审计局已依法出具了审计报告。对部门决算数与财务账面数不一致的问题，要求新华路街道及时调整资金结存及非财政拨款结转科目账面金额，确保财务账表与决算数一致；对部分结余资金未及时上缴的问题，要求新华路街道加强结余资金的清理工作，避免财政资金沉淀；对部分处置资产账面核销不及时的问题，要求新华路街道按规定履行资产处置程序，并及时进行账务处理，确保固定资产账实相符；对部分采购项目比价存在关联方的问题，要求新华路街道加强参与比价单位资格审查，切实将三方比价落到实处，确保采购项目公平规范。

具体整改结果由新华路街道向社会公告。

第三节　河北省审计厅审计结果公告范本

河北省审计厅

审计结果公告

2016 年第 1 号

河北省国外贷援款项目 2016 年度公证审计结果

根据《中华人民共和国审计法》和相关国外贷援款协定的规定，2016 年，

第九章　审计结果公告范本

（续）

河北省审计厅对河北省执行的 5 个国外贷款项目和 3 个赠款项目 2015 年度财务收支和项目执行情况进行了审计，向国外贷援款机构出具了 6 份审计报告（其中两个赠款报告与相应贷款报告合并出具，全球环境基金赠款河北省节能减排促进项目单独出具）。审计工作是按照国际审计准则和中国国家审计准则进行的。

一、基本情况

2016 年审计的 5 个国外贷款项目和 3 个赠款项目，包括：世界银行项目 2 个、亚洲开发银行项目 6 个；出具 5 份无保留意见和 1 份保留意见的审计报告。

二、审计结果

审计结果表明，5 个国外贷款项目和 3 个赠款项目总体执行情况较好。项目相关主管部门较好地履行了国外贷援款项目管理职责，在指导和监督项目执行等方面发挥了积极作用，推动了项目顺利实施和预期目标的实现，提高了项目资金使用效益；大部分项目单位能够严格执行国家财经法规和贷援款协定，认真组织项目实施，建立健全了相关内部控制制度，规范财务管理和会计核算，为达到项目预期目标奠定了良好的基础；国外贷援款项目的实施发挥了弥补资金缺口、引入先进理念和培养管理人才等方面的积极作用，取得了较好的经济效益、社会效益和环境效益。但审计也发现 5 个项目存在不符合法规或贷援款协定要求、内部控制缺陷等问题，但未对被审计单位财务报表或项目特定目的的财务报表造成重大影响，出具了 5 份无保留意见报告和 1 份保留意见报告，各项目审计结果详见后附审计报告。

三、审计处理和整改情况

对审计中发现的问题，审计机关已依法出具了审计报告，提出了审计建议。各项目单位高度重视审计反映的问题，采取积极措施进行整改，发现的主要问题整改情况如下。

（一）配套资金未及时足额到位问题

共有 4 个项目存在配套资金未足额到位的问题，未到位配套资金总额为 104 115 339.53 元。截至 9 月 20 日整改到位 64 456 793.09 元，还有 39 658 546.44 元未到位，未到位项目及金额见下表。

（续）

项目名称	未到位金额（元）
世界银行贷款河北省节水灌溉二期	8 174 290.25
世界银行贷款河北省林业综合发展项目	12 027 807.58
亚洲开发银行贷款、水融资伙伴基金计划赠款河北小城镇发展示范项目	4 574 448.61
亚洲开发银行贷款、GEF 赠款白洋淀生态建设与环境综合治理项目	14 882 000.00
合　计	39 658 546.44

（二）项目款支付依据不充分

（1）世界银行贷款河北省林业综合发展项目，临漳县林业局苗木款支付原始资料不充分，未进行造林验收的情况下支付了苗木款 430 200.94 元。河北省林业外资项目管理中心已要求省林业调查规划设计院提交验收报告，作为支付苗木等费用的依据。

（2）亚洲开发银行贷款、水融资伙伴基金计划赠款河北小城镇发展示范项目唐山市丰南区惠众污水处理公司工程款支付依据不充分，现金支付石家庄市市政建设总公司工程款 22 500.00 元，只有建筑工程发票，无其他支付依据，尚未整改。

（三）账务核算内容错误，现金管理不规范

（1）世界银行贷款河北省林业综合发展项目大名县林业局、临西县林业局账务核算内容错误，已对错误科目进行了调整。

（2）亚洲开发银行贷款、水融资伙伴基金计划赠款河北小城镇发展示范项目唐山市丰南区惠众污水处理公司现金管理不规范。该公司制定了《现金管理制度》，规范了现金管理。

（3）世界银行贷款河北省林业综合发展项目账务处理不及时，临西县、大城县、文安县三家项目单位被当地财政局回收配套资金，但项目单位对此业务未及时做账务处理。截至 6 月 30 日，临西县、大城县、文安县三家项目单位均已调整有关账目，完成整改。

（四）物资采购、发放不合规

（1）世界银行贷款河北省林业综合发展项目永清县项目办物资采购和发放不合规，采购过程中未履行必要的招投标或询价采购，购销合同和化肥分配表中存在他人代签的情况。采购不合规问题乡镇截至目前整改还在进行中；发放不合规的乡镇对可能存在代签代领情况的人员逐一再次核实，一律由本人签字，现已整改完成。

（2）亚洲开发银行贷款、GEF 赠款白洋淀生态建设与环境综合治理项目顺平县子项目，招标采购评标报告部分内容不真实，有关行政部门监督不到位问题，已移送保定市纪委处理。

（五）滞留资金、设备闲置

（1）世界银行贷款河北省林业综合发展项目，广宗县滞留省级配套资金 20 000.00 元。该笔资金已于 6 月 29 日支付。

（2）亚洲开发银行贷款、水融资伙伴基金计划赠款河北小城镇发展示范项目，唐山市丰南区惠众污水处理公司设备闲置。亚行贷款购置的 98 000.00 元在线监测设备无法及时反映环保数据，不能满足环保部门要求，且故障发生频繁。黄各庄镇党委领导班子会议集体研究决定采用政府采购方式重新购置了在线监测设备，替换了相应设备，造成原购置资产闲置。省项目办要求污水公司认真吸取教训，杜绝类似问题再次发生。

（六）其他问题

（1）亚洲开发银行贷款、GEF 赠款白洋淀生态建设与环境综合治理项目，顺平县林业局虚报冒领亚洲开发银行贷款；保定市万景环境景观工程有限公司、河北利奥肥业有限公司联合体弄虚作假骗取中标问题未整改。

（2）亚洲开发银行贷款、水融资伙伴基金计划赠款河北小城镇发展示范项目上一年度审计发现问题整改完毕。

（3）全球环境基金赠款河北省节能减排促进项目，计划落实不到位，项目进度缓慢，目前正在整改。

附：审计报告（略）

第四节　安徽省审计厅审计结果公告范本

安徽省审计厅

审计结果公告

2019 年第 2 号（总第 42 号）

关于 2018 年度安徽省国外贷款项目财务
收支及项目执行情况的审计结果

根据《中华人民共和国审计法》规定和审计署授权，2019 年，安徽省审计厅对全省 13 个国外贷款项目 2018 年度财务收支和项目执行情况进行了审计，现将审计结果公告如下。

一、基本情况

我省 2018 年度实施的国外贷款项目 13 个，其中世界银行贷款项目 6 个，亚洲开发银行贷款项目 4 个，德国复兴银行贷款项目 3 个，涉及交通基础设施、水环境治理、医疗卫生改革及新农村建设等领域，覆盖全省 16 个地级市。概算投资总额 170.9 亿元人民币，其中计划利用外资 15.2 亿美元。截至 2018 年年底，累计完成投资 146.74 亿元人民币，其中累计利用外资 59 995.4 万美元。

审计结果表明，我省国外贷款项目执行情况总体较好，对当地经济、社会、民生建设及环境治理等发挥了积极作用。但是审计也发现，部分项目在项目管理及合同履行等方面存在的问题亟待改进。

二、审计发现的主要问题

（一）部分项目合同履行不到位

一是业主单位履约不到位。如综合交通基础设施项目 S367 马鞍山段子项目和县、含山县现场管理部延期支付工程款 1 930.06 万元，巢湖水环境综合治理舒城 SC1 子项目未按合同支付配套款 149.42 万元，安徽公路养护

第九章　审计结果公告范本

（续）

创新示范项目 S312 来安段项目办未及时支付工程款，黄山新农村建设项目祁门县、黟县子项目在支付工程款时保留金扣留方式与合同约定不符。二是监理、施工单位履约、履职不到位。公路养护创新项目 S312 来安段路面（沥青厚度）工程量及工程价款增幅达到约定调整单价条件，但项目监理未按合同进行调整。淮南城市水系治理项目监理人员配置与合同约定不一致，淮南市公安局交警支队智能交通项目监理日志及考勤制度未执行；马鞍山慈湖河项目 B15 标段施工日志无工程名称、无记录人、无现场会议记录。

（二）6 个项目建设程序不规范

马鞍山慈湖河项目 B10 段变更金额超合同价款 15%，未报世界银行审批；安徽公路养护创新示范项目 G206、S209、G318 等 3 个合同段 6 项设计变更，未经批准自行施工；淮南城市水系统治理谢家集涧沟工程多处变更手续一直未办理，龙湖泵站项目已完工验收但尚未报主管部门备案；综合交通基础设施项目马鞍山子项目 I 标 3 项变更未履行报批手续。巢湖水环境综合治理项目六安东部新城子项目 4 个土建工程、庐江 H10 管网工程以及舒城 SC1 主城区污水管网工程施工许可证办理严重滞后。天柱山世界地质公园博物馆及配套设施建设项目未见初步设计及概算批复。

（三）项目进度滞后现象较为普遍

13 个项目中有 9 个项目存在进度滞后问题。如世界银行贷款项目中，马鞍山市慈湖河项目 B11、B15 等 2 个标段工期滞后，其中五担岗水系超工期 35 个月；安徽公路养护创新示范项目 S209 怀宁段、G206 桐城段与怀宁段，应分别于 2018 年 9 月、10 月完工，至 2019 年 4 月仍在施工。亚洲开发银行贷款项目中，淮南城市水系统治理项目湖泊工程包括龙湖、十涧湖、大涧湖等四湖六处入湖口整治，截至 2019 年 4 月，尚有四处入湖口未开工；巢湖流域水环境综合治理项目 HS2 子项目污水处理厂施工合同签订 6 个月后仍未开工建设，WW2 城西区片区污水管网工程 2018 年 6 月施工，计划工期 1 年，截至 2019 年 5 月，仅完成工程总量的二分之一；综合交通基础设施项目 S367 马鞍山子项目有 3 个标段预计延期 12 个月。3 个德援项目实施均较缓慢，提款进度低于时序进度。

（四）财务及资产管理不规范

一是五个项目会计核算不准确，涉及金额 2 890.38 万元。如综合交通基础设施项目马鞍山段子项目少计建安工程投资及待摊投资 2 028.16 万元；巢湖水环境综合治理 HS2 子项目、WW2 子项目部分费用未纳入项目核算，涉及金额 619.22 万元；黄山新农村建设项目祁门县子项目 C2、C3 合同包工程，宣城产业转移基地示范项目等账务处理不及时、不规范。二是内控制度不健全。如巢湖水环境综合治理项目 HS2 子项目财务内控缺失，德援淮南市公安局智能交通系统项目采购管理内控不健全，库存管理无收发存记录等。

(续)

(五)四个子项目存在违反招标法规事项,涉及金额 11 107 万元

综合交通基础设施项目 S367 马鞍山段子项目 Ⅲ 标施工单位中铁十五局将路面沥青、水稳层等主体工程 4 955 万元分包给当地两家公司;黟县发改委采取会议研究或邀请招标的方式确定黄山新农村建设子项目监理单位,涉及监理费用 55.98 万元;巢湖水环境综合治理项目六安污水提升泵站供货与安装工程、含山县清溪镇污水管网工程等项目发出中标通知书时间与合同签订时间间隔超过法定期限。

另外,个别项目存在资金滞留、滞拨现象。如,由于项目计划滞后,固镇、濉溪、歙县、金寨等四县卫健委滞留医改项目世界银行贷款 3 239.42 万元;舒城县城投公司滞拨亚洲开发银行回补工程款 337.66 万元。

针对以上问题,省审计厅已按照相关法律法规的要求提出了相应的审计处理意见和建议。

三、审计整改情况

截至 2019 年 10 月 31 日,除亚洲开发银行贷款农业综合开发项目未提交审计整改情况报告外,其余项目均按要求进行了反馈。从反馈情况看,项目单位高度重视审计发现问题,采取有效措施积极进行整改。如黄山市世行新农村建设项目办公室下发文件,督促黟县、祁门县世行办严格按照审计意见逐项整改,并要求其他项目县区对照检查,做到举一反三,避免类似问题再次发生。淮南市公安局交警支队、天柱山管委会及时通报审计发现问题并提出整改措施。

整改结果表明,大部分审计发现问题得到整改。如合同履行不到位问题,综合交通项目、巢湖水环境治理项目及公路养护项目已支付延期的工程款,新农村建设项目黟县、祁门县世行办承诺今后按合同、按规定比例预留保证金,祁门县世行办已退还多扣的资金。对建设程序不规范问题,马鞍山慈湖河 B10 核减工程已得到世行批复;安庆市公路局对 3 个合同段的变更工程进行了批复;涉及综合交通基础设施项目 I 标及淮南水系治理谢家集涧沟工程,有关部门单位正在整理工程资料,尽快完成变更手续;符合条件的施工许可证均已办理。关于进度滞后问题,马鞍山慈湖河 B15 已完工验收;安徽公路养护创新项目 CXJS-26、CXJS-19 已完工验收。淮南水系综合治理项目未开工的入湖口工程均已开工,巢湖水污染治理 HS2 已全面施工,WW2 城西片区管网工程建设任务基本完成。综合交通基础设施马鞍山 S367 个标段主体已全部完工。关于财务及资产管理不规范问题,涉及的综合交通项目、巢湖水环境治理项目、黄山新农村建设项目、宣城产业转移基地项目等少记、漏记、重计事项,有关项目办已按规定重新进行了账

（续）

务处理；淮南市公安局交警支队派专人对采购的设备进行了排查，含山县清溪城投公司明确专人负责项目核算，完善了财务管理制度。对其他问题，主管部门表示将加强对世界银行、亚洲开发银行采购政策及国内招标投标法规的学习和研究，健全对建设单位、施工及监理等参建单位的履约检查，最大程度减少问题的发生。

对尚未整改完毕的问题以及尚在整改期的世界银行贷款医疗卫生改革促进项目，省审计厅将持续跟踪，确保整改到位。

蚌埠市审计厅

审计结果公告

2022 年第 1 号

蚌埠市 2022 年第一季度重大政策措施落实情况跟踪审计结果公告

根据《中华人民共和国审计法》《国务院关于加强审计工作的意见》《安徽省人民政府关于加强审计工作的意见》的要求及审计署、省审计厅的统一部署，蚌埠市各级审计机关对蚌埠市及所辖三县、四区贯彻落实国家重大政策措施和宏观调控部署情况进行了政策跟踪审计。重点审计了截至 2022 年 3 月中央和省对下转移支付资金、2021 年 1 月至 2022 年 3 月财政助企纾困资金管理使用等重大政策措施落实情况。

跟踪审计结果表明，蚌埠市各级党委、政府认真贯彻落实党中央重大政策措施要求，在转移支付和财政助企纾困资金的分配、拨付、使用上，能够按照相关文件要求分配和足额拨付，相关项目申报真实；主管部门对各项转移支付和财政助企纾困资金的管理使用进行了有效的监督、检查。但本次跟踪审计也发现存在少量资金拨付不及时、个别资金使用不规范、部分项目管理有待进一步加强等问题，应予以重视和纠正。

一、跟踪审计发现的主要问题

（一）部分转移支付资金支付进度慢

（1）2021 年 2 月，禹会区教育体育局收到中央义务教育薄弱环节改善

（续）

与能力提升补助资金513万元，截至2022年3月，支出136.44万元，结余376.56万元，支出进度为26.6%。

（2）2021年10月，龙子湖区教体局收到省级第二批义务教育薄弱环节改善与能力提升补助资金78万元，截至2022年3月尚未使用。

（3）2022年，怀远县结转中央教育转移支付资金7.72万元。上述资金于2021年6月前下达，截至2022年3月尚未支付。

（4）2021年10月，蚌山区收到省级第二批义务教育薄弱环节与能力提升补助资金152万元，截至2022年3月尚未使用。

（5）2021年，淮上区3家单位收到转移支付资金共304.36万元。截至审计时，已支付105.49万元，尚有198.87万元未支付，其中：淮上区司法局收2021年中央政法纪检监察转移支付资金100万元，已支付61.78万元，结余38.22万元；小蚌埠镇政府收2021年省级农村综合改革转移支付资金（农村公益事业）73.36万元，尚未支付；蚌埠市三汊河国家湿地公园管理处收2021年省级林业资源管理与生态保护修复资金78万元，已支付16.18万元，结余63.82万元。

（二）个别单位城乡义务教育公用经费使用不规范

2021年，固镇县任桥民族中学从收到的城乡义务教育公用经费省级资金中支付人员工资合计0.77万元；固镇县仁和集中学从上年结转的省级城乡义务教育公用经费资金中支付安保人员工资0.13万元。

（三）个别项目未按图施工，影响竣工验收

五河县使用2021年省级扩大学前教育资金对县直机关幼儿园西凌分园进行装修，合同价186万元，计划工期50日历天。该项目于2021年9月24日开工建设，因施工方未能按照要求施工，导致未能按期竣工验收，已超过合同工期132日历天。

（四）部分项目管理有待进一步加强

怀远县使用2022年中央财政衔接推进乡村振兴补助资金项目管理有待进一步加强。

（1）怀远县魏庄镇、褚集镇2个乡镇实施的乡村振兴产业发展项目绩效目标申报表均未经主管部门审核。

（2）怀远县魏庄镇乡村振兴产业发展项目编制的项目方案、绩效目标申报表和预算一体化平台申报的绩效目标3份材料中关于带动村集体增收和税收收入等绩效目标不一致。

（五）部分纾困资金拨付不及时

1.部分县区中央中小企业发展专项资金拨付不及时

一是2021年9月2日，高新区财政局将2021年8月11日收到市财政局

（续）

拨付的 202.1 万元"小巨人"企业奖补资金拨付至蚌埠双环电子集团股份有限公司，时间间隔 21 天。

二是 2021 年 9 月 13 日，高新区财政局将 2021 年 8 月 19 日收到市财政局拨付的 177.48 万元国家小微企业融资担保业务降费奖补资金拨付至蚌埠科技融资担保集团有限公司，时间间隔 24 天。

三是 2021 年 10 月 20 日，经开区财政局将 2021 年 8 月 11 日收到市财政局拨付的 320.3 万元"小巨人"企业奖补资金拨付安徽祥源科技股份有限公司，时间间隔 69 天。

四是 2021 年 11 月 22 日，固镇县财政局将 2021 年 8 月 19 日收到市财政局拨付的 30.65 万元国家小微企业融资担保业务降费奖补资金拨付至固镇县大美融资担保有限公司，时间间隔达 94 天。

五是 2022 年 2 月 15 日，经开区财政局将 2022 年 1 月 13 日收到市财政局拨付的 201.9 万元"小巨人"企业奖补资金拨付安徽芯动联科微系统股份有限公司，时间间隔达 32 天。

2. 部分县区省级服务业发展引导资金拨付不及时

一是 2021 年 7 月 5 日，固镇县财政局将 2021 年 3 月 29 日收到市财政局拨付的 800 万元服务业重点项目补助资金拨付至县经开区，2021 年 7 月 20 日，固镇县经开区才将上述资金拨付至安徽丰原生物材料工程科技有限公司，资金到达企业时间总间隔达 113 天。

二是 2021 年 5 月 18 日，淮上区发改委将 2021 年 3 月 29 日收到市财政局拨付的 300 万元服务业重点项目补助资金拨付至安徽省徽商五源国际物流港务有限公司，资金到达企业时间总间隔达 49 天。

3. 市高新区制造强省建设系列政策资金拨付不及时

2021 年 12 月 15 日，高新区财政局将 2021 年 11 月 10 日收到市财政局拨付的 66.3 万元制造强省建设"精品安徽"央视宣传补助资金拨付市高新区大富科技（安徽）股份有限公司，时间间隔 34 天。

4. 市高新区创新型省份资金拨付不及时

2022 年 3 月 10 日，高新区财政局将 2021 年 12 月 30 日收到市财政局拨付的 113 万元创新型省份资金拨付到相关企业，时间间隔 59 天。

（六）中央服务业发展资金项目 3 000 万元资金暂未使用

（1）蚌埠市农商互联完善农产品供应链资金等待省级验收，1 500 万元中央资金暂未使用。

（2）五河县电子商务进农村综合示范县项目实施进度缓慢。

（续）

二、审计发现问题的整改情况

审计期间，固镇县 0.9 万元城乡义务教育公用经费问题整改到位。

针对审计发现的上述其他问题，我局已按照规定要求各相关单位在 2 个月内完成审计整改工作，并将审计整改结果报送市审计局。市审计局将按照规定将审计整改结果向社会公告。

第五节　海南省审计厅审计结果公告范本

海南省审计厅

审计结果公告

2020 年第 9 号

海南省 2019 年医疗保险基金审计结果报告

根据《中华人民共和国审计法》规定和审计署统一部署，2020 年 1 月至 4 月，海南省审计厅对省本级、儋州市和万宁市 2019 年城镇职工基本医疗保险、城镇居民基本医疗保险、新型农村合作医疗、城乡大病保险基金进行了专项审计。重点审计了各级政府所属医疗保障、卫生健康等主管部门、医保征收和经办机构，以及财政、税务、民政等部门，并延伸调查了 92 个定点医疗机构。现将审计结果公告如下。

一、医疗保险基本情况和取得的主要成效

根据医保行政部门和经办机构提供的数据，截至 2019 年年底，审计地区城镇职工医保期末参保人数 618 630 人，政策范围内住院费用支付比例 83.29%；城乡医保基金期末参保人数 1 228 565 人，政策范围内住院费用支付比例 77.63%。2019 年，审计地区城镇职工医保基金当年收入 40.06 亿元，当年支出 26.22 亿元，年末累计结余 80.81 亿元（其中：统筹基金结余 79 亿元，

(续)

个人账户基金结余 1.81 亿元）；城乡医保基金当年收入 9.17 亿元，当年支出 10.34 亿元，年末累计结余 1.66 亿元。

审计结果表明，2019 年，我省认真贯彻落实中央决策部署和各项政策要求，深化医保支付方式改革，健全基本医保稳定可持续筹资和报销比例调整机制，推动基本医疗保险制度整合，健全重特大疾病保障机制等多项有效措施，不断加强医疗保险基金管理，在全面实施城乡居民大病保险基础上，明确城乡居民大病保险待遇政策，为建档立卡贫困人员建立医保扶贫防线，在建立完善全民医疗保障制度等方面取得了积极成效。

二、审计发现的主要问题

（1）19 个市县（不含三沙市、含洋浦，下同）4 298 人跨地区或跨险种重复参保。因各市县医保主管部门和经办机构审核不严，2019 年 18 个市县 4 298 人跨地区跨险种重复参保。

（2）18 个市县 10 961 位参保参合人员身份证信息错误。18 个市县 2019 年城镇居民医保参保人员中，有 4 209 人身份证信息错误；16 个市县 2019 年新农合参合人员中，有 6 752 人身份证信息错误。

（3）各部门提供的城镇居民医保和新农合参保人数不一致。参保人数是正确计算城乡居民医疗保险财政补助的基础，因相关部门参保人数取数口径不统一，省税务局 2019 年参保人数为 6 815 680 人（包含正常缴费人群、特殊人群和新生儿）；省医疗保障局为 6 837 361 人，省社保服务中心为 6 845 354 人。

（4）未及时偿付定点医疗机构结算款 42 702.21 万元。截至 2019 年年底，人寿海南分公司和平安养老海南分公司 2 家保险公司尚有 9.57 万人次、14 601.26 万元大病保险费未赔付各定点医疗机构；儋州市和万宁市社保经办机构仍拖欠 50 家定点机构 2019 年结算费用 28 100.95 万元。

（5）未加强对医疗服务行为的监管，造成职工医保和新农合多支付 283.13 万元。2019 年度，我省 60 家医疗机构分别重复收取静脉注射、分级护理、空调降温等医疗服务费 182.25 万元，造成职工医保和新农合多支付 164.40 万元；49 家医疗机构分别重复收取棉球、慕丝缝线、一次性手套等医用耗材费用 258.89 万元，造成职工医保和新农合多支付 118.73 万元。

（6）17 个市县困难群体 2 308 人未纳入医保。因各市县医保主管部门和经办机构未认真落实医保政策规定，截至 2019 年年底，17 个市县有

（续）

2 308名困难群众（包含：低保人员、特困人员和建档立卡人员等）未纳入城镇居民医保、新农合和城乡居民大病保险。

（7）未及时退回462名建档立卡贫困人员已缴新农合参合费10.74万元。儋州市和万宁市新农合管理部门未及时退还462名建档立卡贫困人员自行缴交的2018年至2019年新农合参合费10.74万元。

（8）省医保信息系统和医药集中采购服务平台通用药品代码体系建设滞后。截至2019年年底，我省医保部门在通用药品代码体系建设上，未按国家要求及时推进药品采购编码标准化建设，导致各医保信息系统用药信息无法与医药集中采购服务平台采购药品进行对应，难以实现省级药品集中采购平台、定点医疗机构、医保经办机构、价格主管部门等信息数据互联互通、资源共享。

三、审计发现问题整改情况

上述审计情况，省审计厅已依法出具审计报告、提出处理意见。对审计指出的问题，有关部门单位积极整改，截至2020年6月6日，整改进度如下：

已清理重复参保参合4 289人，整改完成率99.79%；修正错误身份证信息参保参合1 334人，整改完成率12.17%；省医疗保障局牵头相关部门建立城乡居民医保参保人数协调机制，统一参保人数计算口径，整改完成率100%；偿付定点医疗机构结算款22 189.09万元，整改完成率为51.96%。相关医疗机构已退违规费用121.68万元，整改完成率为42.98%；已将1 518名困难群众补充纳入医保，整改率65.77%；已退部分建档立卡人员已缴费新农合费用0.09万元，整改完成率为0.84%；海南省医疗保障信息平台二期项目初步设计于4月30日获省大数据管理局批复，6月5日正式挂网公开招标，该问题将在项目建设中得到整改。

第六节　辽宁省审计厅审计结果公告范本

审计结果公告

2022 年第 4 期

辽宁省审计厅　　　　　　　　　　　　　　　　　　2022 年 8 月 25 日

辽宁省审计厅关于 2022 年第二季度重大政策措施落实情况跟踪审计结果的公告

2022 年第二季度，按照审计署重大政策措施落实情况跟踪审计的部署，辽宁省审计厅结合省本级预算执行审计、专项资金审计，重点关注了省本级重大任务落实、城镇老旧小区改造、科技创新相关资金、林业专项资金等内容。

一、省本级重大任务落实审计情况

重点审计省本级围绕各项重大任务安排的专项资金。发现的主要问题：一是省本级分配管理不到位。抽查 2021 年新设立的 12 个专项发现，年初预算安排 47.12 亿元，至年底有 21.21 亿元未下达。其中：2 个专项未分配，3 个专项下达率分别为 0.86%、10%、27.67%。二是市县使用中存在滞留闲置。抽查已全部下达市县的省级专项发现，1 个专项资金全部滞留；4 个专项资金分别滞留 82.37%、80%、70.53%、48.58%。三是分配管理还不够精细精准。有的专项考虑不够周全，申报指南未明确补助下限，支持对象不明晰；个别专项资金下达后才发现部分内容不需要实施，造成资金闲置。抽查政府投资项目和政府债券项目发现，有些项目进展较慢，资金滞留闲置或挪作他用。

（续）

二、城镇老旧小区改造项目审计情况

重点审计 12 个市和所属 87 个县。审计结果表明，各级财政共投入 135.68 亿元，改造小区 2 559 个，惠及居民 104.11 万户，有力改善了城镇居民居住条件。重点抽查 529 个项目发现，一是部分资金管理使用不规范。6 个市挤占挪用或违规扩大范围使用建设资金 7.58 亿元；18 个县滞拨财政补助资金 13.79 亿元；23 个县的 30 个项目因结算不实多计工程款 861.09 万元。二是部分工程建设管理不严格。14 个县的 23 个项目工程招投标不规范；40 个县的 91 个项目涉嫌偷工减料。同时，还发现 10 个市已改造的 384 个老旧小区物业等管理制度不健全。

三、科技创新相关资金审计情况

审计了省级重点研发、科技重大专项和技术创新引导等 8 项资金，涉及金额 16.46 亿元。审计结果表明，相关部门大力推进科技创新，激发企业创新活力，取得积极成效。发现的主要问题：一是资金分配中存在不合规问题。抽查 2 个专项补助发现，分配给不在支持范围的 118 户企业 590 万元，超出规定标准或向虚假申报的 3 个项目发放 20.70 万元，部分项目评审中未严格执行专家回避制度。二是科技服务平台效益发挥不够。有的平台项目建设内容重复，承接课题的报告成果不突出；省级科研设施与仪器网络平台建成已 2 年多，但半数以上的省属高校、17 户省属企业和全部市级平台仍未接入。三是科技创新基地优化整合力度还需加大。10 个应重点依托企业建设的创新中心仅有 2 个由企业牵头；78 个由省属高校牵头的创新中心整合前两年未开展技术转让或授权许可等形式的成果转化，不符合整合条件。此外，还有 4 个单位科技资金 1 799.50 万元闲置超过一年。

四、林业专项资金审计情况

抽查森林生态效益补偿、退耕还林补助等 5 项资金发现，有 7.21 亿元滞留县财政；12 个县超范围向非造林项目、自行补植项目分配补贴 3 130.91 万元。还发现，个别乡镇和林场公职人员违规领取护林员补贴、将公益林补偿等资金公款私存。

上述审计结果已分别出具了审计报告，重要问题形成了专题材料报省委、省政府，相关地区、部门和单位正在积极组织整改。

第十章 政府审计报告范本

> **导读**
>
> 本章介绍政府审计报告范本，包括五节，分别介绍审计署审计报告范本、山东省审计厅审计报告范本、江西省审计厅审计报告范本、湖南省审计厅审计报告范本以及内蒙古自治区审计厅审计报告范本。

第一节 审计署审计报告范本

审计署关于 2019 年度法治政府建设情况的报告

2019 年，审计署坚持以习近平新时代中国特色社会主义思想为指导，全面贯彻党的十九大和十九届二中、三中、四中全会精神，认真落实中央全面依法治国决策部署，认真落实习近平总书记关于审计工作的重要讲话和重要指示批示精神，以《法治政府建设实施纲要（2015—2020 年）》（以下简称《纲要》）为统领，固根基、补短板，扎实推进法治审计机关建设，进一步提升依法审计依法行政的能力和水平，严格依法独立行使审计监督权，充分发挥审计在党和国家监督体系中的重要作用。

一、坚持党对法治审计机关建设的领导

审计署党组高度重视法治审计机关建设，始终坚持把党的领导贯彻落实到法治审计机关建设的各方面全过程，坚决贯彻落实党中央加强法治政府建设重大决策部署。一是坚持把学习贯彻习近平总书记全面依法治国新理念新思想新战略纳入署党组中心组学习，确保我署法治建设始终沿着正确方向前进。二是署党组书记、审计长胡泽君同志切实履行审计法治建

（续）

设第一责任人责任，坚决贯彻落实习近平总书记关于审计法治建设的重要指示精神，多次主持召开署党组会、审计长办公会、专题会、专家论证会，研究部署 2019 年度审计法治工作计划，讨论和审议审计法修订草案送审稿、制度建设等审计法治专项工作，为推进审计法治建设定主题、把方向，谋长远、提重点。三是将"审计法制工作领导小组"更名为"审计法治工作领导小组"，组织召开审计法治工作领导小组会议，对工作重点、任务分工等提出明确要求，并建立《纲要》执行情况台账，及时总结经验成效，查摆漏洞不足，积极推动《纲要》确定的目标任务顺利完成。

二、依法全面履行审计监督职责

审计署坚决贯彻党中央、国务院决策部署，依法全面履行审计监督职责，做好常态化"经济体检"，积极发挥审计在党和国家监督体系中的重要作用。2019 年，全国共审计 10 万多个单位，为国家增收节支和挽回损失 4 000 多亿元，推动建立健全制度 8 000 多项。一是着力促进重大政策措施贯彻落实见效。围绕"六稳"要求，持续跟踪"放管服"改革、创新就业、优化营商环境、金融服务实体经济、机场、水利设施等重大政策和项目落实落地情况，推动加快进度、完善机制、提高绩效。全国集中开展减税降费、清理拖欠民营和中小企业账款、惠农补贴"一卡通"等专项审计，促进清退税费、偿还欠款和追回资金 130 多亿元。二是着力促进提高财政资金绩效。审计署首次对中央一级预算单位实现审计全覆盖，多数省市县也对本级财政一级预算单位实现审计全覆盖。围绕实施全面预算绩效管理和厉行节约，促进纳入预算或统筹盘活财政资金 1 000 多亿元。三是着力促进打赢三大攻坚战。围绕防范化解重大风险，紧盯财政、金融、国资国企、境外投资等重点领域，着力揭示经济运行中的风险隐患；围绕精准脱贫，实现对全部 832 个国定贫困县的审计全覆盖，推动整改问题金额 110 多亿元；围绕污染防治，全国对 4 200 多名领导干部开展自然资源资产离任审计，并融合开展重点区域大气、水、固体废物等污染防治专项审计。四是着力促进保障和改善民生。重点关注就业、医疗、安居、教育等情况，及时纠正惠民惠农政策落实不到位和侵害群众利益等问题。五是组织对全国 3 万多名领导干部开展经济责任审计，着力促进权力规范运行和反腐倡廉。

(续)

三、不断完善审计法律规范体系

审计署坚持以制度管人管事,不断完善审计法律规范体系,持续推进严格规范公正文明审计。一是全力推进审计法修订工作,向社会公开征求意见,按法定程序将修改形成的审计法修订草案送审稿提请国务院审议,积极配合司法部做好审核修改工作,并着手开展审计法实施条例和国家审计准则修订准备工作。二是推动修订出台《党政主要领导干部和国有企事业单位主要领导人员经济责任审计规定》,制定深入推进审计全覆盖的指导意见,印发做好审计项目审计组织方式"两统筹"工作有关通知,强化审计资源的统筹整合,避免重复审计。三是不断完善审计业务管理制度,健全完善党和国家重大政策措施落实情况跟踪审计、投资审计、电子数据审计证据取证、审计结果文书和审计信息审核复核审理、优秀审计项目评选以及审计发现问题线索移送等相关制度规定,印发加强党政机关和国有企事业单位内部审计工作的指导意见。四是稳步推进各专业领域审计指南和法规向导的开发,强化对审计实务的指引。

四、大力推进科学民主依法决策

审计署党组高度重视决策的科学化、民主化和法治化。一是健全合法性审核工作机制,出台规范性文件、合同合法性审核办法,促进提升署规范性文件质量,有力防范合同法律风险。二是广泛征集对审计项目计划的建议,每年在制订审计项目计划时,充分听取全国人大办公厅、全国政协办公厅、财政部、发展改革委等部门单位的意见建议。三是严格执行重大执法决定法制审核制度,全年审理审计报告和审计信息等324份,认真落实审理责任,严把审计质量关。四是注重发挥特约审计员专业优势,全年组织特约审计员开展集体调研2次,积极发挥其"参谋咨询、建言献策、参与审计、监督促进"作用。五是注重发挥法律顾问、公职律师在规范性文件和合同合法性审核、行政复议和应诉、政府信息公开、信访办理等方面的作用,全年共向其征求专业法律意见210多次。

五、持续强化对审计权力的制约和监督

审计署自觉接受各方监督,不断加强自身监督,积极教育引导党员干部习惯在监督下工作和生活。一是自觉接受人大监督和民主监督。6月和12月,署党组书记、审计长胡泽君同志先后受国务院委托向全国人大常委

（续）

会作审计工作报告和审计查出问题整改情况报告；全年依法办理人大代表建议和政协委员提案 14 件。二是大力推进政务公开，主动接受舆论监督和社会监督。加大审计结果公开力度，署门户网站第一时间发布审计工作报告全文、相关公告及解读等稿件；转载省级审计机关预算执行情况和整改结果公告情况；答复信息公开申请 41 件；开辟署门户网站"公众咨询"栏目，答复公众咨询 116 件。三是注重加强自我监督。建立审计署定期接受特聘审计监督员对部门预算和其他财政收支情况进行审计工作机制；组织对 6 省审计机关审计业务进行质量检查，完善检查结果全国通报机制；组织完成对 30 个派出局和 9 个直属单位的内部巡视，完善巡视结果通报制度；完成对 5 名审计署内部管理领导干部的经济责任审计。

六、有效化解社会矛盾纠纷

审计署始终坚持以人民为中心的工作导向，依法解决审计争议、防范化解社会矛盾。一是严格依法办理行政复议和行政应诉。全年依法办理行政复议案件 59 起，其中撤销审计机关作出的具体行政行为 3 起，有效发挥了行政复议的监督纠错功能；妥善应对行政诉讼 32 起，审结案件均已胜诉；配合国务院裁决 6 起，国务院已作出裁决的案件均支持了我署的复议决定。二是扎实做好信访工作，坚持信访与审计双促进，全年共接收处理群众信访事项 6 000 余件，转审计业务部门信访举报事项 375 件。

七、扎实开展审计法治宣传教育

审计署通过多种方式积极引导审计人员牢固树立法治意识，提升法律素养和法律意识，提高运用法治思维和法治方式开展工作、解决问题的能力。一是深入学习宣传宪法，利用中国审计报、门户网站、微信公众号等署管媒体开展宪法宣传周系列宣传活动，广泛征集"我与宪法"微视频，认真举行新任职司处级干部宪法宣誓。二是抓住"关键少数"，持续加强宪法法律和党内法规培训，将观看法庭庭审纳入署党组理论学习中心组学习内容。三是加强法治教育培训，充分利用"审计大讲堂"、审计机关集中整训、依法行政能力专题培训班等平台，加大对审计人员的制度教育力度，强化制度意识，增强制度执行力；在门户网站、微信公众号开设法律规范查询栏目，为广大审计人员进行法律查询提供便捷渠道；在中国审计报、门户网站、今日头条号等媒体平台开设《审计知识问答》专栏。四是

第十章 政府审计报告范本

（续）

按照"谁执法谁普法"的要求，落实普法责任清单制度，组织开展"国家审计走进高校"等活动，结合审计工作积极向社会公众和被审计单位宣传与审计工作密切相关的法律法规。

　　法治审计机关建设虽然取得了一些成绩，但还存在一些不足，主要是面对新形势新要求，审计法律规范体系还不够完善，审计人员依法审计能力还有待进一步增强。站在"两个一百年"奋斗目标的历史交汇点上，审计署将继续坚持以习近平新时代中国特色社会主义思想为指导，坚持党中央对审计工作的集中统一领导，依法全面履行审计监督职责，大力推进审计全覆盖，更好发挥审计监督职能作用；不断完善审计法律规范体系，建立健全规范高效的审计管理制度和执行机制；扎实开展审计法治宣传教育，不断提高审计人员依法审计的意识和能力，全面推进法治审计机关建设，确保审计工作在法治轨道上运行，更好发挥审计在推进国家治理体系和治理能力现代化中的重要作用。

第二节　山东省审计厅审计报告范本

中华人民共和国山东省审计厅
Shandong Provincial Audit Office of the People's Republic of China
审 计 报 告
Audit Report
鲁审报〔2019〕17号
SHANDONG REPORT〔2019〕NO.17

项目名称：烟台 SOS 儿童村项目
Project Name： YanTai SOS Children's Village Project
项目执行单位：中国烟台 SOS 儿童村
Project Entity： SOS Children's Village of YanTai，China

（续）

会计年度：2018
Accounting Year：2018

目 录
Contents

一、审计师意见
I. Auditor's Opinion
二、审计范围
II. Scope of Audit
三、陈述函
III. Confirmation Letter
四、财务报表及财务报表附注
IV. Financial Statements and Notes to the Financial Statements
五、管理意见书
V. Management Letter

一、审计师意见

审计师意见

中国烟台SOS儿童村：

  我们审查了你村2018年12月31日的资产负债表和截至该日同年度的利润表、现金收支表、经费支出表及财务报表附注。编列上述财务报表是你村的责任，我们的责任是在执行审计工作的基础上对财务报表发表审计意见。

  我们按照中国国家审计准则和国际审计准则的规定执行了审计工作，上述准则要求我们遵守审计职业要求，计划和执行审计工作以对项目财务报表是否不存在重大错报获取合理保证。

  为获取有关财务报表金额和披露信息的有关证据，我们实施了必要的

第十章　政府审计报告范本

（续）

审计程序。我们运用职业判断选择审计程序，这些程序包括对由于舞弊或错误导致的财务报表重大错报风险的评估。审计工作还包括评价所选用会计政策的恰当性和作出会计估计的合理性，以及评价财务报表的总体列报。

我们相信，我们获取的审计证据是适当的、充分的，为发表审计意见提供了基础。我们认为，第一段所列财务报表公允反映了你村 2018 年 12 月 31 日的财务状况及截至该日同年度的收支情况。

中华人民共和国山东省审计厅

2019 年 4 月 24 日

地址：中国山东省济南市共青团路 88 号
邮政编码：250012
电话：86-531-86199938
传真：86-531-86199938

I. Auditor's Opinion

Auditor's Opinion

To: SOS Children's Village of Yantai, China

We have audited the Balance Sheet as of December 31, 2018, the Income Statement, the Statement Of Cash Receipts And Disbursements and the Statement Of Running Costs for the year then ended, and Notes to the Financial Statements. These statements are responsibilities of your village. Our responsibility is to express an opinion on these financial statements based on our audit.

We conducted our audit in accordance with the Government Auditing Standards of the People's Republic of China and International Standards on Auditing. Those standards require that we comply with ethical requirements

(续)

and plan and perform the audit to obtain reasonable assurance about whether the financial statements are free from material misstatement.

An audit involves performing procedures to obtain audit evidence about the amounts and disclosures in the financial statements. The procedures selected depend on the auditor's judgment, including the assessment of the risks of material misstatement of the financial statements, whether due to fraud or error. An audit also includes evaluating the appropriateness of accounting policies used and the reasonableness of accounting estimates made by management, as well as evaluating the overall presentation of the financial statements.

We believe that the audit evidence we have obtained is appropriate and sufficient to provide a basis for our audit opinion. In our opinion, the aforementioned financial statements and relative notes fairly present the financial position of your village on Dec 31, 2018, and the results of receipts and payments for the year then ended.

Shandong Provincial Audit Office of the People's Republic of China
April 24, 2019
Address：No.88 Gongqingtuan Road, Jinan City, Shandong Province, P.R. China
Postcode：250012
Tel.：86-531-86199939
Fax：86-531-86199938

The English translation is for the convenience of report users; Please take the Chinese audit report as the only official version.

（续）

二、审计范围

审 计 范 围

根据中国烟台 SOS 儿童村的请求，我们对该村截至 2018 年 12 月 31 日的资产负债表和 2018 年度的利润表、现金收支表以及经费支出表进行了审计。

对中国烟台 SOS 儿童村财务报表的审查是按中国国家审计准则和国际审计准则进行的。主要的审计内容和程序如下：

（1）在查阅该村制定的各项管理制度的基础上，测试和评价了内部控制制度情况。

（2）核对了财务报表、总账、明细账，抽查了会计凭证，包括对协会拨款，逐笔进行了审查。

（3）现场观察了固定资产盘点情况。

（4）审查了日常经费银行存款账户，同时审核了库存现金、支票等相关单据。

（5）审查了日常经费开支和预算执行情况，包括审核家庭日常开支、妈妈和其他人员工资等各项开支。

（6）对捐赠的现金对照捐赠收入登记簿逐笔进行了审查。

（7）我们对捐赠实物的登记、保管和分发手续进行了检查，盘查了剩余实物。

II. Scope of Audit

Scope of Audit

Requested by SOS Children's Village of Yantai, We have audited the Balance Sheet as of December 31, 2018, the Income Statement, the Statement of Cash Receipts and Disbursements and the Statement of Running Costs for the year then ended.

The examination was carried out in accordance with the Government Auditing Standards of the People's Republic of China and International Standards on Auditing. The principal procedures and contents are summarized as follows:

1. On the basis of checking the management systems of the village, we tested and evaluated the internal control system.

（续）

2. We verified the financial statement, general and subsidiary ledger, accounting document, including checking the receipts, withdrawals and settlements of SOS CV Association Funds.

3. We made on the spot inspection at the facilities investment.

4. We checked current expenditures deposit and verified the cash on hand, documents of check and bill.

5. The current expenses and budgets were verified, including family current expenses, salaries of mothers and other staffs.

6. We verified the donated cash compared with the registration book.

7. We counted the donated goods, including checking the procedures of registration, keeping and issuance of the goods.

三、陈述函

陈 述 函

山东省审计厅：

  鉴于你们检查我村截至 2018 年 12 月 31 日该年度的账目，并表达审计意见，我们谨以我们良好的知识和信誉，陈述如下：

  （1）我们对按照中国会计制度和中国 SOS 儿童村会计程序在财务报表中公允地反映财务状况承担责任。

  （2）我们已经向你们提供了所有财务记录和相关的资料。

  （3）我们确信中国烟台 SOS 儿童村有健全的内部控制制度，能满足按照中国的会计制度和中国 SOS 儿童村会计程序正确编制财务报表的需要。

中国烟台 SOS 儿童村
授权代表：吴厚生
2019 年 3 月 11 日

III. Confirmation Letter

Confirmation Letter

Shandong Provincial Audit Office：

  In view of your examining our accounts from January 1 to December

（续）

31, 2018, and giving auditor's opinion, we confirm to the best of our knowledge and belief the followings:

1. We are responsible for the financial statements about presenting fairly the financial position, the fund income and expenses, the use of the outlay, in conformity with the Chinese accounting system and the demand of the SOS-KDI.

2. We have made available to you all financial records and related data.

3. We believe that we have internal control system adequate to permit the preparation of accurate financial statements in accordance with the Chinese accounting system and the demand of SOS-KDI.

SOS Children's Village of Yantai, China
Authorized representative: Wu Hou Sheng
March 11, 2019

四、财务报表及财务报表附注

IV. Financial Statements and Notes to the Financial Statements

资产负债表
BALANCE SHEET
2018 年 12 月 31 日（As of December 31, 2018）

编报单位：中国烟台 SOS 儿童村　　　　　　　　　　　单位：人民币元
Entity Name: SOS Children's Village of Yantai, China　　Unit: RMB yuan

项目 Items	31/12/2018	01/01/2017	项目 Items	31/12/2018	01/01/2017
资产 Assets			负债 Liabilities		
现金 Cash on Hand	59 573.76	1 423.25	其他应付款 Other Payables		
银行存款 Deposit in Bank	13 526.45	24 215.62	负债合计 Total Liabilities		
其他应收款 Other Receivables					

313

（续）
（续）

项目 Items	31/12/2018	01/01/2017	项目 Items	31/12/2018	01/01/2017
流动资产合计 Total Current Assets	73 100.21	25 638.87	净资产 Net Assets		
			固定基金 Fixed Funds	9 706 080.33	9 628 511.33
固定资产 Fixed Assets	9 706 080.33	9 628 511.33	事业结余 Fund Balance at the Year-end	73 100.21	25 638.87
在建工程 Construction in Process			净资产合计 Total Net Assets	9 779 180.54	9 654 150.20
固定资产合计 Total Fixed Assets	9 706 080.33	9 628 511.33			
资产总计 Total Assets	9 779 180.54	9 654 150.20	负债和净资产总计 Total Liabilities and Net Assets	9 779 180.54	9 654 150.20

审计师签字（Auditor sign）：王君成　　　　村长签字（Village Director sign）：吴厚生

利 润 表
INCOME STATEMENT
2018 年度（For the year of 2018）

编报单位：中国烟台 SOS 儿童村　　　　　　单位：人民币元
Entity Name： SOS Children's Village of Yantai, China　　Unit： RMB yuan

项目 Items	金额 Amount
年初所有者权益 Owners' Equity of Previous Year	9 654 150.20
加：在建工程转入固定资产 Add: Fixed Assets Transferred from Construction In Progress	0
减：本年度固定资产处置 Less: Fixed Assets Disposal	8 550.00
收入小计： Income：	7 286 250.85
协会拨款（国际组织） Fund from Association（International）	1 126 035.00

314

第十章　政府审计报告范本

（续）

（续）

项目 Items	金额 Amount
协会拨款（国内） Fund from Association（Domestic）	612 136.00
政府补贴 Government Subsidies	4 813 866.33
国内捐款 Local Donation	208 945.00
国内实物捐赠来自协会 Donation In Kind/Private from NA	30 355.00
国内实物捐赠来自当地 Donation In Kind/Private from Local	0
限制性资金转入收入 Transfer by Restricted Fund	137 300.00
其他 Others	357 613.52
经费支出小计（不含固定资产支出）： Current Year's Expenditures（not included Fixed Asset Investment）：	7 152 670.51
低值易耗品 Low Value Consumables	0
当前工作开支 Current Working Expenses	2 200 808.51
人员经费开支 Personnel Expenditure	3 362 323.53
行政经费开支 Administration Expenditures	81 283.85
公关宣传开支 Publicity Expenditures	20 300.00
青年公寓 Youth Apartment	827 993.36
幼儿园 Kindergarten	647 961.26
社交中心 Social Center	12 000.00
年末所有者权益 Owners' Equity of Current Year	9 779 180.54
审计师签字（Auditor sign）：王君成　　　村长签字（Village Director sign）：吴厚	

（续）

现金收支表
Statement of Cash Receipts and Disbursements
2018 年度（For the year of 2018）

编报单位：中国烟台 SOS 儿童村　　　　　　　　　　单位：人民币元
Entity Name： SOS Children's Village of Yantai, China　　Unit：RMB yuan

项目 Items	2018 年度 Year 2018	2017 年度 Year 2017
年初余额 Opening Balance		
现金 Cash on Hand	1 423.25	12 315.78
银行存款 Deposit in Bank	24 215.62	7 365.47
合计 Total	25 638.87	19 681.25
收入 Receipt		
协会拨款（国际组织） Fund from Association（International）	1 126 035.00	1 724 035.00
协会拨款（国内） Fund from Association（Domestic）	612 136.00	378 032.00
政府补贴 Government Subsidies	4 813 866.33	4 651 185.88
募捐收入 Donations	208 945.00	14 120.00
幼儿园收入 Kindergarten Income	311 773.50	271 900.00
限制性资金转入收入 Transfer by restricted Fund	137 300.00	153 550.00
其他收入 Others	45 840.02	71 607.82
其他应付款增加 Increase on the Other Payable	0	0
其他应收款减少 Decrease on the Other Receivables	0	0

（续）

（续）

项目 Items	2018 年度 Year 2018	2017 年度 Year 2017
合计 Total	7 255 895.85	7 264 430.70
支出 Disbursement		
日常经费 Running Costs	7 208 434.51	7 258 473.08
基建投资支出 Disbursement of Investment in Capital Construction	0	0
其他应收款增加 Increase on the Other Receivables	0	0
其他应付款减少 Decrease on the Other Payable	0	0
合计 Total	7 208 434.51	7 258 473.08
年末结余 Closing Balance		
现金 Cash on Hand	59 573.76	1 423.25
银行存款 Deposit in Bank	13 526.45	24 215.62
合计 Total	73 100.21	25 638.87

审计师签字（Auditor sign）：王君成　　　　村长签字（Village Director sign）：吴厚生

经费支出明细表
Statement of Running Costs
2018 年度（For the year of 2018）

编报单位：中国烟台 SOS 儿童村　　　　单位：人民币元
Entity Name: SOS Children's Village of Yantai, China　　Unit: RMB yuan

项目 Item	2018 年预算 Budget of 2018	2018 年支出 Expenditure in 2018	2017 年支出 Expenditure in 2017
1. 固定资产投资 Fixed Asset Investment	0	86 119.00	0

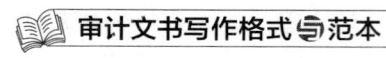

（续）

（续）

项目 Item	2018 年预算 Budget of 2018	2018 年支出 Expenditure in 2018	2017 年支出 Expenditure in 2017
2. 低值投资 Low Value Investment	6 000.00	0	12 026.74
3. 维修 Maintenance	143 400.00	199 532.00	241 873.96
4. 经常开支 Running Cost	1 466 210.00	1 747 404.62	1 976 875.11
5. 工资 Personnel Wages	3 468 872.00	3 362 323.53	3 337 868.20
6. 医药费 Medicine Cost	146 400.00	184 402.42	137 833.82
7. 车辆交通费 Transportation Cost	108 800.00	69 469.47	62 906.77
8. 行政管理费 Administration Cost	101 400.00	81 283.85	78 598.93
9. 公关费 Expenses for Public Relationship	31 200.00	20 300.00	29 258.6
10. 青年公寓低值投资 Low Value Investment for Youth Apartment	0	0	10 000.00
11. 青年公寓费用 Expenses for Youth Apartment	920 352.00	827 993.36	948 369.05
12. 幼儿园投资 Investment for Kindergarten	0	0	0
13. 幼儿园费用 Expenses for Kindergarten	565 464.00	647 961.26	552 844.50
14. 社交中心投资 Investment for Social Center	0	0	0
15. 社交中心费用 Expenses for Social Center	12 000.00	12 000.00	0
合 计 Total	6 970 098.00	7 238 789.51	7 388 455.68

（续）

财务报表附注
Notes to the Financial Statements

1. 主要会计政策
1. Major accounting policy

1.1 会计核算基础
根据中国事业单位会计制度和国际 SOS 儿童村组织的有关规定进行会计核算，采取复式记账法，记账本位币为人民币。

1.1 Accounting basis
In conformity with Accounting Standards for Chinese public institution, and the stipulations of international SOS Children's Villages, the village adopts double entry bookkeeping and RMB is used as the recording currency of bookkeeping.

1.2 固定资产
使用期 1 年以上，价值在人民币 1 000.00 元以上的作固定资产管理，固定资产按购建时的实际成本入账，不作重估价，不计提折旧。

1.2 Fixed assets
Fixed assets should be used over one year and valued over RMB1 000.00 yuan. It should be recorded at their actual cost, without revaluation and depreciation.

2. 会计科目（事项）说明
2. Notes to accounts

2.1 银行存款
2.1 Bank deposits

单位：人民币元
Unit: RMB yuan

账户名称 Bank Account	开户银行 Bank	币种 Currency	年末存款余额 Year-end Deposit
经费存款 Fund Deposit	中国建设银行烟台福山支行 Fushan Branch China Construction Bank Corporation	人民币 RMB	13 526.45
合计 Total			13 526.45

（续）

2.2 固定资产
2.2 Fixed Assets

单位：人民币元
Unit： RMB yuan

项目 Items	金额 Amounts
房屋、建筑物及附属设施 Houses & the Accessories	7 400 387.47
设备及家具 Equipment & Furniture	1 459 702.86
交通工具 Communication Facilities	845 990.00
合计 Total	9 706 080.33

2.3 固定资产基金
固定资产基金是固定资产的对应科目，其明细情况如下：
2.3 Fund of fixed assets
Fund of fixed assets is the corresponding subject of the fixed assets：

单位：人民币元
Unit： RMB yuan

项目 Items	2017 年度 Year 2017	2018 年度 Year 2018
基本建设投资形成 Capital Construction	8 215 763.23	8 215 763.23
日常开支形成 Current Expenses	831 426.75	908 995.75
捐赠形成 Donation	581 321.35	581 321.35
合计 Total	9 628 511.33	9 706 080.33

2.4 募捐收入
募捐收入是指捐赠现金收入。接收的捐赠实物不在现金收支表中反映。
2.4 Income from donation
It was cash income of donation. The donated goods were not included in

（续）

the Cash Flow Statement, for details to see Supplementary Information.

2018 年募捐现金收入明细情况如下：
Cash income of donation in 2018：

单位：人民币元
Unit： RMB yuan

来 源 Resources	笔数 Orders	金额 Amount
单位捐款 Unit Donation	8	151 406.00
个人捐款 Personal Donation	12	57 539.00
合计 Total	20	208 945.00

2.5 政府补贴

政府补贴是指当地政府承担的工作人员工资及养老保险和儿童村孩子生活费用。

2.5 Government Subsidies

Government Subsidies include Co-workers' salary and endowment, and Children's living expenses supported by the local government.

单位：人民币元
Unit： RMB yuan

项目 Items	2018 政府补贴 Government Subsidies in 2018	2018 年预算 Budget in 2018
人员工资及养老保险 CV Co-workers Salary and Endowment Insurance	2 895 109.45	2 648 988.00
儿童村人员工资及养老保险 CV Co-workers Salary and Endowment Insurance	1 862 067.83	1 767 492.00
青年公寓人员工资及养老保险 YF Co-workers Salary and Endowment Insurance	431 746.36	469 992.00
幼儿园人员工资及养老保险 KG Co-workers Salary and Endowment Insurance	601 295.26	411 504.00
地方政府支付的儿童村孩子生活费用 Children's living expenses supported by the local government.	1 918 756.88	2 122 000.00
合计 Total	4 813 866.33	4 770 988.00

（续）

2.6 本期支出
2.6 Expenditures in this term

单位：人民币元
Unit: RMB yuan

项目 Items	2018 年支出 Expenditures in 2018	2018 年预算 Budget in 2018
国际 SOS 基金支出 Expenditures from SOS Foundation	2 257 268.18	2 199 110.00
指定用途的捐赠支出 Earmarked Donation Expenditures	167 655.00	0
地方政府支付的儿童村人员工资及养老保险 CV Co-workers Salary and Endowment Insurance from Local Government	2 895 109.45	2 648 988.00
地方政府支付的儿童村孩子生活费用 Children's living expenses from local government	1 918 756.88	2 122 000.00
合计 Total	7 238 789.51	6 970 098.00

2.7 指定用途的捐赠支出
指定用途的捐赠支出包括实物和现金捐赠支出。
2.7 Earmarked Donation Expenditures
Earmarked Donation Expenditures include physical and cash expenditures.

单位：人民币元
Unit: RMB yuan

项目 Items	上年结余 Last year balance	收入 Income	支出 Cost	结余 Balance
孩子食品及用品 Children's food and articles	0	30 355.00	30 355.00	0
妈妈医疗费 Mothers' medical expenses	0	70 500.00	70 500.00	0
家庭购买电器 Donation for household electrical appliances	0	50 000.00	50 000.00	0
购买电脑 Computer	0	16 800.00	16 800.00	0
合计 Total	0	167 655.00	167 655.00	0

（续）

五、管理意见书

管理意见书

中国烟台 SOS 儿童村：

我们按照中国国家审计准则和国际审计准则，审计了你村截至 2018 年 12 月 31 日的资产负债表、利润表、现金收支表、经费支出表及所附财务报表附注，并在审计师意见中对上述报表表达了我们的意见。我们认为，你村内控制度基本健全，能够遵守各项财务管理规定，各项支出审批手续比较健全和规范。此次审计我们也发现了需要引起关注的情况。

儿童村专职妈妈招聘工作存在困难。由于招聘渠道不通畅、招聘条件较为特殊、工资待遇缺乏吸引力，近 3 年均未招聘到新妈妈。截至 2019 年 3 月，儿童村现有在职妈妈 16 人，其中已达到退休年龄但因无人替换、无法退休的妈妈 7 人。儿童村面临现有妈妈年龄老化、后续人员难以补充的困难。建议你村积极协调相关方面，拓宽招聘渠道，多方筹集资金，提高专职妈妈工作生活保障标准，切实解决好儿童村后续发展问题。你村已接受审计建议。

V. Management Letter

Management Letter

To：SOS Children's village of Yantai, China

We have audited the Balance Sheet as of December 31, 2017, the Income Statement, the Statement of Cash Receipts and Disbursements and the Statement of Running Costs for the year then ended, and Notes to the Financial Statements in accordance with the Government Auditing Standards of the People's Republic of China and International Standards on Auditing. We have expressed an opinion on the above financial statements in Auditor's Opinion. We believe your internal control system is sound basically; your village complies with the provisions of the financial management, and has standard procedures for expenditure examination and approval. We found some issues which should be paid attention to in this audit.

The recruitment of full-time Mother is facing difficulty. The village failed to recruit any full-time Mother within the last 3 years, because the recruitment channel was not proper, the requirements were quite exceptive,

（续）

or the current salary level was unattractive. As of the end of March, 2019, the village had 16 full-time Mother in position, but 7 of them who had reached the retirement age could not quit working, because no recruit person could take their places. The village faces the situation of aging of full-time Mother and lack of recruits. We suggested that the village should coordinate relevant aspects energetically, find better recruitment channels, and raise funds from multiple ways, increase the salary and life security level of full-time Mother, in order to achieve better follow-up development. Your village accepted the suggestion.

第三节　江西省审计厅审计报告范本

中华人民共和国江西省审计厅
Jiangxi Provincial Audit Office of the People's Republic of China

审 计 报 告
Audit Report

赣审外报〔2016〕2号
GAN AUDIT REPORT〔2016〕NO.2

项目名称：　世界银行贷款江西南昌轨道交通2号线一期工程项目
Project Name：Jiangxi Nanchang Rail Transit Line 2（Phase Ⅰ）Project Financed by the World Bank

贷款号：　8262-CN
Loan No.：　8262-CN

项目执行单位：南昌轨道交通集团有限公司
Project Entity：　Nanchang Urban Rail Group Co., Ltd.

会计年度：　2015
Accounting Year：2015

第十章　政府审计报告范本

（续）

目　录
Contents

一、审计师意见
I. Auditor's Opinion
二、财务报表及财务报表附注
II. Financial Statements and Notes to the Financial Statements
（一）资金平衡表
i. Balance Sheet
（二）项目进度表
ii. Schedule of Sources and Uses of Funds by Project Component
（三）贷款协定执行情况表
iii. Statement of Implementation of Loan Agreement
（四）专用账户报表
iv. Special Account Statement
（五）财务报表附注
v. Notes to the Financial Statements
三、审计发现的问题及建议
III. Audit Findings and Recommendations

一、审计师意见

审计师意见

南昌轨道交通集团有限公司：

我们审计了世界银行贷款江西南昌轨道交通 2 号线一期工程项目 2015 年 12 月 31 日的资金平衡表及截至该日同年度的项目进度表、贷款协定执行情况表和专用账户报表等特定目的财务报表及财务报表附注（第 5 页至第 17 页）。

（一）项目执行单位及江西省财政厅对财务报表的责任

编制上述财务报表中的资金平衡表、项目进度表及贷款协定执行情况表是你公司的责任，编制专用账户报表是江西省财政厅的责任，这种责任包括：

（续）

　　（1）按照中国的会计准则、会计制度和本项目贷款协定的要求编制项目财务报表，并使其实现公允反映。

　　（2）设计、执行和维护必要的内部控制，以使项目财务报表不存在由于舞弊或错误而导致的重大错报。

　　（二）审计责任

　　我们的责任是在执行审计工作的基础上对财务报表发表审计意见。我们按照中国国家审计准则和国际审计准则的规定执行了审计工作，上述准则要求我们遵守审计职业要求，计划和执行审计工作以对项目财务报表是否不存在重大错报获取合理保证。

　　为获取有关财务报表金额和披露信息的有关证据，我们实施了必要的审计程序。我们运用职业判断选择审计程序，这些程序包括对由于舞弊或错误导致的财务报表重大错报风险的评估。在进行风险评估时，为了设计恰当的审计程序，我们考虑了与财务报表相关的内部控制，但目的并非对内部控制的有效性发表意见。审计工作还包括评价所选用会计政策的恰当性和作出会计估计的合理性，以及评价财务报表的总体列报。

　　我们相信，我们获取的审计证据是适当的、充分的，为发表审计意见提供了基础。

　　（三）审计意见

　　我们认为，第一段所列财务报表在所有重大方面按照中国的会计准则、会计制度和本项目贷款协定的要求编制，公允反映了世行贷款江西南昌轨道交通2号线一期工程项目2015年12月31日的财务状况及截至该日同年度的财务收支、项目执行和专用账户收支情况。

　　本审计师意见之后，共同构成审计报告的还有两项内容：财务报表及财务报表附注和审计发现的问题及建议。

中华人民共和国江西省审计厅
二〇一六年五月二十三日

地址：中国江西省南昌市叠山路209号
邮政编码：330006
电话：86-791-86816702
传真：86-791-86823311

（续）

I. Auditor's Opinion

Auditor's Opinion

To: Nanchang Urban Rail Group Co., Ltd.

We have audited the special purpose financial statements （from page 5 to page 17） of Jiangxi Nanchang Rail Transit Line 2 （Phase I） Project Financed by the World Bank, which comprise the Balance Sheet as of December 31, 2015, the Schedule of Sources and Uses of Funds by Project Component, the Statement of Implementation of Loan Agreement and the Special Account Statement for the year then ended, and Notes to the Financial Statements.

Project Entity and Jiangxi Provincial Finance Department's Responsibility for the Financial Statements

The preparation of the Balance Sheet, the Summary of Sources and Uses of Funds by Project Component and the Statement of Implementation of Loan （Grant） Agreement is the responsibility of your entity, while the preparation of the Special Account Statement is the responsibility of Jiangxi Provincial Finance Department, which includes:

i. Preparing and fair presenting the accompanying financial statements in accordance with Chinese accounting standards and system, and the requirements of the project loan （grant） agreement.

ii. Designing, implementing and maintaining necessary internal control to ensure that the financial statements are free from material misstatement, whether due to fraud or error.

Auditor's Responsibility

Our responsibility is to express an opinion on these financial statements based on our audit. We conducted our audit in accordance with the Government Auditing Standards of the People's Republic of China and International Standards on Auditing. Those standards require that we comply with ethical requirements and plan and perform the audit to obtain reasonable assurance about whether the financial statements are free from material misstatement.

An audit involves performing procedures to obtain audit evidence about the amounts and disclosures in the financial statements. The procedures selected depend on the auditor's judgment, including the assessment of the risks of material misstatement of the financial statements, whether due to fraud or error. In making those risk assessments, the auditor considers internal control relevant to the entities' preparation and fair presentation of the financial statements in order to design audit procedures that are appropriate in the circumstances, but

（续）

not for the purpose of expressing an opinion on the effectiveness of the entity's internal control. An audit also includes evaluating the appropriateness of accounting policies used and the reasonableness of accounting estimates made by management, as well as evaluating the overall presentation of the financial statements.

We believe that the audit evidence we have obtained is appropriate and sufficient to provide a basis for our audit opinion.

Opinion

In our opinion, the financial statements identified in the first paragraph present fairly, in all material respects, financial position of Nanchang Urban Rail Project Financed by the World Bank as of December 31,2015, its financial receipts and disbursements, the project implementation and the receipts and disbursements of the special account for the year then ended in accordance with Chinese accounting standards and system, and the requirements of the project loan agreement.

The audit report consists of the Auditor's Opinion and two more parts hereinafter: Financial Statements and Notes to the Financial Statements, Audit Findings and Recommendations.

Jiangxi Provincial Audit Office of the People's Republic of China
May 23, 2016
　　　Address： No. 209 Dieshan Rd., Nanchang City, Jiangxi Province, P.R. China
　　　Postcode： 330006
　　　Tel.： 86-791-86816702
　　　Fax： 86-791-86823311

The English translation is for the convenience of report users; please take the Chinese audit report as the only official version.

二、财务报表及财务报表附注

II. Financial Statements and Notes to the Financial Statements

（一）资金平衡表

i. Balance Sheet

（续）

资金平衡表
BALANCE SHEET
2015年12月31日
(As of December 31, 2015)

项目名称：南昌城市轨道项目
Project Name: Nanchang Urban Rail Project Financed by the World Bank
编报单位：南昌轨道交通集团有限公司地铁项目管理分公司
Prepared by: Metro Project Office of Nanchang Urban Rail Group Co., Ltd.

货币单位：人民币元
Currency Unit: RMB Yuan

资金占用 Application of Fund	行次 Line No.	期初数 Beginning Balance	期末数 Ending Balance	资金来源 Sources of Fund	行次 Line No.	期初数 Beginning Balance	期末数 Ending Balance
一、项目支出合计 Total Project Expenditures	1	2 511 509 386.58	4 000 084 581.21	一、项目拨款合计 Total Project Appropriation Funds	28	1 330 000 000.00	1 930 000 000.00
1. 交付使用资产 Fixed Assets Transferred	2	0	0	二、项目资本与项目资本公积 Project Capital and Capital Surplus	29	0	0
2. 待核销项目支出 Construction Expenditures to be Disposed	3	0	0	其中：捐赠款 Including: Grants	30	0	0
3. 转出投资 Investments Transferred-out	4	0	0	三、项目借款合计 Total Project Loan	31	1 343 681 193.88	2 302 592 196.29
4. 在建工程 Construction in Progress	5	2 511 509 386.58	4 000 084 581.21	1. 项目投资借款 Total Project Investment Loan	32	1 343 681 193.88	2 302 592 196.29

（续）

资金占用 Application of Fund	行次 Line No.	期初数 Beginning Balance	期末数 Ending Balance	资金来源 Sources of Fund	行次 Line No.	期初数 Beginning Balance	期末数 Ending Balance
二、应收生产单位投资借款 Investment Loan Receivable	6	0	0	（1）国外借款 Foreign Loan	33	177 579 776.13	318 134 128.47
其中：应收生产单位世行贷款 Including: World Bank Investment Loan Receivable	7	0	0	其中：国际开发协会 Including: IDA	34	0	0
三、拨付所属投资借款 Appropriation of Investment Loan	8	0	0	国际复兴开发银行 IBRD	35	0	0
其中：拨付世行贷款 Including: Appropriation of World Bank Investment Loan	9	0	0	技术合作信贷 Technical Cooperation	36	0	0
四、器材 Equipment	10	0	0	联合融资 Co-Financing	37	0	0
其中：待处理器材损失 Including: Equipment Losses in Suspense	11	0	0	（2）国内借款 Domestic Loan	38	1 166 101 417.75	1 984 458 067.82
五、货币资金合计 Total Cash and Bank	12	44 254 525.70	162 499 055.64	2、其他借款 Other Loan	39	0	0
1、银行存款 Cash in Bank	13	39 584 600.11	162 499 055.64	四、上级拨入投资借款 Appropriation of Investment Loan	40	0	0

其中：专用账户存款 Including: Special Account	14	4 669 925.59	4 658 102.66	其中：拨入世行贷款 Including: World Bank Loan	41	0	0
2. 现金 Cash on Hand	15	0	0	五、企业债券资金 Bond Fund	42	0	0
六、预付及应收款合计 Total Prepaid and Receivable	16	336 991 016.54	416 274 128.12	六、待冲项目支出 Construction Expenditures to be Offset	43	0	0
其中：应收世行贷款利息 Including: World Bank Loan Interest Receivable	17	0	0	七、应付款合计 Total Payable	44	219 073 734.94	350 223 638.00
应收世行贷款承诺费 World Bank Loan Commitment Fee Receivable	18	0	0	其中：应付世行贷款利息 Including: World Bank Loan Interest Payable	45	0	0
应收世行贷款资金占用费 World Bank Loan Service-Fee Receivable	19	0	0	应付世行贷款承诺费 World Bank Loan Commitment Fee Payable	46	0	0
七、有价证券 Marketable Securities	20	0	0	应付世行贷款资金占用费 World Bank Loan Service Fee Payable	47	0	0
八、固定资产合计 Total Fixed Assets	21	0	0	八、未交款合计 Other Payables	48	0	−3 958 069.32

(续)

资金占用 Application of Fund	行次 Line No.	期初数 Beginning Balance	期末数 Ending Balance	资金来源 Sources of Fund	行次 Line No.	期初数 Beginning Balance	期末数 Ending Balance
固定资产原价 Fixed Assets Cost	22	0	0	九、上级拨入资金 Appropriation of Fund	49	0	0
减：累计折旧 Less: Accumulated Depreciation	23	0	0	十、留成收入 Retained Earnings	50	0	0
固定资产净值 Fixed Assets Net	24	0	0				
固定资产清理 Fixed Assets Pending Disposal	25	0	0				
待处理固定资产损失 Fixed Assets Losses in Suspense	26	0	0				
资金占用合计 Total Application of Fund	27	2 892 754 928.82	4 578 857 764.97	资金来源合计 Total Sources of Fund	51	2 892 754 928.82	4 578 857 764.97

(续)

(二) 项目进度表

ii. Schedule of Sources and Uses of Funds by Project Component

项目进度表（一）

SUMMARY OF SOURCES AND USES OF FUNDS BY PROJECT COMPONENT I

本期截至：2015 年 12 月 31 日

(For the period ended December 31, 2015)

货币单位：人民币元
Currency Unit: RMB Yuan

项目名称：南昌城市轨道项目
Project Name: Nanchang Urban Rail Project Financed by the World Bank
编报单位：南昌轨道交通集团有限公司地铁项目管理分公司
Prepared by: Metro Project Office of Nanchang Urban Rail Group Co., Ltd.

项目 Items	本期 Current Period				累计 Cumulative		
	本期计划额 Current Period Budget	本期发生额 Current Period Actual Amount	本期完成比 Current Period % Completed	项目总计划额 Life of PAD	累计完成额 Cumulative Actual	累计完成比 Cumulative % Completed
资金来源合计 Total Sources of Funds	1 336 240 000.00	1 558 911 002.41	116.66%	15 973 539 600.00	4 232 592 196.29	26.50%
一、国际金融组织贷款 International Financing	370 000 000.00	140 554 352.34	37.99%	1 500 000 000.00	318 134 128.47	21.21%

（续）

项目 Items	本期 Current Period			累计 Cumulative		
	本期计划额 Current Period Budget	本期发生额 Current Period Actual Amount	本期完成比 Current Period % Completed	项目总计划额 Life of PAD	累计完成额 Cumulative Actual Amount	累计完成比 Cumulative % Completed
1. 国际复兴开发银行 IBRD	370 000 000.00	140 554 352.34	37.99%	1 500 000 000.00	318 134 128.47	21.21%
二、配套资金 Counterpart Financing	966 240 000.00	1 418 356 650.07	146.79%	14 473 539 600.00	3 914 458 067.82	27.05%
1. 省级 Province	0	0	0	0	0	0
2. 市县级 Prefecture\county	400 872 000.00	600 000 000.00	149.67%	4 800 000 000.00	1 930 000 000.00	40.21%
3. 自筹资金 Self-Raised Fouds	565 368 000.00	818 356 650.07	144.75%	9 673 539 600.00	1 984 458 067.82	20.51%
资金运用合计（按项目内容） Total Application of Funds (by Project Component)		1 488 575 194.63			4 000 084 581.21	
1. 工程建设 Engineering Construction	1 055 640 000.00	1 021 231 598.35	96.74%	7 263 824 700.00	1 829 386 468.10	25.18%

2. 设备投资 Equipment Investment	191 810 000.00	41 686 984.77		3 899 495 000.00	41 686 984.77	
3. 设计、培训与咨询 Design, Training and Consulting	31 780 000.00	29 361 295.48	92.39%	471 578 100.00	142 898 620.48	30.30%
4. 管理与机构能力建设 Management and Institutional capacity-building	13 000 000.00	6 537 349.01	50.29%	29 563 700.00	20 244 489.78	68.48%
5. 征地拆迁、质量监测及其他投资 Land requisition and Demolition, quality monitoring and other investment	124 890 000.00	389 757 967.02	310.33%	4 309 078 100.00	1 965 868 018.08	45.62%
差异 Difference		70 335 807.78			232 507 615.08	
1. 应收款变化 Change in Receivables		79 283 111.58			416 274 128.12	
2. 应付款变化 Change in Payables		127 191 833.74			346 265 568.68	
3. 货币资金变化 Change in Cash and Bank		118 244 529.94			162 499 055.64	
4. 其他 Other	0	0	0	0	0	0

（续）

项目进度表（二）
SCHEDULE OF SOURCES AND USES OF FUNDS BY PROJECT COMPONENT II

本期截至 2015 年 12 月 31 日
(For the period ended December 31, 2015)

项目名称：南昌城市轨道项目
Project Name: Nanchang Urban Rail Project Financed by the World Bank
编报单位：南昌轨道交通集团有限公司地铁项目管理分公司
Prepared by: Metro Project Office of Nanchang Urban Rail Group Co., Ltd.

货币单位：人民币元
Currency Unit: RMB Yuan

项目内容 Project Component	累计支出 Cumulative Amount	项目支出 Project Expenditure					
		已交付资产 Assets Transferred				在建工程 Work in Progress	待核销项目支出 Construction Expenditures to be Disposed	转出投资 Investments Transferred-out
		固定资产 Fixed Asset	流动资产 Current Asset	无形资产 Intangible Asset	递延资产 Deferred Asset			
1. 工程建设 Engineering Construction	1 829 386 468.10	0	0	0	0	1 829 386 468.10	0	0
2. 设备投资 Equipment Investment	41 686 984.77	0	0	0	0	41 686 984.77	0	0

第十章 政府审计报告范本

3. 设计、培训与咨询 Design, Training and Consulting	142 898 620.48	0	0	142 898 620.48	0
4. 管理与机构能力建设 Management and Institutional capacity-building	20 244 489.78	0	0	20 244 489.78	0
5. 征地拆迁、质量监测及其他投资 Land requisition and Demolition, quality monitoring and other investment	1 965 868 018.08	0	0	1 965 868 018.08	0
合计 Total	4 000 084 581.21	0	0	4 000 084 581.21	0

（三）贷款协定执行情况表

iii. Statement of Implementation of Loan Agreement

贷款协定执行情况表

STATEMENT OF IMPLEMENTATION OF LOAN AGREEMENT

本期截至 2015 年 12 月 31 日

(For the period ended December 31, 2015)

项目名称： 世界银行贷款南昌城市轨道项目
Project Name： Nanchang Urban Rail Project Financed by the World Bank
编报单位： 地铁项目管理分公司
Prepared by： Metro Project Office of Nanchang Urban Rail Group Co., Ltd.

货币单位： 美元 / 人民币元
Currency Unit： USD/ RMB Yuan

类别 Category	核定贷款金额 Loan Amount 美元 USD	本年度提款数 Current-period Withdrawals 美元 USD	折合人民币 RMB	累计提款数 Cumulative Withdrawals 美元 USD	折合人民币 RMB
1. 工程 Civil Works	249 375 000.00	19 970 905.01	129 683 068.77	48 366 950.30	314 075 628.47
2. 货物 Goods	0	0	0	0	0
3. 培训 Training	0	0	0	0	0
4. 咨询服务 Consulting Service	0	0	0	0	0
5. 待分配部分 Unallocated	0	0	0	0	0
6. 先征费 Front-end Free	625 000.00	0	0	625 000.00	4 058 500.00
7. 专用账户 Special Account	0	0	0	0	0
总计 Total	250 000 000.00	19 970 905.01	129 683 068.77	48 991 950.30	318 134 128.47

（续）

（续）

（四）专用账户报表

iv. Special Account Statement

专 用 账 户 报 表

SPECIAL ACCOUNT STATEMENT

本期截至 2015 年 12 月 31 日

（For the period ended December 31, 2015）

项目名称：世界银行贷款南昌城市轨道项目
Project Name： Nanchang Urban Rail Project Financed by the World Bank
贷款号：8262- CN
Loan No.：8262- CN
编报单位：江西省财政厅
Prepared by： The Finance Department of Jiangxi
开户银行名称：中信银行南昌分行
Depository Bank：Nanchang branch，CITIC bank
账号：7281111483200000362
Account No.：7281111483200000362
货币种类：美元
Currency：USD

A 部分：本期专用账户收支情况 Part A-Account Activity for the Current Period	金额 Amount
期初余额 Beginning Balance	763 184.44
增加： Add：	0
本期世行回补总额 Total Amount Deposited this Period by World Bank	19 970 905.01
本期利息收入总额（存入专用账户部分） Total Interest Earned this Period if Deposited in Special Account	1 182.66
本期不合格支出归还总额 Total Amount Refunded this Period to Cover Ineligible Expenditures	0
减少： Deduct：	0
本期支付总额 Total Amount Withdrawn this Period	20 017 814.63

（续）

（续）

A 部分：本期专用账户收支情况 Part A-Account Activity for the Current Period	金额 Amount
本期未包括在支付额中的服务费支出 Total Service Charges this Period if not Included in above Amount Withdrawn	120.00
期末余额 Ending Balance	717 337.48
B 部分：专用账户调节 Part B-Account Reconciliation	金　额 Amount
1. 世行首次存款总额 Amount Advanced by World Bank	25 000 000.00
减少： Deduct：	0
2. 世界银行回收总额 Total Amount Recovered by World Bank	20 500 000.00
3. 本期期末专用账户首次存款净额 Outstanding Amount Advanced to the Special Account at the End of this Period	4 500 000.00
4. 专用账户期末余额 Ending Balance of Special Account	717 337.48
增加： Add：	0
5. 截至本期期末已申请报账但尚未回补金额 Amount Claimed but not yet Credited at the End of this Period	0

申请书号 Application No.	金额 Amount

6. 截至本期期末已支付但尚未申请报账金额 Amount Withdrawn but not yet Claimed at the End of this Period	3 788 167.94
7. 服务费累计支出（如未含在 5 和 6 栏中） Cumulative Service Charges （If not Included in Item 5 or 6）	15.00
减少： Deduct：	0
8. 利息收入（存入专用账户部分） Interest Earned （If Included in Special Account）	5 520.42
9. 本期期末专用账户首次存款净额 Total Advance to the Special Account Accounted for at the End of this Period	4 500 000.00

(续)

(五) 财务报表附注

财务报表附注

1. 项目概况

南昌城市轨道交通项目贷款号为8262-CN。南昌城市轨道交通建设作为我省"十一五"规划的重点项目,旨在通过该项目的实施,有效改善南昌城市基础设施条件、增强南昌市引领带动作用,对于根本缓解城市交通压力,进一步改善老城、疏散人口带动和促进新城繁荣发展有重要的意义。南昌城市轨道交通2号线项目连通新老两城核心区域,覆盖昌西新城九龙湖、红角洲、红谷滩三大片区和昌东老城核心区、城南片区。项目主要内容包括建设2号线一期工程起始自站前南大道站,终止于辛家庵站,正线单线全长约23.78千米,全线共设车站21座,其中换乘站6座,分别于轨道交通1号线以及线网规划中的其他3条轨道交通线路进行换乘。项目协议于2013年7月26日签订,2013年10月21日生效,预计2018年10月31日前关闭。项目计划总投资为人民币159.74亿元,其中世界银行贷款总额为2.5亿美元。本项目贷款将用于2号线5、6、7标段土建工程,预计投资金额为人民币14.77亿元。

2. 财务报表编制范围

本财务报表的编制范围为南昌轨道交通集团有限公司地铁项目管理分公司关于轨道2号线资金筹集和建设投入的会计核算。

3. 主要会计政策

3.1 本项目财务报表按照财政部《世界银行贷款项目会计核算办法》(财际字〔2000〕13号)的要求编制。

3.2 会计核算年度采用公历年制,即公历1月1日至12月31日。

3.3 本项目会计核算以"权责发生制"作为记账原则,采用借贷复式记账法记账,以人民币为记账本位币。

3.4 按照中国人民银行2015年12月31日汇率,即USD1=RMB6.493 6。

4. 报表科目说明

4.1 项目支出

2015年项目支出人民币1 488 575 194.63元,累计支出人民币4 000 084 581.21元。

4.2 货币资金

2015年12月31日货币资金余额为人民币162 499 055.64元,其中财政厅世行专用账户余额为美元717 337.48元(按2015年12月31日汇率计人民币4 658 102.66元)。

（续）

4.3 预付及应收款

2015年12月31日余额为人民币416 274 128.12元，主要是预付2号线沿线征地拆迁、土建施工、机器设备、交通疏解以及管线迁改的费用。

4.4 项目拨款

2015年12月31日余额为人民币1 930 000 000.00元，为项目配套资金。

4.5 项目借款

2015年12月31日余额为人民币2 302 592 196.29元，为银行贷款，其中世界银行贷款余额为人民币318 134 128.47元，国内银行贷款余额人民币为1 984 458 067.82元。

4.6 应付款

2015年12月31日余额为人民币337 208 338.00元，主要是应付2号线东湖区征地拆迁款及土建施工的工程保留金。

4.7 其他应付款

2015年12月31日余额为人民币13 015 300.00元，主要是南昌市红谷滩新区管委会支付2号线南北广场土建施工工程款及各土建施工单位奖励与罚款。

v. Notes to the Financial Statements

Notes to the Financial Statements

1. Project Overview

The loan number of the Nanchang Urban Rail Project is 8262-CN. The construction of Nanchang urban rail transit is a key project included in the 11th Five-Year Plan of Jiangxi Province. The objective of this project is to effectively improve the infrastructure conditions of Nanchang City and strengthen the city's leading and pulling effect. It is of great significance to radically ease the traffic tension, further improve the old town's condition, lower population density, and promote the development of the new town. Nanchang Rail Transit Line 2 Project links the core areas in the old and new town, covering Jiulonghu, Hongjiaozhou and Honggutan areas in the city's west, the central district in the city's eastern old town and the city's south. The construction includes the Rail Transit Line 2 Phase I Project that starts from South Zhanqian Avenue Station and ends at Xinjia'an Station, extending as long as 23.78 km. The whole line has 21 planned stations, including 6 interchange stations that are applied in Rail Transit Line 1 and other 3 lines planned in the traffic network. The Project Agreement was signed on July 26, 2013, went into effect on October 21, 2013

（续）

and is expected to close before October 31, 2018. The total investment is RMB 15.974 billion yuan, among which USD 250 million is the World Bank loan. The loan of this project will be used in the civil works of the 5th, 6th and 7th bid sections of Line 2. The investment is estimated to be RMB 1.447 billion yuan.

2. Consolidation Scope of the Financial Statements

The scope of the financial statements covers the financing and the construction investment accounting of Metro Line 2 prepared by the Metro Project Office of Nanchang Rail Transit Group Co., Ltd.

3. Accounting Policies

3.1 The Financial Statements of the project were prepared according to the requirements of Accounting Methods for the World Bank Financed Project （Caijizi〔2000〕No.13）.

3.2 In accounting practice, the Gregorian calendar year is adopted as the fiscal year from January 1 to December 31.

3.3 The accrual basis and the debit/credit double entry bookkeeping method are adopted. RMB is used as the recording currency of bookkeeping.

3.4 The exchange rate adopted in the financial statements was the exchange rate on December 31, 2015 of the People's Bank of China, which is USD1= RMB 6.493 6 yuan.

4. Explanation of Subjects

4.1 Total Project Expenditures

The project expenditure in 2015 was RMB 1 488 575 194.63 yuan, and the cumulative expenditures were RMB 4 000 084 581.21 yuan.

4.2 Cash and Bank

On December 31, 2015, the balance was RMB 162 499 055.64 yuan, of which the balance of the World Bank Special Account was USD 717 337.48 （equivalent to RMB 4 658 102.66 yuan by the exchange rate of December 31, 2015）.

4.3 Prepaid and Receivable

Its balance on December 31, 2015 was RMB 416 274 128.12 yuan, mainly the prepayment to the land requisition and resettlement, civil work construction, equipment and facilities, traffic diversion and pipeline migration along the Line 2.

(续)

4.4 Project Appropriation Funds

The balance on December 31, 2015 was RMB 1 930 000 000.00 yuan, which were the counterpart funds allocated by Nanchang Municipal Government.

4.5 Project Loan

The balance on December 31, 2015 was RMB 2 302 592 196.29 yuan from bank loans, including the balance of World Bank loan RMB 318 134 128.47 yuan, and the balance of domestic bank loans RMB 1 984 458 067.82 yuan.

4.6 Payables

The balance on December 31, 2015 was RMB 337 208 338.00 yuan, mainly the land acquisition and resettlement fund and civil works retention fund for Line 2 in Donghu District.

4.7 Other Payables

The balance on December 31, 2015 was RMB 13 015 300.00 yuan, mainly the project payment by the Honggutan District Management Committee for the civil work construction of the North and South Squares in Line 2, as well as the reward and fine for each civil construction unit.

三、审计发现的问题及建议

审计发现的问题及建议

除对财务报表进行审计并发表审计意见外，审计中我们还关注了项目执行过程中相关单位国家法规和项目贷款协定遵守情况、内部控制和项目管理情况。我们发现存在如下问题。

（一）违反国家法规或贷款协定的问题

1. 待摊投资 9 798.71 万元会计处理不当

2015 年南昌轨道交通 2 号线一期工程的待摊投资科目列支了红角洲车辆段建设项目和生米南综合基地土地补偿款 9 256.39 万元，红角洲车辆段林地报批费和红角洲车辆段及站前南大道报批规费和土地使用费 542.32 万元，共计 9 798.72 万元。对照《江西省发展改革委关于南昌市轨道交通 2 号线南延线工程初步设计的批复》（赣发改设审〔2015〕1273 号）"四、车辆基地 1.……同意 2 号线一期工程的红角洲车辆段与综合基地整体调整到 2 号线南延线工程中生米南基地建设"文件的要求，上述支出应在 2 号线南延线工

（续）

程项目中列支。根据《基本建设财务管理规定》第十九条"待摊投资支出是指建设单位按项目概算内容发生的，按照规定应当分摊计入交付使用资产价值的各项费用支出"的规定，建议你公司应从待摊投资中调减属于2号线南延线工程中的征地成本9 798.72万元。你公司已接受审计建议。

2. 多计经营收入218.32万元

南昌轨道交通集团公司将南昌地铁工程建设期间的广告和甲供钢材业务授权给全资子公司南昌轨道交通资产经营有限公司经营，2015年归属于地铁2号线一期项目净收益694.48万元，其中，广告净收益193.95万元，钢材净收益500.53万元。而2号线一期项目账面反映，2015年南昌轨道交通资产经营有限公司转入净收益为912.80万元，多计了应计入2号线南延线的钢材收益218.32万元。根据《会计法》第九条"各单位必须根据实际发生的经济业务事项进行会计核算，填制会计凭证，登记会计账簿，编制财务会计报告。任何单位不得以虚假的经济业务事项或者资料进行会计核算"的规定，建议你公司调减多计的经营收入218.32万元。你公司已接受审计建议。

（二）内部控制方面存在的问题

施工单位在土建1~4标段有5个专业分包合同未向业主报备，合同金额共计1 492.32万元。

经审计轨道交通2号线一期工程施工单位1~4标段分包合同，有5个专业分包合同未向业主报备，违反了施工合同4.3.3规定"所有专业分包计划和专业分包合同须报监理人审批，并报发包人核备"条款，属违规分包。依据合同22.1.2的规定"对承包人违约的处理，参照下表执行：合同管理情况—合同违规执行情况—私自将合同的全部或部分权利转让给其他人，或私自将合同的全部或部分义务转移给其他人。限期整改，承包人应承担其违约所引起的费用增加。视情节扣款50万~100万元，情节严重的发包人有权终止合同"的规定，建议你公司应根据合同约定，责令违规分包承包人及时补办备案手续，并视情节轻重进行罚款处罚。你公司已接受审计建议。

（三）项目管理方面存在的问题

南昌轨道交通集团公司以会议纪要形式更改施工合同材料采购支付模式。

2号线世行项目5、6、7标施工合同约定盾构管片由各土建承包人自行采购，经南昌轨道交通集团公司以会议纪要形式确定该材料款支付更改为由建设单位代扣代缴。此做法违反了《南昌轨道交通世行项目土建工程招标文件（第七章　工程要求）》的第102.05条第11点" 对于本工程的商

（续）

品混凝土、钢筋、管片，承包人必须与选定的供应商签订采购合同，并履行相应的责任义务。监理人每月对供应商提供的材料进行抽检、抽检合格后予以计量，相关费用由承包人支付给供应商"的规定；依据《中华人民共和国合同法》第一章的第三条"合同当事人的法律地位平等，一方不得将自己的意志强加给另一方"及第八条"依法成立的合同，对当事人具有法律约束力。当事人应当按照约定履行自己的义务，不得擅自变更或者解除合同。依法成立的合同，受法律保护"的规定，建议建设单位不要自行变更施工合同约定的采购支付模式，保证项目的正常运转。你公司已接受审计建议。

III. Audit Findings and Recommendations

Audit Findings and Recommendations

In addition to performing the audit and expressing an opinion on the financial statements, we also make observations with respect to compliance with applicable provisions of state laws and regulations and the loan agreement of the relevant entities, its internal financial control and project management, project performance and the follow-up of previous recommendations during the project implementing process. We found the following issues:

Non-compliance with state laws and regulations or the applicable provisions of the loan agreement

1. Improper handling of prepaid and deferred investment of RMB 97 987 100 yuan in accounting.

A total of RMB 97 987 200 yuan, including land compensation fee of Hongjiaozhou depot construction and the comprehensive base south of Shengmi （RMB 92 563 900 yuan） as well as the expenses for forest approval in Hongjiaozhou depot, authorization fee in Hongjiaozhou depot and ZhanQianNanDaDao Station and land use expenses （RMB 5 423 200 yuan）, was listed in the prepaid and deferred investment item of Nanchang Rail Transit Line 2 Phase I Project in 2015. According to Official Replay of Jiangxi Development and Reform Commission on the Initial Design of South Extension of Nanchang Rail Transit Line 2 Project （GanFaGaiSheShen〔2015〕No.1273）, which stipulates in "vi. Depot" that "…agree on adjusting Hongjiaozhou depot and the comprehensive base in Line 2 Phase I Project to the base construction south of Shengmi in Line 2 south extension project",

（续）

the above expenditures shall be listed in the Line 2 south extension project. According to Article 19 in Provisions on the Financial Management of Capital Construction, investment to be apportioned refers to the expenditures incurred in compliance with the project budgetary estimate of each construction unit and allocate asset value while put into service according to relevant regulations. It is suggested your company deduct the land acquisition cost RMB 97 987 200 yuan in Line 2 south extension project from the prepaid and deferred investment. Your company accepted the suggestion.

2. An extra operation income of RMB 2 183 200 yuan was listed.

Nanchang Urban Rail Group has authorized Nanchang Rail Transit Asset Management Corporation, one of its wholly-owned subsidiaries, to run the business of advertising and own-supply steel material during the rail transit construction. In 2015, the net earnings of Rail Transit Line 2 Phase I Project was RMB 6 944 800 yuan, in which RMB 1 939 500 yuan is from advertising while 5 005 300 from steel material business. However, it can be seen from the account book of Line 2 Phase I Project that the net income of Nanchang Rail Transit Asset Management Corporation is RMB 9 128 000 yuan, including an extra RMB 2 183 200 yuan from steel business, which is supposed to be listed into Line 2 South Extension Project. According to Article 9 in Accounting Law of the People's Republic of China, all units must fulfil accounting practice, fill in and prepare accounting documents, record account books and work out financial accounting statements according to the economic and business transactions actually taken place. No unit may fulfil accounting practice on the basis of untrue economic and business transactions or false materials. It is suggested your company deduct the extra operation income of RMB 2 183 200 yuan. Your company accepted the suggestion.

Issues on internal control

5 professional subcontracts in the civil work 1st to 4th bid sections were not reported to proprietors by the construction units. The contact value totals RMB 14 923 200 yuan.

The audit found that, in the civil work 1st to 4th bid sections, 5 professional subcontracts were not reported to the proprietors on the part of the construction units. This violated 4.3.3 in the Construction Contract, which states that "all profession subcontracting plans and professional subcontracts shall be reported to the project supervisor for approval, and also to the

（续）

employer", and it was illegal subtracting. According to 22.1.2 in the Contract, refer to the following chart in case of contract breach on the contractor's part: contract management-contract violation-transfer all or part of the rights to others without permission, or transfer all or part of the obligations to others without permission. Rectify those behavior within a limited time. Contractors shall be liable to the increase in cost incurred by contract breach. Deduction ranges from RMB 500 000 yuan to 1 million yuan in light of the actual situation. Employer is entitled to terminate this Contract if the case is serious. It is suggested your company urge the contractors to go through the formalities of subcontracting according to the Contract and issue a fine in light of the actual situation. Your company accepted the suggestion.

Issues on project management

Nanchang Urban Rail Group changed the payment mode of purchasing the material in the construction contract in the form of meeting minutes.

The construction contract of the 5th, 6th and 7th bid sections in Line 2 World Loan Project stipulates that shield segments shall be purchased by civil work contractors on their own. Nanchang Urban Rail Group, in the form of meeting minutes, changed the payment mode of purchasing the material into withholding and remitting tax by the construction units. This went against Item 11, Article 102.05 of Chapter 7 "Project Requirement" in Bidding Document of Nanchang Rail Transit World Bank Loan Project Civil Work Construction, which states that for such material as commodity concrete, steel bars and segments, contractors shall sign contract with chosen suppliers and fulfill obligations accordingly. Project supervisors shall conduct random inspection on the material provided by suppliers. The qualified material are able to be measured. Expense incurred is paid by contractors to suppliers. According to Article 3 in Contract Law of the People's Republic of China, contracting parties shall have equal legal status, and no party may impose its will on the other party, and Article 8, a lawfully established contract shall be legally binding on the parties thereto, each of whom shall perform its own obligations in accordance with the terms of the contract, and no party shall unilaterally modify or terminate the contract. The contract established according to law is protected by law. It is suggested the construction units not change the payment mode stipulated in the Construction Contract so as to ensure the smooth running of the project. Your company accepted the suggestion.

第四节 湖南省审计厅审计报告范本

中华人民共和国湖南省审计厅
Hunan Provincial Audit Office of the People's Republic of China

审 计 报 告
Audit Report

湘审报〔2017〕62号
HUNAN AUDIT REPORT〔2017〕NO.62

项目名称：法国开发署贷款湖南森林可持续经营项目
Project Name：AFD Loan- Hunan Sustainable Forest Management Project

贷款号：CCN1048 01M
Loan No.：CCN1048 01M

项目执行单位：湖南省林业厅外资项目管理办公室
Project Entity：Hunan Provincial Forestry Foreign Fund Project Management Office

会计年度：2016
Accounting Year：2016

目 录
Contents

一、审计师意见
I. Auditors' Opinion
二、财务报表及财务报表说明
II. Financial Statements and Notes to the Financial Statements

（续）

  （一）资金平衡表
   i. Balance Sheet
  （二）项目进度表
   ii. Schedule of Sources and Uses of Funds by Project Component
  （三）工程支出表
   iii. Project expenditure Statement
  （四）贷款协定执行情况表
   iv. Statement of Implementation of Loan Agreement
  （五）财务报表附注
   v. Notes to the Financial Statements
 三、审计发现的问题及建议
 III. Audit Findings and Recommendations

一、审计师意见

审计师意见

湖南省林业厅外资项目管理办公室：

  我们审计了你单位法国开发署贷款湖南森林可持续经营项目2016年12月31日的资金平衡表及截至该日同年度的项目进度表、项目支出表、贷款协定执行情况表（第5页至第11页）及财务报表附注。

  （一）项目执行单位对财务报表的责任

编制上述财务报表是你办的责任，这种责任包括：

  （1）按照中国的会计准则、会计制度和本项目贷款协定的要求编制项目财务报表，并使其实现公允反映。

  （2）设计、执行和维护必要的内部控制，以使项目财务报表不存在由于舞弊或错误而导致的重大错报。

  （二）审计责任

  我们的责任是在执行审计工作的基础上对财务报表发表审计意见。我们按照中国国家审计准则和国际审计准则的规定执行了审计工作，上述准则要求我们遵守审计职业要求，计划和执行审计工作以对项目财务报表是否不存在重大错报获取合理保证。

  为获取有关财务报表金额和披露信息的有关证据，我们实施了必要的审计程序。我们运用职业判断选择审计程序，这些程序包括对由于舞弊或错误导致的财务报表重大错报风险的评估。在进行风险评估时，为了设计恰

（续）

当的审计程序，我们考虑了与财务报表相关的内部控制，但目的并非对内部控制的有效性发表意见。审计工作还包括评价所选用会计政策的恰当性和作出会计估计的合理性，以及评价财务报表的总体列报。

我们相信，我们获取的审计证据是适当的、充分的，为发表审计意见提供了基础。

（三）审计意见

我们认为，第一段所列财务报表在所有重大方面按照中国的会计准则、会计制度和本项目贷款协定的要求编制，公允反映了法国开发署贷款湖南森林可持续经营项目2016年12月31日的财务状况及截至该日同年度的财务收支、项目执行情况。

（四）其他事项

我们审查了本期内由省财政厅报送给法国开发署第4～5号提款申请书及所附资料。我们认为，这些资料均符合贷款协议的要求，可以作为申请提款的依据。

本审计师意见之后，共同构成审计报告的还有两项内容：财务报表及财务报表附注和审计发现的问题及建议。

中华人民共和国湖南省审计厅
二〇一七年六月二十八日

地址：湖南省长沙市嘉雨路6号
邮政编码：410001
电话：（0731）89976085
传真：（0731）89976085

I. Auditor's Opinion

Auditor's Opinion

To: Hunan Provincial Forestry Foreign Fund Project Management Office

We have audited your unit's Balance Sheet as of Dec. 31, 2016 and Schedule of Sources and Uses of Funds by Project Component and project expenditure statement and Statement of Implementation of Loan Agreement for the year then ended (from page 5 to page 11) and Notes to the Financial Statements.

（续）

Project Entity's Responsibility for the Financial Statements

These statements are the responsibilities of your management. These responsibilities include:

i. Preparing and fair presenting the accompanying financial statements in accordance with Chinese accounting standards and system, and the requirements of the project Financing Agreement.

ii. Designing, implementing and maintaining necessary internal control to ensure that the financial statements are free from material misstatement, whether due to fraud or error.

Auditor's Responsibility

Our responsibility is to express an opinion on these financial statements based on our audit. We conducted our audit in accordance with the "Government Auditing Standards of the People's Republic of China" and International Standards on Auditing. Those standards require that we comply with ethical requirements and plan and perform the audit to obtain reasonable assurance about whether the financial statements are free from material misstatement.

An audit involves performing procedures to obtain audit evidence about the amounts and disclosures in the financial statements. The procedures selected depend on the auditor's judgment, including the assessment of the risks of material misstatement of the financial statements, whether due to fraud or error. In making those risk assessments, the auditor considers internal control relevant to the entities' preparation and fair presentation of the financial statements in order to design audit procedures that are appropriate in the circumstances, but not for the purpose of expressing an opinion on the effectiveness of the entity's internal control. An audit also includes evaluating the appropriateness of accounting policies used and the reasonableness of accounting estimates made by management, as well as evaluating the overall presentation of the financial statements.

We believe that the audit evidence we have obtained is appropriate and sufficient to provide a basis for our audit opinion.

Opinion

In our opinion, the financial statements identified in the first paragraph present fairly, in all material respects, the financial position of the AFD Loan-Hunan Sustainable Forest Management Project as of December 31, 2016, its financial receipts and disbursements and the project implementation for the year then ended in accordance with Chinese accounting standards and system, and the requirements of the project Financing Agreement.

Other Matters

We also examined the withdrawal application No. four and five and the attached documents submitted by Provincial Finance Department to the AFD during the period. In our opinion, those documents comply with the project loan agreement and can serve as basis for loan withdrawal.

The audit report consists of the Auditor's Opinion and two more parts hereinafter: Financial Statements and Notes to the Financial Statements, Audit Findings and Recommendations.

Hunan Provincial Audit Office of the People's Republic of China
June, 2017
Address： No. 6 Jiayu Road, Changsha City, Hunan Province, P.R. China
Postcode： 410001
Tel.： 86-0731- 89976085
Fax： 86-0731- 89976085

The English translation is for the convenience of report users; Please take the Chinese audit report as the only official version.

2016法开署财务报表（略）

（四）财务报表附注

财务报表附注

1. 财务报表编制范围

本报表由湖南省林业外资项目管理办公室负责编制，编制范围包括湖南省项目办和11个市县区项目办的财务报表。

2. 主要会计政策

2.1 项目报表以1月1日至12月31日作为会计年度。

2.2 按《法国开发署贷款湖南森林可持续经营项目操作手册》《法国开发署贷款湖南森林可持续经营项目贷款协议》等制度规定进行会计核算，

（续）

会计核算以"权责发生制"作为记账原则，采用借贷复式记账法记账，以人民币为记账本位币。

3. 项目基本情况

法国开发署贷款湖南森林可持续经营项目总投资预算 31 680 万元（3 960 万欧元），其中：法国开发署贷款资金为 24 480 万元（3 060 万欧元），占项目总投资的 77.27%；受益人投资 2 132 万元，占总投资的 6.73%；省级配套 3 168 万元，占总投资的 10.00%；县级财政配套 1 900 万元，占总投资的 6.00%。

本项目共有 11 个项目县参加，2016 年有 10 个县有新造林及抚育，东安县已经退出，计划造林面积 18 800.4 公顷[①]，核实面积 18 105.9 公顷，其中 M1、M2、M3、M4、M5、M6a、M6b 分别为 5 205 公顷、351.8 公顷、1 725.6 公顷、2 308.1 公顷、5 498 公顷、2 037.6 公顷、256.2 公顷。

2016 年核实面积分别为，M1 是 954.5 公顷，M3 是 236.5 公顷，M4 是 649.6 公顷，M5 是 2 019.6 公顷，M6a 是 413.3 公顷，M6b 是 30 公顷，合计 4 303.5 公顷。截止到 2016 年秋报验收，共完成 M1 是 5 589.9 公顷，M2 是 438.8 公顷，M3 是 1 725.6 公顷，M4 是 2 312.7 公顷，M5 是 5 472.6 公顷，M6a 是 2 058.4 公顷，M6b 是 256.2 公顷，合计 17 854.2 公顷。

4. 项目支出情况

2016 年度我省发生项目支出共计 85 537 973.20 元，其中：营造林工程 75 335 516.14 元；商品和设备支出 13 328 元；土地管理和森林可持续经营 1 615 252 元；咨询与国外培训 1 405 451.77 元；调查设计与监测 2 600 327 元；管理与技术培训 245 797.92 元；项目管理费 1 782 100.32 元；转贷费 114 301.63 元；招投标费 8 000 元；基本预见费为 0；其他支出 2 417 898.42 元。

至 2016 年年底，累计发生项目支出共计 265 742 861.46 元，其中：营造林工程 250 421 860.83 元；商品和设备支出 129 263 元；土地管理和森林可持续经营 1 615 252 元；咨询与国外培训 1 405 451.77 元；调查设计与监测 3 862 637 元；管理与技术培训 583 399.42 元；项目管理费 3 039 796.59 元；转贷费 407 058.97 元；招投标费 8 000 元；基本预见费为 0；其他支出 4 270 141.88 元。

5. 贷款执行情况

2016 年第四次报账 14 513 959 元，欧元 1 971 901.57 元，实际到账人

---

① 1 公顷 = 10 000 平方米。

(续)

民币14 413 226.83元,汇兑损益-100 732.17元;2016年第五次报账合计11 445 790.07元人民币,欧元1 563 222.5元,实际到账人民币11 102 766.21元,汇兑损益-343 023.8元。

截止到2016年年底累计报账140 627 798.31元人民币,汇兑损益29 000 009.85元,其中实际到实施主体的为131 433 791.51元,其余为已到当地财政,但还未拨付到实施主体。

6. 配套资金落实情况

2016年省级配套资金到位5 699 999.88元,县级配套资金2 779 794.7元;截止到2016年年底共拨付省级配套资金11 900 000元,其中实际到实施主体的为10 705 999.88元,其余为已到当地财政,但还未拨付到实施主体。县级配套资金6 419 078.7元。2016年完成受益人投资15 836 193.40元,受益人累计投资59 539 709.29元。

7. 账户开设及管理情况

本项目省市县级项目办实行国库集中支付,取消了所有的专户,实行指标拨付。

8. 往来款项结算情况

其他应收及其他应付款情况:截止到2016年底其他应收1 727 701.27元,多为实施主体代垫的各种工程款;其他应付40 783 308.28元,主要为应付给相应供应商或工人的费用等。

9. 其他说明

(1)合并报表中调整事项为需要各实施主体分摊的办公设备费104 670元、课题研究费85万元,专家咨询费14万元,其中汉寿、炎陵、新宁已经在实施主体分摊,故合并报表补分摊783 593元。

(2)省级共配套1 300万元,账上实际到账1 080.6万元,其中茶陵211.4万元未及时拨付到实施主体,仍在当地财政账上;鼎城16万元也仍在当地财政账上;衡东县4万元,目前衡东县已退出法开项目。

Ⅳ) Notes to the Financial Statement

Notes to the Financial Statement

1. Scope of Financial Statement

This statement is compiled by Hunan Provincial Forestry Foreign Fund Project Management Office, which includes the financial statements of Hunan provincial project management office and 11 county-level project management offices.

（续）

2. Main Accounting Policies

2.1 The statement takes the period January 1st to December 31st as the accounting year

2.2 The project accounting is carried out according to the relevant rules and regulations stipulated in the Operational Manual of AFD Loan- Hunan Sustainable Forest Management Project and the Credit Facility Agreement of AFD Loan- Hunan Sustainable Forest Management Project by accrual basis, adopts debit and credit double entry bookkeeping, and takes RMB as recording currency.

3. Project Introduction

The total project investment plan of AFD Loan-Hunan Sustainable Forest Management Project is 316.80 million Yuan （equal to 39.60 million Euro）, including AFD loan 244.80 million Yuan （30.60 million Euro）, accounting for 77.27% of total investment; beneficiary contribution 21.32 million Yuan, accounting for 6.73% of total investment; Provincial counterpart fund 31.68 million Yuan, accounting for 10% of total investment, County-level counterpart fund 19.00 million Yuan, accounting for 6% of total investment.

Project areas cover 11 counties, only 10 counties have implemented afforestation and tending in 2016 since Dong'an county has already quit. It's planned to complete afforestation and forest management 18 800.4 ha, and then 18 105.9 ha implemented areas have been verified, including M15 205 ha, M2 351.8 ha, M31 725.6 ha, M42 308.1 ha, M55 498 ha, M6a 2 037.5 ha and M6b 256.2 ha.

Verified areas in 2016 are 4 303.5 ha, including M1 is 954.5 ha, M3 is 236.5 ha, M4 is 649.6 ha, M5 is 2 019.6 ha, M6a is 413.3 ha and M6b is 30 ha. By the end of monitoring checking in Autumn of 2016, a total of 17 854. 2 ha have been completed, including M1 is 5 589.9 ha, M2 is 438.8 ha, M3 is 1 725.6 ha, M4 is 23 12 7 ha, m5 is 5 472.6 ha, M6a is 2.058.4 ha and M6b is 256.2 ha.

4. Project Expenditure

In 2016, the project spent in a total of 85 537 973.20 Yuan, including: afforestation and forest management 75 335 516.14 Yuan; Goods and equipment procurement 13 328 Yuan; Land management and SFM research 1 615 252 Yuan; Consultancy and overseas training 1 405 451.77 Yuan; Design and monitoring 2 600 327 Yuan, Management and technical training 245 797.92 Yuan; Project management cost 1 782 100.32 Yuan; On-lending cost 114 301.63 Yuan; Bidding cost 8 000 Yuan; Basic Reserve 0 Yuan; Other expense 2 417 898.42 Yuan.

By the end of 2016, the accumulative expenditure of the project is 265 742 861.46 Yuan, including: afforestation and forest management 250 421 860.83 Yuan; Goods and equipment procurement 129 263 Yuan; Land management and SFM research 1 615 252 Yuan; Consultancy and overseas training 1 405 451.77 Yuan; Design and monitoring 3 862 637 Yuan, Management and technical training 583 399.42 Yuan; Project management cost 3 039 796.59 Yuan; On-lending cost 407 058.97 Yuan; Bidding cost 8 000 Yuan; Basic Reserve 0 Yuan; nd Other expense 4 270 141.88 Yuan.

5. Loan Management

In 2016, the 4th disbursement request applied for 14 513 959 Yuan, equal to 1 971 901.57 Euro, and actually arrived 14 413 226.83 Yuan, the exchange loss－100 732.17 Yuan；the 5th disbursement request applied for 114 457 90.07 Yuan, equal to 1 563 222.5 Euro, and actually arrived 11 102 766.21 Euro, the exchange loss－343 023.8 Yuan.

By the end of 2016, the project accumulative received loan 140 627 798.31 Yuan, the exchange gains－29 000 009.85 Yuan, of which 131 433 791.51 Yuan has been actual allocated to PIEs, the rest has been received by local financial sector but still waiting for the appropriation to the PIEs.

6. Allocation of Counterpart Funds

In 2016, 5 699 999.88 Yuan provincial counterpart funds have been allocated and 2 779 794.7 Yuan county-level counterpart funds have been allocated. By the end of 2016, a total amount of 11 900 000 Yuan provincial counterpart funds and 6 419 078.7 Yuan of county-level counterpart funds have been allocated , 15 836 193.40 Yuan beneficiary contribution has been complete in 2016 and the accumulative beneficiary contribution is 59 539 709.29 Yuan.

7. Account opening and its management

This project applies payment from the state treasury for provincial, municipal and county level, called off all special account, and appropriate by quota.

（续）

8. Settlement of Account Current

Other receivables and payables: by the end of 2016, other receivable 1 727 701.27 Yuan, mostly are the advanced payments of engineering cost of PIEs; and other payables 40 783 308.28 Yuan, mainly for the cost should be paid to relevant suppliers and workers.

9. Other Statements

The adjustments in the summary table were the cost that should be shared by the PIEs, i.e. office equipment cost 104 670 Yuan, research cost 850 000 Yuan, consultant cost 140 000 Yuan. Of which, Hanshou, Yanling and Xinning have been distributed to their PIEs, therefore, the summary table has included additional share 783 593 Yuan.

Provincial counterpart fund allocated 13 million Yuan, but actually received 10.806 million Yuan, in which 2.114 million Yuan of Chaling is not timely allocation to the PIEs, still deposit in the local financial account, Dingcheng's 16 million Yuan is still in the local financial account too, Hengdong County also kept 40 000 yuan, but Hengdong has been quit from AFD project now.

二、审计发现的问题及建议

审计发现的问题及建议

除对财务报表进行审计并发表审计意见外，审计中我们还关注了项目执行过程中相关单位国家法规和项目贷款协定遵守情况、内部控制和项目管理情况、项目绩效情况。我们发现存在如下问题。

（一）个别县市更改项目实施单位，且个别挂靠项目实施单位已出现偿债风险

茶陵县原确定9个项目实施单位，但项目实施过程中未经法国开发署（以下简称"法开署"）同意，擅自采取挂靠形式增加了5个项目实施主体。具体为茶陵县飞鹏竹木业有限公司挂靠茶陵县卧龙林业有限公司，实施面积为133公顷；茶陵县光明林业有限责任公司挂靠茶陵县金龙生态林业有限公司，实施面积为26.7公顷；茶陵县观垅里刨花楠种植有限公司挂靠茶陵县卧龙林业有限公司，实施面积为44.6公顷；茶陵县甘坳森工林场挂靠

(续)

茶陵县金龙生态林业有限公司，实施面积为305.3公顷；谭智德个人挂靠湖南虎源生态园林有限公司（原名茶陵县虎踞林场园林绿化有限公司），实施面积为200公顷。

2015年12月7日，茶陵县甘垇森工林场与茶陵县金龙生态林业有限公司签订挂靠协议，茶陵县林业局盖章认可。茶陵县甘垇森工林场2013—2016年度营造林共计305.3公顷。茶陵县金龙生态林业有限公司报茶陵县甘垇森工林场营造林款共计3 782 349.51元，其中，2015年2月6日茶陵县甘垇森工林场收到茶陵县金龙生态林业有限公司法开署贷款1 861 872.37元（扣肥料款81 557.28元在县林业局法开署专户），其余贷款资金1 838 919.86元，由于挂靠单位茶陵县甘垇森工林场未能提供足够抵押物且出现了偿债风险未拨付，2016年11月28日茶陵县林业局向县人民政府申请变更项目实施单位为茶陵县森源林木种植农民专业合作社；2016年12月1日茶陵县林业调查规划设计队对茶陵县森源林木种植农民专业合作社在桃坑乡和秩堂镇的营造林M3进行了验收（未经省级验收），合格面积152.74公顷，但上述营造林地点不在法开署和省林业外资项目办批复造林地点的范围内；县财政局于2016年12月将其余1 838 919.86元拨给县林业局，县林业局于2016年12月21日拨付给茶陵县森源林木种植农民专业合作社1 838 919.86元。以上变更均未经法开署书面同意。

临湘市法开署贷款项目，以临湘市林业科学技术推广站为项目实施的负责单位，实际分别由9个乡镇的个体承包人向乡财政所签订《法国开发署贷款项目转贷还款协议》，负责项目具体实施。项目完工后，临湘市林业外资项目办负责验收、申请提款，市财政局将资金拨付乡财政所，由财政所将贷款直接汇到个体承包人账户。临湘市外资项目办和林业科学技术推广站没有设立相关账户核算项目建设的收支情况，相关报表的数据，由项目办根据项目《资金来源计算单价》确定。

以上行为不符合项目备忘录"3.3.与项目相关的信息如发生以下情况，最终受益人应通知贷款人：……（b）及时通知任何可能影响项目的组织形式、竣工和延续的决定或事件"的规定。

我们建议你办及时就更改挂靠事项与法开署进行沟通，并采取措施避免偿债风险，保证项目顺利实施。

（二）部分项目配套资金未及时到位10 788 874元

截止到2016年12月31日，法国开发署资金已到位140 627 798元，根据法国开发署贷款湖南森林可持续经营项目操作手册的融资计划测算，应配套省级配套资金18 192 470.67元，实际到位11 900 000元；应配套县

（续）

级配套资金 10 915 482.40 元，实际到位 6 419 078.70 元。

如：华容县县级配套资金应到位 1 594 400 元，实际到位 947 338 元。常德鼎城区县级配套应到位 497 853.44 元，实际到位为 0；茶陵县县级配套应到 3 053 710.84 元，实际到位为 0。

以上行为违反了《国际金融组织贷款赠款项目财务管理暂行办法》（财际〔2011〕10 号）第十一条"各出资部门应按照协议约定履行出资责任。项目单位应当按照有关协议以及项目评估报告的要求，及时足额筹集配套资金"的相关规定。

我们建议你办积极争取落实省级配套资金并督促各项目县（市）按照项目计划及时安排项目配套资金。你办已接受审计建议。

（三）部分项目法开署资金及配套资金未及时拨付到项目实施单位

截止到 2016 年 12 月 31 日，法开署资金已到位 140 627 798 元，实际拨付到项目办及项目实施单位 131 433 791.51 元。其中：吉首市第三次法开署资金 1 669 058.46 元，吉首市财政局 2015 年 12 月 29 日收到，2016 年 5 月 25 日拨出；第四次法开署资金 588 345.96 元，吉首市财政局 2016 年 6 月 21 日收到，2016 年 10 月 13 日拨出。

常德市汉寿县财政局 2016 年 5 月 30 日收到省财政厅拨付第四次提款报账资金 108 247.87 元，2016 年 11 月 7 日才拨入县林业局账上；湖南省财政厅 2016 年 5 月 30 日以湘财外指〔2016〕47 号文下达汉寿县财政局 2016 年法开署贷款湖南森林可持续经营项目省级配套资金 710 000 元，汉寿县财政局 2016 年 11 月 14 日才拨入县林业局。

茶陵县财政局 2016 年 5 月 30 日收到茶陵县第四次法开署报账 7 649 566.11 元，2016 年 8 月 8 日才拨付 7 191 129.82 元至茶陵县林业局，2016 年 10 月 11 日拨付 160 671.78 元至茶陵县林业局。

常德市鼎城区财政局 2015 年 11 月 27 日收到第三次提款报账资金 2 186 313.74 元，其中：2016 年 2 月 5 日拨出湖南天骄农林发展有限公司 496 112.15 元，截止至 2017 年 5 月 16 日，未拨付常德大青山农林科技发展有限公司 1 690 201.59 元。常德市鼎城区财政局 2016 年 5 月 30 日收到第四次提款报账资金 108 218.25 元，2017 年 4 月 10 日拨付区林业局项目办 108 218.25 元。常德市财政局 2016 年 6 月 27 日以常财外指〔2016〕29 号文下达鼎城区财政局 2016 年法开署贷款湖南森林可持续经营项目省级配套资金 16 万元，鼎城区财政局 2017 年 5 月 12 日预算指标追加鼎城区林业局 16 万元。

以上行为违反了《国际金融组织和外国政府贷款赠款管理办法》（财政

第十章 政府审计报告范本

（续）

部 38 号令）第二十八条"……任何单位和个人均不得以虚报、冒领或者其他手段骗取贷款资金，不得以任何理由和形式滞留、截留、挪用贷款资金或者擅自改变贷款资金用途"的规定。

我们建议你办协调各级财政部门及时拨付法开署贷款及配套资金。你办已接受审计建议。

（四）项目资金计划不完善

项目仅在法国开发署贷款湖南森林可持续经营项目操作手册的融资计划中对项目资金总来源进行规划，未要求各县项目办及项目实施单位提交年度资金计划，对于省级配套资金和县级配套资金在县项目办和项目实施单位之间的分配没有明确的分配方案。导致部分地方省级配套资金和县级配套资金不能及时分配并拨付到具体的项目实施单位。

如：截止至 2016 年 12 月 31 日，鼎城区林业局共计收到省级配套资金 15.9 万元，截至 2017 年 5 月 16 日，未按营林工程实施面积拨付到项目实施单位。其中：8 万元用于法开署总规设计，6.94 万元用于区项目办管理费用，包括办公费 32 891 元，差旅费 9 502.5 元，联络接待费 22 425 元，车辆运行维护费 4 550 元，邮电费 24 元。

2014-2016 年，茶陵县共计收到省级配套资金 211.4 万元，以上省级配套资金截止至 2017 年 6 月 6 日至在茶陵县财政局账上，未拨付县林业局或项目实施单位。县财政局解释因为没有收到省里具体的资金分配方案故未拨付。

以上行为与法开署贷款湖南森林可持续经营项目操作手册 4.4.1 "年度计划内容包括营造林工程、物资采购、监测与评价任务及资金使用等计划"的要求不符。

我们建议你办根据项目执行预算及实际情况，制定切实可行的配套资金分配方案，要求县（市、区）项目办按要求提交项目年度资金计划并遵照执行。

（五）部分项目年度计划未完成，变更存在一定的随意性

茶陵县林业外资项目管理办没有编制 2016 年度作业设计书和 2016 年度项目年度计划。2016 年，湖南省林业外资项目管理办公室下达茶陵县林业外资项目管理办生产计划营造林面积 1 020.60 公顷，2016 年度实际营造林 153.60 公顷，仅占计划营造林率 15.05%。

2016 年，常德市鼎城区林业外资项目管理办计划营造林 229.4 公顷，但实际营造林 164.4 公顷，占计划造林率 71.67%。其中，M3 面积 133.7 公顷没有造林、M5 多造林 11.3 公顷、M6a 多造林 57.4 公顷。鼎城区林业外资项目管理办没有按计划面积和造林类型造林，变更存在一定的随意性。

（续）

2016年，汉寿县法开署贷款项目管理办公室在下达给项目实施主体汉寿县沧源农林科技发展有限公司M5面积为519公顷计划之前，该公司就已经造林M5面积519公顷。汉寿县法开署贷款项目存在计划滞后，项目实施主体营造林超前的问题。

2016年，吉首市法开署湖南森林可持续发展经营项目改造和新造总规设计地点在河溪镇、已略乡、马劲坳镇、太坪乡、白岩乡五个乡镇，而2016年度作业设计改造和新造林地点在白岩乡桥六村、寨阳乡曙光村和乡林场、社塘坡乡坪云村和牯牛坡村三个乡镇。2016年度作业设计改造和新造林地点与总规设计地点不一样，且造林地点变更未见省林业厅外资办批示同意，改造和新造林地点变更存在随意性。

以上行为与法开署贷款湖南森林可持续经营项目操作手册4.4.1"……省项目办下达的年度实施计划，是指导各县（市、区）实施项目活动和控制使用年度贷款资金数额的依据。年度计划一经下达，必须严格贯彻执行，不得随意变动。如有特殊情况（如自然灾害、实施实体意外事故或其他不可抗拒原因不能完成等）确需调整的，应由县项目办提出，报经省林业外资项目办和省财政厅外经处同意，并调整施工设计和配套资金，经省项目办正式报告法开署获得'不反对意见'后实施……"的要求不符。

我们建议茶陵县林业外资项目管理办严格按法开署湖南森林可持续发展经营项目总体设计要求编制年度计划，并按年度计划落实到位。

（六）部分项目苗木采购、营造林施工未按规定实施询价采购程序

新宁县、城步县所有项目苗木采购、营造林施工均没有询价记录，项目未按询价采购程序组织实施。

以上行为不符合《法开署贷款湖南森林可持续经营项目操作手册》中明确项目采购应参照"AFD采购准则"和附件2的采购计划执行"项目用苗实行定点供种、定点育苗、定点供苗的'三定'要求，由县项目办负责组织培育，询价采购，报省项目办批准，其单价不得超过省项目调查制定的参考单价；营造林工程由县项目办与实施主体负责询价采购，报省项目办批准，其单价不得超过省项目调查制定的参考单价"的规定。

我们建议你办督促各项目办严格按照AFD采购准则的要求进行采购，并保存相关资料备查。你办已接受审计建议。

（七）部分项目会计核算及票据管理工作有待完善

常德市鼎城区常德大青山农林科技发展有限公司2016年发生劳务费1 143 375元，均以现金发放且未开具劳务发票；2016年采购肥料93 250元，仅附入库单，未开具发票。

(续)

汉寿县林之源林业综合开发有限公司2016年幼林抚育劳务费448 020元未开具发票。汉寿县沧源农林科技发展有限公司2016年购买肥料159 660元，附肥料供应合同，入出库单，未开具发票。汉寿县湘汉苗木有限责任公司2016年采购油料867 790.6元，仅附油品出库单，未开具增值税发票。

茶陵县湖南虎源生态园林有限公司2016年劳务费2 616 870元，未开具劳务费发票。茶陵县慧科生态园林开发有限公司2016年劳务费244 900元，未开具劳务费发票。茶陵县森源林木种植农民专业合作社2016年劳务费1 242 370元，未开具劳务费发票，购买肥料209 112元，未开具发票。2016年株洲市万樟园林绿化工程有限公司营林工程中，肥料采购269 049.15元，仅附化肥调拨单或过磅单等，无采购发票。

茶陵县卧龙林业有限公司2016年劳务费2 520 250元，未开具劳务费发票。茶陵县浙南竹木开发有限公司2016年付护育开垦劳务费1 348 570元，系雇佣临时劳务护育开垦，全部由现金支付，附工资单，未开具劳务发票。

新宁县2016年项目办共支付新宁县林业局调查设计队的设计和验收费172 600元，收款方新宁县林业局调查设计队未开具税务发票。

新宁县项目办2016年支付白毛冲林场营造林施工款428 886.22元，系白条报账。

新宁县崀山镇白毛冲林场2016年支付种苗、劳务费共计1 350 063元，均未开具发票。

以上行为与《中华人民共和国发票管理办法》第二十一条"所有单位和从事生产、经营活动的个人在购买商品、接受服务以及从事其他经营活动支付款项时，应当向收款方取得发票"的要求不符。

我们建议你办督促各项目实施单位严格按照《中华人民共和国发票管理办法》的要求取得相应的发票。

（八）转贷手续不完善

茶陵县财政局未与茶陵县林业局签订《法国开发署贷款项目转贷转贷协议》，而仅由茶陵县林业局与项目实施单位签订《法国开发署贷款项目转贷转贷协议》。

临湘县五里街道财政所支付松峰村杨梅组周良军开发项目贷款资金31 729.7元，未签订《法国开发署贷款项目转贷还款协议》

以上行为不符合《国际金融组织和外国政府贷款赠款管理办法》第十一条"地方财政部门履行下列职责：……（六）确定转贷或担保机制，落实还款责任，督促并确保贷款按时足额偿还……"的规定。

我们建议你办督促相关部门完善转贷手续。你办已接受审计建议。

（续）

（九）个别项目提前还贷未向省项目办报备

炎陵县绿源林场是炎陵县利用法开署贷款湖南森林可持续经营项目的七个实施主体之一，经省级验收合格，并完成2013、2014、2015年度项目报账。2015年12月，绿源林场因体制改革向县林业局提交《提前还贷申请》，要求全额归还项目贷款资金，经林业局领导商定同意其提前还贷，还款金额为贷款本息总计为464 176.18元。因其提前还贷，原定要拨付的省级配套资金37 599.88元没有下拨，留在县林业局项目办账上。以上合计501 776.06元法开署贷款项目资金一直滞留在县林业局项目办账上，未向省项目办报告。

我们建议你办对相关因项目实施主体原因未拨付的法开署贷款资金及配套资金制定相应的办法，规范管理。你办已接受审计建议。

III. Audit Findings and Recommendations

Audit Findings and Recommendations

In addition to performing the audit and expressing an opinion on the financial statements, we also make observations with respect to compliance with applicable provisions of state laws and regulations and the loan agreement of the relevant entities, its internal financial control and project management, project performance. We found the following issues.

1. Change project implementation entities （PIE） in some project county （city） and some affiliated entity has already been exposed to insolvency risk

Chaling county used originally identified 9 PIEs, but during the project implementation process other 5 entities have been attached to the original entities without the AFD's permission. The detalis are: Feipeng Bamboo & Wood Product Co., Ltd. of Chaling County attached to Wolong Forestry Ltd. Company of Chaling County with implementation area 133 ha; Guangming Forestry Ltd. Company of Chaling County attached to Jinlong Ecological Forestry Ltd. Company of Chaling County with the implementation area is 26.7 ha; Guanlongli Machilus pauhoi Planting Ltd. Company attached to Wolong Forestry Ltd. Company of Chaling County with the implementation area 44.6 ha; Gan'ao Forestry Industry Forest farm of Chaling County attached to Jinlong Ecological Forestry Ltd. Company of Chaling County with the implementation area is 305.3 ha; and Individual person Tan Zhide

（续）

attached to Hunan Huyuan Ecological Garden Ltd., Company （with original name as Huju FF Landscaping Ltd. Company of Chaling county） with the implementation area 200 ha.

On Dec. 7th 2015, Forestry Bureau of Chaling County stamped and accepted the affiliated agreement between Gan'ao Forestry Industry Forest farm of Chaling County and Jinlong Ecological Forestry Ltd. Company of Chaling County. The Gan'ao Forestry Industry Forest farm of Chaling County implemented afforestation and forest management 305.3 ha from 2013 to 2016 and Jinlong Ecological Forestry Ltd. Company of Chaling County applied for 3 782 349.51 yuan engineering reimbursement for Gan'ao Forestry Industry Forest farm of Chaling County. Of which, Gan'ao Forestry Industry Forest farm of Chaling County received AFD loan 1 861 872.37 yuan from Jinlong Ecological Forestry Ltd. Company of Chaling County on Feb. 6th 2015 in which there is 81 557.28 yuan has been retained in AFD special account of local forestry bureau as fertilizer payment, the rest AFD loan is 1 838 919.86 yuan. Since the affiliated unit, Gan'ao Forestry Industry Forest farm of Chaling County, hasn't provided enough guarantee, and the affiliated unit itself has been exposed to insolvency risk, therefore, On November 28, Chaling county forestry bureau report to County People's Government asking for change of PIE to Senyuan Forest Farmer Cooperative and on Dec. 1st 2016, the forestry investigation and Planning team of Chaling County carried out monitoring and acceptance checking in M3 afforestation sites of Taokeng Township and Zhitang Township managed by Senyuan Forest Farmer Cooperative, the qualified area was 152.74 ha （without checking of provincial monitoring center）. However, the above mentioned afforestation sites has not been included in the project implementation site approved by AFD and Provincial Forestry Foreign Fund Project Management Office （PPMO）.

In Linxiang City, Linxiang Forestry Seedling Extension Station has been identified as one of PIEs, however the AFD Loan Project On-lending Agreements were signed between 9 individual contractors who are responsible for project implementation and with their local township financial offices respectively. After implementation, Linxiang City Forestry Foreign Fund Project Management Office is responsible for monitoring and acceptance checking and apply for loan disbursement; the financial bureau of city

（续）

allocated fund to township financial office, then township financial office direct allocated loan to individual contractors' accounts. Linxiang City Forestry Foreign Fund Project Management Office and Linxiang Forestry Seedling Extension Station did not set up project accounting system to reflect project construction incoming and outgoings, the figures of relevant statements have been calculated by PMO according to "Funds Sources Unit Calculation".

The above practices do no conform with clause 3.3 "The Final Beneficiary shall inform the Lender of: （b） any decision or event which might affect the organization, completion or continuance of the Project, as promptly as practicable" of project memorandum.

We recommend that the provincial project office communicate with AFD about the changes of PIEs immediately and adopt measures to avoid insolvency risk in order to ensure the smooth implementation of the project.

2. Part of project counterpart fund has not been available on time for 10 788 874 yuan

By Dec. 31st 2016, 140 627 798 yuan AFD loan has been received, calculated according to the financing plan of Operational Manual of the project, the corresponding project provincial counterpart fund should allocate 18 192 470.67 yuan, actually only received 11 900 000 yuan; the county-level counterpart fund should allocate 10 915 482.40 yuan, actually only received 6 419 078.70 yuan.

For instance, the county-level counterpart fund in Huarong county should allocate 1 594 400 yuan, actually only received 947 338 yuan; the county-level counterpart fund of Dingcheng district of Changde city should allocate 497 853.44 yuan, actually no fund has been received; the county-level counterpart fund of Chaling county should allocate 3 053 710.84 yuan, actually no fund has been received.

The above practices do not conform with the "International Financial Organizations and Foreign Government Loans and Grants Financial Management Approach" （International Finance 〔2011〕 No. 10）, which required that "The capital investment department should be in accordance with the agreement to perform responsibility. Project units shall, in accordance with the relevant agreement and to meet the requirements of the project evaluation report, form a complete set of full specified amount to raise funds in

(续)

time".

We recommend that provincial project office urge project counties (cities) arrange project counterpart fund according to the plan. Your office has accepted the recommendation.

3. Part of AFD loan and counterpart fund has not been appropriated to PIEs on time

By the end of Dec. 31st 2016, a total amount of 140 627 798 yuan AFD loan has been received, but the actual amount allocation to project management offices and PIEs is 131 433 791.51 yuan. In which:

The 3rd AFD loan disbursement 1 669 058.46 yuan has been received by Jishou Financial Bureau on Dec. 29th 2015, but The financial bureau has not appropriated the fund to PIEs until May 25th 2016; The 4th AFD loan disbursement 588 345.96 yuan has been received by Jishou Financial Bureau on June 21st 2016, but the financial bureau has not appropriated the fund to PIEs until Oct. 13th 2016.

The 4th AFD loan disbursement 108 247.87 yuan has been received by Hanshou Financial Bureau on May 30th 2016, but The financial bureau has not appropriated the fund to county forestry bureau until Nov. 7th 2016; Hunan Provincial Financial Department has issued document Xiangcai Waizhi〔2016〕reference No. 47 on issuing project provincial counterpart fund 710 000 yuan for Hanshou County of 2016. But Hanshou Financial Bureau has not appropriated this 710 000 yuan to Hanshou Forestry Bureau until Nov. 14th 2016.

Chaling Financial Bureau received 4th AFD loan disbursement 7 649 566.11 yuan on May 30th 2016, but the bureau has not appropriated 7 191 129.82 yuan to Chaling Forestry Bureau until Aug.8th 2016, and 160 671.78 yuan to Chaling Forestry Bureau until Oct. 11th 2016. Dingcheng District Financial Bureau of Changde City received 3rd AFD loan disbursement 2 186 313.74 yuan on Nov. 27th 2015, in which: on Feb. 5th 2016 appropriated 496 112.15 yuan to Hunan Tianjiao Agriculture and Forestry Development Co., Ltd. Up to May 16th 2017, still 1 690 201.59 yuan has not been appropriated to Changde Daqingshan Agriculture and Forestry Science and Technology Development Co., Ltd.; Dingcheng District Financial Bureau of Changde City received 4th AFD loan disbursement 108 218.25 yuan on May 30th 2016, until April 10th 2017 the bureau appropriated 108 218.25

(续)

yuan to the district forest bureau.

Changde City Financial Bureau has issued document Changcai Waizhi 〔2016〕 reference No. 29 on issuing project provincial counterpart fund 160 000 yuan for Dingcheng District of 2016. But Dingcheng Financial Bureau did not appropriate this 160 000 yuan to Dingcheng Forestry Bureau until May. 12th 2017 as a supplemental budget.

The above pratices do no conform with the Article 28 of The Management of Loans and Grants of International Financial Organizations and Foreign Governments（The Ministry of Finance Decree NO.38.2006）：… any unit or individual shall not swindle loan funds by making fraudulent applications and claims or other means, and shall not retain, intercept or embezzle loan funds or change the usage of loan funds without authorization for any reason and in any way.

We recommend that provincial project office urge project counties（cities/districts） appropriate project funds and counterpart fund on time. Your office has accepted the recommendation.

4. Imperfect project fund plan

The project total sources of fund has been planned in the financing plan of Project Operational Manual, but the CPMOs and PIEs have not prepared annual funding plan or have a clear allocation plan for provincial and county-level counterpart fund between CPMOs and PIEs which results in the provincial and county-level counterpart fund did not allocate to the PIEs in some project counties（cities/districts）.

For instance, Dingcheng Forestry Bureau has received a total amount of 159 000 yuan provincial counterpart fund up to Dec. 31st 2016, until May 16th 2017, instead of been allocated to PIEs according to actual implementation areas, the provincial counterpart fund has been allocated by CPMO as follows：80 000 yuan paid for the design of general plan, 69 400 yuan paid for project management cost of CPMO, including 32 891 Yuan office allowance, 9 502.5 yuan travel expense, 22 425 yuan communication and reception cost, 4 550 yuan vehicle operating cost and 24 yuan postage.

From 2014 to 2016, Chaling county received provincial counterpart fund a total amount of 2.114 million yuan, as of June 6th 2017, the above amount has still been deposited in the account of Chaling County Financial Bureau, and has

(续)

not been allocated to forestry bureau or PIEs. The financial bureau explained that this situation was due to the fact that they had not received specific allocation plan from provincial level.

The above practices do no conform with the para. 4.4.1 "the annual working plan shall including plans on engineering construction, supplies purchasing, monitoring and evaluation and fund use plan" described in the Project Operational Manual.

We recommend that the provincial project office formulate a feasible counterpart fund allocation plan according to the project budget and actual implementation, require CPMO submit project annual funding plan according to the requirement and act according to the plan. Your office has accepted the recommendation.

5. Some project annual plans have not been completed and certain arbitrary changes have been found

Chaling CPMO did not prepare Annual Operational Plan and Project Annual Plan of 2016. Hunan Forestry Foreign Fund Project Management Office allocated 1 020.60 ha afforestation and forest management task for Chaling county in project production plan of 2016. The actual completion area was 153.60 ha in 2016, accounting for only 15.05% of plan.

Dingcheng District Forestry Foreign Fund Project Management Office planned to complete afforestation 229.5 ha in 2016, but actual only completed 164.4 ha, accounting for 71.67% of plan. In which, M3 area 133.7 ha has no afforestation, M5 completed additional 11.3 ha, M6a completed additional 57.4 ha. Dingcheng District Forestry Foreign Fund Project Management Office did not follow the planned area and model, arbitrary changes have been identified.

In 2016, Hanshou Cangyuan Agriculture and Forestry Science and Technology Development Co., Ltd. has already completed M5 519 ha when Hanshou AFD Loan project management office issued the task area of M5 519 ha for PIE Hanshou Cangyuan Agriculture and Forestry Science and Technology Development Co., Ltd. The lagging-behind of planning and PIE fulfilling task ahead of the plan are identified in Hanshou AFD Loan project management office.

In 2016, the planned project afforestation and forest management places

(续)

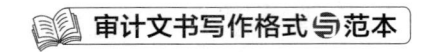

in the General Plan were Hexi Town, Yilue Town, Majin'ao Town, Taiping Town and Baiyan Town, Jishou city. While the afforestation and forest management places in 2016 annual operational plan were Qiaoliu village of Baiyan Town, Shuguang village and county forest farm of Zhaiyang Town, Pingyun village and Guniupo village of Shetangpo Town. The afforestation and forest management places in 2016 annual operational working plan were different with the places in Project General Plan. And the change of project implementation places without the approval of PPMO. There are arbitrary changes of afforestation and forest management places of project AFD Hunan Forest Sustainable Management Project.

The Above practices do not conform with para. 4.4.1 "…PPMO issues annual implementation plan, it is the basis of counties (cities, districts) to implement project activities and control the use of annual amount of loan fund. Once annual plans were issued, it must be strictly implemented, no free for change. If there are special circumstances (such as natural disaster, accident happened with PIE, or any other force majeure causes that the task cannot accomplish), need adjust the task, the CPMO shall report to PPMO and DoF once PPMO and DoF agreed, the adjusted project task and counterpart fund shall report to AFD for non-objection…" described in the Project Operational Manual.

We recommend that the provincial project office urge the county forestry foreign fund project management offices prepare annual plan by strictly follow the General Design of AFD Hunan Sustainable Forest management Project and fully implement according to annual plan. Your office has accepted the recommendation.

6. Seedling procurement and engineering construction do not follow the enquiry procurement procedures in some projects

There are no enquiry records identified in all seedling procurements and engineering constructions of Xinning county and Chengbu county which indicts that the project offices had not followed the enquiry procurement procedures.

The above pracitces do not conform with the Operational Manual of AFD Loan-Hunan Sustainable Forest Management Project. The Operational Manual clear definite that project procurement should refers to AFD Procurement Guideline and Annex 2 Project Procurement Plan, execute "Seedling

(续)

procurement takes requirement of 'seed supplied by fixed place, breeding in fixed place and provide in fixed place', CPMO responsible for organizing breeding, procure by enquiry and report to PPMO for approval, the unit cost shall not exceed the reference unit cost investigated by PPMO; engineering construction shall follow the enquiry procurement carry out by CPMO and PIE, and report to PPMO for approval, the unit cost shall not exceed the reference unit cost investigated by PPMO".

We recommend that the provincial project office urge each CPMO strictly follow the requirement of AFD Procurement Guideline in project procurement process and keep all relevant materials for future reference. Your office has accepted the recommendation.

7. Financial accounting and bill management need to be improved in some project implementation offices (PIEs)

Changde Daqingshan Agriculture and Forestry Science and Technology Development Co., Ltd. of Dingcheng District of Changde City occurred labor cost 1 143 375 yuan in 2016, all paid in cash and without labor service invoice. In 2016 purchased fertilizer 93 250 yuan, only attached with warehouse warrant and without invoice.

Hanshou Linzhiyuan Forestry Comprehensive Development Co., Ltd paid 448 020 yuan labor cost for tending in young forest without service invoice in 2016; Hanshou Cangyuan Agriculture and Forestry Science and Technology Development Co., Ltd. bought fertilizer 159 660 yuan, only attached with supply contract and warehouse warrant, without invoice; Hanshou County Xianghan Seedling Co., Ltd. bought fuel oil 867 790.60 yuan, only attached with stock out sheet of oil, without VAT invoice issued.

Hunan Huyuan Ecological Garden Ltd., Company paid labor cost 2 616 870 yuan in 2016 without labor service invoice; Hunan Huike Ecological Landscaping Development Ltd. Company paid labor cost 244 900 yuan in 2016 without labor service invoice; Senyuan Forest Farmer Cooperative of Chaling County paid labor cost 1 242 370 yuan in 2016 without labor service invoice and bought fertilizer 209 112 yuan without invoice; Zhuzhou Wanzhang Landscaping Engineering Ltd.Company bought fertilizer 269 049.15 yuan, only attached with fertilizer transfer sheet or weighing list, but no purchase invoice.

(续)

  Wolong Forestry Ltd. Company of Chaling County paid labor cost 2 520 250 yuan in 2016 without labor service invoice. Zhenan Bamboo and Timber Development Ltd. Company of Chaling County paid labor cost for cultivation and reclamation 1 348 570 yuan in 2016, by hiring short time labor, and all paid in cash. Only attached with payroll, but no labor service invoice.

  The PMO of Xinning County paid the investigation and design team of Xinning Forest Bureau 172 600 yuan with no invoice acquired.

  The PMO of Xinning County paid Baimaochong forest plant 428 886.22 yuan of construction fee in 2016 with no with no invoice acquired.

  The Baimaochong forest plant paid 1 350 063 yuan of seeds and labor cost in 2016 with no invoice acquired.

  The above practices do not conform with the requirements in clause 21 "…All units and individuals engaged in production and business activities shall obtain invoices from the recipient when they purchase goods, accept services and pay other business activities." stipulated in the Methods of Invoice Management of the People's Republic of China.

  We recommended that the provincial project office urge the PIEs to strictly follow the requirements of Methods of Invoice Management of the People's Republic of China to obtain invoice. Your office has accepted the recommendation.

  8. Imperfect on-lending procedures

  There is no On-lending Agreement has been signed between Chaling County Financial Bureau and Changling County Forestry Bureau, however, Chaling Forestry Bureau still signed Sub-On-lending Agreements with PIEs.

  Financial Office of Wuli sub-district office of Linxiang county paid AFD loan 31 729.7 yuan to Zhouliangjun of Yangmei Group of Songfeng Village, without signing of AFD Loan Project On-lending and Repayment Agreement.

  The above practices do not conform with the provision of clause 11 "…The local finance department performs the following duties: …(6) to determine the on-lending or guarantee mechanism, to implement the repayment obligation, to urge and ensure that the loan will be repaid on time and in full amount…" stipulated in Management Methods of Loans and Grants by International

（续）

Financial Organizations and Foreign Government .

We recommended that the provincial project office urge relevant units complete the on-lending procedures.

9. Returning Loan in Advance in some project hasn't been reported to PPO

Luyuan Forest Farm of Yanling County, one of the seven PIEs of FAD-Loan Hunan Sustainable Forest Management Project in Yanling, has passed the provincial accepatence check and completed the project reimbursement of 2013, 2014 and 2015. Because of institutional reform, Luyuan Forest Farm submitted the Request of Prepayment to Forestry Bureau of Yanling County in December, 2015, requesting for a returning loan in advance. The request was approved by the leaders of County Forestry Bureau and the amount of returning loan consists of principal and interest is 464 176.18 yuan. Due to the returning in advance, the provincial counterpart funds of 37 599.88 yuan, which shall be appropriated according to the schedule, was not appropriated and held in the account of County Forestry Bureau. AFD loan totaling 501 776.06 yuan has been held in the account and not been reported to PPO. We recommend that the provincial project office prepare relative rules to standardize the management of AFD loan and counterpart funds that haven't been appropriated due to PIEs. Your Office has accepted the recommendation.

附件：

审计发现问题的整改情况

部分项目法开署资金及配套资金未及时拨付到项目实施单位、项目资金计划不完善、部分项目苗木采购与营造林施工未按规定实施询价采购程序、部分项目会计核算及票据管理工作有待完善、个别项目提前还贷未向省项目办报备问题已整改；其余问题正在积极采取措施整改。

审计建议已全部采纳。

第五节　内蒙古自治区审计厅审计报告范本

中华人民共和国内蒙古自治区审计厅
Audit Office of Inner Mongolia Autonomous Region
of the People's Republic of China

审 计 报 告
Audit Report

内审外资〔2017〕004 号
AUDIT REPORT〔2017〕No.004

项 目 名 称：亚洲开发银行贷款内蒙古呼和浩特市低碳供热项目
Project Name：Hohhot Low-carbon Heating Project in Inner Mongolia Financed by ADB

贷 款 号：3218-PRC
Loan No.：3218-PRC

项目执行单位：呼和浩特市城发投资经营有限责任公司
Project Entity：Hohhot Chengfa Investment & Management Co., Ltd.

会 计 年 度：2016
Accounting Year：2016

第十章　政府审计报告范本

（续）

一、审计师意见

审计师意见

呼和浩特市城发投资经营有限责任公司：

我们审计了亚洲开发银行贷款内蒙古呼和浩特市低碳供热项目 2016 年 12 月 31 日的资金平衡表及截至该日同年度的项目进度表、贷款协定执行情况表和专用账户报表等特定目的财务报表及财务报表附注。

（一）项目执行单位及内蒙古自治区财政厅对财务报表的责任

编制上述财务报表中的资金平衡表、项目进度表及贷款协定执行情况表是你单位的责任，编制专用账户报表是内蒙古自治区财政厅的责任，这种责任包括：

（1）按照中国的会计准则、会计制度和本项目贷款协定的要求编制项目财务报表，并使其实现公允反映。

（2）设计、执行和维护必要的内部控制，以使项目财务报表不存在由于舞弊或错误而导致的重大错报。

（二）审计责任

我们的责任是在执行审计工作的基础上对财务报表发表审计意见。我们按照中国国家审计准则和国际审计准则的规定执行了审计工作，上述准则要求我们遵守审计职业要求，计划和执行审计工作以对项目财务报表是否不存在重大错报获取合理保证。

为获取有关财务报表金额和披露信息的有关证据，我们实施了必要的审计程序。我们运用职业判断选择审计程序，这些程序包括对由于舞弊或错误导致的财务报表重大错报风险的评估。在进行风险评估时，为了设计恰当的审计程序，我们考虑了与财务报表相关的内部控制，但目的并非对内部控制的有效性发表意见。审计工作还包括评价所选用会计政策的恰当性和作出会计估计的合理性，以及评价财务报表的总体列报。

我们相信，我们获取的审计证据是适当的、充分的，为发表审计意见提供了基础。

（三）审计意见

我们认为，第一段所列财务报表在所有重大方面按照中国的会计准则、会计制度和本项目贷款协定的要求编制，公允反映了亚洲开发银行贷款内

（续）

蒙古呼和浩特市低碳供热项目2016年12月31日的财务状况及截至该日同年度的财务收支、项目执行和专用账户收支情况。

（四）其他事项

我们还审查了本期内报送给亚洲开发银行的第1号至第3号提款申请书及所附资料。我们认为，这些资料均符合贷款协议的要求，可以作为申请提款的依据。

本审计师意见之后，共同构成审计报告的还有两项内容：财务报表及财务报表附注和审计发现的问题及建议。

中华人民共和国内蒙古自治区审计厅
2017年6月29日

地　　址：中国内蒙古自治区呼和浩特市大学东街116号
邮政编码：010020
电　　话：86-0471-6634918
传　　真：86-0471-6634651

二、财务报表及财务报表附注

II. Financial Statements and Notes to the Financial Statements

（一）资金平衡表

i. Balance Sheet

（续）

资金平衡表
BALANCE SHEET
2016年12月31日
（As of December 31, 2016）

项目名称：亚行贷款内蒙古呼和浩特市低碳供热项目
Project Name: Hohhot Low-carbon Heating Project in Inner Mongolia Financed by ADB
编报单位：呼和浩特市城发投资经营有限责任公司
Prepared by: Hohhot Chengfa Investment & Management Co., Ltd.

货币单位：人民币元
Currency Unit: RMB Yuan

资金占用 Application of Fund	行次 Line No.	期初数 Beginning Balance	期末数 Ending Balance	资金来源 Sources of Fund	行次 Line No.	期初数 Beginning Balance	期末数 Ending Balance
一、项目支出合计 Total Project Expenditures	1	—	90 371 032.10	一、项目拨款合计 Total Project Appropriation Funds	28	—	100 000 000.00
1. 交付使用资产 Fixed Assets Transferred	2	—	—	二、项目资本与项目资本公积 Project Capital and Capital Surplus	29	—	—
2. 待核销项目支出 Construction Expenditures to be Disposed	3	—	—	其中：捐赠款 Including: Grants	30	—	—
3. 转出投资 Investments Transferred-out	4	—	—	三、项目借款合计 Total Project Loan	31	—	51 519 840.17
4. 在建工程 Construction in Progress	5	—	90 371 032.10	1. 项目投资借款 Total Project Investment Loan	32	—	51 519 840.17
二、应收生产单位投资借款 Investment Loan Receivable	6	—	—	（1）国外借款 Foreign Loan	33	—	31 519 840.17
其中：应收生产单位亚行贷款 Including: ADB Investment Loan Receivable	7	—	—	其中：亚洲开发银行 Including: ADB	34	—	31 519 840.17

377

（续）

资金占用 Application of Fund	行次 Line No.	期初数 Beginning Balance	期末数 Ending Balance	资金来源 Sources of Fund	行次 Line No.	期初数 Beginning Balance	期末数 Ending Balance
三、拨付所属投资借款 Appropriation of Investment Loan	8	—	—	世界银行贷款 WB Loan	35	—	—
其中：拨付亚行贷款 Including: Appropriation of ADB Investment Loan	9	—	—	技术合作信贷 Technical Cooperation	36	—	—
四、器材 Equipment	10	—	—	联合融资 Co-Financing	37	—	—
其中：待处理器材损失 Including: Equipment Losses in Suspense	11	—	—	（2）国内借款 Domestic Loan	38	—	20 000 000.00
五、货币资金合计 Total Cash and Bank	12	—	88 504 575.59	2. 其他借款 Other Loan	39	—	—
1. 银行存款 Cash in Bank	13	—	88 486 572.43	四、上级拨入投资借款 Appropriation of Investment Loan	40	—	—
其中：专用账户存款 Including: Special Account	14	—	—	其中：拨入亚行贷款 Including: ADB Loan	41	—	—
2. 现金 Cash on Hand	15	—	18 003.16	五、企业债券资金 Bond Fund	42	—	—
六、预付及应收款合计 Total Prepaid and Receivable	16	—	24 326 268.00	六、待冲项目支出 Construction Expenditures to be Offset	43	—	—
其中：应收亚行贷款利息 Including: ADB Loan Interest Receivable	17	—	—	七、应付款合计 Total Payable	44	—	59 260 939.03

第十章 政府审计报告范本

应收亚行贷款承诺费 ADB Loan Commitment Fee Receivable	18	—	—
应收亚行贷款资金占用费 ADB Loan Service- Fee Receivable	19	—	—
七、有价证券 Marketable Securities	20	—	—
八、固定资产合计 Total Fixed Assets	21	273 619.19	—
固定资产原价 Fixed Assets Cost	22	281 547.82	—
减：累计折旧 Less: Accumulated Depreciation	23	7 928.63	—
固定资产净值 Fixed Assets Net	24	273 619.19	—
固定资产清理 Fixed Assets Pending Disposal	25	—	—
待处理固定资产损失 Fixed Assets Losses in suspense	26	—	—
资金占用合计 Total Application of Fund	27	203 475 494.88	—
其中：应付亚行贷款利息 Including: ADB Loan Interest Payable	45	—	—
应付亚行贷款承诺费 ADBL Commitment Fee Payable	46	—	—
应付亚行贷款资金占用费 ADB Loan Service Fee payable	47	—	—
八、未交款合计 Other Payables	48	−7 305 284.32	—
九、上级拨入资金 Appropriation of Fund	49	—	—
十、留成收入 Retained Earnings	50	—	—
资金来源合计 Total Sources of Fund	51	203 475 494.88	—

财务报表附注是本报表的组成部分（The notes are integral parts of the financial statements）

(二) 项目进度表

ii. Schedule of Sources and Uses of Funds by Project Component

项目进度表（一）

Summary of Sources and Uses of Funds by Project Component I

本期截至 2016 年 12 月 31 日

（For the period ended December 31, 2016）

项目名称：亚行贷款内蒙古呼和浩特市低碳供热项目
Project Name: Hohhot Low-carbon Heating Project in Inner Mongolia Financed by ADB
编报单位：呼和浩特市城发投资投资经营有限责任公司
Prepared by: Hohhot Chengfa Investment & Management Co., Ltd.

货币单位：人民币元
Currency Unit: RMB Yuan

（续）

项目 Items	本期 Current Period			累计 Cumulative		
	本期计划额 Current Period Budget	本期发生额 Current Period Actual	本期完成比 Current Period % Completed	项目总计划额 Life of PAD	累计完成额 Cumulative Actual	累计完成比 Cumulative % Completed
资金来源合计 Total Sources of Funds	165 000 000.00	151 519 840.17	91.83%	2 429 365 300.00	151 519 840.17	6.24%
一、国际金融组织贷款 International Financing	35 000 000.00	31 519 840.17	90.06%	975 000 000.00	31 519 840.17	3.23%
1. 亚洲开发银行 ADB	35 000 000.00	31 519 840.17	90.06%	975 000 000.00	31 519 840.17	3.23%
二、配套资金 Counterpart Financing	130 000 000.00	120 000 000.00	92.31%	1 454 365 300.00	120 000 000.00	8.25%
1. 中央财政拨款 Allocations of the Central Finance	—	—	—	—	—	—

2. 地方财政拨款 Local Government	110 000 000.00	100 000 000.00	90.91%	—	100 000 000.00	—
3. 国内借款 Domestic Loan	20 000 000.00	20 000 000.00	100.00%	718 000 000.00	20 000 000.00	2.79%
4. 企业自筹 Equity Fund	—	—	—	736 365 300.00	—	—
资金运用合计（按项目内容） Total Application of Funds (by Project Component)	98 000 000.00	90 371 032.10	92.22%	2 429 365 300.00	90 371 032.10	3.72%
1. 毫沁营供热项目 Heating project for Haoqinying zone	—	—	—	502 502 700.00	—	—
2. 金桥供热项目 Heating project for Jinqiao zone	6 000 000.00	5 883 417.84	98.01%	645 653 800.00	5 883 417.84	0.91%
3. 辛家营供热项目 Heating project for Xinjiaying zone	—	—	—	543 622 800.00	—	—
4. 长输管线供热项目 Heating project for Long-distance pipeline	90 000 000.00	82 925 778.61	92.14%	—	82 925 778.61	—
5. 其他费用 other expenses	2 000 000.00	1 561 835.65	78.10%	737 586 000.00	1 561 835.65	0.21%
差异 Difference	—	61 148 808.07	—	—	61 148 808.07	—
1. 应收款变化 Change in Receivables	—	24 326 268.00	—	—	24 326 268.00	—
2. 应付款变化 Change in Payables	—	−59 260 939.03	—	—	−59 260 939.03	—
3. 货币资金变化 Change in Cash and Bank	—	88 504 575.59	—	—	88 504 575.59	—
4. 其他 Other	—	7 578 903.51	—	—	7 578 903.51	—

财务报表附注是本报表的组成部分（The notes are integral parts of the financial statements）

（续）

项目进度表（二）
Summary of Sources and Uses of Funds by Project Component II

本期截至 2016 年 12 月 31 日
(For the period ended December 31, 2016)

项目名称：亚行贷款内蒙古呼和浩特市低碳供热项目
Project Name: Hohhot Low-carbon Heating Project in Inner Mongolia Financed by ADB
编报单位：呼和浩特市城发投资经营有限责任公司
Prepared by: Hohhot Chengfa Investment & Management Co., Ltd.

货币单位：人民币元
Currency Unit: RMB Yuan

项目内容 Project Component	累计支出 Cumulative Amount	项目支出 Project Expenditure					转出投资 Investments Transferred Out
		已交付资产 Assets Transferred			在建工程 Work in Progress	待核销项目支出 Construction Expenditures to be Disposed	
		固定资产 Fixed Asset	流动资产 Current Asset	无形资产 Intangible Asset	递延资产 Deferred Asset		
1. 蒿沁营供热项目 Heating Project for Haoqinying Zone	—	—	—	—	—	—	—
2. 金桥供热项目 Heating Project for Jinqiao Zone	5 883 417.84	—	—	—	—	5 883 417.84	—
3. 辛家营供热项目 Heating Project for Xinjiaying Zone	—	—	—	—	—	—	—
4. 长输管线供热项目 Heating Project for Long-distance Pipeline	82 925 778.61	—	—	—	—	82 925 778.61	—
5. 其他费用 Other Expenses	1 561 835.65	—	—	—	—	1 561 835.65	—
合计 Total	90 371 032.10	—	—	—	—	90 371 032.10	—

财务报表附注是本报表的组成部分（The notes are integral parts of the financial statements）

(三) 贷款协定执行情况表 （附）

iii. Statement of Implementation of Loan Agreement

贷款协定执行情况表
Statement of Implementation of Loan Agreement

本期截至 2016 年 12 月 31 日
(For the period ended December 31, 2016)

项目名称：亚行贷款内蒙古呼和浩特市低碳供热项目
Project Name: Hohhot Low-carbon Heating Project in Inner Mongolia Financed by ADB
编报单位：呼和浩特市城发投资经营有限责任公司
Prepared by: Hohhot Chengfa Investment & Management Co., Ltd.

货币单位：人民币元
Currency Unit: RMB Yuan

类别 Category	核定贷款金额 Loan Amount (美元 USD)	本年度提款数 Current-period Withdrawals		累计提款数 Cumulative Withdrawals	
		美元 USD	折合人民币 CNY	美元 USD	折合人民币 CNY
1、毫沁营供热项目 Heating Project for Haoqinying Zone	41 909 500.00	—	—	—	—
2、金桥供热项目 Heating Project for Jinqiao Zone	53 107 300.00	—	—	—	—
3、辛家营供热项目 Heating Project for Xinjiaying Zone	54 483 200.00	—	—	—	—
4、长输管线供热项目 Heating Project for Long-distance Pipeline	—	4 554 289.40	31 519 840.17	4 554 289.40	31 519 840.17
5、其他费用 Other Expenses	500 000.00	—	—	—	—
总计 Total	150 000 000.00	4 554 289.40	31 519 840.17	4 554 289.40	31 519 840.17

财务报表附注是本报表的组成部分（The notes are integral parts of the financial statements）

（续）

（四）专用账户报表
iv. Special Account Statement

专用账户报表

Special Account Statement

本期截至 2016 年 12 月 31 日

(For the period ended December 31, 2016)

项目名称：亚行贷款内蒙古呼和浩特市低碳供热项目
Project Name: Hohhot Low-carbon Heating Project in Inner Mongolia Financed by ADB Branch
开户银行名称：中国银行内蒙古分行
Depository Bank：Bank of China Inner Mongolia
贷款号：3218-PRC
Loan No.：3218-PRC
编报单位：内蒙古自治区财政厅
Prepared by：The Financial Department of Inner Mongolia Autonomous Regio

账号：150846547686
Account No.：150846547686
货币种类：美元
Currency：USD

A 部分：本期专用账户收支情况 Part A-Account Activity for the Current Period	金额 Amount
期初余额 Beginning Balance	9 999 990.00
增加： Add：	—
本期亚行回补总额 Total Amount Deposited this Period by ADB	—
本期利息收入总额（存入专用账户部分） Total Interest Earned this Period if Deposited in Special Account	1 503.04
本期不合格支出归还总额 Total Amount Refunded this Period to Cover Ineligible Expenditures	—
减少： Deduct：	
本期支付总额 Total Amount Withdrawn this Period	4 554 289.40
本期未包括在支付额中的服务费支出 Total Service Charges this Period if not Included in Above Amount Withdrawn	—

第十章 政府审计报告范本

（续）

（续）

A 部分：本期专用账户收支情况 Part A-Account Activity for the Current Period	金额 Amount
期末余额 Ending Balance	5 447 203.64
B 部分：专用账户调节 Part B-Account Reconciliation	金额 Amount
1. 亚行首次存款总额 Amount Advanced by ADB	10 000 000.00
减少： Deduct：	—
2. 亚洲开发银行回收总额 Total Amount Recovered by ADB	—
3. 本期期末专用账户首次存款净额 Outstanding Amount Advanced to the Special Account at the End of this Period	10 000 000.00
4. 专用账户期末余额 Ending Balance of Special Account	5 447 203.64
增加： Add：	—
5. 截至本期期末已申请报账但尚未回补金额 Amount Claimed but not yet Credited at the End of this Period	
申请书号　　　　　　　金额 Application No.　　　　Amount	— —
6. 截至本期期末已支付但尚未申请报账金额 Amount Withdrawn but not yet Claimed at the End of this Period	4 554 289.40
7. 服务费累计支出（如未含在 5 和 6 栏中） Cumulative Service Charges （If not Included in Item 5 or 6）	—
减少： Deduct：	—
8. 利息收入（存入专用账户部分） Interest Earned （If Included in Special Account）	1 503.04
9. 本期期末专用账户首次存款净额 Total Advance to the Special Account Accounted for at the End of this Period	10 000 000.00
财务报表附注是本报表的组成部分（The notes are integral parts of the financial statements）	

（续）

（五）财务报表附注

财务报表附注

1. 项目概况

亚行贷款内蒙古呼和浩特市低碳供热项目贷款号为3218-PRC。项目采用热电联产和燃气锅炉相结合，风电调峰与垃圾焚烧为补充的新型供热方式实施集中供热，建成后新增供热面积2 971.13万平方米，将有效解决呼和浩特市金桥开发区、东客站综合功能区、滨河新区的供热需求。主要项目包括新建调峰热源厂、毫沁营热源厂、扩建辛家营热源厂，并新建和林格尔县京能盛乐热电厂至呼和浩特市长输管线。

项目协议于2015年3月19日签订，预计2021年10月31日前关账。项目计划总投资为人民币2 429 365 300.00元，其中利用亚洲开发银行贷款总额1.50亿美元，折合人民币975 000 000.00元。

2. 财务报表编制范围

本财务报表的编制范围包括毫沁营供热项目、金桥供热项目、辛家营供热项目、长输管线供热项目、低碳供热机关。

3. 主要会计政策

3.1 本项目财务报表按照财政部《世界银行贷款项目会计核算办法》（财际字〔2000〕13号）的要求编制。

3.2 会计核算年度采用公历年制，即公历每年1月1日至12月31日。

3.3 本项目会计核算以"权责发生制"作为记账原则，采用借贷复式记账法记账，以人民币为记账本位币。

4. 报表科目说明

4.1 项目支出合计

2016年项目支出人民币90 371 032.10元，累计支出人民币90 371 032.10元，占总投资计划的3.72%。

4.2 货币资金

截至2016年12月31日货币资金余额为人民币88 504 575.59元。

4.3 预付及应收款

截至2016年12月31日预付及应收款余额为人民币24 326 268.00元，主要是预付中铁六局等公司的工程款。

4.4 固定资产净额

截至2016年12月31日固定资产净额余额为人民币273 619.19元，是长输管线购买的项目用车及办公设备。

（续）

4.5 项目拨款

截至 2016 年 12 月 31 日项目拨款余额为人民币 100 000 000.00 元，是市建委拨入的配套资金。

4.6 项目借款

截至 2016 年 12 月 31 日项目借款余额为人民币 51 519 840.17 元。其中：亚洲开发银行贷款 31 519 840.17 元，国开基金 20 000 000.00 元。

4.7 应付款

截至 2016 年 12 月 31 日应付款余额为人民币 59 260 939.03 元，主要是应付工程、器材款及投标保证金。

4.8 未交款

截至 2016 年 12 月 31 日未交款余额为人民币 − 7 305 284.32 元，主要是增值税进项税。

5. 专用账户使用情况

本项目专用账户设在中国银行内蒙古分行，账号为 150846547686，币种为美元。专用账户首次存款 10 000 000.00 美元。2016 年年初专用账户余额为 9 999 990 美元，利息收入为 1 503.04 美元，本年度支付为 4 554 289.40 美元，年末余额 5 447 203.64 美元。

6. 汇率采用情况

按照中国人民银行 2016 年 12 月 31 日汇率，即 USD1＝人民币 6.9407 元。

三、审计发现的问题及建议

审计发现的问题及建议

除对财务报表进行审计并发表审计意见外，审计中我们还关注了项目执行过程中相关单位国家法规和项目贷款协定遵守情况、内部控制和项目管理情况及上年度审计建议整改落实情况。我们发现存在如下问题。

（一）违反国家法规或贷款协定问题

1. 亚行贷款资金和购入材料未及时记账

呼和浩特市城发供热有限责任公司（以下简称"呼市城发供热公司"）内蒙古呼和浩特市低碳供热项目部（以下简称"呼市供热项目部"）将 2016 年使用亚行贷款资金 31 519 810.17 元采购的材料记入 2017 年项目部财务账；呼市城发供热公司盛乐呼市长输管线建设项目部将 2016 年已使用的材料 42 885 451.38 元记入 2017 年盛乐呼市长输管线项目部财务账，上述金

（续）

额合计 74 405 261.55 元记账不及时。

2. 少记库存材料和工程成本 3 624 941.00 元

2016 年 8 月至 10 月，呼市供热项目部从文安县洁兰特暖通设备有限公司购入 4 台焊接球阀和 8 根球阀连接异径钢管，金额合计 1 827 312.00 元。以上材料已投入使用，但截至审计止日未记入项目部财务账内，从而造成少记库存材料和工程成本。2015 年 11 月，呼市城发金桥调峰热源厂完成 2 座热力站及外网工程建设，金额为 1 797 629.00 元，但截至审计止日未记入工程成本。上述金额合计 3 624 941.00 元。

上述第 1 至第 2 项做法违反了《中华人民共和国会计法》第十条"下列经济业务事项，应当办理会计手续，进行会计核算……（二）财物的收发、增减和使用；（五）收入、支出、费用、成本的计算"的规定。对第 1 项问题，建议你公司责成上述两个项目部将未记入 2016 年度的账务调整到 2016 年度财务报表里如实反映。对第 2 项问题，建议你公司责成上述项目部和金桥调峰热源厂将上述未记账材料和工程成本补记入账，以使该项目工程成本真实完整。你公司已接受审计建议。

3. 部分项目财务核算不规范

（1）2016 年 9 月，呼市供热项目部代呼市城发供热公司盛乐呼市长输管线建设项目部收到盛乐呼市长输管线项目三个标段中标单位交来的履约保证金 12 999 948.20 元。其中：一标段中标单位中铁六局集团呼和浩特铁路建设有限公司水电设备安装分公司金额为 5 699 471.00 元；二标段中标单位天津市华水自来水建设有限公司金额为 4 581 995.20 元；三标段中标单位黑龙江省建筑安装集团有限公司金额为 2 718 482.00 元。截至审计止日，呼市城发供热公司呼市供热项目部未将上述履约保证金转至呼市城发供热公司盛乐呼市长输管线建设项目部财务账上。建议你公司督促呼市供热项目部将履约保证金转至呼市城发供热公司盛乐呼市长输管线建设项目部进行核算，以确保项目财务核算的真实性和完整性。你公司已接受审计建议。

（2）2016 年 7 月，呼市城发供热公司盛乐呼市长输管线建设项目部在收到施工单位提供的发票并支付工程款时，记入"预付工程款"科目，而在记入建筑安装工程投资成本时，未冲减"预付工程款"科目，而是又记入"应付工程款"科目，涉及金额 4 360 000.00 元。建议你公司督促该项目部进行账务调整，以规范项目财务核算。你公司已接受审计建议。

4. 软件购置未记入其他投资

2016 年 9 月和 12 月，呼市城发供热公司盛乐呼市长输管线建设项目部

第十章　政府审计报告范本

（续）

购入软件 24 800.00 元，应记入"其他投资"科目，实际记入"待摊投资"科目。其中：购买用友软件 18 000.00 元，购买广联达软件 6 800.00 元。

上述做法违反了《基本建设财务管理规定》第二十一条"其他投资支出是指项目建设单位按照批准的建设内容发生的房屋购置支出，……，软件研发和不能计入设备投资的软件购置等支出"的规定。建议你公司督促该项目部尽快调整账务，保证项目财务核算的真实性。你公司已接受审计建议。

（二）内部控制方面存在的问题

1. 材料管理制度不健全，执行不到位

呼市城发公司未对呼市供热项目的材料实物管理制定具体管理制度，其中已开工建设的呼市城发供热公司盛乐呼市长输管线建设项目部采购的材料到达项目部施工现场时，库管员未及时办理核验登记入库和材料出库领用负责人签字等手续，直接由施工单位领用，导致所采购的材料和领用的材料未在项目部财务账上反映或反映不及时，从而造成工程成本不实。建议你公司尽快制定相关管理制度，并督促项目部严格执行并完善设备材料管理工作。

2. 财务管理需进一步加强

（1）内部银行财务核算不规范。呼市城发公司采用内部银行管理制度，对外统一开设结算账户。公司下属单位统一在内部银行开设"内部银行账户"，核算各开户单位的一切经济业务。审计中发现，各项目部在收付业务记账时均未设置内部银行科目，直接记银行存款科目，但却未附相关原始凭证。建议你公司严格执行内部银行管理制度，规范会计科目使用，以确保业务的完整性。你公司已接受审计建议。

（2）费用支出报销手续不完备。截至 2016 年 12 月，呼市城发供热公司盛乐呼市长输管线建设项目部无劳务合同、无发放标准支付临时用工工资 22 900.00 元。其中：支付放线测量费 13 150.00 元；支付保温管简易封口费 9 750.00 元。建议你公司督促该项目部加强内部财务管理，在费用支付时严格把关。你公司已接受审计建议。

（三）项目管理方面存在的问题

1. 项目初步设计尚未批复

呼市供热项目初步设计由中国市政工程华北设计研究总院有限公司编制。工程已于 2016 年 7 月开工建设，截至审计止日，该项目初步设计尚未报送内蒙古自治区发改委批复。

上述做法违反了国务院办公厅《关于加强和规范新开工项目管理的通知》（国办发〔2007〕64 号）第一条"严格规范投资项目新开工条件：各

（续）

类投资项目开工建设必须符合下列条件：（一）符合国家产业政策、发展建设规划、土地供应政策和市场准入标准。（二）已经完成审批、核准或者备案手续。实行审批制的政府投资项目已经批准可行性研究报告，其中需审批初步设计及概算的项目已经批准初步设计及概算"的规定。建议你公司尽快将项目初步设计报送内蒙古自治区发改委进行批复。你公司已接受审计建议。

2. 个别项目未按合同开工建设

2015年9月，呼市城发供热公司与中国二冶集团有限公司签订合同，建设金桥调峰热源厂供热区域5座热力站及外网支线工程，工期32天。截至审计止日，该项目只完成2座热力站的建设，其余3座热力站均未开工建设。建议你公司督促该热源厂尽快与3座未开工建设的热力站使用用户协调，严格按合同内容执行。你公司已接受审计建议。

3. 部分工程施工管理资料不完善

审计发现，呼市城发供热公司盛乐呼市长输管线建设项目一标段个别施工监理日志内容填写不全，且没有监理工程师签字，施工日志中现场记录人和工程负责人基本未签字。二标段施工日志中大部分施工日志内容填写不全，且没有现场记录人和工程负责人签字。

上述做法违反了《建设工程质量管理条例》第二十九条"施工单位必须按照工程设计要求、施工技术标准和合同约定，对建筑材料、建筑构配件、设备和商品混凝土进行检验，检验应当有书面记录和专人签字"、第三十条"施工单位必须建立、健全施工质量的检验制度，严格工序管理，作好隐蔽工程的质量检查和记录"和《内蒙古自治区建设工程质量管理条例》第二十一条"建设单位或者工程监理单位对工程质量和施工现场影响工程质量的行为实施监理。对隐蔽工程和重要的工程部位必须按规定实行旁站监理、并审签验收记录"的规定。建议你公司督促该项目部尽快补齐相关资料，保证工程竣工验收能够顺利进行。你公司已接受审计建议。

（四）本年度审计发现问题整改情况

截至2017年9月底，呼市城发供热公司已按照审计建议将项目账务处理不及时，会计核算不合规的问题全部整改完毕，并进一步完善了内部控制制度，健全费用支出报销手续，于2017年8月印发了《内蒙古呼和浩特市低碳供热亚行贷款项目设备材料管理制度（试行）》，要求各分公司、子公司及项目部严格管理，遵照执行；同时，规范了企业内部银行核算业务，在各项目部财务账套中补充设置了"内部银行存款"科目。对于金桥热源厂有3座热力站未按合同约定时间开工建设的问题，呼市城发供热公司积

（续）

极整改，其中 2 座热力站已由金桥电厂接入供热，剩余 1 座热力站已开工建设；对于部分工程施工管理资料不完善的问题，有关标段已将施工日志内容和责任人签字补充完整；对于项目初步设计尚未批复的问题，项目于 2017 年 8 月 10 日通过了呼和浩特市发展和改革委员会评审中心的评审，目前尚待批复。

第十一章

政府审计工作报告范本

导读

本章介绍政府审计工作报告范本,包括六节,分别介绍国务院审计工作报告范本、吉林省政府审计工作报告范本、广西壮族自治区政府审计工作报告范本、湖北省政府审计工作报告范本、海南省政府审计工作报告范本以及宁波市政府审计工作报告范本。

第一节 国务院审计工作报告范本

国务院关于2023年度中央预算执行和
其他财政收支的审计工作报告

——2024年6月25日在第十四届全国人民代表大会常务委员会
第十次会议上

全国人民代表大会常务委员会:

我受国务院委托,报告2023年度中央预算执行和其他财政收支的审计情况,请予审议。

2023年是全面贯彻党的二十大精神的开局之年,也是三年新冠疫情防控转段后经济恢复发展的一年。在以习近平同志为核心的党中央坚强领导下,各地区各部门[①]坚持以习近平新时代中国特色社会主义思想为指导,全

---

① 本报告对省级行政区统称为省,副省和地市级行政区统称为市,县区级行政区统称为县,省市县统称为地区;中央一级预算单位统称为部门。

第十一章　政府审计工作报告范本

（续）

面贯彻党的二十大和二十届二中全会精神，坚持稳中求进工作总基调，严格执行十四届全国人大一次会议有关决议，全面深化改革开放，加大宏观调控力度，我国经济总体回升向好，高质量发展扎实推进，全面建设社会主义现代化国家迈出坚实步伐。

——加力提效实施积极的财政政策，经济总体回升向好。延续和优化实施部分阶段性税费优惠政策，全年新增税费优惠超过2.2万亿元。新增地方政府专项债券额度3.8万亿元。第四季度增发国债1万亿元。中央一般公共预算支出同比增长6.4%，对地方转移支付同比增长6.1%，保持财政支出强度和对经济恢复的支持力度。引导金融机构增加信贷投放，推动社会综合融资成本下降，延长普惠小微贷款支持工具期限。

——坚持保障和改善民生，持续治理生态环境。加大对地方"三保"支持力度。农村义务教育学生营养改善计划覆盖28省1567县，累计受益学生3.86亿人次。持续巩固拓展脱贫攻坚成果，拓宽农民增收致富渠道，大力建设农产品供应链体系，做好重要农产品保供稳价。持续打好蓝天、碧水、净土保卫战。

——深入贯彻总体国家安全观，有效防范和化解重点领域风险。支持地方调整优化房地产市场调控措施，支持金融机构满足房企合理融资需求，扎实推进保交楼工作。制定实施一揽子化解地方债务方案，压实地方主体责任，健全跨部门协同监管机制，严肃查处违规举债。

——审计整改总体格局日益成熟定型，"下半篇文章"进一步彰显权威高效要求。把审计整改"下半篇文章"与揭示问题"上半篇文章"摆在同等重要位置一体推进，全面整改、专项整改、重点督办相结合的审计整改总体格局更加成熟定型。制定关于完善纪检监察监督与审计监督贯通协同机制的工作流程。至2024年4月，针对2022年度审计查出问题已整改1.07万亿元，制定完善规章制度2840多项，追责问责2820多人。

一、中央财政管理审计情况

2023年，中央一般公共预算收入总量107 416.7亿元、支出总量149 016.7亿元，赤字41 600亿元，与调整后的预算持平；中央政府性基金预算收入4 417.54亿元、支出5 744.42亿元；中央国有资本经营预算收入2 263.59亿元、支出1 495.16亿元；中央社会保险基金预算收入3 054.26亿元、支出3 106.73亿元，年末滚存结余39.71亿元。国家发展改革委管理分配中央财政投资6 800亿元，其中安排中央本级支出1 800亿元、对地方转移支付5 000亿元，主要投向重大基础设施建设，重大战略、区域协调和生态文明建设，产业链供应链稳定安全等7个领域。

（续）

重点审计了税务和海关部门组织财政收入、转移支付和投资专项管理、积极的财政政策落实、中央决算草案编制、地方债务管理等5方面情况，发现的主要问题：

（一）税务和海关部门组织财政收入不到位。审计税务和海关部门税费征管、进口监管等履职情况发现：一是征管不够严格和制度漏洞造成税款流失。税务部门应征未征个人所得税、消费税、房产税、增值税等449.42亿元；海关单位少征关税、反倾销税、进口环节增值税等58.9亿元。二是未全面落实减税降费政策。2.75万户符合条件企业应享未享留抵退税、支持科技创新、小微企业等税费优惠.77亿元；2 568户条件不符企业违规享受留抵退税、小微企业等税费优惠24.03亿元；海关总署等23个海关单位对1 078户企业未及时退还或多征收保证金、消费税、增值税等65.47亿元。三是人为调节征收进度影响财政收入真实性。有的税务部门为完成当年任务，多征收或提前征收企业所得税、消费税、土地增值税等542.9亿元；有的税务部门完成当年任务后，延压企业所得税、消费税、增值税等入库947.9亿元。

（二）转移支付体系仍不够健全完备。涉及财政部管理的38项转移支付和国家发展改革委管理的25项投资专项，发现的主要问题：

1. "体制结算补助"转移支付执行偏离设立初衷。该项转移支付本用于中央和地方机构划转、年终财政结算等事项；国务院2019年同意可用于解决一般性、共同财政事权和专项转移支付难以覆盖的特殊问题，并严控规模。2019年至2023年，该项转移支付规模由1 305.33亿元增加至3 742.71亿元。目前包含的69个明细事项中，仅有7个（占10.14%）与机构划转、年终财政结算等事项相关；有16个（占23.19%）实际属于一般性、共同财政事权或专项转移支付。

2. 部分转移支付分配下达管理薄弱。主要表现在2个方面：一是分配不协同不合理，涉及13项转移支付和15项投资专项。如"造林补助"等2项资金与"重点区域生态保护和修复"投资专项，均用于支持地方营造森林资源。由于有关部门对任务量审核不协同，7省17县获得资金支持的造林任务比这些地区造林绿化空间的总面积还多23.51万亩。二是下达不及时不科学，涉及8项转移支付和17项投资专项。如"重大品种推广补助"等2项转移支付，直至2023年9月才明确要求提供大豆等农作物的单产目标、种植记录，并以实际单产作为主要分配依据。但各地此时大豆等农作物已经收割，无法补录种植过程等并核实单产情况，资金分配缺乏依据，8省收到的16.25亿元只得结转。

3. 绩效管理存在短板弱项。共涉及8项转移支付。一是目标设置不完整不合理。1项转移支付未按规定设置绩效目标；7项转移支付的15个绩效目

394

第十一章 政府审计工作报告范本

（续）

标设置不合理，其中 13 个应量化未量化、2 个设置过低，未能有效发挥引导作用，如"大气污染防治资金"转移支付的绩效目标仅为各省 PM2.5 浓度应完成年度目标的 90%。二是对自评结果审核不严格。在"水污染防治资金"转移支付绩效评价中，23 省在明确上报项目均尚未完工的情况下，仍将"产出数量""项目验收合规率"2 项指标自评满分，财政部在审核中未予纠正。

（三）积极的财政政策落实中出现偏差。突出表现在 2 个方面：

1. 促进稳外贸政策落实不够精准和严格。国家发展改革委、财政部、商务部未完整落实国务院 2023 年 4 月关于加快修订《鼓励进口技术和产品目录》的要求，7 类产品已无需鼓励进口，未从目录中剔除；40 类产品需鼓励进口却未纳入目录。资金分配小而散，14 个地区的 496 户企业和 2 475 个项目获得资金不超 1 万元。

2. 扩投资相关举措未有效落实。中央财政投资项目推进不力，国家发展改革委安排的 721 个项目因进展缓慢等闲置资金 413.5 亿元，其中 18 个项目获得的中央财政投资和专项债资金，竟超出项目总投资 2.71 亿元。专项债项目安排不科学，国家发展改革委将 283 个未完成可研报告审批或不符合资本金比例要求的项目纳入准备项目清单，财政部将 522 个缺乏要素保障甚至已停工的项目纳入项目库。截至 2023 年底，其中 522 个项目 279.24 亿元债券募集资金当年即闲置或被挪用。部分专项债项目未发挥政府投资带动放大效应，52 个地区 597 个获得 2023 年专项债资金的项目，至 2023 年底政府累计投资 6 006.34 亿元，很少吸引民营资本。

（四）中央决算草案编制个别事项不准确不细化。一是基本建设支出决算列报不完整不细化。财政部编制的《2023 年中央基本建设支出决算表》中，未列报财政部等部门分配的基本建设支出 588.51 亿元；列报的 12 个科目也未按规定细化列示重大投资项目。二是错列支出 11.84 亿元。财政部将应列入"资本性支出"的"国家科技成果转化引导基金"注资 11.84 亿元，错列入"商品和服务支出"。

（五）地方债务管理不够严格。按照党中央、国务院关于防范化解地方债务风险的决策部署，各地区全面摸查截至 2023 年 3 月底政府债务底数，认真制定化债举措并积极有序推进落实，取得阶段性进展。审计 19 省市发现，债务风险总体可控，但仍有 2 方面隐患：一是违规举借债务尚未全面停止。24 个地区所属国企通过在金融资产交易所违规发行融资产品、集资借款等方式向社会公众融资，至 2023 年底余额 373.42 亿元，主要用于支付到期债务、发放人员工资等，形成政府隐性债务 112.58 亿元。二是拖欠账款有所新增。10 省市 56 个地区在按要求建立拖欠台账锁定存量后，2023 年 3 月以来又新增拖欠 76.31 亿元，其中 5 个地区在无预算安排、未

（续）

落实资金来源的情况下安排车站等项目建设，新增拖欠69.5亿元。此外，还有7省30个地区通过直接销账、将无分歧欠款改为有分歧欠款等方式，虚报2023年完成存量清偿53.28亿元。

二、中央部门预算执行审计情况

重点审计的41个部门及所属346家单位2023年收到财政预算拨款5 824.04亿元，此次发现各类问题金额226.26亿元。其中部门本级36.29亿元（占16%），所属单位189.97亿元（占84%），进一步印证了审计去年关于中央部门预算执行问题向所属单位转移下沉的判断。

（一）节庆论坛展会加重基层负担。按照党中央关于整治形式主义为基层减负的工作部署，持续加大对部门及所属单位违规举办节庆论坛展会（本段统称活动）的审计力度，同步关注了19省市活动管理举办情况，发现24个部门的283个活动和217个地区的377个活动存在下述问题，共涉及金额25.32亿元。从审批程序看，有的未经上级批准自行越权审批，有的报小开大规避审批。从活动安排看，有的违规发放高档礼品或支付高昂出场费。从经费来源看，3个部门及43家所属单位、社会团体以给予发言机会、安排媒体采访等作为条件，在222个活动中向参会单位收费或摊派1.67亿元；22个地区的21个活动要求国企垫资建设会馆或拉赞助等16.23亿元。从实际成效看，一些活动效果不佳，部分达成投资额的框架协议，有的已作废、有的尚未正式签约。

（二）违规培训和评比表彰等活动屡禁不绝。13家所属单位借助部门或行业影响力，以国家职业资格目录外的技术、技能为内容，与社会机构合作开展培训，有的还发放与目录内职业资格证书样式、字体极易混淆的"山寨证书"，共取得收入3.47亿元。10家所属单位和社会团体等未经批准，借助部门行政影响力违规开展评比表彰等活动，并收费1 236.53万元。

（三）利用政务数据牟利成为新苗头。按要求，部门应有序开放所掌握的全国性政务和公共数据，降低社会公众获取成本。但一些部门监管不严，所属系统运维单位利用政务数据违规经营收费。4个部门所属7家运维单位未经审批自定数据内容、服务形式和收费标准，依托13个系统数据对外收费2.48亿元。

（四）违反中央八项规定精神和过紧日子要求。一是超需求申领预算长期闲置。7个部门的11个项目超实际需求申领预算6.92亿元，其中2.49亿元连年结转。二是一些单位存在"三公"经费胡支乱花等情况。1个部门和9家所属单位违规列支"三公"经费、修建楼堂馆所等7.49亿元。有的投资5.45亿元建设脱离实际需求的酒店，运营9年来累计亏损1.97亿元；有的违规公务接待，并将接待费用202.37万元转嫁给关联企业。

（五）一些部属企业存在经营乱象。审计239户部属企业发现：9户违

（续）

规开展高风险业务，从事融资性贸易、向亏损企业出借资金等，形成损失风险13.69亿元。1户盲目投资，在自有资金不足的情况下，对下属企业认缴注册资本8亿元，面临连带偿还巨额债务风险。2户通过股权代持、虚假合资等方式，帮助870户民企挂靠为假国企。

三、重大项目和重点民生资金审计情况

重点审计了重大引调水工程项目实施情况和教育、就业、乡村振兴重点帮扶县、乡村建设、畜牧水产品稳产保供等5项民生资金管理使用情况。

（一）重大引调水工程审计情况。重点审计了《国家水网建设规划纲要》中的8个重大引调水工程建设运营情况，发现的主要问题：一是部分工程立项脱离实际规模偏大。4个工程立项时对人口增长预测过大或虚增供水需求等，如贵州夹岩工程2014年立项时，将已有充足水源的城区纳入供水范围、重复计算，虚增34.7%供水需求规模，有7条支渠因无受水需求成为"半拉子"工程，1.32亿元前期投入形成损失。工程规模越大，地方需配套资金越多。8个工程涉及地方配套工程资金2 347.3亿元，但至2023年6月底资金到位率不足20%，造成大量水网"断点"。如引江济淮工程安徽段主体工程已于2022年建成，但应同步建成的配套工程尚未完工。二是节水与运营维护管理不到位，影响工程良性运行。8省受水区的347家用水单位2020年以来超许可或无证取水2.87亿立方米；4省部分受水区城镇供水管网漏损率超过10%的国家标准。鄂北水资源配置工程近3年运维经费缺口达6.13亿元，36座调蓄水库中仅有1座参与调度，影响工程安全运行和效益发挥。

（二）重点民生资金审计情况。

1.农村义务教育学生营养改善计划专项资金审计情况。重点审计了13省159县2021年至2023年8月补助资金231.37亿元，占抽审县同期补助总金额的91%。发现的主要问题：一是部分补助资金管理使用较为混乱。有的被直接挪用，66县将19.51亿元用于偿还政府债务、基层"三保"等支出。有的被变相挤占，41县和1 533所学校等通过压低供餐标准、虚构采购业务等变相截留挤占2.7亿元。有的被串通套取，5县教育部门与中标供应商合谋，通过供应商分红、捐赠等方式套取4 216.02万元，用于发放福利等。二是部分供餐单位违规经营。147家供应商和部分学校食堂等供餐单位违规经营、偷工减料、以次充好供餐。三是餐食采购招标和供餐监管等不够规范严格。25县通过违规直接指定、设置不合理条款等方式，确定52家供应商向2 605所学校供餐。78户企业或个人通过违规借用资质、伪造资料、围标串标等方式，中标35县的101个营养餐项目。监管权力寻租，相关监管部门和77所学校的工作人员，在供餐监管等过程中涉嫌徇私枉法，谋取个人利益。

（续）

2. 就业补助资金和失业保险基金审计情况。重点审计了193个地区的就业补助资金350亿元、失业保险基金613亿元。发现的主要问题：一是补贴资金发放不精准。9省对10.9万人应发未发社会保险补贴等，24省386家单位通过虚构劳动关系等骗取套取各类补贴1.3亿元。二是部分劳务派遣企业侵害劳动者权益。2省6户劳务派遣企业2020年以来，利用劳动者难以知晓用工单位支付的实际报酬，截留克扣劳动者报酬和社保费等7 558万元。如贵州1家人力资源公司2022年至2023年9月从1.95万名劳动者报酬中抽成4 038万元，占用工单位实际支付的25%，高出其他劳务派遣企业收费标准4倍多。一些劳务派遣企业偏离补充用工定位，串通用工单位非法经营。有的表面抬高中介费，暗中将用工单位多付部分予以返还，被用工单位用于设立"小金库"；有的在未提供劳务派遣的情况下，为用工单位虚开增值税发票并收受好处费，如黑龙江4户劳务派遣企业在实际未提供劳务派遣服务的情况下，为2家信息科技公司虚开发票1.5亿元并从中收取好处费。

3. 乡村振兴重点帮扶县审计情况。围绕巩固拓展脱贫攻坚成果底线任务和增加农民收入中心任务，重点审计了11省73个乡村振兴重点帮扶县，抽审帮扶项目4 232个、资金479.21亿元，走访4 187户。发现的主要问题：一是防止返贫监测和农村低收入人口常态化帮扶未兜实兜牢。16县未按要求将2.36万名群众纳入排查范围；52县主要监测收入，却未按规定监测大额刚性支出及负债等，影响监测准确性，有的在帮扶中还违规设置限制条件等，应帮扶未帮扶1.83万人；50县9 473人帮扶措施脱离实际或成效不实，其中1 137人帮扶措施与致贫原因不匹配，649人被虚报完成帮扶但实际未采取任何措施。二是促进农民增收致富相关举措未落实或效果不佳。乡村公益性岗位、以工代赈、职业技能提升是促进农民就业增收的3项重要举措，但25县将部分公益性岗位异化为发福利，向1 893名未实际在岗履职的企事业单位人员等发放补贴280.89万元；18县以工代赈覆盖面偏窄，实施的1 806个基础设施项目中仅48个采用该方式；21县为完成任务凑人数，违规以2 167名公务员、在校生等抵顶农户培训，浪费补贴153.39万元。引入社会资本下乡在一些地方跑偏。相关社会资本方拖欠11.11万户农户土地流转费等2.13亿元，将农民所投资金等1 843.65万元卷款"跑路"，收购农产品时恶意压价等560.64万元。农民财产权益保障不到位。10县8 598户农户、62个村集体的土地承包权未得到及时确认，影响正常耕种。3县违规以行政手段强行流转土地等，侵害292户农户941.25亩承包地的自主经营权。69县村集体资产69.68亿元管理运营不善，其中26县5 000.25万元资产被村干部等侵占或无偿使用；27县强行归集1 245个村集体的财政补助14.66亿元，主要挪用于偿还债务或对外出借。

（续）

4. 乡村建设行动实施审计情况。重点审计了 16 省 46 县的乡村建设行动实施情况，涉及项目 1.81 万个，资金 1 439.02 亿元，发现各类问题金额 135.85 亿元（占 9.44%）。发现的主要问题：一是一些村庄规划与实际不符。有 1 783 个村庄规划偏离实际或流于形式，其中：11 县 358 个村庄规划的部分内容不符合当地实际和农民需求，如广东阳春市统一要求 29 个村庄各自新建 3 750 平方米幼儿园和小学，而有的村仅 37 名村民；6 县 297 个村庄规划存在缺项漏项、文不对题等低级错误，有的盲目照搬照抄，如吉林大安市 36 个村庄的规划由辽宁 1 家设计公司编制，其中 24 个规划出现辽宁、内蒙古等地名称及特色旅游、风格建筑等，与当地风貌明显不相符。二是农村基础设施建设和基本公共服务还存在薄弱环节。基础设施方面，投入 69.29 亿元建设的 2 761 个项目因配套缺失、重建轻管等闲置，2 460 户危房和 4 190 个危桥危路未纳入摸排范围或整治不彻底；27 县 415 个项目烂尾或建成后即拆除，造成 6.31 亿元损失浪费；24 县投入 11.23 亿元给公路沿线民房刷墙加顶搞形象工程。基本公共服务方面，6 595 个村卫生室违规诊疗，销售使用过期药品、超权限超剂量用药 33.83 万瓶（支），或未严格执行医保结算等制度，农户无法正常报销药费；7 县违规出售 1 404 个农村公墓或收取 95 名低保特困户殡葬费，获利 263.89 万元。三是未全面落实财政投入保障政策。土地出让收入和专项债券是乡村建设资金的 2 个主要来源，但 29 县在土地出让收入中少安排支农资金 172.54 亿元；17 县 30 个项目专项债券资金 20.9 亿元中，有 10.45 亿元被挪用于平衡财政预算等；46 县 71 个项目的 77.23 亿元债券资金长期闲置或收入难以覆盖利息等。

5. 畜牧水产品稳产保供相关资金审计情况。重点审计了农业农村部和 14 省 50 个地区生猪和水产品稳产保供情况，涉及项目 2 052 个、资金 362.26 亿元，走访 1 910 户。发现的主要问题：一是部分地方生猪产供存在风险。疫病防控方面，国家要求生猪强制免疫，由养殖户先行采打疫苗再由财政补贴，但 7 省仅有 7.7% 的规模养殖场获得"先打后补"补贴，影响养殖户防控成本和积极性；5 省 7 个地区所购 571.38 万毫升（占 66%）口蹄疫疫苗储存运输不当，失效风险较大。储备猪肉方面，5 省 17 个地区 3 年来少收储 2.11 万吨，约占收储任务的 70%，当地肉价大幅上涨时无力投放调控。二是部分地方水产品稳产保供基础薄弱。2 省 3 个地区对 334.35 万亩（占 43%）养殖用海占而不用，测算年均减少养殖量 190 多万吨；中央财政投入 11.42 亿元支持建设的 35 个国家级海洋牧场、1 261 个深远海养殖网箱，未建好管好甚至闲置毁弃；7 省 21 个地区 3 年来 8.32 万亩（占 34%）淡水养殖池塘改造任务未完成，1.19 亿元补助资金闲置。

（续）

四、国有资产管理审计情况

按照中共中央《关于建立国务院向全国人大常委会报告国有资产管理情况制度的意见》和全国人大常委会《关于加强国有资产管理情况监督的决定》，在部门预算执行、国企国资、金融、经济责任等审计项目中，持续关注4类国有资产管理使用情况。

（一）企业国有资产审计情况。至2022年底，审计的22户央企账面资产总额11.67万亿元，负债总额7.6万亿元，国有资本权益2.06万亿元，平均资产负债率65.12%。发现的主要问题：

1. 会计信息不实。22户央企共计收入不实1 182.07亿元、成本费用不实1 549.88亿元、利润不实526.72亿元。主要是：9户央企内部关联交易抵销不准确等，造成多计收入477.02亿元、成本费用475.54亿元；20户央企违规跨年度调节利润等，造成多计或少计收入250.64亿元、成本费用230.44亿元；15户央企未足额计提减值准备或在资产无明显减值迹象的情况下多计提减值等，造成多计或少计利润165.2亿元。

2. 国有资产资金管理薄弱。主要表现为3个方面：资产不实，18户央企因对财务报表"应并未并"、重复记账、清理核销不及时等导致资产不实3 406.32亿元；5户央企未将部分房产等资产纳入账内核算，涉及资产金额109.77亿元、房产等7 770.91万平方米。运营效益不高，8户央企的158.87亿元资金资产和175.26万平方米房屋、土地长期闲置，最长达18年；3户央企套取或挪用信贷等资金154.15亿元。违规处理处置，10户央企违规对外出租出借资产资质或提供品牌商标、字号、版权等；14户央企违规对外出借资金或提供担保1 001.63亿元，形成损失风险50.99亿元；13户央企在资产存储、安全检查、权属办理等方面管控不力。

（二）金融企业国有资产审计情况。重点审计的12家国有金融机构资产总额60.43万亿元、负债总额47.48万亿元，净资产收益率0.78%到18.57%。还审计了4家重点金融机构政策落实情况。发现的主要问题：

1. 信贷数据不实，偏离服务实体经济定位。6家金融机构的信贷投放含金量不高，有的将其他类贷款违规变造为科技、绿色、涉农等重点领域贷款。同时部分信贷投放虚增空转，其中5 167亿元即贷即收，在考核前发放、考核后收回；还有的等额存贷，企业在贷款前存入等额存款或贷款后再以定期存款形式存回银行。

2. 金融资源供给结构不够优化。主要表现为2个方面：重点领域"加"的成色不足。4家银行680.59亿元名义上投向科技创新领域的贷款被挪作他用或空转套利。限制领域"减"的力度不够。至2023年底，4家银行未完成2020年底前出清任务，仍为461户"僵尸企业"等保有贷款余额314.41亿元，其中34.84亿元为2023年新发放；306.09亿元风险资产通过"无效重组"、违规展期等方式虚假盘活，长期以"仍未不良"的虚假形态占用信贷资源。

（三）行政事业性国有资产审计情况。结合部门预算执行、政务信

第十一章 政府审计工作报告范本

（续）

化建设等审计，重点关注了此类资产管理使用情况。发现的主要问题：

1. 基础性管理工作薄弱。主要表现为资产底数不清、闲置浪费和划转缓慢等，共涉及33个部门。17个部门少计漏记13.46万平方米房产、151.54亩土地、31.88亿元设备物资或无形资产等；12个部门的2.59亿元资产出租和处置收入未按规定上缴财政；4个部门的1.65亿元房产租金等应收未收。8个部门的19.46万平方米房产、874.14亩土地、405辆公务用车、1.04亿元办公家具及仪器设备等资产使用效率低下或闲置，最长达21年。1个部门自2018年机构改革以来涉及的336.33万元资产仍未划转。

2. 违规使用和处置资产。主要表现为未经审批、无偿或低价出租出借等，共涉及16个部门，房产16.18万平方米，设备等资产9 724.34万元，其中2个部门因低价出租国有资产，造成国有资产收益损失5 056.57万元。如1个部门1 132平方米底商房产长期未收回管理，由外部单位及个人转租获利，造成国有资产收益损失。

3. 政务信息化建设管理存在短板。一是新型建管模式不规范。抽查5省196个"银政合作"项目发现，筹资中银行提供的41.31亿元建设资金均未纳入政府预算管理，2 170.62万元因随意支取形成损失；建设中156个项目借机规避立项、采购等程序要求，61个项目被直接或变相指定承建单位；建成后除个别项目资产明确归属政府外，其余均权属不清，存在国有资产流失和公共信息泄露风险。二是部分系统建管成效不佳。抽查的224个政务信息系统中，有85个因功能缺陷等未达预期甚至成为摆设，涉及投资27.92亿元。

（四）国有自然资源资产审计情况。对9名领导干部开展自然资源资产离任（任中）审计，对黄河流域8省生态保护、15省林业相关资金进行了审计。发现的主要问题：

1. 部分地区耕地保护不力，任务落实出现偏差。抽查5省市粮食主产区发现，有795.17万亩耕地用于非粮食作物种植等，甚至搭车搞商业开发。如山西晋中市太谷区2021年在承建国家农业高新技术产业示范区时，违规以1.2亿元出让土地160.89亩（其中耕地81.91亩）用于房地产开发。

2. 森林管护效果不佳，林木营造弄虚作假。科学绿化要求未落实，15省未全面贯彻山水林田湖草沙系统治理的要求，近3年在耕地、河道等不符合规定的地块造林142.15万亩。造林成果底数不清，"三北"防护林部分造林成果的实际保有量、具体位置和存活状态底数不清；1871万亩已变更为耕地、草地、建设用地等。13省近3年虚报造林面积161.67万亩。审计的188个造林项目，涉及面积208.08万亩、资金38.95亿元，发现均存在弄虚作假：23个在招标时直接内定实施单位；81个在设计时将之前已有林地包装为新造林成果；107个在施工时私自调减种植苗木的数量、品种；98个在验收时主管部门走过场甚至伪造验收报告。部分林业资金管理不严，7省56个地区通过虚报任务、面积等骗取8.12亿元；13省50个地区挤占挪用23.51亿元，

（续）

另有 153 个储备林项目的 226.88 亿元（占贷款总额的 46.8%）专项贷款被挪用于投资经营、平衡财力等；10 省 22 个地区的 7.22 亿元长期闲置。

3. 传统能源管理不规范，新能源开发利用缺乏统筹。一方面，2 省 114 家煤矿 2022 年超核定能力开采原煤 1.2 亿吨。另一方面，5 省部分地区不顾自身消纳、外送和配套保障能力上马新能源项目，个别已投产项目 2021 年以来已累计弃电 50.13 亿千瓦时。50 个"沙戈荒"大型风电光伏基地项目"碎片化"。401 个子项目中，有 385 个单体规模小于要求的 100 万千瓦，增加配套电网建设与并网难度。

五、重大违纪违法问题查处情况

2023 年 5 月以来，审计共发现并移送重大违纪违法问题线索 310 多件，涉及 1 200 多人。主要有以下特点：

（一）政商勾连结成利益集团造成区域性腐败。有的地方干部通过特定关系人充当"白手套"，向民企输送巨额利益，再经利益回流谋取政治资本，经济问题与政治问题相互交织。如辽宁某市一原区委书记 2019 年以来，经政治骗子牵线搭桥，帮助 1 户民企仅出资 1 亿多元就获得价值 8 亿多元的土地。其间，政治骗子以帮助该书记职务晋升等名义，向民企索要巨额好处费。

（二）套取政策红利妨碍政策措施落实。一些企业利用国家生态保护、高新产业等支持政策，勾结公职人员违规取得经营权，或弄虚作假骗取财政补贴，严重蚕食国家政策红利。如全国首台套首批次应用保险，由中央财政按保费的 80% 给予投保单位补贴，但有 3 家保险公司 2019 年至 2022 年伙同多户企业，通过投保、理赔等环节造假，或扩大保险责任等方式，骗取瓜分中央财政补贴 3 亿多元。

（三）腐败手段更加隐形翻新。随着反腐力度加大，借助信息技术、监管漏洞等腐败行为更趋隐蔽，新型腐败和隐性腐败开始显现。如金融监管部门某司级干部利用职务影响力，长期扶持特定民企提升行业竞争力，收取巨额钱款及股权，并通过同一网点先取后存、借用亲属银行账户、虚拟货币交易等"技术处理"，隐藏民企转款来源，呈现典型技术特征。

（四）基层一些单位腐败问题性质严重。一些基层工作人员在专项工作中严重违规操作，通过拉拢腐蚀等广泛构织关系网，弄虚作假大肆侵占财政资金。如黑龙江某县林草局局长等人 2019 年以来，通过虚报人工造林面积等方式骗取套取财政资金 6 000 多万元形成"小金库"，并以钱开道，腐蚀国家至乡镇 5 级林草、纪检、财政等单位 100 多名公职人员，打通造林申报验收、资金拨付、外部监督等各个环节。

第十一章 政府审计工作报告范本

（续）

六、审计建议

今年以来，面对极为复杂多变的国内外环境，各地区各部门在以习近平同志为核心的党中央坚强领导下，巩固和增强经济回升向好态势，经济运行整体实现"开门红"，但经济回升向好的可持续性有待增强。从审计掌握的情况看，经济社会发展中存在的一些问题，有体制机制制度还不够健全和完善的原因，也与一些地方财经法纪意识淡薄、缺乏担当实干精神、本领不够能力不足、落实改革发展举措不到位等相关。按照党中央、国务院部署要求，结合审计发现，建议：

（一）强化宏观政策统筹兼顾，更好发挥制度优势。一是推动积极的财政政策适度加力、提质增效。财政收入方面要加大税费征管力度，完善部门数据共享，堵塞制度漏洞，做到应收尽收、颗粒归仓，巩固好财政收入恢复性增长态势。财政支出方面要着力优化支出结构，合理确定各类转移支付功能定位，避免不同渠道交叉重复安排；严格绩效评价及结果运用，更好体现奖优罚劣和激励相容导向；更好发挥中央投资的带动作用，专项债券额度分配向项目准备充分、投资效率较高的地区倾斜；全面落实结构性减税降费政策。二是推动稳健的货币政策灵活适度、精准有效。提高重点领域"加"的成色，引导金融资源更多投向科技创新、绿色转型、普惠小微等领域。加大限制领域"减"的力度，督促商业银行尽快出清"僵尸企业"等保有贷款余额，避免信贷资金空转。督促国有大型商业银行发挥好"主力军"作用，畅通货币政策传导机制，更好满足实体经济有效融资需求。三是加强各项政策之间协调配合。把非经济性政策纳入宏观政策取向一致性评估，建立健全评估制度，防止出现相互掣肘、效应对冲或合成谬误。制定宏观政策要注重与市场沟通，打好提前量、留出冗余度，预计对经济发展有收缩性、抑制性效应的要缓出或不出。

（二）深化重点领域改革，健全完善相关体制机制。全面梳理近年来经济运行中反复出现、经常发生的问题，坚持用改革的眼光审视、用改革的办法解决。谋划新一轮财税体制改革，完善中央与地方财政事权和支出责任划分，加大均衡性转移支付力度，健全转移支付定期评估和动态调整、退出机制。对地方税费优惠政策进行评估和清理。完善中国特色现代企业制度，深入实施国有企业改革深化提升行动，探索建立国有经济布局优化和结构调整指引制度，推动国企做强做优主业，提高核心竞争力。加快全国统一大市场建设，制定全国统一大市场建设标准指引，对地方保护、市场分割、招商引资不当竞争等突出问题开展专项治理。全面落实促进民营经济发展壮大的意见及配套举措，更好解决市场准入、要素获取、权益保护等方面问题。

（三）持续加力化解重大经济风险，为推动高质量发展提供坚实保障。

（续）

完善重大风险处置统筹协调机制，压实企业主体责任、部门监管责任、地方属地责任。对地方债务风险，要建立同高质量发展相适应的政府债务管理机制，完善专项债券项目穿透式监测。对金融领域风险，要健全地方主要领导负责的风险处置机制，完善金融风险监测预警和早期纠正机制，依法将各类金融活动全部纳入监管。督促国有大型商业银行合法稳健经营，完善公司治理和风险内控机制。对国有资产损失流失风险，要督促健全细化"三重一大"决策和执行机制，对违规决策造成重大损失的典型问题提级追责、穿透治理。

（四）切实践行以人民为中心的发展思想，保障和改善民生。一是更加突出就业优先导向。人力资源和社会保障等部门要加大对毕业生、农民工等重点群体就业的帮扶力度；深化劳务派遣行业整治，督促地方严格落实日常监管等责任。二是坚持不懈抓好"三农"工作。锚定建设农业强国目标，学习运用"千万工程"经验，结合当地实情科学规划村庄建设，落实好财政投入责任，尽快补齐农村基础设施和基本公共服务短板。用心用情用力落实好暖民心行动，督促地方压实农村义务教育学生营养改善计划工作的主体责任，确保每一分钱都吃到学生嘴里。兜实兜牢低收入人口常态化帮扶，严格落实促进农民增收致富各项举措，切实保障农民土地承包、集体资产收益等财产权益。牢固树立大农业观、大食物观，构建多元化食物供给体系，确保食品安全。

（五）加强对权力运行的制约和监督，进一步严肃财经纪律。一是加强对"关键少数"的监督。充分发挥审计在推进党的自我革命中的独特作用和反腐治乱方面的"尖兵"作用，深化经济责任审计，督促领导干部牢固树立正确政绩观，完整准确全面落实党中央对经济工作的重大决策部署，确保最终效果符合党中央决策意图；督促严格执行民主集中制，细化重大经济事项决策和审批权力运行流程。二是推动党政机关习惯过紧日子。各地区各部门都要专门制定相关办法，把落实过紧日子要求作为财政长期方针，继续严格精简压缩节庆论坛展会，实行总量控制、备案管理。从紧安排非刚性、非重点项目支出，腾出更多财政资源用于推动高质量发展、增进民生福祉。三是严肃查处各类违反财经纪律问题。纠正把违反财经纪律问题视为单位行为而忽视追究个人责任的倾向，对财经纪律严重松弛、问题相对多发的地区和单位开展专项整治，依法依规查处曝光一批，形成强大震慑，避免破窗效应。

本报告反映的是此次中央预算执行和其他财政收支审计发现的主要问题。对这些问题，审计署依法征求了被审计单位意见，出具了审计报告、下达了审计决定；对重大违纪违法问题，依纪依法移交有关部门进一步查处。有关地方、部门和单位正在积极整改。审计署将持续跟踪督促，年底前报

第十一章　政府审计工作报告范本

（续）

告全面整改情况。

委员长、各位副委员长、秘书长、各位委员，今年是新中国成立75周年，是实现"十四五"规划目标任务的关键一年。审计机关将更加紧密团结在以习近平同志为核心的党中央周围，坚持以习近平新时代中国特色社会主义思想为指导，深刻领悟"两个确立"的决定性意义，增强"四个意识"、坚定"四个自信"、做到"两个维护"，自觉接受全国人大监督，更好运用规律性认识推动新时代审计工作高质量发展，在以中国式现代化全面推进强国建设、民族复兴伟业中贡献审计力量！

第二节　吉林省政府审计工作报告范本

吉林省人民政府关于2023年度省级预算执行和其他财政收支的审计工作报告

——2024年7月30日在吉林省第十四届人民代表大会常务委员会第十二次会议上
省审计厅厅长　赵振民

主任、各位副主任、秘书长、各位委员：

我受省政府委托，向省人大常委会报告2023年度省级预算执行和其他财政收支的审计情况，请予审议。

根据省委审计委员会批准的审计项目计划，省审计厅依法审计了2023年度省级预算执行和其他财政收支情况。结果表明，2023年全省各地各部门坚持以习近平新时代中国特色社会主义思想为指导，全面贯彻党的二十大和二十届二中全会精神，认真落实省委、省政府决策部署，坚持稳中求进工作总基调，严格执行省十四届人大一次会议有关决议，锚定高质量发展首要任务，齐心协力，攻坚克难，吉林全面振兴迈出坚实步伐。

（续）

——加力提效落实积极财政政策，推动经济运行稳中向好。着力加强监测预警、有效调控，及时出台扩大内需、减负强企集成政策，全省经济运行企稳回升、持续向好。优化税费政策落实机制，充分发挥政策叠加效应，全年减轻经营主体税费负担255.3亿元。扶优育强稳定工业运行，规模以上工业增加值增长6.8%。统筹资源扩大有效投资，发行新增政府债券835.8亿元，快速投向1 827个项目。引导扩大消费需求，积极筹措拨付资金，促进汽车、住房、旅游及日常消费扩容提质。

——紧盯重点领域，切实保障民生持续改善。全面完成50项重点民生实事。促进稳定扩大就业，筹措拨付稳岗就业、技能培训等补助资金28亿元，全年城镇新增就业25.8万人。稳定提高社保水平，社会保险待遇累计发放1 937亿元。促进医疗卫生事业发展，城乡居民基本医疗保险政府补助标准提高到每人每年640元。筹措拨付资金45.8亿元，支持农村危房、公路、厕所改造，支持美丽乡村建设。纵深推进污染防治攻坚，生态环境持续改善。

——统筹发展和安全，全力防范化解各种风险。推动夯实粮食安全根基，筹措拨付资金195亿元，建设高标准农田791.2万亩，新增盐碱地改造耕地25.4万亩，粮食产量达到837.3亿斤。全力以赴化解地方债务，制定一揽子化债方案，加快推动资产盘活和平台类企业转型发展，超额完成年度化债任务。兜牢兜住基层"三保"底线，加大财力下沉力度，市县"三保"支出占可用财力比重有所下降。切实加强政府债券管理，专项债券支出进度比上年提高11个百分点。

——深入落实整改机制，持续强化审计整改。全面整改、专项整改、重点督办相结合的审计整改工作格局更加完善。深化各部门贯通协作，凝聚整改合力，省人大对审计查出重要问题整改进行跟踪监督；省纪委监委与省委审计办、省审计厅制定强化纪检监察监督与审计监督贯通协同的具体流程；省委组织部将审计整改情况纳入省管领导干部动态监管纪实档案和"负面清单"。2022年度审计工作报告反映的686个问题基本整改到位，推动完善制度103项。

一、省级财政管理审计情况

（一）省本级预算执行审计情况

组织开展省财政厅具体组织省本级预算执行、省发改委组织预算内基本建设资金情况审计。结果表明，省本级预算管理水平不断提升，预算执行总体平稳，发现的主要问题：

1. 预算编制方面。一是4项省级一般公共预算资金7 904万元和11项省级政府性基金预算资金3.09亿元未细化到具体部门或项目；二是6项省级转移支付预计数1.51亿元，未按规定在上年底前提前下达。

(续)

2.预算执行方面。一是11项省级专项资金6.79亿元未在当年下达拨付。二是4项中央专项资金25.8亿元未按规定在收到资金后30日内下达，最长超规定时限244天；2项省级专项资金4 463.2万元未按规定在9月底前下达，最长超规定时限34天。三是2项中央直达市县资金未按规定时限下达到具体项目和单位，执行率低于40%。

3.项目管理方面。一是253个中央预算内基建项目资金支付率低于国家发改委65%的要求，有23个项目应开工未开工建设。二是7个省预算内基建投资项目推进缓慢，当年省预算内基建投资1 319万元未支出。三是省预算内基建投资项目资金、重大项目前期工作经费等投资计划8.85亿元未按规定比例提前下达。

4.绩效管理及制度执行方面。省级专项转移支付未按财政部要求将满意度指标设为一级绩效指标，2项资金未将绩效评价结果作为额度分配重要测算因素；3项专项资金使用已过执行期的管理办法安排资金或管理办法未明确财政部门职责。

（二）地方政府财政收支审计情况

审计2市6县地方政府财政收支情况，发现的主要问题：一是收入管理不到位。4市县应收未收土地出让收入等8 494.62万元，4市县非税收入未上缴或未及时上缴财政1.99亿元。二是财政支出不合规。4市县新增超支挂账8.72亿元，6市县未拨付专项资金5.02亿元。三是风险控制不严格。2市县出借资金2 148.48万元、代偿创业担保资金493.22万元未清理收回；1市2家融资平台公司违规开展融资性贸易业务向民营企业出借资金5 000万元。

审计指出问题后，相关市县已推动非税收入1.99亿元及时上缴财政，化解超支挂账1.12亿元，拨付专项资金1.24亿元。

二、省级部门单位预算执行和财政财务收支审计情况

（一）省级部门单位预算执行审计情况

审计27个省级部门及所属173家单位2023年度预算执行、财政财务收支、政府采购等情况，发现的主要问题：

1.预算编制不精准、不细化。11个部门单位未将上级补助收入等纳入预算管理4 282.89万元；3个部门单位项目支出预算未细化到具体项目，涉及资金1.3亿元。

2.预算支出不严格、项目执行进度慢。12个部门单位无预算、超预算支出差旅费、物业费等1 519.97万元；7个部门会议费、培训费未严格执行综合定额标准，超标准支出10.92万元；20个部门单位超预算批复范围支

（续）

出637.37万元用于弥补公用经费等支出；294个部门单位848个项目支出预算当年未执行。

3. 政府采购管理不到位、程序执行不规范。124个部门单位299个政府采购项目年初未按规定编制部门采购预算，涉及资金6.74亿元；77个部门单位163个政府采购项目未按规定在当年6月底前提报采购计划，涉及资金5.05亿元；23个部门单位未履行政府采购程序或未在政府采购电子商城购买服务等，涉及资金4 321.25万元。

4. 财务管理基础工作不扎实、内控制度薄弱。7个部门单位决算编报不实，涉及金额218.38万元；5个部门单位往来款清理不及时，涉及资金8 542.62万元；8个部门会议、培训计划未备案；25个部门单位内控制度执行不严格，存在违规从零余额账户向实有资金账户转账、支出审批手续不全等问题。

（二）省级预算部门和单位结转结余资金审计情况

组织开展省级99个预算部门及所属单位结转结余资金专项审计调查，共审计了1 160个单位、2 570个实有资金账户和零余额账户资金83.02亿元。确认实有资金账户结转结余资金55.79亿元，其中，35.91亿元资金沉淀亟待清理和盘活使用。一是结余资金未及时清理上报上缴、盘活使用不到位10.26亿元。97个部门单位财政拨款结余资金1.75亿元，未及时进行清理上报上缴；115个部门单位非财政拨款结余资金2.7亿元，年初在编制单位预算时未统筹考虑抵顶部门预算支出；74个部门单位经营性结余及其他结余资金5.81亿元长期闲置。二是结转资金闲置2年以上18.49亿元。564个部门单位结转资金中有18.49亿元结转已超过2年以上，资金使用效益不高。三是经营性结转资金规模较大、长期沉淀7.16亿元。57个部门单位历年滚存的经营性结转资金共7.16亿元，相关部门单位以需要继续用于经营成本、弥补单位经费不足等方面支出为由，将资金留存在实有资金账户，造成大量资金使用效率不高。

（三）高校财务收支审计情况

对13所省属高校财务收支情况开展审计，发现的主要问题：一是助学政策落实不到位。2所高校未对经认定为家庭经济困难的888名学生给予资助；5所高校未按规定比例计提学生资助资金3 512.7万元；6所高校未设立食堂价格平抑基金。二是财务收支管理不严格。3所高校学费等收入应缴未缴财政专户1 152.35万元；8所高校定期存款利息、停车费等收入4 819.77万元未纳入单位预算管理；5所高校未及时收回校区转让款、土地补偿款等9 844.11万元；13所高校未按规定收取学费、住宿费等5 651.73万元；3所高校无预算、超预算支出培训费350.9万元；2所高校无依据列支

(续)

电话费补贴、值班费等153.64万元。三是项目管理不规范。3所高校学生公寓建设等2个项目未按时开工、火灾智能化报警等8个项目未按期完工；10所高校608项科研项目未按期完成或组织验收。

三、重大项目和重点民生资金审计情况

（一）地方政府专项债券管理使用效益审计情况

持续开展地方政府专项债券管理使用效益情况专项审计调查，2023年重点对2市10县专项债券管理使用等情况进行了审计，发现的主要问题：一是项目推进缓慢。2市5个项目因自筹资金不足、项目用地征拆未完成等原因停工1年以上；3市县6个项目因后续建设资金接续困难面临停工风险；11市县82个项目未按期完成投资，涉及总投资373.41亿元。二是资金使用不严格。3市县挪用专项债券18.34亿元，用于"三保"、偿还债务等支出；2县超进度拨付资金19.17亿元，部分资金被项目单位占用；4市县8个项目单位在项目未形成实物工作量的情况下，超出合同约定付款比例提前支付施工单位工程款3.65亿元。三是已建成项目效益不高。7市县44个项目因市政管网等基础设施配建不到位、招商引资困难等原因建成后闲置、未达预期收益，涉及专项债券49.54亿元，财政已垫付利息3.47亿元。四是财务管理不规范。5市县58个项目单位将专项债券作为财政拨款或财政补贴收入，债权债务不明确，财政已经垫付利息3.8亿元未在项目单位财务账体现。

同时，对2022年度2市地方政府专项债券审计查出问题整改情况开展专项审计，发现的133个问题已完成整改117个，拨付使用债券资金、归还资金原渠道等约130亿元；项目未开工建设、未产生收益等16个问题未完成整改。审计指出问题后，12个问题已经整改，4个项目建设停滞问题，项目单位正通过压缩调整项目建设规模、申请暂缓实施等方式积极推进整改。

（二）省级工业和信息化发展专项资金审计情况

审计工业和信息化高质量发展专项资金、中小企业和民营经济发展专项资金，发现的主要问题：一是专项资金拨付不及时、使用效率不高。29市县滞拨工业和信息化高质量发展等2项资金5 053.87万元；以省级高质量发展资金出资3 240.18万元，与4家企业联合设立的投资基金，一直未开展投资，未发挥支持省内企业科技成果转化作用。二是专项资金安排分散、项目评审不严格。因素法下达49个市县专项资金5 000万元，市县二次分配时，以增量奖补或平均分配的方式将资金分配给539户企业共4 557.66万元，每户企业获得奖补资金1万元至32.49万元不等，平均每户企业不足10万元，资金分配碎片化；35个项目不符合"大部分投产"的申报评审条件，

（续）

获得专项资金支持；5户企业通过在申报材料中虚报合同金额的方式，违规获得专项资金75万元。

（三）支持中小企业发展等政策落实审计情况

在各审计项目中持续对支持中小企业发展、农民工工资保障制度落实等情况重点关注。发现的主要问题：一是清理拖欠民营企业中小企业账款不及时。6市县和5家单位拖欠民营企业中小企业账款3.37亿元；4市县和10家单位未及时返还工程质量保证金、履约保证金、农民工工资保证金、超标准预留工程质量保证金等5 294.7万元。二是农民工工资保障制度落实不到位。5县未按规定收取46个项目农民工工资保证金1 600.19万元，2县未开设农民工工资专用账户。三是涉企税费减免政策执行不严格。1市未对符合新增"个转企"免征条件的企业，免征教育费附加及地方教育附加。

（四）就业补助资金和失业保险基金审计情况

按照审计署统一部署，开展3市13县就业补助资金和失业保险基金审计，发现的主要问题：

1.就业促进机制及就业补助资金管理使用方面。6市县108名公益性岗位人员在其他企业就业，骗取公益性岗位补贴667.93万元；12市县向358名已死亡等不符合条件人员发放就业补贴1 407.49万元；1县未按规定发放6 180人2022年度社会保险补贴993.62万元。

2.失业保险政策落实及相关补助资金发放方面。15市县社保部门违规向303名财政供养等不符合条件人员发放失业保险待遇384.35万元；4市县50家劳务派遣单位截留一次性留工培训补助554.28万元；2县2户企业截留稳岗返还补贴资金11.21万元。

3.职业技能提升专账资金管理使用方面。2市6个培训机构和4户企业通过缩减培训课时、伪造考勤签到笔迹等，涉嫌骗取补贴资金235.59万元；11市县44个培训机构以重度残疾人员充数、代签到等无效方式开展职业技能培训1 987人次，涉及培训补贴162.09万元；11市县向已退休等不符合条件人员发放职业技能培训补贴992人次，涉及资金265.73万元。

4.创业担保贷款审批和资金使用方面。5市县6户企业、3名个人通过虚构劳动关系、提供虚假信息等骗取创业担保贷款2 225万元、贴息76.09万元；11市县创业担保贷款管理机构审核不严，2家新增就业员工未达到规定比例的企业、34名财政统发和企业就业人员违规享受创业担保贷款1 170万元、贴息15.33万元。

对涉及骗取就业补助资金、职业技能提升专账资金和创业担保贷款及贴息涉嫌违纪违法的26条问题线索，已移送市县政府、纪委监委和公安部门进一步调查处理。目前，相关市县已经追回资金2 684.08万元，发放和拨付资金1 272.49万元。

(续)

四、重点涉农项目和资金审计情况

（一）粮食安全相关政策措施落实及资金管理使用审计情况

组织开展9市县粮食安全相关政策措施落实及资金管理使用情况审计调查，重点审计高标准农田建设和黑土地保护、"秸秆变肉"暨千万头肉牛工程、惠农补贴发放管理等三个方面。

1. 高标准农田建设和黑土地保护方面。一是6市县39.03万亩高标准农田建设任务、272.4万亩农机深松整地任务、199.23万亩保护性耕作任务、1.74万亩"深翻+增施"有机肥任务未完成。二是4市县滞拨高标准农田建设项目资金4.25亿元、滞拨黑土地保护资金1.24亿元。三是6县已完工的高标准农田建设等项目，存在部分设施未使用或管护不到位，个别设备丢失损坏等问题。

2. "秸秆变肉"暨千万头肉牛工程方面。一是4县秸秆饲料化利用等5个项目推进缓慢，其中，1县现代肉牛产业园（一期）基础设施建设项目，有11栋牛舍等建设内容未开工，仅完成计划投资45%。二是1县2个标准化肉牛养殖园区，约3万平方米牛舍、0.9万平方米草料库，建成后闲置1年以上，涉及资金8 163.87万元；10个标准化肉牛养殖园区项目塑钢窗等建设内容未按合同约定建设，存在偷工减料问题，涉及资金84.46万元。

3. 惠农补贴发放管理方面。一是3县相关部门审核把关不严，向不符合条件的农户发放大豆种植生产者补贴、种粮农民一次性补贴、耕地地力保护补贴等惠农补贴290.89万元。二是4县惠农补贴资金在银行代发账户滞留794.87万元。三是4县未兑付已核验完成的农机补贴1.13亿元。

审计指出问题后，各相关市县积极推进整改，目前相关市县已拨付项目资金8 524.82万元，追回违规资金291.25万元，推动完成高标准农田项目建设12.37万亩。

（二）乡村建设行动相关资金管理使用和政策措施落实审计情况

按照审计署统一安排，开展3县乡村建设资金投入保障、农村基础设施建设管护和农村基本公共服务提升等方面政策措施落实及资金管理使用情况审计调查，发现的主要问题：

1. 乡村建设资金投入保障未落实。3县滞留或滞拨乡村建设领域专项资金2.52亿元；2县未按农村公路养护资金投入标准足额安排资金4 786.97万元；2县危房改造资金和公共文化服务体系补助资金项目推进缓慢，资金闲置946.09万元；1县8个单位违规使用农村人居环境整治等专项资金用于弥补办公经费、办公楼装修等支出202.98万元。

2. 农村基础设施建设管护不到位。3县23座农村危桥改造未完成、254公里重度破损农村道路未修护；2县危房整治工作不到位，311处危房

（续）

仍有农户使用、3 处危房未悬挂明确标识；2 县 2 个农村饮水安全工程未按期完工；2 县 842 处饮用水水源保护区划定工作未完成；2 县 66 015 户清洁取暖改造任务未完成。

3. 农村基本公共服务提升成效不佳。2 县 13 个冷链物流仓储设施未完成建设任务，22 个建成后未对外招租，造成闲置；2 县 12 个基层医疗服务机构多收医药费、无证经营药品，涉及 0.7 万元；2 县 21 个公立养老机构因未制定社会收费标准，只免费接收困难老人，入住率只有 59% 和 36%；2 县 391 处农家书屋、农村养老大院、益农信息社、电商服务站闲置未运行或运营效果不佳。

4. 村庄规划编制工作不扎实。3 县 24 个村庄规划编制不符合实际、照搬照抄其他地区规划内容，9 个村庄规划的特色定位不准确；已批复的 118 个村庄规划未纳入国土空间"一张图"实施监督信息系统等问题。

（三）畜牧业发展相关专项资金管理使用审计情况

组织开展 2023 年全省畜牧业发展专项资金审计，发现的主要问题：一是专项资金支出方向多，不够集中。全省畜牧业专项资金总计安排 8.89 亿元共支持了 40 个支出方向。其中，我省将中央下达支持 8 个方向的 5.66 亿元资金细化成 20 个支出方向；省级安排 3.23 亿元资金，扣除为中央资金配套 0.98 亿元，其余 2.25 亿元安排了 20 个支出方向。中央畜牧业发展资金中"粮改饲"专项资金 9 194 万元，分配至 37 个市县，其中 18 个资金规模在 100 万以下，最少的仅 2 万元；购买防疫物资专项资金 1 000 万元，分配至 52 个市县，平均每市县 19.2 万元，其中，有 26 个在 10 万元以下，最少的仅 3 万元。二是专项资金分配以因素法为主，不够精准。全省有 5.65 亿元采取因素法分配，占资金总额的 64%，存在资金分配时未充分考虑各市县项目实际需求等因素，资金支持过多或不足等问题。三是专项资金使用效益不佳。19 市县闲置、滞拨专项资金 1.62 亿元；省级主管部门统一购买并分配给 52 个市县的检测设备及移动检测箱，投入资金 396.4 万元，审计抽查 24 个市县检测设备及移动检测箱使用情况，其中 17 个市县检测设备闲置，15 个市县移动检测箱闲置；2 市县 2 个肉牛屠宰加工项目存在屠宰产能闲置等问题。四是部分使用专项债券建设的畜牧产业园项目推进不力。6 县 6 个债券畜牧产业园项目，因建设单位资金不足、运营企业未签约等原因，2 个项目已停工、1 个项目推进缓慢、3 个项目建成后闲置，涉及债券资金 11.07 亿元。

（四）全省供销合作系统资产管理及经营审计情况

审计调查 56 个供销社、537 个基层社及 267 户社有企业，重点关注资产管理、经营状况和财务收支、深化综合改革任务推进情况，发现的主要

（续）

问题：

1. 资产管理方面。一是社有房产和土地底数不清、权属不明。全省 56 个供销社中，有 38 个社 37.76 万平方米房产和 44 个社 230.4 万平方米土地未纳入财务账内管理；有 49 个社 51.87 万平方米房产和 41 个社 210 处 150.5 万平方米土地权属不明。二是社有房产和土地闲置问题突出。23 个供销社 99 处 8.46 万平方米房产由于年久失修、房顶塌陷、墙体开裂等原因，无法正常使用；供销社所属农场 6.5 万平方米耕地经营管理不善，闲置撂荒超过 10 年。三是资产对外出租不规范。22 个供销社 360 处房产或土地对外出租，未履行公开招租程序；4 个供销社未按合同约定收取租金 586.62 万元；10 个供销社 18 处资产订立 10 年以上长期租约，最长达 70 年。

2. 经营状况和财务收支方面。一是整体经营状况不佳。全省供销系统实有全资和实质性控制基层社及社有企业 693 户，其中 318 户停业歇业、241 户对外出租或承包、134 户自营，分别占比 46%、34%、20%，自营社有企业 2022 年经营亏损累计 535.86 万元。二是对外投资存在损失。供销社及所属企业投资的房地产等项目，出现投资损失及损失风险 2.34 亿元；1 个供销社投资建设的产业园项目，因项目建设资金未全部落实，未按计划开工，已投入的 8 000.76 万元资金存在损失风险。

3. 深化综合改革任务推进方面。一是薄弱社改造任务未完成。到 2022 年全省供销系统薄弱社改造升级任务应完成 150 个，实际完成 73 个。二是农资销售主渠道作用未发挥。全省供销系统中，45 个市县没有农资流通企业、47 个市县没有农资配送中心、40 个市县没有基层经营网点；2021 年至 2023 年，全省化肥总需求 1 620.43 万吨，供销系统供应 268.38 万吨，仅占 16.56%。三是土地托管业务开展不到位。全省 46 个县级社中仅 21 个开展了土地托管业务，其中，仅 5 个建立了土地托管联盟，土地托管发展不平衡；2021 年至 2023 年，托管面积分别为 188.54 万亩、171.86 万亩、152.48 万亩，托管面积未按预期增加反而出现下降。

五、国有资产资源审计情况

（一）领导干部自然资源资产离任（任中）审计情况

组织开展 4 个省直部门、7 个市县党政主要领导干部自然资源资产离任（任中）审计，发现的主要问题：一是土地、矿产资源开发利用不到位。2019 年至 2021 年，1 部门未按要求组织地方政府补划减少的永久基本农田 10.03 万亩；4 市县超过两年批而未供土地 384.33 公顷；2 市县因项目长期未建设导致土地闲置 32.03 公顷；2 县 31 家矿山企业非法占用林地 7.35 公顷未完成恢复治理，9 座废弃矿山未完成地质环境恢复治理。二是生态环境

（续）

保护监督责任落实不严格。1市19个生态环境保护项目在未取得建筑施工许可证的情况下开工建设；3市县违规为4家企业办理取水许可、有27个取水单位无证取水；2市32宗违法占用土地案件逾期未结案、5宗案件应收未收罚金487.42万元。三是项目和资金管理不规范。3市县滞拨生态环境保护相关专项资金1 698.92万元；1部门4市县应收未收土地出让金、水资源费5 775.77万元；3县耕地污染成因排查等项目推进缓慢，资金闲置338万元；3部门6市县中小河流治理工程等49个项目未按期完工，其中有3个项目超过建设期3年以上仍未完工；1部门4市县河段生态修复工程等11个项目未及时办理竣工验收。

（二）林草湿生态保护相关政策落实及资金管理使用审计情况

组织开展4市县林草湿生态保护相关政策落实及资金管理使用情况专项审计调查，发现的主要问题：一是目标任务未完成。3市县73个造林地块苗木成活率未达到85%的绩效目标要求，涉及面积6 209.98亩；2县未按期完成林草湿生态连通工程项目建设任务。二是资金资产管理不规范。4市县滞拨国土绿化试点示范项目、林草湿生态连通工程项目中央和省级专项资金4 651.44万元；1县湿地公园土壤、水质等监测设备长期闲置，资产价值66万元。三是自然保护地及重要湿地管理不到位。3个自然保护区核心区、缓冲区内存在非法开垦、违规放牧等破坏保护区良性生态功能问题，涉及面积1 050.53亩；2个自然保护区存在未经审批将保护区内景点委托民营企业经营、违章建筑用于民宿等问题；4个自然保护区湿地未完成界桩设立工作。

（三）行政事业性国有资产管理审计情况

在对27个省级部门和13所高校预算执行、财务收支审计中持续关注各部门单位房屋、土地和车辆资产管理情况，发现的主要问题：一是资产闲置。14个部门单位有104处房产、5处车库等资产闲置未使用，涉及面积103 819平方米。二是出租出借未履行审批程序。10个部门单位出租出借房屋等资产未经审批，涉及面积32 633平方米。三是资产账实不符。15个部门单位应计未计房屋资产4 864.39平方米、土地12 237亩；10个部门单位未及时对已处置资产进行账务处理。四是违规占用车辆。1个部门占用10个下属单位17辆公务车用于本单位开展业务。

（四）固定资产投资审计情况

组织开展本溪至集安高速公路桓仁（辽吉界）至集安段、延吉至长春高速公路烟筒山至长春段2条高速公路建设项目审计，发现的主要问题：一是多计工程价款。软基换填材料发生变更的理由违反合同专项条款，多计工程款666.19万元；工程量计算错误，多计工程款45.24万元。二是未严格执行合同约定。烟长项目未按合同约定标准支付临时占地费，多支付

(续)

632.54万元。桓集项目违规将部分劳务工程分包给无劳务资质的企业，涉及金额2 037.27万元；出具建设期担保函的主体资产规模未达合同约定要求。三是未有效保障征拆群众利益。未经审批增加土地征收面积38.47公顷、未组织138户被征地农民参加基本养老保险；土地补偿款2 151.82万元未及时发放给被征地农民，滞留在相关乡镇。

（五）省属企业审计情况

1. 省属国有文化企业运营状况专项审计调查情况。对6户省属国有文化企业近3年运营状况开展审计调查，发现的主要问题：一是企业投资存在风险。2户企业投资的4个项目因经营业务被取消、前期运营亏损等原因停滞5年以上，涉及投资31.33亿元，土地闲置14.79万平方米。4户企业投资经营项目效益不佳，未能按约定收回投资款和收益，投资潜在损失风险2.71亿元。二是企业经营管理不到位。3户企业工程款、广告宣传服务费等经营收入6 263.23万元，因欠款方经营困难、已注销等原因难以收回；1户企业未偿还职工筹集资金4 500.84万元。三是企业债务风险突出。1户企业外部融资68.77亿元主要用于省外投资项目，项目公司已资不抵债，需母公司提供担保再融资，存在资金链接续困难的风险；1户企业债务规模持续扩大，盈利水平逐年下降，偿债压力大，近2年需偿还债务本金29.95亿元。

2. 3户省属企业审计情况。1户企业4个省外煤矿项目因属地政策限制等原因停滞或退出，涉及投资24.56亿元；3个投资项目由于资金紧张等原因中止建设，前期投资1.55亿元存在损失风险；少计收入及国有权益18.04亿元；拖欠职工工资及社保76.03亿元。1户企业出资2 000万元参与设立的产业投资基金，2年来一直未开展投资项目。1户企业未足额计提一般准备3.63亿元。

六、审计建议

（一）加强财政管理，持续提升财政治理效能。一是提高预算编制的科学性、完整性、规范性，进一步完善预算支出标准体系，加强预算管理一体化建设，提前谋划项目，统筹做好省级预算与部门预算编制的协调衔接，突出预算的指导性，强化预算的约束性。二是优化支出结构，严格落实过紧日子要求，大力压减非急需、非刚性支出，加大对结余结转资金的管理，集中更多财政资源保重点、干大事。三是强化预算绩效管理，提高绩效目标设定和绩效评价工作质量，严格落实绩效评价结果与预算安排、政策调整挂钩机制。四是严肃财经纪律，加大财会监督力度，规范财政财务收支行为，严肃查处违反财经纪律问题，切实增强财经纪律严肃性。

（二）深化重点领域改革，健全完善相关体制机制。一是深化省以下财

（续）

政体制改革，清晰界定省以下各级政府财政事权和支出责任，加大对下一般性转移支付，兜牢市县"三保"底线。二是完善专项资金管理体制，加大专项资金对科技创新、人才引进、生态文明、社会保障等重点领域改革的政策支持和协调联动，进一步健全优化专项资金定期评估和动态调整、退出机制，资金分配突出以项目法为主、因素法为辅，提高资金使用集中度和精准度。三是深化国企改革，加快推进战略性重组和专业化整合，提升企业核心竞争力；健全国有资本投资决策和运营管理机制，严控企业低效投资和无序盲目扩张。

（三）防范化解风险隐患，筑牢安全发展防线。一是政府债务方面，加强地方政府债务管理，打好盘活、重组、增收节支组合拳，积极稳妥化解地方政府债务风险，坚决遏制新增隐性债务。加强对地方政府专项债券项目全链条管理，突出项目谋划的精准性，严控政府性低效投资。二是民生方面，持续做好民生保障和改善工作，严格落实国家就业扶持等重大政策要求，及时精准拨付资金，严肃查处侵害群众利益的突出问题，推动兜住兜准兜牢民生底线。三是生态环境和粮食安全方面，深化乡村振兴等重大政策落实，积极推进高标准农田、黑土地保护等项目实施，规范资金管理使用。严格落实自然资源资产管理和生态环境保护责任，积极推进林草湿等重大生态修复任务落实，尽早发挥项目的经济效益和生态效益。

（四）深化审计整改工作，切实提高审计监督实效。一是强化整改责任，全面压实被审计单位的整改主体责任、主管部门的监督管理责任和审计机关的督促检查责任。审计机关要加大整改跟踪检查力度，实行问题清单对账销号制度，推动被审计单位全面彻底整改。二是提高审计整改工作质量，坚持将"当下改"和"长久立"结合起来，针对制度漏洞和薄弱环节研究解决措施，推动建立完善长效机制，要做到举一反三，严防屡查屡改、屡改屡犯。三是深化落实贯通协同机制，加强审计与人大、纪检监察、巡视巡察以及财政等各类监督的协同联动，把审计整改作为日常监督的重要抓手，完善整改约谈和责任追究机制，对整改不力、敷衍整改、虚假整改的，严肃问责，增强审计监督的权威性、严肃性。

对本报告反映的问题，省审计厅已依法征求了被审计单位意见，出具了审计报告，下达审计决定，有关市县、部门和单位正在积极整改。省审计厅将认真履行审计整改督促检查责任，督促被审计单位严格按时限要求、质量标准推进整改，年底前向省人大常委会全面报告整改情况。

主任、各位副主任、秘书长、各位委员：

我们将更加紧密团结在以习近平同志为核心的党中央周围，坚持以习近平新时代中国特色社会主义思想为指导，全面贯彻落实党的二十大和二十

第十一章 政府审计工作报告范本

（续）

届历次全会精神，按照省委、省政府决策部署，依法忠实履职尽责，全力做好审计工作，自觉接受省人大监督，以高质量审计监督推动吉林全面振兴取得突破性进展。

第三节　广西壮族自治区政府审计工作报告范本

广西壮族自治区人民政府关于2023年度自治区本级预算执行和其他财政收支的审计工作报告

自治区审计厅厅长　霍照良

主任、各位副主任、秘书长、各位委员：

我受自治区人民政府的委托，现将2023年度自治区本级预算执行和其他财政收支审计工作情况报告如下。

2023年，各地区各部门坚持以习近平新时代中国特色社会主义思想为指导，全面贯彻落实党的二十大和中共二十届二中全会精神，深入贯彻落实习近平总书记对内蒙古的重要指示精神，坚持以铸牢中华民族共同体意识为工作主线，聚焦办好两件大事，锚定"闯新路、进中游"目标，坚持稳中求进工作总基调，认真落实积极财政政策，保障重大决策部署落实，财政运行总体平稳，发展质量整体向好。

——聚焦完成"五大任务"，积极推进高质量发展。统筹各类资金2 547.8亿元保障"五大任务"支出。投入126.4亿元推动肉牛、肉羊、奶业、马铃薯、羊绒等农畜优势特色产业和产业集群发展，支持556个嘎查村发展新型农村牧区集体经济，投入61.8亿元支持395万亩高标准农田建设、50万亩黑土地保护利用项目，投入149.3亿元推进山水林田湖草沙一体化保护和治理、林业草原生态保护和修复等项目，投入6.7亿元推进外贸新业态发展和智慧口岸建设，主要经济指标增速位居全国第一方阵。

——落实积极财政政策，有力推进经济企稳回升。全区新增减税退税降费缓费341.1亿元，统筹666.8亿元资金用于稳投资、促消费、补短板。落实过紧日子要求，压减非重点非刚性支出53亿元用于保障重大决策部署。新增地方政府债券526.1亿元支持重点领域重大项目建设。全区一般公共预算收入突破3 000亿元。

(续)

——全力保障和改善民生，群众获得感更多更实。落实就业稳岗政策补贴24.3亿元，提高养老金等社会保障标准，就业和社会保障支出同比增长14.9%。清理欠付惠民惠农补贴60.5亿元，累计发放各类补贴476.6亿元。投入35.5亿元用于城镇老旧小区、棚户区改造及发放租赁补贴。投入17.9亿元用于文化惠民工程，全区免费或低收费开放公共体育场馆132个。

——统筹发展和安全，大力防范化解重点领域风险。出台一揽子化债方案，无分歧政府拖欠企业账款清零。投入206.5亿元支持基层化债，2个盟市本级和8个旗县退出高风险地区行列。发行专项债券200亿元补充中小银行资本金，提高抗风险和服务实体经济能力。促进房地产平稳健康发展，完成保交楼7万套。

——强化监督贯通协调，全方位做好审计整改工作。主动融入自治区党委"1+9"大监督体系，打好审计整改"组合拳"，构建起全面整改、专项整改、重点督办相结合的审计整改总体格局，常态长效开展整改"回头看"，整改更实更有效。截至2024年5月底，2023年审计工作报告反映的问题已整改1 944个，整改金额580.48亿元，整改率达97.94%，完善制度689项，追责问责113人。

一、自治区本级财政管理审计情况

2023年，自治区本级一般公共预算收入966.62亿元、支出1 081.33亿元；政府性基金收入53.52亿元、支出157.36亿元；国有资本经营收入5.13亿元、支出1.68亿元；社会保险基金收入1 324.21亿元、支出1 173.37亿元，年末滚存结余627.99亿元。自治区发展改革委管理分配中央预算内投资149.22亿元，主要投向"三农"和水利、保障性安居工程、生态文明建设、社会事业和社会治理等领域；自治区预算内投资16亿元，主要投向自治区党委和政府明确支持的重大事项、数字化建设、自治区本级业务能力建设等领域。

重点审计了财政管理和本级预算执行，中央、自治区预算内投资分配和计划管理等情况，并创新开展预算执行审计三级联动，发现以下主要问题：

（一）财政管理基础工作不够扎实。自治区本级未建立公用经费预算定额标准动态调整机制，仍在沿用23年前划定的分类分档预算标准，导致有些部门"吃项目"补充公用经费刚性支出；财政部门未全面掌握全区国有企业底数，有3家部门监管的企业应纳入而未纳入国有资本经营预算编制范围；高端人才引进、林业和草原等6项转移支付资金管理制度不健全；自治区本级财政暂付款底数不清，长期挂账的3 284.29万元核销难。

（二）预算编制仍然不科学不精准。新能源汽车推广应用补助等5项资

(续)

金 6.55 亿元，预算编制时未统筹考虑上年执行情况和当年实际需求，造成部分资金未支出被收回或调整支出方向；黄河全流域横向生态补偿等 5 项资金 12.77 亿元，预算编制依据不充分致使大量资金结转或调整用途；农业资源及生态保护补助等 5 项资金 10.23 亿元，未纳入部门预算形成"二次分配"，影响财政资金使用效率。

（三）分配不合理和支出慢的问题仍然突出。一是资金分配方面。东北振兴等 7 项资金 14.96 亿元，存在随意调整测算因素、平均分配资金、分配项目不符合条件或小而散等问题。二是资金拨付方面。自治区本级超规定时限下达应用技术研究与开发等 18 项资金 35.1 亿元；项目储备不足造成土壤污染防治基金等 3 项资金 10.71 亿元滞留。三是资金使用方面。1 个盟市本级和 31 个旗县（市、区）滞留或挤占挪用奶业振兴资金 3.14 亿元；普惠金融发展直达资金支出进度仅为 42.2%，1.64 亿元未支出。

（四）存量资金未盘活使用。自治区本级和 3 个盟市沉淀资金未上缴财政、盘活资金形成"二次沉淀"2.27 亿元；5 个部门年末存量资金未按规定上缴财政 3.89 亿元；2 个部门结余资金未纳入预算管理 583.17 万元。

（五）预算绩效管理亟待加强。一是绩效指标设置与实际脱钩。7 个部门绩效指标设置未结合部门职责和年度任务，部分指标未细化或存在明显逻辑错误，缺乏可操作性。二是绩效无约束作用。5 个部门开展的 10 个项目绩效目标未实现，绩效评价结果未与预算安排挂钩。三是绩效评价流于形式。6 个部门开展的 19 个项目绩效自评报告内容不真实或自相矛盾，3 个部门违规将绩效自评工作委托第三方开展，1 个部门未按要求开展年度绩效评价和专项资金中期绩效评价工作。

（六）地方政府债券管理不规范。未严格执行评审方案，向 3 个不符合条件的项目安排债券资金 4.3 亿元；未对 171 个项目共计 47.75 亿元专项债券支出情况进行核查，难以掌握支出进度；自治区本级未收回为盟市垫付的到期债券本息 52.4 亿元。

（七）预算内投资分配和计划管理不到位。一是投资计划编制不合规。政府投资项目三年滚动计划流于形式，仅有 6.9% 的规划项目编入年度投资计划；自治区预算内基本建设前期费 1.12 亿元未按要求落实到具体项目。二是重大工程推进管理不实。"十四五"规划中 2 个铁路项目未开工，建设目标难以如期完成；随意将 15 个基础设施建设项目移出项目库。三是项目后续监管不力。2 个项目 2 190 万元滞留旗县（市、区）财政未发挥效益，1 个投资 1 000 万元的项目建设内容未达标，181 个项目投资完成率、157 个项目投资支付率均低于绩效目标。

（八）基层"三保"政策落实有差距。3 个盟市本级和 30 个旗县（市、

（续）

区）未将提前下达的转移支付资金 30.64 亿元编入年初预算；14 个旗县（市、区）未足额编制"三保"支出预算 5.04 亿元；9 个盟市本级和 13 个旗县（市、区）未及时下拨"三保"资金 35.44 亿元；4 个旗县（市、区）"三保"支出低于国家最低标准。

（九）非税收入征缴管理不严格。12 个盟市未及时上缴非税收入 27.95 亿元；10 个盟市应缴未缴非税收入 7.95 亿元；1 个盟市本级和 9 个旗县（市、区）通过退库或跨年缴库等方式人为调节收入 4.26 亿元；3 个盟市本级和 18 个旗县（市、区）应收未收非税收入 3 503.86 万元；4 个盟市将不属于非税收入的资金征缴入库或先征后返，虚增非税收入 286.49 万元。

二、自治区本级部门预算执行审计情况

重点审计了 9 个部门及所属 85 家单位，部门本级预算执行问题仍然多发。从问题性质看，政策落实不到位 49 项、预算分配管理不严格 281.1 亿元、落实过紧日子要求不严格 1.38 亿元、政府采购不规范 1.47 亿元。

（一）落实重大决策和推动重点工作有差距。3 个部门未完成国家部委具体工作要求 6 项，4 个部门未完成"十四五"规划相关工作 5 项，8 个部门未完成自治区党委和政府重点工作及"五大任务"26 项，7 个部门未完成本部门或行业重点工作任务 12 项。

（二）部门预算分配管理较薄弱。7 个部门预算编制不规范、不完整 1.6 亿元；7 个部门预算编制不科学、不精准 242.07 亿元；4 个部门预算未细化到具体项目或单位 7 亿元；5 个部门无依据、不合理分配转移支付资金 7.59 亿元；5 个部门资金分配方案滞后，超期下达资金 19.56 亿元；4 个部门资金未支出或支出进度慢 3.27 亿元。

（三）落实过紧日子等要求不严格。8 个部门无预算、超预算、扩大范围支出 9 457.42 万元，4 个部门年底"突击花钱"182.72 万元，5 个部门培训费支出不合规 761.17 万元，3 个部门将非刚性支出事项委托第三方承担 87.24 万元，1 个部门超预算支出"三公"经费 71.25 万元，1 个部门违规发放出差补助 2 753.19 万元，1 个部门未经审批维修改造办公用房 448.51 万元。

（四）政府采购管理不规范。3 个部门未编制政府采购预算 1.17 亿元，采购随意性较大；3 个部门内定供应商，应履行而未履行政府采购程序 913.86 万元；2 个部门采购程序倒置，未按批复要求招投标 398 万元；3 个部门招标文件内容设定不合理、审核把关不严等 1 660 万元。

三、重点专项审计情况

重点审计了落实稳经济政策措施、"五大任务"、重点改革事项等 5 方

（续）

面情况，发现以下主要问题：

（一）落实稳经济一揽子政策措施方面

一是"五个大起底"专项行动落实不彻底。1个旗县（市、区）未建立批而未供、闲置土地长效管理机制；3个旗县（市、区）批而未供土地消化任务推进缓慢、处置措施不实1 637.33亩；1个旗县（市、区）消化批而未供土地任务未足额缴纳土地出让金2 228.6万元。二是激发市场主体活力不够。自治区本级和10个盟市未执行草原植被恢复费等7项收费缓缴政策1.79亿元，10个盟市挪用、滞留支持民营企业高质量发展专项资金6 216.54万元，7个盟市未执行农民工工资保证金、工程质量保证金缓缴政策1 919.02万元，10个盟市未对符合条件的152家企业和个体户减免房屋租金280.84万元。三是促进消费政策执行有偏差。自治区本级"首店首发"专项资金拨付不及时665万元；3个盟市家电"以旧换新"补贴等4项促消费政策未落实2 779.73万元；3个盟市消费券促销活动等资金1 836.86万元未使用；9个盟市扩大补贴范围，专项资金闲置等3 481.76万元。四是项目工程款支付迟缓。9个盟市滞留老旧小区改造专项资金3.04亿元，4个盟市未按进度支付老旧小区改造项目工程款9 175.45万元。

（二）落实"五大任务"方面

1.建设重要农畜产品生产基地情况。一是政策落实慢。18个旗县（市、区）未制定本地区总体建设任务方案和清单，14个旗县（市、区）未制定种业振兴、农业节水灌溉、羊草和饲草产业等规划，3个旗县（市、区）水利工程、12个旗县（市、区）种业振兴项目、4个旗县（市、区）草产业项目推进缓慢。二是资金拨付晚。23个旗县（市、区）未按时拨付基地建设资金12.03亿元，4个旗县（市、区）未及时拨付或违规发放生猪（牛羊）调出大县奖励等资金补贴7 974.26万元，10个旗县（市、区）错发或迟发各类到户补贴221.6万元。三是项目闲置多。10个旗县（市、区）1.06万亩农业大棚和日光温室、1个旗县（市、区）20万立方米调蓄水池建成后闲置。四是耕地保护弱。18个旗县（市、区）未完成高标准农田建设、黑土地保护性耕作等任务，8个旗县（市、区）高标准农田"非粮化"70.3万余亩。五是加工转化率低。6个旗县（市、区）农畜产品产业链条短，农产品多以"原粮"方式出售。

2.建设国家向北开放重要桥头堡情况。一是落实决策部署不力。12个过货口岸未落实外贸企业吊装移位仓储费政策；仅有的3个综合保税区普遍发展缓慢，在全国排名靠后。二是节约集约意识不强。3个盟市投资7.55亿元建成的4个项目利用率低，2个项目因擅自提高建设标准或违规决策造成损失浪费620.17万元，2个口岸建设用地198.85亩长期闲置。三是资金管理问题突出。1个部门和9个地区未及时分配拨付使用口岸资金9.81亿元，

（续）

8个地区挤占挪用、违规出借口岸资金6 999.96万元，6个地区通过"报大建小"、重复申报等方式申请上级专项资金4 275万元。四是综合治理效能需提升。3个口岸近5年主要进口货物落地加工率和附加值低，"酒肉穿肠过"问题长期未有效破解；1个综合保税区设立以来出口额仅为8.01亿元，不足贸易总额的1/10，外贸出口拉动作用有限。

（三）优化营商环境方面

一是政策措施制定和执行存在差距。7个地区和1个部门专家咨询机制等12项优化营商环境制度不健全；9个地区和4个部门助企纾困政策宣传解读不及时，"蒙企通"平台作用发挥不佳；3个地区所属工业园区资源资产闲置，未实现预期效益。二是政务诚信建设亟待加强。3个地区未兑付招商引资补贴资金2 608万元，3个地区和2个部门实施的5个项目涉嫌串通投标，3个地区和1个部门实施的8个项目设置不合理门槛排斥潜在投标人。三是支持企业发展力度不够。34个地区和2个部门拖欠民营企业和中小企业账款5.04亿元，21个地区滞拨164家企业财政补助资金2.82亿元，11个地区和1个部门向市场主体转嫁招标代理服务等费用125.75万元。四是"放管服"改革仍需深化。33个地区和2个部门"双随机、一公开"检查细则制定不及时、管理不规范，29个地区和3个部门政务服务标准化、规范化、便利化存在短板，3个试点地区的相对集中行政许可权改革工作未全面完成。

（四）重点改革事项方面

1.科技"突围"工程情况。一是科技创新政策落实有偏差。主管部门在落实科技型企业贴息政策方面，既无相关制度也无实际行动，导致此类企业无法享受相应优惠政策；科普示范基地补助标准不明确，10家优秀科普示范基地未获得相应补助经费；主管部门对5家失信单位再次安排项目，未严格落实科技诚信建设要求。二是立项及验收不严格。主管部门审核把关不严，为不符合政策要求或重复研究的3个项目立项，导致项目撤销或终止；2个项目的阶段性成果在项目申报前已取得，1个项目由于合作单位支撑条件未落实无法按照合同要求完成目标；6个项目未按约定完成全部任务却通过验收。三是资金管理使用不规范。主管部门违规发放科技成果转化补助资金228.1万元，1个盟市滞留科技资金1 913.49万元，1个项目单位违规将科研经费345.31万元用于其他生产活动和个人使用。

2.国有企业改革情况。一是未纳入集中统一监管体系。部门管理的24户企业未按自治区要求完成脱钩改革任务，且未纳入集中统一监管体系。二是未完成整合任务。3户校办企业、8户宣传文化类企业未按主管部门批复完成整合，仍然各自运营。三是改革不够彻底。13户农垦企业垦区集团化、

(续)

农场企业化改革不彻底，新老问题交织，制约企业做强做优；部门管理的20户企业存在政企不分、政资不分、事企不分问题，核心业务与所属部门依存度较高，影响企业自主经营。四是企业管理混乱。20户企业不同程度存在内控制度、决策机制、监督机制以及财务核算、资产管理等方面的问题。

（五）风险防控化解方面

1. 农信系统政策落实及风险防控情况。一是风险管理体系建设不完善。自治区农村信用联社未制定客户风险预警系统管理办法等3项风险防控制度，督促法人机构落实统一授信、关联交易2项制度缺位，未有效监测和指导法人机构信用风险、资产转让等业务。二是风险隐患叠加传导。部分法人机构金融、债务、房地产风险交织。5家法人机构13.91亿元流入房地产领域，其中，1家房地产贷款余额的82.81%形成不良贷款；1家法人机构未有效控制国企贷款规模，21.22%形成政府债务。三是处置不良资产化险成效不佳。5家法人机构为完成高风险机构"摘帽"任务，向地方国企转让或出让不良资产，转让价款回收情况差；1家法人机构2年内转让不良贷款4.06亿元，仅收回现金374.64万元。四是资产质量较低。8家法人机构少计不良贷款和不良非信贷资产41.12亿元；7家法人机构未足额计提准备金，总缺口高达31.95亿元，风险抵御能力弱。五是支农力度弱化。22家法人机构涉农贷款投放额降幅最高41.14%，近70%法人机构未开展乡村公共基础设施建设贷款等支农贷款业务。

2. 政府投资基金情况。一是引导撬动作用不显著。自治区本级2支基金投资领域与专项资金趋同；2个地区违规使用1.79亿元政府债券资金设立基金，部分基金募集到位率低。二是违规运作。1个地区以政府投资基金运作形式变相违规举债80亿元，自治区本级1支基金以债权形式投资项目11.2亿元。三是管理水平低。存在基金管理费未与绩效挂钩，基金管理人不符合资质或违规脱离监管，已到期项目投资资金退出难等问题。

3. 公立医疗机构和公办高等院校债务管理情况。一是违规举债。2家医院、3所高校未经主管部门批准或未经集体决策举借债务6.72亿元，2家医院、4所高校基本建设工程超概算、超批复形成债务6.37亿元。二是化债责任未压实。3所高校未制定债务化解方案，4所高校未建立债务相关管理办法，4所高校未按方案完成化债任务；相关部门未与各高校签订化债责任书，化债监管责任履行不到位。三是债务风险管控不严。1家医院变相延长采购合同付款期限，涉及金额7.96亿元；2所高校改变化债奖补资金用途4 706.5万元；1家医院、1所高校未及时提取使用外资贷款，多支付承诺费152.7万元。

4. 政府和社会资本合作项目情况。一是论证决策不充分。4个盟市因项

（续）

目论证不充分或决策失误，导致3个项目资金损失4 175.45万元，6个项目形成"半拉子"工程或闲置，2个项目未能实现预期目标。二是采购程序不合规。3个盟市的12个项目提前选定社会资本方，3个盟市的5个项目中标企业超范围承揽业务，5个盟市的9个项目违规采购服务和设备3.57亿元。三是管理缺位造价虚高。3个盟市的3个项目虚构工程量、抬高询价结果，多结算工程款2.16亿元；1个盟市管理不当，导致河道治理工程每公里投入高达7 000万元，是同期同类工程投入的10倍多。四是履约管理粗放。6个盟市的26个项目政府未收社会资本方5亿元履约保函；5个盟市的9个项目因未扣减政府投入，多付资金1.14亿元；2个盟市的3个项目政府承担了应由社会资本方承担的风险和责任，多付资金2 232.63万元。不规范的政府和社会资本合作（PPP）项目易引发债务风险。

四、重点民生资金审计情况

重点审计了就业、乡村振兴、民生实事3方面情况，发现以下主要问题：

（一）就业补助资金和失业保险基金方面。一是就业政策落实不到位。2个盟市因分配方案制定迟缓，超期拨付资金6.3亿元；4个盟市向不符合条件的73户企业、295人发放补贴395.26万元，6 951人应享未享社保等各类补贴3 530.66万元。二是就业培训效率低。4个盟市部分职业技能培训机构为获取补贴资金存在"拉人头"培训等情形，大部分学员无就业需求，培训效果不佳。三是职业技能鉴定"走过场"。3个盟市的部分职业技能等级评价机构，违规向未参加实操考试或不符合报考条件的人员发放技能鉴定证书2 574份。四是实训基地使用率低。1个基地培训人次仅为目标的5%左右，7个基地部分场地、资金及设备闲置，项目建设未达预期。

（二）乡村振兴方面。一是防止规模性返贫基础工作不够扎实。4个旗县（市、区）对防返贫监测系统的477户1 327人核查不及时、帮扶措施不精准；4个旗县（市、区）51人应享未享残疾人两项补贴和高龄津贴，213人违规享受帮扶政策。二是就业帮扶政策执行有偏差。5个旗县（市、区）就业帮扶数据不实，将不属于转移就业人群的5 807名重度残疾人、财政供养人员等纳入转移就业台账；5个旗县（市、区）就业服务中心推送的3 406个就业岗位与帮扶对象条件不匹配，效果未达预期；1个旗县（市、区）拖欠1 164名公益性岗位人员、1 000名护林员工资1 176.48万元。三是产业帮扶效果不佳。2个旗县（市、区）部分帮扶对象未能在8个产业帮扶项目中受益，4个旗县（市、区）投资4 041.74万元建成的48项经营性资产长期闲置，5个旗县（市、区）金融扶持政策倾斜力度不足、对新型经营主体指导不够、农业保险理赔不及时，难以激发帮扶对象内生动力。

（续）

（三）民生实事方面。一是政策落实不精准。2个盟市和2个旗县（市、区）主管部门之间补贴政策不衔接，1 189人重复享受残疾人两项补贴与长期护理保险；15个旗县（市、区）清洁取暖通电（气）率仅为24.34%，多数已安装的取暖设备无法使用；7个旗县（市、区）残疾人家庭无障碍改造项目无法解决实际困难。二是效益发挥不充分。22个养老服务机构建成后未投入运行；15个旗县（市、区）意外伤害保险保障残疾人权益政策执行不到位，导致178名残疾人因意外伤害住院治疗未享受保险理赔；部分经办机构对服务（救助）对象条件审核把关不严，361人违规享受政策待遇，1 320人应享而未享政策待遇。三是资金拨付不及时。2个盟市和8个旗县（市、区）未及时拨付资金2.18亿元，1个盟市和9个旗县（市、区）未及时发放2.41万人次补贴资金1 360.75万元，影响民生实事落地见效。

五、国有资产（资本）管理审计情况

按照自治区人大常委会《关于加强国有资产管理情况监督的决定》要求，继续关注企业、金融、自然资源资产和行政事业4类国有资产（资本）管理使用情况。

（一）企业国有资产方面。29户区属国有企业和全区13户农垦企业，资产总额3 842.12亿元，负债总额2 526.03亿元，平均资产负债率为65.75%。发现的主要问题：一是会计信息不实。收入多计120.27万元、少计478.15万元，成本费用多计1.6亿元、少计4.32亿元，利润虚增2 557.38万元、调减1.05亿元，资产、负债虚增261亿元，无依据调整账目46.26亿元。二是资产账实不符。土地、房屋、设备未入账，形成账外资产55.86亿元；161项账内资产无实物，涉及7 028.4万元。三是管理不善。4户企业固定资产权属不清导致无法入账，涉及463.09亿元；1户企业及3家子公司资产长期闲置或被占用，资产低效或无效，涉及28.87亿元；1户企业及2家子公司资产管理混乱、底数不清，涉及1.13亿元。四是违规运营。1户企业及5家子公司在企业融资、投资过程中决策不当，形成亏损及风险2 365.55万元；5户农垦企业为民营企业违规垫付资金、提供担保4.49亿元，造成损失6 364.41万元。

（二）金融企业国有资本方面。截至2023年底，30家自治区本级国有金融机构，资产总额4 882.01亿元，国有金融资本权益533.81亿元。发现的主要问题：一是功能定位和布局结构待优化。自治区本级国有金融资本布局缺乏统一规划，部分企业定位不清，聚焦主责主业不突出，竞争力不强。二是落实统一监管制度有缺失。相关部门之间未厘清各自权责和管理边界，导致19家企业未纳入国有金融资本统一监管范围，形成监管盲区；现行制

（续）

度未对国有资本经营预算编制和收益上交比例做出明确规定，影响收益上交；国有金融资本补充和动态调整机制不健全，存在资本补充定向资金闲置长达 3 年的问题。三是风险防控机制有短板。有的企业资产风险分类和准备金计提不规范，有的企业未对风险资产进行评估，有的企业贷后保后管理不到位。四是金融资本数据不实。相关部门漏记 16 家企业国有金融资本权益 34.38 亿元，1 家企业虚增国有金融资本权益 28.91 亿元。

（三）自然资源资产方面。对 7 个资源环境主管部门落实"我国北方重要生态安全屏障"重点任务情况进行了审计，发现的主要问题：一是保护治理工作推进滞后。2 个盟市未落实主管部门下达的撂荒地复耕任务，未制定工作方案开展撂荒地复耕工作，耕地未得到有效利用；26 个旗县（市、区）88 个遗留砂坑有效治理难度大。二是水资源节约保护不力。全区旗县级以上集中式饮用水水源地水质不达标的数量连续 3 年超 30%，生活用水安全问题未有效解决；4 个盟市 7 个灌区和 64 家企业无证取水或超许可取水 2.6 亿立方米。三是生态环境指标未达标。全区 PM2.5 和臭氧协同控制与规划目标有较大差距，9 个盟市未完成自治区下达的 6 项污染物控制指标。四是项目及资金管理不严格。4 个部门和 8 个盟市存在"钱等项目"问题，涉及 34.16 亿元；8 个盟市存在未履行项目变更审批、招投标程序不合规等问题，涉及 5.61 亿元；33 个旗县（市、区）拖欠农牧民生态效益补偿等资金 10.91 亿元。

（四）行政事业性国有资产方面。在部门预算执行审计中，重点关注了行政事业性资产管理使用情况。发现的主要问题：一是资产不实。1 个部门价值 3 322.42 万元的 4 处固定资产已入账，但未及时办理产权变更手续。二是管理不严。2 个部门清查、划转固定资产不及时，资产底数不清；3 个部门未按标准或超标准配置计算机、打印机等设备；1 个部门应收取未收取房屋租赁收益。三是闲置低效。3 个部门因办公用房未通过消防验收、化验室不具备资质、114 套设备到货后无处安装，2 631.15 万元资产闲置 2 年以上；1 个部门投入 173.29 万元财政资金建设的信息系统，建成 4 年以来仅有 3 项测试数据和 3 次问卷调查，使用效益低下。

六、重大违纪违法问题查处情况

2023 年 5 月以来，审计共发现并移送重大违纪违法问题线索 50 起，涉及 124 人、70.63 亿元资金，主要表现在以下方面：

（一）公职人员玩忽职守屡禁不止。一些领导干部和公职人员在重大项目决策过程中通过违规签订协议、协议造假，或重大事项未履行集体决策程序由"一把手"做主等方式，套取或挪用财政资金，造成国有资产损失。如，某单位违规将 8 000 万元贴息贷款转借给民营企业用于合建医养基地，项目

（续）

长达 8 年未开工建设，财政贴息资金形成损失；某单位长期聘用人员利用职务之便为关联企业承接 10 个项目 647.5 万元，涉嫌收受好处费 37.34 万元。

（二）招投标领域违规违纪问题仍然突出。在政府采购和招标投标过程中，存在围标串标、项目设计与实施为同一企业、虚假采购验收等问题。如，某单位信息中心改造项目为内定中标企业量身定制招标文件，企业以239.7 万元价格中标后又将项目以 53.5 万元外包，赚取差价 186.2 万元；某单位先与供应商签订 2 件价值 70.9 万元设备的试用协议，试用 1 年后再与设备供应商串通倒补设备采购需求，编报虚假验收单。

（三）国有企业资产损失浪费问题多发。主要表现为国有企业财经纪律执行松弛，存在违规担保、违规出借资金导致国有资产损失等问题。如，某国有企业盲目上项目，在湿地保护区搞水利工程，2 150.29 万元工程款损失浪费；某农垦企业自 2009 年起多次违规向民营企业出借、垫付资金3 232 万元，至审计时长达 14 年未收回欠款，部分企业已注销，1 300 万元资金形成损失。

（四）相关部门监管失职失责时有发生。一是自然资源和生态环境主管部门监管不到位，导致违规同意占用草原新设采矿权、施工企业盗采地下水、农牧民占用天然草场等问题出现。二是各行业中介主管部门监管缺位，存在中介机构出具的检测报告数据造假、评估报告方法不科学、审计报告内容不规范等问题。

七、审计建议

（一）持续深化预算改革，完善现代财政制度。一是加强财政管理。建立健全经费支出定额标准动态调整机制、政府投资项目全生命周期管理制度和财政转移支付制度，推进预算管理法治化建设。二是增强预算约束。严控代编预算规模，规范专项转移支付资金和国有资本经营预算编制；严控随意追加预算，规范预算调剂行为；严格预算执行，及时分配和下达转移支付资金，加大跟踪监管力度。三是强化绩效管理。建立预算编制有目标、预算执行有监控、预算完成有评价、评价结果有反馈、反馈结果有应用的全周期预算绩效管理体系，严格执行预算绩效与预算安排挂钩制度，做到花钱必问效、无效必问责。四是严格落实习惯过紧日子要求。从严控制一般性支出，从紧安排"三公"经费，杜绝各类损失浪费，把有限的财政资金用在刀刃上。

（二）聚焦重点领域和重大任务，推动政策措施落地见效。一是统筹财力保障。推动财政支出结构优化调整，持续加大对"五大任务"、"六个工程"、民生领域等重点领域的投入力度，更加突出财力保障重点。二是强化政策

（续）

落实。深化细化实化研究国家支持内蒙古高质量发展的政策，尽快转化为符合实际的思路举措，并完善相关制度机制，把含金量高的政策红利变为现实生产力。三是持续跟踪问效。全力抓好项目投资，加强项目从前期论证到建后管护全过程跟踪管理，严格履行项目建设程序，协调解决好影响项目进程的突出矛盾，避免项目建成后闲置。

（三）从严防范化解重大风险隐患，保障经济平稳安全运行。一是保障地方政府债务风险可控。加强对债券资金"借、用、管、还"穿透式、全周期管理，完善专项债券管理制度，严格按照规定用途使用新增债券资金，及时跟踪债券资金支出情况，确保按时偿还、不出风险。二是防范化解金融风险。科学谋划金融资本布局，对本级现存国有金融企业进行整合优化，明晰定位；深入整治地方法人银行不良资产清收处置成效差、资产质量低、风险抵御能力弱等问题，确保不发生系统性金融风险。三是防范化解国有企业经营性风险。加大国有企业改革力度，理顺国有企业管理体制机制，建立亏损企业退出机制，推动企业做优做强，提升竞争力。

本报告反映的问题，自治区审计厅依法出具了相关审计文书。有关地区、部门单位正在积极整改。自治区审计厅将持续跟踪督促，于2025年3月专题报告整改情况。

以上报告，请予审议。

第四节　湖北省政府审计工作报告范本

湖北省人民政府关于2023年度省级预算执行和其他财政收支的审计工作报告

——2024年7月23日在湖北省第十四届人民代表大会常务委员会第十一次会议上

湖北省审计厅厅长　陈　明

主任、各位副主任、秘书长、各位委员：

我受省人民政府委托，向省人大常委会报告2023年度省级预算执行和其他财政收支的审计情况，请予审议。

第十一章 政府审计工作报告范本

（续）

根据审计法及相关法律法规的规定，省审计厅依法审计了2023年度省级预算执行和其他财政收支情况。2023年是全面贯彻党的二十大精神的开局之年，也是三年新冠疫情防控转段后经济恢复发展的重要一年。面对复杂多变的外部环境，面对交织叠加的风险挑战，在省委、省政府的坚强领导下，各地各部门坚持以习近平新时代中国特色社会主义思想为指导，深入学习贯彻党的二十大和二十届二中全会精神，认真落实省委十二届五次全会部署，严格执行省十四届人大一次会议有关决议，全省经济运行回升向好、进中提质，高质量发展扎实推进，社会大局保持稳定，全年经济社会发展主要目标任务圆满完成，建设全国构建新发展格局先行区迈出坚实步伐。

——经济运行持续向好。全省投入622亿元，保障稳增长政策"16条"和接续政策"30条"落实落地。发行新增政府债券2 020亿元，保障沿江高铁等3633个重点项目建设，拉动社会投资近1.5万亿元。统筹资金44亿元，支持"稳预期、扩内需、促消费"十大行动落地。安排促消费资金41.7亿元，发放文旅、汽车、家电等消费券14亿元，促进消费扩容提质。新设立政府引导基金，支持设立楚天凤鸣科创天使基金，推动构建现代产业体系。2023年，全省地方一般公共预算收入3 693亿元，比上年增长12.5%；全省地方一般公共预算支出9 299亿元（含中央补助和政府一般债务资金安排的支出），比上年增长7.8%。

——民生福祉持续增进。坚持财力向民生倾斜，民生支出占比持续保持在75%以上。投入财政衔接资金242.7亿元，支持补短板促发展项目1.6万余个。落实资金22.3亿元，支持和美乡村建设。落实就业补助40亿元，实施阶段性降低失业保险、工伤保险费率和稳岗返还政策。全省新发放创业担保贷款430.8亿元，同比增长55%，年度新增发放贷款额度和贷款余额位居全国第一。优化医疗资源均衡布局，筹集104亿元，支持提高城乡居民医保、基本公共卫生服务人均财政补助标准。争取中央财政城镇保障性安居工程资金44.5亿元，支持全省城市棚户区改造4.9万套，向2.3万户居民发放租赁补贴。

——着力防范化解重大风险。落实中央和省级补贴24.4亿元实施农业保险"提标增品扩面"，为444万户次农户提供风险保障1 338亿元。加快推进跨省流域横向生态保护补偿机制，牢牢守住流域安全底线。统筹资金124.7亿元，支持打好污染防治攻坚战、加强生态文明建设、推动绿色低碳发展。加大对市县转移支付、库款调度力度，兜牢兜实"三保"底线。压实到期债券偿还责任，推动建立防范化解风险长效机制，按时足额兑付到期债券，主动偿还比例和规模均居全国前列、中部第一。

（续）

——整改质效显著提升。全面整改、专项整改、重点督办相结合的审计整改总体格局更加成熟稳定。相关地区和部门单位认真落实整改责任，做实做细审计整改"下半篇文章"。至 2024 年 4 月底，对 2022 年度审计发现的问题，已整改问题金额 1 240.9 亿元，完善制度办法 500 多项，整改率 95.45%。

一、预算执行及财政管理审计情况

重点审计了省级预算执行、省直部门预算执行、省属高校和医院、市级政法机关财政财务收支、市县财政管理以及税收政策落实等方面的情况。

（一）省级预算执行审计情况。

2023 年，省级一般公共预算收入 7 491.6 亿元，支出 7 491.6 亿元；省级政府性基金收入 2 537.7 亿元，支出 2 537.7 亿元；省级国有资本经营预算收入 16 亿元，支出 16 亿元；省级社会保险基金收入 2 355.2 亿元，支出 2 272.8 亿元，当年结余 82.4 亿元，滚存结余 1 376.5 亿元。

省财政厅认真贯彻省委、省政府决策部署，以大财政体系建设为统领，加力提效实施积极的财政政策，加强资源统筹，加大重点支出保障力度，预算执行总体情况较好，但审计也发现一些问题：

1. 部分专项资金分配不合理。24 项专项资金分配程序不规范、超范围分配、投向不精准或投向类同。

2. 部分转移支付资金分配下达不及时、使用不规范。81 项转移支付资金分配下达超过规定时限。74 个市县将 5.58 亿元转移支付资金拨付至财政专户、工资代发户等；11 家单位将 845.86 万元转移支付资金用于其他方面支出。

3. 部分项目预算执行率低。218 个年初预算安排项目执行率低于 60%。有的项目在上年执行率低的情况下，次年预算仍继续安排。16 个年中追加调整预算项目 8 362.06 万元，因前期准备不充分，项目执行率为 15.19%。

4. 国有资本经营预算管理不规范。2 家省属文化企业少缴国有资本收益 414.69 万元，个别省属企业国有资本经营收益 4.53 亿元上交不及时，国有资本经营预算分配较晚。

5. 社保基金预算收入解缴不到位。11 个市县 2.7 亿元企业养老保险金结余未按计划足额上解。省社会保险服务中心应收未收 12 家省属单位机关事业养老保险费 8 695.08 万元。

（二）省直部门预算执行审计情况。

重点审计了 15 个部门及 57 家所属单位 2023 年财政预算拨款 62.2 亿元。发现的主要问题：

(续)

1. 预算编制与执行不严格。14个部门上年结转资金2.27亿元、可预见性支出4 930.92万元、动用实拨账户资金341.27万元未编入部门年初预算；4 052.68万元支出预算未细化到具体对象和内容。10个部门资产出租、处置收益等7 566.5万元未及时收缴；往来款2.02亿元长期未清理结算；公款私存、向所属单位和企业摊派等1 280.28万元。2.04亿元财政资金沉淀在实拨资金账户，未有效盘活。

2. 部门支出管理不规范。14个部门无预算、超预算支出平台建设、办公费等5 531.16万元；提前支付工程款、燃油费等2 085.63万元；超范围列支设备购置、办公费等265.83万元，超标准配置计算机、打印机等设备1 482台。

3. 政府购买服务管理不规范。4个单位将档案管理、资产清查等应直接履职的事项外包给第三方实施，涉及10个事项、资金522.09万元。6个单位未履行采购程序或采购招标时设置倾向性条款及评分规则，或将政府购买服务事项委托给不得作为承接主体的公益一类事业单位实施，涉及7个事项、资金1 755.16万元。

（三）省属高校和医院财政财务收支管理审计情况。

重点审计了6所省属高校和1家医院财政财务收支管理情况。发现的主要问题：

1. 合作办学及助学金等政策执行不到位。4所高校在合作办学中，偏离既定办学模式将合作办学主体变更为民营企业、与无资质机构签订办学协议、支付中介机构有偿招生费用，涉及金额1.86亿元。5所高校少计提助学金1.14亿元，未足额发放助学金7 662.71万元。4所高校和1家医院科研经费项目管理中存在重复申报项目、未按期结题验收、应收未收成果转化收益等问题，涉及金额3.52亿元。

2. 高校后勤社会化改革不彻底。个别高校公寓热水项目未经成本测算、多种计费价格并存；学生食堂未建立成本调查和定期公开制度，未设立学生食堂饭菜价格平抑基金。6所高校违规收取供应商热水、洗衣和饮用水管理费、保证金，转嫁维修改造费用等，涉及金额8 811.59万元。此外，2所高校向学生超标准收取住宿费和培训费731.46万元。

3. 基建和采购项目管理不规范。6所高校和1家医院119个项目应招标未招标、设置不合理条款排斥潜在投标人，涉及金额13.2亿元。4所高校和1家医院项目施工方借用资质承揽工程和转包，涉及金额3.69亿元；多计多结工程款1 522.74万元。3所高校拖欠民营企业账款、违规收取项目质保金和涉企保证金，涉及金额2 971.91万元。

4. 财务管理不严格。4所高校和1家医院应收未收租金130.29万元、

（续）

应减免未减免租金 173.64 万元。6 所高校 1.39 亿元非税收入应缴未缴财政，往来账款 5 195.29 万元长期未清理，违规支付内部工作人员评审费、防汛补贴等 756.02 万元。

（四）市县财政管理审计情况。

重点审计了 15 个市县的财政资金统筹盘活、新增专项债券资金管理使用等方面的情况。发现的主要问题：

1. 部分资金未有效统筹盘活。4 个市县 23.8 亿元长期结存在财政专户、部门单位实拨资金账户或指挥部临时账户上。9 个市县 10.04 亿元非税收入未按规定及时缴库。3 个市县 2.12 亿元出借资金长期未收回，最长出借时间达 30 年。

2. 新增专项债券资金使用效益未达预期。8 个市县 37 个项目前期准备不充分，项目推进缓慢，20.88 亿元债券资金闲置，增加资金成本 2 517.52 万元；2 个市县报大建小、提前申报导致债券资金闲置 3.88 亿元。7 个市县 18.32 亿元债券资金被用于投资入股、购买商服用地及附属房产、新建酒店、还本付息等。9 个市县 28 个专项债券项目建成后收益不及预期，涉及金额 27.25 亿元。

3. 支出核算管理不规范。5 个市县 2.64 亿元预备费用于经常性支出。4 个市县将专项资金 2 234.18 万元挪作他用。3 个县以拨代支将专项资金 23.37 亿元转入财政专户或部门单位账户，其中 1.12 亿元在拨出后次日即作为存量资金收回国库。

4. 部分支出保障不到位。个别县少拨付专项补助 510.87 万元。个别县年初预算公用经费保障标准过低，执行中调剂项目经费 1.85 亿元予以弥补。

5. 增发国债资金未发挥效益。因前期准备不充分，6 个县 31 个增发国债项目未能如期开工，建设进度滞后，13.46 亿元资金趴在账上，未投入使用。

（五）市级政法机关财政财务收支审计情况。

重点审计了 8 家公检法机关行政执法、涉案财物及财务管理等情况。发现的主要问题：

1. 行政执法程序不严格。4 家单位未及时清理收缴交通违法等行政处罚款 3.88 亿元。个别单位通过设置不合理交通设施，收缴罚款 1 053.44 万元。个别单位未下达处罚决定直接收缴罚款 16.29 万元。3 家单位在未出具法律文书或手续不完备的情况下，查扣资金 3.02 亿元、房产 40 套等。

2. 涉案财物管理不规范。6 家单位 4 114.94 万元和 6 720 件电脑等物品未录入涉案财物管理信息系统。8 家单位涉案财物未及时处置或擅自处置，涉及金额 1.22 亿元、车辆 14 628 台等。

3. 财务管理不严格。4 家单位利息等收入 2 463.2 万元未上缴国库。2 家单位以工作经费、烟草协办费等名义违规收费 2 029.36 万元。2 家单位

（续）

未经政府采购或重复采购等，涉及金额3 626.76万元。5家单位未及时清理清退取保候审保证金1 024.83万元。

（六）市县税收政策落实和税收征管审计情况。

审计署统一组织武汉特派办和湖北省审计厅组成联合审计组，对湖北省税务局本级和64个市县税务局2023年税收政策落实、组织收入和税收征管等情况进行了审计。发现的主要问题：

1. 增值税留抵退税及小微企业税收优惠政策落实不到位。8户企业违规享受增值税留抵退税798.56万元。48户符合条件企业未及时享受留抵退税7.33亿元。3户小微企业应享未享税收优惠31.1万元。

2. 组织收入不合规。有的市县调节收入4.11亿元，有的市县多征土地增值税等9 383.74万元。

3. 税收征管不严格。应征未征消费税及附加税费4 986.8万元、个人所得税2 936.42万元，以及土地增值税、印花税、房产税等5 827.42万元。

二、扩大有效投资重点任务落实和项目审计情况

（一）流域综合治理等重点任务落实审计情况。

重点审计了15个市县2020年至2023年流域综合治理、三大都市圈建设、强县工程提质增效以及长江经济带建设等重大决策部署推进落实情况。发现的主要问题：

1. 工作机制不健全。在落实流域综合治理、长江经济带建设等重大决策部署中，4个市县领导机制不完善，未按要求及时成立领导小组、调整领导小组成员，或仅成立领导小组但未召开专题会议研究部署有关工作。2个县跟踪调度不力，未及时梳理和通报工作进展。

2. 重大项目统筹谋划不到位。4个县未按要求制定本级规划、行动方案、重点事项任务清单等，或任务清单内容不完整、项目库编制不合理。3个市县工作任务分解不细化，未明确年度目标任务、责任单位和完工时间等。

3. 项目年度任务推进不力。因前期论证不充分、要素保障不到位等，4个市县计划投资239.63亿元的18个项目应开工未开工；8个市县63个项目进度滞后或已停工，少完成计划投资107.72亿元。

（二）投资项目绩效综合评价改革审计情况。

重点审计了省本级和15个市县政府投资项目绩效综合评价改革，以及部分投资项目绩效情况。发现的主要问题：

1. 改革工作推进不平衡。10个县未出台落实改革工作的行动方案，4个县未成立投资管理委员会；有些市县改革工作由发改部门包办，其他责任单位未认领改革任务；有些市县改革工作靠上级指令推动，推进改革主

（续）

动性不够，改革力度有逐层递减现象。

2．制度落实不到位。13个市县未严格落实预算评审、过程结算和竣工决算等制度办法规定，其中198个招标项目未执行预算评审程序前置和范围拓展新要求，20个房建和市政项目未在招标文件中明确实施过程结算，498个竣工项目未申请办理决算批复；12个市县349个新增项目未纳入绩效评价平台管理。

3．建设目标任务未完成。10个市县285.79公里农村公路、14个"硬联通"重大交通项目、4条国省道建设任务未按期完成；10个市县投资额84.83亿元的35个项目建设缓慢。20个项目建成后闲置或运营效果未达预期目标，涉及金额22.83亿元。

（三）政府投资项目及主权外贷和援款项目审计情况。

抽查审计了省本级和15个市县的政府投资项目、11个主权外贷和援款项目的建设管理情况。发现的主要问题：

1．履行基建程序不到位。92个项目违规征地、未办理施工许可即开工建设，涉及金额93.45亿元。84个项目未经招标或先开工后补办招标手续，涉及金额102.19亿元。16个项目招标文件中设置限制性条款排斥潜在投标人、中标人不符合条件未废标、未按规定采用"评定分离"方式等，涉及金额7.82亿元。16个项目围标串标，涉及金额10.22亿元。10个项目签订合同时未响应招标文件或违背主合同签订补充协议，涉及金额3.84亿元。4个项目未通过验收即投入使用，涉及金额5 086.02万元。

2．施工管理及合同履行不严格。26个项目违规分包，涉及金额15.11亿元。5个项目施工单位借用资质承接工程，涉及金额8.56亿元。19个项目合同履行不到位、人员及现场管理缺位，涉及金额8 077.44万元。8个项目未按照设计标准施工、未落实环评要求等，涉及金额9 916.01万元。17个项目施工单位擅自变更设计，偷工减料以次充好，涉及金额2 652.32万元。2个项目前期规划设计不合理，拆除重建增加投资144.98万元。

3．建设资金管理不严格。10个项目超概算6.41亿元。40个项目多计多结工程款2.11亿元。16个项目成本控制不严格，违规提高征迁标准等增加建设费用，涉及金额25.01亿元。12个项目提前支付工程款、未及时扣回预付款3.59亿元。

三、支持实体经济发展和改善民生审计情况

（一）金融服务实体经济及防风险审计情况。

重点审计了15个市县和14家担保公司落实金融服务实体经济及防风险等情况。发现的主要问题：

(续)

1. 部分市县落实金融服务实体经济政策不到位。6个县违规为失信人员等不符合条件的对象发放贷款贴息235.04万元，3个县未及时拨付贴息奖补资金172万元，个别县创业贷款担保基金819.61万元闲置。6个市县少拨付政府性融资担保公司"四补"资金1.32亿元。2个市县2亿元应急转贷资金未落实，1.92亿元转贷资金未按要求投向小微企业。4个市县引导金融机构加大信贷投放不够，县域存贷比、"首贷户"新增或新型政银担业务增幅未达标。

2. 部分担保公司聚焦主业不够、降费让利不足。2家公司违规开展过桥贷款业务，1.22亿元资金逾期未收回；3家公司的支农支小贷款担保金额占担保总额比例，低于50%的政策要求。8家公司超出支农支小优惠费率，多收担保费155.58万元；3家公司引导合作银行降低贷款利率力度不够，利率最高达9.98%；3家公司未及时清退担保保证金等1 790.69万元。

（二）以控制成本为核心优化营商环境审计情况。

重点审计了25个市县以控制成本为核心优化营商环境、惠企政策落实和资金管理使用情况。发现的主要问题：

1. 涉企收费管理不规范。9个市县超标准超范围收取1511家用户水电气报装费等1 602.78万元。12个市县无依据收取城市道路占用费等722.89万元。4个市县以接受捐赠等为由向企业转嫁、摊派费用62.96万元。5个市县219家行业协会、中介机构等违规收取土地价格评估费、招标代理服务费等1 309.33万元。

2. 惠企政策落实不到位。3个市县未落实分期缴纳、下调占比等降低用地成本政策，涉及资金4.36亿元。11个市县应减免未减免市场主体租金1 273.71万元。8个市县未降低贷款利率等，多收取1 015家企业贷款利息等2 586.75万元。

3. 惠企奖补资金分配管理不合规。7个市县向不符合条件的37家企业发放奖补资金2 860.29万元。3个县超范围、超标准发放装修补贴等奖补资金812.23万元。4个县未经专家评审、集体决策发放科研等项目奖补资金6 267.61万元。5个市县18家企业重复申报或虚假申报获取奖补资金2 201.78万元。9个市县滞拨欠拨支持企业重大技术攻关、县级主体培育等项目奖补资金2.59亿元。5个县将奖补资金393.86万元用于单位公用经费支出等。

此外，还发现有些市县拖欠中小企业账款及工程款、工程质保金及履约保证金等清退不及时。

（三）共同缔造活动和惠农补贴"一卡通"审计情况。

重点审计了12个市县开展美好环境与幸福生活共同缔造试点、惠农补贴"一卡通"以及4个县乡村建设政策落实情况。发现的主要问题：

（续）

1. 共同缔造机制不完善，群众参与不充分。11个县未建立项目统筹机制，也未明确牵头管理部门，8个县未建立资金保障机制，36个试点村湾（社区）的77个项目资金缺口4 169.28万元。5个县建后管护机制不完善，22个村湾（社区）的41个项目出现设施损毁、道路破裂等问题。11个县的518个村域内小型建设项目结算时要求提供招标、监理等各环节的验证资料，增加不必要支出542.42万元。8个县122个村湾（社区）的185个项目存在群众参与项目谋划、投工投劳和建后管护不够等问题。5个县14个村湾（社区）投资528.82万元建设的14个养老、托幼等项目未考虑群众实际需求，建成后闲置未用。

2. 惠农补贴政策落实不到位，资金使用不规范。因主管部门工作不力，9个县1 246名年满80周岁的老人未能享受182.23万元高龄津贴，881名失地农民未能享受相应的养老保险补偿待遇，91名残疾人未能享受残疾人补贴24.9万元。12个县向不符合发放条件的4.48万农户、5个经营主体发放耕地地力保护等补贴1 291.7万元，316名公职人员违规领取生态公益林等补贴34.53万元。12个县虚报套取、挤占挪用补助资金234.22万元；4.66亿元惠农补贴由主管部门或基层财政所发放，未按"一卡通"方式直达受益对象；1.15亿元补贴资金未及时发放。

3. 乡村建设统筹不到位，基本公共服务水平未有效提升。3个县660个村未完成村庄规划编制工作；4个县农村道路建设标准不一，有的项目存在偷工减料；4个县滞拨欠拨乡村建设资金1亿元，挤占农村道路管护等资金443.25万元用于弥补经费不足。2个县部分村卫生室违规使用限制药物或未经审批开展静脉输注，收取费用516.24万元；4个县农村养老服务设施配套不到位，未达到每千名老人配置35张至40张床位的最低标准。

（四）就业补助资金和失业保险基金审计情况。

重点审计了省本级及53个市县2022年至2023年9月就业补助资金和失业保险基金管理使用情况。发现的主要问题：

1. 稳就业相关政策落实不到位。9个市县公共就业和人才服务中心创业担保贷款审批不严格，为不符合条件的12户企业和15名个人发放贷款2 149万元；7个市县未按规定下调创业贷款利率，多收取贷款利息87.74万元。另外，4个市县3 670.8万元创业担保贷款逾期未收回。

2. 稳就业相关补助审核不严格。26个市县人社部门审核把关不严，33家单位和494名个人以"吃空饷"、冒名顶替等方式多申领公益性岗位补贴352.46万元；4家单位和1名个人编造虚假资料骗取就业补助资金和创业担保贷款财政贴息67.92万元。

3. 稳就业相关资金管理使用不规范。省本级和37个市县向已就业、

(续)

重复参加同类培训等不符合条件的 600 家单位和 7 482 名个人发放就业补助等资金 2 181.18 万元；9 个市县符合发放条件的 398 户企业和 1 803 名个人未享受就业补助和失业保险金等 234.85 万元。35 家单位截留就业补助资金 255.8 万元用于本单位基层公共服务平台建设等。

（五）安居工程、便民化改造等项目和资金审计情况。

重点审计了 15 个市县安居工程建设、居家适老化和残疾人无障碍改造、辅具适配服务等项目和资金管理使用情况。发现的主要问题：

1. 重大民生项目目标任务未完成。因目标任务制定不科学、工作推进不力等原因，2 个县 904 套保障性租赁住房、5 个市县 47 个老旧小区改造、3 个市县 172 户居家适老化和残疾人无障碍改造、3 个县 921 名残疾人辅具适配服务等未按时完成。

2. 重大民生资金筹措收缴不到位，使用不规范。因预算编制不精准、财经纪律执行不严格、工作管理不到位等，3 个市县 151.78 万元配套资金筹集不到位，造成 940 户困难残疾家庭无障碍改造补助低于户均 6 000 元的标准；4 个县将 12.42 亿元安居工程专项资金用于支付拆迁款和其他工程款等；5 个市县未及时收缴公租房租金 3 965.1 万元；3 个县 8 087 万元民生保障补助资金闲置一年以上。

3. 重大民生项目管理不力。因审核把关不严、违规操作等，10 个市县 479 名不符合条件人员享受保障房待遇；7 个市县 189 名不符合条件人员违规或重复享受残疾人辅助器具服务；13 个市县 423 名不符合条件人员享受残疾人无障碍改造或居家适老化改造。此外，3 个县 1 926 套保障性住房长期未使用。

四、国有资源国有资产管理审计情况

（一）国有自然资源资产审计情况。

对 15 个市县 49 名主要党政领导干部开展自然资源资产离任（任中）审计。发现的主要问题：

1. 河湖长制、排污许可和环评等制度落实不到位。6 个市县 66 个河湖库（断面）水质未达标或呈下降趋势；12 个市县 340 个项目未经环评或水土保持审批即开工建设，4 个项目未办理排污许可（登记）擅自排污，18 个项目环保设施未验收即投入运营。

2. 资源开发利用监管不严格。12 个市县 10.14 万亩建设用地批而未供、3.11 万亩供而未用。13 个市县违规占用耕地、林地等 5 999.85 亩，用于建房、修路等。3 个县滥砍滥伐、毁林开垦等 792.34 亩。6 个市县 25 个饮用水源地管护不严，其中 14 个未划定保护区范围，3 个未开展水质监测或部分时

（续）

段水质不达标，8个保护区内存在垃圾堆放、养殖等现象。3个县19个乡镇水厂、189个集中供水点部分时段饮用水质不达标。

3. 污染防治不够有力。6个市县32家企业未采取有效覆盖措施或违规露天作业，造成粉尘或气态污染。5个市县雨污分流管网改造不彻底、排污口未完成治理等，造成城区污水直排。5个县40家企业污水超标排放。5个县乡镇生活污水处理厂运营管理不规范，16个管网普及率低于90%，8个污水收集率低于80%，34个运行负荷率不足60%，1个建成3年未投入正常运行，13个监测数据不完整。

4. 生态环境修复治理不够有效。8个市县17座矿山未按要求进行地质环境恢复治理，造成矿产资源毁损和矿山生态环境破坏。4个县40处临时占地1 033.79亩到期未恢复。3个县46条农村黑臭水体、4条城市黑臭水体治理推进不力，效果不佳。11个市县23个生态修复治理项目进展缓慢，20个资源环境整治项目管理不规范，存在围标串标、先开工后招标等问题，涉及金额2.06亿元，资源环境治理存在风险隐患。

此外，审计还发现10个县应收未收污水处理费、水资源费、水土保持补偿费等7 982.49万元；3个县挤占森林植被恢复费等8 269.75万元用于公用经费支出等。

（二）土地开发利用审计情况。

重点审计了15个市县2019至2023年土地出让及开发利用情况。发现的主要问题：

1. 土地出让程序及出让金管理不合规。6个市县违规设置出让前置条件、非净地出让、定向或协议出让土地284.31亩。10个市县应收未收87家企业土地出让金、基础设施配套费等87.79亿元；4个市县违规减免6个项目土地出让金、滞纳金及违约金3 767.55万元。

2. 土地利用效益不高。6个县25家企业占地2 432.78亩，厂房建成后实际未投产或停产。2个县2家企业占地100.86亩项目烂尾。3个县36家企业占地2 095.49亩，实际投资强度与合同协议约定不符。

（三）省属企业、担保公司及农村商业银行审计情况。

重点审计了2家省属企业、14家担保公司和12家农村商业银行经营管理、风险管控及财务管理情况。发现的主要问题：

1. 违规开展经营业务。12家担保公司违规为失信、限高、提供虚假资料等不合规对象贷款提供担保10.62亿元，其中已发生代偿2.66亿元。个别担保公司违规委托贷款、债券投资，8.49亿元资金面临损失风险。个别企业超核定范围开展"药转保"、机动车货物运输超赔业务，涉及金额1亿元；承保业务审批程序不合规、擅自扩大承保责任，涉及金额1.5亿元。

（续）

2. 风险管控不到位。12家农商行贷款审批审查不严，向抵质押物不足值、权属不清的借款人发放贷款，24.36亿元面临损失风险；9家农商行贷后管理不到位，存在违规办理展期掩盖风险、贷款资金被挪用、抵押物悬空或灭失等问题，8.29亿元面临损失风险。6家农商行未开展投前调查，违规与非白名单内客户开展债券投资和同业业务16.1亿元；未有效监测和化解投后风险，6.06亿元面临损失风险。

3. 资产管理粗放、底数不清。12家农商行不良贷款反映不实，通过多次借新还旧、违规办理展期、人为调整风险分类等方式，少反映不良贷款46.27亿元。10家农商行在未起诉借款人、未处置足值抵押物、未向担保人充分追偿等情况下违规核销不良贷款2.25亿元。

4. 财务管理不严格。个别企业无依据核销亏损1 713.12万元。2家企业往来款清理不及时，机场服务费、广告位租金、保费等9 415.47万元长期未收回。个别企业所属3家子公司出租国有资产程序不规范，涉及合同金额9 812.4万元。

（四）行政事业性国有资产审计情况。

重点审计了26家省直部门和单位行政事业性国有资产管理使用情况。发现的主要问题：

1. 资产底数不清，主要表现为账实不符、手续不全等。11家单位664.08万平方米房产土地、612台车辆等未登记入账。6家单位2.15亿元在建工程未转固定资产；已划转或出售的75.03万平方米房产土地、已报废的39件通用设备等未核销。11家单位12.1亿元327处（套）房产土地未办理权属登记手续。

2. 资产闲置低效。11家单位7.77万平方米房产土地、价值1.64亿元设备和车辆等资产闲置未用。

3. 资产出租、处置不规范。2个单位少收房屋租金290.53万元，个别单位1.2万平方米房产土地被企业无偿占用。2个单位原值391.49万元已无法使用的计算机等办公设备未处置。

省委、省政府全面贯彻落实习近平总书记关于审计工作的重要指示批示精神，按照"如臂使指、如影随形、如雷贯耳"要求，全面加强对全省审计工作的总体布局、统筹谋划、整体推进，聚焦重点、精准发力，充分发挥审计在反腐治乱方面的重要作用和在推进党的自我革命中的独特作用。去年下半年以来，省委书记王蒙徽、省长王忠林等省领导先后40次对审计上报的情况作出批示，要求相关地方和部门切实扛牢审计整改政治责任，较真碰硬推进问题整改，加强成果运用，健全长效机制，一丝不苟将审计整改"下半篇文章"做实做细做到位。各地各部门认真落实省领导批示，

（续）

深入研究和采纳审计提出的建议，层层压实整改责任，有力有效推进整改工作。截至目前，通过上缴财政、归还原渠道、规范管理等纠正违纪违规问题金额176.94亿元；根据审计建议制定和完善制度300项；对审计发现的各类严重违纪违规问题，已向纪委监委和公安等部门移送案件线索26起。

五、审计建议

（一）精准施策，激发经济增长新活力。推动积极的财政政策适度加力、提质增效。持续优化财政支出结构，强化对流域综合治理、科技自立自强、现代化产业体系、区域协同融通、绿色低碳等重点领域财力保障，统筹推进四化同步发展；落实好结构性减税降费政策，重点支持科技创新和制造业发展；加大对困难地区转移支付、库款调度力度，严格执行民生支出清单管理，强化"三保"预算合规性审核，确保不留缺口。推动财政金融政策协同发力，完善应急转贷纾困基金长效运营机制，落实融资增信配套制度，建好政府引导投资基金群，持续发挥创业担保贷款、政府采购合同融资贷款作用，引导省内金融机构积极作为，持续加大支农支小、助企纾困力度，有效提升金融支持实体经济发展质效。推动大财政体系建设，有力有序开展"全套试点""半套覆盖"，进一步做实做细国有"三资"盘点工作，积极探索"分散变集中、资源变资产、资产变资本"的有效路径，加强投资项目全生命周期管理，推动形成有效投资、有效债务、有效资产，构建新的高质量发展动力循环机制。

（二）规范管理，防范化解重大风险隐患。金融领域，切实加大金融监管力度，有序推进担保公司、农商行改革化险工作，牢守不发生区域性金融风险底线。民生领域，突出抓好就业、住房、残疾人保障等重点工作，严厉打击骗取套取、挤占挪用民生资金等行为，切实兜住、兜准、兜牢民生底线。国资国企领域，加强行政事业性国有资产日常管理，规范资产配置、使用和处置管理，盘活用好国有资产；增强国企核心竞争力，完善内控制度，规范业务准入机制，全面加强风险管理，强化违规经营责任追究，促进企业持续稳定健康发展。资源环境领域，严格落实生态文明建设相关决策部署，加强自然资源和环境保护执法力度，规范土地出让程序及使用手续，强化节水用水科学论证，确保水资源、水生态、水环境安全。

（三）上下一体，加快推动重大政策重点项目落实落地。积极向上争取中央支持政策、项目和资金。强化省市县和部门协同联动，加强前瞻性政策研究储备，及时跟踪对接"两新""两重"等重大部署，抢抓国家支持中部地区崛起政策机遇，更大力度争取试点示范项目，增强我省高质量发展支撑。加快推进投资项目绩效综合评价改革。建立完善省市县一体、各

(续)

部门协同的工作机制，财政、住建、交通、水利等部门要梳理投资项目全生命周期制度性要求，加快出台过程结算等制度，督促市县完成存量项目向新平台并轨，实行"阳光化"和全生命周期管理，促进政府投资提效率、社会投资增效益。着力扩大有效投资。扎实做好重点项目要素保障，落实项目建设全生命周期管理，加快项目建设推进力度，发挥政府投资的带动放大效应，服务实体经济实现质的有效提升和量的合理增长，助推湖北经济高质量发展。

（四）严肃纪律，提升财政管理质效。深化落实预算管理制度改革，压实部门预算管理主体责任，优化预算编制，坚持党政机关过紧日子，持续健全支出标准体系，加强对重大政策、重点项目的事前绩效评估，实现绩效评价结果与预算安排挂钩。强化预算刚性约束，坚持无预算不支出，突出基层"三保"的优先支出顺序，采取提前下达、预拨清算等方式加快资金下达，加快推进专项债项目前期准备及项目建设管理等工作，确保按时足额还本付息，提高资金使用效益。

今年是中华人民共和国成立75周年，是实施"十四五"规划的关键一年。全省各级审计机关将坚持以习近平新时代中国特色社会主义思想为指导，自觉运用中国特色社会主义审计事业规律性认识，牢牢把握总要求和具体要求，统一思想、统一意志、统一行动，知责于心、担责于身、履责于行，全力推进新时代湖北审计高质量发展，以优异成绩向新中国成立75周年献礼！

第五节　海南省政府审计工作报告范本

海南省人民政府关于2023年度省本级预算执行和其他财政收支的审计工作报告

——2024年7月29日在海南省七届人大常委会第十二次会议上
海南省审计厅厅长　刘劲松

海南省人民代表大会常务委员会：

受省政府委托，现由我报告2023年度省本级预算执行和其他财政收支的审计情况，请予审议。

（续）

  一年来，省审计厅坚持以习近平新时代中国特色社会主义思想为指导，坚决落实党中央、国务院和省委、省政府及审计署的重大决策部署，聚焦服务海南自贸港建设大局，围绕全岛封关运作和压力测试、财政资金绩效、生态环境保护、重点民生和风险防控等方面，立足经济监督定位，开展研究型审计，切实维护财经纪律，推进治理效能提升，充分发挥审计的监督保障、规范促进、决策参谋作用。全年完成审计项目87个，上报审计要情、综合报告31份，查处违规问题金额32.66亿元，移送案件线索26宗，推动建章立制209项。

  审计结果表明，2023年，在省委、省政府的坚强领导下，全省各级各部门牢牢把握高质量发展首要任务，加力提效实施积极的财政政策，加强重点支出资金保障，巩固和增强经济回升向好态势，促进经济恢复提质加速。

  一是稳步推进海南自贸港财税改革。交通工具及游艇"零关税"清单扩容增效，三张"零关税"清单从政策出台到2023年12月，累计进口货值195.7亿元，减免税款37亿元。优化离岛免税管理措施，开拓离岛免税政策新的增长点，2023年离岛免税购物金额同比增长25.4%。完善"两个15%"所得税优惠政策条件，享惠企业和个人分别较上年增长27.5%和24.2%。开展进口征税商品目录等重点改革专题研究，持续推动关键核心政策落地见效。

  二是积极筹措海南自贸港建设资金。全年争取中央补助资金1 286.1亿元，比上年增加188.3亿元。全年发行地方政府新增债券610.7亿元，比上年增加81.7亿元；发行50亿元离岸人民币地方政府债券，创新发行地方政府首单生物多样性主题绿色债券。推进财金纵深联动，自贸港建设投资基金设立子基金12支，基金规模94.7亿元，撬动社会资本68.2亿元。

  三是加大民生保障与科技创新重点领域投入。持续优化财政支出结构，省本级非重点、非刚性支出预算比上年压减2.5亿元，压减比例8.3%。拨付23.5亿元支持科技创新发展，科技创新和产业升级多点突破；拨付84.3亿元支持市县重点生态功能区环境保护建设，持续治理生态环境；拨付35亿元支持巩固拓展脱贫攻坚工作成果同乡村振兴有效衔接，以更多精力增进民生福祉，加快建设和美乡村"海南样板"；拨付160.1亿元推动教育事业发展，积极构建教育高质量发展体系。

  四是防范化解经济运行风险。加强"三保"预算编制管理，实现省对市县"三保"预算审核全覆盖，试行"三保"资金专账管理、加强库款监控。印发PPP项目分类处理方案，稳妥推进存量项目分类处理。加强财会监督，开展财经纪律9个领域重点问题专项整治行动，严肃查处违法违规行为。

第十一章　政府审计工作报告范本

（续）

一、省级及市县财政管理审计情况

2023年，省本级一般公共预算总收入2 058.70亿元，总支出2 016.93亿元，年终结余结转41.77亿元。省本级政府性基金预算总收入787.76亿元，总支出774.12亿元，年终结余13.64亿元。省本级国有资本经营预算总收入4.8亿元，总支出4.79亿元，年终结余0.01亿元。省本级社会保险基金预算总收入657.10亿元，总支出495.47亿元，上年结余727.30亿元，年末滚存结余888.93亿元。省发展改革委分解下达总资金78.52亿元，其中，中央预算内投资58.52亿元，安排144个项目；省级财政预算内基本建设投资20亿元，安排26个项目。重点审计了省财政厅具体组织2023年度省本级预算执行及编制本级决算草案、省发展改革委组织分配财政投资、市县财政管理、税收和非税收入征管等情况，发现的主要问题：

（一）预算编制不够精准。

1. 对不具备开工条件的16个项目安排预算。财政部门审核把关不严，有16个项目未完成可行性研究、初步设计、概算批复等前期准备工作，仍纳入项目库并安排预算1.30亿元，导致预算支出率低，年底支出进度仅为4.4%。

2. 部门预算编制不够科学完整。7个部门未结合项目实际和规范标准编制预算，导致12个项目资金无法及时支出或被调整收回1.26亿元。5个部门未将本单位非税收入或实有资金账户结余资金编入年度预算，少报预算441.48万元。6个部门100项政府购买服务事项未编入政府购买服务预算。

（二）资金分配使用效率不高。

1. 未按时分配2项中央转移支付资金。2个部门未及时分配服务业发展资金7 200万元，导致年底资金支出进度为零。2个部门超过规定时限47日分配中央国家文物保护专项资金3 366万元，支出率为70.6%。

2. 4项中央转移支付资金1.84亿元未支出。下达13个市县4项中央转移支付资金1.89亿元，由于主管部门项目谋划论证不充分，以及市县用地未落实、立项审批和招标工作缓慢、无项目匹配等原因，全年仅支出504.3万元，支出率2.66%，未能实现转移支付资金牵引项目的效果。

3. 发改部门将4个不符合开工条件的项目列入当年省财政预算内基本建设投资计划，造成1.72亿元资金未能及时支出。如2023年度省财基建资金安排国际综合消防应急救援实战训练基地项目1亿元，因可行性研究、初步设计等前期工作未完成，导致8 000万元未能及时支出被调整到其他项目中。

4. 27个政府投资项目进展缓慢，闲置资金4.30亿元。其中，22个中央预算内投资项目到位资金4.05亿元，支出0.85亿元，支出率仅20.9%；5个省财基建投资项目到位资金1.86亿元，支出0.76亿元，支出率仅40.9%。

（续）

（三）财政管理不够严格。

1. 未按规定统筹管理预算单位银行账户。未清理已撤销的 22 家预算单位 26 个银行账户，账户余额 2 506.08 万元长期闲置，如某单位 2018 年机构改革时已撤销，但基本户余额 2 110.68 万元一直未被清理收回。24 家预算单位的 35 个银行账户余额 3 181.78 万元，未纳入预算管理一体化系统监管。

2. 3 项教育专项资金 1.93 亿元被市县违规用于平衡预算。2 个部门联合下达 18 个市县 3 项教育专项资金 16.89 亿元，因监管不到位，10 个市县当年未支出和未分配资金 1.93 亿元，未按规定结转至 2024 年使用，而是被用于平衡预算。

（四）债务风险管控有待加强。

1. 向前期工作不充分的 3 个项目分配专项债券资金 3.65 亿元。因前期未办理土地农转用手续、未解决林地占用问题，项目推进缓慢，资金支出率仅为 31.26%。

2. 违规申报债券 4 000 万元。2 个项目虚报灌溉效益为收益来源，且无实际现金流入，不符合专项债券发行条件，仍违规申报专项债券 4 000 万元。

3. 部分专项债券资金安排与项目需求不匹配，发行后频繁调整。专项债券资金使用应坚持"以不调整为常态、调整为例外"，但市县在谋划项目时工作不扎实，项目频繁调整。有的市县 14 个专项债券项目 3.67 亿元发行后即全额调整，最短的仅发行 1 个月便进行调整；有的市县 8 个专项债券项目，在半年时间内进行反复调整，金额 11.64 亿元。

（五）市县财政管理水平仍需提升。

1. 3 个市县预算收入不真实。虚增财政收入 2.6 亿元，未及时征缴入库非税收入 5 239.82 万元。

2. 3 个市县预算安排与项目衔接不够，资金支出缓慢。2 个县在项目准备不充分或论证不足的情况下，安排 106 个项目预算 4.15 亿元，当年支出率仅为 48.33%。1 个市年中追加安排 193 个项目预算 1.23 亿元，因职能部门推进缓慢，当年支出率仅为 14.16%。

3. 2 个市县存量资金盘活不及时不全面，实有资金账户 1.77 亿元存量资金未及时收回财政统筹使用，67 家预算单位将结余结转资金 5 656.5 万元，擅自调剂用于其他项目。

4. 11 个市县未按要求编制政府性基金预算。未落实"以收定支、收支平衡"的要求，未遵循财政收入合理增速的原则，夸大政府性基金收入预算，导致预算收支失衡，项目支出挤占专项债券资金或拖欠代理银行垫付款。

第十一章　政府审计工作报告范本

（续）

（六）税收和非税收入征管不够规范。

1. 未全面落实减税降费政策。134家不符合条件的企业违规享受研发费用加计扣除税收优惠179.96万元，4家不符合条件的企业违规享受增值税留抵退税393.09万元，24家符合条件的企业未能享受增值税减免税收优惠29.45万元。

2. 征管执法工作存在漏洞。5个市县税务机关，因未与资规部门做好业务衔接和信息互联互通工作，未实现征管信息及时共享，应征未征土地使用权出让收入、海域使用金、水土保持补偿费等非税收入3.10亿元。2个市县税务机关应征未征2家成品油生产企业专项整治存量税款和滞纳金5.35亿元。3个市县税务机关违规少征增值税、消费税、个人所得税等税款4 718.98万元。12个市县3项非税收入历史欠费5.09亿元，未划转至税务机关征缴。

二、省本级部门预算执行审计情况

开展省直32个部门预算执行审计，发现的主要问题：

（一）19个部门未严格落实过紧日子要求。4个部门年底突击充值加油卡或提前支付项目费用51.2万元。3个部门超标准配置办公设备，涉及16.22万元。13个部门超标准、超范围支出85.36万元。审计期间，已督促相关单位立行立改。

（二）4个部门违规使用财政资金1 215.59万元。相关部门在开展各单位信息系统迁云工作中，存在重复支付、被套取资金等问题，金额229.23万元。2个部门违规发放补贴或奖补资金986.36万元。1个单位违规向14位教职工重复发放住房补贴79.3万元。

（三）8个部门项目资金支出慢。8个部门10个项目因推进缓慢，造成预算资金支出率低于50%，1.14亿元未支出。

（四）13个部门违反政府采购及政府购买服务管理规定。11个部门存在未按规定公开招标、以不合理条件对供应商实行差别待遇或歧视待遇、未进行价格比对导致采购价格偏高等问题，金额1.13亿元。5个部门14个项目存在承接单位违法分包、合同履约不到位等问题，金额970万元。

（五）行政事业性国有资产管理工作不够扎实。18个部门资产账实不符，金额1.92亿元。17个部门存在已完工验收工程未及时竣工决算、未按规定进行资产账务处理等问题，金额12.47亿元。16个部门未严格依法管理国有资产，部分资产购置后长期未使用，有的不按规定出租、处置固定资产，金额5 113.11万元。

（续）

三、重点专项资金和民生事项审计情况

（一）就业补助资金和失业保险基金审计情况。开展全省就业补助资金和失业保险基金审计，发现的主要问题：

1. 违规使用专项资金 740.58 万元。18 个市县向不符合条件的 178 家机构和 71 名人员发放就业补助资金 314.14 万元。11 个市县违规向已退休、在职、主动离职、死亡的 384 人发放失业保险待遇 90.43 万元。1 个市县工作人员骗取失业保险基金 189.78 万元。1 个部门在高技能人才培养补助资金中，违规超范围列支印刷等费用 146.23 万元。

2. 未按政策要求开展创业担保贷款和就业见习管理工作。3 个市违规增设创业担保贷款条款，强制要求贷款人提供反担保、提高创业担保贷款利率。10 个市县向不符合条件的 12 家企业和 30 名个人发放创业担保贷款及贴息 3 086.91 万元。省本级和 15 个市县未按规定清退不符合条件的 461 家就业见习基地。

3. 对职业技能培训机构疏于管理。3 个市县 33 家培训机构师资配备力量不足，未达到至少配备 1 名理论教师和 1 名实训教师的规定要求。5 个市县 17 家培训机构未按规定实行"考培分离"，影响职业技能鉴定的质量和效果。

（二）农村人居环境整治审计情况。开展 10 个市县农村人居环境整治提升政策及相关资金专项审计调查，发现的主要问题：

1. 主管部门未按要求规范农村环卫保洁支出定额，各市县的环卫外包同类项目的招标底价差异大。

2. 市县农村人居环境整治项目建设管理缺位。5 个市县 14 个农村人居环境治理项目因设计不合理等原因，建成后长期闲置。9 个市县 41 个农村生活污水治理项目，因资金、用地要素保障不足等原因，建设进度缓慢甚至停滞。7 个市县因运维管理不善，107 个农村生活污水处理设施设备损坏甚至无法运行。

3. 违规拨付资金和续签合同。4 个市县未及时足额发放户厕改造补贴 230.03 万元。3 个市县 46 座农村公厕多计造价 41.76 万元。1 个县环卫一体化项目 7 977.59 万元未经政府采购就违规续签合同。

（三）水产品稳产保供审计情况。开展 6 个市县水产品稳产保供审计，发现的主要问题：

1.4 项稳产保供政策执行走偏。3 个市县违规向休渔期出海的 41 艘渔船发放补贴 100.97 万元，1 个市对符合条件的 25 艘渔船少发特定水域柴油补贴 918.09 万元。抽查 6 家水产养殖场，有 4 家尾水排放严重超标。8 个渔

(续)

业发展项目未开工或已停工，资金闲置2 089.52万元。在技术推广政策执行方面，存在未按规定开展船上设备更新改造、深海网箱项目建设缓慢等问题。

2.渔业政务服务监管流于形式。生产作业渔船年检率低；1个县水域滩涂养殖证难以获批，57家养殖场仅有3家办理水域滩涂养殖证易诱发无序养殖和违规用海风险。

（四）省委、省政府为民办实事事项审计情况。开展2023年省委、省政府为民办实事10个事项专项审计调查，发现3个市县高中教室照明改造不符合规定标准，无法实现亮度调节等功能；15个市县村道安全防护工程项目违规调增等级、高套定额等问题。经审计和督促整改，总体上实现了"把实事办好、把好事办实"的要求。

四、自然资源资产和生态环境保护审计情况

开展8名领导干部自然资源资产离任审计，以及"三大流域"生态环境保护及"六水共治"资金绩效情况专项审计调查，发现的主要问题：

（一）耕地保护相关任务未全面完成。4个市县耕地"非粮化""非农化"面积11684.24亩；14宗临时用地期满后未完成土地复垦；7个建设项目未按要求对耕作层进行剥离再利用。

（二）生态保护修复治理推进缓慢。2个市县42宗被违法破坏、临时占用的林地未按规定复绿。2个市县监管不力，未对11宗596.89亩长期闲置土地开展认定处置工作；2家企业超审批范围取土43.39亩，1家企业未经批准擅自处置土方26.08万立方米。3个市县6处矿山、24口废弃矿井未完成修复治理。

（三）水资源保护专项整治不彻底。6个市县农村黑臭水体治理后出现返黑返臭。13个市县在河道"清四乱"专项整治中，疏于督导检查，河道乱占、乱堆、乱建行为时有发生，66宗未经批准的露营地、工棚板房、养殖场以及砂石堆放场占用河道21.53万平方米。13个市县未定期巡河治理"水浮莲"问题，导致"水浮莲"连片复生达19.43万平方米。6个市县超时2年仍未完成42座小水电站的清退或整治工作。

（四）部分河流水质不达标。3个市县16个饮用水水源地存在垃圾堆放、人为放牧等问题，其中4个饮用水水源地2021年至2023年连续三年水质不达标。15个市县93个排污口的污水未经处理直排入河，造成水质不达标。3个市县7个国控、省控断面河流水质均不达标。

（续）

五、政府投资审计情况

开展 13 个重点项目审计和政府投资项目建设管理情况专项调查，发现的主要问题：

（一）8 个项目工程造价虚增概算预算。4 个项目存在概算与预算编制不实、未按规定编制概算等问题，虚增 15.74 亿元，占总概算 189.99 亿元的 8.28%。4 个项目擅自降低建设标准，但未对应核减预算，虚增项目造价预算金额 2 832.19 万元。某信息化建设项目软件开发成本价格虚高 627.15 万元。

（二）17 个政府投资项目违规招投标。4 个项目招标设置不合理条件排斥潜在投标人，金额 3.23 亿元。3 个项目未经招标直接指定施工单位，金额 2 314.52 万元。2 个项目化整为零规避招标，金额 963.91 万元。8 个项目串通投标，金额 9 018.40 万元。

（三）"久拖未结"问题仍然存在。抽查 3 个市县，87 个已完工的工程项目未在规定期限内完成竣工决算，金额 67.99 亿元；47 个已完工的工程项目未在规定时间内办理竣工验收，金额 15.68 亿元。

（四）项目现场管理未压实各方责任。3 个项目违法转包、分包，涉及资金 5.77 亿元。7 个工程项目中 9 个参建单位未按合同约定处罚违约单位。13 个项目的监理人员严重舞弊，出具虚假报告。

六、国有企业和金融机构审计情况

开展 3 家国有企业和 1 家金融机构审计，发现的主要问题：

（一）2 项国企改革任务未落实。2 家企业未完成职工家属小区"三供一业"分离移交改革，3 个小区的物业管理费仍由企业负担；未落实关于处置低效无效资产的要求，52 台总价 2 508.07 万元的工程机械设备长期闲置，1 宗 56.79 亩的土地长期未开发利用。

（二）部分经营业务开展不合规。3 家企业存在未经审批和"三重一大"集体决策对外合作开发房地产项目，违背公平原则替合作方垫付出资；违规出借资质供外单位承揽项目，违规对外出借资金；下属公司违规与单位职工开办的企业发生业务交易；未经评估向非国有单位出租房产等问题。

（三）金融风险防控工作有待改进优化。金融机构存在审批不严，向编造虚假材料的借款人发放贷款；未经评估发放股权质押贷款；未按规定对已核销呆账进行追索清收；部分贷款风险分类不准确等问题。

（续）

七、重大违纪违法问题线索移送情况

一年来，省审计厅共移送违纪违法问题线索26宗，涉及55人、3.84亿元。移送事项集中在4个方面：一是党政机关国有企事业人员失职渎职造成损失浪费的问题。主要是决策审批、政府采购、资金分配、贷款发放等过程中把关不严、滥用职权、以权谋私，造成国有资金、国有资源资产损失。二是工程项目建设领域相互串通、内外勾结问题隐蔽多样。主要表现为建设单位出具虚假审核报告、监理人员失职失责、违规招投标、串通投标、违法转分包等。三是民生领域中侵害群众利益的问题。主要是医疗领域过度诊疗、重复收费和教育领域乱收费。四是违反财经纪律问题。主要表现为违反中央八项规定精神、违规宴请、编造虚假数据偷逃税款等。

八、审计建议

（一）进一步规范财政预算管理。切实把过紧日子要求作为预算安排的基本原则，增强预算刚性约束，构建从预算源头控制到执行末端治理的长效机制，健全专项资金定期评估和动态调整制度，推进财政收支精细化、规范化管理。加强审计监督和财会监督，依法依规查处各类违反财经法纪问题，严肃财经纪律。

（二）进一步强化政策执行监管。聚焦加快推进全岛封关运作的实际需求，优化财政与产业、投资、消费、民生等相关领域的政策协同，对政策落实、项目建设、资金使用情况加强督导、跟踪问效，不断夯实"稳"的基础、增强"进"的动能、提升"立"的质效，高水平做好压力测试各项工作。深化土地、资本、技术、数据等要素市场化配置改革，打好投资扩容增效攻坚战，按照构建现代化产业体系的各项要求，推进重点园区高质量发展。

（三）进一步防范化解重大风险隐患。在财政领域，要紧盯地方政府债务、资金审批、库款支付、基层"三保"等方面，严格规范经济权力运行。资源环境领域，要落实好领导干部资源环境相关决策和监管履职情况的评价标准，压实市县耕地严保严管责任，防范重大生态损毁风险。民生领域，要坚持尽力而为、量力而行，加强基础性、普惠性民生建设，多措并举稳就业稳物价，切实兜牢民生底线。工程建设领域，坚持"项目为王"强化要素保障，推进围标串标、久拖不结问题专项治理，切实发挥有效投资在稳增长中的关键作用。国资国企领域，要健全细化"三重一大"决策机制及操作规程，全面加强内控管理，坚决守住不发生系统性风险的

底线。

本报告反映的是此次省本级预算执行和其他财政收支审计发现的主要问题。对这些问题，省审计厅依法征求了被审计单位意见，出具审计报告、提出整改建议；对重大违纪违法问题线索，依纪依法移交有关部门进一步查处。相关市县、部门单位正在积极整改。省审计厅将跟踪督促检查，按省人大常委会要求及时报告全面整改情况。

第六节　宁波市政府审计工作报告范本

宁波市人民政府关于2021年度宁波市本级预算执行和全市其他财政收支的审计工作报告

——2022年8月30日在市十六届人大常委会第四次会议上
宁波市审计局局长　励永惠

主任、各位副主任、秘书长，各位委员：

我受市政府委托，向市人大常委会报告2021年度市级预算执行和全市其他财政收支的审计情况，请予审议。

根据审计法及相关规定，市审计局依法审计了2021年度市级预算执行和全市其他财政收支情况。全市审计机关坚持以习近平新时代中国特色社会主义思想为指导，深入学习新修订的审计法，认真贯彻党中央、国务院和省委、省政府的决策部署，全面落实市委、市政府工作要求，执行市人大常委会有关决议，坚持稳中求进工作总基调，聚焦主责主业，围绕推进"六大变革"，打造"六个之都"，开展常态化"经济体检"，在推动政策落实和项目落地、共同富裕示范先行、维护财经纪律和秩序、防范化解风险、规范权力运行等方面精准发力，以高质量审计护航高质量发展，努力为建设现代化滨海大都市提供强有力的审计保障。

2021年7月至2022年6月，全市审计机关共组织完成审计和审计调查项目293个，促进增收节支和挽回损失20.14亿元。促进被审计单位制定整改措施390项，建立和完善规章制度189项，提出审计建议被采纳922条。

第十一章 政府审计工作报告范本

(续)

审计结果表明，2021年以来，在市委、市政府的坚强领导下，我市各地区各部门认真执行市十五届人大六次会议批准的预算有关决议，统筹疫情防控和经济社会发展，推进落实"六稳""六保"，全年经济运行稳中向好，实现了"十四五"良好开局。

——增强宏观调控政策针对性有效性，推动经济高质量发展。落实减税降费政策，全年新增减税降费198亿元，持续为市场主体纾困解难。围绕推进制造业高质量发展，推动产业链供应链优化升级，加速产业提质升级，2021年全市完成规上工业总产值2.21万亿元。

——落实重大决策部署，强化财政保障统筹能力。全面落实集中财力办大事财政政策体系改革，制订出台五个重点领域七个方面财政事权和支出责任划分改革方案。全年累计发行新增政府债券301亿元，支持重大项目建设，加大资金统筹力度，积极扩大有效投资。

——常态化疫情防控有力有效，着力保障和改善民生。全市各级财政累计安排疫情防控资金24.98亿元，支持防疫物资采购、核酸检测、全民免费接种新冠病毒疫苗等支出，筑牢疫情防线。全市教育支出284.4亿元，支持推进城乡优质教育均衡发展。提高低收入农户人均可支配收入，高标准完成主要目标任务。

——实化整改长效机制，整改效果明显提升。截至2022年7月底，2020年度审计工作报告反映的65个应整改事项，已整改到位60个，健全相关制度28项，整改责任意识明显增强；尚有5个分阶段整改事项，部分整改工作目前仍在推进中，审计机关将持续跟进，督促整改到位。

一、财政管理审计情况

（一）市级预算执行和决算草案审计情况

今年对市财政局具体组织2021年度市级预算执行和决算草案情况的审计结果表明，市财政局认真贯彻执行预算法及其实施条例，深化财政体制改革，加强财政管理监督。审计发现的主要问题：

1. 年度支出预算安排不够科学合理

2021年，市公共工程建设中心有限公司等17家单位的20个项目在6月份以后追加预算9 134.93万元，但当年均无支出，其中11月、12月份追加金额占91.73%，涉及11家单位的13个项目。

2. 转移支付预算未细化到地区

2021年，市级对区（县、市）产业技术研发机构转移支付8亿元、市重点技术研发转移支付4.5亿元、老旧住宅小区改造转移支付4亿元、企业数字化转型转移支付1.3亿元等据实结算的预留项目未落实到具体地区。

（续）

3. 项目投资款收回未及时上缴国库

由于投资项目未落地，市财政于 2021 年 12 月收回 2 年前拨给市工投集团的产业投资基金 4 亿元，但作为代管资金管理，未按规定上缴国库。

4. 涉及拆迁的国有资产未及时处置或结算收益

一是已拆除但未及时结算收益。市交通局兴宁路办公大楼于 2013 年列入曙光路延伸段"断头路"市政工程拆迁范围并已拆除，因预算未安排需补交的土地出让金和税费，导致征迁协议未签，征收补偿款 13 306.21 万元至今未结算。二是拆迁补偿款等滞留征收部门。截至 2022 年 6 月底，市农业农村局拥有的原市水产局、市海洋与渔业研究院位于江北区人民路的办公用房拆迁补偿款 7 204.82 万元已滞留 10 个月，市委统战部、市级机关房产管理所、宁波幼儿师范高等专科学校 3 家单位的直管住宅房拆迁补偿款、搬迁费等 169.68 万元已滞留 3 年以上，另有临时安置费等 28.39 万元未及时领取。三是已征收土地或已拆房产未及时办结资产核销手续。2021 年 4 月，市自然资源整治储备中心与市委党校签订协议约定无偿收回党校原校区的不动产，截至 2022 年 6 月底，市委党校已将相关权证交给储备中心，但因实测面积与权证面积不符等原因，市委党校账面仍反映原校区资产 11 273.55 万元，账实不符；市住房保障和房屋征收管理中心所有的海曙区天一街房产拆迁补偿款于 2016 年结清并上缴市财政，但资产核销报告至今未获批，账面虚增资产 309.66 万元。

5. 非税收入管理不规范

市住房保障和房屋征收管理中心所有的陆嘉家园小区 539 个汽车库（位）委托物业公司管理，2011 年至 2021 年停车费收入 227.27 万元直接抵充场地设施维护和日常管理支出；市外事办下属 1 家单位自 2007 年 2 月收取认证加急费以来，一直未按规定上缴财政，2018 年至 2020 年认证加急费收入 161.96 万元，未实行收支两条线管理。

（二）预算项目库建设专题审计情况

今年按照省审计厅统一部署，对市本级项目库建设进行的专题审计结果表明，市财政局以数字化改革为牵引，持续推进财政管理制度改革，实现预算编制、预算执行、会计核算全流程数字化管理，为全市预算单位申报储备项目供了规范和依据。审计发现的主要问题：

1. 项目库系统功能不健全

一是未建立事前绩效评估与项目入库挂钩机制。未反映预算项目的主管部门事前绩效评估意见、财政部门事前绩效评审意见。二是未体现项目

（续）

优先等次。系统不具备排序功能，各部门单位未能按照轻重缓急、项目成熟度等对入库的4 367个特定目标类和其他运转类项目进行排序并标记，预算安排无法突出保障重点。

2. 部门间数据横向贯通不到位

市财政预算项目库的政府投资项目信息与市发改委的政府投资项目计划存在差异，2021年30个项目的入库时间早于市发改委立项，且相关部门在立项批复后亦未及时更新项目信息。

（三）2020年度政府财务报告专题审计

今年按照省审计厅统一部署进行的专题审计结果表明，市财政局认真组织和指导市级各预算单位和区（县、市）财政局开展政府财务报告编报工作，2020年度市本级政府综合财务报告基本真实反映了政府财务状况和运行情况。审计发现的主要问题：

1. 政府投资基金未编入政府财务报告

截至2020年底，市财政对创投引导基金的长期投资90 000万元和投资收益2 885.09万元，未在财务报告中反映。

2. 股权投资编报不准确

一是编报主体不完整。1家市属监管国有企业、40家市属非监管国有企业未纳入编报范围。二是部分国有企业重复填报。市财政局按合并会计报表数据和权益法填报对1家集团公司的长期投资，又按成本法反映该集团所属21家企业的长期投资，造成政府财务报告多计长期投资88 929.23万元；2家企业股权划转后，原出资单位未及时调减长期投资，造成多计长期投资500万元。

二、市级部门预算执行审计情况

结合领导干部经济责任审计对市综合执法局等12个部门、市教育局和市农业农村局2个重点部门实施部门预算执行审计，并对31家单位2020年"三公"经费、会议费、培训费情况进行了专项审计。审计结果表明，市级有关部门切实贯彻落实中央八项规定精神及其实施细则、浙江省委"28条办法"和"六项禁令"，从严控制公务支出公款消费，持续推进厉行节约反对浪费，预算执行情况总体较好。审计发现的主要问题：

1. 预算编制不合理不细化

2021年，市农业农村局编制的现代种业发展专项资金预算3 600万元未细化到具体使用单位。市妇联的宣传经费提前1年编制预算并提前付清款项，2018年至2020年共支付68.2万元。

（续）

2. 经费管理不够规范

2016年至2018年，市委党校在下属企业应上交利润中直接列支党校教工食堂人员工资、校园物业费等365.71万元。2018年至2020年，市民宗局共转移支付少数民族专项资金168万元，但未制订资金管理办法，补助条件、补助额度不明确。市科协支付市林业园艺学会科技沙龙项目经费等合计118万元，但学会支出中有103.83万元与项目无明显关联。

3. 预算执行进度缓慢，资金绩效不高

市口岸办2020年电子口岸政府推进项目工作经费、市机关事务局2020年办公房清理及维修经费、市综合执法局市容环卫中心2020年城市规划和设计服务专项经费、市统计局2021年第七次全国人口普查经费等7个项目预算执行率低于50%，涉及预算资金1528万元。2021年，市教育局将年初安排的部分学生近视防控经费延后至12月份才拨付相关单位，年度内应开展的部分工作被推迟到2022年度实施，涉及资金130万元。

三、重大政策落实审计情况

（一）小微企业园建设（提升）情况专项审计调查

审计调查结果表明，我市坚持政府引导与市场运作联动，开发建设与整治提升并举，积极推动小微企业园建设提升工作，为小微企业创业创新开辟了新空间。审计发现的主要问题：

1. 部分小微企业园主导产业不突出

2021年6月底，创客157创业创新园、慈溪市匡堰镇产业小镇、大目湾双创园、中意启迪科技城（一期）等13个园区的主导产业数量超过规定的2个，产业定位不明确，影响了园区的集聚效应。

2. 个别小微企业园不符合认定标准

一是个别园区申报小微企业园时，园内入驻企业数量不符合规定。4个园区申报时的入驻企业均少于规定的10家，如金港创业基地（三期）、宁波裘皮产业中小企业创业服务基地申报时，入驻企业数分别只有1家、2家。二是部分生产制造类小微企业园非生产性用房建筑面积的比例不符合要求。至2021年6月底，宁波欧洲工业园、东陈乡腾云小微企业园（一期）等12个生产制造类小微企业园的非生产性用房建筑面积占项目总建筑面积的比例均超过规定的15%。

（二）放心消费城市建设情况专项审计调查

审计调查结果表明，各级各部门积极克服疫情带来的影响，有序推进促进消费升级、培育消费新增长点的各项工作任务。审计发现的主要问题：

第十一章　政府审计工作报告范本

（续）

1. 个别政策文件未及时出台

因补助经费未纳入当年财政预算，市商务局2021年起草完成的高校毕业生创业和入职家政服务企业的鼓励办法，至2022年3月才正式出台。

2. 部分工作目标未完成

2019年宁波新增的市级商业特色街区仅2个，未按要求完成认定市级"特色商业示范街区"5个以上的目标；《2020年度宁波市菜篮子商品储备任务》中冻猪肉储备要求2 640吨，其中300吨的储备工作未完成。

3. 个别目标任务未落实到位

由于无评价标准、可操作性不强，市商务局未按《宁波市建设国际消费城市实施方案》要求对全市进口消费品实绩进行评价和总结。

（三）市低收入农户精准扶持情况专项审计调查

对市本级和奉化区、慈溪市、宁海县的审计调查结果表明，两年来各级政府和部门积极落实省委、市委高质量推进共同富裕的决策部署，综合施策，扎实推进低收入农户扶持各项工作任务，不断提高农户收入水平和生活质量。审计发现的主要问题：

1. 低收入农户城乡居民基本医疗保险和养老保险个人缴费补助应享未享

因身份比对名单动态更新不足等原因，2020年至2021年，3个区（县、市）存在符合条件的低收入农户未享受城乡居民基本医疗保险个人缴费补助和城乡居民基本养老保险参保补助情况，涉及金额27.91万元。

2. 低收入农户专项扶持工作不到位

一是市级专项扶持资金使用率偏低且管理不够规范。2019年至2021年，慈溪市、宁海县的市级低收入农户专项扶持资金的使用率分别为37.33%、28.02%；至2022年4月底，奉化区、慈溪市留存资金中，结转2年以上的分别有174.77万元、1 208.98万元，财政未及时收回。二是宁海县专项扶持政策不够健全。宁海县原有的增收实施办法到期后，未制定新的政策文件；对公益性补助资金的拨付时间未作要求，4个镇（街道）在隔年4月份才下拨上年底收到的低收入农户公益性补助资金；未对种植养殖具体品种和奖补标准予以细化和明确，也未开展对单户帮带项目报批、补助等方面工作。

四、重大项目和重点资金审计情况

（一）2021年建设共同富裕示范区集中开工重大项目专项审计调查

审计调查结果表明，市本级及各区（县、市）积极申报并采取多项措施推进项目建设，以项目促投资的整体目标基本实现。审计发现的主要问题：

（续）

1. 部分项目未按要求时间节点开工，投资实物量完成滞后

宁海县中车交通（宁海）商用车创新工厂与长三角配套产业园项目因招商条款落实有分歧，通过补充协议加大支持力度后仍处在场地整理阶段，截至今年4月底仍未实质性开工建设。

2. 部分项目受要素制约影响后续推进，不利于有效投资加快形成

杭甬高速复线宁波段二期甬绍界至小曹娥互通段项目全长14.39千米，只有先行段1千米开工建设，全线耕地占补平衡审批尚未正式批复，影响项目推进；鄞州区清水环通一期工程中邱隘水厂因项目用地规划审批问题，仅实施施工合同总额的30.84%，影响进度。

3. 专项债利息核算不规范

鄞州区清水环通一期工程建设单位宁波市鄞通集团有限责任公司等3家单位将项目专项债利息收入计入公司财务费用，未冲减项目成本，金额共计227万元。

（二）政府投资审计情况

围绕我市扩大有效投资、促进重大项目实施，加大政府投资项目审计监督力度，报告期内对轨道交通年度在建工程、市北区污水处理厂三期工程等11个项目实施预算执行审计，项目总投资约1 017.81亿元；对栎社国际机场三期扩建工程等3个项目进行竣工决算审计，项目总投资约204.84亿元，并对市本级住房与城市建设专项资金使用和绩效情况进行了专项审计调查。重点关注项目资金筹集使用管理、工程招投标、项目建设管理等方面，协同推进政府投资项目高质量发展。审计共发现管理不规范金额9.76亿元，节约投资4.67亿元，其中建安投资1.38亿元。发现的主要问题，其中大部分已经整改完毕，仍应引起相关单位重视：

1. 项目建设工期进度滞后

列入专项审计调查的71个项目中，不同程度存在进度滞后的情况。已完工33个项目中有11个延期完工，如北环东路（世纪大道-东外环路）快速化改造工程合同工期3年，因综合通讯、热力等管线迁改滞后及疫情和交通导改等影响延误329天；在建的38个项目中已有5个进度滞后，且存在延期风险。

2. 工程部分内容未实施

启运路拓宽改建及周边配套道路新建工程，因前期调查不充分，受周边地块开发影响，3条配套道路（盛德路、君运路、唐西路）的路面结构及路灯、交安、绿化等附属工程没有实施，涉及费用约1 505.11万元，占比8.87%；江北区水系整治及综合提升工程，因政策处理难度大，取消了生态固土、人工湿地、农业面源污染治理、景观提升工程，涉及费用约7 300万元，占比13.74%。

(续)

3. 未按规定公开招标

有3个工程中的14项内容未按规定公开招标，涉及金额2 233.93万元。如机场投资公司实施的栎社国际机场三期扩建工程，其中的交通中心基坑围护结构及附属工程等，由原机场物流管委会主任办公会议明确，直接委托某设计联合体负责，涉及金额637.25万元。

4. 招标管理不到位

有3个项目在招标过程中，对投标资格、定额组价及控制价编制审核不严，增加后续投资控制难度。如市资规局实施的市城市展览馆工程，招标代理单位在编制铝板幕墙控制价时，少计703平方米，涉及造价117.54万元，降低控制价设定的有效性。

5. 渣土处置管理不规范

有3个项目的建筑渣土（泥浆）处置管理不规范。如宁波轨道公司实施的五号线，在大部分渣土已经外运的情况下，仍无法提供土方清运证、外运管理票据、工程量清单等相关处置资料，与合同约定不符。既无法确定土方处置去向，也不利于后续准确计价。

6. 合同管理不严造成损失

西洪大桥及接线工程的三个标段有小箱梁678片，因管理不规范，总包单位未经建设单位认可，将其中两个标段的461片小箱梁梁板制作安装违法分包给其他公司。经测试，已生产完成的209片中大多数因混凝土强度不符、碳化深度大及裂缝多等问题不合格，全部予以报废处理，造成较大经济损失。

五、重点民生保障审计情况

（一）市储备粮管理情况专项审计调查

市县两级审计机关对储备粮管理情况进行了审计。审计结果表明，各级粮食主管部门认真贯彻落实相关决策部署和工作要求，依法履行储备粮管理职能，但在粮食储存和购销轮换管理等方面尚存在一些问题。截至2022年6月底，全市审计机关共向各级纪委监委机关移送相关案件线索19起，涉及23人，其中市本级移送案件线索4起，涉及6人。审计发现的主要问题：

1. 部分制度未及时修订完善

一是市粮食和物资储备局沿用2009年出台的储备粮委托代储管理办法中的库存检查要求，未按《浙江省粮食安全保障条例》等规定修订完善粮食库存检查制度；二是2016年出台的市粮食应急预案对原市粮食局、市发改委等市级部门和原老三区政府分别作了职责分工，但机构改革和行政区划调整后，市粮食和物资储备局未及时完成制度修订。三是慈溪市自2006年

（续）

印发粮食安全应急预案以来未根据工作变化情况进行修订。

2. 代储业务管理不到位

一是市粮食和物资储备局在日常管理中未按要求定期组织开展承储库点的库存检查，下属的市粮食收储有限公司、市庄桥粮油批发市场有限公司对代储点进行月度库存检查时，部分库存检查数直接根据代储公司上报数填报，未实质性开展库存盘查。二是江北区、镇海区、北仑区对代储点监督检查不规范，部分委托代储检查记录不全。三是奉化区、余姚市未通过竞争性谈判、公开招标等程序选择应急成品粮代储企业。四是鄞州区未建立成品粮代储管理制度，未对承储企业的规模、仓储条件等作出明确规定，部分代储企业粮食仓储存在安全隐患。

3. 超标粮管理机制不够完善

市粮食和物资储备局未按规定及时将超标粮情况书面报告市政府和通报市场监管部门，也未同农业农村、自然资源等部门建立协同处理机制，无法对超标粮产生地块进行针对性的跟踪治理。

4. 市级储备粮本地存储率未达要求

因本地粮库仓容不足，市级储备粮委托部分省外企业代储粮食。2019年至2021年省外代储粮食分别为3.71万吨、3.73万吨、3.81万吨，占当年储备粮库存的30%以上，本地存储率不到70%。上述储备粮存储在省外粮库，不利于特殊时期应急需求。

（二）市公办学校运行管理情况专项审计调查

审计调查结果表明，我市积极推进直属公办学校进一步深化教育综合改革，在促进学生全面发展、教师素质提升等方面取得了明显成效。审计发现的主要问题：

1. 学生奖助政策执行不够到位

一是普高专项资助经费政策执行力度不均衡。2018年至2020年，仅1所普高学校按事业收入的5%比例提取专项资助经费用于学生奖助，其余均按3%提取；10所学校专项资助经费使用有余，6所学校资助经费不足、需由公用经费弥补。二是部分中职校内奖学金政策执行不到位。2018年至2020年，3所中职未按规定实行校内奖学金政策。

2. 专项资金管理不够规范，使用效益不高

一是专项资金核算不规范，长期挂账。2所学校的课题经费、文体活动费长期未清理，至2020年底结余614.43万元；1所学校将结对学校学生在甬就读补助等经费结余转入食堂账户，至2021年6月底余额43.79万元；1所学校的学生拓展体验收入计入下属培训机构，至2020年底结余63.03万元。二是近视防控视力检测设备闲置。2020年市教育局购置后捐赠给学校

的29套视力检测设备中，有6所学校的6套设备闲置；使用近视防控专项资金自行采购的检测设备中，有2所学校的2套设备处于闲置状态。

（三）市公共交通资金管理使用情况专项审计调查

审计调查结果表明市公共交通行业管理部门和运营企业贯彻落实市委市政府决策部署，有效实施公交优先发展战略，积极打造一体化公交体系，在促进市区功能提升、方便市民出行、缓解城市交通拥堵、绿色出行等方面发挥了积极作用。审计发现的主要问题：

1. 财政补助审核不严

3家民营公交企业于2017年12月购入80辆比亚迪新能源公交车，在尚未付清车款的情况下，财政提前发放贴息补助543.55万元；2018年12月至2020年12月，公交智能调度系统和GPS系统等数据显示，3家民营公交企业报送不符合补贴条件的运营里程13.63万公里，财政多补贴68.7万元；2家民营公交企业未严格执行补贴协议条款，收入、车辆类型申报错误等造成财政多补贴14.53万元。

2. 公共自行车租用效率低

2018年至2020年，公共自行车3年实际租用户数和租用总次数均呈逐年下降趋势，且约10%用户全年未租用公共自行车。按当年租用公共自行车数量计算，单车维护成本约为车辆购买价格的两倍。

（四）市综合执法（城市管理）系统2020年度财政收支及运行情况专项审计调查

审计调查结果表明，市综合执法系统认真贯彻落实市委市政府关于综合行政执法和城市管理工作的统一部署要求，城市管理工作取得一定成效。审计发现的主要问题：

1. 城市精细化管理部分工作推进缓慢

原计划在2020年出台的《宁波市建筑垃圾管理条例》至2021年4月才完成草案，并于2022年3月正式发布；城市照明管理办法等制度尚未出台；受市国土空间总体规划进度影响，生态绿地系统专项规划及照明规划等专项规划尚未发布，隧道养护项目管理实施细则在审计指出后于2021年10月才印发。

2. 桥下空间管理不规范

一是部分桥下空间建设未能实现规划要求或与规划差异较大。外滩大桥东侧和西侧、庆丰桥西侧桥下空间建设均未达到城市核心区域桥下空间利用规划目标。二是未建立桥下空间建设、管理相关制度，管理缺位。永丰桥东侧桥下空间2017年起被无偿用作办公用地及仓库，琴桥鄞州侧、湾头大桥江北侧部分桥下空间的使用未签协议，运河桥西侧、兴宁桥鄞州侧等

（续）

多个桥下空间存在垃圾、杂物堆积堆放的情况。

六、国有资产管理情况审计

通过领导干部经济责任审计、部门预算执行审计、自然资源资产审计以及金融企业调查，重点对市机关事务局、市口岸办等单位的行政事业性国有资产，宁波工业投资集团有限公司（以下简称"工投集团"）、宁波文旅会展集团有限公司（以下简称"文旅集团"）、宁波市金融控股有限公司（以下简称"金控公司"）的企业国有资产，以及集士港镇的自然资源资产管理使用情况进行了审计。审计结果表明，总体情况良好，但也存在一些问题，需要纠正或改进。

（一）行政事业性国有资产方面存在的主要问题

1. 国有资产报告编制主体不完整

市医疗保障管理服务中心等4家预算单位漏编资产年报，涉及固定资产1 155.7万元。

2. 部分房产未办理权证

市公安局、市检察院等7家单位拟划转的7处办公用房尚未办理权属转移变更登记，涉及面积16.98万平方米。

3. 部分房产闲置

市口岸办部分办公用房闲置，面积612.94平方米，闲置时间最长3年以上。

（二）部分国有企业（含金融企业）国有资产方面存在的主要问题

1. 工投集团资产经营聚焦主责主业精准度不高

审计发现，2020年度，该集团的营业收入和利润总额分别为52.08亿元和6.47亿元，但营业收入和利润总额的组成结构中来自高新技术及新兴产业占比不高，90%以上的营业收入来自贸易和出租收入，利润主要来源于参股公司利润分红、股权投资收益和拆迁补偿等，未能体现其工业及信息化产业投资的主责主业。

2. 工投集团部分资产质量不高

一是部分对外股权投资长期亏损，参股的宁波中华置地有限公司和宁波药材股份有限公司2家企业近3年累计亏损10 067.23万元，资产质量低效。二是部分不动产管理不够规范。截至2020年底，因历史原因有112处权属应变更尚未变更，41处产证不全，47处因已房改或拆迁等原因有账无实。

3. 文旅集团未实行母公司资金池运作

截至2021年底，宁波文旅集团下属企业符合资金池归集管理的应归集未归集资金为5 668万元。其中，宁波联谊宾馆有限公司和中山饭店834.27万

(续)

元；浙江宁旅股份有限公司 969.80 万元；

宁波市电影集团有限责任公司 2 729.52 万元；宁波城市旅游发展有限公司 1 134.41 万元，上述银行存款未实行母公司资金池运作，资金使用效益欠佳。

4. 金控公司下属小贷公司存在业务集中度过高风险

金控公司下属宁波金江互联网小额贷款有限公司 2020 年 5 月起与 1 家集团公司合作开展房抵经营贷业务，获客渠道、贷后管理、债权保证均高度依赖于合作方。截至 2020 年底，小贷公司房抵经营贷余额为 2.88 亿元，占小贷公司总贷款余额 88.34%，小贷业务集中度过高，存在经营风险。

（三）集士港镇自然资源资产方面存在的主要问题

1. 石料矿产开采审批监管不力

一是集士港镇消纳场工程项目未按规定办理规划、用地等审批手续，相关合同未明确石料开发范围，原矿主场内清库开采石料无约束。二是集士港镇对石料管理不到位，原矿主超越施工范围采矿并外运等行为未得到有效监管，2019 年 7 月后，原矿主在施工图范围外开采矿石，涉及数量 7.9 万吨，存在国有资源流失风险。

2. 未完成废弃矿山生态修复任务

集士港镇共有 4 座废弃矿山被列入省、市、区废弃矿山生态修复三年专项行动任务清单，要求 2020 年度完成交工验收，但工程治理进度滞后，均未按计划完成，贯彻落实生态文明建设任务不够有力。

七、审计移送违法违纪线索情况

聚焦公共权力运行、公共资金使用、公共资源交易、公共资产运营、公共工程建设，全市审计机关有效推进党风廉政建设和反腐败工作。2021 年 7 月至 2022 年 7 月，市本级在各项审计中发现并移送违纪违法问题线索 25 件，其中向纪检监察公安机关移送 13 件、向主管部门移送 12 件。共办结反馈移送案件 18 件，其中已追究刑事责任 2 名，党纪政纪处分 7 名，诫勉谈话及批评教育 22 名，追缴非法所得 715.03 万元。上述违纪违法问题线索主要特点是：

（一）工程建筑领域招投标违规事项频发

此类问题线索有 13 件，主要表现为：有 6 件反映投标单位通过串通投标、违法分包、挂靠资质等多种手段中标；有 4 件反映在工程招标、建设管理过程中因业主单位审批管控不严，造成国有资金损失；有 3 件反映代建工程建筑石料的处置管理不当，少计开挖数量，开挖建筑石料去向不明，造成国有矿产资源流失。

（续）

（二）民生领域违规违纪问题时有发生

此类问题线索有 7 件，主要表现为：单位或个人通过伪造公章提供虚假参保证明、违规篡改竞拍结果使特定关系人中标、签订阴阳合同少计单位收入、里外串通进行利益输送、未执行惠企让利政策等手段，骗取公共资金，破坏营商环境，损害群众利益。

（三）违反个人廉洁、纪律问题不容忽视

此类问题线索有 5 件，主要表现为：单位、个人违反财经纪律，滞留代收代缴罚款，挤占挪用居民医保、环卫、教育等领域资金，谋取个人利益。

八、审计建议

（一）推动宏观调控政策更加稳健有效，奋力打造"重要窗口"

进一步落实减税降费政策，巩固和拓展减税降费成效，着力稳企业保就业。立足地方经济发展需求，积极运用财政政策提升效能，充分发挥财政资金撬动作用和杠杆效应。加快支出进度，推动地方政府专项债券实际使用形成的投资规模大幅增加。建立健全项目开发机制，抓紧抓实重大项目储备，优化要素资源统筹协调机制，减少项目落地过程中的不确定性。

（二）坚持在发展中保障和改善民生，推进共同富裕先行市建设

从我市高质量发展建设共同富裕先行市的战略布局出发，全面实施"扩中提低"行动，将精准扶持工作与乡村振兴有效衔接。加大一般性转移支付力度，促进区域均衡协调发展。加强民生领域的政策研究，不断提高民生政策的科学性、协调性。加大民生资金监管力度，确保惠民政策落到实处、见到实效，不断地提升群众获得感幸福感。

（三）强化重点领域、重点环节监管，防范化解风险隐患

防范化解地方政府债务风险和不良资产处置等风险，更多运用市场化、法制化手段化解风险隐患。要健全细化国企国资领域的"三重一大"决策机制及操作规程，增强国有经济竞争力和抗风险能力。建立健全储备粮全流程制度体系，不断提升储备粮管理制度建设，强化全链条管控，促进储备粮管理科学、规范运作，确保粮食储备安全。

（四）加强财政资源统筹能力，促使资金使用更加精准

加强四本预算衔接，打破支出固化格局，增强公共财政统筹能力。持续深化财政数字化改革，运用"智慧财政"实施项目全生命周期管理。严格落实压减非急需非刚性支出，把政府过紧日子作为常态化要求。健全专项资金定期评估和动态调整机制，对低效和沉淀资金按规定收回统筹使用。严格压实部门预算管理主体责任，督促资金精准拨付、高效使用。

以上报告请予审议。

第十二章

审计整改报告范本

> **导读**
>
> 本章介绍审计整改报告范本，包括九节，分别介绍上海市政府审计整改报告范本、广东省政府审计整改报告范本、深圳市政府审计整改报告范本、青岛市政府审计整改报告范本、湖北省政府审计整改报告范本、吉林省政府审计整改报告范本、海南省政府审计整改报告范本、内蒙古自治区政府审计整改报告范本以及新疆维吾尔自治区政府审计整改报告范本。

第一节 上海市政府审计整改报告范本

关于 2021 年度市级预算执行和其他财政收支审计查出问题整改情况的报告

——2022 年 11 月 23 日在第十五届上海市人民代表大会常务委员会第四十六次会议上
市审计局局长　刘向民

主任、各位副主任、秘书长、各位委员：

我受市政府委托，报告 2021 年度市级预算执行和其他财政收支审计查出问题的整改情况，请予审议。

（续）

一、整改工作的部署推进情况

市委、市政府深入贯彻习近平总书记关于审计整改工作的重要指示批示精神，要求全市各部门（单位）认真落实中共中央办公厅、国务院办公厅《关于建立健全审计查出问题整改长效机制的意见》，高位推动审计整改工作。市委、市政府主要领导多次对审计整改作出指示批示，要求按照审计建议，扎实抓好问题整改。市政府召开常务会议和专题会议部署整改工作，要求认真研究解决审计发现的问题，建立健全相关制度机制，进一步提升审计整改成效。

市审计局全面落实中央和市委、市政府关于审计整改工作的意见，按照市人大常委会有关审议意见，认真履行好对审计整改的跟踪检查责任。聚焦重点，加大对审计发现突出问题整改情况的跟踪检查力度。强化分析研究，分类提出审计整改要求，对审计过程中发现的能立行立改问题，督促指导被审计单位即知即改；对需分阶段或持续整改问题，推动被审计单位明确整改计划，定期报送整改情况直至完成整改；严格核查整改结果，确保审计整改真实、完整。

各部门和单位认真履行整改责任。主管部门切实履行审计整改督促责任，注重加强部门间沟通协调，督促相关被审计单位明确整改目标，细化责任分解，逐项落实整改要求。被审计单位切实履行审计整改主体责任，将审计整改与加强内部治理有效结合，既完善相关管理制度，又积极举一反三、自查自纠，努力做到审计一个问题、整改同类问题，由点及面推动内部管理水平不断提升。截至2022年10月底，相关部门、单位通过上缴国库、拨付资金、核减投资、会计调账、调整预算等方式整改问题金额20.56亿元，制定或修订规章制度78项。

二、审计查出问题的整改情况

（一）财政管理审计查出问题的整改情况

1. 预算管理方面

（1）关于预决算编制不够准确问题。市国资委加强对监管企业前三季度财务快报跟踪和分析，综合考虑企业运营情况和利润变化等因素，合理预计年度国资经营预算收入，提高收入预算编制准确度。对1.38亿元失业保险基金补贴科目明细归类错误的问题，市就业促进中心已作调整。

（2）关于部分资金未纳入转移支付管理问题。市财政局计划于2023年将城市基础设施配套费新增项目的预算管理模式调整为通过专项转移支付下达区财政。

（3）关于绩效评价制度不够完善的问题。市财政局下发通知，明确结转

（续）

项目的绩效自评价要求，督促相关单位及时全面开展绩效自评价。

2. 财政资金清理盘活方面

（1）关于部分非税收入未及时上缴问题。市财政局加大对相关执收单位的督促力度，长期结存的超计划加价水费收入和跨省高速公路通行费收入2 459万元，已全额清理上缴。

（2）关于部分存量资金未及时清理上缴问题。2.02亿元住宅建设配套费结存资金已上缴。针对部门预算项目形成的1 502万元结存资金，主管部门组织项目单位清理后将款项全额上缴。

3. 财政支出效益方面

（1）关于项目实施缓慢，造成"资金等项目"问题。针对中央直达资金项目实施缓慢、虹桥机场噪声治理项目资金拨付与项目进度不匹配，造成21.8亿元资金未使用的问题，市财政局督促相关单位落实预算执行主体责任，加快项目实施进度，按实际需求拨付资金。目前已拨付资金5.84亿元。

（2）关于部分项目预算未及时调整，预算执行率低问题。市国资委2个国有资本经营预算项目已进行预算调整或制定资金使用计划；3家单位加强预算执行管理，未使用的资金已收回1 881万元。

（二）重大政策措施落实跟踪审计查出问题的整改情况

1. 本市推进城市数字化转型相关政策落实方面

（1）关于部分公共数据未集中管理问题。3家单位应归集未归集数据已完成整改。同时，市大数据中心协同各委办局持续梳理权责事项和政务服务事项，配合公共数据主管部门编制公共数据归集相关管理办法，推进数据共享渠道整合和集中统一管理。

（2）关于公共数据开放力度不够问题。市经济信息化委联合市大数据中心进一步完善"本市公共数据统一开放平台"功能和管理，组织推动各部门、单位通过平台实现数据开放，做好开放清单动态调整和开放产品、接口的维护更新。570个未开放的数据资源已全部开放，1 510个未及时更新的数据已全部更新。

（3）关于部分公共数据赋能基层的通道不畅问题。相关主管部门进一步深化公共数据共享机制，加快数据申请审核进度。数据申请审核通过率有较大提升。

2. 长三角一体化发展相关政策落实方面

（1）关于长三角交通运输信息共享有待加强问题。市交通委对未实现共享的数据进行梳理，并与苏浙皖三省交通运输厅协商，对共享目录进行更新完善，提出了2022版共享目录，对进一步规范数据共享提出了明确要求。

（2）关于长三角跨区域运输联合执法机制有待完善问题。三省一市交

（续）

通运输部门召开专题会议，研究并审议长三角"两客一货一危"联防联控和货危道路运输智控体系共建等2项合作协议，推动建立定期开展跨区域联合执法行动的常态化工作机制。目前，苏浙皖外牌违法车辆平均结案率提高到78%，外牌超限运输监测信息反馈量也有所提升。

（3）关于部分项目管理不到位问题。尚未移交的航道、公路项目中，2条航道已移交，8公里航道护岸和8公里防汛通道的资产经协商先行办理管理权移交；未按规划要求开工的2条省界公路中，1条已开工，1条将在建设规划调整后开工。针对个别项目存在的串标行为，建设单位加强监管，在招投标阶段，对人员、证件、授权委托书、社保缴纳证明四项信息的统一性进行严格检查。

3. "五个新城"规划建设相关政策落实方面

市新城推进办针对审计提出的问题，按要求建立整改台账，逐条研究整改措施，将具体问题整改责任逐一细化分解到新城推进办相关成员单位。针对部分任务推进滞后问题，市新城推进办会同有关部门单位进一步完善计划管理，全力加快项目推进工作；针对部分特色产业发展需进一步发力问题，产业部门持续加强引导，锚定规划目标，增强产业集聚集群发展。

4. 金融支持实体经济发展相关政策落实方面

（1）关于政府性融资担保机构作用未充分发挥问题。市财政局会同市地方金融监管局、上海银保监局等部门出台管理办法，为各区政府性融资担保机构提供指导，改进本市政府性融资担保机构日常运营和绩效考核。

（2）关于财政信贷风险补偿资金效用发挥不足问题。市财政局牵头优化信贷风险补偿制度，通过降低补偿门槛、提高补偿比例，建立完善上海金融服务小微企业敢贷愿贷、能贷会贷长效机制，促进扩大政策受惠面。

5. 本市高校科技成果转化相关政策落实方面

（1）关于决策制度不健全问题。6所高校制定或修订了科技成果转移转化管理办法，健全相关事项的集体决策制度。

（2）关于内部管理有缺陷问题。针对科研人员创业底数不清问题，8所高校采取排摸创新创业情况、完善报告审批或备案制度等措施，加强科研成果转化管理。针对2个项目转化程序缺失问题，2所高校通过补充公示程序、完善评估定价机制落实整改。针对2个项目合同管理存在漏洞问题，2所高校采取监督合同执行、签订补充协议或终止合同等措施落实整改。

（3）关于后续管理不到位问题。针对项目受让方、合作方未按合同约定付款或注资问题，在3所高校的督促下，相关合作方已履行合同约定。针对项目转化收入留存下属公司问题，2所高校明确了科技成果转化收入分配管理要求，同时组织对留存下属公司的收入进行清算和收缴。

(续)

（三）重大项目和重点民生资金审计查出问题的整改情况

1. 政府投资重大项目建设管理方面

（1）关于重大项目竣工决算中存在的问题。针对招投标和承发包不规范问题，8个项目的建设单位通过完善投资项目招标管理办法、健全工作机制等措施规范招投标和项目管理。针对建设成本控制不严问题，12个项目的建设单位通过追回款项、冲减成本等落实整改2.04亿元。针对概算执行不严问题，4个项目的建设单位已按原审批渠道申请调概。

（2）关于机场联络线建设管理中存在的问题。针对项目建设进度滞后问题，建设单位积极协调有关区推进建设方案落地，同时督促施工单位加强资源配置，加快施工进度。针对多支付工程进度款问题，建设单位已按实际工程费用抵扣预付款，并要求承建单位加快推进项目建设进度。

2. 困难群众救助补助资金及相关政策落实方面

（1）关于应享未享救助待遇问题。市医保局已将1 475名未参加城乡居民基本医疗保险的困难群众纳入参保范围。同时，通过进一步完善自动建账规则、加强与外部单位信息协查比对等，将符合条件的困难及重残无业人员，纳入自动建账范围。市农场管理局已向11名未获救助金的对象发放2.47万元。

（2）关于违规享受救助待遇问题。市民政局通过建立与相关部门信息共享机制、完善救助信息系统功能模块、出台相关政策明确定期复核救助对象的救助条件等措施落实整改。目前，不符合条件的人员已停止享受救助待遇。

（3）关于多拨付医疗救助资金问题。市医保局下发通知要求经政府采购承办居民大病保险的商业保险机构加强理赔审核，部署各区启动医疗救助资金追款工作。

3. 本市旧住房更新改造方面

（1）关于旧住房基础数据不完整问题。市房屋管理局加强市区联动，借助专业机构力量，对未完成的区加快推进核查排摸工作，对已完成核查排摸的区进行系统间的数据核验。同时，建立统一的房屋地址地名库，确保各系统间数据一致性。

（2）关于专项资金长期闲置问题。市房屋管理局会同市公积金管理中心召开专题会议，研究出台办法，明确售后公房归集资金的用途及使用方式。下一步将继续推进专项资金的使用。

（3）关于项目管理存在不足问题。针对320个项目未按规定同步实施架空线缆入地工程问题，市房屋管理局联合有关部门采取新增市级补助、加强沟通协作等措施落实整改，其中22个项目已完成架空线缆入地，其余项目

（续）

纳入"十四五"建设规划。针对 3 个未按规定报建的修缮类项目，市房屋管理局督促相关单位加强改造项目全过程管理。因前期方案不完善等延期的 463 个项目，已全部完成施工。

4. 本市雨污混接整治方面

（1）关于雨污混接长效监管机制不完善问题。市水务局会同市房屋管理局编制监管指导意见，推动各区建立健全居住区排水设施雨污混接监督检查工作机制。通过"一网通办"推送新开办企业信息，加强对新增排水户的监管。46 个住宅小区污水直排和部分改造路段新增商户雨污混接的问题均已整改。

（2）关于部分改造项目实施不合规问题。针对 22 个住宅小区雨污混接改造未与旧住房修缮改造同步实施的问题，市水务局会同市房屋管理局督促指导各区加强项目统筹，系统推进改造项目统一实施；针对 1 个沿街商户雨污混接改造未与污水管道建设同步的问题，相关区先行落实临时排放措施，同时加快道路污水管网建设工程。针对部分涉及地下管线建设项目未办理建设工程规划许可证问题，市规划资源局、市住房城乡建设管理委、市水务局联合下发通知，部署有关区全面排摸地下排水管线数据，纳入全市地下管线地理信息库；市水务局督促各区严格按要求办理规划许可。

（3）关于部分专项资金申报不实问题。市水务局督促 3 个区按要求整改，多申报的市级专项资金中，4 472 万元已在 2022 年度安排的市级专项资金计划中扣减，25 万元已停止拨付。

（四）国有资产审计查出问题的整改情况

1. 企业国有资产方面

（1）关于国资信息平台数据反映不准确、不完整问题。相关企业已将少报的担保金额 20.07 亿元补录入国资信息平台；已建成国资年报网络版系统，提高国资信息平台反映数据的真实完整性。

（2）关于国企科技创新主动性需加强问题。相关企业加强产研融合，共开展产业化合作项目 40 个，涉及金额共计 4 612 万元；7 个未按期完成的财政扶持创新项目中，6 个已实施完成。

（3）关于经营风险防控不力问题。针对对外投资、融资租赁、质押监管等领域存在的问题，3 家单位采取按规定计提减值准备、停止涉事风险业务、向法院申请资产保全等措施落实整改。

（4）关于国有资产使用效益不佳问题。针对停建长达 10 年的物流中心项目，相关单位已编报可行性研究报告，计划明年正式启动项目建设。针对关停码头配套设施闲置问题，相关单位落实市政府专题会议要求，加快推进老港区码头升级改造转型工作，待上报的改造方案获批后及时启动。

（续）

针对长期闲置房产，相关单位通过启动招租计划、引入合作公司等方式盘活房产 31 296.85 平方米。

2. 金融企业国有资产方面

（1）关于金融业务风险管控不力问题。相关企业修订完善 10 项业务管理制度，严格控制股票质押新增规模，全面排查存量项目风险，及时跟进案件司法判决结果和执行情况，努力挽回损失。对造成投资风险的责任人员已进行问责处理。

（2）关于内部控制不完善或执行不严问题。相关企业修订完善债券质押回购业务和期货业务内部操作规程，对债券质押回购业务的新增客户加强准入管理，对存量客户加强风险管控；完善期货业务货权管理流程，通过司法途径维护公司利益，对涉事子公司开展专项审计，对责任人追加问责。

（3）关于履行债券承销和受托管理职责不到位问题。相关企业修订完善承销业务、受托人管理等 5 项制度，进一步完善债券承销业务信息披露，建设债券存续期管理系统，同时组织专业培训，并开展重点业务自查。

3. 行政事业性国有资产方面

（1）关于权属管理有待完善问题。相关主管部门召开专题会部署审计整改工作，相关单位积极与房屋主管部门加强沟通协调，共同解决房屋权属问题。

（2）关于使用管理不合规问题。涉及单位与主管部门开展协调、专项调研等工作，研究解决方案。

（3）关于账实不符问题。涉及单位通过将账外资产入账、资产账面核销等方式整改相关问题。目前，1 处房屋已入账，13 处房屋已核销。

4. 国有自然资源资产方面

（1）关于土地资源管理不规范问题。针对 11 幅储备地块未经审批对外出租或无偿出借问题，相关区采取完善储后土地临时利用管理、重启审核流程、收回租用土地或相关租金等措施落实整改，已收缴租金 94 万元；针对 7 幅地块未按时开工或竣工问题，相关区已完成 6 幅地块的开工或竣（完）工。

（2）关于林地管理保护不到位问题。针对 8 个造林项目未按规定审查苗木清单的问题，相关区林业部门要求项目建设单位提供证明材料，对无植物检疫证书种植苗木的相关企业，依法进行调查和处罚。40 块林地上的违章搭建已拆除，堆放的垃圾杂物已清理完毕。

（3）关于污染防治工作存在不足问题。相关区督促湿垃圾处理设施改造项目单位制定提标改造方案，倒排项目建设时间节点，推动项目尽早开工建设。4 家未办理环评企业中，2 家被立案处罚，1 家补办手续，1 家已注销

（续）

18家未办理排水许可证企业，除1家关停外，其余17家均已纳入水务监管范围。

三、正在整改中的问题及后续工作安排

从整改情况看，还有部分问题正在持续整改中，尚未全面纠正，主要原因如下：

（1）涉及历史遗留问题的整改，需多方协调解决。如行政事业单位房屋资产管理方面问题的整改，涉及很多历史遗留问题，成因复杂，时间较长，需要多个部门共同梳理研究，协调推进，稳妥有序推动解决，涉及的相关审批流程也需要一定时间。

（2）涉及规划落地问题的整改，需逐步推进解决。如关于"五个新城"规划建设中相关特色产业发展需要进一步发力问题的整改，需要与"十四五"规划建设任务统筹推进，相关区政府、管委会在推动"十四五"规划落地的过程中，强化产业引导，逐渐形成新城特色功能聚集，带动产业发展。

（3）涉及项目建设进度问题的整改，需一定时间解决。如项目实施缓慢等造成中央直达资金和机场噪声治理专项资金闲置问题的整改，需要加快项目实施进度，尽快形成实物工作量，资金拨付到位需要一定时间完成。

有关部门和单位对尚未完成整改的事项，积极作出后续整改工作安排。市审计局将严格落实中央和本市有关审计整改工作要求，根据法律法规规定，依法对相关部门和单位落实整改责任及后续整改情况进行持续跟踪检查，推动整改工作取得实效。

我们将更加紧密地团结在以习近平同志为核心的党中央周围，坚持以习近平新时代中国特色社会主义思想为指导，全面贯彻落实党的二十大精神，坚决落实党中央、国务院和市委、市政府对审计工作的部署要求，自觉接受人大监督和指导，依法全面履行审计监督职责，更好服务上海改革发展大局，为加快建设具有世界影响力的社会主义现代化国际大都市贡献审计力量。

以上报告，请予审议。

第二节 广东省政府审计整改报告范本

广东省人民政府关于我省 2021 年度省级预算执行和其他财政收支审计查出突出问题整改情况的报告

广东省审计厅厅长 马学斌

主任、各位副主任、秘书长，各位委员：

受省人民政府委托，我向省十四届人民代表大会常务委员会第 2 次会议报告我省 2021 年度省级预算执行和其他财政收支审计查出突出问题的整改情况，请予审议。

省委、省政府将落实审计整改工作作为拥护"两个确立"、践行"两个维护"的政治要求，深入学习贯彻习近平总书记关于审计和审计整改工作的重要讲话和重要指示批示精神，认真贯彻中办、国办关于建立健全审计查出问题整改长效机制部署安排，召开省委常委会会议、省委审计委员会会议、省政府常务会议、整改工作专题会议，研究部署审计整改工作。1 月 18 日，省长王伟中主持新一届省政府第 1 次常务会议，安排第一议题深入学习贯彻习近平总书记关于审计工作的重要指示批示精神和省委工作部署，积极落实省人大常委会审议意见，研究部署审计查出问题整改等工作，多次对审计工作作批示、提要求、交任务，多次专题组织研究，深入基层一线调研，指导推动审计整改工作。

根据省委、省政府部署要求，2021 年度审计整改工作通过全面整改、专项整改、重点督办等 3 种方式进行，将《关于我省 2021 年度省级预算执行和其他财政收支的审计工作报告》反映的所有问题及提出的建议全部纳入整改范围，并根据审计署对我省的审计报告以及省人大常委会关于省级决算、审计工作报告的决议和审议意见，提出审计查出的突出问题和重点整改的部门单位。省政府办公厅组织召开审计整改协调会，印发审计查出突出问题整改分工方案，省审计厅按立行立改、分阶段整改、持续整改等 3 种类型分别明确整改要求，向 81 个地方、部门和单位印发整改通知，强化对审计整改督促检查。现将有关情况报告如下：

（续）

一、2021年度审计整改工作部署和成效

各地区各部门各单位坚持以习近平新时代中国特色社会主义思想为指导，深入学习贯彻习近平总书记关于审计整改工作的重要指示批示精神，认真落实中办、国办《关于建立健全审计查出问题整改长效机制的意见》（以下简称《意见》）及我省贯彻落实措施的相关要求，严格执行省十三届人大常委会第四十五次会议有关审议意见，把审计查出问题整改作为提升治理效能、推动高质量发展的有力抓手，全力落实各项整改任务，取得积极成效。

一是整改责任压得更实。省委办公厅、省政府办公厅全面落实中办、国办《意见》要求，印发《关于建立健全审计查出问题整改长效机制的若干措施》，提出14项具体措施，强化审计整改责任落实。2022年以来，省委、省政府主要领导同志对审计查出问题作出整改批示33篇次，要求各级各部门切实做好审计"下半篇文章"。省长王伟中特别强调，对审计发来的取证单、查询函等，"一把手"要亲自研究、亲自签署意见，为审计客观准确查找问题、作出评价创造良好条件。各地区各部门主要负责同志认真履行第一责任人的责任，把抓好审计整改作为重大政治任务，对审计整改工作直接抓、直接管。有关主管部门认真落实监督管理责任，统筹优化政策，规范行业管理，16个省直部门单位均按要求向社会公开部门预算执行和其他财政收支审计整改结果，省教育厅、民政厅、卫生健康委、国资委、市场监管局、粮食和储备局等开展全省整改专项行动，以点带面、举一反三，确保问题改到位、改彻底。

二是审计整改总体格局初步成型。各类监督力量贯通协同，既把握总体，又突出重点，形成了全面整改、专项整改、重点督办3种方式相结合的审计整改总体格局。有关部门单位及有关方面从不同角度专项开展审计整改及督促检查。省人大常委会强化预算联网监督系统运用，建立同财政、审计等部门联动监督机制，省人大常委会预算工委会同省审计厅与主管部门加强横向联动，赴5个市和3个主管部门对政府债务、中小河流管理等3个重点领域开展审计整改跟踪监督。省委依法治省办将审计整改情况列入法治广东建设考核内容，对21个地级以上市开展年度考评。省纪委监委将查处审计移送的重大问题线索和整改情况作为重要任务追责问责；省委巡视办将审计整改情况纳入巡视范围，联合省委审计办开展巡审结合试点，同步进驻、同时动员、同时展开工作。省委组织部注重审计及审计整改结果运用，将审计结果及整改情况作为考核、任免、奖惩领导干部的重要参考。省政府办公厅将重要审计整改事项纳入政府督查范围，与省审计厅等省有关部门开展联合督导，推动问题有效整改。省审计厅将整改监督纳入年度审计工作计划，对审计查出突出问题整改情况进行重点跟踪督促检查，2022年6月，统筹集中组织审计

第十二章 审计整改报告范本

(续)

展中央预算执行和其他财政支出审计查出问题整改现场检查,认真把关审核整改结果,确保整改任务按时保质完成。多地建立了巡审联动、督审联动机制,将审计整改纳入巡察督察督办和绩效考核内容,如云浮市印发《云浮市审计发现共性问题清单》《领导干部履行经济责任重点风险防范清单》至市、县,推动相关部门单位自查自纠、规范管理。

三是整改成效更加显著。总体来看,今年的审计整改成效更加明显,问题整改率稳步提升、整改完成时限大幅提前。截至2023年2月底,省人大常委会重点关注的351个突出问题中,已完成整改326个,整改到位率92.88%,比上年提高18.49个百分点。其中,要求立行立改的问题有245个(占249个此类问题的98.39%)已整改到位;要求分阶段整改的问题有61个(占74个此类问题的82.43%)已整改到位,其余问题已完成阶段性整改目标;要求持续整改的问题有20个(占28个此类问题的71.43%)已整改到位,其余问题已制订了整改措施和计划。对省人大常委会纳入跟踪监督调研的地方政府债务管理等3个方面8个突出问题,已整改6个,整改率75%。审计查出问题共涉及金额1 409.01亿元,已整改1 331亿元,金额整改到位率94.46%,比上年提高1.27个百分点,追责问责65人,约谈2个地市部门、4个县区部门和28名相关责任人。在纠正具体问题的基础上,有关地区、部门和单位以整改为契机,推动源头治理,制定完善规章制度125项,有效清理了一些阻碍改革发展和长期未解决的顽瘴痼疾,如东莞市开展校园及周边食品安全监管专项治理"百日行动",排查出的风险隐患全部纳入"一校一档",形成长效机制;汕头市建立健全防止返贫动态监测和帮扶工作机制,开展防止返贫监测帮扶集中排查,做到"应保尽保";省财政厅开展成本预算绩效管理改革,将审计整改与预算安排挂钩,将过"紧日子"要求落到实处,一体推动揭示问题、规范管理、促进改革。

二、审计查出问题的整改情况

有关地区、部门和单位采取多种方式加强审计整改:省级财政通过收回结余资金、调整投资计划、加快拨付等整改482.33亿元,省有关部门和单位通过加强预算管理、专项转移支付资金管理等整改201.8亿元,有关地区通过追缴、统筹盘活、归还原渠道等整改130.78亿元,有关省属企业通过调整账目、追回损失等整改516.09亿元。主要情况是:

(一)财政管理审计查出突出问题方面

1.关于中央直达资金管理使用方面的问题

应整改问题6个,涉及5个地级市,全部整改到位,已整改1.03亿元,完善医疗服务与保障等方面专项资金管理制度3项,追责问责1人。有关主

（续）

管部门构建省市县直达资金监控体系，实行定期通报。对未及时制定资金分配方案导致分解下达资金晚问题，省财政厅、省卫生健康委印发通知，进一步明确资金分配下达时间要求，加快财政资金运行效率，确保中央财政补助资金均按时分配下达。对违规将农田建设补助资金转至实有资金账户问题，2个地区财政部门已加快资金拨付，将农田建设补助资金划转到项目单位，涉及金额750.52万元。对违规将城乡义务教育补助经费用于雨污分流项目问题，已安排专款用于学校雨污分流改造费用，涉及金额19.85万元，确保规范使用城乡义务教育补助经费。挪用生猪（牛羊）调出大县奖励资金问题，已修订完善相关财务制度，追缴退回资金7.81万元。

2. 关于地方政府债券资金管理方面的问题

应整改问题4个，涉及12个地级市，已完成整改2个，已整改60.36亿元，完善制度2项。对12个市新增专项债券资金闲置1年以上问题，省财政厅出台地方政府专项债券规范管理与加快支出使用制度，建立专项债券支出进度通报预警机制，有关地市加快资金支出和项目建设进度，及时调整资金用途，拨付使用闲置债券资金35.96亿元。对部分地方政府专项债务管理中存在债券资金使用效益不高、管理不规范等问题，有关地市和单位健全完善债券管理机制，按程序调整部分债券资金用途，加快15个2021年专项债券项目建设及资金支出使用，规范债券资金产生收入管理，涉及整改金额24.4亿元。

3. 关于省级财政管理及决算草案审计方面的问题

应整改问题9个，涉及7个地级市，全部整改到位，已整改474.57亿元。对部分资金分配下达时间晚问题，省财政厅加强对代编预算资金的管理使用，通过提前做好项目入库工作、加强项目计划与预算安排的统筹衔接、加快资金拨付使用等整改148.81亿元。对部分转移支付提前下达比例低于规定问题，省财政厅采取优化预算编制流程、编早编细编实预算，提高转移支付提前下达比例等方式整改163.48亿元。对部分转移支付下达时间晚于规定问题，省财政厅督促有关单位制定资金安排方案、建立资金管理台账，加快资金分配下达等整改126.52亿元。对省级转移支付结构优化整合不到位问题，省财政厅已采取明确财政事权支出责任措施整改8.52亿元，确保资金下达方式保持一致。对部分重大项目前期工作经费支出率较低问题，已加快资金拨付使用0.64亿元。对部分上年结转资金未能形成支出问题，省财政厅紧盯上年结转项目，督促各地各部门尽快消化完毕，通过收回统筹、加快拨付或使用等整改26.6亿元。

4. 关于省级部门预算执行审计方面的问题

应整改问题65个，已完成整改64个，已整改87.33亿元，完善预算执

(续)

行监督等方面制度3项。对无预算、超预算、超范围列支或转嫁公用经费、差旅费、职工福利费等问题，有关部门采取加强预算管理、严格预算支出、完善预算执行约束机制等措施，通过上缴财政、调整账表等整改370.35万元。对违规发放补贴补助问题，有关部门已采取措施停发、退还补贴补助资金18.97万元。对部门资金执行进度慢问题，有关单位强化重点项目建设和专项债券资金使用管理，加快专项债券资金拨付使用18.74亿元。对财政及相关资金闲置低效、结存资金未及时清理问题，相关部门单位通过清理盘活、纳入预算管理、上缴财政、加快资金拨付等整改5.55亿元。对提前列支或多支付款项问题，有关部门和所属单位采取补办手续、追回资金、加快项目进度等方式整改1.53亿元。对部分省级财政专项资金分配使用管理不到位问题，有关部门单位通过新增录入财政项目库、规范项目资金使用、向社会公开信息等整改29.35亿元。

5.关于市县财政管理方面的问题

应整改问题11个，涉及2个地级市，已完成整改10个，已整改69.96亿元。对未按规定将上级提前告知的2021年转移支付纳入年初预算编制问题，2个市已通过加强预算编制管理、编入财政总决算报表等整改25.78亿元。对9家市属国有企业未纳入国有资本经营预算编制范围问题，2个市已将9家市属国有企业纳入国有资本经营预算，确保国有资本经营预算收入编制规范完整。对未及时分解下达上级转移支付资金问题，2个市已加快分解下达上级转移支付资金32.53亿元。对非税收入未缴、迟缴国库问题，2个市采取措施规范非税收入管理，通过按规定将城市基础设施配套费、污水处理费、公办幼儿园保育费等非税收入纳入预算管理等整改11.65亿元。

（二）重大政策措施落实跟踪审计查出突出问题方面

1.关于金融服务实体经济政策落实及金融风险管控方面的问题

应整改问题11个，涉及省财政厅、工业和信息化厅等5个省有关单位，已完成整改10个，整改144.18亿元，完善信贷风险补偿资金管理等方面制度22项。

一是对部分政策落实不到位问题。对政府投资基金项目投资方向与投资目录不符的问题，2022年8月，省工业和信息化厅修订了基金产业投资目录，广东粤财投资控股有限公司（以下简称粤财控股）根据新修订的投资目录，对审计指出的13个项目重新进行认定，其中4个项目符合投资方向，其余9个项目已通过完全退出、部分退出或将剩余额度剔除投资范围、剔出省产业发展基金统计范围等方式落实整改。对基金管理人超标准提取管理费的问题，粤财控股下属子公司重新调整管理费提取标准，并从基金回收收益中冲抵超标准提取管理费4 965.5万元。对未按要求遴选托管银行

（续）

问题，省财政厅会同业务主管部门指导基金托管银行加强基金账户、资金清算、资产保管等环节的监管，动态管控投资活动，今后严格落实有关遴选工作要求。对为已结束贷款关系业务提供担保12.59亿元的问题，广东省农业融资担保有限责任公司已对相关业务全面解保，退回担保费31.42万元。

二是对2项支持中小微企业的风险补偿金实施效果不理想问题。目前，省级科技信贷风险准备金已到期暂停使用，省科技厅研究优化科技信贷风险准备金使用和代偿审批流程，下一步将制定省科技信贷风险准备金管理办法，引导银行加大对科技型中小微企业的信贷支持，提高科技信贷风险准备金使用效益。4个市和6个县修订完善中小微企业信贷风险补偿资金管理办法、实施方案等制度文件14项，进一步简化审批流程，鼓励合作银行加大业务推广力度，推动风险补偿资金充分发挥降本增效的惠企效益。

三是对项目决策程序不规范、管控不尽职，存在重大损失风险的问题。对项目决策程序和风险管控措施不规范的问题，广东粤财融资担保集团有限公司指导10家控股地市担保公司及粤财普惠再担保子公司制定党支部前置研究讨论企业重大经营管理事项清单，将收费定价纳入公司项目评审同研究、同表决，印发通知明确公司融资担保业务定价调价机制，加强业务培训，提升经营风险防控水平。对投前尽职调查不充分、投后管理失职等问题，中银粤财股权投资基金管理（广东）有限公司和粤财私募股权投资（广东）有限公司通过司法程序加快推进6个存量项目的清收工作，制定或修订《问责管理规定》《投后管理规定》等5项制度，强化投资全流程管控。对部分直租项目租赁物采购、建造环节风险防控不到位等问题，广东粤财金融租赁股份有限公司加强直租项目采购建造环节风险管控，严格落实按租赁物到货或建造进度分期付款要求，加大租赁物发票追收力度，规范付款行为。

2.关于广东省实验室建设运行方面的问题

应整改问题4个，涉及深圳人工智能实验室等17家省实验室，全部整改到位。

一是对部分地市承建的省实验室建设任务推进缓慢问题。第二批启动建设的3家省实验室中，1家已完成重点项目立项、科研成果转化与产业化等目标任务；1家实验场所已正式挂牌并引进科研人才团队14个、科研人员8人，承担相关科研项目5项；1家加快推进实验室科研园区建设，已完成4批次340台（套）科研仪器设备采购工作，涉及金额6 146万元。第三批启动建设的10家省实验室中，4家已正式入驻开展工作，2家正在组织开展科研设备采购工作，4家加紧推进控制性详细规划调整、工程施工等项目建设工作。

(续)

二是对部分省实验室人才引进困难、双聘人员占比较高问题。省科技厅指导各省实验室做好人才引培规划，鼓励多渠道引进全职全时科研团队。各承建地市给予更多人才引进优惠政策，支持省实验室加快建立人才团队。各省实验室加快制定人才和团队引进制度，加快组建科研团队，人才引进工作取得明显成效。截至2022年底，审计指出的7家省实验室已引进科研人才338人，其中，6家粤东西北省实验室引进科研人员313人。同时，各省实验室调整和优化固定人员和流动人员比例，24家省实验室8 140人中，全职全时人员4 756人，占比58.43%，进一步提升全时引进人员比例。

3. 关于广东省第一期高水平医院建设方面的问题

应整改问题2个，涉及10家医院，已完成整改1个。

一是对专科建设任务重点不突出问题。省卫生健康委印发《"十四五"广东省临床专科能力建设规划》，指导各医院从加强核心专科能力建设、补齐专科资源短板、推动关键领域技术创新等方面加大力度推进重点专科能力建设。各医院依托临床重点专科平台，制订专科发展、技术创新、人才培养建设方案，形成优质人才和学科梯队，集中力量培育本机构的品牌专科，扎实推进专科能力建设规划实施。二是对部分建设资金资产管理使用不规范问题。5家医院购置的271台（套）临床医学研究实验设备和医疗器械已投入使用，3家医院的3台（套）DSA等医疗设备已取得放射诊疗许可证并已投入使用，4家医院正在加紧推进场地施工或项目验收工作，争取早日完成设备安装调试并投入使用。

4. 关于巩固拓展脱贫攻坚成果同乡村振兴有效衔接审计方面的问题

应整改问题48个，涉及14个地级市，已完成整改44个，整改7.93亿元，完善驻镇帮镇扶村资金筹集使用及监督管理等方面制度2项。

一是对防止返贫动态监测和帮扶方面问题。25个县再次集中排查445户脱贫人口存在的返贫风险，精准识别认定监测对象，符合条件的130户已纳入防止返贫动态监测并落实帮扶措施。38个县加强民政、残联部门信息对接，进一步建立健全防止返贫动态监测和帮扶工作机制，做到"应保尽保"，审计指出的1 239名重病重疾、残疾人中，除349人因家庭人均收入高于标准、自愿放弃等原因外，其余874人已全部纳入低保或生活和护理补贴发放范围。

二是对驻镇帮镇扶村方面问题。8个市加大驻镇帮镇扶村工作队人员征集力度并向帮扶镇倾斜，已为305个工作队配齐农村科技特派员、"三支一扶"、高校毕业生志愿者等岗位人员，22个工作队已将"三支一扶"人员和金融助理等纳入工作队统一管理。4个市的58个工作队已完成年度帮扶计划、五年帮扶规划等编制工作，建立完善项目库，细化帮扶措施。10个

（续）

市及相关县区加强资金的统筹，落实配套帮扶资金 7.93 亿元，统筹用于乡村振兴驻镇帮镇扶村项目建设。

5. 关于粮食安全相关政策和资金方面的问题

应整改问题 29 个，涉及 12 个地级市，已完成整改 25 个，完善撂荒耕地整治等方面制度 6 项。

一是对粮食应急体系建设方面问题。2 个市及 3 个县的 22 个镇街加大力度完善粮食安全应急保障体系建设，重新选定粮食应急供应网点并签订应急保障协议书，实现应急供应网点镇街全覆盖。1 个市及 6 个县组织开展应急保障网点、应急保障企业资质状况和经营情况检查，及时终止不符合要求的网点和企业，按程序重新选定。

二是对耕地利用管理方面问题。1 个市及 6 个县少报的撂荒耕地已落实复耕复种 7 993.72 亩，4 个县多报的 5 315.53 亩复耕耕地已全部落实复耕复种。6 个县统筹协调农业经营主体提供机耕机种、代耕代种等方式，加大对撂荒地帮扶力度，落实复耕复种 4 569.79 亩。

6. 关于食品安全政策落实方面的问题

应整改问题 24 个，涉及 6 个地级市，全部整改到位，完善学校校园超市（小卖部）管理等方面制度 2 项。

一是对个别地区"互联网＋明厨亮灶"建设进度慢问题。1 个市加大力度推进大中型餐馆"互联网＋监管"建设，截至 2022 年底，全市处于营业状态的 588 家大中型餐馆已全覆盖纳入监管。1 个县落实校园食品安全规范监管、精准监管、联合监管要求，审计指出的 56 所学校食堂已全部完成"互联网＋明厨亮灶"建设工程。

二是对部分市校园货品、水质监管未落实问题。4 个市督促学校加强对校园超市（小卖部）的日常监管，截至 2022 年底，41 所学校已建立可售卖品类清单制度并对外公示；51 所学校采取委托第三方开展水质检测、定期开展安全卫生巡查等措施，确保学校饮用水安全。

三是对部分市食品加工人员资质及环境不达标问题。2 个市的 9 所学校食堂相关从业人员均已按规定取得健康证明或达到等级要求；4 个市加大餐饮单位排查治理力度，通报问题商家，责令存在食品加工人员资质不达标的商家停业整顿，整改不到位的予以关停或停止供餐。5 个市督促存在风险隐患的 24 所学校强化食品安全管理，按照食品安全卫生要求分开存放生熟原料、加封处理冷藏肉类，提升学校食品安全水平；1 个市开展小餐饮食品安全专项整治行动，督促商家加强人员培训，保持环境场所整洁，确保食品卫生安全。

(续)

（三）重点民生资金审计查出突出问题方面

1. 关于困难群众救助补助资金审计方面的问题

应整改问题22个，涉及7个地级市，全部整改到位，已整改2 086.72万元，完善困难群众救助等方面专项资金管理制度5项，追责问责5人。一是对挪用或截留克扣困难群众救助补助资金问题，6个市29个集中供养和救助机构已追缴退回或上缴财政、原渠道归还360.23万元，通过调整账表等完成整改938.72万元。二是对挪用该项资金用于机构日常经费开支问题，2个市财政、民政部门已追加预算、退还资金62.47万元。三是对符合条件人员未享受或少享受救助待遇问题，已对2万多名困难群众进行核实甄别，将符合条件人员纳入生活、医疗救助范围，并通过补发待遇、追回多发待遇等整改725.3万元。

2. 关于2021年农村人居环境整治资金管理使用方面的问题

应整改问题10个，涉及6个地级市的8个县区，已完成整改9个，整改3.41亿元。2个县通过统筹财政资金、追回被挪用资金等方式，归垫农村人居环境整治资金2.11亿元。2个县已落实配套、加快拨付保洁员工资和卫生保洁费用0.22亿元。6个县督促养殖场项目实施主体加快施工进度，抓紧项目验收，促进畜禽粪污治理补助资金支出1.08亿元。

（四）国资国企审计查出突出问题方面。

1. 关于省属国有企业资产审计方面的问题

应整改问题54个，涉及15户省属国有企业，已完成整改50个，整改471.92亿元，完善议事规则、投资管理、预算管理等方面制度67项，追责问责36人。

一是对部分重大经济事项决策不合规问题。8户企业严格执行"三重一大"决策程序，落实党委会前置研究重大事项的要求，完善议事规则、预算管理、投资管理等方面制度19项，进一步规范投资决策程序，提高决策水平；1户企业持续强化筹融资合规决策，建立筹融资、担保管理台账，加强对项目投资资金合规性审查把控，1户企业已完成资产评估工作，并取得物业《不动产权证书》；2户企业积极协调项目公司，顺利盘活项目，化解项目风险；1户企业加快推进资产保全和破产清算工作，采取法律手段等方式挽回损失1 112.6万元。

二是对个别企业违法违规经营问题。1户企业对下属公司开展企业经营风险排查，加强业务风险管控，逐步对违规出借代理资质业务进行清退处理；1户企业已偿还贸易型融资贷款11.62亿元，加强对贷款资金的监督检查力度；1户企业对所有商贸业务进行全面清查清理，收回融资性贸易业务相关费用 383.2 万元，完善贸易业务的前期论证、签约谈判、合同履行等风险防范机制；1 户企业已与属地政府沟通协调，尽快办理土地转用征收手续；1 户企业已收回违规发放贷款 4 663.13 万元，通过诉讼积极追收贷款 4 076.68 万元，同时规范贷款业务管理，杜绝发生新的贷款损失。

三是对部分会计信息不实及国有资产管理不完善问题。4 户企业及时纠正会计报表差错，按有关规定调整账务 1.71 亿元；1 户企业开展不良资产全面清查摸底，纠正财务核销不及时、依据不充分、程序不合规等问题；1 户企业积极完善资产核销手续；1 户企业印发资产处置管理办法，规范资产出租、转让等资产处置工作流程；1 户企业开展资产清查专项工作，建立资产管理系统；2 户企业采取措施分类处置盘活资产，盘活闲置物业 7 368.07 平方米，挂牌转让 260 亩土地；3 户企业通过实地调研督导、派出专职人员、开展风险排查等方式，加强对下属企业的经营管理和风险管控，完善制度 9 项，处理处分 35 人。

四是对部分资金使用效益不佳或审批不规范问题。2 户企业及时清理结存资金，上缴财政 3 655.71 万元；6 户企业加快项目组织实施，加快双创基金和农业基金等产业基金募集资金的使用，促进资金拨付 3.61 亿元；7 户企业通过开展财务检查、注销担保企业、停止资金担保等方式整改，收回拆借资金 2.46 亿元，完善制度 13 项，提升资金规范管理水平。

2. 关于省级行政事业性国有资产审计方面的问题

应整改问题 37 个，涉及 17 家省有关单位，已完成整改 33 个，整改 10.11 亿元，完善固定资产管理、资产出租出借等方面制度 7 项。

一是对资产账实不符问题，10 个部门和 1 家医院加强国有资产的定期盘点、盘活利用，做好实物登记及账务处理，共登记入账 18 889 件资产、涉及建筑和土地面积 186.19 万平方米，调整账表 9.54 亿元。二是对资产管理数据不够完整、准确问题，4 个部门对资产进行清查盘点，及时更新 6 881 件固定资产信息数据，确保资产信息的全面、准确和完整。三是对违规出租（出借）资产问题，1 个部门和 2 家所属单位已补办相关手续或收回出借资产，并将租金上缴财政，涉及金额 146.23 万元。四是对低价出租资产、少收或未收取资产出租收入等问题，5 个部门、1 家所属单位和 2 家医院加强物业管理，完善制度 3 项，追缴上缴租金收入 3 043.77 万元。

3. 关于自然资源资产审计方面的问题

应整改问题 15 个，涉及 1 个地级市、1 个省直部门，已完成整改 13 个，完善水污染防治、森林防火等方面制度 6 项，追责问责 23 人。

第十二章 审计整改报告范本

(续)

一是对海洋和水资源管理不到位问题。省自然资源厅已完工或调整取消海洋经济重点项目4个;省生态环境厅通过预警通报、挂牌督办、约谈等方式压实地方政府水污染治理责任,推动4个市实现水环境承载能力不超载;河源市完成病险水库主体或附属工程建设17座,已完工或办理完工验收、竣工验收的中小河流治理项目125个,按要求完成当年度小水电站退出任务,拆除小水电站12座。二是对违规出让和使用土地问题。河源市补办建设工程规划许可证34宗、建设用地规划许可证9宗、建设工程施工许可证61宗,清查136.47万平方米储备土地的出让、用途调整、置换等情况并移送省纪委监委查处,收回国有建设用地2宗,涉及面积22.49万平方米。三是对林地管理不到位问题。河源市严肃查处少报瞒报森林火情问题,处分处理15人;将领导干部任期森林病虫害防治工作目标责任、重大林业有害生物防治目标责任纳入林长制考核,安排松材线虫病防治专项资金,2022年压减松材线虫病发生面积6.17万亩,林业有害生物发生面积减少至165.33万亩;对部分违法占用林地进行立案查处,行政处罚8人,补缴森林植被恢复费72.27万元,将150.45亩林地调整为非林地。

三、尚未完全整改到位的问题及后续工作安排

从整改情况看,截至2023年2月底,尚未完成整改的25个问题中,除要求分阶段整改的13个问题和持续整改的8个问题外,还有4个立行立改的问题,分别涉及债券资金使用效益不高和管理不规范、未及时分解下达上级转移支付、驻镇帮镇扶村工作队未配齐、土地物业长期闲置等。审计机关严格落实"三个区分开来"重要要求,充分听取有关地区、部门和单位的意见,综合考虑要求分阶段整改或持续整改问题的相关情况,实事求是分析原因,主要存在以下3方面值得关注的问题与困难:

(1)有些问题受限于地方政府财力薄弱,需筹措资金持续推进解决。如对新增专项债券资金用于回购以前年度已竣工项目问题,由于欠发达地区受经济下行影响,一般公共预算收入和土地出让收入大幅减少,难以筹集资金置换原项目,相关市将通过盘活存量资金、闲置房产资产,加快土地挂牌出让,加大砂石等矿产资源出让,推进拆旧复垦和水田指标交易,大力压减非必要、非必需预算支出等方式,多渠道筹集资金,置换原债券资金安排的项目,逐步完成整改。再如,对驻镇帮镇扶村工作队未配齐、资金未足额到位问题,相关市县加大选派人员参与驻镇帮镇工作的力度,增加财政可调度资金来源,逐步落实帮扶资金。

（续）

（2）有些问题时间跨度大、涉及单位多、资金分配审批流程复杂，需多方加强配合共同推进解决。如对未收取资产出租收入问题，相关单位需进一步沟通协调，明确资产收益权属后按要求处理。再如，对未及时分解下达上级转移支付问题，一些专项资金如大气污染防治资金，要求必须经过中央生态环境专项资金项目储备库专家审核才可分配，需协调相关单位，尽快制定资金分配方案，形成实际支出，对不符合条件的项目资金需按程序退回省财政。

（3）有些问题受制于外部条件或不可抗力等难以短期完成整改，需制定审慎稳妥的处置方案有序推进解决。如高标准农田内耕地区域性撂荒问题，需按照"三区三线"国土空间规划，将不具备种植粮食作物的地块进行调整，逐步移出高标准农田范围，并持续推进复耕复种，投入水利灌溉设备，加快改善种植条件；物业闲置问题，受疫情影响、经济萎缩、租赁市场疲软等多种因素影响，需制定符合市场和商圈环境等实际的招租方案长期推进。

有关地区和部门单位对后续整改作出了安排：一是细化整改要求。系统梳理未整改到位问题，明确整改时限及整改目标等，一抓到底、加快落实；对已完成整改的问题，强化建章立制和跟踪问效，适时组织"回头看"，不断规范财政财务管理。二是压实整改责任。加强跟踪督办，拿出真招实招，统筹推动解决整改中的困难，确保应改尽改、高质量清零，对虚假整改等问题严肃追责问责。三是完善制度机制。深入分析短板弱项，加强制度建设和过程管理，切实巩固整改成果，实现标本兼治。下一步，省政府将严格贯彻落实中办、国办《意见》精神和省委部署安排，继续完善全面整改、专项整改、重点督办相结合的整改工作格局，持续加强跟踪督促检查，深刻剖析问题根源，查改联动、立破并举，确保整改合规到位，并按照《广东省预算执行审计条例》的规定，于2023年7月向省人大常委会书面报告我省2021年度省级预算执行和其他财政收支审计查出问题的整改结果。

主任、各位副主任、秘书长，各位委员：

我们将更加紧密地团结在以习近平同志为核心的党中央周围，坚持以习近平新时代中国特色社会主义思想为指导，全面贯彻落实党的二十大精神，坚决落实党中央、国务院和省委、省政府对审计工作的部署要求，自觉接受省人大监督和指导，依法全面履行审计监督职责，服务好广东改革发展大局，为开创广东高质量发展新局面贡献审计力量。

以上报告，请予审议。

(续)

广东省财政厅对审计查出问题整改情况的报告

根据《中华人民共和国审计法》的规定，2023年3月至4月，广东省审计厅对省财政厅2022年度部门预算执行等情况进行了审计，重点审计了厅本部，并对省财政厅投资审核中心等7个下属单位及其他事项进行了延伸审计。根据省审计厅对省财政厅2022年度部门预算执行等情况的审计结果，对审计指出的问题，我厅逐条进行梳理，分析原因，研究部署整改工作。现将审计查出问题的整改情况公告如下：

一、关于省财政厅本级未全面履行出资人责任、对下属企业监管不到位，未督促落实重大事项报批报备等制度的问题

已按要求完成整改。一是加强对下属企业监管，全面履行出资人责任，完善报批报备清单。二是督促下属企业加强公司治理，落实重大事项报批报备等制度。三是完善激励约束机制，严格下属企业经营业绩考核和负责人履职考评，引导企业规范经营，实现健康可持续发展。

二、关于至2023年3月，省财政厅本级2处房产共计347.62平方米未列入固定资产账、未纳入国有资产管理系统登记的问题

已按要求完成整改，并进一步做好资产管理工作。一是及时办理资产和财务入账。2处房产已依据相关房产档案资料，登记资产卡片和账务信息。二是全面清查房产。开展土地房产全面核查，向房屋登记管理部门查询我厅名下所有房产，进一步完善房产权属登记信息，确保资产管理的安全完整准确。

广东省财政厅
2023年12月28日

第三节　深圳市政府审计整改报告范本

深圳市 2021 年度本级预算执行和其他财政收支审计查出问题整改情况的报告

——2022 年 12 月在深圳市第七届人民代表大会常务委员会
第十四次会议上

市人大常委会：

根据《深圳经济特区审计监督条例》以及《深圳市人民代表大会常务委员会关于进一步加强审计监督工作的决定》，现向市人大常委会报告深圳市 2021 年度本级预算执行和其他财政收支审计查出问题的整改情况，请予审议。

一、审计整改工作的部署落实情况

为全面系统深入学习宣传贯彻党的二十大精神，落实习近平总书记关于做好审计整改工作的重要指示精神，市委、市政府高度重视审计查出问题整改工作。孟凡利书记召开市党政领导班子会议、市委审计委员会会议，传达学习习近平总书记重要指示批示精神，研究部署审计查出问题整改落实工作。覃伟中市长主持召开市政府党组会议、常务会议和全市审计工作会议，对审计整改工作进行了专题研究，提出具体整改要求。

各区政府（新区、合作区管委会）、各部门和有关单位按照《中共深圳市委办公厅 深圳市人民政府办公厅印发〈关于建立健全审计查出问题整改长效机制的若干措施〉的通知》（深办发〔2022〕9 号）精神，采取有力有效措施，推动审计整改工作取得实效。一是审计整改主体责任有力落实。被审计单位承担审计整改主体责任，研究制定整改方案，明确整改措施、整改时限、目标要求，按项逐条落实具体责任部门和责任人，分类施策推进整改。主要负责同志切实履行第一责任人职责，定期听取审计整改进展汇报，积极推动审计整改落实。二是各类监督形成合力推进审计整改。市委、市政府组建审计整改联合督查专班，开展现场检查，将重大审计事项纳入督查督办范围。

（续）

市委巡察办将审计查出问题整改情况作为巡察监督重要内容，予以重点关注。市人大计划预算委对审计查出问题开展跟踪监督，推动重点项目加强整改。市审计局建立审计整改台账，实时跟踪审计整改进度，通过现场核查、专项督办等方式督促相关责任单位整改落实。三是审计整改"三化"建设成果落地见效。市委审计办、市审计局研究制定审计整改管理暂行办法、审计整改标准化清单等文件，建立审计整改监督电子政务平台，多维度构建职责清晰、措施有力、协同高效、结果充分运用的审计整改闭环管理体系，推动我市审计整改工作稳步迈向标准化、规范化、信息化。

二、审计查出问题的整改情况

2021年度市本级预算执行和其他财政收支审计涵盖市本级全口径预算、部门预算、财政决算（草案）、重大政策措施落实、重大专项、国有企业和政府投资项目等七方面，涉及68个事项，63家整改责任单位。截至2022年11月底，上述事项已完成整改43个，需分阶段整改、取得阶段性成果11个，需长期持续整改、已取得初步成效14个。各相关单位积极采取措施推进整改，涉及金额195.89亿元，其中加强预算管理105.6亿元，清理、上缴资金78.45亿元，加快资金支出10.49亿元，规范资产管理1.31亿元，调整账目376.44万元，制定完善相关规章制度13项。

（一）市本级全口径预算审计查出问题整改情况

1.关于一般公共预算执行审计方面的问题

预算编制及绩效管理存在不足的问题涉及3个事项，其中，年初代编预算指标使用率低、部分财政拨款项目未开展支出绩效评价2个事项已完成整改，部分款项未及时清理事项正在整改中。各相关责任单位主要采取以下整改措施：一是市财政局在编制2022年部门预算时压实各预算单位支出预留资金责任，要求申报部门提前做好项目前期准备和资金分配计划，对年初难以细化落实的财政预留资金，应提供政策依据、测算标准。同时，建立定期通报机制，加快推动支出政策和项目落地。2022年财政预留资金规模比2021年减少27.6亿元，市扶贫合作专项资金等原代编项目经费已纳入单位部门预算。二是市财政局将中央驻深单位地方补助经费全部纳入我市预算绩效全过程管理，中央驻深单位绩效运行监控结果和绩效自评结果作为以后年度经费补助安排的重要参考依据。三是市财政局已向龙岗区下达补助资金，专项用于清理龙岗区历史遗留往来挂账76亿元。13家单位已清理上缴财政款1.51亿元，其中2家单位正通过法律诉讼、在决算评审时冲减建设成本等方式追缴剩余应缴财政款436.1万元。9家单位已上缴审计指出全部结余资金或结转两年以上的资金6 425.15万元。4家单位已启动长期挂账应收款的清理工作。

（续）

　　非税收入收缴工作有待改进的问题涉及2个事项，其中，非税收入欠费追缴缺乏有效监管事项已完成整改，智慧财政非税系统诉讼费模块功能不完善事项正在整改中。市财政局主要采取以下整改措施：一是已建立诉讼费立案执行情况定期报送机制，完善诉讼费应收款和备用金退付台账报送机制。目前，各法院部门已陆续上报相关信息，初步形成诉讼费数据报送常态化工作机制。二是已在财政非税系统增加勾对标记"已退款"功能，避免诉讼费重复退付。因法院业务系统尚未具备登记、共享退费账户信息功能，市财政局正会同各法院研究简化材料、缩短流程，提高诉讼费退付效率。

　　部分地方政府专项债券管理使用方面存在的问题涉及部分专项债券发行项目选择不够科学、部分专项债券支出进度缓慢、部分项目单位申请专项债券时未同步设定绩效目标3个事项，均已完成整改。各相关责任单位主要采取以下整改措施：一是市财政局建立地方政府专项债券支出进度通报预警和违规使用处理处罚机制，会同市发展改革委加强专项债券项目资金支付监控力度，及时调整闲置资金。市妇幼保健院加快工程项目建设和科室开诊进度，专项债券购置的2.06亿元医疗设备已投入使用。二是市发展改革委与市财政局协作配合，加强专项债券支出调度。用于深茂铁路深圳段工程的10亿元专项债券资金，3亿元已用于支付深茂铁路深圳段征地拆迁费和项目工程款，7亿元已另行安排项目使用；4家医院加快设备购置进度，审计指出闲置的5 516.87万元专项债券资金，610.4万元已被统筹收回，4 906.47万元已支出完毕。三是市财政局在开展2023年专项债券项目储备工作中，将绩效目标设置作为安排债券资金的前置条件；上线政府专项债券项目穿透式监测系统，支持主管部门对项目绩效目标、资金需求等情况进行审核。审计指出未设定专项债券绩效目标的21个项目，20个已设置绩效目标，1个因投融资模式未确定，无法设置绩效目标。

　　2.关于政府性基金预算执行审计方面的问题

　　国有土地出让收支预算编制不够细化、执行率低的问题涉及预算编制不够细化、重复安排预算，部分项目预算执行率低2个事项，均已完成整改。各相关责任单位主要采取以下整改措施：一是市财政局按照项目实际及市政府决策情况，进一步落实落细预算，市本级2022年国土基金代编预算较上年减少78亿元，同比减少35%。二是市规划和自然资源局利用智慧财政系统开展项目续建和经费结转等工作，避免因项目跨年划转导致重复编制预算。同时，加强绩效评价结果应用，对上一年度重点绩效评价结果为"中"的低效项目按照10%的比例压减预算，结果为"差"的无效项目不予安排预算。

(续)

　　国有土地出让收入未及时收缴、超范围使用的问题涉及2个事项，其中，超范围使用国土出让收入事项已完成整改，未及时收缴部分地价款事项正在整改中。各相关责任单位主要采取以下整改措施：一是罗湖区政府已对2022年政府投资项目资金安排使用情况开展自查自纠，规范国土出让收入使用范围。光明区政府已将26.78万元超范围使用资金来源调整为一般公共预算。二是龙岗区政府已制定项目初步纾困方案，推动将欠缴地价问题纳入相关市区联合工作专班统筹推进解决。坪山区政府已约谈有关公司，要求尽快制定方案并限期缴清地价款。

　　国有土地出让个别政策规定的落实缺乏有效监管的问题涉及产业用地抵押金额缺乏有效监管、超比例计提房屋征收项目工作经费2个事项，均已完成整改。各相关责任单位主要采取以下整改措施：一是市规划和自然资源局已按照审计意见修改《深圳经济特区不动产登记条例》，增加产业用地抵押审查相关条款；完善了抵押合同模板，增加"抵押金额不得超过合同剩余年期地价与建筑物残值之和"内容，并要求申请人在登记时作出书面承诺。坪山区政府已根据最新抵押合同模板，同7宗产业用地使用单位就抵押金额限制条件签订补充协议。二是龙岗区、坪山区政府均已按照规定，按项目实际支付给补偿对象费用的1%计提房屋征收项目工作经费。

　　3. 关于国有资本经营预算执行审计方面的问题

　　国有资本经营预算等4个银行账户使用和核算不规范的问题已完成整改。市国资委已将审计指出未上缴的结余资金2 656.16万元全部上缴国库。同时，加强银行账户规范管理，根据实际需要注销了其中3个银行账户，仅保留1个银行账户。

　　未对国有资本经营预算大额支出开展绩效评价的问题已完成整改。市国资委已印发《深圳市本级国有资本经营预算绩效管理暂行办法》，将国有资本预算支出全部纳入绩效管理范围并建立绩效评价机制，已从前三年注资项目中选取4个项目，委托中介机构开展绩效评价。

　　4. 关于社保基金预算执行审计方面的问题

　　部分保险费挂账未确认收入的问题已完成整改。针对审计指出挂账的建筑项目工伤保险费57.21万元、医疗保险费233.83万元，市人力资源保障局、医保局已完成清理并相应确认收入。同时，建立对账机制，按照"当月挂账，次月清理"方式定期清理往来款。

　　医保基金管理使用不规范的问题涉及3个事项，其中，市医保智能审核系统与国家医疗保障信息平台衔接不畅、市医保中心支付医疗机构不合规医疗费用2个事项已完成整改，部分社区门诊统筹基金的历史结余未追回事项正在整改中。市医保中心主要采取以下整改措施：一是已在国家平台智

（续）

能监管子系统新增上线运行审核规则 7 条，总计上线运行 25 条，加强医院结算数据审核。二是已追回审计指出全部不符合医保支付范围的费用 104.68 万元和违约金 70.46 万元。三是在年终清算暂缓支付费用中，通过抵扣的方式追回 1 家医院历史结余门诊统筹资金 0.85 万元；向另 1 家医院发出《医疗保险基金限期退回告知书》，启动法定资金追缴程序。

（二）部门预算执行审计查出问题整改情况

1. 关于部分单位预算编制执行缺乏统筹、不够规范的问题

部分单位编制预算缺乏科学统筹的问题已完成整改。各相关责任单位主要采取以下整改措施：一是 18 家单位通过定期跟进项目支出进度、对预算编制和执行情况开展考核等措施，提高预算编制准确性和预算执行率。根据 2023 年预算编制情况，审计指出预算执行率低的 23 个项目，3 个已不再安排预算，14 个已调减预算，4 个已并入其他项目统一列支，2 个 2022 年预算执行率已超过 80%。二是市工业和信息化局定期分析并通报预算执行情况，督促下属单位及时调整不合理的预算安排。市中小企业服务局加强专项资金预算测算审查力度，提高预算编制精准性。

部分单位使用国库集中支付不规范的问题已完成整改。各相关责任单位主要采取以下整改措施：一是 8 家单位通过开展业务培训、加强财务审核、明确录入标准等措施，规范录入资金支付信息内容。二是南方科技大学已落实财政资金国库集中支付最新规定，同代理银行建立联动机制，对超限额支付指令，转由南方科技大学复核后再支付。

2. 关于部分单位政府采购不符合规定的问题

部分单位政府采购不符合规定的问题已完成整改。各相关责任单位主要采取以下整改措施：一是市规划和自然资源局规范政府采购流程，已通过公开方式确定招标代理机构，并通过代理机构对审计指出已达到限额的项目进行了公开招标，招标结果已进行公示。二是市工业和信息化局通过成立采购委员会、增加采购公示环节、采购岗位职责分离等措施，加强采购全流程监督；市中小企业服务局修订合同管理规定，建立合同合法性审查机制，对合同订立日期和生效条件等作出明确规定，防范采购流程倒置。三是市委大湾区办完善采购管理办法，细化单一来源采购的适用范围。四是市工业和信息化局修订采购管理办法，明确采购处室对供应商资质审核及关联关系审查的主体责任，要求所有自行采购项目均需提供相关供应商资格审查表。

3. 关于部分单位内部控制管理存在漏洞的问题

未按内控制度管理的问题已完成整改。市商务局主要采取以下整改措施：一是已完成 2021 年 31 个专项资金审计项目委托审计机构服务的评价备案。

(续)

二是暂停已委托失信中介机构开展的评审业务，现已取消资金审核流程专家评审环节和评审优质服务单位名单。

资产管理不够到位的问题已完成整改。各相关责任单位主要采取以下整改措施：一是市口岸办已完成口岸范围政府物业资产清查评估工作并出具正式报告。二是市政务服务数据管理局对审计指出未按规定管理的固定资产和无形资产分类处理。对暂存使用的19.61万元固定资产，已协商所有权单位收回；对少计的19.14万元固定资产和无形资产，已补登记入账；对政府投资项目中已不由该单位使用和管理的572.61万元资产，已完成结（决）算工作，并按程序进行转固移交。

（三）财政决算（草案）审计查出问题整改情况

1. 关于市本级决算草案个别数据不准确的问题

国有资本经营决算报表收入分类不准确，导致账表不符的问题已完成整改。市财政局、国资委进一步加强数据对账工作，清理核实全年国有资本经营预算收支数据和往来款项，2022年市国资委所属企业均已按正确科目缴库。

2. 关于区级决算未准确编制、内容不完整的问题

罗湖区未准确编制部门决算的问题已完成整改。罗湖区政府在编制2022年部门预算时，按不同学段学生人数及生均、教师配比等标准对九年一贯制学校支出进行区分，相应计入对应功能科目，真实反映教育事业费实际使用情况。

龙岗区决算内容不完整的问题已完成整改。龙岗区政府主要采取以下整改措施：一是已在决算草案中补充披露未列决算支出，对决算数与总账不一致的功能科目进行账务调整。二是在编制2021年决算草案时采取交叉审核方式，加强决算数据对账，确保决算草案数据准确、内容完整。

（四）重大政策措施落实跟踪审计查出问题整改情况

1. 关于科技创新平台建设推进政策落实方面的问题

体制机制创新方面工作推进缓慢的问题涉及未编制运行管理办法、未建立具体落实细则2个事项，均已完成整改。各相关责任单位主要采取以下整改措施：一是市发展改革委已制定《重大科技基础设施运营管理办法》，并按程序提请印发。二是福田区政府已印发《河套深港科技创新合作区深圳园区科研及创新创业若干支持措施若干实施细则》，推出选题征集制、团队揭榜制、项目经理制、政企联动制、同行评议制等若干科研创新机制实施细则。

部分目标任务未实现的问题涉及2个事项，其中，部分任务未按时完成事项已完成阶段性整改，与规划确定的中期目标存在差距事项正在整改中。

（续）

各相关责任单位主要采取以下整改措施：

一是光明区政府印发《光明科学城2022年集中度显示度提升工作方案》，设立年度工作目标，逐项制定整改措施，健全协调推进工作机制，强化绩效考核力度，全力推进相关任务。截至2022年11月底，审计指出未完成的12项工作任务，8项已完成，2项已取消，2项按计划推进中。二是坪山区政府根据生物医药产业发展态势，重新编制生物医药产业发展规划，对产业规模目标值、企业梯队建设目标等主要指标进行了评估调整，待完善后印发实施。

2. 关于中小微企业服务政策落实方面的问题

企业服务评价、市级专精特新企业认定工作落实不到位的问题涉及2个事项，其中，市级专精特新企业认定推进缓慢事项已完成整改，未完成企业服务评价相关任务事项正在整改中。市中小企业服务局主要采取以下整改措施：一是已认定市级专精特新中小企业2 928家，推动275家企业入选工信部第四批专精特新"小巨人"企业名单；启动创新型中小企业申报工作，为专精特新企业培育工作奠定基础。二是已启动企业服务满意度调研项目招标工作，探索对各企业服务专员进行考核排名，推动将企业服务工作纳入政府绩效考核。

部分资助项目实施效益不高的问题涉及企业国内市场开拓资助发放效率低、中小微企业上云资助项目兑付条件监督审核不够2个事项，均已完成整改。市中小企业服务局主要采取以下整改措施：一是加大企业国内市场开拓项目资金资助力度，提高资金拨付效率。截至2022年11月底，共安排资金1.07亿元资助企业2 635家，资助比例34.7%，和2021年相比增加21.37%；已向上述2 632家企业拨付资金1.01亿元，支付率已提升至99.84%。二是严格把关资金使用和拨付。向第三方机构明确提出工作要点和应交付成果，要求其重点核查申报企业的企业性质、规模类型等，对审核未通过的企业不予资助。

3. 关于困难群众救助政策落实方面的问题

救助政策落实不到位的问题涉及流浪乞讨人员送至非定点医疗机构救治、孤儿救助落实不到位2个事项，均已完成整改。相关责任单位立行立改，审计指出的686名流浪乞讨人员均已转至定点医疗机构救治或已出院；审计指出的371名孤儿，297名已纳入特困人员救助供养范围，43名已获社会化安置，剩余31名不符合救助供养条件。

数据共享机制不健全、治理不到位的问题涉及救助保障信息数据共享机制不健全、社会救助系统数据填报不到位2个事项，均已完成整改。各相关责任单位主要采取以下整改措施：一是市民政局印发通知，规范和加强社会救

（续）

助和残疾人两项补贴管理工作，要求各区民政部门对新纳入低保、最低生活保障边缘的残疾人主动服务，征求残疾人意见后直接为其办理补贴申请；各区主动引导符合条件且自愿申请残疾人两项补贴的对象办理补贴申领手续，审计指出的1 617名残疾人均已纳入相关补贴发放范围。二是市民政局已更正儿童福利信息管理系统、特困人员救助业务系统中错误录入的信息。

（五）重大专项审计查出问题整改情况

1. 关于专项资金管理使用情况方面的问题

专项资金对部分领域扶持不够的问题已完成整改。各相关责任单位主要采取以下整改措施：一是市发展改革委加大扶持战略性新兴产业发展力度。根据2022年10月下达的战略性新兴产业扶持计划，共扶持项目77个，其中海洋经济项目2个，高端装备制造项目4个，数字经济项目7个，新材料项目14个，生物医药项目34个；上述项目共计划资助资金3.56亿元，占总资助资金比例72.89%。2022年氢能产业发展扶持计划共收到13个申报项目，市发展改革委正组织评审。二是市规划和自然资源局已出台专项资金管理办法，制定农业发展专项资金（渔业类）资助操作规程、多部门联动工作方案、专家评审实施细则等文件，建立完善专项资金管理体系，规范审核审批流程。

部分专项资金未按规定开展资助的问题涉及2个事项，其中，验收环节完成时间超过规定时长事项已完成整改，未按规定开展审核事项已完成阶段性整改。各相关责任单位主要采取以下整改措施：一是市发展改革委制定相关项目验收实施细则，优化第三方服务机构专项审计和现场验收流程，压缩审核时长；加强对第三方服务机构的指导监督，在服务合同中明确验收时限要求和惩戒措施；建立项目验收工作周报、月报机制，及时督促进度。二是市工业和信息化局、中小企业服务局已严格遵守专项资金相关规定，所有专项资金项目已经集体研究决策。市规划和自然资源局已修订农业发展专项资金（渔业类）资助操作规程，明确申请2021年度远洋渔船回运费补贴资助需提供进入深圳水产品交易市场的交易凭据，后续将按规程加强审核工作。

个别专项资金未制定绩效目标的问题已完成整改。市中小企业服务局在2023年预算申报工作中，对每个入库项目均制定相应的项目绩效目标和绩效评价指标体系，加强项目事中评价监督。

专项资金信息管理共享机制不健全的问题已完成阶段性整改。各相关责任单位主要采取以下整改措施：一是市发展改革委借助广东省政务服务平台，建立涵盖发改、科创、工信等部门战略性新兴产业扶持项目的动态数据库，实现项目申报、受理、审批及日常监管全流程管理服务，各主管部门可在平台上查询所有项目基本信息，进行项目查重和企业违规失信查询。二是市市场监管局以市社会信用体系建设统筹小组办公室名义印发通知，要求各数源单位对自身负责的公共信用信息目录项进行归类、确认和内容补充，持续完善全市信用信息共享机制。

2. 关于义务教育阶段财政经费投入使用方面的问题

优质均衡发展保障不到位的问题涉及部分区义务教育阶段经费增长比例低于财政经常性收入增长比例、配套学校设施建设缓慢或不足2个事项，均正在整改中。各相关责任单位主要采取以下整改措施：一是市教育局、财政局联合印发通知，督促各区按照"确保一般公共预算教育支出逐年只增不减，确保按在校学生人数平均的一般公共预算教育支出逐年只增不减"要求，加大义务教育阶段各项经费投入，足额保障教育经费，促进义务教育优质均衡发展。市财政局将义务教育阶段经费是否达到法定增长要求作为研究对区财力支持的重要考虑因素。二是市教育局组织各区制定了2020—2025年学位建设实施方案，涵盖各区居住项目规划配套义务教育学校（幼儿园）项目等全部学位建设项目，依托市教育领域项目指挥部按年督办落实。

学校资源配置未达标准的问题正在整改中。市教育局按照优质均衡国家标准逐条对标对表，督导各区教育局和所属学校积极整改。目前，南山区和福田区已列入义务教育优质均衡创建区。

集团化、大学区办学推进不理想的问题涉及2个事项，其中，集团化办学缺乏配套措施事项已完成阶段性整改，未统筹推进大学区办学事项正在整改中。市教育局主要采取以下整改措施：一是通过整体性布局、有计划推进、集团化认定、规范化管理等措施，推动我市公办中小学集团化办学，扩大优质教育资源覆盖面，力争到2025年，优质教育集团总量达到80个，集团化办学覆盖全市所有新建义务教育学校。已在编制2023年部门预算时，按一定标准对集团化办学予以财政保障。二是在2022年普通中小学招生入学工作中，要求各区教育行政部门、直属各学校在保持现有学区相对稳定的基础上，继续稳步推行大学区实施范围，新建学校学区划分方式以加入现有学区为主。截至目前，全市共有大学区186个，共计388所学校参与大学区招生，53.59%的公办学校实施大学区招生。

3. 关于水库运营管理情况方面的问题

水库建设工程进度滞后的问题正在整改中。市水务局主要采取以下整改措施：一是建立施工管理台账，明确施工进度计划，每月定期更新项目支付投资额、工程进度等，督促建设单位加快施工建设。二是开发智慧水务系统智慧建造模块，通过信息化手段提高工程项目监管能力。截至2022年

（续）

11月底，审计指出未竣工验收的4个水库工程，1个已竣工验收，2个已启动蓄水安全鉴定或验收有关工作，1个正着力解决库区清理、边坡稳定性评估等难点。审计指出未完工的2个水库工程，东涌水库工程涉及6个标段，其中4个标段已完成结算审计，2个标段正在申请调整概算，工程整体进度达94%；清林径引水调蓄工程输水管线已投入运行，水库已正式蓄供水，工程整体进度达99%。

大中型水库缺乏管理制度的问题已完成阶段性整改。市水务局已制定《深圳市水库管理办法》，适用于深圳市辖区内各型水库的管理、运维、保护和利用活动，正按程序报批印发。

一级水源保护区隔离围网建设未完成的问题正在整改中。市水务局通过明确建设主体责任、制定工期计划等措施推动剩余16.12公里隔离围网于2022年10月开工建设，目前正在开展便道清障、围网基础开挖等前期工作，已建设完成隔离围网1.75公里，预计2023年3月底前完成建设。

4. 关于知识产权和深圳标准领域资金管理使用情况方面的问题

资金引导作用不足的问题涉及未能突出质量导向、未及时调整资助政策2个事项，均已完成整改。市市场监管局主要采取以下整改措施：一是修订知识产权领域专项资金操作规程，优化调整资金分配结构，重点加大对知识产权转化运用、行政保护和公共服务领域的投入；取消部分不符合最新政策要求的项目，使奖励资金分配更趋集中，提高财政资金使用效益。二是因"一带一路"区域标准尚无相关法律法规予以明确，为保障专项资金安全，已暂停受理"一带一路"区域标准项目申报工作。

资金信息共享机制不健全的问题涉及未将行政处罚信息及时完整纳入公共信用信息系统、信用信息共享机制不完善2个事项，均已完成整改。市市场监管局主要采取以下整改措施：一是完善数据上传机制，建立行政处罚信息和市公共信用数据的对账机制和预警机制，定期开展数据核查、补录工作。二是以市社会信用体系建设统筹小组办公室名义发函商请相关单位梳理失信主体对象清单和惩戒措施清单，为后续完善各部门失信名单共享机制、开展全市联合惩戒工作奠定坚实基础；印发《深圳市市场监督管理局关于进一步完善知识产权领域专项资金管理机制的指导意见》，明确信用函询规则，规避资助资金风险。

（六）国有企业审计查出问题整改情况

1. 关于企业2021年度负债总额增长较快的问题

企业2021年度负债总额增长较快的问题已完成阶段性整改。市国资委主要采取以下整改措施：一是加强市属国企财务监管工作指导，督促企业落实负债规模和负债率双约束，规范对外融资，加强资金风险管理，确保资

（续）

金链安全。二是组织市属国企开展债务专项审计自查，全面梳理债务情况，防范债务风险。三是与市地方金融监管局、人民银行深圳中心支行、深圳证监局、深交所等监管机构，建立市属企业债券联席会议共享机制，监控债券发行与兑付情况，及时提示并共同防范化解违约风险。

2. 关于部分企业资产处置不到位的问题

资源性资产未及时开展评估的问题正在整改中。深圳市环境水务集团有限公司主要采取以下整改措施：一是对非供水生产用地及非产权用地进行剥离，对剩余尚未确权、暂不具备评估条件的土地进行专题研究，分类分层逐步处理。二是成立专项工作组，积极协调相关区政府推动区属水务公司资产评估工作，优化完善土地资产管理。截至2022年11月底，审计指出的61块土地，1块已完成土地资产评估工作，4块已出具土地资产评估报告初稿。

资源性资产租赁收入未入账核算的问题已完成阶段性整改。深圳市环境水务集团有限公司主要采取以下整改措施：一是对审计指出未入账的349.66万元应收租金款，已作挂账处理；二是印发《资源性资产管理办法》，加强内部控制，提高租赁管理水平；三是推进租金仲裁进度，维护公司合法权益。

3. 关于境外资产管理不规范的问题

境外企业管理缺位的问题已完成整改。各相关责任单位主要采取以下整改措施：一是深圳市投资控股有限公司成立境外投资项目监督检查工作专班，对所属境外企业的数量、管理模式、经营状况等情况进行梳理核查，建立完善境外企业台账。二是深圳市地铁集团有限公司印发境外投资企业财务管理办法，要求境外投资企业（项目）相应制定境外投资财务管理制度并报集团备案，防范境外投资财务风险，提高投资效益。

境外资源性资产长期闲置的问题已完成阶段性整改。深圳市投资控股有限公司下属企业拟清算注销其境外子公司，深圳市投资控股有限公司已督导下属企业抓紧处置审计指出长期未开发的境外商业用地。截至2022年11月底，评估机构已出具土地估值报告，境外子公司已形成股东会和董事会决议，后续将抓紧推进企业清算及土地出售事宜。

（七）政府投资项目审计查出问题整改情况

1. 关于政府投资项目立项审批不够完善的问题

未编制三年滚动投资计划的问题已完成阶段性整改。市发展改革委参照中央预算内投资计划申报模式，在编制2023年政府投资项目计划时，通知各单位合理预测2024年和2025年资金需求，将项目按照ABC进行分类管理，其中A类安排年度建设资金，BC类作为项目储备暂不安排建设资金，在后

(续)

续年度中调整为 A 类进行滚动安排。截至 2022 年 11 月底，已通过系统完成 2023—2025 年三年滚动计划编制工作，以此为基础形成《深圳市 2023 年政府投资项目计划（草案）》，现正按程序报批。

部分项目未申报立项的问题已完成整改。各相关责任单位主要采取以下整改措施：一是市财政局、发展改革委建立部门预算项目评审机制。市财政局在 2023 年部门预算编制审核过程中，对限额以上的政府投资项目，一律退回单位，由其循政府投资立项渠道解决。同时，市财政局将相关信息转送市发展改革委核实，对符合政府投资项目审批管理范围的，由该委督促相关部门按程序报批。二是市财政局完善有关专项资金管理办法，会同市政务服务数据管理局印发加强小型电子政务项目预算编审管理的通知，会同市教育局修订教育费附加使用管理办法，明确相关项目适用预算标准。

2. 关于政府投资项目建设执行存在不足的问题

部分项目进度迟缓的问题已完成阶段性整改。南方科技大学积极推动首期缓建项目前期工作，已于 2022 年 6 月取得概算批复，10 月取得工程规划许可证。在项目实施过程中，为减少对校园教学科研工作的影响，拟同另一项目同期建设，预计可于 2023 年 3 月开工。

部分工程建设管理不严格的问题已完成阶段性整改。南方科技大学主要采取以下整改措施：一是在项目结算审计时，以学校自筹资金支付概算外建设内容费用，涉及金额 1 338.19 万元。二是暂停采购部分概算科目外或超概算单价的设备，正在按市发展改革委意见组织专家会议，论证使用预备费采购事宜，涉及金额 744 万元。

个别工程建设未达到规定标准的问题已完成整改。市城管和综合执法局主要采取以下整改措施：一是印发深圳市公共厕所标识系统设置应用指引、建设规范、指示牌设置参考等文件，规范全市公厕建设配置及标识设置，并将"完善公厕标识指引设置"纳入全市公厕环境指数测评范围。二是印发 2022 年"厕所革命"重点工作任务，要求各区加强项目监管，按规定做好项目公示、设置临时厕所或就近厕所指引工作。严格落实公厕建设标准，结合实际需求合理配置男女厕位比，在有条件的场所增设第三卫生间，满足特定人群使用需求。三是强化建设项目监管，要求社会公厕的设计方案均应报区行业主管部门、区城管部门审核把关。市政公厕设计方案均应由相关街道、区城管部门审核后，报市城管和综合执法局审定。

3. 关于政府投资项目"双算"工作推进缓慢的问题

政府投资项目"双算"工作推进缓慢的问题正在整改中。市发展改革委主要采取以下整改措施：一是会同市财政局、政务服务数据管理局召开专题

（续）

会议，研究双算审核系统与投资项目在线审批监管平台对接事宜。市财政局已向该委共享了 2021 年至今已出具决算报告项目的项目名称、决算金额、审核日期等详细"双算"信息。二是系统性提出解决"双算"问题的 14 项措施，从体制机制层面解决"双算"滞后难题。截至 2022 年 11 月底，审计指出的 344 个"双算"滞后项目，320 个已进入审核程序，其中 193 个已完成竣工决算。

三、关于审计整改工作存在问题的分析

从整改结果来看，各相关责任单位认真履行整改主体责任，积极采取措施开展整改，2021 年度本级预算执行和其他财政收支审计的大部分事项均取得较好成效。截至 2022 年 11 月底，仍有 14 个事项正在整改中，主要原因及存在情况如下：一是个别单位整改主体责任意识不强，整改措施力度不足，整改工作推进缓慢，造成部分问题未及时完成整改。二是此类问题产生原因多涉及体制机制、历史遗留复杂问题等情况，难以在短期内彻底整改到位。另外，目前审计监督范围覆盖面广，一个问题往往涉及多个整改责任单位，个别单位未完成整改将会影响综合整改判定。三是资金收缴方面问题，存在收缴对象经营困难、处于法律诉讼程序、项目未到结算期等情况，需结合实际分类解决，如部分款项未及时清理、未及时收缴部分地价款等问题。四是项目进度方面问题，受客观因素制约，需按照建设周期分步推进，如水库建设工程进度滞后等问题。五是制度建设方面问题，涉及前期调研、规划设计、制定出台等阶段，需要科学管理、审慎研究，如未统筹推进大学区办学的问题。

四、进一步推动审计查出问题整改的工作措施

下一步，市政府将贯彻落实中办、国办有关审计整改工作意见精神，通过召开政府常务会议、专题会议等方式，听取各相关单位专项汇报，有力推动审计查出问题整改落实到位，确保《关于建立健全审计查出问题整改长效机制的若干措施》得到有效执行。相关区政府（新区、合作区管委会）、部门和单位要强化审计整改主体责任意识，认真研究审计意见和建议，加强部门联动协同推进，积极主动破解审计整改难题，借助审计整改促进解决问题背后的体制性障碍、机制性缺陷、制度性漏洞，采取规范资金使用、加快项目进度、健全体制机制、加强监督管理等方式落实整改，切实将审计整改成果转化为治理效能。市审计局要持续加强督促跟踪力度，将未完成整改事项纳入审计整改"回头看"范围或提请市委督查室、市政府督查室纳入督查督办范围，提请纪检监察机关、巡察机构重点关注整改不力事项，

（续）

> 与有关部门共同约谈有关责任单位。同时，充分运用审计整改监督电子政务平台，实现对审计整改和整改督查情况全过程动态管理，全面推动审计整改工作提质增效。
>
> 附件：深圳市2021年度本级预算执行和其他财政收支审计查出问题整改情况一览表（略）

第四节　青岛市政府审计整改报告范本

> **关于青岛市2021年度市级预算执行和其他财政收支审计查出问题整改情况的报告**
>
> ——2022年12月14日在市十七届人大常委会第五次会议上
> 市审计局局长　管卫东
>
> 主任、各位副主任、秘书长、各位委员：
>
> 　　受市政府委托，现将青岛市2021年度市级预算执行和其他财政收支审计查出问题的整改情况报告如下，请予审议。
>
> 　　2022年8月24日，市十七届人大常委会第二次会议听取审议了市政府《关于青岛市2021年度市级预算执行和其他财政收支情况的审计工作报告》（以下简称《审计工作报告》），提出了审议意见。市政府高度重视审计查出问题整改工作，强化审计整改组织领导，去年8月以来，市委副书记、市长赵豪志共对审计整改工作做出批示56次，要求有关部门对审计发现的问题抓好整改落实。市政府召开全市审计查出问题整改工作会议，通报审计查出的问题，安排部署整改工作，以清单化项目化模式压紧压实工作责任，确保真抓实改。
>
> 　　一、整改工作总体推进情况
>
> 　　相关区（市）和部门（单位）落实审计整改主体责任。召开区（市）党委政府审计查出问题整改工作会议、部门（单位）党组会等31次，对审计

整改作出部署安排，明确责任人、时间表、路线图，同时举一反三，完善长效机制。如，市退役军人局结合"作风能力提升年"活动推进审计整改，两次召开审计整改工作专题会逐个问题研究，确保各项问题按要求纠正。相关主管部门履行行业监管责任，对存在的普遍性问题加强源头治理。如，市财政局针对预算单位结转结余资金未及时统筹使用问题，研究印发补充通知，要求将非财政拨款资金全部列入预算。

市审计局落实督促检查责任。向 60 个被审计单位印发整改通知和问题清单，压实整改责任，明确整改要求。通过现场核实、审核资料等方式督促整改落实，下达 5 份《审计整改督办函》对未整改问题进行督促。配合市人大常委会预算工作室对 10 个部门（单位）开展了重点问题整改跟进监督。全面落实市委审计委员会《关于进一步完善审计整改工作机制的意见》要求，着眼"当下改"和"长久立"，进一步帮促各区（市）、各部门（单位）全面整改审计查出问题，推动完善体制机制。

截至 2022 年 10 月底，《审计工作报告》中反映的 109 个问题，已到整改期限的 95 个问题完成整改 91 个、尚未完全整改到位 4 个，其余 14 个问题需分阶段或持续整改。上述 18 个问题均已逐一落实整改措施，列明整改计划，取得了阶段性整改成效。有关区（市）和部门（单位）采取结余资金上缴财政、加快拨付资金进度、调整账目、完善手续、健全机制等方式整改问题金额 36.25 亿元，通过审计促进增收节支 3.78 亿元、盘活财政存量资金 4.65 亿元。纪检监察和司法机关已根据审计移送线索立案 6 起，对 9 名责任人作出处理。

二、审计查出问题的整改情况

（一）市级预算管理审计查出问题整改情况

1. 市级财政总决算报表个别事项编报不够完整问题

市财政局调整了相关账目和报表，补记了 4 亿元股权投资。

2. 财政资源统筹还需深化问题

市财政局修订了《市级预算单位结余资金上缴国库工作规程》。存量资金 19 379.85 万元已统筹安排使用，预算单位结转结余资金已通过收缴财政、要求列入 2023 年部门预算等方式加以规范。超收的异地垃圾补偿金及利息 3 729.23 万元，已全部上缴市财政。未清算收回的 3 425 万元项目资金，已下达指标通过体制结算收回。

3. 部分预算支出进度有待加快、转移支付资金下达不够及时问题

中央应对人口老龄化工程资金 1 000 万元已调整用于其他项目。省级体育消费财政奖励未使用资金，已收回总预算统筹使用。中央财政城镇保障性

(续)

安居工程剩余资金17 772.18万元,已全部支出。市财政局采取督促加快提出资金分配方案、加大资金直达力度等措施,改进转移支付资金下达工作。

4. 预算绩效管理还需加强问题

市财政局已指导受托管理机构修订完善国有资本股权制投资参股基金绩效评价办法。针对从事粮食生产的经营主体进行融资需求摸底调查,加大农业信贷担保政策产品宣传力度。已督促垃圾补偿金使用单位编制资金绩效目标,制定资金分配方案。14个部门(单位)已公开专项资金绩效评价报告。

5. 财政管理工作存在薄弱环节问题

市财政局加强债券发行计划管控工作,康复大学债券项目资金已全部支出。已制定《青岛市政府性融资担保、再担保机构绩效评价实施办法》(青财金〔2022〕16号)等文件,落实相关政策。在编报市本级2021年度政府综合财务报告时,将有关股权投资情况进行了披露。

(二)部门(单位)预算执行审计查出问题整改情况

1. 预算管理水平仍需提升问题

(1)预算编制和执行不够规范问题。15个部门(单位)已采取收回未用资金、完善内控制度和资金管理办法、结转结余资金纳入预算等措施,对结转结余资金和未及时安排使用预算加强管理。6个单位已按财政部门要求规范了事业收入、其他收入预算管理。2个部门(单位)已公开预算收支增减变化和政府购买服务情况。

(2)收入及结余资金未及时清缴问题。32个部门(单位)已将7 410.65万元非税收入和结转结余资金上缴,2个部门(单位)已按财政部门要求组织核实清理。相关部门已收缴39.88万元投资收益等资金,剩余261.56万元将采取诉讼方式进行追缴。

(3)部分项目预算执行较慢问题。相关部门已将学前教育专项资金全部拨付到位,会同财政部门完善《青岛市文化事业建设资金使用管理办法》(青财文〔2022〕19号)等4项资金管理办法并督促项目加快实施。市市场监管局承担的创新基地项目由于疫情原因延期验收,正在抓紧对接推进。

2. 落实过紧日子要求没有完全到位问题

(1)公务支出规定执行不严格问题。7个部门(单位)已按财政部门要求规范了预算管理、制定完善预算管理办法。6个部门(单位)已采取收缴培训费、完成项目验收等措施,对提前支付费用问题加以规范。8个部门(单位)已通过完善报销办法、强化支出管理等方式,加强了会议费管理。

(2)公务用车管理存在薄弱环节问题。5个部门(单位)已采取退回结余资金、压减预算等措施加强加油卡结余管理。6个部门(单位)已采取完善

（续）

定点加油管理规定、注销加油副卡等措施落实公车管理相关规定。

3. 政府采购制度执行不到位问题

11个部门（单位）已采取修订完善"三重一大"事项集体决策实施办法等制度、建立合同管理清单、对经办人员批评教育等措施加强政府采购管理。3个部门已通过将政府购买服务编入预算等方式规范了政府采购程序。5个部门（单位）已采取严格把关供应商资质、对相关人员谈话提醒等措施，规范了政府采购项目承接主体不合规和未经报备变更采购内容问题。

4. 内部控制管理不规范问题

4个部门（单位）已通过完善内控等方式落实了集体决策规定。5个部门已撤销、清理了79个银行账户，3个部门的13个账户正在进行清查。3个部门（单位）已采取完善现金结算制度、将超限额留存现金存入银行等措施规范了现金管理。4个部门（单位）已重新开展绩效评价工作、完成了绩效评价报告。

（三）重点专项资金和公共投资审计查出问题整改情况

1. 政府专项债券和直达资金审计查出问题整改情况

手续不完备的26个项目有16个已办理前期手续，闲置的80 994.4万元债券资金已全部支出或调整用于其他项目。

2. 科技专项资金审计查出问题整改情况

资金管理使用方面的问题，78.5万元企业奖励资金已收回，大型科学仪器设备已纳入平台共享。科技项目监督管理方面的问题，验收档案不完整的69个项目已重新整理，项目结题验收情况已整合到全过程信息台账。政策规划制定方面的问题，已出台大型科学仪器共享培训计划及相关政策，梳理了到期科技政策并新修订4项办法规程。

3. 建筑节能专项资金审计查出问题整改情况

36个项目新型墙体材料专项清算资金已纳入预算并全部拨付。3个区已组织对905.82万元既有居住建筑节能改造奖励资金进行年度清算。既有居住建筑节能改造管理不规范问题，3个区已按规定委托监理单位和评估单位、完成项目验收和评估工作，1个区已对出具不真实报告的评估单位作出两年内不得参与本区既有居住建筑节能改造评估工作等处理。

4. 公共投资审计查出问题整改情况

政策措施落实方面的问题，市住房城乡建设局拟出台的代建管理制度正在征求意见，相关区（市）根据实际情况已完善代建制管理机制、加强了政府投资项目管理。项目建设管理方面的问题，已督促代建单位加强建设过程管理、严格履行职责。资金管理使用方面的问题，已调整账目或上缴资金16 523.86万元，作为资本金注入到项目公司708.43万元。项目投资管

(续)

理方面的问题，已按审计结果调整工程价款 30 835.84 万元、调整待摊投资 346.31 万元，15 755.41 万元资产已办理划拨手续。

（四）政策措施落实审计查出问题整改情况

1. 聚力振兴实体经济方面

中小企业发展政策落实情况审计查出问题整改情况。市民营经济局等 4 部门出台实施细则，明确了奖补项目重点骨干企业范围。市民营经济局、市发展改革委已分别通过组织开展 2021 年度和 2022 年度相关奖补资金申报工作，及时落实 2 项政策。市民营经济局出台实施细则，进一步明确和细化小微企业技术改造项目申报条件。

2. 推动项目落地、优化营商环境方面

（1）重点项目推进审计查出问题整改情况。部分遴选审核不够严格的项目，本年度仅保留省市重点项目清单，已不存在项目重复问题，保留项目已剔除房地产投资。部分项目推进有待加快的问题，30 个项目已复工或开工加快建设，其他项目已调入重点准备项目或调出重点项目清单。项目服务监管有待加强的问题，1 个项目备案信息已据实变更、1 个项目已撤出重点项目清单，2 个项目方已按照控制性指标要求重新签订"标准地"协议，2 个项目给排水等市政配套设施已加快建设。

（2）"项目落地年"信息系统支撑审计查出问题整改情况。工程建设项目审批方面的问题，出台制度明确规定"实现相同申请材料只需提交一次，可重复使用"，推进电子档案相关工作；出台制度理顺审批流程，优化更新我市工程建设项目审批"一张表单"；完善优化了工程审批平台项目代码管理相关功能。公共资源交易方面的问题，已将 59 个工程招投标项目电子投标文件内容雷同问题移送相关区（市）政府、主管部门按规定处理；超额收取的投标保证金已全部退回，同时出台文件规范投标保证金收取。信息系统建设运行方面的问题，4 个信息系统已批复竣工财务决算，1 个信息系统已报市财政批复；2 个信息系统已完成系统共享，2 个信息系统已完成对接；3 个信息系统的相关功能模块已开始使用。

3. 重点区域改革发展方面

青岛自贸片区运营情况审计查出问题整改情况。主要任务落实方面的问题，青岛自贸片区正按照上级部门要求，做好"增加汽车平行进口试点企业数量"政策争取准备工作；已将企业申请原油进口资质材料提交上级部门；1 家企业已签订医疗器械委托生产合同，争取年内实现生产；1 项海洋药物已向国家药监局提交临床试验申请。运营管理方面的问题，涉及的权责事项已发布，承接的个别事项已具备网上办理条件。资金资产管理使用方面的问题，违约发放的补贴资金已清收 43.85 万元。

(续)

4. 提升科技创新能力方面

（1）知识产权相关政策落实审计查出问题整改情况。市本级和 2 个区出台工作方案明确知识产权公共服务阶段性发展目标和举措；市市场监管局已将专利导航等项目资金纳入 2023 年预算编制，其他资金将按年度压茬推进。未及时拨付的 3 486.82 万元专项资金已拨付到位，不符合条件的 23.16 万元企业扶持资金已收回。

（2）重点国有企业科技创新发展审计查出问题整改情况。市国资委已成立科技创新工作协调小组，将创建高新技术企业、技术成果落地转化等相关指标纳入考核。3 家企业加强对无形资产等知识产权保护和管理，按规定及时确认无形资产。对未建立研发投入和考核评价制度问题，相关企业成立科技创新工作管理领导小组，对成果进行综合评审和奖励。

5. 助力乡村振兴方面

（1）农业保险费补贴相关政策落实审计查出问题整改情况。部分政策接续或调整不及时问题，市农业保险高质量发展工作联席会议召开整改推进会要求加强沟通协调，及时出台政策方案。理赔环节监管不力问题，相关区（市）下发通知加强管理，确保理赔款及时赔付；平度市 114.07 万元理赔款已全部赔付。组织实施存在短板问题，5 个区（市）已制定农业保险补贴监管细则；4 个区（市）通过下发通知、督促承保机构出台办法等方式，要求村级农业保险经办和审核岗位分离；2 个区（市）已成立灾害定损委员会。

（2）"四好农村路"建设管理养护审计查出问题整改情况。政策措施落实方面的问题，已组织农村公路"三年集中攻坚"专项行动综合验收，3 个区（市）已制定农村公路管理方面的权力和责任清单。工程建设养护方面的问题，未铺装农村公路已硬化；1 个区已设置错车平台，2 个市正在落实错车平台土地指标；通过增设警示标志、减速带等方式完成农村公路安全隐患整改。资金管理使用方面的问题，黄岛区已将未按规定使用的农村公路建设养护资金 449.99 万元归还原资金渠道；即墨区部分小修及养护项目资金 638.69 万元已到位。

6. 保障改善民生方面

（1）强化就业优先政策落实审计查出问题整改情况。多发错发的 3 项补贴 34.36 万元已追回，制订通知明确灵活就业保险补贴政策的对象、条件、申领流程等。安全技能培训补贴已完善申领系统，发放补贴 5 626 人次；就业技能培训补贴已完善政策、优化培训信息系统。

（2）医疗卫生健康事业高质量发展审计查出问题整改情况。人才队伍体系建设方面的问题，3 个区（市）已达到农村每千服务人口配备乡村医生不少于 1 名的要求，即墨区制定计划年内开展乡村医生招聘；4 个区（市）已达

（续）

到每万居民配备2名全科医生的标准。中医药医疗保障方面的问题，8个区（市）基层医疗卫生机构中医诊疗服务量已达规定要求，市南区新建4家社区卫生服务中心国医馆。基本公共卫生服务方面的问题，市南区已配套2701.87万元补助资金，市北区将统筹安排配套资金；8个区（市）均在规定时间、按规定比例预拨基本公共卫生资金。

（3）困难群众救助补助相关政策落实审计查出问题整改情况。资金方面的问题，平度市对问题进行通报，严格资金拨付要求，尚未拨付的39.73万元照护服务费已拨付到位。职责履行方面的问题，黄岛区社会福利中心已通过竞争性磋商采购供货物资；平度市民政局加强法律法规教育，严格履行流浪乞讨人员落户安置程序。政策落实方面的问题，违规发放的23.52万元救助资金已收回；2个区（市）3名儿童已纳入特困人员救助，平度市根据个人意愿将符合特困供养认定的人员纳入保障。

（五）国有资产管理审计查出问题整改情况

1. 企业国有资产审计查出问题整改情况

会计信息不真实问题，相关企业已对少计的100万元收入、多计的3597.81万元利润予以纠正。存在部分低效无效资产问题，相关企业下属单位已将价值281.84万元的厂房及生产设备投入使用。资产管理使用不规范问题，相关企业已与欠款方对接落实未收回的2358.94万元股权和债权转让款支付具体事宜。

2. 行政事业性国有资产审计查出问题整改情况

（1）资产统筹使用不到位问题。8处房产已采取资产划转、产交所挂牌等措施加强了资产盘活工作；其他18处房产、1宗土地涉及历史遗留问题等原因，拟进行司法拍卖、划转或正在研究新盘活路径。

（2）资产基础管理存在薄弱环节问题。7个部门（单位）已将待报废资产进行报废处置、报主管部门按规定处理。10个部门（单位）已将3317.35万元资产、15416.91平方米房屋入账。

（3）资产安全风险管控有待加强问题。5个部门（单位）已确定信息系统安全保护等级。4个单位已将信息系统网络日志留存或留存时间设置为6个月以上。

3. 国有自然资源资产审计查出问题整改情况

（1）部分资源和环境保护任务未完成问题。3处地表水、2处地下水实现了水质提升。1个区的再生水利用率达到25%以上，完成环保督察整改目标任务。

（2）最严格水资源管理制度落实不到位问题。113家违规取用水户已停止违规取水行为，正在立案查处或办理相关取用水手续；115个未进行水土保

（续）

持方案审批的建设项目已完成整改。

（3）资金征收管理使用不规范问题。已征收污水处理费、水土保持补偿费、海域使用金等1344.58万元。已对自然资源保护专项资金、大气污染防治专项资金开展绩效评价工作。

（4）项目建设管理不到位问题。胶州市对耕地土壤质量进行了监测，对高标准农田建设项目进行了绩效评价工作。2个未办理环评手续的建设项目已完善手续，矿山地质环境治理工程等3个项目已办理规划许可或规划审批。

三、采纳审计建议建立长效机制情况

市政府高度重视审计建议，要求相关区（市）和部门（单位）全面整改审计查出问题的同时，举一反三，进一步完善制度，健全体制机制，强化源头治理。截至2022年10月底，市政府及被审计单位出台制度措施90项。

（一）完善政策措施，推进决策部署落地

市政府出台《青岛市国家知识产权强市建设示范城市实施方案（2022—2025年）》，为知识产权公共服务设定阶段性发展目标，规划政策执行路线图。市民营经济局会同市财政局等部门出台《青岛市小微企业创新转型项目实施细则（暂行）》，进一步明确了小微企业技术改造项目奖补范围，促进奖补政策更加精准。

（二）加强资源统筹，提高财政管理绩效

市政府办公厅印发《青岛市进一步深化预算管理制度改革若干政策措施》（青政办发〔2022〕6号），搭建"1+6+N"的预算管理改革框架体系，出台6个方面、19项具体改革措施。市财政局在组织做好2023年市级部门预算编制工作时，加强政府财力与政府债券资金统筹，加强上级转移支付资金、上年结转资金与本级当年预算资金统筹，集中财力办大事。将预算执行进度纳入全市高质量发展综合绩效考核，市政府组织开展了专项督查。

（三）进一步优化审批流程，服务保障项目建设

市行政审批局创新实施"项目直通车"等举措，将原来分散在各区（市）办理的市政公用重点项目施工许可、竣工联合验收等手续，提级到市统一办理，并配套提供容缺审查、联合验收等服务，保障项目早开工、早运营。青岛自贸片区管委制定管理办法，完善政府投资评估论证机制，规范项目申报流程、明确项目申报材料，强化项目前期审核把关。

四、正在整改中的问题及下一步措施

从整改情况看，少部分问题尚未整改到位，主要有4种情况：一是涉及试

（续）

点改革推进任务，在政策引导等领域需上级部门支持。如，青岛自贸片区海洋药物创新主体培育需国家药监局批准临床试验。二是涉及土地、规划审批等原因，需各方协调解决。如，平度市、莱西市受土地指标限制暂未设置农村公路错车平台。三是需通过诉讼追缴资金或存在历史遗留问题，需一定时间整改。如，市环境卫生发展中心需通过诉讼追缴拆迁补偿费；部分已撤销整合单位的银行账户，需对资金清查后才能办理注销。四是受客观因素影响，需按计划推进。如，2个区再生水利用率较低问题，需待相关污水处理厂改扩建完成后提升。对上述问题，相关被审计单位已制定了整改措施、工作计划，市审计局将会同有关主管部门进一步健全完善整改协调机制，抓好后续整改工作，严格落实对账销号，推动问题整改到位。

以上是《审计工作报告》反映问题的整改情况，本报告所附整改清单将问题的具体整改情况逐一进行详细说明。下一步，我们将全面学习贯彻党的二十大精神，认真贯彻落实习近平总书记关于审计工作的重要讲话和重要指示批示精神，在市委坚强领导下，更加自觉地接受市人大常委会的监督和指导，以"严真细实快"的工作作风，切实做好审计监督"下半篇文章"，推动不断提升政府治理水平，为青岛建设新时代社会主义现代化国际大都市贡献审计力量。

第五节　湖北省政府审计整改报告范本

关于2021年度省级预算执行和其他财政收支审计查出问题整改情况的报告

——2022年11月22日在湖北省第十三届人民代表大会常务委员会
第三十四次会议上
湖北省审计厅厅长　陈　明

各位副主任、秘书长、各位委员：

今年7月，省十三届人大常委会第三十二次会议听取了《关于2021年度省级预算执行和其他财政收支的审计工作报告》，常委会组成人员对报

（续）

告进行审议并提出了审议意见。受省人民政府委托，我向省人大常委会报告整改工作部署推进情况和整改结果，请予审议。

一、整改工作部署推进情况

省委、省政府深入贯彻党的二十大精神和习近平总书记关于审计整改工作的重要指示批示要求，认真落实中共中央办公厅、国务院办公厅《关于建立健全审计查出问题整改长效机制的意见》，坚决扛起审计整改政治责任，持续发挥党委领导、人大监督、政府督办、部门联动、监察跟进的整改工作机制作用，加大对审计查出问题整改的领导和督办力度。各地各部门积极落实省人大常委会关于"统筹安全与发展、加强审计整改跟踪监督、推进审计管理体制改革"的审议意见，把审计整改作为改进政府工作、提升治理效能、防范风险隐患、推动高质量发展的有力抓手，着力在责任落实、政策纠偏、机制完善等方面狠下功夫，切实推进整改工作落到实处。

（一）提升站位，强化组织领导

省委、省政府高度重视审计查出问题整改工作，省委书记王蒙徽在十二届省委审计委员会第一次会议上强调，要明确审计整改各方责任，敢于动真碰硬，以钉钉子精神做好审计整改"下半篇文章"。省人大常委会开展整改情况跟踪调研，现场督办问题整改，现场核查整改效果。省长王忠林主持召开省政府常务会议，研究部署审计整改工作，要求逐级落实整改责任，上下协力推动问题整改清仓见底。省政府办公厅组织下发整改分工方案和工作清单，明确整改责任和时限，确保整改工作高效有序推进。根据审计上报的情况，省领导先后30多次作出批示，提出明确具体的整改要求，有力推动问题及时、有效整改。省审计厅全力落实督办责任，将督促各级各部门整改审计问题作为经常性工作，跟踪推进、持续发力，推动整改落实落地。

（二）压实责任，上下联动一体整改

省直主管部门狠抓整改跟踪督办，召开专题会议，印发工作方案，成立督办专班，开展现场督促和指导，推进行业整改工作。相关市县党委、政府压实主体责任，专题研究布置整改工作，逐项分解任务，层层落实责任。被审计单位从政策落实、资金使用和项目管理等环节深入分析问题形成原因，分类施策、精准推进整改；对能够立行立改的问题，坚持边审边改，全面、彻底整改到位；对需要分阶段整改的问题，采取清单管理、节点控制等有力举措，稳步推动问题整改；对需要持续整改的问题，科学制定整改计划，明确牵头责任单位和分阶段整改目标任务，定期检查、报送整改进展情况，确保整改有序推进。

（续）

（三）立足长远，着力构建长效机制

各地各部门坚持"治已病、防未病"，把整改具体问题与完善机制相结合，深入研究涉及全省性、行业性和共性问题，分析问题背后的体制性障碍、机制性缺陷和制度性漏洞，举一反三，形成"长久立"的机制。今年以来，各地各部门针对审计查出问题制定完善制度办法492项，有力推动了政府治理效能的提升。

（四）凝聚合力，完善监督贯通协同机制

今年8月，省纪委监委机关联合省委审计办、省审计厅、省委巡视办制定了《关于推进纪检监察监督巡视巡察监督与审计监督协同高效的实施办法》，进一步明确职责分工，健全完善问题整改协作配合等工作机制，为纪检监察监督、巡视巡察监督与审计监督协同高效贯通提供了制度保障。各级纪检监察机关持续加大审计发现问题同步追责问责力度，据统计，截至目前，审计移送的案件线索已立案79起，追责问责698人。

二、2021年度省级预算执行和其他财政收支审计查出问题整改情况

《2021年度省级预算执行和其他财政收支的审计工作报告》反映了五个方面11类问题，共涉及1 561个具体事项。截至2022年10月底，已整改1 338项，正在整改223项；审计查出的违纪违规问题金额共整改576.95亿元，占应整改问题金额的95.36%。其中：省级财政通过加强转移支付资金管理、加快项目资金拨付使用等方式整改284.57亿元，省直有关部门和单位通过规范预算编制、抓紧拨付基建项目资金、上缴资产处置收入等方式整改5.89亿元，有关市县通过退抵或补征补缴税费、统筹盘活资金、归还原渠道等方式整改126.81亿元。

（一）2021年度省级预算执行和决算草案审计整改情况

1. 省级预算执行和决算草案审计整改情况

（1）关于部分项目预算绩效管理不到位的问题。省财政厅进一步完善预算绩效体系建设，督促省直部门科学编制项目绩效目标，严格绩效目标审核，提高绩效指标编制质量，确保绩效指标量化可行，并在分配下达2022年专项资金时，将项目总绩效目标分解细化到市县。

（2）关于部分转移支付资金分配不够及时和规范的问题。省财政厅采取函告、督导、约谈等方式，督促省直主管部门抓紧资金分配测算、做实项目库储备、加速项目申报评审，对进度严重滞后的部门开展重点督办，加快资金下达及支出进度。相关省直部门修改完善资金管理办法，并严格按办法要求分配专项资金。

（3）关于部分预算追加调整项目执行率较低的问题。省财政厅强化预算

（续）

执行进度月报和约谈制度，召开对口联系部门预算执行进度通报会，严格预算执行，均衡支出进度，目前，2个追加调整项目已全部执行完毕，另2个项目已按合同约定支付建设费1 426.6万元，剩余资金预计11月底前完成支付。

（4）关于省本级社会保险基金收入预算编制不够准确的问题。省人社厅进一步完善常态化对账机制，配合财政厅制定《湖北省失业保险基金预算管理办法》《湖北省失业保险基金定期对账办法》，待失业保险省级统筹实施后，按时核对失业保险经办机构与财政部门收支情况，确保记账准确、规范。

（5）关于国有资本经营预算管理不够到位的问题。省财政厅制发《关于加强省属文化企业国有资本经营预算管理有关事项的函》，督促省文资办开展国资经营预算调整相关工作，完善国资预算项目库建设，进一步规范国有文化企业资本经营预算收支管理，切实提高省级国资预算分配时效；湖北交投集团国有资本经营收益上交标准已由"定额上交"调整为"按归母净利润的30%比例上交"。省财政厅联合省委宣传部、省政府国资委研究制定《湖北省省属国有企业国有资本收益收取管理办法》。

2.省直部门及所属单位预算执行审计整改情况

（1）关于年初预算编制不够科学的问题。相关部门单位根据年度工作任务变化情况合理测算收支，按程序调整收支预算。今后将加强与省财政厅沟通，结合部门职能任务，做好事前调研和测算，做到应编尽编；在编制年度预算时将内容细化到项目、单位和事项，提高部门预算编制的准确性和合理性。

（2）关于预算执行及财务管理不够严格的问题。3个部门单位清理上缴房屋租金、资产处置收入等非税收入51.3万元；4个部门单位按规定将54.08万元工程质量保证金退还企业；3个部门单位减免市场主体房屋租金154.14万元。省财政厅建立预算执行动态统筹机制，进一步强化预算刚性约束；相关部门单位将严格落实预算调整程序，杜绝无预算超预算开支。

（3）关于预算绩效管理不够到位的问题。相关部门单位全面梳理预算项目，按照职能职责、目标任务、项目性质等合理设置绩效考核指标。同时，督促项目建设主体加快实施进度，推进项目资金高效合规使用，确保各项工作全面落实。

（4）关于国有资产管理不够规范的问题。相关单位通过省财政厅资产管理系统，登记入账价值111.7万元设备和6 891.37平方米房产，核销价值145.97万元的已报废资产和3.47万平方米已处置房产。7个部门单位对7.29万平方米未办证的房屋，按"先易后难、分批分类"的原则进行统一登

（续）

记，分批办理房屋权属证书。8个部门单位委托第三方机构对2.84万平方米房屋重新评估招租或调整租金标准，1 546平方米房屋已改建用于办公场所，7 150.96平方米破旧房屋待改造完成后按程序对外招租，6.68万平方米房屋正按规定制定配售方案。2个单位收回了被无偿占用的1 934平方米房产，3个单位办理了超标准多配置的办公设备划转手续。

（二）重大政策措施贯彻落实审计整改情况

1. 减税降费政策落实和税收征管审计整改情况

（1）关于税收优惠政策执行不够精准的问题。税务机关对7户未申请退税的企业办理了增值税留抵退税1.29亿元，其余3户企业在2022年2月自行抵扣了期末留抵税额；对6户未享受所得税优惠的企业进行更正申报，减免税款477.87万元；对109户少享受房产税优惠的纳税人办理退税抵欠40.78万元。17户不符合享受税收优惠条件的企业，已补缴税款1.2亿元。

（2）关于税收征管存在漏洞的问题。税务机关退还52户企业的耕地占用税和企业所得税1.32亿元；清算审核71个房地产项目，退还税款1.56亿元、征收入库税款2.3亿元；追缴2户企业的豪华汽车消费税、车辆购置税及滞纳金344.16万元；追缴申报异常企业的增值税、印花税及滞纳金3 584.28万元；追缴网红主播邓某的企业所得税、增值税和滞纳金8 289.13万元；对恩施州鱼乐传媒有限公司下达《税务行政处罚事项告知书》，税款1 332.04万元正在追缴中。4户外部临时迁入企业已提交税款补缴计划，其余3户企业通过税务稽查，已补缴税款及滞纳金1.47亿元。

2. 新增专项债券资金审计整改情况

（1）关于项目申报和发行安排不够科学的问题。相关市县成立工作专班，加快推进项目建设，按程序调整项目资金用途；同时，组织人员学习专项债券申报管理相关规定，进一步强化前期调查摸底工作，不断完善项目库建设，规范债券资金使用，已拨付使用项目资金17.52亿元。

（2）关于项目调整和资金使用不够规范的问题。相关市县积极督促协调项目单位加快施工进度，并出台制度规定，进一步规范债券资金管理使用。截至目前，已拨付资金16.87亿元、规范使用11.97亿元、归还原渠道7.01亿元、归垫财政资金3.57亿元、调整项目用途1.92亿元、收回多计多结工程款1 219.51万元。

（3）关于项目建设成效不够明显的问题。9个市县通过提升经营管理水平、加大广告宣传力度等方式，盘活项目闲置资产；6个市县正在抓紧综合验收，推动建成项目尽快投入运营；7个市县通过重新明确业态规划，找准项目定位，创新招商思路、提升招商成效等方式，提升项目收益率。9个市县加快推进项目建设，目前已完工15个项目，还有17个项目正在抓紧施

（续）

工，力争年底前完成。

（三）民生资金和政府投资项目审计整改情况

1. 困难群众救助补助资金审计整改情况

（1）关于救助政策执行不够到位的问题。17个市县民政部门将符合救助政策的1 098人纳入救助对象，补发救助资金83.66万元；将不符合救助政策的758人取消救助待遇，追回救助资金121.39万元。

（2）关于救助机构履职不够有力的问题。55家集中供养机构增配工作人员115名；5个县通过全面排查，补充完善45名收养儿童、7名孤儿的档案资料，并对收养程序进行了完善。31个救助机构通过补充消防设施和器材配备、建立餐厨人员定期体检制度，落实消防、食品等安全要求。

（3）关于救助资金管理使用不够规范和及时的问题。7个市县归还超范围使用的救助资金722.9万元。10个市县集中供养机构退回救助资金241.2万元，补发供养对象125.12万元，用于福利院生活改善125.23万元；潜江市追回2家福利院账外存放资金1.78万元。8个市县财政部门收回历年结余救助资金统筹用于民生事项4.58亿元。

2. 农村人居环境整治资金审计整改情况

（1）关于资金管理使用不够规范的问题。14个市县收回超范围超标准使用、虚报套取及挤占挪用的专项资金1 306.18万元，拨付使用6 860.97万元，归还原渠道1 328.68万元，统筹盘活1 387.65万元，调整账务3 593.2万元。

（2）关于生活垃圾治理不够到位的问题。10个市县加大城乡生活垃圾分类推进力度，完善生活垃圾收转运体系建设，强化日常管理，促进乡镇垃圾入站处理；6个市县开展监督巡查，强化大件及建筑垃圾收运管理，及时将农村大件垃圾送站分解拆卸处理；7个市县加强垃圾中转站配套建设和专项整治修缮，完善管网和渗滤池设施，确保不再发生垃圾渗滤液污染水体和土壤等问题。

（3）关于生活污水处理未达标的问题。11个市县成立工作专班，组织排查集镇及周边区域污水接入情况，对符合条件未接入的用户登记造册，实施管网延伸改造；5个市县对污水管网进行全面摸排调查，找准污染源，及时修复损坏的污水管网，实现生活污水全收集全处理。

（4）关于粪污和农村厕所管理不够到位的问题。10个市县养殖场建立完善粪污收集、处理、利用等信息台账；71家养殖场补办建设项目环评手续及排污、防疫许可证，9家紧邻居民点或占用基本农田的养殖场已被拆除或转产；19家养殖场通过技术培训、与专业公司合作等方式，对畜禽粪污进行无害化处理。6个市县加强后期管护，修理完善40座公厕设施设备，保障农村厕所正常使用。

第十二章　审计整改报告范本

（续）

　　3. 国外贷援款和重点投资项目审计整改情况

　　（1）关于项目招投标和建设管理不够严格的问题。省发改委、湖北交投集团、武汉交投公司成立整改督办工作专班，全面梳理问题，制定整改工作方案，督促指导相关问题整改到位。各责任单位对照问题清单逐项调查核实，对有关施工单位、招标代理机构进行处罚，对6名相关责任人予以通报批评、解除合同等问责处理，今后在招投标工作中将合理设置投标人资格条件，加强对工程承包单位的管控，规范其施工管理行为。

　　（2）关于项目建设和征迁补偿等资金管理不规范的问题。对多计多付工程款的问题，项目单位通过重新核准工程量和审批单价、扣减当期结算款、后期付款时扣回等方式，收回多计多付工程款4 275.09万元。对拆迁补偿款和项目建设支出不规范的问题，相关项目主管部门核减收回多付补偿款878.55万元，补发少付补偿款240.58万元，收回与建设内容无关支出1 137.31万元；移送纪委监委立案查处涉嫌违法案件7起、涉案金额3 601.93万元。对多收工程质保金的问题，施工单位将在后期结算工程款项时抵扣或退还。

　　（四）国有资产审计整改情况

　　1. 自然资源资产和生态环境审计整改情况

　　（1）关于耕地保护制度执行不严格的问题。目前，9个市县已通过拆除违法建筑、恢复耕种，完善用地手续等方式，消除582.29亩耕地违法占用状态；9个市县采取示范引导、项目扶持等措施，大力开展撂荒地整治，激励村集体、新型经营主体和农户复耕复种，盘活撂荒耕地2.99万亩；3个市县通过扣减补充耕地不实指标、实施复垦工程等方式，补充耕地1 934.33亩。

　　（2）关于部分资源开发利用不合规的问题。4个市县已承诺在编制国土空间规划中，调整违规项目地块672.45亩；7个县按照自然资源部土地消化处置比例不得低于25%的要求，完成供地任务；11个市县按照自然资源部闲置土地处置率不得低于15%的要求，盘活闲置土地6 284.4亩；12个县清理拆除违法建筑，恢复被占用的6处河道岸线和390.4亩土地。相关主管部门对10个单位非法采矿采砂行为，已立案查处，越界采矿企业已移交公安机关立案侦查；对35家单位违规取水行为，已补办取水许可证或依法撤销取水许可并封堵关闭取水口；对占用生态红线的2家企业已做停工停产处理，并将在"三区三线"划定时调出红线范围。31座矿山已通过自然复绿、工程治理等方式实施地质环境恢复治理。

　　（3）关于污染防治推进不够有力的问题。8个县189个单位（项目）补办了环评手续。4个县40家企业清理整治磷石膏渣、砂石物料等露天堆场，采取网膜覆盖、搭建围挡等有效措施，防扬尘防流失。5家页岩砖厂已修复烟道和脱硫塔破损点位，实现达标排放；1家已停产关闭。4家化工

（续）

企业搬迁遗留厂区正在开展土壤详查、风险评估、实施方案编审等工作，有序推进修复治理。2个县对101处黑臭水体建立信息档案，编制整治方案，启动水质恢复等工程。9家企业升级改造污水处理设施，达到排放标准。21个项目已通过排污许可备案审批手续，并取得排污许可证。

（4）关于河湖长制落实不够到位的问题。4处饮用水源地已设置防护隔离网、宣传警示牌；4个县市加大水源地周边污染源排查力度，清除整治污染源。8个县加大管网建设和排污口整治力度，实施水环境综合整治，目前已有2条河流水质达到阶段性目标。相关部门加强入河排污口溯源排查，现场督办完成149个排污口整治工作。6个县对125个项目已补办水土保持方案审批手续。相关市县强化河湖长制工作督查检查，编印巡河记录本，规范巡查记录，确保巡查不走过场不流于形式。

（5）关于少征或未及时上缴污水处理费、水资源费、水土保持补偿费的问题。相关地方已补征污水处理费、水资源费、水土保持补偿费等8 235.26万元，补缴污水处理费7 992.39万元，其余欠款正在通过法律途径加紧催收。

2. 武汉城市圈城际铁路运营损益审计整改情况

湖北省城际铁路有限公司全面清理委托经营协议，复核清理应收合同收入，收回广告及商业经营权收益12.52万元；应收未收养护费的问题，已纳入省属国企改革后续工作统筹推进，省发改委正督促城铁公司协调有关企业履行养护费分摊责任。

三、后续推进整改工作的打算

下一步，省人民政府将坚持以习近平新时代中国特色社会主义思想为指导，认真学习贯彻党的二十大精神，按照省第十二次党代会部署，自觉接受省人大常委会的监督和指导，深入推进审计查出问题整改工作，以问题整改成果检验贯彻落实党的二十大精神、努力建设先行区成效。

第六节 吉林省政府审计整改报告范本

吉林省人民政府关于2021年度省级预算执行和其他财政收支审计查出问题整改情况的报告

——2022年11月28日在吉林省第十三届人民代表大会常务委员会第三十七次会议上

吉林省审计厅厅长 赵振民

主任、各位副主任、秘书长、各位委员：

我受省政府委托，向省人大常委会报告2021年度省级预算执行和其他财政收支审计查出问题的整改情况，请予审议。

2022年7月27日，省十三届人大常委会第三十五次会议听取并审议了《吉林省人民政府关于2021年度省级预算执行和其他财政收支的审计工作报告》，并对工作报告给予充分肯定，强调要进一步加大督促整改力度，紧盯问题不放，推动问题整改落实。省政府高度重视审计查出问题的整改工作，多次召开会议研究和调度审计整改情况，韩俊省长、蔡东常务副省长等省领导多次在专项审计报告[①]、审计要情和审计信息上作出批示，要求积极推进整改工作。2022年9月至11月，省人大常委会对黑土地保护和高标准农田建设、饮马河水体治理、困难群众救助补助3项资金审计查出问题整改情况进行了跟踪监督，省农业农村厅、省生态环境厅、省民政厅等主管部门积极配合此项工作，形成整改合力，进一步压实了审计查出问题整改的主体责任，相关问题已基本得到整改，整改成效显著提升。省审计厅持续加强与纪委监委、巡视巡察、党政督查的贯通协作，通过常态化调度、专项督查、现场检查等方式推动问题整改落实。相关部门和单位认真落实审计意见和建议，深入分析问题成因，细化整改措施、压实整改责任、明确整改时限，不断提升和巩固整改效果。

从整改情况看，审计报告反映的5个方面468个问题，已完成整改371个；

[①] 本报告对地市级行政区统称为市，县区级行政区统称为县，省级一级预算单位统称为部门。

（续）

涉及问题金额 61.9 亿元，已整改 49.76 亿元，其中：促进资金拨付到位或挽回（避免）损失等方式整改 9.32 亿元，通过调账处理等其他方式整改落实 40.44 亿元；制定和完善相关制度 29 项。

已部分整改但尚未完全整改到位的问题，正在按计划稳步推进。现将有关情况报告如下：

一、省级财政管理审计查出问题的整改情况

（一）预算编制不完整方面

对应提前下达市县的 9 项中央和省级专项转移支付预计数 9.1 亿元未提前下达、一般公共预算项目支出 1.23 亿元年初未批复至具体部门和省级国有资本经营预算支出 1 563 万元未细化到具体项目等问题，因预算已执行完毕，省财政厅会同相关部门提前做好项目筛选、评审，通过完善相关制度、按时下达市县专项转移支付预计数、调整部门预算和固定数额补助、完善国有资本经营预算等方式，提高预算编制的完整性和准确性；省预算内基本建设投资 8 亿元未按规定比例在上年提前下达，省发改委采取督促项目单位尽快办理前期手续、强化项目储备等措施，按照资金管理办法要求做好投资计划的提前下达。

（二）预算执行不规范方面

一是中央和省级安排的"三供一业"补助等 6 项资金 4.9 亿元当年未下达使用，省财政厅通过下达或收回预算等方式已整改 2.02 亿元，其余资金通过督促相关部门和市县加快项目申报等方式及时下达。

二是中央和省级安排的外经贸发展等 8 项资金 7.03 亿元未按规定时限下达，省财政厅通过督促主管部门加快项目评审进度、及时提报资金分配计划等方式下达全部资金。

三是 37 个中央预算内投资和省预算内投资项目，项目单位当年未支出 6.36 亿元，年度支付率未达规定绩效目标要求，目前项目已全部启动，累计支出 2.65 亿元，剩余 3.71 亿元按项目进度尽快形成支出。

（三）预算管理不到位方面

一是已到期的 8 项专项资金管理办法未按要求及时修订，省财政厅、省发改委已修订并印发 5 项，其他 3 项已完成修订正在履行审定手续。

二是省级部门项目支出定额标准制定工作未按规定时限推进，省财政厅已出台《吉林省省级部门项目支出定额标准管理办法》。

三是 151 个项目支出绩效目标未按要求设置效果指标、3 支政府投资基金未开展绩效评价工作，省财政厅已完善预算绩效管理信息系统，提高绩效目标的审核质量，以省政府名义印发《关于进一步加强省级政府投资基

第十二章　审计整改报告范本

（续）

金管理的意见》，加强了省级政府投资基金的管理。

四是财政结余资金收回使用管理制度不完善，未建立甄别返还机制，省财政厅正在研究制定结余资金返还的适用范围和审批流程，完善资金收回使用制度。

二、省级部门单位预算执行和财政财务收支审计查出问题的整改情况

（一）预算执行不严格方面

16 个项目年初预算执行缓慢 2 572.95 万元，已全部支出；超进度拨款等 94.7 万元，已整改 20.3 万元，其余资金按项目进度据实结算；物业服务等支出 207.5 万元未履行政府采购程序，相关部门单位通过完善采购程序等方式规范政府采购管理。

（二）预算资金统筹不到位方面

上级拨款等收入 250.6 万元未纳入预算管理，相关部门单位已通过补计收入和纳入预算管理等方式完成整改；上年结转资金 983.77 万元未纳入年初预算，相关部门在预算编制时已将结转资金纳入预算；以前年度结余资金 524.15 万元未清理上交财政，已全部上交。

（三）财务收支不规范方面

应收未收市县中考报名费分成款、研究生学费等 282.45 万元，已通过收回报名费和加强学费收缴等方式完成整改；无依据收取委托调查服务费等 299.93 万元，已通过停止收费、上缴款项、返还押金等方式完成整改；借给学校校友会 8 万元的问题，已全部归还原资金渠道；护照押金 118.5 万元未清退，已清退 8.6 万元，剩余资金正在陆续清退；大额使用现金支付考务费等 1 443.91 万元，已通过完善银行转账机制、取消大额现金支付等方式完成整改。

三、重大政策项目和资金审计查出问题的整改情况

（一）乡村振兴审计

1. 黑土地保护和高标准农田建设方面

37.87 万亩黑土地保护任务未完成，现已全部完成；高标准农田建设任务 35.13 万亩未完成等，其中：27.73 万亩已开工，5.6 万亩已完工，1.8 万亩已通过竣工验收；2.26 万亩耕地存在"非农化""非粮化"问题，通过逐级上报数据调整耕地范围等方式进行整改；高标准农田项目管护不到位，存在排水沟损坏、机井设施闲置等，相关设施已修复并投入使用；高标准农田建设资金 8 083 万元未按工程进度拨付，已拨付 3 766.52 万元，其余资金正在筹措拨付中；高标准农田建设结余资金 683.67 万元未按规定上缴

（续）

财政，已全部上缴。

　　此外，未编制高标准农田规划或未建立项目库，相关市县正推进规划编制和项目库建设；0.24 万亩高标准农田上图入库不准确等，数据调整已得到自然资源部正式批复。

　　2. 惠农补贴发放管理方面

　　3 县玉米生产者补贴等惠农补贴 43.62 万元未及时发放，已通过发放或上缴财政等方式完成整改；村机动地补贴 64.69 万元未纳入村集体账内核算，已清理收回 60.04 万元，其余问题纪检监察部门正在调查处理；使用现金发放惠农补贴 139.61 万元、在个人账户私存私放惠农补贴资金 11.14 万元，通过专项整治、纳入集体账户管理等方式加强了对补贴资金的管理，并对 2 名责任人进行诫勉谈话和批评教育；惠农补贴结余 307.26 万元未上缴财政，已全部上缴。

　　3. 乡村产业发展等方面

　　2 个乡村产业园项目进展缓慢，正积极推进项目建设，其中 1 个产业园已完工；人参产业发展项目资金 542.8 万元未拨付，正在进行项目调整推进资金使用；3 个项目建成后未运营，2 个项目已投入使用，其余项目正按程序验收；5 个承包给企业经营的扶贫项目未办理资产抵押手续，已全部办理了抵押手续；未开展种子监督检查工作，种子经销商存在经营档案丢失、超范围经营种子产品等问题，已通过开展监督检查、完善档案等方式完成整改。

　　（二）农村人居环境整治审计

　　1. 农村厕所改造方面

　　2 951 户厕所改造任务未完成，已完成 2 675 户，剩余任务正在推进中；301 户（座）改造厕所因管护不到位或工程质量不达标无法使用，34 户（座）已投入使用，267 户（座）正通过司法仲裁推进整改；重复改造 37 户厕所造成资金浪费问题，已通过收回资金或拆除后重新安置等方式进行整改；农村问题厕所排查不到位，已重新进行排查。

　　2. 农村生活垃圾污水处理、畜禽粪污治理方面

　　6 个垃圾处理厂和污水处理设施闲置或不达标，4 个污水处理设施已投入使用，2 个正在积极推进整改中；生活垃圾收集转运服务未履行公开招标程序，已编制可研，准备重新进行招投标；未拨付已完工畜禽粪污治理项目资金 2 101 万元，已拨付 293 万元，其余资金待验收后拨付；重复享受畜禽粪污资源化补助资金 50 万元，已全部收回。

　　3. 农村村容村貌提升、村庄规划方面

　　12 个美丽乡村建设等村容村貌提升项目未完成，11 个项目已进入竣工

第十二章 审计整改报告范本

（续）

验收阶段，其余项目正在推进中；未按要求编制113个村庄的规划，通过摸清有需求有条件编制规划的村庄底数，形成规划图件等方式推进规划编制工作。

（三）重点河湖治理保护审计

1. 饮马河水体治理方面

一是14个项目未按计划完工，2个项目已完工，4个项目通过调整工程内容进行整改，剩余项目正在推进中；20个项目未经审批调整工程建设内容，已通过补办手续和加强项目监管等方式进行整改；48个项目未办理规划、用地等前期手续，7个项目通过补办手续、完善报建制度等方式进行整改，其余项目前期手续正在办理中。二是1个国考、3个市考断面部分月份水体质量为劣Ⅴ类的问题，相关单位采取了修复、清淤和加强管护巡河等措施完成整改，目前水体质量已达标；4个污水处理厂、8个调蓄池项目闲置或未达到预期效果，1个污水厂已投入使用，其余项目通过完善污水管网建设、对污水设施加以改造等方式进行整改；未及时清理6处河道内高杆作物或房屋，高杆作物已全部清理，正对需拆除的房屋开展评估；因测绘机构提供数据错误，多付项目占地补偿1 002万元，已追缴资金307.3万元，并对测绘机构提起法律诉讼；3个项目未履行公开招标程序，已通过完善制度、严格招投标程序等方式完成整改。

2. 查干湖治理保护方面

5个项目推进缓慢，抗疫特别国债资金闲置3.95亿元，已拨付使用2.05亿元，剩余资金正在按施工进度进行拨付；查干湖周边村屯生态修复、苇田承泄工程等3个项目未开工，目前已全部开工；查干湖保护区缓冲区内有人员尚未迁出和耕地尚未退耕，正在推进保护区范围调整报批工作；灌区退水中氨氮、生化需氧量等指标劣于查干湖水质，通过退水治理应急工程、建设水生态过渡隔离保护带等措施改善了退水水质。

此外，花敖泡蓄水调蓄工程和西部供水工程政府性投资项目审计发现的1个项目建设临时道路和取土场未取得用地审批手续，正在评审复垦方案，待评审完成后办理用地手续；6个项目未按计划完工，3个已经完工，3个正在推进；9个项目的工程设计，16个项目的施工、监理等未履行公开招标和政府采购程序问题，通过完善相关制度、严格政府采购程序等方式完成整改。

（四）清理拖欠企业账款审计

新增拖欠已完工的村屯污水处理等项目工程款5 675.56万元，已拨付工程款2 009万元，其余资金正在通过法律诉讼进行整改；超规定比例多预留企业工程质量保证金1 017.23万元、未返还工程质量保证金549.17万元，

（续）

已返还1 040.36万元，其余保证金正在联系相关企业陆续返还。

（五）消费券促销活动资金审计

对消费券投向结构不够优化、部分消费券发放进度缓慢等问题，相关主管部门和市县认真研究解决措施，出台了4项资金管理办法等，并通过调整优化投放策略、遴选优质平台、扩大参与主体范围、加强跟踪效果评价、强化发放各环节监管等方式完成整改。

四、重点民生项目和资金审计查出问题的整改情况

（一）省级疫情防控接受捐赠款物和医疗物资采购审计对工作中存在部门间统筹协调不够到位、资金和物资分配调拨时效性有待加强等问题，相关部门和单位认真落实审计建议，通过建立健全相关制度、加快资金拨付、规范捐赠款物管理等方式进行整改，保障资金和物资规范高效使用。

（二）城镇老旧小区改造审计。一是项目建设不规范方面。10栋楼改造项目未开工，已调整项目计划并开工建设；211栋楼改造项目未按期完工，已全部整改；部分小区供热管网等配套设施未纳入改造范围，目前已全部纳入旧改范围；30个小区改造工程未按设计要求施工，部分园区道路铺装厚度未达设计标准，已经通过重新施工等方式完成整改。二是资金使用不严格方面。21 582.66万元工程款未按工程进度支付，已拨付到位14 162.7万元；将老旧小区改造资金用于其他城市建设项目征收补偿1 800万元，已全部返还。三是维护管理不到位方面。未建立专项维修资金管理制度，未收取物业维修资金，已通过出台工作推进方案和明确征收主体等方式进行整改；未按规定对改造后的老旧小区推行物业管理制度，存在路灯损毁、绿植遭破坏等后期管护不到位问题，已通过引入物业公司和修复设施等方式进行整改。

（三）困难群众救助补助审计。一是资金筹集使用不规范方面。未支付1家福利院、55家医疗机构救助待遇或医疗费用802.99万元，已全部拨付到位；医疗机构通过多计诊疗项目次数，多获取的困难群众救助补助资金28.48万元，已全部退还并取消节假日相关诊疗服务收费；多付或少付11 674人救助待遇7.24万元问题，已收回199人多发放的待遇0.75万元，补发11 475人救助待遇6.49万元。二是救助政策落实不到位方面。347名符合基本生活救助条件人员应享未享救助待遇，已纳入保障范围298人，其余49人因死亡、取消低保等原因不符合条件不再纳入保障范围；符合医疗救助范围对象237名应享未享医疗救助，已全部享受待遇；向747名收入、财产状况等不符合条件人员发放城乡低保等补贴367.34万元，已通过停发不符合条件人员相关待遇、追缴资金299.65万元完成整改；向124名已死

（续）

亡等不符合条件人员发放城乡特困等补贴资金10.21万元，已停发相关人员待遇并追回全部资金；106人重复发放基本生活救助待遇9.54万元，已全部追回；9名超过规定期限滞留救助机构的流浪乞讨人员，已落户并安置。

（四）职业教育审计

1. 落实职业教育要求方面

职业院校专任教师每年到企业或实训基地实践时长未达规定要求，通过出台方案、加强督导考核、推动834名专任教师入企实践等方式进行整改；职业院校未严格履行学历教育与培训并举法定职责，面向社会人员开展培训不到位，已推动职业院校面向社会人员开展各类培训5.4万人次。

2. 深化校企合作方面

职业院校与合作企业未按要求开展深度合作，通过组建职教园区、成立产教联盟、新增试点专业、推动8所职业院校与397家企业在人才培养方面开展校企合作等方式进行整改；职业院校419个校内实训基地因与企业共建不足未开展生产性实训，13所职业院校已开展生产性实训8 500人次。

3. 促进高质量就业方面

落实招生招工一体化政策效果不明显，通过成立订单班、学培交替等方式，有效提升学生在合作企业的就业比例；职业院校教育资源利用不充分，通过申报补贴性培训基地、组织7所中职学校承担补贴性培训39项等方式培训12 004人次；紧缺工种招生培养与省内需求衔接不紧密，通过加强紧缺工种相关专业建设、建立紧缺工种相关专业中职与高职贯通机制等方式，2022年度已设置紧缺工种相关专业395个，下达紧缺工种相关专业中高职贯通培养招生计划9 841人。

4. 保障经费投入方面

滞拨职业教育发展专项资金2.47亿元，已拨付专项资金4 597万元，其余资金正在积极拨付中；职业教育经费投入低于国家规定最低标准，已通过在教育费附加中增加经费投入的比例等方式进行整改；职业院校实习实训支出未达规定比例要求，少安排1.31亿元，通过增加相关支出进行整改。

（五）就业优先政策审计

未收取农民工工资保证金1 451.46万元，相关市县通过收取保证金和下发限期缴款通知书等方式完成整改；未专户存储20家施工单位农民工工资保证金916.33万元，已整改684.63万元，剩余资金正在整改中；61笔创业担保贷款逾期8 916.5万元、17笔创业担保贷款代偿未收回488.4万元，存在损失风险，已通过债权转让方式化解逾期贷款8 027万元，收回代偿资金40.23万元，其他贷款逾期和代偿已向法院提请诉讼；三是高校毕业生和失业青年就业见习任务138人未完成，已在下年度完成见习任务。

（续）

五、国有资产审计查出问题的整改情况

（一）企业国有资产审计

一是企业委托贷款 13.89 亿元逾期未收回，4.27 亿委贷已重新签订合同或已收回，剩余款项通过法律诉讼等方式推进整改；企业担保代偿余额 4.61 亿元未收回、44 起 23.42 亿元担保代偿诉讼尚未了结，通过严把项目入口关、提高项目尽调质量、加强项目风险审查等方式进行整改；银行贷款已到期未偿还 3.45 亿元，已签订了贷款展期协议；企业为其他单位担保贷款逾期 3 亿元，协调相关部门采取积极措施降低代偿风险。二是未按贷款用途使用资金 4.5 亿元，相关企业正积极催收回款；违规借贷资金 2 亿元，已收回 5 000 万元，剩余资金按还款计划陆续收回；闲置土地 31 626 平方米、房屋 33 处 22 616.91 平方米，已通过出租方式盘活 14 处房产，剩余房产拟通过出租、出售等方式进行整改，闲置土地在办理相关续用手续后进行整改。

（二）行政事业性国有资产审计

一是闲置房产 10 168.05 平方米、车辆 2 台，闲置房产已通过对外招租、申请交回等方式进行整改，2 台闲置车辆已交回资产管理部门；未经批准或备案出租房产 25 639 平方米，4 个单位出租收入未纳入预算或上缴财政 592.05 万元，通过收回房屋、将租金收入纳入单位预算和上缴财政、调整资产使用状态、完善制度等方式进行整改。二是固定资产账实不符，少计房产 12 100 平方米、车辆 1 台，已全部计入固定资产；多计已划转房产 57 626.71 平方米、车辆 5 台，正在办理核销手续。三是房产 9 353.71 平方米未办理产权登记，个别资产权属不清，已进行产权登记 541.88 平方米，其他资产正积极进行确权或办理产权登记。

（三）国有自然资源资产审计

一是资源管理不到位方面。超过 2 年批而未供土地 126.16 公顷，已供地 37.21 公顷，其余土地正在积极推进供地；未履行审批手续征用土地 59.59 公顷，相关单位正在积极协调主管部门补办相关手续；未履行评估手续出租草原 273.12 公顷，通过完善制度、规范出租出借程序等方式完成整改；4.65 公顷土地闲置，已通过开工建设或协调收回方式进行整改；违法占用土地 9.08 公顷，通过将违规占地建设小区纳入无籍房管理、违法用地移送司法部门等方式进行整改。二是任务类指标未完成方面。6 593.4 亩农田防护林网修复任务未完成，通过安排建设任务等方式进行整改；22 923 户土地承包经营权确权登记任务未完成，已完成 12 088 户确权，其余正在积极整改中；未按要求开展草原清查、确权工作，正通过现场踏查、建立地块台账等方式推进整改。三是资源类非税收入征缴不到位方面。未收取 10 家企业以前年度排污费 985.26 万元等，已收缴 602.1 万元，其余正在积极催缴；

第十二章　审计整改报告范本

（续）

未收取 55 家企业水资源费、34 家自备水源企业污水处理费问题，通过安装计量设施、办理取水许可证、排查自备水源企业等方式完成整改；污水处理费 480 万元未上缴财政，已全额上缴。

正在推进整改的问题尚未整改到位的主要原因是：一是因地方财力有限和资金困难等原因，部分问题无法立即完成整改，如高标准农田建设资金未按工程进度拨付等问题；二是受客观因素影响部分问题整改周期较长，需分阶段进行整改，如部分项目未及时办理前期手续等问题；三是因相关资料缺失、当事人失联等原因，部分历史遗留问题，需持续推进整改，如行政事业单位房产未办理产权登记等问题。

下一步，省政府将全面深入贯彻习近平总书记关于审计整改工作的重要指示批示精神，认真落实本次省人大常委会审议意见，建立健全审计整改长效机制，深化审计整改工作，持续做好审计监督"后半篇文章"。重点做好以下工作：一是压紧压实责任。按照"五化"闭环工作法，进一步压实被审计单位整改主体责任和主管部门的监督管理责任，明确整改时限，细化落实措施，层层传导压力，推动问题全面整改落实。二是巩固整改成果。坚持跟踪问效，通过审计查改、调研促改、考核问改等方式突出关注整改结果的真实性和完整性，对推诿整改、敷衍整改要严肃追责问责，强化整改刚性约束。三是强化贯通协作。对于问题整改不彻底，限定期限未完成的，审计机关要强化与人大、纪检监察、巡视巡察的协作配合，形成整改合力，推动问题整改落实。四是深化整改成效。对审计查出的普遍性典型性问题，主管部门和被审计单位要深入剖析问题成因，积极采取有效措施，推进相关制度机制的完善，推动源头治理，实现标本兼治。

主任、各位副主任、秘书长、各位委员，我们将更加紧密地团结在以习近平同志为核心的党中央周围，全面贯彻党的二十大精神，坚决拥护"两个确立"，做到"两个维护"，认真落实党中央决策部署和省委省政府部署安排，诚恳接受省人大的指导和监督，坚持围绕中心、服务大局，充分发挥审计监督职能作用，为全面建设社会主义现代化新吉林而努力奋斗！

第七节 海南省政府审计整改报告范本

海南省人民政府关于2021年度省本级预算执行和其他财政收支审计查出问题整改情况的报告

——2023年7月20日在省七届人大常委会第五次会议上
海南省审计厅厅长 刘劲松

海南省人民代表大会常务委员会：

我受省政府委托，报告2021年度省本级预算执行和其他财政收支审计查出问题的整改情况，请予审议。

省委、省政府高度重视审计查出问题的整改工作，认真贯彻落实习近平总书记关于审计整改工作的重要指示批示精神，全面贯彻落实中共中央办公厅、国务院办公厅《关于建立健全审计查出问题整改长效机制的意见》要求，召开省委审计委员会会议、省政府常务会议、审计整改专题会议，积极落实六届省人大常委会第三十七次会议审议意见，研究部署审计整改工作，将审计整改工作纳入主题教育一体推进，把审计查出问题整改作为改进政府工作、提升治理能力、防范重大风险、促进廉政建设、推动海南自贸港建设高质量发展的有力抓手，各有关单位全力落实各项整改任务，整改工作质效明显提升。

一、审计整改工作的部署落实情况

（一）压实主体责任，统筹协调推进

有关部门、单位和市县切实提高政治站位，一把手主动扛起整改主体责任，将审计查出问题作为"堵点问题"一体推进，及时召开党委（党组）、审计委员会等会议部署审计整改工作，细化任务清单，逐项推动问题整改到位。2022年以来，19个市县党委、政府召开审计整改有关会议204次。琼海市、万宁市等5个市县纪检监察、组织人事、政府督查和审计部门对整改不力、进展缓慢的单位主要负责人进行约谈。

（二）推动标本兼治，构建长效机制

有关市县召开整改联席会议，组织联合检查，开展高标准农田、环境保

第十二章 审计整改报告范本

(续)

护等重点领域专项治理，推动区域性问题解决。相关行业主管部门各司其职，做好主管领域整改监督管理工作，开展全省整改专项行动，推动问题源头治理。省民政厅协同财政、医保、卫生健康、公安等部门对困难群众补助资金问题整改进行跟踪指导、督促检查；省财政厅将审计整改与预算安排挂钩，将"过紧日子"要求落到实处。相关部门积极采纳审计意见建议，深入研究审计指出问题背后的体制性障碍、机制性缺陷和制度性漏洞，建立健全行业性规章制度11项，举一反三，规范治理。

(三)整改合力不断增强，总体格局初步成型

各类监督主体贯通融合、同频共振，构建全面整改、专项整改和重点督办的整改"一体化"格局。省人大常委会强化审计整改监督，省人大常委会财经工委同省审计厅加强横向联动，对19个部门、单位和16个市县7个重点领域开展审计整改跟踪监督。审计机关持续加大与纪检监察、巡视巡察沟通，形成信息共享、上下联动的协同机制；强化与政协民主监督联动，推动印发《关于建立政协民主监督与审计监督协作配合工作机制的意见》，创新审计整改联动监督方式，联合开展审计整改督查调研。省级和19个市县将整改情况纳入高质量发展综合绩效考核，推动问题有效整改。对审计查出的违纪问题，坚持零容忍，省纪委和有关部门依法追责问责，26人受到党纪政务处分。

二、审计查出问题的整改情况

截至2023年6月20日，2021年度省本级预算执行和其他财政收支审计工作报告反映的743个问题中，已完成整改665个，其中，619个"立行立改"类问题，已完成整改582个，整改率94.02%；124个"分阶段整改"和"持续整改"类问题完成整改83个，整改率66.94%；尚未整改到位的78个问题中，已到整改期限48个，未到整改期限30个。有关部门、单位和市县已整改问题金额127.86亿元，制定完善规章制度147项，追责问责139人，推动解决了一批海南自贸港建设和改革发展中的顽瘴痼疾。主要情况是：

(一)省本级财政管理审计查出问题的整改情况

1. 关于财政资源统筹力度不够方面的问题

一是少计预算收入3.97亿元问题，省本级和洋浦开发区3.97亿元非税收入已全部上缴国库。二是政府性基金预算年末结余未调入公共预算统筹使用问题，省政府印发了《关于进一步深化预算管理制度改革的实施意见》，明确政府性基金预算年末结余调入公共预算统筹比例，省财政厅已将2022年结转结余超过30%部分7 400万元调入一般公共预算。

（续）

2. 关于财政资金分配不及时方面的问题

省财政厅加强与省级预算部门沟通协调，2022年专项转移支付资金提前下达比例为73.21%，严格按比例和时限安排专项转移支付资金。

3. 关于财政资金支出进度慢方面的问题

省财政厅进一步严格项目预算审核，建立支出"灯号"系统以及重点项目储备通报机制。省发展改革委通过在线监测、现场核查等方式强化政府投资项目的调度管理。相关责任单位采取有力措施加快支出进度，已支出4.12亿元。儋州市政府已将2 700万元沉淀资金收回统筹使用。

4. 关于财政管理不规范方面的问题

一是未严格执行预算编制"六挂钩"考核制度问题，省财政厅完善预算编制"六挂钩"考核方案，强化考核约束刚性，禁止自行决策调剂或统筹。二是政府投资基金管理不到位问题，省财政厅完善信息报送机制，加强基金项目投后管理及基金风险排查。三是指导市县化解暂付性款项工作不到位问题，省财政厅建立库款占用奖惩机制，通报暂付款化解情况，不定期约谈管理不到位市县，并将财政暂付款管理纳入市县高质量发展考核范围，2022年底市县暂付款余额较年初减少19.5亿元，下降3.6%。四是指导全省项目库管理工作还不到位问题，8个市县加强项目库管理，将不符合项目入库条件的项目退库，收回已安排的资金，对未入库的项目不安排预算。

（二）省本级部门预算执行审计查出问题的整改情况

1. 关于预算编制方面的问题

针对预算编制不完整问题，2个部门加强预算审核，提高预算编制准确性、完整性，确保预算编制准确、规范。

2. 关于预算执行方面的问题

一是未按规定征缴财政款问题，7个部门、单位采取有力措施征缴财政款1352.6万元。二是部分项目资金支出进度慢问题，15个单位完善项目预算评审机制，规范部门项目库管理，加强预算支出管理，提高资金分配及使用效率。三是落实"过紧日子"要求不够严格问题，10个预算部门、单位采取加强预算管理、严格预算支出、完善预算执行约束机制、追缴资金等措施完成整改。四是违规支出112.65万元问题。6个单位收回挪用、超范围使用的资金，修订完善内控制度，严格支出管理。

3. 关于预算管理方面的问题

一是未按规定盘活财政存量资金问题，4个预算部门、单位已清理上缴财政结余资金1 591.61万元。二是公务租车管理不规范问题，16个部门、单位通过制定、完善公务租车管理制度，加强管理。省财政厅与省机关事务管理局联合印发《海南省党政机关公务出行租赁车辆管理办法》。三是

（续）

财务管理不严问题，10个部门、单位规范财务核算及合同管理，清理代管款项。

（三）重点专项资金和民生事项绩效审计查出问题的整改情况

1. 关于省委、省政府为民办实事方面的问题

针对常年蔬菜大棚建设任务进展缓慢问题，14个市县加快建设，完成大棚建设任务，闲置的1 300亩常年蔬菜基地、60.75亩常年蔬菜设施大棚已种上蔬菜，10个公益性摊位已全部正常开展经营活动。

2. 关于困难群众救助补助资金方面的问题

一是资金分配使用不规范问题，10个市县通过组织学习、制定完善相关制度，确保上级补助资金在规定时间内分配下达。12个市县加强对中央困难群众救助资金的使用管理，返还原渠道资金2 266.78万元；15个市县结算支付医疗机构救助资金7 246.28万元。二是待遇保障政策落实不精准问题，17个市县已将718名符合条件人员纳入救助保障；15个市县已停发168名不符合条件人员救助待遇；12个市县已发放535名城乡低保、特困人员财政补助资金15.02万元。三是财务资产管理不到位问题，2个市已返还挪用的补助资金78.14万元；6个市县12家集中供养救助机构启动使用闲置敬老院，或将其转型为老年人日间照料中心使用；1个市闲置社会福利中心已启用，对残疾儿童开展康复训练。

3. 关于住房公积金方面的问题

一是违规缴存公积金问题，省住房公积金管理局对公积金系统进行升级，完善"一人一户"账户体系，退回违规缴存资金408.61万元。二是违规提取公积金问题，省住房公积金管理局强化监管审核，建立风险防控长效机制，印发《海南省住房公积金资金存储管理办法》等9项制度，严格公积金提取管理；加强信息系统建设，新增系统风险预警功能，与社保、公安等部门实现数据共享，杜绝骗提公积金行为再次发生；追回违规提取公积金2 384.31万元，并将涉嫌违法犯罪线索移送公安机关。三是违规使用公积金问题，省住房公积金管理局退还已退休或死亡职工公积金1 137.57万元，结清违规发放的公积金贷款463.9万元。

4. 关于住宅专项维修资金方面的问题

一是住宅专项维修资金归集和使用不规范的问题，省住房公积金管理局完善住宅专项维修资金交存管理机制，规范住宅专项维修资金管理，已追缴被骗取、挪用、拖欠维修资金10 415.02万元。二是住宅专项维修资金管理不到位问题，海口市已追缴少收的维修资金利息1 655.4万元；18个市县与银行重新约定存款利率，提高资金收益水平；13个市县维修资金管理部门已将增值收益及时分配到户。

（续）

　　5.关于乡村振兴资金绩效方面的问题
　　一是乡村产业发展资金方面问题，16个市县已发放分红款1 042.92万元，收回入股本金和投资收益1 466.89万元；10个市县盘活闲置产业资金4 846.86万元，投入扶贫产业项目，壮大村集体经济收入，巩固乡村振兴成果；13个市县加强产业项目管理，选择经营状况良好、经济实力较强的企业入股，对不符合资产收益、运营不良、扶贫资金存在风险的项目，及时采取止损措施，确保资金的安全和效益；8个市县采取签订担保协议、办理抵押手续等方式，完善风险防控措施，确保扶贫资金的安全。二是高标准农田建设方面问题，5个市县完成22个已建成项目的"上图入库"工作，13个市县修正高标准农田"上图入库"信息数据，剔除非耕地、重复建设和选址不合理区域，并开展补建工作；16个市县制定工作方案，鼓励引导农户因地制宜复耕复种，共清理整治"非粮化"和撂荒高标准农田面积3.91万亩；4个市县完成7 293.01亩高标准农田土壤改良工作；11个市县约谈招标代理机构，建章立制，避免项目招投标程序不规范问题再次发生；3个市县据实办理工程结算，核减64.72万元，收回多付工程款13.73万元；8个市县组织人员定期检查、清理和修复，加强27个高标准农田项目工程设施建后管护工作；9个市县下达高标准农田项目建设资金3 270.5万元，盘活支出农田设施管护资金1 305.41万元，缴纳农民工工资保证金52.33万元，退回施工方多收质量保证金21.01万元。三是农村生活污水治理方面问题，15个市县185个农村生活污水处理站经过检修、清理杂质、运维管护，排放水水质已达标；10个市县清理整治278个闲置和不正常运行的农村污水治理设施，确保设施正常运行，尾水正常排放；6个市县完善监督机制，落实监管要求，规范农村污水治理项目建设，加强工程招投标管理；8个市县完善设计变更手续，更换不达标设备，4个市县结算核减115.78万元，追回多支付工程款26.34万元；7个市县盘活滞留资金1 075万元，拨付工程款3 351.1万元，缴纳农民工工资保证金276.7万元，追回挤占挪用资金6.98万元，出台制度加强资金管理，杜绝资金沉淀、挤占挪用、未及时支付等问题再次发生。
　　6.关于全省公共场所外语标识标牌建设方面的问题
　　一是资金支出率低的问题，全省公共场所外语标识标牌建设资金已支出1.29亿元，结余资金3 566.68万元收回财政。二是项目进度慢的问题，10个市县加快完成项目建设，健全相关制度，开展外语标识标牌规范建设督办工作。三是质量不达标问题，17个市、县（区）已全部完成整改。
　　（四）政策落实审计查出问题的整改情况
　　1.关于招商项目产业集聚度不明显方面的问题
　　海口国家高新区管委会进一步优化招商方向，突出重点产业落地，以新

第十二章 审计整改报告范本

（续）

能源产业链和生物医药产业链关键产品、创新链关键技术为核心，带动关联产业协同发展；江东新区重点以"4+X"产业为核心发展方向，组建贸易、金融等招商专班，突出产业链招商，加速园区契合产业聚集。

2.关于园区跟踪服务企业不够到位方面的问题

7个园区梳理未落地项目情况，对无法继续推进的项目予以终止；对继续推进的项目，加快推动项目土地供应，及时与企业沟通协调，掌握企业的诉求，加快推进项目落地。3个园区已完成"推行建筑工程质量潜在缺陷保险"等4项重点任务。

3.关于部分优化营商环境政策未落实方面的问题

4个园区已建立健全6项极简审批有关制度。1个园区加强政策培训，提高审批人员对于极简审批改革举措的运用能力，并向企业宣讲项目审批制度改革措施。10个"秒批"事项已开展实质性业务，办件280个。

4.关于8个园区财政资金管理使用不规范方面的问题

1个园区已建立健全3项产业扶持管理制度；1个园区已将989.35万元作为资本金注入企业，并进行相应账务处理；1个园区完善土地转让流程，国有资产出租收入518.29万元已上缴财政。5个园区未及时支出的47.51亿元财政资金已支出43.03亿元。

（五）自然资源和生态环境审计查出问题的整改情况

1.关于履行资源管理职责不到位方面的问题

4个市县通过拆除违法建筑、补办用地手续等方式整改，复绿林地2 551.1亩，复垦耕地55.21亩，完成整改违法占用海域1 058.84亩、土地390.22亩，罚款168.96万元；被林地占用的基本农田2.18万亩已补回，剩余3 747.99亩正在按照整改方案稳步推进；3个县根据图斑性质分类处置，无证采伐或林地灭失未恢复问题已完成整改112宗；3个市县加快环境恢复治理工作，已完成388.45亩矿山治理任务；2个县"两违"建筑已拆除，并完善制度，加强监管，杜绝违建行为再次发生。

2.关于生态环境保护任务落实不力方面的问题

2个县9个乡镇饮用水水源保护地水质已达标；2个市县67家排污单位已按规定公开自行监测信息，完成污染物排放情况评估，81个入海排污口已整治69个；4个污水处理设施建设完成，91家"散乱污"企业已按要求完成整治任务，并建立健全长效机制，形成常态化管理；2个县禁养区内的养殖场已全部关停。

3.关于环境治理项目建设程序执行不到位方面的问题

3个市县制定工程项目招标管理办法，完善内控制度，加强工程监管，按照规定完善环评审批手续；出租的自然资源资产已按照相关规定进行评

（续）

估，并将出租收入上缴国库。

4. 关于部分资源环境资金征收管理不合规方面的问题

应征未征资源环境收费已追缴 2 750.02 万元；应征未征的 93.38 万元海域使用金，已追缴 15 万元，并依法收回拒缴企业的海域使用权；1 个市已追缴应收未收损毁自然资源案件罚款 325.47 万元；2 个县河砂销售盈利未上缴财政的 2 206.85 万元已全部上缴。

（六）政府投资审计查出问题的整改情况

1. 关于 4 个项目违规招投标方面的问题

3 家单位已建立健全招投标制度，防止此类问题再次发生，并禁止串标的两家单位一年内参与项目投标；相关责任单位出台 2 项招投标管理办法，并约谈总承包商。

2. 关于工程造价控制不严方面的问题

相关责任单位在工程竣工结算时严格审核，扣除多计工程款，按实际情况结算，对相关责任人给予党内警告、政务警告处分，收回多付工程款 221.51 万元；1 个单位将超概算批复范围追加建设内容上报省水务厅，补齐手续；1 个单位组织相关人员培训，加强工程建设全过程管理，对相关负责人给予警告并扣发绩效工资。

3. 关于项目推进缓慢方面的问题

生态搬迁工作进度缓慢的 3 个市县安置房建设已全部完工并交付使用；未按合同约定时间建设完工的 4 个引水子工程，2 个项目撤销或停建，2 个项目已完工。

4. 关于工程竣工结算"久拖不结"方面的问题

省工业和信息化厅、省财政厅成立联合督查组，开展政府投资项目"久拖不结"专项清理活动，建立清偿台账，分类制定化解计划。

（七）国有资产审计查出问题的整改情况。

1. 关于企业国有资产和地方金融机构方面的问题

一是国企改革和金融政策落实不到位的问题，2 家企业加大"处僵治困"工作力度，已完成下属 7 家公司工商注销登记、1 家公司的清算工作与 2 家公司的盘活工作；1 家金融机构出台支持普惠金融业务发展措施，提高涉农及小微企业贷款占比，并对相关责任人进行诫勉谈话和经济处罚，加强考核力度；1 家下属机构已达到涉农及小微企业贷款占比达 80% 的监管要求，5 家下属机构已完成持续增长的阶段性目标。二是执行财经法纪不严格问题，1 家企业已按照企业会计准则进行账务调整；1 家企业已对以虚假经济业务报销问题的相关责任人进行谈话提醒，规范财务报销审核工作；2 家企业追回违规报销业务招待费 5.48 万元，对相关责任人进行批评教育和经济处罚，

（续）

并出台制度规范管理；1家金融机构严格财务审批程序，规范费用报销工作。三是工程建设项目管理不力问题。1家企业出台采购管理、工程质量管理与成本控制等制度，规范内控管理，加大工程项目监管力度；1家企业对违规转让工程监理项目相关责任人进行集体谈话，并责令补缴个人所得税、滞纳金共计27.90万元。

2.关于行政事业性国有资产管理方面的问题

一是国有资产管理不规范的问题，11个单位对未入账的固定资产进行补登入账，定期清查盘点，制定相关制度。6个部门严格按照标准配置资产加强管理。5个部门已按规定如实进行资产信息系统登记。1个部门已处置报废车辆，报废残值1.11万元已上缴省级财政。二是省直行政事业单位房产地产移交工作推进缓慢问题，省直行政事业单位申报移交房地产共计12 243宗，已完成应移交资产12 233宗，占比99.92%。

（八）重大违纪违法问题线索的办理情况

2021年度审计共发现并移送问题线索34件，涉及人员250名、金额16.9亿元。截至2023年6月20日，已办结17件，立案8件，正在办理9件，93人受到处理处分。一是工程建设、政府采购领域违法违规问题。对相关责任人立案侦查，给予谈话提醒处分。二是公共资金和国有资产损失浪费问题。对履职不力、失职渎职的公职人员分别给予诫勉、警告、记过、开除处理。将滥用职权的公职人员移送检察机关起诉。三是基层微腐败侵害群众利益问题。相关责任单位追回被骗取资金、偷逃税款，并将相关线索移送公安机关处理。四是违反党风廉政建设规定问题。相关责任单位完善内控制度，严肃财经纪律，对相关责任人进行处分。

（九）审计建议落实情况

省财政厅等主管部门认真研究采纳审计建议，坚持深化改革、完善风险防控建设，兜牢民生底线。

1.关于深化财政预算，健全现代财政管理制度方面

一是省财政厅推进非税电子化改革，大幅提高非税收入执收效率。二是优化考核评价指标，规范评价程序、加强评价结果应用；三是建立健全项目管理制度机制，出台《海南省项目预算管理暂行办法》等3项制度，强化项目谋划储备，加强项目入库审核，提高项目预算管理水平。四是加强内部管理，完善内部管理制度建设，推进内控信息化建设，开展内部审计，助力企业规范管理。

2.关于强化风险防控意识，完善重点领域风险防控系统性建设方面

一是省财政厅做好债务数据统计监测工作，动态掌握全省政府性债务总体情况。二是加快债券资金支出进度，2022年全年新增债券资金支出进度约

（续）

89%，比 2021 年提高约 22 个百分点。三是加强专项债券项目储备，2022 年，通过财政部、国家发展改革委审核的专项债券项目共 519 个，是 2021 年的 2.8 倍。四是不断规范政府债务管理。印发《海南省政府专项债券项目资金绩效管理办法》，开展防范债务风险领域专项整治行动，持续规范管理。

3. 关于提高保障和改善民生水平，兜牢民生底线方面

一是兜底保障方面，加快推进城乡低保一体化进程，实施阶段性缓缴社保政策，大力推进稳岗保就业。二是教育惠民方面，精准落实教育惠民、学生资助政策；统筹推进义务教育均衡发展和城乡一体化。三是民生保障方面。下达城镇保障性安居工程资金 6.1 亿元，指导市县加强资金管理和加快资金支出进度，支持住房保障事业发展；安排重要农产品保供稳价、耕地地力保护补贴、农机购置补贴和农田建设补助等资金 15.11 亿元，做好重要民生商品保供稳价。

（十）2020 年度省本级预算执行和其他财政收支审计查出问题整改情况

截至 2023 年 6 月 20 日，2020 年度审计工作报告反映的 657 个问题，已完成整改 645 个，仍有 12 个未整改到位。

三、下一步工作安排

从整改情况看，尚未整改到位的 78 个问题，涉及财政预算执行和管理方面 8 个，重点专项资金和民生事项绩效方面 36 个，自然资源和生态环境方面 15 个，重大政策措施落实和政府投资工程方面 9 个，企业和行政事业性国有资产管理方面 10 个。有的问题受限于地方政府财力薄弱，需筹措资金持续推进解决，如 18 个市县有 1 300 多个完工 1 年以上的政府投资项目未办理工程竣工结算，涉及单位多、金额大、拖欠时间长；有的问题涉及面广、整改周期长，需完善制度，有计划、分步骤地逐步消化，如新增财政暂付款项累计余额超过警戒线、高标准农田"上图入库"信息不准确、耕地撂荒和"非粮化"等问题。有的问题整改受限于经济环境影响和外部因素，需在分类处置基础上审慎推进。如一些企业生产运营困难，短期内上缴返还资金难度大，个别还涉及司法程序，需要稳妥有序推进。有关部门、单位和市县已对后续整改工作作出安排，对未完成整改问题，列出时间表、路线图，加快推进；对已完成整改问题，强化建章立制、跟踪问效，组织开展"回头看"，推动举一反三。

下一步，我们将以习近平新时代中国特色社会主义思想为指导，认真落实省委各项决策部署和省人大的各项决议，坚决扛起审计整改政治责任，坚持推动揭示问题与解决问题相统一，深化审计监督与其他各类监督贯通协同，查改联动、破立并举，对审计整改不力、敷衍整改、虚假整改的，严

（续）

肃问责，确保整改任务落实到位。

附件：2021年度省本级预算执行和其他财政收支审计工作报告披露问题整改情况表（略）

第八节 内蒙古自治区政府审计整改报告范本

关于自治区本级预算执行和其他财政收支2022年度审计查出问题整改情况的报告

——2023年3月28日在自治区第十四届人民代表大会常务委员会第二次会议上

自治区审计厅厅长 霍照良

主任、各位副主任、秘书长、各位委员：

我受自治区人民政府委托，报告自治区本级预算执行和其他财政收支2022年度审计查出问题的整改情况，请予审议。

一、审计整改工作部署和成效

（一）对标对表决策部署，整改意识明显增强

自治区党委和政府深入贯彻落实习近平总书记关于审计整改工作的重要指示批示精神，高度重视审计查出问题整改工作，主要领导多次对审计反映的问题作出批示；自治区分管副主席主持召开专题会议，部署推进审计整改工作，并列入自治区党委和政府督查督办事项。自治区人大常委会加强对审计整改工作的监督，定期听取和审议审计整改情况报告。自治区本级主管部门及相关地区进一步提高政治站位，严格落实自治区人大常委会审议意见，全力推进整改，形成党委领导、人大监督、政府落实的工作体系。

（二）压紧压实各方责任，整改力度持续加大

相关地区、部门和单位主要负责人切实履行整改"第一责任人"职责，认真落实整改要求，制定整改方案，细化分解具体任务，有效推进问题整改。

（续）

主管部门全面落实监督责任，积极指导督促被审计单位加强整改，以审计整改为抓手，一体推动揭示问题、规范管理、促进改革。自治区审计厅按照自治区人大常委会有关审议意见，通过全面整改、专项整改、重点督办3种方式对审计整改情况进行督促检查，并结合国务院第九次大督查，对困难群众救助补助资金审计和乡村振兴政策落实审计查出的问题进行专项整改，将审计发现的重大问题线索分别移送相关部门进行重点查办或督办，推动审计整改做深做实。

（三）健全完善整改机制，贯通协同更加顺畅

自治区审计厅严格落实《关于建立健全审计查出问题整改长效机制的意见》精神，按照"全面、精准、督办、严格、问责、报告"六项要求，制定实施审计整改对账销号、约谈问责等相关制度，进一步规范审计整改流程。加强与主管部门横向联动，制定完善自治区党委审计委员会成员单位工作协调推进机制；联合自治区纪委监委、巡视办制定完善《审计发现问题移送、办理和反馈工作办法》，强化贯通协同，形成审计整改合力。

（四）审计整改进展顺利，整改质效显著提升

《审计工作报告》共反映问题2 472个，涉及金额1 232.21亿元。截至2023年3月20日，立行立改的1 952个问题已全部完成整改；分阶段整改的334个问题已有318个完成整改，整改率95.21%；持续整改的186个问题均制定了整改措施和计划。相关地区、部门和单位通过归还原渠道、调整账目、加快拨付进度、规范管理等措施，整改问题金额1 210.62亿元，按金额计量整改率为98.25%，制定出台、修订完善规章制度400项。

二、审计查出问题的整改情况

（一）自治区本级财政管理审计查出问题的整改情况

自治区财政厅、发展改革委已整改433.16亿元，未整改4.18亿元，完善制度5项。

（1）1.关于"预算编制科学性、合理性仍有较大改进空间"的问题。自治区财政厅在安排下一年预算时，将相关资金细化到具体项目和地区，进一步提高预算编制精细化、科学化水平。

（2）关于"财政资金使用绩效亟待提升，专项资金超期下达、滞留、执行缓慢"的问题。一是专项资金存在绩效管理制度执行不严格、项目推进缓慢、绩效目标未实现的问题，自治区财政厅已要求相关部门补报绩效评价结果，并在2022年下达指标文件时同步下达绩效目标，加强绩效各环节的审核监督，同时督促相关地区、部门和单位加快项目实施进度，提升财政资金使用效益。二是中央和自治区本级217.01亿元专项资金超时限下达

第十二章 审计整改报告范本

(续)

的问题,自治区财政厅已督促相关部门在分配资金时,提前做好项目申报及评审等工作,按时报送资金分配建议,确保财政资金能够及时下达。三是抽查的专项资金执行率低的问题,有关部门通过加快资金拨付、申请调剂预算、上缴财政等方式完成整改。

(3)关于"专项资金分配无章可循或有章不循"的问题。一是无管理办法或实施细则分配专项资金的问题,自治区财政厅已会同有关部门印发3项实施细则,另有6项制度规定履行审批手续后印发。二是未严格执行管理办法分配专项资金的问题,自治区财政厅已会同有关部门做好资金分配下达工作,进一步规范专项资金分配管理。

(4)关于"财政资金统筹仍需向纵深推进"的问题。一是10个部门应盘活未盘活存量资金1.91亿元的问题,现已全部上缴财政。二是当年盘活的存量资金未支出形成二次沉淀10.35亿元的问题,已通过加快拨付资金、盘活统筹使用等方式完成整改。三是2户自治区直属企业应缴未缴国有资本经营收益1 471.9万元的问题,自治区财政厅已联合自治区国资委对内蒙古出版集团有限责任公司、内蒙古电影集团有限责任公司下发催缴通知,因对上缴政策理解存在偏差,自治区财政厅和相关单位正在协调研究解决方案。

(5)关于"自治区发展改革委项目建设进度慢、资金拨付不及时"的问题。一是抽查的8个自治区投资项目未开工建设,涉及金额0.69亿元的问题,现均已开工建设。二是中央预算内投资老旧小区改造项目已完工但仍有1.24亿元未支付的问题,经自治区发展改革委调度并积极督促后已支付完毕。

(6)关于"自治区投资项目经费管理使用不合规"的问题。一是项目前期费分配未细化到具体项目或超范围使用,涉及2个项目560.48万元的问题,自治区发展改革委在年底编制预算时,同步完成下一年度项目调度筛选工作,让资金明确到具体项目,进一步规范项目前期费的管理和使用。二是未经批准调整自治区基本建设项目经费281万元的问题,自治区发展改革委合理编制了下一年度预算,在调整相关经费时将严格履行审批程序。

(7)关于"'国家重大建设项目库'基础信息不完善,抽查的281个中央预算内投资项目信息填报不完整、不准确"的问题。自治区发展改革委已补全信息,将持续加强跟踪监管。

(二)自治区部门预算执行审计查出问题的整改情况

有关部门及所属单位已全部完成整改,完善制度17项。

1. 关于"部门预决算编制不完整、不准确"的问题

一是对预算方面的问题,相关部门在编制下年度预算时充分考虑结余结

（续）

转资金、事业收入及资金缺口。二是对决算方面的问题，相关部门完善了决算草案，补充编制了 2021 年度决算说明，确保预决算工作的完整性、准确性。

2. 关于"违规使用财政资金"的问题

一是 9 个部门无预算、超预算支出 4 447.44 万元的问题，已提前做好支出规划，确因当年新增工作需要调剂预算的，要及时履行程序。二是 9 个部门超标准列支、扩大支出范围 1 966.76 万元的问题，通过制定完善制度、收回资金等方式完成整改。三是违规配置公务用车、公务用车管理使用不规范及运行经费超预算的问题，自治区水利厅所属的勘测设计院已将超编车辆划转至自治区水利厅其他需要用车的二级单位，自治区自然资源厅已对扩大范围支出的款项全部收回，自治区市场监管局所属的审评查验中心已合理编制下年度预算。四是 4 个部门未按规定分配专项资金 19.64 亿元的问题，已印发 1 项管理办法，另有 2 项管理办法履行审批手续后印发，对于已有管理办法但未严格按照办法分配的专项资金予以收回，并在下一年分配资金时改进了分配方式。五是 6 个部门出借、滞留、挤占挪用专项资金 2 363.42 万元的问题，通过完善制度、归还原渠道等方式完成整改。六是 7 个部门未严格履行政府采购程序，涉及金额 2 937.53 万元的问题，通过组织业务培训、规范业务流程等方式，进一步规范政府采购程序。

3. 关于"财政资金绩效管理水平亟需提高"的问题

一是 4 个部门项目绩效目标设置不科学的问题，已完善当年绩效自评和下年度绩效目标设置，进一步提高绩效目标的科学性。二是 7 个部门的 16 个项目未完成绩效目标，涉及 907.89 万元的问题，通过修订完善绩效管理制度、督促盟市加快拨付资金、合理编制下年度目标等方式完成整改。三是 6 个部门因项目执行进度慢、资金闲置造成财政资金 8.67 亿元未发挥效益的问题，通过拨付资金、上缴财政、调剂预算等方式完成整改。四是 4 个部门未开展全过程绩效目标管理及绩效评价的问题，自治区卫生健康委成立了预算绩效管理领导小组并制定了《内蒙古自治区卫生健康项目绩效管理办法》，自治区生态环境厅对自评内容进行了调整完善，自治区市场监管局进一步加强对项目的日常监督管理，内蒙古医科大学已完成资金拨付。

（三）重点专项和重点民生资金审计查出问题的整改情况。

1. 关于煤炭资源专项试点审计查出的问题

关于煤炭资源专项试点审计查出的问题已全部完成整改，完善制度 14 项。

（1）政策落实有偏差方面。一是煤炭资源规划、绿色矿山规划编制不科学的问题，伊金霍洛旗结合本地区实际，在充分征求各方意见、聘请专家进行评审论证的基础上，编制了相关规划纲要。二是绿色矿山规划、方案

第十二章 审计整改报告范本

(续)

等编制工作推进缓慢的问题,准格尔旗已组织相关部门及时完成编制。三是鄂尔多斯市神东矿区总体规划修编滞后的问题,已修编矿区总体规划。四是退产能和资源整合缓慢的问题,相关地区已履行批复、验收等手续。五是煤炭矿业权设置无基本依据,小、散、乱现象长期未得到改善的问题,乌海市已对煤炭矿区总体规划和环境影响报告书编审后报送至自治区相关部门。

(2)煤炭项目审批不严格方面。一是通过化整为零审批规避上级监管的问题,鄂尔多斯市已责令鄂尔多斯市林草局严格按照规定进行建设项目使用林地审核审批,全面规范管理建设项目林地使用,坚决杜绝拆分和越级审批现象。二是违规审批开工手续等问题,鄂尔多斯市已责令鄂尔多斯市能源局严格按照审批权限审批项目,坚决杜绝越权审批、违规审批事项发生。三是执法不严、违法不究问题,准格尔旗、伊金霍洛旗已责令消除违法行为,建立长效机制,并对相关人员进行通报批评。

(3)煤炭企业违规建设、违规组织生产存在安全隐患方面。一是20家煤炭企业在手续不齐备的情况下进行煤炭项目建设的问题,鄂尔多斯市已责成煤炭企业补办相关手续或对违法问题进行处罚,乌海市完善了相关制度,进一步加强煤矿项目建设监管工作。二是38家煤炭企业和个人在未办理土地、林地和草地审批手续的情况下,违规进行露天开采、建设储煤棚等项目的问题,伊金霍洛旗通过补办手续、拆除违章建筑、建立长效监管机制等方式完成整改,海勃湾区已责成企业对相关手续补充完善,海南区自然资源局对违法占用耕地、草地等行为分别采取行政处罚、复垦治理等方式进行处理。三是56座煤矿2020年超核定能力生产煤炭5 506.93万吨的问题,伊金霍洛旗加大监管力度,督促煤炭企业严格按照核定生产能力均衡组织生产,海勃湾区、海南区已组织指导煤炭企业编制上报了2022年度生产计划。四是煤矿未严格落实安全生产要求的问题,鄂尔多斯市、乌海市均健全完善了相关制度,进一步加强安全生产监管。

(4)生态环境保护落实不到位方面。一是6家煤炭企业或个人乱排放矸石或露天堆放原煤的问题,鄂尔多斯市、伊金霍洛旗已督促煤炭企业整改并进行了处罚,乌海市已将露天堆煤全部转移至封闭料仓内。二是5家煤炭企业环保验收不及时或环保设施建设未跟进的问题,伊金霍洛旗、准格尔旗对企业进行了处罚,督促其进行环保验收。三是24个火区、采空区等灾害治理项目推进缓慢的问题,鄂尔多斯市准格尔旗羊市塔二矿等11个项目已完成治理,乌海市白音乌素煤矿等13个项目正抓紧实施。

(5)涉煤税费未做到应收尽收、应缴尽缴,违规使用移民安置补偿资金方面。一是少缴纳采矿权价款、土地使用税、水土保持费等21.85亿元的问题,鄂尔多斯市3家煤炭企业少缴纳采矿权价款或滞纳金19.8亿元的问题已

（续）

移送自治区自然资源厅，目前正按相关程序清缴，其余 2.05 亿元税费已全部缴清。二是挤占挪用、出借矿区移民安置补偿资金 20.56 亿元的问题，已通过归还原渠道、制订还款计划等方式完成整改。

2. 关于困难群众救助补助资金审计查出的问题

关于困难群众救助补助资金审计查出的问题已全部完成整改，完善制度 2 项。

（1）救助资金未严格执行预算管理制度的问题。一是部分旗县财政未及时足额拨付补助资金 7 000 余万元的问题，已全部拨付到位。二是部分旗县未及时足额支付救助待遇或费用 3 000 余万元的问题，已全部支付。三是部分地区存在未设立社会保障基金财政专户等其他问题，通过上解至市社会保障基金财政专户、调整账表等方式完成整改。

（2）集中供养救助机构履职不力的问题。一是部分地区的救助站存在流浪乞讨人员长期滞站未予安置、救助物资发放管理混乱等问题，通过完善制度、安置滞留人员、悬挂引导标志、建立救助物资出入库台账等方式完成整改。二是救助机构未落实消防、住房等安全要求的问题，部分救助机构已完成消防、住房安全设施建设，其他集中供养机构已制定消防安全建设规划。三是部分集中供养机构未按规定比例配备护理人员的问题，已按照要求配齐护理人员。

（3）民生救助底线未能兜住、兜准、兜好的问题。一是兜住底方面，已将符合条件人员纳入保障范围并开始享受相关待遇。二是兜准底方面，已将不符合条件人员违规享受的救助待遇全部停发、追缴。三是兜好底方面，已累计拨付资金近 1 800 余万元。

3. 关于巩固拓展脱贫攻坚成果与乡村振兴有效衔接落实审计查出的问题

关于巩固拓展脱贫攻坚成果与乡村振兴有效衔接落实审计查出的问题已通过归还原渠道、调整账务、加快拨付进度、规范管理等措施整改问题金额 26.01 亿元，完善制度 64 项。

（1）政策衔接工作推进落实有偏差的问题。相关旗县通过及时纠偏、变更项目、建立长效机制、强化后期监管等方式完成整改。

（2）部分旗县高标准农田建设存在规划滞后、勘察设计不充分、未经批复变更、个别地区出现"非粮化"甚至"非农化"的问题，相关旗县通过加快施工、维修维护、编制任务清单、制定管理办法、加大宣传引导、调整种植结构等方式完成整改。

（3）部分产业扶持项目效益不佳、利益联结机制不完善的问题，相关旗县已建立健全机制，收回大部分扶贫资金资产收益，并推进项目建设，部分项目收益由于企业经营困难等原因，仍在整改中。

（续）

（4）脱贫攻坚与乡村振兴衔接资金使用不规范的问题，相关旗县通过归还原渠道、上缴财政、及时调度、加紧工程验收等方式完成整改。

4.关于科技专项资金审计查出的问题

关于科技专项资金审计查出的问题已全部完成整改，完善制度69项。

（1）贯彻落实中央和自治区科技创新政策有差距的问题，相关高校、科研部门通过制定或修订制度等方式，促进科技成果转化，加大创新人才引进力度，强化科研项目费用管理。

（2）部分单位重科研项目立项申报、轻项目管理，项目进展缓慢，有的甚至无法实施的问题，目前250个项目已完成，12个项目延期，重新确定了项目实施期，14个项目终止，对终止项目涉及资金应收尽收。

（3）科技专项资金预算编制不精准、分配散而小、使用不规范、超期拨付的问题。一是预算编制方面，进一步加强科研项目预算管理，对项目执行中需要调整的，严格按程序办理变更调整手续。二是资金分配方面，自治区科技厅印发了管理办法，制定了项目安排方案，严格按规定科学合理分配专项资金。三是拨付使用方面，通过调整账目、归还原渠道等方式完成整改。

5.关于中欧班列财政补贴资金专项审计查出的问题

关于中欧班列财政补贴资金专项审计查出的问题已全部完成整改，完善制度2项。针对相关地区重视不够、发展不均衡，平台公司竞争力不强、带动中欧班列开行作用发挥不明显，以及资金安排不足的问题，自治区发展改革委牵头起草了《自治区中欧班列运行"补短板"实施方案》，并于2022年8月正式印发实施，从加强基础设施建设等六个方面作出工作安排。同时，采取优化班列开行布局、积极争取运力支持、重点支持本地货物发运、提高资金拨付效率等方式完成整改。

（四）重大政策措施落实跟踪审计查出问题的整改情况

1.关于中央财政直达资金审计查出的问题

相关地区、部门和单位通过下达预算指标、收回财政、归还原渠道、加快支出进度等方式全部完成整改。

2.关于优化营商环境政策措施落实审计查出的问题

关于优化营商环境政策措施落实审计查出的问题已整改12.72亿元，未整改6.55亿元，完善制度69项。

（1）政策落实推进不力方面。一是部分地区未按要求建立健全"双随机、一公开"联席会议、企业家参与涉企政策制定等相关制度的问题，有关地区完善了相关制度，进一步规范抽查检查工作，根据工作需要组织企业代表召开了联席会议。二是包容审慎监管等政策措施推进迟缓的问题，已制定实施方案推进该项工作。

（续）

（2）简政放权不彻底、不到位方面。一是"相对集中行政许可权改革试点"地区未将"必划"事项全部划转到位的问题，乌海市、通辽市、满洲里市、阿尔山市已划转到位。二是部分地区权责清单动态调整不及时的问题，相关地区已进行调整。三是赋权苏木乡镇街道的部分行政许可事项未达到"就近办"预期效果的问题，已完善制度并对落实情况进行"回头看"。

（3）政务服务能力提升还有差距方面。一是部分地区还未实现"一网通办"数据共享的问题，乌海市等地区通过完善制度、进行数据对接等方式完成整改；通辽市、满洲里市由于系统权限等原因，正在与相关部门积极协商。二是政务服务标准化、规范化、便利化建设仍有短板的问题，自治区本级和12个盟市通过梳理办事清单、明确办事流程等方式，大部分事项实现了线上线下标准统一，还有4个盟市的部分事项正在协调相关部门推进。

（4）审计发现的涉企专项资金拨付不到位、拖欠民营企业中小企业账款、超范围超标准超时限收取涉企保证金、向企业转嫁费用等问题已整改到位或制定还款计划分步偿还。

3. 关于盘活存量资金审计查出的问题

关于盘活存量资金审计查出的问题已整改76.13亿元，未整改0.95亿元，完善制度9项。

（1）盘活存量资金的政策执行缺位、错位方面。一是应盘活未盘活、应收回未收回存量资金15.43亿元的问题，通过追缴资金、盘活统筹使用等方式已整改15.34亿元，剩余0.09亿元待项目完工后，方可整改。二是个别地区超范围盘活资金5 943.18万元的问题，当地财政局已退还相关资金。

（2）预算管理不合规方面。部分地区上年结转结余资金未编入当年预算和在上年结转结余较大的情况下未压减当年预算规模的问题，相关地区严格执行《中华人民共和国预算法》及其实施条例等规定，严编细编预算，不断提高预算编制水平。

（3）盘活资金使用效益较低方面。一是8个盟市未及时分配、拨付和使用结转结余资金34.48亿元的问题，已下拨资金17.65亿元，剩余16.83亿元通过调整完善项目的方式进行整改。二是对盘活资金安排的项目未编制绩效目标、未进行绩效评价的问题，已作出安排，今后严格按照规定全面落实绩效管理和绩效评价。

（五）国有资产管理审计查出问题的整改情况

2022年，自治区审计厅代表自治区人民政府，首次将国有资产管理使用审计情况作为单独部分向自治区人大常委会作了报告。审计整改具体情况如下：

第十二章　审计整改报告范本

（续）

　　1. 行政事业性国有资产审计查出的问题

　　行政事业性国有资产审计查出的问题已全部完成整改。

　　（1）国有资产基础管理存在薄弱环节方面。一是9个部门的资产未计入固定资产、无形资产的问题，已补记未入账资产。二是63辆公务用车经报废、划转等程序处置后未做账务处理的问题，57辆公务用车已完成整改，6辆车已取得资产划转批复文件，并上报自治区财政厅。三是未及时进行资产划转的问题，已完成划转工作。

　　（2）违规使用和处置国有资产方面。一是超标准购置设备的问题，已通过收回设备、加强管理等方式完成整改。二是未经批准处置固定资产的问题，61.22万元资产已核销，325.92万元资产正在履行报批和备案手续。三是出租房产收入账外核算的问题，待劳务服务公司破产清算完成后即可处理相关资产。

　　（3）部分国有资产使用效益低下方面。1个部门已按照机关事务局要求移交资产，1个部门已与机关事务局对接解决，1所高校对闲置校区已进行维修改造。

　　2. 国有自然资源资产审计查出的问题

　　国有自然资源资产审计查出的问题已全部完成整改，整改金额43.25亿元。

　　（1）资源和环境保护法律法规执行不严格方面。一是17个地区违规占用基本农田、耕地、林地和草地的问题，正在加快土地组件报批进度，加大协调推进力度，完善相关手续并加强监管。二是4个地区破坏草原、林地等未进行治理和复垦的问题，乌审旗临时占用地块植被已恢复，牙克石市、回民区、科尔沁右翼前旗被破坏的土地和植被已按计划治理。三是9个地区未编制相关规划或未制定考核办法的问题，已完成整改。四是4个地区规划、任务制定不科学不完善等问题，已完成整改。

　　（2）部分目标、指标未完成方面。一是8个地区未完成高标准农田建设任务、森林覆盖率目标和地下水水质不达标的问题，已据实制定可行的规划和计划，确保完成目标任务。二是5个地区国土空间开发强度、人均城镇工矿用地等指标超标的问题，将严格执行新增建设用地、占耕和城镇工矿用地规模指标等规定，节约集约利用土地。

　　（3）履行监督责任不力方面。一是20个盟市、旗县自然资源资产管理和生态环境保护监督责任履行不到位的问题，相关部门已建立台账进行督办，通过查处违法地块、围封水源地、盘活闲置土地、建立完善草原资源管理信息系统等方式完成整改。二是8个地区审批监管不规范的问题，已收回相应审批权限，相关部门联合开展检查，编制水资源论证报告，积极推进《内蒙古自治区自然保护区实施办法》的贯彻落实。三是4个地区资

(续)

源和环境监管机构执法处罚不规范、不到位的问题,东乌珠穆沁旗已责令相关负责人作出书面检讨,并将建筑物全部拆除。四是4个地区自然资源资产管理相关数据不全面、不真实、不准确的问题,已强化对林业资源和草原资源的监管,提高水资源公报和用水总量统计质量。

(4)资金管理使用、项目建设不规范方面。一是8个地区应收未收、应缴未缴国有农用地承包费、水土保持补偿费、土地出让金等1.67亿元的问题,已收缴资金1.04亿元,剩余0.63亿元已制定收缴计划。二是5个地区滞拨休牧补贴资金、森林植被恢复费等34.84亿元的问题,相关地区已拨付滞拨资金33.3亿元,剩余1.54亿元已制定拨付计划。三是7个地区的京津风沙源治理二期等项目建设推进缓慢的问题,东乌珠穆沁旗2018年和2019年京津风沙源治理二期、牙克石市益民污水处理厂、乌审旗国有林场工资田退出等项目和任务已完成,呼伦贝尔市等地对人工种草等项目进行挂牌督办,已全面开工建设。四是4个地区未履行招投标程序的问题,呼伦贝尔市、牙克石市、新巴尔虎右旗已将违规事项移送纪委监委等核实处理,东乌珠穆沁旗已对直接负责人作出处理。五是8个地区项目建成后闲置或管护不到位的问题,已盘活相关闲置设备,加强项目后期管护,充分发挥应有效益。

(六)领导干部履行经济责任审计查出问题的整改情况

1.4名盟市党政主要领导干部履行经济责任审计方面

4名盟市党政主要领导干部履行经济责任审计方面已整改41.85亿元,未整改0.17亿元,完善制度96项。一是天然林资源保护工程造林、高标准农田建设等任务未完成、投资项目未按时建成、未批先建、超概算等问题,巴彦淖尔市、呼伦贝尔市通过加快推进项目建设、健全工程项目管理制度、完善项目评估等方式规范项目管理。二是政府工作报告部分任务未完成、违规出台违反国家规定的税收优惠政策的问题,巴彦淖尔市建立了政府工作报告重点任务督办落实机制,对违反国家规定出台的税收优惠政策予以废止。三是化债不实、债券资金闲置的问题,巴彦淖尔市已完成整改,呼伦贝尔市正在推进项目前期手续办理工作。

2.5名自治区党政部门主要领导干部履行经济责任方面

5名自治区党政部门主要领导干部履行经济责任方面已全部完成整改,完善制度16项。一是国有企业脱钩改制进展缓慢的问题,自治区水利厅所属5家企业已完成脱钩。二是清欠民营企业中小企业账款工作督导不力的问题,自治区国资委健全长效机制,加强对投诉举报问题的跟踪督办,强化对盟市和监管企业的统筹督导。三是项目选择和资金分配随意的问题,自治区水利厅制定了专项资金分配管理办法,提高了项目和资金管理水平。

（续）

3.6 名国有企事业单位主要领导人员履行经济责任方面

6名国有企事业单位主要领导人员履行经济责任方面已全部完成整改，完善制度36项。一是未完成事业单位养老保险制度改革的问题，内蒙古农业大学已完成准备期清算工作，可以纳入社会养老保险统筹体系。二是"科技兴蒙"行动和"双一流"建设推进不到位的问题，内蒙古农业大学修订完善了科研管理办法，成立了"双一流"学科建设理事会，充分体现相关鼓励支持政策。三是法人治理结构和内部控制制度不健全的问题，内蒙古地矿集团及其所属单位已按要求制定、修订了相关管理办法。

三、正在整改问题及后续工作安排

从整改情况来看，当前还存在未按时完成整改、长效机制未健全、监督管理责任履行不到位等问题，主要原因：一是基层财政困难，一些需要动用资金解决的问题无法立即完成整改。如财政专项资金未及时拨付问题，由于地方财力困难，已制定资金使用计划需逐步完成整改。二是有些问题整改涉及到多个部门，或由于上下级体制机制未理顺等原因，需要多方配合或上下级统筹协调推动问题解决，如个别区属文化企业欠缴国有资本经营收益问题。三是个别被审计单位整改主体责任落实不到位，仍有选择性整改、表面整改等问题，重治标、轻治本的现象不同程度存在。四是对一些屡审屡犯、屡改屡犯的问题追责问责力度还不够，或者有的问题制度性漏洞未能有效堵塞，导致类似问题反复发生。

相关地区、部门和单位对尚未完成整改的事项，均已全面作出后续整改安排。自治区审计厅将严格落实中央和自治区有关审计整改工作要求，依法对被审计单位落实整改责任及后续整改情况进行跟踪检查，直至完全整改、彻底整改。

下一步，自治区人民政府将坚持以习近平新时代中国特色社会主义思想为指导，全面贯彻落实党的二十大精神，坚决落实党中央、国务院对审计工作的决策部署及自治区党委工作要求，自觉接受人大监督和指导，依法全面加强审计监督工作，为自治区高质量发展提供坚强有力的审计支撑。

第九节　新疆维吾尔自治区政府审计整改报告范本

**关于自治区本级预算执行和其他财政收支 2023 年度
审计查出问题整改情况的报告**

——2024 年 3 月 25 日在自治区第十四届人民代表大会
常务委员会第九次会议上
自治区审计厅厅长　霍照良

主任、各位副主任、秘书长、各位委员：

我受自治区人民政府委托，报告自治区本级预算执行和其他财政收支 2023 年度审计查出问题的整改情况，请予审议。

一、审计整改工作部署和成效

（一）提高政治站位，组织领导更加有力。自治区党委和政府深入贯彻落实习近平总书记关于审计整改工作的重要指示批示精神，高度重视审计整改工作。2023 年以来，自治区党委审计委员会领导先后对审计反映的问题作出加强整改的实质性批示 50 余次，要求审计查出的问题必须全面彻底整改，举一反三，防止"旧病复发"，传染别人。自治区人民政府要求被审计地区和部门单位认真做好整改工作，建立长效机制，同时把审计整改工作纳入政府督查督办重要内容。各地区各部门单位把抓好审计整改作为重大政治任务，主要负责同志亲自部署推动整改工作，将审计整改纳入领导班子重要议事日程，推动整改工作取得实效。

（二）强化整改督促，整改工作机制更加完善。各级审计机关认真落实自治区党委审计委员会相关会议精神，着力构建全面整改、专项整改、重点督办整改工作格局，以钉钉子精神做好"下半篇文章"。自治区审计厅将审计查出问题整改纳入年度审计计划，联合派驻纪检监察组对 6 个盟市和 12 个自治区本级部门 2022 年审计查出问题整改情况开展"回头看"，确保问题整改过程扎实、结果真实。2023 年，我区首次对全区就业补助资金和失业保险基金审计整改效果进行评估，首次将煤炭资源专项审计整改结果在内蒙古自治区人民政府门户网站公开，首次由自治区人民政府领导约

第十二章　审计整改报告范本

（续）

谈整改不力的地区和单位。

（三）深化贯通协同，审计整改叠加效应更加彰显。认真落实自治区党委"1+9"监督贯通协调制度机制，打好审计整改"组合拳"。自治区纪委监委将督促整改作为日常监督的重要抓手；自治区党委巡视办将审计整改情况纳入巡视范围，并开展巡审联动；自治区人大常委会财经工委联合自治区审计厅对脱贫攻坚、困难群众救助补助、优化营商环境等重点领域突出问题整改情况开展跟踪检查；自治区审计厅按照"应报尽报"的原则，定期将审计查出问题录入自治区党委监督贯通协调数据平台，与其他监督主体合力推动整改。

（四）注重治已病防未病，整改成效更加显著。《审计工作报告》共反映具体问题1955个，涉及金额共计592.67亿元。截至2024年2月底，立行立改的1743个问题已全部整改到位，分阶段整改的142个问题已完成整改134个，立行立改和分阶段整改问题的整改率为99.58%；持续整改的70个问题均制定了措施和计划，正在有序推进。通过整改，共制定出台、修订完善规章制度689项，追责问责100多人。

二、审计查出问题的整改情况

有关地区和部门单位采取多种方式加强审计整改。自治区有关部门单位通过收回结余资金、按进度完成投资计划等整改218.57亿元，有关地区通过落实政策、统筹盘活等整改270.01亿元，自治区区属国有企业和金融机构通过加强投资管理、规范贷款发放等整改91.8亿元。

（一）自治区本级和盟市财政管理审计查出问题的整改情况。自治区财政厅、发展改革委和包头、鄂尔多斯等4个地区已整改282.73亿元，完善制度8项。

1. 本级预算执行方面。自治区财政厅针对财政资源统筹力度不够的问题，强化全口径预算管理，整合政策目标接近、投向趋同、管理方式相近的专项资金，建立国有资本经营预算定期核查机制，进一步加强财政资源统筹力度。针对预算编制的规范性、精准性仍需大力改进的问题，进一步完善与税务、自然资源、纪检监察等部门的定期商讨机制，将高标准农田建设补助资金等专项资金纳入部门预算，提高收入预算编制的科学性和合理性。针对转移支付分配管理不够合理的问题，会同自治区农牧厅等7个主管部门研究制定完善了10项专项资金管理办法，确保专项资金分配有章可循。针对财政资金支出效率不高的问题，对支出进度未达到目标要求、绩效评价结果差、资金结余大的地区进行了约谈或通报。针对债券资金分配不规范的问题，已督促相关盟市补齐项目可研批复、环评等资料，并通

（续）

过制定印发债券管理使用负面清单、开展项目竞争性评审等方式有力规范了债券资金分配管理。

2．投资计划执行方面。自治区发展改革委针对投资专项计划下达与项目进度不匹配的问题，加快中央预算内投资支出进度，已按项目建设进度完成支出 1.72 亿元，还有 8 077.1 万元待项目完成后即可支付。针对违规分配对下转移支付项目资金的问题，按照不同领域单独建立中央投资项目管理"红黑名单"，避免单一领域项目进展较慢影响其他领域项目建设的问题再次发生。针对入库项目审核把关不严的问题，已将国家重大建设项目库调度详情表中缺失的信息补充完善。针对投资项目监管不严的问题，对违法分包的总承包方依法罚款 1.35 万元并上缴财政，同时督促相关单位全额返还违规预付工程款 8 786.39 万元，要求相关项目核减建设内容并完成备案。

3．盟市财政管理方面。针对现代预算制度改革还需持续推进的问题，相关盟市已将应纳入国有资本经营预算的一级企业收益和自治区提前下达的转移支付收入全部纳入预算，4 家企业补缴国有资本经营收益 437.98 万元。针对地方财力还需进一步统筹的问题，相关盟市、旗县（市、区）通过及时上缴非税收入、建立日常对账制度、规范征缴流程、加强存量资金管理等方式完成整改。针对债券资金管理使用不规范的问题，相关盟市、旗县（市、区）通过将债券资金归还原资金渠道、加快债券资金支付等方式完成整改 4.2 亿元。针对财政暂付款亟待清理的问题，2 个盟市本级和 8 个旗县（市、区）基本完成消化任务，3 个旗县严格按照 5%的上限控制暂付款新增比例，1 个区违规出借资金 5.05 亿元已归还原资金渠道。

（二）自治区本级部门预算执行审计查出问题的整改情况。13 个部门已整改 129.69 亿元，完善制度 31 项。

1．关于部分工作进展缓慢，影响"五大任务"进程的问题。针对工作任务未能如期完成的问题，6 个部门通过退还价款、开展线下培训、编制规划方案、完成课题结题等方式完成整改。针对建设我国北方重要生态安全屏障项目资金闲置的问题，9 个项目闲置资金 9.91 亿元已通过对相关盟市下达催办函、定期调度项目进展情况等方式完成整改。针对专项资金拨付不及时的问题，1 个部门通过完善制度、建立月调度通报机制、约谈进展缓慢的盟市等方式完成整改 32.44 亿元。

2．关于部门预算管理工作不扎实的问题。针对以前年度结余结转资金未纳入当年预算的问题，6 个部门通过修订完善财务管理制度、规范预决算管理、上缴结余资金等方式完成整改。针对预算未细化到具体项目或单位的问题，5 个部门通过完善项目储备库建设、提前部署预算编报、组织专家

（续）

对项目进行评审等方式完成整改。针对预算编制不精准的问题，10个部门通过修订完善预算管理制度、强化项目预算管理、提前进行非税收入征收计划测算等方式完成整改。针对应收不收或滞留截留财政收入的问题，6个部门上缴非税收入624.76万元。

3. 关于违规分配使用财政资金的问题。针对违规分配对下转移支付资金的问题，6个部门通过健全专项资金管理制度、规范资金分配方法、收回多下达资金的方式完成整改。针对无预算、超预算支出、扩大支出范围的问题，8个部门通过修订合同管理制度和财务管理办法、纠正违规行为等方式完成整改。针对出借、挤占、挪用专项资金的问题，2个部门通过调整经费支出项目、将挤占挪用资金归还原资金渠道的方式完成整改1 114.85万元。针对虚列支出的问题，2个部门已将套取经费515.28万元上缴财政。针对年末超进度付款的问题，5个部门通过修订完善经费收支管理制度、对主要责任人追责问责、组织培训等方式完成整改。

4. 关于财政资金绩效管理薄弱的问题。针对绩效目标设置不明确的问题，5个部门通过制定项目绩效评价管理办法、编制总体绩效目标表和自评报告、聘请第三方机构开展重点项目绩效评审等方式完成整改。针对绩效目标未如期实现的问题，相关部门通过制定项目管理办法和预算管理制度、加强课题研究全流程管理、完善项目储备库建设等方式完成整改。针对项目绩效自评未全覆盖的问题，7个部门通过修订完善项目验收规程等制度、聘请第三方会计师事务所开展绩效评价、重新编制绩效自评表和自评报告等方式完成整改。

（三）重点专项和重点民生资金审计查出问题的整改情况。相关部门已整改113.28亿元，完善制度202项。

1. 关于引绰济辽水利建设工程预算执行审计查出问题的整改情况。针对工程施工进度滞后的问题，自治区水利厅已同意对工程施工总进度计划进行调整，2个盟市投资资金已通过自治区政府专项债券解决。针对土地征收政策和黑土地保护政策落实不到位、未按期完成移民安置项目的问题，1个旗已制定印发了引绰济辽工程项目土壤剥离利用方案，8个移民安置项目已完工。针对滞留或挪用基本农田补偿金、集体草地补偿款、移民专项资金的问题，相关苏木、嘎查已通过集体投资、归还原资金渠道方式完成整改。针对未履行采购招标程序、违规先施工后政府采购、串标等问题，已对相关责任单位和责任人进行了通报批评。针对多计设计费、重复支付劳务费的问题，已通过核减多计费用、调整会计账目的方式完成整改。针对未按合同约定支付进度款、变更设计提高标准未履行审批手续的问题，相关单位通过收回超进度拨付的资金、补齐相关变更手续等方式整改1.54亿元。

（续）

2. 关于地方金融系统资产负债损益审计查出问题的整改情况。针对异地贷款规模普遍较高的问题，5家地方金融机构通过规范信贷业务流程、对存量异地贷款加大清收力度、控制新发放异地贷款等方式完成整改。针对新增可贷资金用于当地比例较低的问题，3家地方金融机构通过下放贷款审批权限、下调贷款利率、出台绿色信贷授信政策等方式完成整改。针对支持"三农"和小微企业力度不够的问题，5家地方金融机构通过扩大企业授信面、提额度、降利率等措施完成整改。针对虚增涉农和小微企业贷款的问题，9家地方金融机构通过调整账目的方式完成整改。针对违规将贷款投向房地产领域等限控行业、违规向地方政府融资的问题，4家地方金融机构通过收回贷款、对相关责任单位和责任人行政处罚的方式完成整改。针对公司治理架构不完善、公职人员违规参股、管理交易不规范的问题，12家地方金融机构制定出台了8项制度完善议事机构议事规则，涉及的公职人员已办理完成股权转让手续，对关联交易进行了信息披露。针对贷款集中度超标、违规放贷、贷款"三查"不力、贷款被挪用的问题，14家地方金融机构统一规范了集团客户授信额度和期限，修订完善贷后、续贷、信贷业务重组和关联交易等管理办法，开展贷款业务合规检查，并对相关责任人进行了追责问责。针对违规核销呆账的问题，10家地方金融机构通过完善核销资料、对违规核销的贷款进行催收、对相关责任人进行追责问责的方式完成整改。针对少提准备金的问题，9家地方金融机构通过制定经济发展规划和资产减值准备管理办法、补提减值准备等方式完成整改。

3. 关于重点民生资金审计查出问题的整改情况。

（1）关于就业补助资金和失业保险基金审计查出问题的整改情况。针对就业政策落实有偏差的问题，自治区本级和5个地区1.84亿元就业补助资金已全部下达拨付。针对给不符合条件的人员发放补贴问题，已追回违规发放补助资金692.7万元，并通过开展全区人力资源社会保障领域基金资金专项整治行动，追回2021年以前违规发放的资金203.15万元。针对部分企业弄虚作假骗取补贴的问题，人力资源社会保障部门对涉及的469家企业核查后，将违规发放的以工代训补贴资金215.82万元全部追回。针对无效培训的问题，人力资源社会保障部门完善了3项制度，并组织开展大起底、大检查，各地区自查自纠问题305个，依规撤销了8家职业培训机构的办学许可和68家职业培训机构的补贴资格。

（2）关于巩固拓展脱贫攻坚成果及乡村振兴相关政策措施落实审计查出问题的整改情况。针对财政、金融等产业扶持政策未有效落实的问题，部分旗县通过制定、完善、细化产业发展规划，做好项目入库分析论证和项目建设流程等方式进行了整改。针对农村基础设施建设推进缓慢的问题，

第十二章 审计整改报告范本

（续）

相关旗县已通过盘活闲置资产、加快工程竣工验收、新建或改造户厕等方式完成整改。针对高标准农田建设存在的问题，相关旗县（区）已通过盘活闲置设施、深松深翻盐碱化土地并增施有机肥等方式完成整改。针对旗县财政资金拨付不及时、滞留挤占项目资金、违规发放惠农补贴资金的问题，相关旗县（区）已通过拨付滞留资金、将专项资金归还原渠道、收回违规发放的惠农补贴资金等方式完成整改。

（3）义务教育政策措施落实及专项资金管理使用审计查出问题的整改情况。针对义务教育基本均衡和优质均衡发展有短板的问题，相关旗县（市、区）通过制定发展规划和行动计划、加大教育投入、改扩建不符合条件的基础设施等方式完成整改。针对义务教育经费保障不通畅的问题，相关旗县（市、区）已增加一般公共预算教育支出，足额安排了教师培训经费，全额下发了困难学生生活补助。针对义务教育资金和资产管理不规范的问题，相关旗县（市、区）已将滞留的经费拨付至使用单位，挪用的资金已退回原资金渠道，闲置校舍可以使用的继续投入使用，并对破损严重的按规定进行鉴定、拆除。

（四）国有资产管理审计查出问题的整改情况。相关地区、单位已整改32.04亿元，完善制度226项。

1. 关于企业国有资产审计查出问题的整改情况。针对会计信息不实的问题，相关单位通过完善财务管理相关制度、规范合同管理、停止无商业实质的贸易业务等方式完成整改。针对资产账实不符的问题，相关单位已完善固定资产管理制度，建立固定资产实物台账，未入账资产在聘请第三方中介机构评估后均已入账。针对违规处置资产的问题，相关单位已进行国有资产评估报告备案，在内蒙古产权交易平台上公开招租，重新与成交单位签订了租赁合同，并按照合同约定收取了租金。针对国有资产未实现保值增值的问题，相关单位已进行分类处置，对于具备拍卖条件的资产继续申请法院拍卖，对于不具备拍卖条件的资产已向法院申请强制执行。

2. 关于自然资源资产专项审计查出问题整改情况。针对部分生态文明建设任务未完成、政策落实有差距的问题，相关盟市通过编制国土空间总体规划、制定出台农业水价改革精准补贴及节水奖励制度、安排部署试点旗县（市、区）实施农业水价改革等方式完成整改。针对水资源管理不严格，无证取水、超总量用水的问题，相关盟市、旗县（市、区）通过推进农业灌溉高效节水改造、规范企业水资源论证编制、封停违法取水井等方式完成整改。针对贯彻森林和草原资源保护、开发、利用政策打折扣的问题，相关盟市、旗县（市、区）通过出台禁牧工作监督和责任追究制度、推动退耕还林还草项目实施、建立网格化监督管理体系等方式完成整改。针对

547

（续）

矿山生态环境治理工作不到位的问题，相关地区通过制定环境治理工作计划和风险隐患治理实施方案并组织实施、拆除违规建筑并进行复垦等方式完成整改。

3. 关于煤炭资源专项审计查出问题整改情况。针对长期违法占用耕地和草原、瞒报煤炭销售数据的问题，2个盟市已对8家煤矿进行了立案核查，对企业仍需使用的土地在缴纳罚款后为其补办用地手续，对后续不再使用的土地督促企业进行复垦，对瞒报煤炭销售数据的企业作出行政处罚。针对矿区生态环境保护重视不够、环境污染事件仍有发生的问题，相关盟市已对相关违法行为立案调查，并完成清运治理工作。针对涉煤税费流失严重的问题，税务机关出台了全区工作方案，明确了相关主管部门和税务部门之间的贯通协调机制及工作任务，确保税费不再"跑冒滴漏"。

4. 关于行政事业性国有资产审计查出问题整改情况。针对资产不实的问题，2个部门通过调查取证确认资产权属、收回个人占用资产、协调相关部门进行资产划转、调整会计账目等方式完成整改。针对违规处置固定资产的问题，3个部门通过修订完善财务管理制度、规范国有资产处置流程、将租金上缴财政的方式完成整改。针对管理不严、应收未收房屋租赁费、未及时清查划转资产的问题，2个部门通过签署合同、收取租金、法律诉讼等方式完成整改。

（五）领导干部履行经济责任审计查出问题的整改情况。相关部门已整改22.64亿元，完善制度222项。

1. 自治区本级7名主要领导干部履行经济责任方面。针对重点工作推进缓慢的问题，14个电子商务进农村示范县已按工作进度拨付资金8 541.47万元，1个部门积极跟踪推进"厕所革命"项目建设进展情况，各盟市商务部门已会同财政部门对属地所有项目全面梳理摸排，对实际投资和申报投资不符的项目核减支持资金。针对大额支出未履行"三重一大"决策的问题，4个部门进一步加强"三重一大"制度建设，强化了部门内部管理。针对履职尽责不到位的问题，1个单位已对长期停滞的项目继续开展研究，对已建成长期闲置的数据库进行了评审验收。针对专项资金分配不规范的问题，1个部门合理确定了资金分配影响因素，制定了6项资金管理办法，规范专项资金分配管理。针对执行津补贴制度不严格的问题，1个单位通过制定绩效考核办法、将人员奖励纳入绩效工资总量内发放的方式完成整改。

2. 3所高校6名主要领导人员履行经济责任方面。针对教育政策落实不到位的问题，1所高校已通过制定职业培训师资管理办法等7项制度、与自治区食品龙头企业创建4个产业学院等方式完成"提质培优行动计划"等11项工作任务；1所高校已制定并印发"十四五""双一流"建设规划、

第十二章　审计整改报告范本

(续)

实施细则等制度办法；3 所高校及时修订学生资助管理办法等制度，对未纳入家庭经济困难学生的 65 名低保在校学生进行补充认定。针对政策措施未落实的问题，1 所高校编制了"十四五"发展规划和专项规划；1 所高校制定出台了科研项目管理办法等 4 项制度，明确了基本科研业务费管理使用的各项要求；1 所高校 31 项课题已结项。针对违规收费的问题，1 所高校已退还学生医疗保障金 63.82 万元，上缴财政 395.41 万元。针对违规支出的问题，2 所高校严格规范了专项资金使用方向，确保专款专用。

3.6 名盟市检察长履行经济责任方面。针对超期处置涉案财物的问题，6 个单位通过完善涉案财物保管制度、规范涉案资金管理、及时办理出库等方式完成整改。针对违规收费的问题，1 个单位将赔偿资金作为政府非税收入已全额上缴国库。针对违规发放手机并补贴通讯费的问题，2 个单位已向自治区人民检察院作出深刻检讨。针对无预算、超预算支出的问题，5 个单位已完善财务管理制度，规范预算编制，加强预算执行和绩效管理。针对存量资金未盘活的问题，2 个单位通过完善内部控制、将存量资金上缴财政的方式完成整改。

4.2 名区属国有企业领导人员履行经济责任方面。针对 5 个产业 35 项指标未完成的问题，1 家企业在编制"十四五"规划时已予以纠正完善。针对提质增效转型发展工作滞后的问题，1 家企业按要求落实了剥离国有企业办社会职能和子公司脱钩改革任务。针对国有企业改革缓慢、未完成亏损企业三年扭亏方案任务的问题，1 家企业按照"一企一策"制定了处置方案，已完成 4 家子公司的压减任务。针对违规出借资金、未经审批对外融资的问题，1 家企业对涉事公司决策者进行了通报批评，融资余款已与对方达成协议分 4 年逐步清偿。针对清理拖欠民营企业中小企业账款政策未落实的问题，除已进入司法程序的账款外，已全部清理完毕。

(六)审计建议落实情况。有关部门和地区认真研究采纳审计建议，推动将审计整改成果转化为治理效能。

1.关于加大财力统筹发挥财政支撑保障作用的建议。一是统筹财力聚焦"五大任务"落实。2023 年全年保障"五大任务"支出 2 547.8 亿元，占一般公共预算支出的 37.4%，有力保障"五大任务"重大战略任务落地见效。二是加强"四本预算"相互衔接。财政部门出台了《内蒙古自治区本级财政预算管理办法》，印发了《关于进一步加强财政预算管理有关事宜的通知》，进一步强化"四本预算"衔接，加大政府性基金预算、国有资本经营预算调入一般公共预算的力度。三是推动积极的财政政策加力提效。统筹用好中央转移支付资金、预算资金、债券资金，财政支出保持较高支出强度，全区一般公共预算支出增长 15.8%；加大财力下沉力度，保障基层财

（续）

政平稳运行。四是加大对存量资金统筹盘活力度。建立严格的定期盘活机制，防止资金沉淀闲置，强化资金使用合力。

2. 关于强化跟踪问效推动重大政策落实落地的建议。一是推动城乡义务教育一体化均衡发展。2个地区编制印发了《统筹推进县域内城乡义务教育一体化改革发展规划》《教育振兴三年行动计划（2023—2025年）》，推动县域内义务教育均衡发展。二是严格落实各项救助政策。自治区人力资源社会保障厅召集有关部门共同研究推进数据共享，建立疑点数据筛查、分发、核查、整改、反馈全链条经办系统；针对违规领取、重复领取、死亡冒领等高风险环节，设立前置校验规则58个；出台《就业补助资金监督举报奖励办法》，畅通投诉举报渠道。三是巩固拓展脱贫攻坚成果。自治区农牧厅、财政厅等7个部门联合制定扶贫（帮扶）项目资产盘活处置方案，盘活了一批扶贫资产，对效益不佳的资产及时分类施策；自治区财政厅公布惠民惠农政策补贴政策清单，2023年累计下达惠民惠农补贴资金128亿元。

3. 关于筑牢我国北方重要生态安全屏障的建议。一是解决黄河流域生态环境突出问题。自治区自然资源厅统筹推进2个山水林田湖草沙一体化保护修复工程；自治区人民政府办公厅印发《内蒙古自治区推进水资源节约集约利用总体方案》《内蒙古自治区水资源节约集约利用"一盟（市）一策"（2023—2025）》，明确了黄河流域生态环境突出问题整改落实举措和完成时限。二是加强生态环境保护红线管理，持续推进大气、水、土壤污染防治，加强矿山生态修复治理。自治区人民政府办公厅出台了《关于加强生态保护红线管理的实施意见（试行）》，完成历史遗留矿山治理46.13平方公里、生产矿山治理面积153.40平方公里；自治区生态环境厅完成重点行业企业挥发性有机物治理23家，钢铁、焦化企业超低排放改造9家，完成清洁取暖改造21.33万户，优化调整集中式饮用水水源保护区17个，全区受污染耕地安全利用率保持在98%以上。三是修改完善相关发展规划目标。自治区林草局正在根据《内蒙古自治区"三北"工程六期规划》修订《内蒙古自治区"十四五"林业和草原保护发展规划》，自治区自然资源厅对《内蒙古自治区国土空间生态修复规划（2021—2035年）》进行了修改完善，自治区生态环境厅对《内蒙古自治区"十四五"生态环境保护规划》中9项指标的名称设定、2项指标的基准核定、5项指标的属性设置进行了调整。

4. 关于坚持底线思维防范化解重大风险隐患的建议。一是财政领域。组织摸排全区地方政府债务底数，编制自治区"1+8"化债方案并通过国务院审核；争取再融资债券，支持各地区清理政府拖欠企业账款；健全基层"三保"机制，弥补基层财力缺口；对财政暂付款进行分类监测，对暂付

第十二章　审计整改报告范本

（续）

款高风险地区试行提级管理。二是金融领域。相关农信机构对应纳入而未纳入关联方管理的企业或个人进行补充录入，对于违规发放的大额授信贷款已分批追回；修订了《不良资产转让管理办法》，通过委托清收、公开拍卖等方式处置不良资产；对在呆账核销过程中存在失职、渎职的工作人员和本次审计查出问题涉及的相关人员依规依纪依法进行了追责问责。三是国有资本领域。自治区国资委、审计厅印发了《关于健全完善监管企业审计查出问题整改长效机制的通知》，从健全完善领导、责任、监督机制3个方面加强常态化监督。

5. 关于严肃财经纪律维护财经秩序的建议。一是严格落实中央八项规定精神和过紧日子要求。相关部门加强内部控制，强化"三公"经费管理，从严控制一般性支出。二是严肃财经纪律。制定印发《关于进一步加强财会监督工作的实施方案》，组织开展重点领域财会监督专项行动，切实严肃财经纪律。

三、审计整改工作中存在的问题及后续工作安排

从整改情况来看，要求立行立改的问题已全部完成整改，尚未整改到位的问题均属于分阶段整改或持续整改类问题。有的问题整改本身即属于中长期改革任务，需要随着改革深化持续推进，如教育均衡问题需要长期规划和布局，义务教育学校改扩建、撤并和教师及教育设备资源配备等工作均需要长期推进。

截至2024年2月底，上一年度整改报告中未完成整改的16个分阶段整改问题已完成整改8个，持续整改的186个问题已完成整改172个，对上年度及本次报告反映尚未完成整改的问题，有关地区和部门单位均已制定了整改计划，明确了时间节点，正在按照计划有序推进。审计机关将紧盯不放，持续加强对后续整改情况的跟踪督促检查，直至整改到位。对重点领域、重大政策措施、涉及群众切身利益等问题整改情况，将组织开展"回头看"，确保问题真改实改；对搞敷衍整改、虚假整改的"罪加一等"严肃处理，对普遍存在、反复出现的体制性问题，以改革的精神研究提出从根子上解决问题的治本之策。

下一步，将坚持以习近平新时代中国特色社会主义思想为指导，全面贯彻党对审计工作的集中统一领导，依法全面加强审计监督工作，为谱写好中国式现代化内蒙古新篇章贡献审计力量。